北京哲学界
2020~2022

主　编　杨学功

中央编译出版社
Central Compilation & Translation Press

图书在版编目（CIP）数据

北京哲学界. 2020～2022 / 杨学功主编. -- 北京：中央编译出版社, 2025. 6. -- ISBN 978-7-5117-4913-0

Ⅰ. B-55

中国国家版本馆CIP数据核字第202515B649号

北京哲学界·2020～2022

责任编辑	彭永强
责任印制	李　颖
出版发行	中央编译出版社
地　　址	北京市海淀区北四环西路69号（100080）
电　　话	（010）55627391（总编室）　（010）55627308（编辑室）
	（010）55627320（发行部）　（010）55627377（新技术部）
经　　销	全国新华书店
印　　刷	佳兴达印刷（天津）有限公司
开　　本	710毫米×1000毫米　1/16
字　　数	579千字
印　　张	40.5
版　　次	2025年6月第1版
印　　次	2025年6月第1次印刷
定　　价	188.00元
网　　址	www.cctphome.com　邮　箱　cctp@cctphome.com
新浪微博	@中央编译出版社　微　信　中央编译出版社（ID：cctphome）
淘宝店铺	中央编译出版社直销店（http：//shop108367160.taobao.com）
	（010）55627331

本社常年法律顾问　北京市吴栾赵阎律师事务所律师　闫军　梁勤
凡有印装质量问题，本社负责调换。电话：（010）55626985

《北京哲学界》编委会

顾　　问：叶　朗
主　　编：杨学功
副 主 编：陈　鹏　王玉峰　甘祥满

编委会成员（按姓氏拼音为序）

陈　鹏　程倩春　丁四新　董滨宇　甘祥满　黄志军　李春颖
乔清举　王　齐　王玉峰　文　兵　吴向东　杨学功　臧峰宇

编者前言

《北京哲学界》是北京市哲学会主办的综合性学术辑刊。首辑（2019）出版于2021年，后因新冠疫情影响而未能连续出版，但历年积累的稿件数量可观。现在，我们在北京市社会科学界联合会的支持下编辑出版2020~2022年合刊，以后各辑将按年度陆续编辑出版。

《北京哲学界》依托北京哲学界的学术力量，直面哲学前沿问题，推动哲学各分支学科的学术发展，为繁荣首都乃至全国的哲学社会科学服务。

《北京哲学界》常设栏目主要有：学科报告、前沿论坛、热点聚焦、专题讨论、新著选登、名家笔谈、人物专访、书刊评介、论点摘编等，并附北京市哲学会年度大事记。

《北京哲学界》贯彻"百花齐放，百家争鸣"的方针，尊重学术自由，鼓励学术创新，通过学术上不同观点的讨论，促进新时代哲学学科的发展繁荣。

近三年，北京市哲学会连续举办了三次学术前沿论坛："全球化语境中的国家治理"（2020），"当代中国哲学的历史使命"（2021），"当代中国哲学的文化使命"（2022）。由于篇幅限制，本辑合刊主要选载这三次前沿论坛的报告文稿。而学科学术发展报告是北京市社科联和北京市社科基金的品牌项目，故将过去三个年度的哲学学科学术报告一并刊出。

北京市社会科学界联合会为本刊提供了包括经费资助在内的多方面支持，在此表示衷心的感谢。

《北京哲学界》编委会
2024 年 9 月

目录 CONTENTS

学科报告

2020 年度北京哲学学科学术发展报告 ·················· 003

2021 年度北京哲学学科学术发展报告 ·················· 115

2022 年度北京哲学学科学术发展报告 ·················· 236

前沿论坛

当代中国哲学的使命

视域融合：在历史与未来之间
　　——当代哲学的历史使命
　　张志伟 ·················· 357

主体性的追寻：百余年中国哲学研究及其当代面向
　　丁四新 ·················· 370

汉语哲学与中国哲学的使命
　　彭永捷 ·················· 401

古典学的使命与担当
　　——从维拉莫维茨和尼采的争论出发
　　王双洪 ·················· 422

热点聚焦
全球化语境中的国家治理

社会发展视域中的国家治理
  丰子义 ……………………………………………………… 439
现代国家的双重身份与未来可能的世界体系的建构原则
  ——一个纯理论的分析与猜想
  黄裕生 ……………………………………………………… 455
全球化与"去中心化"：现代性语境下的国家认同困境
  吴玉军 ……………………………………………………… 491
政治经济学批判视域中的国家与国家治理现代化
  黄志军 ……………………………………………………… 508
风险社会视域下的技术治理
  程倩春 ……………………………………………………… 525

美学论苑

中国美学史研究：限界、可能与目标
  刘成纪 ……………………………………………………… 549
当代中国美学景观与问题
  史　红 ……………………………………………………… 581

来稿选登

历史分期与乌托邦
  张立波 ……………………………………………………… 601

目 录

学术动态

"全球化语境中的国家治理":北京市哲学会 2020 年学术前沿论坛在北京大学召开

  关祥睿 ……………………………………… 611

"当代中国哲学的历史使命":北京市哲学会 2021 年学术前沿论坛在北京市社科联学术报告厅举行

  屈文鑫 ……………………………………… 616

"当代中国哲学的文化使命":北京市哲学会 2022 年学术前沿论坛在清华大学举办

  周心仪 ……………………………………… 622

2020~2022 年北京市哲学会大事记 ……………… 628
《北京哲学界》稿约 ……………………………… 635

学科报告

2020年度北京哲学学科学术发展报告

北京作为中国的首都，拥有全国最齐全的哲学学科设置、最雄厚的哲学队伍和研究力量。北京市哲学会的团体会员单位包括在北京行政区划的国家级科研单位和高等院校，如中国社会科学院哲学研究所、北京大学哲学系、清华大学哲学系、中国人民大学哲学院、北京师范大学哲学学院、中国政法大学人文学院哲学系、中央民族大学哲学与宗教学学院，以及北京市属设有哲学系（院、所）的科研单位、党校和高等学校，如北京市社会科学院哲学所、北京市委党校哲学教研部、首都师范大学政法学院哲学系，还有其他国家级和市级高校的个人会员。现有会员共435人，涵盖首都高校和科研机构的老中青三代学者，从而保证了北京哲学学科在全国的领先地位。

按照哲学学科所属二级学科的划分和北京市哲学会的业务范围，本报告主要综述2020年度以下五个分支学科的研究进展：（一）马克思主义哲学；（二）中国哲学；（三）外国哲学；（四）美学；（五）科学技术哲学。逻辑学报告由逻辑学会承担，伦理学报告由伦理学会承担，宗教学不属于本学会业务范围。

本报告旨在通过对2020年度以上五个哲学分支学科学术发展状况的全面梳理和总结，通过对本年度开展的高质量学术交流活动的回顾和整理，通过对本年度所取得的学术成果的盘点和评论，促进北京哲学学科学术共同体建设，进一步完善北京哲学学科体系架构，推动北京哲学学科学术理论创新和学术人才成长，为推动构建中国特色哲学社会科学学科体系、学术体系、话语体系做出无愧于首都地位和哲学学科的独特贡献。

2020年是极不寻常的一年，面对世界百年未有之大变局和中华民族伟大复兴战略全局，置身"两个一百年"奋斗目标历史交汇期前夕，北京哲学界迸发出前所未有的学术活力。虽然受到新冠疫情全球流行的严重冲击，但北京哲学界创新学术活动方式，开展深入的学术研究，取得一系列富有特色的高质量研究成果，在若干前沿热点问题研究上取得明显突破，并且呈现出学科交叉融合的态势。

（执笔：杨学功）

一、热点问题和发展态势

2020年北京哲学界前沿热点问题不断涌现，并且呈现出学科综合化发展态势。

1. 习近平新时代中国特色社会主义思想的哲学研究

从哲学视角对习近平新时代中国特色社会主义思想进行研究是2020年度北京哲学界的重要课题。其中，在关于新时代研究的方法论、生态文明思想、共同体思想等方面取得了重要的研究进展。

北京大学哲学系丰子义教授认为，随着全球化的深入发展，时代意识日益凸显。国情的认识、战略的制定、道路的选择、机遇的把握，均需要增强时代意识。要认识和把握时代，必须有正确的方法论。按照唯物史观，有关把握时代的一些基本方法值得高度重视：内在于历史的方法、整体性方法、"普照的光"方法、"规律性"把握方法、"大局"把握方法。要有效把握时代，应当重点抓好这样一些着力点：一是时代的主题与问题，二是时代的主要矛盾，三是人类文明的走向。①

中共中央党校（国家行政学院）韩庆祥教授指出，当前阶段，深化研究习近平新时代中国特色社会主义思想，关于其新飞跃、哲学基础、核心要义、思想精髓等10个深层次、根本性问题需要从学理上探究清楚，亦即：关于习近平新时代中国特色社会主义思想的哲学基础、核心要义、精髓、主题和主线的关系；关于对"四个伟大"的理解；关于党的建设重要论述的精神实质和思想精髓；关于精神主动性；关于十九大以来党的理论创新的特点；关于习近平新时代中国特色社会主义思想的新飞跃；关于21世纪马克思主义。探究清楚这些重要问题，就可以把学习研究习近平新时代中国特色社会主义思想引向深入，同时也具有重大学术价值和理论意义。②

北京大学马克思主义学院孙熙国教授认为，习近平生态文明思想对马克思主义自然观和历史观作出了重大的原创性贡献，这些原创性贡献主要体现在以下四个方面：一是提出了人与自然和谐共生的自然观，二是提出了统筹山水林田湖草系统治理的联系观，三是提出了"绿水青山就是金山银山"的发展观，四是推动形成绿色发展方式和生活方式的生活实践观。习近平总书记关于这四个方面的重要思想和论述实现了对自然中心论和人类中心论的超越，终结了哲学界长期以来关于这一问题的争论，是对马克思主义自然观和历史观的重大发展。③

北京市委党校袁吉富教授指出，习近平同志关于具体共同体的重要论述，充分显示了共同体是一种特殊的联合体，它以尊重自然为前提，

---

① 丰子义：《把握时代的意义与方法论》，载《马克思主义与现实》，2020年第6期。

② 韩庆祥：《深化研究习近平新时代中国特色社会主义思想的十个重要学理性问题》，载《中共中央党校学报》，2020年第1期。

③ 孙熙国：《习近平生态文明思想对马克思主义的原创性贡献——兼论习近平生态文明思想对人类中心论和自然中心论的超越》，载《环境与可持续发展》，2020年第6期。

以主体间伙伴关系为条件,以共同发展为要义,以建设多领域、多层次的共同体为步骤,以构建民族国家为核心单位的人类命运共同体和人与自然生命共同体为旨归。习近平同志关于共同体的重要论述,体现着对马克思主义哲学的继承和创新,也体现着思维方式的变革要求,具有重要的理论指导意义和实践引领价值。①

2. 人工智能的哲学研究

人工智能(AI)是近几十年来出现的新技术,近年来不断取得新的突破。人工智能的发展也越来越突破单纯技术范围,引起了包括哲学、政治学、社会学等领域的强烈关注。北大哲学系成立博古睿研究中心,专门研究人工智能的哲学问题。2020年,北京哲学界多个分支学科共同聚焦该问题。

中共中央党校(国家行政学院)哲学教研部彭婷认为,人工智能是对人类智能的模拟。在人类认知系统中,语言处于极为关键的地位,马克思恩格斯语言观为我们审视人工智能提供了重要思路。语言作为思想的直接现实,产生于人类交往实践,在人类认识中发挥重要作用。通过对人工智能中语言问题的探究发现,人工智能存在语义理解的形式化缺陷、机器思维的意识难题、人类知识的表示困境和人工学习的社会化瓶颈等问题,人工语言与自然语言本质上的差异决定了人工智能与人类智能的根本分野。正如人工语言的工具性那样,人工智能也同样是工具性的,其未来的发展方向只是对人类智能的辅助和强化。②

清华大学马克思主义学院刘伟兵指出,随着人工智能技术的快速发展和普及,人们日常生活各个领域都发生了深刻改变。智能机器通过对人们智能的模拟,能够部分或全部取代人们的劳动,实现生产方式的智

---

① 袁吉富:《习近平关于共同体重要论述的哲学意蕴》,载《教学与研究》,2020年第8期。

② 彭婷:《人工智能中语言问题的哲学审视——以马克思恩格斯语言观为视角》,载《世界哲学》,2020年第2期。

能化革命。这一智能化生产方式并没有动摇马克思劳动价值理论。因为智能机器作为对象化劳动，只是转移自身的价值到商品，并没有创造价值。而人的直接劳动虽然被取代，但却是以间接劳动的方式作用于劳动对象。因此，创造价值的依旧是人的活劳动。而智能化生产方式之所以能够生产更多的价值量，是因为它是一种复杂劳动并且能够提高劳动生产率。因此，我们在坚持劳动价值论的前提下，应发展人工智能技术，积极应对人工智能技术发展带来的就业压力，以及建构科学系统的劳动价值论话语体系，增强在经济解释上的话语权。①

中国社会科学院大学哲学系史孝林指出，人工智能技术的新发展为高度自动化的机器生产提供了更多可支撑的技术手段，这一新技术的运用使马克思的劳动价值理论也面临新的挑战。马尔库塞认为在发达资本主义社会中自动化生产的机器将成为独立的价值源泉，并取消马克思所说的资本的有机构成。事实上，只有人的劳动是价值的唯一实体，而高度自动化人工智能机器的出现和应用只会进一步提高资本有机构成，在伴随着这一生产方式变革的情境下最终也将为人的自由发展提供更多可能空间。②

段伟文强调，在各国和地区纷纷提出人工智能发展规划和战略的同时，人工智能的伦理风险与治理也成为全球共同关注的焦点。

3. 新冠疫情的哲学反思

2020年是极为特殊的一年，突如其来的新冠疫情给我们的生活、生产带来了深刻变化。如何从哲学上把握这一变化引起了马克思主义哲学研究者的极大关注。从马克思主义哲学角度把握疫情状态下我国经济社会的发展是其中的重点。

---

① 刘伟兵：《过时还是证明：人工智能时代的马克思劳动价值论》，载《毛泽东邓小平理论研究》，2020年第6期。

② 史孝林：《未来人工智能视域下的资本有机构成——马克思劳动价值理论面临的挑战与思考》，载《重庆社会科学》，2020年第3期。

北京大学哲学系丰子义教授认为,要以辩证思维统筹疫情防控和经济社会发展:(1)处理好突出重点与统筹兼顾的关系。打赢疫情防控的人民战争、总体战、阻击战,需要坚持"十个指头弹钢琴"的认识论、方法论,既突出重点又统筹兼顾,在做好疫情防控工作的同时统筹抓好改革发展稳定各项工作。在处理疫情防控和经济社会发展关系的问题上,要坚持"两点论"与"重点论"相统一的辩证思维。(2)处理好当前与长远的关系。事实表明,统筹推进疫情防控和经济社会发展,关键要有长远的眼光、坚定的信心,看到我国经济长期向好的基本面没有改变,疫情的冲击是短期的、总体上是可控的。这次疫情对宏观经济运行的影响是阶段性、暂时性的,不会改变我国经济稳中向好、长期向好的基本趋势。(3)处理好"危"与"机"的关系。要看到疫情这一危机中并不只有"危",同时蕴含着"机"。统筹推进疫情防控和经济社会发展,就是要变压力为动力、善于化危为机。(4)处理好"常"与"变"的关系。夺取疫情防控和实现经济社会发展目标的双胜利,需要处理好"常"与"变"的关系,善于从"变"中看出"常"、从"常"中看到"变"。这里所讲的"常",是指发展趋势和规律;"变",则指事物的发展变化。①

中共中央党校(国家行政学院)韩庆祥教授从疫情叙事与哲学反思的角度做了进一步研究,指出"新冠疫情"暴发,是全人类与一种全球未知病毒的遭遇战,也是一场全球重大公共卫生事件。这一事件既是一面镜子,它把整个中国社会真实状态在一定意义上呈现出来了;它又是一种疫情叙事和典型样本,从中可使我们"把好中国脉""开好中国方",积极推动中国社会历史进步。在注重总结中国共产党带领全体中国人民抗击疫情经验的同时,学界还要透过对疫情的"感动模式",对"疫情叙事"进行深刻反思。一个善于反思的民族,是具有高度理

---

① 丰子义:《以辩证思维统筹疫情防控和经济社会发展》,载《人民日报》,2020年3月4日。

性自觉从而能不断获得进步动力的民族，因为它能使我们增强对苦难的历史记忆，不再重犯历史性错误。忘记苦难，是一种悲剧。在现实生活中，一些人更看重经验，对反思教训相对重视不够。这种对待教训的态度，可能使我们重蹈覆辙，衍生更多教训。当下，我们需要自觉反思这场重大疫情所蕴含的教训，把这种反思转化为"改革""重构"，转化为具有理性的社会启蒙、积极预防、制度建设与国家治理能力建设、灾难治理能力建设。我们所要进行的深刻反思，是哲学反思。这种反思，可集中围绕"真与假""日常指令性管理体系与创新自主治理体系""纵向管理体制机制与横向治理体制机制""苛求他人与反省自身""强组织与弱个人""大与小""权力与能力""事前思维与事后思维""底线与高线""政治与民生"进行。通过反思，能正确对待和处理上述十个方面的关系，发挥优势，补齐短板、打牢支点，彰显制度优势，就一定能在以习近平同志为核心的党中央集中统一领导下，再创造"中国之治"奇迹！①

4. "三大体系"构建研究

加快构建中国特色哲学社会科学学科体系、学术体系、话语体系，是习近平总书记提出的重大论断和战略任务，是一个极为重要的战略考量，关系我国哲学社会科学长远发展。北京市哲学学会的马克思主义哲学学科积极响应这一战略考量，在以下方面取得了重要研究进展。

北京师范大学哲学学院韩震教授认为，话语体系深受历史进程和社会实践的影响，因此每个时代的话语体系都是基于酝酿其中的特殊历史时空体系中的人类实践而形成的，都有自己特殊的时代印记。中华人民共和国成立70年来的哲学话语，反映了中国社会的发展和中国人民的奋斗历程。改革开放之前与之后以及党的十八大以来这三个历史阶段中，中国哲学话语方式及其特征均有不同的表现，这些不同的话语反映了各个时期人们不同的关注点与时代特征。首先，有生命力的哲学话语

---

① 韩庆祥：《疫情叙事与哲学反思》，载《天津社会科学》，2020年第3期。

必须有特定时代的实践基础；其次，有生命力的哲学话语必须有自己的民族特色；然后，新中国的哲学话语是以马克思主义理论范畴为基础的；最后，中国的哲学话语变化归根结底是中国社会发展的产物。①

中国人民大学哲学院张文喜教授指出按其最内在的本质来说，"学术"绝不仅仅是一种形式上的规定，其本身就是能够进入思境和内在脉络的理路。倘若在学术和体系建构中的马克思主义哲学完全合乎它的精神实质、意义和价值，那通过马克思主义哲学切中社会现实的道路就变得明朗和清晰。从马克思主义哲学自身性质的规定出发，学术高度是在其发展进程中对以黑格尔为代表的西方形而上学体系批判才达到的。建构当代中国马克思主义哲学学术体系，首先应该把批判所要求的付诸实践。学术或学科所要求的，则是专注于体系的积极建构、积极创新，唤醒崇高的人类力量。就衡量马克思主义哲学学术体系的标准、尺度、指令以及关键之处而言，应当清楚地看到对时代精神中占统治地位的知性原则进行全面批判的必要性和重要性，尤为关键的是对唯物主义的社会主义倾向作重新阐明。②

中央民族大学宗教与哲学学院王海锋教授认为，哲学论争之形成与哲学的本性有着内在的关联，哲学命题答案的不确定性与哲学论争息息相关并相互缠绕，但总体而言，正是哲学论争推动了哲学理论的创新。自中华人民共和国成立以来，当代中国学者基于重大现实问题和重大理论问题在马克思主义哲学领域展开了论争，尤其是围绕一些标志性的哲学理论命题展开的"代表性的哲学论争"，实现了对哲学理论的时代性解读和阐释，进而推动了理论的创新性发展。新时代，需要我们从现实维度和理论维度入手，选择一批具有代表性的哲学命题展开深入的论

---

① 韩震：《新中国 70 年哲学话语体系的生成与转换》，载《社会科学辑刊》，2020 年第 1 期。

② 张文喜：《在学术和体系建构中的当代中国马克思主义哲学》，载《中国社会科学》，2020 年第 2 期。

争，在"学术史"研究范式主导下，在学术史的视野中审视哲学论争，在哲学论争中"续写"哲学的学术史，继而在真正意义的"哲学论争"中推动当代中国马克思主义哲学学术体系的构建。① 韩震认为，改革开放之前与之后以及党的十八大以来这三个历史阶段中，中国哲学话语方式均有不同表现，可以从中总结出某些规律性特征。王海锋认为，可以从哲学论争与哲学本性的内在关联出发，通过哲学论争"续写"哲学的学术史，继而在真正意义的"哲学论争"中推动当代中国哲学学术体系的构建。

5. 学科交叉融合态势凸显

哲学学科分化过细的弊端长期存在，2020 年在学科交叉融合方面取得明显突破。学者们日益认识到不同学科之间对话的重要性，强调"中""西""马"之间的融会贯通。适逢纪念恩格斯诞辰 200 周年，马克思主义哲学界与科技哲学界联合举办多次学术活动。清华大学联合多位日方资深学者以"黑格尔与马克思"为主题举办的第三期"中日哲学论坛"则是马哲与外哲学科的交流对话。北京大学哲学系举办的"张世英与当代中国比较哲学"学术研讨会，北京市社会科学院哲学所主办的"中西哲学的形上义蕴与现实关怀"学术会议都是中西哲学之间的对话交融。关于人工智能的研究更是体现出马哲、外哲、美学、科哲等多学科交融的态势。这种学科交叉融合的态势有利于催生哲学前沿问题，从而有力推进学科发展。

（执笔：杨学功　黄志军）

---

① 王海锋：《"哲学论争"与构建当代中国马克思主义哲学学术体系——基于学术史的考察》，载《中国高校社会科学》，2020 年第 3 期。

二、马克思主义哲学学术发展报告

(一) 主要研究进展

1. 辩证法研究

辩证法研究是马克思主义哲学研究领域一个历久弥新的课题。2020年度我们主要在辩证思维、马克思辩证法、政治经济学批判视域中的辩证法研究方面取得了重要进展。

中国政法大学终身教授李德顺认为,从实质上说,哲学并不是一套现成的知识,而是思考。在黑格尔的哲学体系中,哲学是对人的思考的一种自我批判性反思。仅仅就提供新鲜知识来说,各学科都有各自的知识系统,因此这方面并不是哲学的特长。当然,哲学也有哲学的知识,哲学的知识也是哲学思维体系大厦的砖块。哲学是代表人类理性和智慧的一种高端形态,但是哲学大厦不是砖块的堆积,而是大厦构成的样式和过程。①

首都师范大学马克思主义学院黄志军教授认为政治经济学批判是马克思理解和改造黑格尔辩证法的主要理论阵地。《巴黎手稿》作为其政治经济学批判的早期成果,也是二者正面交锋的重要思想领地。深入其中便会发现,马克思对黑格尔辩证法的态度经历了一个由否定到肯定的转变,而非仅仅是否定的一面,即在劳动异化的意义上揭示了其消极方面,因为它的抽象形式遮蔽了现实的人的异化。事实上,马克思是在交往异化的意义上才发现了其积极方面,因为它以积极的异化形式把握到了真正的人的生命形成过程及其运动,所以被给予了充分肯定。通过对"穆勒评注"的分析,马克思的这种肯定可以得到合理的理解和说明。借此,在后来的政治经济学批判过程中,马克思才能以经由交往异化而

---

① 李德顺:《走向时代前沿的哲学思维》,载《领导科学论坛》,2020年第8期。

来的社会关系作为思想通道对黑格尔辩证法的积极方面加以科学改造。①

中国社会科学院哲学研究所杨洪源副研究员认为,逻辑与历史相统一的方法,在马克思政治经济学批判中运用得较为广泛。他在《1857—1858年经济学手稿》中详尽阐释了这一方法之于政治经济学批判的合理性及唯一性,指明其不仅顺应了经济范畴的逻辑次序及其历史次序的几乎一致性,而且通过对经济范畴与具体实在的关系再阐释,丰富了它的内容。在此基础上,马克思进一步从价值与政治经济学批判的逻辑起点和历史起点、货币转化为资本的逻辑过程和历史过程、逻辑分析同史料评述互动的叙述方式等方面,来观照与把握资本主义社会,重新"唤醒"逻辑与历史相统一方法的理论价值和现实意义。②

2.《资本论》哲学研究

近年来,《资本论》研究愈发成为马克思主义哲学研究的热门话题。北京市哲学界围绕《资本论》的基本理论主题和当代世界的资本新形态展开了进一步研究。

清华大学哲学系夏莹教授指出,2008年全球金融危机以来,全球资本主义运行方式的变化和新技术革命的加速演进加剧了全球经济的不确定性,并且同对马克思主义政治经济学批判的传统解释之间形成了一定的张力。这要求我们从历史唯物主义的视角出发,对20世纪70年代至今的历史中产生的资本运行方式的新变化,即"新资本形态"进行一种历史性的批判理解。"新资本形态"在金融领域、科技领域以及货币体系等方面表现出了多样的裂变形式,并且可以按照各自的收入来源分为广义的金融资本、平台资本和数据资本等类别。对它们的批判性理

---

① 黄志军:《论马克思对黑格尔辩证法的肯定和改造——以〈巴黎手稿〉为中心》,载《哲学研究》,2020年第2期。

② 杨洪源:《政治经济学批判中的逻辑与历史相统一》,载《中国高校社会科学》,2020年第3期。

解需要以政治经济学批判的一般方法，将其各种拜物教式的表象还原为人与人之间变动着和斗争着的关系；在此基础上，分析资本运行的内在矛盾在新资本形态中的表现形式，以及在新的技术和组织条件下建立一种后资本社会的可能方案。①

北京大学哲学系助理教授张梧认为，马克思在《资本论》中提出了"资产阶级眼界"的概念，意指驻留在商品交换视界中把握资本主义社会的认知结构。该认知结构不仅主导了亚当·斯密和黑格尔的资本主义观，也制约了部分马克思主义者的资本主义批判，将资本主义批判狭隘地局限在商品同质化和社会合理化的界限内。对此，马克思提出了资本主义的双重视界，即商品交换视界和生产方式视界。通过劳动力的商品化，马克思不仅从商品交换视界深入到生产方式视界，而且还立足生产方式视界透视商品交换视界的历史前提。因此，马克思《资本论》的认识论意蕴在于：资产阶级认知结构的瓦解必须批判该认知结构的历史前提，这正是马克思认识论与经验主义认识论的原则性区别，也是马克思的认识论超越阿尔都塞、广松涉和索恩—雷特尔等认识论批判理论的关键所在。②

3. 人学研究

马克思主义人学理论研究历来是马克思主义哲学研究的重要方向，这涉及马克思主义的基本理论旨趣即人的解放问题。2020 年度马克思主义哲学领域的人学研究在基础理论、文本文献等方面，特别是在以政治经济学视域来考察人的存在方式方面取得了重要进展。

清华大学韩立新教授对马克思哲学中的"类"概念和已故著名哲学家高清海先生的"类哲学"做了研究，认为要将其纳入到从费尔巴

---

① 夏莹、牛子牛：《当代新资本形态的逻辑运演及其哲学反思》，载《中国社会科学评价》，2020 年第 1 期。

② 张梧：《资本主义的双重视界及其认识论意蕴》，载《哲学动态》，2020 年第 2 期。

哈、施蒂纳再到马克思的思想脉络中，才能说明"类"概念作为人之规定的意义。同时，马克思和高清海的"类"概念规定的核心，在于从个别性出发去说明与普遍性的统一以及从个体出发去解释"类"的生成，这是他们在人之"类"规定上所做出的独特贡献。其中，黑格尔的人的自我形成思想对他们以劳动实践来说明人的本质的形成发挥了决定性的作用。①

首都师范大学陈新夏教授考察了马克思主义关于人的发展理论形成和发展脉络，认为马克思恩格斯创立人的发展理论，经历了从萌芽到形成再到发展的逐渐展开和深化的过程。在萌芽时期，他们开启了对人的哲学层面的思考，初步确立了人的彻底解放的目标；在形成时期，他们明确提出了人的发展概念，比较全面地阐述了人的发展含义，确立了人的发展价值取向和科学认识，使人的发展理论初步成型；在发展时期，他们将对人的发展的理解同对社会历史发展的认识有机地结合起来，进一步丰富了人的发展内涵，深化了对人的发展现实条件和实现途径的科学认识。②

首都师范大学院黄志军教授以政治经济学批判为中心，揭示出了马克思在交往异化逻辑和生产关系逻辑两个层面对银行或银行业的基本理解及其与人的存在方式的关系。银行作为货币、信用的完成，是交往异化的完成形态；以生息资本和虚拟资本为基础的银行，表征着生产关系的最高颠倒。基于政治经济学批判史的分析，货币、信用与银行的关系可以被视为理解现代人的存在方式即现代社会存在方式的自我否定和变革的思想线索。③

---

① 韩立新：《人之"类"规定的意义——评高清海的"类哲学"》，载《现代哲学》，2020年第3期。

② 陈新夏：《马克思主义人的发展理论形成和发展的文本溯源》，载《马克思主义理论学科研究》，2020年第5期。

③ 黄志军：《论银行与人的存在方式：以政治经济学批判为中心》，载《学习与探索》，2020年第1期。

4. 价值哲学研究

价值哲学的研究是改革开放以来我国马克思主义哲学研究的一个热门领域，持续不衰，近年来的研究重点主要围绕核心价值观和共同价值等展开。北京大学杨学功教授应约为《价值论研究》写了一篇2万多字的长文《当代中国价值哲学研究的历史逻辑》，对我国价值哲学研究的历史进程和内在逻辑做了全面的梳理。他认为可以把民国时期张东荪所著《价值哲学》看作近代中国价值哲学研究孕育期的代表作，而当代中国价值哲学研究则可大致分为20世纪80年代兴起，20世纪90年代深化，21世纪全面繁荣等几个时期。各个时期的价值哲学研究具有不同的历史特点，同时又具有内在的逻辑联系。这种内在逻辑主要表现为研究重点的变化轨迹，可以概括为如下图示：价值本质论（狭义的价值论）→评价论→价值观。当代中国价值哲学研究应运而生，顺时而变，不断发展，日趋繁荣，有力地支持了中国改革开放和现代化建设事业，特别是促进了与社会转型相适应的价值思维和价值观念变革。

5. 政治哲学和法哲学研究

中国政法大学哲学系文兵教授认为，马克思关于国家与法的思考，是从对黑格尔法哲学的批判开始的，而其中最为重要的问题就是要处理市民社会与政治国家的关系问题。自由主义的法治理念和治理理念，与马克思的思想是根本不同的。马克思对于国家与法律的思考，对于中国特色社会主义法治理论体系与国家治理理论的建构具有十分重要的指导意义。

2020年北京哲学界关于马克思主义政治哲学研究的重点主要集中在所有权和正义等问题上。程广云教授考察了马克思和恩格斯的社会所有权和社会所有制设想，认为它们以社会化大生产为历史前提，包括两个基本方面：生产资料归社会所有，用于生产；生活资料归个人所有，用于消费，也就是生产资料公有而生活资料私用，即"公有私用"的财产制度。前者是社会联合的条件，后者是个人自由的条件。刘梅基于劳动所有权的政治经济学批判阐明了构筑马克思政治哲学的理论基石，认为正是通过劳动所有权批判，马克思政治哲学的核心从近代政治哲学有关劳动所有权问题转化为资本所有权问题，即从"商品生产的所有权规律"转化为"资本主义占有规律"的研究。因此，马克思政治哲学与政治经济学批判不是基于某种需要的"外在嫁接"，而是一种根本意义上的"内生关系"。

段忠桥教授通过澄清马克思和恩格斯对正义概念的两种用法，指证伍德对马克思和恩格斯著作中的正义概念存在误解。这两种用法就是：一是基于历史唯物主义用法；二是基于不同阶级或社会集团的分配诉求。他通过具体的引证和考辨阐明了自己的观点。鲁克俭教授则从另一种角度提出关于"分配正义"争论的新观点。他认为，马克思在《哥达纲领批判》中提出的共产主义高级阶段的所谓分配原则应译为"各尽其能、各足其需"，实际上讲的并非分配原则，以前译为"按需分配"容易导致关注点的偏移。马克思有正义理论，但不是分配正义，而是"美好生活"（即人的自我实现、自我完善）理论。以罗尔斯的分配正义理论来补充或挖掘马克思的正义思想，是多余的；科亨对马克思自我所有权的批评，是失焦的。对马克思《资本论》的哲学研究，并不是要把马克思变成批判哲学（包括资本逻辑批判）。

6. 哲学思维和辩证思维研究

中国政法大学终身教授李德顺认为，哲学并不是一套现成的知识，而是对人的思考的一种自我批判性反思。哲学是代表人类理性和智慧的一种高端形态，哲学大厦不是知识砖块的堆积，而是大厦构成的样式和过程。

北京师范大学杨耕教授区分了理论思维的两种基本形式，即科学思维和哲学思维。他认为，作为一种哲学思维方式，辩证思维是从思维与存在的关系、人的尺度与物的尺度的关系这一双重视角思考人与世界的关系的；辩证思维的本质特征是矛盾思维，这种思维方式不是科学思维方式的"推广与运用"，也不仅仅是科学思维方式的"概括和总结"，而是对人的实践活动中矛盾关系哲学反思的产物，是同实践的思维方式高度统一、融为一体的理论思维形式；辩证思维是一种内含着否定性的理论思维形式，正是这种否定性使辩证思维成为一种批判性、历史性的思维形式，是同唯物主义历史观有机结合、高度统一的理论思维形式。

（二）重要学术活动和学术交流

由于受新冠疫情的影响，2020年度开展的学术活动和学术交流活动相对减少，大多采取线上和线下相结合的方式展开。适逢纪念恩格斯诞辰200周年，马克思主义哲学界以此为主题召开了几次有影响的学术会议。

中央民族大学哲学与宗教学学院于2020年6月17—23日举办"纪念恩格斯诞辰200周年系列讲座"（以下简称"系列讲座"），邀请国内相关领域的知名专家学者唐正东教授、聂锦芳教授、臧峰宇教授主讲，来自全国各高校和科研机构师生共300人在线参加讲座，反应热烈。

2020年8月1—2日，由北京师范大学主办的"新时代背景下恩格斯研究暨纪念恩格斯诞辰二百周年"学术研讨会以线上会议的方式举行，来自中国社会科学院、北京大学、中国人民大学、北京师范大学、清华大学、浙江大学、武汉大学、中山大学等全国10余所高校、科研机构的30多名从事恩格斯研究的专家学者和400多位师生参加了本次会议。

会议围绕恩格斯的早期的共产主义思想和国民经济学研究及其与马克思在历史唯物主义上的"殊途同归"关系，关于恩格斯的《自然辩证法》《反杜林论》《费尔巴哈论》等著作的文献编辑、文本结构、基本思想的解读，恩格斯关于所有制、农民问题及其对资产阶级自由平等的分析和契约论的批判等，进行了广泛而深入的讨论。与会专家认为，恩格斯晚年在《费尔巴哈论》中关于黑格尔和费尔巴哈的评论表明德国古典哲学在其思想发展中起到了重要作用；恩格斯早期的著作表明，他的共产主义思想和国民经济学研究与马克思"殊途",但最终在理论上都"同归"于历史唯物主义。此外,恩格斯晚年不但维护和发展了马克思主义,而且他关于生态环境、资本主义批判、国家理论等方面的思想观点仍然是当前马克思主义研究的热点,为马克思主义研究提供理论资源,扩大马克思主义影响力;他关于所有制、农民问题以及对资产阶级自由平等的分析和契约论的批判依然具有很强的理论价值和现实意义。

恩格斯文献的编辑和解读已经成为当前恩格斯研究的热点和难点。与会学者从文献编辑、文本结构、文章思想等不同角度分析解读了《自然辩证法》《反杜林论》等著作,认为应该放在思想史的背景下分析恩格斯的自然哲学,在编辑出版恩格斯遗著时应该对"体系性原则"和"实践性原则"持辩证的态度。部分与会学者还结合马克思、恩格斯的思想传记,介绍了马克思主义面对的理论挑战以及马克思主义研究者应该坚持的立场和观点。

恩格斯是马克思的挚友,是马克思遗留手稿的整理者,更是马克思主义的共同创立者、时代伟人和思想家,对马克思主义的形成和发展起到了关键作用。今年是恩格斯诞辰200周年,与会学者一致认为,马克思主义研究者应该不忘初心,回到恩格斯,推进恩格斯基本思想和重要文本研究;应该不忘使命,立足新时代,推动中国特色社会主义理论创新和文化自信。

2020年10月17日和24日,由首都师范大学政法学院哲学系与《自然辩证法通讯》杂志社联合主办的"《自然辩证法》与现代科学技术"学术论坛在北京举办,来自中国科学院、中国社会科学院、北京大学、中国人民大学、北京师范大学、复旦大学、武汉大学、华东师范大学、南开大学、吉林大学、南京大学、山西大学、首都师范大学等单位的30多位专家学者以线上和线下相结合的方式参加了会议。与会专家学者围绕恩格斯《自然辩证法》与现代科学技术、自然科学与人文科学有机结合等重要议题展开广泛研讨,论述了"两科"的联盟、恩格斯《自然辩证法》的哲学意义和人文高度，肯定了恩格斯对马克思主义哲学的伟大贡献，强调了恩格斯无可争议的马克思主义创始人及卓越的阐述者地位。辩证唯物主义哲学是建立在19世纪自然科学全面发展基础之上的，但同时又超越了当时的自然科学，这充分彰显了哲学意义、价值和恩格斯思想无可否认的高度、深度。从科学和人文融合的角度来看，马克思主义哲学与自然辩证法的结合有助于推动对新科技革命的理解，而科学的跨越发展，也需要哲学的启发和激励。

2020年11月21日，北京大学马克思主义学院和四川大学马克思主义学院联合主办"第二届全国高校马克思主义发展史学科论坛暨纪念恩格斯诞辰200周年学术研讨会"，会议在征集论文的基础上编辑出版了大型学术文集《恩格斯思想的历史与现实》。北京大学哲学系杨学功教授应邀参加会议，并做了题为"同一与差异：马克思和恩格斯哲学观比较研究"的大会发言，从学术角度批评了西方马克思学的"三个教条"，认为马克思和恩格斯的哲学观有同有异：在对待传统哲学的根本态度上，他们的基本观点是一致的，或者说大同小异；在对马克思哲学的理解上，主导方面也是一致的，同时在阐释角度、侧重点和风格等方面又有个性差异。

此外，2020年还举办了其他主题的学术会议。由复旦大学哲学学院主办的"首届马克思主义理论史研究论坛"于2020年9月5—6日以线上方式举行，来自北京哲学界的仰海峰、聂锦芳、张文喜、韩立新、郗戈、黄志军、张梧等多位学者参加了会议。北京大学哲学系杨学功教授作了题为"历史唯物主义研究的人类学范式"的大会发言。

黑格尔与马克思的思想关系，一直是一个历久弥新的理论课题。随着我国社会的巨大变迁，以对近代社会的剖析和扬弃为宗旨的黑格尔和马克思的哲学，又一次成为中、日等国思想家关注的焦点。恰值黑格尔诞辰250周年之际，2020年8月29—30日，清华大学马克思恩格斯文献研究中心、清华大学人文学院哲学系联合多位日方资深学者以"黑格尔与马克思"为主题，举办了第三期中日哲学论坛，围绕主观性批判与客观性重建、市民社会与现代个人、国家与自由、实践与辩证法、世界历史与东方社会等经典问题展开讨论，在国际化的学术平台上深入探讨了两位思想家的理论渊源及其当代影响。本次论坛会期两天，共分9个时段。由于疫情阻隔，中日两国学者无法齐聚线下会场，但来自一桥大学、驹泽大学、京都大学、法政大学、柏林自由大学和中共中央党校（国家行政学院）、北京师范大学、中国政法大学、中国社会科学院政治学研究所、首都师范大学、北京科技大学、北京林业大学、对外经济贸易大学、清华大学等多所高校与研究机构的二十余位学者仍然通过互联网设备聚会云端，围绕"黑格尔和马克思"这一论题展开了热烈讨论。会议对每位报告人都安排了评论人，坚持了"概念的严肃性"这一论坛传统。

2020年10月31日，由北京市哲学会承办的学术前沿论坛学会专场"全球化语境中的国家治理"在北京大学举行，北京大学丰子义教授、清华大学黄裕生教授、中国政法大学文兵教授、中国人民大学张立波教授、北京市社会科学院程倩春教授、北京师范大学吴玉军教授、首都师范大学黄志军教授等七位专家围绕论坛主题做了报告，并与参加论坛的学者和学生进行了比较热烈的讨论。

（执笔：杨学功　黄志军）

三、中国哲学学术发展报告

2020年度北京地区的中国哲学学科（包括儒学、道家和佛学）的研究比较活跃，发表了大量学术论文，在一系列问题上取得进步，出版了多部学术著作；成功申请了众多项目；第八届高等学校科学研究优秀成果奖（人文社会科学）发布，北京地区中国哲学学科学者斩获多项学术成果奖。综合来看，北京地区2020年度中国哲学学科取得了良好发展和可喜的成绩，继续居于国内第一的位置。

不过，由于新冠疫情的影响，2020年度，北京地区召开的中国哲学会议减少了，许多会议被迫取消。另外，本年度，北京地区缺乏重量级学术专著出版。

（一）学术会议、课题立项与获奖情况

1. 学术会议

由于疫情的原因，2020年度北京地区举办的学术会议很少，且主要集中在下半年。

2020年9月26日，中华孔子学会在四川成都举行了换届会议，北京大学哲学系教授王中江继续担任会长。

2020年10月28—29日，清华大学国学研究院和哲学系联合主办了"纪念朱子诞辰890周年学术研讨会"。

2020年12月25日，清华大学举行了"清华大学国学研究院95周年纪念研讨会"。

2020年9月13日，中国社会科学院世界宗教研究所、中国宗教学会举办了"第三届'一带一路'与亚洲佛教文化论坛"。

2020年12月18—20日，中国社会科学院世界宗教研究所、中国宗教学会联合举办"首届中华儒释道传统文化医养健康高层论坛"。

2020年11月6日，中央社会主义学院举办"当代中国宗教与伦理建设学术研讨会"等。

2. 课题立项

（1）国家社科基金年度项目。比较哲学视野下的性命论哲学研究，吴飞，北京大学，重点项目，20AZX010。秦汉时期学术流变与中医理论的发生学研究，张宇鹏，中国中医科学院，一般项目，20BZX051。汉代公羊学之解释学研究，刘国民，中国社会科学院大学，一般项目，20BZX056。南宋理学家群体生活世界研究，汤元宋，中国人民大学，

一般项目，20BZX061。"尧舜禅让"观念研究，皮迷迷，首都师范大学，青年项目，20CZX019。清华简与战国"书"学研究，杨家刚，清华大学，青年项目，20CZX022。庄子命运观的跨文化研究，袁艾，清华大学，青年项目，20CZX025。司马光疑孟思想研究，汪楠，北京体育大学，青年项目，20CZX027。宋代《春秋》学研究，闫云，中国社会科学院，青年项目，20CZX029。张立英的《弘明集》中的推理与论证模式研究（20BZX103）。热孜娅·努日的《大慈恩寺三藏法师传》的回鹘文翻译、传播及影响研究（20BZS008）。夏德美的天台宗与菩萨戒中国化研究（20AZJ002）。李梦妍的藏传密教普巴金刚修法的传承与修习研究，青年项目，20CMZ010。范文丽的中国佛学知识体系演变史，青年项目，20CZJ006。雷晓丽的现代性视野中的南传佛教内观运动研究，青年项目，20CZJ009。国家社科基金冷门绝学研究专项学者个人项目：叶少勇，《大哀经》梵文写本释读与研究；周广荣，《悉檀藏》整理与研究。国家社科基金冷门绝学研究专项学术团队项目：段晴，北京大学，胡语文书研究团队的敦煌藏经洞及和田地区出土于阗语文书释读与研究。

（2）教育部社科基金项目。谢良佐著作整理与研究，陈石军，北京体育大学，青年基金项目，20YJC720002。

（3）北京社科基金项目。荀子心论思想研究，孙伟，北京市社会科学院，重点项目。明清时期中医哲学本体论思想研究，谷建军，北京中医药大学，一般项目。《礼运》篇大同、小康与大顺理想社会研究，盖立涛，华北电力大学，青年项目。性其情：玄学向理学的演进与转化，李浩然，中央民族大学，青年项目。理学政教意义问题研究，顾家宁，北京航空航天大学，青年项目。

3. 获奖情况

2020年12月，第八届高等学校科学研究优秀成果奖（人文社会科学）名单发布，北京地区中国哲学学科获奖成果名单如下：《仁学本体论》，著作论文奖，清华大学陈来，一等奖。《近年出土黄老思想文献研究》，著作论文奖，中国人民大学曹峰，三等奖。《周易溯源与早期易学考论》，著作论文奖，清华大学丁四新，三等奖。《他乡有夫子——西方〈孟子〉研究与儒家伦理建构》，青年奖，北京外国语大学韩振华；《中古道教类书与道教思想》，青年奖，北京大学程乐松。

2020年11月28日，清华大学陈来，第四届"全球华人国学终身成就奖"。

（二）儒家哲学研究

北京地区研究儒学的力量是国内外最强大的，2020年度虽然在一定程度上受到了新冠病毒的影响，但是成果亦然丰硕。本报告将从经学研究、先秦两汉儒学、宋明儒学和现当代儒学四个方面对本年度北京市的儒学研究成绩作一个大致的梳理。

1. 先秦两汉儒学研究

先秦两汉的儒学研究是2020年北京市学界研究的重点。

刘全志着重研究了孔子文献的形成过程，揭示其文献生成的历史复杂性和多维度。其研究认为：以孔门弟子的著述活动为中心，以孔子为中心的文本是整个孔门弟子共同著述的结果；以著述阶段为中心，孔子文献的著述经过了由中心点逐渐向外部辐射的过程，由此形成的文本也呈现出多种多样的面貌。同时，刘全志以五种标志性事件为节点清晰地梳理出孔子文献的形成过程，还原了孔门弟子著述孔子文献的整体面貌。①

丁四新论证了郭店简《尊德义》篇是孔子本人著作，② 学术意义重大。他对《论语·泰伯》"民可使由之，不可使知之"句的训释进行了检讨，认为古人注疏不存在所谓愚民说，但存在一定程度的民愚说。现

---

① 刘全志：《先秦时期孔子文献的形成》，北京：北京师范大学出版社2020年版。
② 丁四新：《郭店简〈尊德义〉篇是孔子本人著作》，载《孔子研究》，2020年第5期。

代训释则呈现出愚民说与反驳愚民说的两派斗争，而愚民说的流行是时代思潮的产物。结合郭店简《尊德义》来看，"使由使知"两句并不表示孔子主张愚民政策，它们的大意是：人民可以让他们跟从大道，但无法使他们知晓、认识到道本身。① 此外，他对《孟子》"天下之言性也"章的各家解释也作了重新审视，认为孟子对于"天下之言性也"三句是持肯定态度的。"故"当训为"本故""本然"，"利"当训为"顺利"。孟子的意思是说，天下之言性，不过是以其本故来谈论其善恶罢了；若以性之本故谈论其善恶，那么在思考、判断其善恶问题上即应当以顺利其性为根本原则。②

赵法生认为，儒家的超越既非港台新儒家所说的内在超越，也非基督教式的外在超越，而是以孔子为代表的中道超越。中道超越的上下、内外、左右三重向度分别指向天人之际、身心之际和人人之际，在工夫实践中融合为一，以"极高明而道中庸"的精神，达成即凡而圣的修养目标，成为各大轴心文明中独具特色的超越形态，对培育士大夫人格与信仰具有关键作用。③ 同时他通过对《中庸》文本的考察，指出《中庸》人性论依然处于性情论的以情论性理路之中，其所言说的"性"当是性情之性。而且，《中庸》的中和观孕育着由性情论向性善论转化的契机，所以《中庸》的人性论尽管还不是性善论，但它离性善论的距离更近了一步。从功夫路径上来看，《中庸》和《性自命出》一样，既强调真诚情感的基础地位，又重视诗书礼乐之教化，可谓内外兼修、仁礼并重。④

---

① 丁四新：《"民可使由之，不可使知之"问题检讨与新解》，载《东岳论坛》，2020年第5期。

② 丁四新：《〈孟子〉"天下之言性也"章研究与检讨——从朱陆异解到〈性自命出〉"实性者故也"》，载《现代哲学》，2020年第3期。

③ 赵法生：《论孔子的中道超越》，载《哲学研究》，2020年第4期。

④ 赵法生：《先秦儒家性情论视域下的〈中庸〉人性论》，载《中国哲学史》，2020年第5期。

刘笑敢、刘雪飞回顾了两种理解和阐释孟子人性理论的入径，认为迂回、注入式的诠释可能具有重要的意义，但却并不适合用来发现孟子学说可能存在的真正意义。相比之下，从直接、素朴式解读中获得的理解通常是可以接受的。同时我们讨论孟子人性论，亦不应忽视现代科学的新发现，孟子和现代心理学家都从各自的角度揭示了人性中存在善的基因，进一步探究和反思接纳这些理论的原因和理由是有重要意义的。①

梁涛认为在仁、礼关系上，孔子存在以仁释礼与以礼成仁的不同进路。荀子虽然形式上视仁为最高的德，但不是将仁落实在心性上，而是体现在制度中，是以礼成仁，发展的是政治化的仁学，其仁义偏重于义，主张"处仁以义"，通过义来成就仁。同时他也指出荀子的不足之处在于突出等级、差等，缺乏平等精神，而今日儒学应发展出寓差等于平等的正义观。②

2. 宋明儒学研究

宋明儒学一直是北京市儒学研究的热点。

陈睿超以《潜虚》为核心，对司马光易学宇宙观的思想内容进行了全面考察，详细分析了《潜虚·气图》《体图》《性图》《名图》《命图》《行图》（含《变》《解图》）各图式的象数结构特征，其所象征的司马光易学宇宙观诸构成环节的意涵，及其达成儒家人世价值之天道奠基这一司马光易学哲学根本思想意旨的方式。并且，通过司马光易学宇宙观与北宋道学"五子"易学哲学思想的比较，他对于司马光道学家身份的争议问题尝试做出了解答。③

---

① 刘笑敢、刘雪飞：《取向、入径与科学启示：孟子人性论研究的再思考》，载《齐鲁学刊》，2020年第5期。

② 梁涛：《仁学的政治化与政治化的仁学——荀子仁义思想发微》，载《哲学研究》，2020年第8期。

③ 陈睿超：《司马光易学宇宙观研究——以〈潜虚〉为核心》，北京：北京大学出版社2020年版。

唐纪宇认为，在张载哲学中没有关于实然世界背后之所以然的观念，而是以"气"作为其全部思考的基础。"气"不同于质料，亦不等于物质，而是有着"一物两体"本质结构的实有。由此，张载不仅破除了佛老虚无主义的世界观，也为这个世界何以生生不已提供了理论证明。"神"实际上就是一物两体之气所有的至高普遍作用，而"性"则是贯通于两体之中的气之一体本性。①

刘增光认为，《洪范》是贯穿象山全部思想的重要文本，是其心学思想建构最重要的经典依据，象山对《洪范》的研究和阐发，体现出强烈的理学色彩和道统意识，而朱陆围绕"皇极"的争论，其实是理学"中"论发展的重要一环。②

向世陵则从陆九渊的《春秋讲义》入手，认为陆九渊的经学观注重"实理"，从"实理"出发，重视联系国情和君臣大义的实践，反对汉儒天人感应的牵强附会，而从宇宙论的根源去看待灾异，最后落实到君王救助灾异的主体职责上。③

田智忠指出朱子的"道体论"与"理气论"存在诸多难以协调之处，这导致了对"道体"定位上的两难。对此，黄榦选择慎言"理气先后"问题，通过引申朱子"流行全体即是道体之本然"的说法，转而强调"道体"的即体即用、即存有即活动。这在一定程度上消解了朱子哲学中的难题，并在实际上开启了理学思维去实体化的路向。④ 此外，他通过对方以智"一在二中"思想的考察，指出在讨论"一"和

---

① 唐纪宇：《一物两体——张载气本论中的"性"之观念探析》，载《中国哲学史》，2020年第4期。

② 刘增光：《"皇极根乎人心"——陆象山的〈洪范〉学》，载《中国经学》，2020年第1期。

③ 向世陵：《陆九渊〈春秋〉"讲义"的经学思辨》，载《中国哲学史》，2020年第1期。

④ 田智忠：《当"道体"遭遇"理本"——论朱子"道体论"的困境及其消解》，载《哲学研究》，2020年第4期。

"二"的关系时,方以智反对宋儒强调由本到末、由体达用的思维模式,而把重心放在"二"上,更强调"用为体本"。以此为基础,方以智对于理学所讨论的一系列重要问题予以了回应,体现出了重视思辨和强调智识的一面,而这些回应颇有深受庄学和佛学影响的痕迹,与理学的主流观点有较大的不同。①

3. 现当代儒学的反思

近年来,学者们对儒学在现当代的发展进行了深刻的反思和检讨,针对传统儒学的现代化问题提出了各自的观点。

赵汀阳从两个方面讨论了当代中国哲学处境:以西方哲学为参照的中国传统哲学;西方哲学的中国化。他分析了西方的分类学对中国哲学的影响,以及中国哲学把人生论定位为核心论题而造成的自限局面,还有西方哲学在中国化过程中发展意义续篇的可能性,指出中国哲学缺少问题的分析和理论的推进,回避逻辑分析和逻辑论证,导致经典文本不断萎缩,学术发展停滞,这是一个需要反思的问题。②吴飞考察了经学与哲学之间的关系,对赵汀阳《中国哲学的身份疑案》一文作出了一定的回应。③

梁涛认为传统四书不足以反映儒学的完整面貌,不足以体现仁义的精神内涵,因此提出"新四书",即《论语》《礼记》《孟子》《荀子》。他指出儒家的核心理念是仁义,在具体理解上包括由仁而义与由义而仁两个方面,前者是孟子的"居仁由义",是由道德而政治,后者是荀子的"处仁以义",是由政治而道德,二者结合才是完整的仁义观。④

---

① 田智忠:《一在二中与即用是体——方以智对理学的回应》,载《中国哲学史》,2020年第2期。
② 赵汀阳:《中国哲学的身份疑案》,载《哲学研究》,2020年第7期。
③ 吴飞:《经学何以入哲学?——兼与赵汀阳先生商榷》,载《哲学研究》,2020年第11期。
④ 梁涛:《新四书与新儒学》,北京:中国人民大学出版社2020年版。

温海明构建了一套意本论体系,旨在把《周易》的一整套贯通天人的哲学意识用现当代哲学语言表达出来,使得"中国哲学意识"这一中国哲学研究的重要问题,能够引起研究者的重视,并通过建构中国哲学意识推动当代中国哲学研究的新发展。在内在性意义的"道"的理解上,他把《周易》哲学的核心概念称为"人天之意",并从十个维度进行了系统概括。①

陈来对传统文化和国学进行了重新审视,重塑了儒学的社会价值,阐明中华民族复兴的条件。中国人重视的"以人为本""协和万邦""极高明而道中庸"等处世原则,都是"日用而不知"的文化传统。他倡导传统文化在新时代的创造性转化,希望现代人学习王阳明、朱熹等大思想家的智慧,提升人们的精神境界。② 陈来指出,天人合一、以人为本、崇德尚义是传统文化"优秀"的基本表现。天人合一,说的是注重人与自然的和谐统一;以人为本,是重视作为创造世界的主体的人的价值;而崇德尚义,则是对道德信念的坚守和道德理想的追求。在此基础上,优秀传统文化在历史演变中形成了独特的价值偏好,这种价值凝练起来讲就是责任先于权利、社群高于个人、和谐高于冲突。这些价值取向对于现在的社会文化建设和价值观引领而言,具有鲜活的生命力。③

许家星讨论了儒学史上对知言、养气的认识:孔子视知言、知人与内省反求为君子人格的必要内涵;孟子首次将知言养气作为一对儒学核心话语而提出,以彰显儒学仁智双彰之精神;宋明道学接续孟子,以知道、集义诠解知言、养气,突出了知言的工夫、境界义,强化了知言与养气的关系;冯友兰以西方哲学的理性与直觉重新解读知言、养气,展

---

① 温海明:《〈周易〉意本论与当代中国哲学的新发展》,载《孔子学刊》第十一辑,2020年11月。
② 陈来:《儒家文化与民族复兴》,北京:中华书局2020年版。
③ 陈来:《中华文化的现代价值》,北京:中国文史出版社2020年版。

现了儒家哲学理性与存养、认识与实践、工夫与境界两轮偕行的特色。因此深化对知言、养气的认识，有助于推动中国哲学话语建设。①

对于仁与孝的关系问题，唐文明指出，二程、朱子在他们新的人性论框架中提出"仁体孝用论"，将儒门所提倡的爱的普遍性与差等性成功统一起来，但在落实于生活经验时犹有重要缺失。他一方面认为应当从天人之间的感应来理解仁与孝的关系，这样仁与孝皆归属于人直面天地的超越性经验；另一方面基于"仁感孝应论"对《孝经》之"三才章""感应章"进行重新解释，并对现代以来的仁孝之辨进行了评判。②

李景林从儒学作为一种形上义理体系与社会信仰系统之关系入手，揭示了教化儒学的思想和文化内涵。他认为儒学作为一种形而上学，与中国古代社会的信仰系统具有一种"同途而殊归"的内在关联性，这使它能够既保持自身作为一种哲学义理体系的独立性特质，同时又能够切合、转化、升华和引领社会和民众精神生活，具有不同于一般宗教的普泛的教化意义。③

张立文以和合学为核心，分别从元亨利贞、理一分殊论、体用一源论、不离不杂论、内圣外王论、能所相资论六个方面讨论了中国哲学中有关天地万物资始资生、共相殊相、终极根源、顿渐变化、人类社会实践、主体体认客体对象等的问题，旨在建立一套完整的中国哲学元理逻辑体系，从而把握当下中国哲学的时代精神。④

---

① 许家星：《知言与养气——儒家哲学话语之两轮》，载《现代哲学》，2020年第4期。

② 唐文明：《仁感与孝应》，载《哲学动态》，2020年第3期。

③ 李景林：《教化儒学续说》，北京：中国社会科学出版社2020年版。

④ 张立文：《元亨利贞——中国哲学元理之一》，载《中州学刊》，2020年第1期；《理一分殊论：中国哲学元理》，载《社会科学战线》，2020年第2期；《体用一源论——中国哲学元理》，载《学术月刊》，2020年第4期；《不离不杂论的中国哲学元理义蕴》，载《船山学刊》，2020年第2、3期；《中国哲学元理·内圣外王论》，载《学术界》，2020年第6期；《能所相资论——中国哲学元理》，载《河北学刊》，2020年第5期。

干春松在讨论儒家思想中复仇观念与后世法律的冲突时认为，一方面，儒家经典所提倡的价值并不会因为得不到现实制度的支持而失去其对人们生活的影响；另一方面，绝对背弃经典的法律制度亦会造成执行过程中的矛盾。而对于复仇问题的分析，可以让我们更为深入地认识儒家经典对于中国社会影响的复杂性，并帮助我们理解经典对于现时代的意义。①

李祥俊对不同时代儒家性善论的内涵进行了考察：孔子等早期儒家以现实的情感表现论人性，追求应然之善；孟子以超越的本心论人性，明确提出性善论；宋明新儒学以天理论人性，把天理、性善、人伦情感贯通为一。他指出儒家性善论的论证路径体现出唯意志主义、信仰主义的特征，重新发扬人的生命及创造本性是儒学现代转化的重要使命。②

李存山认为，张岱年先生的哲学思想最重视解析与综合，其所建构的是一个"新综合"的哲学创新体系，以"整与分""变与常""异与同"的辩证关系为"文化之实相"，因此在张先生的文化观中，解析与综合的统一仍是重要的特色，这对于当今的文化建设具有重要的理论意义和现实意义。③

刘余莉在《儒家伦理与美德伦理》一书中批判了近几十年间一些西方哲学家把儒家伦理视为美德伦理学的观点，而把儒家伦理视为一种实现了规则与美德统一的独特伦理学类型，并期望利用当代西方伦理学的理论成果对儒家伦理进行重新解读，从而促进中外伦理学的比较与交流。④

---

① 干春松：《儒家经典与生活世界中的复仇》，载《社会科学辑刊》，2020年第5期。

② 李祥俊：《性善何以可能——儒家性善论的概念内涵、论证路径与价值信念探赜》，载《学习与实践》，2020年第6期。

③ 李存山：《解析、综合与理论创新——张岱年先生的哲学思想和文化观》，载《中国哲学史》，2020年第1期。

④ 刘余莉：《儒家伦理与美德伦理》，北京：世界知识出版社2020年版。

4. 经学研究

2020年北京市学界对经学研究非常重视。刘丰认为，儒家所建构起来的"三代之礼一也"的历史观、文化观虽然并不完全符合史实，但非常鲜明地反映了儒家对于历史发展的看法，在儒学体系内是非常有意义的。三代是儒家塑造的理想社会模型，现实社会与三代相比永远是退步的、不够的，三代永远是高悬于现实社会前面的一面镜子。因此，三代以及复三代之礼才会在历史上成为儒学复兴的内在动因。①

陈壁生从经史关系出发，深入考察了郑玄的经学体系。在郑玄那里，群经从孔子立法转变成"先圣"之法，从而在文献意义上消弭异义，平衡异说，重新成为一个共同的系统，不再像两汉今文博士那样用经说展现经学的意义，而是使经学成为一种客观的知识。作为文献的经书与作为知识的经学，既能维持经学的独立性，又能落在政治生活中成为议礼、论政的价值依据，教化天下，塑造一种文明的生活方式。②

任蜜林认为，鲁、齐、韩三家《诗》虽然都属于今文诗学，但其思想特征并不完全相同。鲁《诗》与荀子思想有着密切关系，在解《诗》的时候突出了礼的地位；齐《诗》源自以《公羊》为代表的齐学，有着浓厚的阴阳五行思想色彩；韩《诗》同时受到荀子与阴阳家两方面思想的影响，既有荀子"天人相分"思想，又有天人感应、阴阳灾异思想。③ 此外，他还从西汉《尚书》学发展演变的角度对《洪范五行传》进行了新的探讨，认为其作者应该是夏侯始昌，其内容受到阴阳五行思想的影响，将《洪范》的"五行""五事""皇极"等与"灾

---

① 刘丰：《制造"三代"——儒家"三代"历史观的形成及近代命运》，载《现代哲学》，2020年第3期。
② 陈壁生：《经史之间的郑玄》，载《哲学研究》，2020年第1期。
③ 任蜜林：《三家〈诗〉思想渊源之蠡测》，载《现代哲学》，2020年第1期。

异"结合起来,建构了一套以"六"为标准的阴阳五行系统。① 同时,他也认为,应该把刘向的《洪范五行传论》置于西汉《尚书》学的发展过程中加以研究,并从三个方面论述了刘向对于《洪范》学的贡献。②

陈静、朱雷分别考察了《公羊传》、董仲舒和何休的大一统思想,指出其中一脉相承的观念,是一统与正统的内在关联。大一统理论不仅强调整体的形式统一,更强调政统自身的正义性。统之正是大一统理论的核心。因此,如果要简略概括《公羊传》和汉代公羊学的大一统思想,应该为"大一统"补足语义,其意涵是"大其一统于正"。"统正",才是公羊学所"大"之"一统",才是大一统思想最初的真正含义。③

方朝晖认为,中国历史上的"三纲"本义并不是所谓"君为臣纲,父为子纲,夫为妻纲",而是指君臣、父子、夫妇这三大伦。通过对文献的统计,他指出,宋代以来对"三纲"的使用有明显的从本义向狭义转变的趋势。因此,今人无法理解古人"三纲"的真实含义和思想其实是对本义的忽略而将"三纲"简单地归结为"某为某纲"所导致的。④

辛亚民注意到《周易》类文献中"同卦异名"的现象,他认为除了同音通假外,一类是最初为该卦命名时选取了卦爻辞中不同的字词造成的;还有少数卦名是在转写过程中发生讹误造成的。这一现象说明不同文献易卦卦名具有共同的来源,《周易》卦名虽然正式产生于卦爻辞

---

① 任蜜林:《〈洪范五行传〉新论》,载《河北师范大学学报(哲学社会科学版)》,2020年第5期。
② 任蜜林:《刘向〈洪范〉五行说新论》,载《社会科学研究》,2020年第6期。
③ 陈静、朱雷:《一统与正统——公羊学大一统思想探本》,载《中国哲学史》,2020年第6期。
④ 方朝晖:《试论"三纲"的两种含义及其历史演变》,载《文史哲》,2020年第6期。

之后，但在编纂过程中筮辞中的"中心词"已经具备卦名的"先天形态"，这可以帮助我们理解《周易》同一卦中"一字多义"的现象。①

（三）道家哲学研究

北京地区研究道家道教的力量是国内外最强大的，2020年度学者们的成果依然丰硕。本报告将从如下四个方面对本年度北京市的相关研究成绩作一个大致的梳理。

1.《老子》及老学研究的深入

《老子》作为道家思想的源头，一直以来都是道家研究的重点。对《老子》中核心概念和议题的研究有助于我们对道家思想的总体把握。

（1）"自然"观念的研究

"自然"观念的研究是近二十年来中国哲学界尤其是道家研究中的热点，北京中国哲学界在2020年也陆续发表了几篇重要研究论文。

崔晓姣的贡献在于梳理了近年来中国哲学界关于"自然"这一思想观念的研究，指出已有的研究主要集中于四个方面：一、关于老子思想中"自然"之主要意涵的探讨；二、由此而衍生出的"自然"与"道""物"，以及"自然"与"无为"的理论关系问题；三、"自然"在思想史脉络下的理论发展与演化；四、比较哲学视域下的"自然"观念研究。②

在消化吸收前人研究的基础上，罗祥相指出，此前学者们对老子"自然"的意义层级与类型的区分，存在着过于简化、概括不全的问题，进而通过采用哲学语义分析法，认为老子的"自然"存在"四种主体，五个层级"："道法自然"，是自因的"道"之自然；"辅万物之

---

① 辛亚民：《易卦卦名差异与〈周易〉古经编纂新探》，载《中国哲学史》，2020年第4期。

② 崔晓姣：《何为"自然"与"自然"何为？——近年来中国哲学界关于道家"自然"观念的研究综述》，载《杭州师范大学学报（社会科学版）》，2020年第2期。

自然", 是自在的 "万物" 之自然; "希言自然", 是无为的 "圣人" 之自然; "百姓皆谓我自然", 是自为的 "百姓" 之自然; 而 "莫之命而常自然", 则是道之玄德 "恒使万物自己而然" 的 "自然"。①

刘笑敢则认为, 已有的讨论大多围绕自然的造词义和语词义展开, 而缺少自然之体系义的维度。他通过梳理 "自然" 一词在先秦两汉重要子书如《庄子》《荀子》《韩非子》《吕氏春秋》《春秋繁露》《淮南子》《文子》《论衡》中使用与演变的情况, 凸显了《老子》之自然的体系义与后人之自然在思想意义上的不同和演化, 从而展现出自然从整体义到个体义、最高义到普遍义、价值义到客观义的蜕变, 并由此促进了对自然词义之丰富性、复杂性和歧义性的理解。②

(2) 对《老子》的阐释

李芙馥考察了西汉后期解《老子》的重要著作《老子指归》, 指出在文本结构上,《老子指归》上经四十章、下经三十二章的分章契合于天地阴阳之数; 在解说体例上,《老子指归》采取义理为主、兼有注疏的阐释形式; 在诠释方法上, 严遵体现出了 "柄《老子》之归、统《庄》《易》之指" 的特点, 并在对《老子》思想进行体系化诠释的同时, 也显现出其自身思想的体系化。③

温海明从其意本论哲学的角度出发, 认为 "意" 可以是理解 "道" 的 "道门", 并根据《老子》中将 "道" 比喻成水的哲学思想, 提出从自然之意、道意不二等角度思考和探索 "水意之门", 进而通过 "水意之门" 来推 "门" 求 "道"。④

---

① 罗祥相:《论老子 "自然" 思想的逻辑展开》, 载《哲学研究》, 2020 年第 2 期。
② 刘笑敢:《"自然" 的蜕变: 从〈老子〉到〈论衡〉》, 载《哲学研究》, 2020 年第 10 期。
③ 李芙馥:《严遵释老的文本结构、解说体例与阐释方法——以〈老子指归〉为考察对象》, 载《哲学动态》, 2020 年第 4 期。
④ 温海明:《水意之门——如何推开〈道德经〉的 "道" 之 "门"?》, 载《船山学刊》, 2020 年第 6 期。

(3)《老子》新知——从文本到思想

2020年11月9日下午,在清华大学人文楼,丁四新教授组织和主持了"冯友兰中国哲学论坛:《老子》新知——从文本到思想"的学术座谈和对话会。参加本次会议并发言的学者,除丁教授之外,还有郑开、曹峰和李若晖教授。这次会议的目的,一是推进对出土简帛《老子》的研究,引起学界进一步的重视;二是促进学界对通行本展开检讨和批评。其中,郑开、曹峰和丁四新的发言经季磊博士生整理并经过他们本人的润色和修改之后,以《〈老子〉新知——从文本到思想》为总标题发表在《中原文化研究》2021年第3期。①

2.《庄子》及庄学研究的兴盛

《庄子》及其相关问题的研究是2020年北京中哲界道家研究中最主要的部分。这些研究中,既有对《庄子》哲学的整体研究,也有关于具体篇章和论题的专题研究。

(1)《庄子》哲学的整体研究

杨立华的《庄子哲学研究》一书以《庄子》内七篇为文本基础,通过庄子世界中的人物、概念层次等深入肌理的文本细读,抽丝剥茧般揭示出《庄子》内篇令人惊讶的整体性和完成度:思想与概念展开的高度一致,精巧到近乎无迹的结构安排,看似偶然实则必需的叙述方式。他指出,那些以为庄子之文章漫无际涯的看法其实未能了解庄子叙述风格背后的不得已,庄子的哲学有见于哲学的语言困境以及人间世的种种危险,以无条件的真知为追求,以各种形态的"尝试言之"彰显出不可言说的静默。②

丁四新着重研究了形成庄子思想的观念源头问题,认为"道""气""天"是庄子思想形成的三大本原,它们都包含"自然"之义。

---

① 郑开、曹峰、丁四新:《〈老子〉新知——从文本到思想》,载《中原文化研究》,2021年第3期。

② 杨立华:《庄子哲学研究》,北京:北京大学出版社2020年版。

其中，"道"有主观境界义和客观实在义，"气"有客观实在义和精神状态义。从宇宙生成看，道、气为二元，气聚散变化而道随气周行；从始源看，"道"毕竟是第一位的，"气"是第二位的。"天"亦有客观实在义和主观境界义，并且是"自然"的代名词，是对"自然""无为"两概念内涵的综合。"自然"贯通于"道""气""天"三大本原之中，兼具"自己如此""自然而然"和"无为"三义，同时兼具客观实在义和主观境界义。①

王威威探讨了庄子学派对道与无、有的关系，道与一的关系，道与物的关系的看法，揭示了庄子学派赋予道的新内涵：庄子认为道非有非无，庄子后学有使道变为纯粹的无的主张；庄子思想中的"一"是一种混而未分的精神境界，也是万物最本真的存在状态，庄子后学以"一"为道与物的媒介，"道生一"而"物得一"；庄子以道为"未始有物者"，庄子后学明确提出"物物者非物"命题；庄子及其后学以道为"形形者"，又用精、气、物解释万物如何成形的问题，这一思路可用来解释《老子》第五十一章的"物形之"。②

(2) 关于《齐物论》的研究

《齐物论》是《庄子》一书中极为重要的一篇，一直以来也都是《庄子》注疏和研究中的重点，但同时本篇也是《庄子》中最为复杂、并且聚讼不已的一篇。仅就篇题而言，就存在着"齐物—论""齐—物论""齐—物、论"等多种读法和理解进路。

王威威比较了《齐物论》和《秋水》两篇中"齐物"观念的不同，认为《齐物论》中的"齐物"观念包含两个层次，泯除是非、承认万物的个性和平等是低层次的"齐物"，打破物与物、我与物之间的分界而回归混而未分的整体是高层次的"齐物"；而《秋水》中的"齐物"

---

① 丁四新：《庄子思想的三大本原及其自然之义》，载《人文杂志》，2020年第2期。

② 王威威：《庄子学派对老子之"道"的诠释》，载《江淮论坛》，2020年第2期。

观念停留在承认万物的个性和价值平等的低层次，尚未上升到"通而为一"的高层次，且该层次的"齐物"强调是非的判断标准会因时而变化，亦即并不主张泯除是非。①

曹峰批评了过去的《齐物论》研究中那些偏执于"物论"层面的做法，强调应当将《齐物论》放在道物关系、心物关系的发展脉络中，并置于统一性与差异性关系的框架中来认识，认为《齐物论》关于"物论"的辨析只是前提、过程、媒介，其真正的落脚点在于万物，在于回到万物本身并实现万物的多样性和差异性。而庄子《齐物论》的完成亦是建立在对前人齐物思想的继承与批判之上。②

在齐物与齐论的对举中，程乐松尝试通过主体视角展开的自我反思来揭示《齐物论》的思想世界，发现其中存在着两种不同的自我形态：融入世界的言说者和外在事物秩序的建构者，与疏离外在的沉默者和既有秩序的解构者。"我"的成立是以有限性为前提的，同时，有限性和界限感也成为自我不断遭遇外物的经验触发机制，而这些经验又进一步地激生了自反性的省察。只有在有限的前提下，整全与浑然才为自我提供了一种不断回向并尝试超越的活力。③

此外，程乐松还揭示了《齐物论》在当代西方反形而上学潮流中所具有的独特价值，认为它没有概念化的创制与抽象的约化，在概念规范和命题逻辑的限制之外，通过视角的转换与视野的拓展揭示划一秩序和主体智识的有限性，从而保持活跃反思的持续性及对经验的敞开。在此意义上，作为思想方法的《齐物论》可以成为哲学——特别是西方

---

① 王威威：《"齐物"观念的层次及其论证——从〈庄子·齐物论〉到〈庄子·秋水〉》，载《江海学刊》，2020年第3期。

② 曹峰：《思想史脉络下的〈齐物论〉——以统一性与差异性关系为重点》，载《中国人民大学学报》，2020年第6期。

③ 程乐松：《物化与葆光——〈齐物论〉中所见的两种自我形态》，载《中国哲学史》，2020年第3期。

底色的哲学范式——的参照和渊鉴。①

作为理解《齐物论》的关键,"吾丧我"的命题也一直受到道家学界的关注。孟琢利用汉语词源学的方法,分析了《庄子》"吾丧我"中"我"和"吾"的意向性区别以及"丧"的意向性特点,指出"我"的词源意义在于"倾斜",其实质是基于成形、成心的人物关系的不对等性。"丧"与"忘"同源,是一种排遣人文标识的精神方法,依三籁之序而不断逆行,以退场的方式归于整全的天籁之境。"吾"的词源意义在于"相遇",是超越了偏斜之"我"的人与万物之间的自由相遇、平等转化与浑然一体。②

此外,罗祥相认为,由对"小大之辩"的不同诠解将开阐出不同的"逍遥义"。③ 韩林合讨论了庄子"无用之用"论题的三种可能意义。④

3. 黄老哲学与魏晋玄学研究

(1) 黄老哲学研究

随着马王堆《黄帝四经》的发现,"黄老道家"的提法得到确认,相关研究也自此成为道家研究中的前沿领域。

首先,黄老哲学的核心在于政治哲学。崔晓姣通过探讨"刑名"与"自然"观念的建构以及对二者关系的厘定,揭示了黄老政治哲学

---

① 程乐松:《物以化齐言则不齐——重思〈齐物论〉的思想方法》,载《北京大学学报》,2020年第4期。

② 孟琢:《〈庄子〉"吾丧我"思想新诠——以汉语词源学为方法》,载《中国哲学史》,2020年第5期。

③ 罗祥相:《诠释的偏移与义理的变形——庄子"小大之辩"及"逍遥"义迁变之省思》,载《孔子研究》,2020年第2期。

④ 韩林合:《庄子之"无用之用"论题简释》,载《杭州师范大学学报(社会科学版)》,2020年第1期。

独特的内在理路。① 李素军聚焦于"无为而无不为"这一命题,梳理出先秦道家静态关照的"涤除玄览"和汉初黄老道家具有实践意义的"曲因其当"两种不同形态的"无为"。②

其次,黄老研究的范围也在不断拓宽,例如目前学界基本认同《吕氏春秋》在总体上也属于黄老道家。丁四新围绕"贵生""重己"与"形神"等概念考察了《吕氏春秋》的生命哲学,认为《吕氏春秋》综合了性命说和精气说两大传统,以"太一"(或"道")为"本源",而以"精气"和"性命"为其"本体"。在此基础上,《吕氏春秋》阐述了生命哲学的多个重要概念、观念、方法和问题,进一步拓展了"生命哲学"的内涵和外延,推进了相关思想在战国末季的发展。同时,它承上启下,作为秦汉生命哲学的开端,具有不容忽视的思想意义。③

白奚重点研究了早期道家的一位重要人物范蠡,认为他上承老子,下开战国黄老道家,在很多方面传承了老子的思想,并在长期的政治、军事活动中予以发挥和应用,开创了道家思想成功指导社会实践的新局面,为道家学说的发展开辟了新的领域和新的方向。特别是他提出的"因"论,不仅推进了对老子思想的研究,更对战国时期的黄老道家产生了深刻的影响,成为黄老道家最重要的哲学方法论。④

(2)魏晋玄学研究

魏晋玄学一直是道家研究中的薄弱环节,北京哲学界2020年在这方面的研究也略显不足。

余开亮阐释了郭象"游外冥内"这一命题,指出其内涵在于将方

---

① 崔晓姣:《"刑名"与"自然":黄老政治哲学的内在理路探析》,载《江汉论坛》,2020年第3期。
② 李素军:《从"涤除玄览"到"曲因其当"——论汉初黄老道家"无为而无不为"如何可能》,载《中国哲学史》,2020年第2期。
③ 丁四新:《"贵生""重己"与"形神"——论〈吕氏春秋〉的生命哲学》,载《文史哲》,2020年第4期。
④ 白奚:《范蠡对老子学说的继承与发展》,载《中国哲学史》,2020年第1期。

内与方外两种世界性的划分统摄于一种"即方内即方外"的适性处世心态,从而使现实世界的逍遥成为可能;郭象以自然性分的新内涵整合了自然与名教的冲突,提出了"自然即名教"(而非名教即自然)的新观念,从而使遵循真名教也可以是一种任自然的体现;郭象还旗帜鲜明地对名教之治与"弃情逐迹"现象进行了批判,彰显了其政治理想主义的理论倾向。①

4. 儒道比较、中西比较及其他

(1) 儒道比较研究

一般认为,儒家主张出仕而道家崇尚归隐。李芙馥从伯夷与叔齐归隐一事切入,观察到孔子对其褒扬有加而庄子多贬抑之,亦即先秦儒道两家对仕与隐的态度并非简单的二元对立,而是都以"道"为核心,以是否合于"道"为标准来具体评判出仕与归隐。换言之,先秦儒道两家在对待仕与隐的问题上既有其"异"也不乏其"同",显现出比较复杂的局面。②

李锐关注中国古代的宇宙生成论,并借助近年出土的简帛材料,从其源头将它们划分为四种类型:神话型、数术型、有生于无型、自生型。他认为,虽然目前所见的宇宙生成论多数都综合了其他类型,但是核心因素还是比较明显。神话、自生、无中生有、数术等类型的宇宙生成论都联系着一种指导行为的准则,并且和先秦思想家的很多思想相关。③

丁四新提出应当从宇宙生成论与宇宙结构论相结合的角度来研究中国古人的宇宙论数理及其"数"的哲学观念,认为早期中国"数"的

---

① 余开亮:《郭象"游外冥内"说辨义》,载《贵州大学学报(社会科学版)》,2020年第3期。
② 李芙馥:《先秦儒道仕隐观再探——以伯夷与叔齐归隐事件切入》,载《孔子研究》,2020年第5期。
③ 李锐:《中国古代宇宙生成论的类型》,载《江淮论坛》,2020年第1期。

哲学观念主要表现在三个方面：首先，对"数"本身作了哲学思考，肯定其实在性和普遍性；其次，从宇宙论层面肯定"数"的哲学观念，并通过宇宙论数理将其推广至天地万物；再次，从思维角度赋予"数"以哲学意义。①

杨博通过将楚竹书道家文献与传世儒家文献有关宇宙生成的篇章对照，发现儒、道家叙述宇宙生成模式的目的均在于为各家主张的"治世"理想提供依据。早期诸子学说在同一政治目标下，通过相近或共同的"治世"言说母题，同根互济，旨趣贯通，但又借别家理论以张扬己说。在此意义上，汉人"六家""九流十派"的学派判定是有着深刻历史渊源与学术背景的。②

（2）中西哲学比较研究

郑开基于长期以来对儒道"德"观念的研究，进一步将中国古代思想中的"德"与西方世界的"Virtue"比较，认为这两个语词或概念本身即包含了丰富的语源学与思想史之跌宕起伏，并且它们各自的特色与价值以及其间的异同都需要从中西方哲学（含伦理学）理论范式的层面予以理解和把握。他指出，苏格拉底以来的古希腊伦理学以知识论、逻辑学为基础，围绕德性与正义等主题展开；而中国战国中期以来，儒道两家伦理学则以"心性论—实践智慧和境界理论"为归宿，趋向于人性的实现与精神的提升。③

王中江立足于对儒道关于宇宙世界思考的把握，认为从世界的关系性和普遍相关性来看，因果确定性、决定以及与之相反的不确定性、机遇和非决定，是世界关系性和普遍相关性的不同类型。其中，因果确定

---

① 丁四新：《"数"的哲学观念再论与早期中国的宇宙论数理》，载《哲学研究》，2020年第6期。

② 杨博：《战国楚竹书早起儒、道"治世"学说的相互关系》，载《诸子学刊》，2020年第1期。

③ 郑开：《德与Virtue——跨语际、跨文化的伦理学范式比较研究》，载《伦理学术》，2020年第2期。

性属于强相关性，其强度有大小、多少之别，但它至少要强到影响了结果的出现；不确定性和机遇则属于弱相关性，其弱的下限是它同结果不能毫无关系。而德福一致的天命论和德福不一致的运气论，是因果确定性和不确定性在人类事务中的一种特殊表现。①

（四）佛教佛学研究

北京地区佛教研究力量比较雄厚，重要学术单位包括：中国社会科学院世界宗教研究所、北京大学宗教学系、中国人民大学佛教与宗教学理论研究所、中央民族大学哲学与宗教学院、清华大学哲学系、北京师范大学哲学学院、中国藏学研究中心等。2020年度北京地区学者发表的论著，主要集中在以下几个方面：中国中古佛教史研究、印度佛教与哲学研究、《大乘起信论》研究、佛教解经学研究、藏传佛教研究、戒律研究。本报告最后简单列举相关的课题和学术会议。

1. 印度佛教与藏传佛教研究

姚卫群《印度古代宗教哲学文献选编》（商务印书馆2020年版）选编的文献涉及胜论、心理、教论、瑜伽、弥曼差和吠檀多六个派别。译文主要依据梵本，适当参考了一些已为学界公认的英译本。他还发表了《印度哲学中对人与自然现象的趋同性分析传统》（《世界哲学》，2020年第2期）、《古印度哲学中的"实体"观念》（《哲学分析》，2020年第2期）等论文。

王俊淇《法称〈正理滴论〉与法上〈正理滴论注〉译注与研究》（中国社会科学出版社2020年版）对法称《正理滴论》与法上注进行译注与研究。该书是《滴论》以及法上注的首次汉语全译，方便了汉语读者直接了解与学习法称及其后学的量论。他还着重研究《明句论》相关的因明问题，发表了论文《〈中论〉〈明句论〉第二十五章中的四

---

① 王中江：《强弱相关性与因果确定性和机遇》，载《清华大学学报（哲学社会科学版）》，2020年第3期。

句分别》(《佛学研究》，2020年第1期)、《月称〈明句论〉中的自他共比量》(《世界哲学》，2020年第3期)。

成建华《从因果关系上看中观佛教对"生"的破斥》(《世界宗教研究》，2020年第6期)指出"生"是印度哲学中非常重要的哲学范畴，并结合龙树《中论》的核心内容——"八不中道"，从因果关系上对印度最具代表的宗教哲学派别的理论思想加以辨析，揭示中观佛教对"生"的否定辩证法意趣以及对空义的高度阐发。

周广荣《尼耶舍：走向"梵我合一"的方便法门》(《世界宗教文化》，2020年第6期)指出吠陀时代的"梵我合一"思想、六派哲学时代的"声常住论"，以及南印度经典湿婆派悉陀医学的"肉身观"，构成了尼耶舍法门的思想基础。

在藏传佛教研究方面，尕藏加《西藏政教合一制度史略》(社会科学文献出版社2020年版)呈现了西藏地方政教合一制度的演进历史和基本面貌，揭示了不同时期西藏地方政教合一政权的结构、特征和作用，是中国藏学研究领域第一部较为系统梳理和阐述西藏政教合一制度历史的论著。乌日切夫《雍和宫藏元刊两部藏文文献概述》(《世界宗教研究》，2020年第6期)指出这两部佛教文献作为蒙藏佛教文化领域具有重要意义的佛教版画资料，改变了元刊蒙藏佛教版画极度欠缺的状况。嘉木扬·凯朝《论萨迦班智达对于蒙藏佛教交流的贡献》(《世界宗教研究》，2020年第6期)介绍了萨迦班智达·贡嘎坚赞（1182—1251）在创制蒙古文字、推动蒙藏政治融合和文化交流、为后世处理政教关系和民族关系树立先导作用等方面的贡献。刘丹枫《藏传佛教对中观应成派思想的继承与发展——以格鲁派"所破"概念为中心》(《佛学研究》，2020年第2期)指出格鲁派在继承和发展中观应成派思想的过程中，围绕"所破"（dgag bya）概念建立起严密的理论体系，并最终将"所破自性"定义为"不观待名言安立而从自方有"。沈卫荣《世界佛教视野中藏传佛教的多重认同》(《中央社会主义学院学报》，2020年第4期)基于整个世界的宗教场域，介绍了藏传佛教在不同时空条件下被赋予不同的身份认同，指出这些认同极大地影响了人们对它的宗教性质、思想价值、历史和现代意义的认识，而有机整合汉、藏两种佛教传统的汉藏佛教，更应该是中国佛教重要的身份认同。嘉木扬·凯朝《藏传佛教中国化的历史脉络及重要人物》(《中国宗教》，2020年第8期）介绍了文成公主、萨迦班智达、宗巴喀大师、十世班禅大师在藏传佛教中国化过程中所作的杰出贡献。班班多杰《藏传佛教中国化的学理依据、本土特色和时代特征》(《中国宗教》，2020年第8期）指出藏传佛教中国化要处理好藏传佛教基本信仰、教义、修持和中国立场本位的关系，谨守师法师徒传授和主动适应中国社会的关系，注重藏传佛教教义的传承渊源、义理原旨和体现中国思想特质的关系。

2. 中国中古佛教史研究

（1）六朝佛教研究

黄心川《北朝佛教与儒家文化——以北魏佛教公信仰为中心》(《五台山研究》，2020年第3期）指出北朝三教以"戎华之争"为特点，佛教一方面反对儒道二家，一方面用儒家的"孝"去批评正在进行的灭佛行为，一时成为各民族政权的公信仰。黄夏年《北朝民族佛教的性格》(《西南民族大学学报》，2020年第6期）对北朝各民族佛教性格作出说明。李四龙《以北朝解经重评"南义北禅"》(《五台山研究》，2020年第4期）指出邺城译经、讲经、义学讨论盛行，作为中国佛教史上继关河义学之后的第二个义学高峰，否定了"南义北禅"的客观性。"南义北禅"实则体现了南北方僧人的弘法特色而非佛学格局。陈志远《六朝佛教史研究论集》（博扬文化事业有限公司2020年版）就《般若经》早期传播史、六朝前期荆襄地域的佛教、梁武帝与《般若经》、干戈之际的真谛三藏、早期佛典翻译史的独特方法、六朝的转经与梵呗、晋宋之际的王权与僧权、内律与俗法等话题展开了讨论。

（2）隋唐宗派佛教研究

夏德美《三论宗与"关河旧说"、河西道朗关系考辨》(《西南民族大学学报》，2020年第3期）指出把道朗列入三论宗传承系谱缺乏思想传承根据，也与三论宗思想特质相悖。李四龙《论智𫖮治病法及其医疗文化系统》（《世界宗教文化》，2020年第5期）指出智𫖮的治病法展现了南北朝复杂的医疗文化系统，其中以"观心"为特色的禅法丰富了中医对精神疾病的治疗方法。张文良《李通玄与日本华严思想——以李通玄对明惠的思想影响为例》（《五台山研究》，2020年第2期）指出李通玄对日本华严思想的影响集中体现在日本华严思想家明惠的思想中，其中最重要的特色是建立佛光观等观想仪轨，将在中国展开的义理华严改造为仪轨华严。他另有《中国华严宗的观音诠释》（《东亚佛学评论》，2020年第1期）论文一篇。黄夏年《二祖慧可在中国禅宗史上的地位及意义》（《五台山研究》，2020年第1期）指出慧可奠定了中国佛教特有的祖师禅信仰模式。张明悟《〈显密圆通成佛心要集〉对辽代密教的影响探析》（《佛学研究》，2020年第1期）指出辽代密教是从辽大康年间（1075—1084）开始流行，并一直持续到整个金代。辽代道殿法师所著的《显密圆通成佛心要集》在其中产生了重要影响。李想《迁权就实、取象表法及唯心净土——李通玄净土叙事的建构与革新》（《世界宗教文化》，2020年第4期）考察了李通玄"唯心净土"的净土思想及其独特的理论背景。《论早期禅宗的净土观》（《世界宗教研究》，2020年第5期）探讨了早期禅宗对待净土信仰的态度及其对净土思想和念佛法门的不同阐发。湛如《唐代长安西明寺与仁王会——以敦煌写本 p.3808 长兴四年中兴殿应圣节讲经文为线索》（《世界宗教研究》，2020年第4期）指出仁王会是一场上到帝王下至百姓的盛会，法会中的各种活动又是唐代社会生活的一个重要缩影。陈粟裕《禅意绘画》（中国大百科全书出版社，2020）梳理了从北朝晚期至清，禅宗对中国绘画艺术的影响。《〈安重荣出行图〉研究——一位五代粟特将领的"神化"》（《敦煌研究》，2020年第4期）指出粟特人在汉化过程中运用汉地熟悉的文殊菩萨塑造粟特裔将领的形象。

3. 佛教解经学与《大乘起信论》研究

赵悠《The Wheel Unturned: A Study of the Zhuan Falun Jing (T109)》（*Journal of the International Association of Buddhist Studies*, Volume 43, 2020）考察了《大正藏》收录的第 109 号《转法轮经》，以文献学的方法证明了该经主体部分实由安世高译出，对当代学者以该经非安所译的观点作出修正。文中还证明了该经文风不齐的原因在于支谦对该经进行了通篇的修订。最后文中指出此类经过汉地改编的佛教经典与其被定性为"伪经"，不如将其视为早期经典要素作为叙事模块被灵活使用的一种见证。黄夏年《南北朝二种〈法印经〉研究》（《佛学研究》，2020 年第 1 期）对南北朝时期的竺法护译的《佛说圣法印经》与《慧印三昧经》进行了比较研究。范晶晶《缘起——佛教譬喻文学的流变》（中西书局 2020 年版）以佛教譬喻文学为研究对象，作者总结了"缘"这种文学类型的跨文化迁徙过程及其对文学史研究的意义。杨浩《净影慧远义疏体著作解经体例初探》（《宗教研究》，2020 年第 1 期）指出慧远的解经主要采用南北朝流行的义疏体，在体例中实际上贯彻了较为统一的三门分别。此种解经体例为后代解经家所吸收，并发扬光大，从而形成具有一定汉地特色的佛教解经学。

关于《大乘起信论》研究，中央民族大学于 2016 年成立东亚佛教研究中心，《大乘起信论》研究是该中心的重点课题。张文良作为该中心的核心成员之一，其出版的《〈大乘起信论〉思想史研究》（中国社会科学出版社 2020 年版）是国内《大乘起信论》研究的最新成果，该书创造性地提出"作为方法的《大乘起信论》"这一观点。刘成有与郭佳的书评《聚焦东亚佛教思想演变之"黄金纽带"研究——《〈大乘起信论〉思想史研究》书评》（《佛学研究》，2020 年第 2 期）指出关于《大乘起信论》的注疏与研究，成果不少，但是能从东亚佛教的层面对《大乘起信论》的研究史进行梳理的成果少之又少，该书的出版将推动东亚如来藏思想的研究。

《大乘起信论》及相关注疏研究的期刊论文可以分为四类：其一，

《起信论》的哲学研究。论文有张文良、明月《〈大乘起信论〉中的"大乘"》(《佛学研究》,2020年第2期)与喻春勇《〈大乘起信论义记〉中"觉"义思想》(《东亚佛学评论》,2020年第1期)两篇。其二,《起信论》及其注疏的修行法门研究。论文有吴紫雯《〈大乘起信论〉的修道位次第》(《佛学研究》,2020年第2期)与张海龙《法藏法师〈大乘起信论义记〉之止观思想探析》(《五台山研究》,2020年第2期)两篇。其三,《起信论》作者研究。论文有王帅《昙延与〈起信论〉》(《佛学研究》,2020年第2期)。其四,《起信论》与近代佛教研究。论文有刘成有《冯友兰中国哲学视域中的〈大乘起信论〉研究》(《哲学动态》,2020年第8期)与喻春勇《牟宗三"一心开二门"思想及其对康德哲学之会通》(《佛学研究》,2020年第2期)两篇。

4. 戒律研究

王邦维《房山石经中的律典》(《西南民族大学学报》,2020年第7期)指出房山石经所收律典有8种,主要刻于隋唐时期。依此推测当时云居寺一带的僧团主要宗奉《四分律》。此外,房山石经的律典还说明了房山的僧人完全依大乘佛教的规矩奉持"菩萨戒"经典,以中国通行的大乘经典("大乘律")为律仪的根据。李薇《〈大毗婆沙论〉之"心狂乱"考》(《世界宗教文化》,2020年第3期)指出《大毗婆沙论》记载律藏有三种不犯,但是现存律藏中却为四种不犯。作者通过考察《大毗婆沙论》中与心狂乱相关的梵语,并调查这些梵语词在《阿含经》、律藏、阿毗达摩论书中对应的译语及在注释书中的解释,发现这一矛盾可能是由于kṣiptacitta译语的变化而产生的。同年,李薇还提交了博士后出站报告《律藏僧残法之"淫戒"研究》(北京大学,2020)。吴娟《印度佛教〈根本说一切有部律·衣事〉梵藏本探析》(《中华文史论丛》,2020年第2期)对缺少汉译本的根本说一切有部《律事》的第七章《衣事》进行探究,对吉尔吉特梵文本和藏译本进行了对照,并以阿阇世故事为例说明《衣事》对于佛教和耆那教的比较研究。夏德美《早期禅宗戒律观的演进》(《世界宗教文化》，2020年第2期)对达摩到慧能的禅宗戒律观作出考察。文中指出纵观菩萨戒中国化历程，慧能无相戒的提出标志着菩萨戒中国化的基本完成，从此，中国有了完全独立的菩萨戒理论，同时也引发了一些新的问题。温金玉《辽金时期燕京律宗一系考察》(《宗教学研究》，2020年第2期)指出北京作为辽金重镇，其中律宗最具特色，不仅有著名律寺、传戒戒坛、律学著述，更有成规模、有系统的法系传承，形成从法均到圆拱五世代代相承的辽金律宗法脉。温金玉教授还发表了《弘赞在犙律学思想研究》(《西南民族大学学报》，2020年第7期)。梁玲君、李良松《〈四分律〉中的耆婆医案探析》(《医学与哲学》，2020年第6期)指出通过研究耆婆医案有助于准确把握耆婆诊疗方式、手术治疗特点、用药特色，挖掘当时医学的发展进程，有助于梳理耆婆医学思想在医学发展史上的历史意义以及更好地指导临床实践。

除了上述数几个方面外，2020年度还有佛教文献学、东亚佛教等领域的研究成果。纪华传《乾隆大藏经总目提要》(沈阳出版社2020年版)对每部经典的翻译情况或著述过程、品目内容、经论大义等进行了概述，是中国佛教文献学研究领域一部重要的研究成果。夏德美《肇论新疏》(中国社会科学出版社2020年版)对元代华严僧人文才的《肇论新疏》进行了标点与校勘。魏道儒《人类文明和谐共生的样板：中韩佛教文化共建》(《世界宗教研究》，2020年第1期)指出7到10世纪，韩国僧俗人士在中国佛教最兴盛时期参与到共建中国佛教文化的伟大事业中，是人类文明交流史上的奇迹，对于夯实构建人类命运共同体的人文基础，有着重要的启示、借鉴和鼓舞作用。

纵观北京地区2020年度佛教研究情况，当前的佛教研究表现出以下特点：佛教史研究成果相对较多，藏传佛教的研究成果增长较快；狭义的佛教哲学研究有待提升，但出现新的增长点，一是《起信论》老题新作，二是佛教解经学已经形成印度梵语原典研究与汉译佛典注疏研究齐头并进的学术格局；佛教制度史研究不温不火，但在律藏文献研究上已表现出持续发展的后劲；佛教医学逐渐受到关注，该领域研究趋热。

（执笔：丁亮皓　季　磊　孙皓佳　王　栋　姜明佳）

四、外国哲学学术发展报告

（一）概述

2020年是极不平凡的一年，但是北京"外国哲学"学科的发展仍然取得了重要成就，学者们还关注科学技术的前沿问题，开辟了一些新的哲学研究领域。

第一，北京"外国哲学"研究继续发挥自身学科的优势，进一步夯实了古希腊罗马哲学、中世纪哲学、文艺复兴和近现代哲学领域的基础理论研究。学者们围绕柏拉图、亚里士多德、但丁、康德、黑格尔、海德格尔等西方重要的哲学家展开研究，发表专著和论文，并且进行了多场学术讲座和学术会议，进一步加深了对西方哲学根基的理解。在翻译方面，出版了策勒的《古希腊哲学史》（全六卷）、《国王的两个身体》等力作。北京的外国哲学在学科建设和学术研究方面都取得了重要成绩。

第二，北京"外国哲学"学科进一步加强同中国哲学、马克思主义哲学等学科的对话。学者们越发地注意到这种不同学科之间对话的重要性，强调中西马之间的融会贯通。2020年学者们围绕中西形而上学以及中西伦理等的异同问题召开了多次学术会议，取得了良好的效果。6月，北京大学哲学系举办了"张世英与当代中国比较哲学"学术研讨会；8月，清华大学哲学系举办了"黑格尔与马克思"——中日哲学（线上）论坛；9月北京市社会科学院哲学所主办了"中西哲学的形上义蕴与现实关怀"学术会议。这些学术会议有力地推动了外国哲学和哲学其他学科之间的对话。

第三,北京"外国哲学"的研究关注前沿人工智能技术,拓展了新的哲学研究领域。人工智能是人类近几十年来出现的新技术,近年来不断取得新的突破。人工智能的发展也越来越突破单纯技术范围,引起了包括伦理学、社会学和哲学等领域的强烈关注。北京"外国哲学"的研究者们也越来越关注这个领域,并从哲学的高度对人工智能的诸多问题进行了思考。3月底,由北京大学博古睿研究中心策划编辑的《智能与智慧——人工智能遇见中国哲学家》由中信出版社正式出版。5月北京大学的韩水法做了"人工智能时代的人文主义"讲座;6月南星做了"人工智能体有自由意志吗?"讲座;11月刘哲做了"人工智能时代的理智主义"讲座;中国人民大学7月也举办了认知科学明德讲坛第11期:"AI与情感"会议。可以看到,外国哲学研究领域的学者们越发地关注人工智能,对人工智能的研究也拓展了当代外国哲学发展的新领域。

总的来看,2020年北京的"外国哲学"在对传统基础理论的研究,以及对"人工智能"等新领域的研究方面都取得了不少的进步。而通过不同学科之间的交流对话,丰富多彩的学术会议、学术讲座,以及对哲学基本问题的深入研究,对前沿问题的强烈关切,2020年北京"外国哲学"的学科建设也得到了有力的推进。

(二)研究进展

2020年北京"外国哲学"方向的学术研究在一些重要领域都取得了进步和突破。一是西方重要经典著作的翻译和出版;二是中世纪哲学的研究取得了可喜的进展,进一步补足了短板;三是在古希腊哲学研究和德国哲学研究等优势领域进一步取得突破。

1. 古希腊罗马哲学研究

2020年,在古希腊哲学的研究方面,特别值得一提的是策勒的

《古希腊哲学史》汉译本的出版。该书德文原名是 *Die Philosophie der Griechen in ihrer geschichtlichen Entwicklung*，意即"在其历史发展中的古希腊哲学"，有时也被简写作"Philosophie der Griechen"，即"古希腊哲学"。策勒的《古希腊哲学史》是现代西方学术界对古希腊哲学进行全面、系统、科学、专业研究的经典学术巨著。它规模宏大、资料翔实、方法严谨、论证深刻，在西方古代哲学研究史上具有里程碑意义。该书享誉国际学术界已逾百年，迄今为止已被翻译成英文、法文、意大利文、西班牙文等多国语言文字。汉译本是根据英译本翻译的。

其中，该书第一卷由聂敏里、詹文杰、余友辉、吕纯山四人合译完成，第二卷译者是吕纯山，第三卷译者是詹文杰，第四卷译者是曹青云，第五卷译者是余友辉，第六卷译者是石敏敏。由聂敏里教授担任主编的翻译团队，以十年的坚守，精益求精的学术态度，最终将这部巨著以六卷八册三百余万字的篇幅呈现出来，不仅实现了国内几代学者的夙愿，而且对于促进中西文明的互鉴、深化国内古希腊哲学的研究也将产生积极的影响与作用。

在专著方面，詹文杰的《柏拉图知识论研究》，于2020年4月由北京大学出版社出版，全书共计45万字。该书旨在对柏拉图知识论进行系统性研究，不仅集中考察了《美诺》《斐多》《理想国》《泰阿泰德》等知识论主题较为突出的著作，而且有针对性地讨论了某些早期对话录以及《智者》《斐莱布》等晚期对话录中涉及知识问题的文本。作者指出，在柏拉图的著作中，知识有时表示作为一种认知态度的确知，有时表示学问领域或科学门类，有时表示最高层次的理智能力。柏拉图在有些场合看似把经验知识也算作某种知识，但是他始终把严格意义上的知识概念保留给理念知识。

在论文方面，吕纯山发表了《柏拉图与亚里士多德生成论之比较》一文，该文认为，柏拉图在《蒂迈欧》和"未成文学说"中所讨论的生成理论与亚里士多德的生成论有很大的相关性，甚至可以说后者是在与前者的对话中形成的。无论是三本原的生成模式学说，火、气、水、土四元素相互生成学说,还是由四元素生成同质体的理论,甚至个别事物的生成理论,亚里士多德都从老师那里获取了理论资源。本文即从这几个方面进行对比论证,表明亚里士多德继承和发展了柏拉图的生成理论。本文还就柏拉图的"接受者"和亚里士多德的最初质料和终极质料的关系进行了进一步的澄清。①

吴天岳在《亚里士多德论混合行动》一文中指出,大多数当代学者认为,亚里士多德《尼各马可伦理学》3.1中所谓的"混合行动"实际上是自愿行动。然而,在《尼各马可伦理学》5.8和《优台谟伦理学》2.8中,亚里士多德将与之相关的被迫行动归为不自愿的行动,这一分类和上述当代解释之间存在着理论张力。该文通过考察上述不同文本和重构相关行动哲学框架,试图论证亚里士多德在《尼各马可伦理学》3.1中对何为混合行动给出了从理论上看更为有力的解释:它以一种包含特定道德立场的自愿性概念为根基,而不依赖于亚里士多德在其他场合对人类行动的本体论解释。该文还试图论证,这一非本体论的自愿性概念可以帮助我们更好地理解阿伽门农在奥利斯所面对的一类道德困境。②

聂敏里和冯乐在《古典"德性统一论"与当代情境主义》一文中指出,德性伦理学的当代复兴很大程度上是因其对道德心理的格外关注。但是近年来,随着心理学的发展,德性伦理学的道德心理学部分逐渐成为批判的靶子,尤以情境主义对"德性"实在性的质疑最为引人注目。与此同时,德性伦理学内部也开始倾向做"德性非统一"或"有限统一"的论证,并以此来捍卫德性伦理学的正确性。该文通过对苏格拉底的"强统一论"和亚里士多德的"较强统一论"两个核心版

---

① 吕纯山:《柏拉图与亚里士多德生成论之比较》,载《云南大学学报》,2020年第6期。

② 吴天岳:《亚里士多德论混合行动》,载《外国哲学》,2020年第2期,商务印书馆2000年版。

本的重点阐释，说明抛弃"德性统一论"从而寻求德性伦理学的新出路，恰恰是对德性伦理学的最大背离。①

刘素民在《在启蒙的古希腊哲学中探寻"无神论"》一文中指出，启蒙的古希腊哲学土壤里并没有产生现代意义上的彻底的"无神论"，我们在其中所能够发现的，是与"物活论"相交织的"无神论"。古希腊哲学家对于民间盛行的神话拟人化的宗教信仰的微词的确会在与神有着紧密关系的社会秩序中发酵，甚至因此而被定"无神论"之罪，智者学派就是戴着"亵渎神明的无神论者"高帽的第一批人文主义者或思想启蒙者。苏格拉底否认人能知晓地狱及死后的世界，但其"灵魂不朽"思想却包含了"到来世和彼岸去"的心理暗示，或许可以成为他二元世界与二元人生决定性的信念，以及他由"知识即美德"这一"知行合一"主张所要达及的"福德一致"的信仰信息。柏拉图提出一个动力因意义上的能将原型与质料适为糅合、塑在"扣拉"之上而成为现实的自然宇宙的造化神"狄米奥吉"。作为希腊古典哲学最终形式的伊壁鸠鲁学派的启蒙价值在于其最终"发展为无神论的唯物主义"。亚里士多德关于"存有本身"的理论和基本概念不仅为中世纪的基督教哲学特别是经院哲学提供了重要的理论支持，而且由此开启了西方哲学关于"存有""存有者与本质"等问题旷日持久的论争。②

王双洪在《演说术与教育——从西塞罗、昆体良看古罗马教育品质之变》一文中指出，西塞罗和昆体良是古罗马文教思想的奠立者。比较西塞罗的《论演说家》和昆体良《演说家的教育》，可以看出古罗马教育品质的变化。西塞罗的《论演说家》培养的是合演说家、哲人、政

---

① 聂敏里、冯乐：《古典"德性统一论"与当代情境主义》，载《首都师范大学学报》，2020年第5期。

② 刘素民：《在启蒙的古希腊哲学中探寻"无神论"》，载《外国哲学》，2020年第2期。

治家一体的完美演说家，昆体良的《演说家的教育》中的完美演说家是精通演说的好人。西塞罗旨在通过演说家的教育来形塑罗马自己的思想传统，昆体良虽然也欲通过对德性的重视来匡救时弊，但重点却放在探讨教育过程中的各种细节问题。究其原因，西塞罗面临的挑战是在希腊罗马文化的张力中接续罗马传统，而昆体良的主要问题则是在传统日渐败坏的帝国重振罗马古风。①

2. 中世纪哲学研究

中世纪哲学方面的研究一直是北京外国哲学研究领域的短板，一是从事这方面研究的学者较少，二是成果也较少。但是今年在中世纪哲学研究方面，不但有关于邓·司各脱研究的专著，还有翻译方面的力作《国王的两个身体》出版，可以说取得了较大进步和突破。

雷思温的专著《弥平与破裂：邓·司各脱论形而上学与上帝超越性》于 2020 年 3 月出版。

邓·司各脱是西方中世纪著名的神学家、哲学家。他面对新的神学形势，重新提升上帝的超越性，在阿奎那向晚期经院哲学和中世纪哲学向近代哲学的两种过渡中都起到了转折性作用。作者的核心关切是近代哲学与中世纪哲学的内在联系，通过形而上学与上帝超越性之间的复杂关联揭示了司各脱形而上学的两个重要特点：它既具有弥平的去中心化结构，同时也大大提升了上帝的超越性，从而形成了"中介的消失"这一思想史局面。弥平与破裂这两个看似相反的特征，在司各脱的思想中相互配合，使他成为中世纪哲学走向晚期的转折性人物。理解司各脱，为我们理解近代哲学，尤其是理解路德、笛卡尔、斯宾诺莎等人不同的哲学路向提供了必要的思想前提。

在译作方面，尹景旺十年磨一剑，翻译出版了坎托洛维奇的巨著《国王的两个身体》。初版于 1957 年的《国王的两个身体》，作为一部

---

① 王双洪：《演说术与教育——从西塞罗、昆体良看古罗马教育品质之变》，载《外国语文》，2020 年第 3 期。

屡屡重印、畅销不衰的经典之作,已被翻译成了十几种语言,在探求中世纪政治神学之谜方面指引了几代学人,甚至被誉为中世纪政治思想史方面最重要的著作。作者恩斯特·H. 坎托洛维奇是20世纪杰出的中世纪史学家,他深入中世纪追溯了"国王的两个身体"——自然身体和政治身体——所造成的历史悖论:国王的自然身体使国王如常人一样,不免生老病死;而国王的政治身体或灵性身体却超凡脱俗,充任国王职位的象征,享有统治的神圣大权。"两个身体"的概念让君主制就算在君主死亡后仍保有连续性,这一点集中体现于"国王死了,国王永生"这句葬仪用语。该书将有关中世纪王权观念的法学、神学、图像学、古币学等方面的史料结合在一起,探寻了国王二体论在基督教时代的演进,揭示了西方中世纪后期至现代早期(11—16世纪)如何逐步发展出一种政治神学,以及共同体如何为了建立自己的主权而拟制出一套象征手法,又是如何借助这些象征手法来塑造民族国家的早期形态。该书译者前后历时10年,参照了日语、俄语、德语、法语、意大利语、西班牙语译本,对正文和注释的翻译均力求做到准确、流畅;德国法兰克福大学坎托洛维奇研究专家古迪安(J. Gudian)为中译本撰写了长篇导读,对曾任职于法兰克福大学的坎托洛维奇的写作背景和意图作了精彩分析,同时也多视角地展现了国外学界对《国王的两个身体》的最新研究动态。

在论文方面,刘素民在《阿奎那如何循着自然法的道路探求正义和自然权利?》一文中指出,正义和自然权利是现代西方政治哲学的核心概念,对二者的论证离不开自然法。面对现代自然法理论的困境,曾经遭遇过"奥卡姆剃刀"和"苏亚雷斯综合"打击的托马斯·阿奎那的自然法理论之所以能够重新焕发生机,在于他循着自然法的道路探求正义和自然权利的理论建构。阿奎那的自然法是连接实有与应然的通桥,它分有永恒法之存有而具有类比上帝至善存有的真理性和正义性,而正义是神定的秩序。人定法的正义与否取决于其是否遵从自然法的正义性。权宜公平之称为正义,优先于法律正义之称为正义。自然法包含不可剥夺的自然权利。①

吴功青在《内在与超越：奥古斯丁的宇宙目的论》一文中指出，奥古斯丁在对《创世记》的解释中，逐步发展出一套基督教的宇宙目的论。受柏拉图《蒂迈欧篇》以及新柏拉图主义的影响，奥古斯丁主张宇宙的秩序根源于上帝对质料的赋形。"赋形说"并不意味着奥古斯丁的宇宙论仅仅是"外在主义"的：一方面，奥古斯丁理解的质料并不是完全被动的，而是有着朝向形式的主动潜能；另一方面，奥古斯丁对"种子理式"的论述，表明宇宙具有合乎理性的内在秩序。同时，他的宇宙目的论亦始终无法脱离外在主义的危险。这表现在，无论质料具有多大的主动性，它都对外在的形式有抵抗的冲动（恶）；万物虽然具有"种子理式"，但保存和维持这一形式的力量仍在上帝自身。奥古斯丁宇宙目的论的内在性和外在性，源自上帝的内在性和超越性。内在性和超越性的张力，不仅困扰着奥古斯丁，而且潜伏于基督教思想深处，成为困扰中世纪哲学和现代哲学的难题。②

吴功青在《奥利金的灵魂先在说》一文中指出，奥利金的灵魂先在学说对理解自由意志问题有重要意义。在《上帝之城》第11和12卷，奥古斯丁重点批评了这一学说。在奥古斯丁看来，奥利金主张灵魂先在，进而主张灵魂的善恶与身体的好坏相配，这一说法既与上帝创世的善好目的相悖，也与人在宇宙中应有的地位不符。奥古斯丁的批评尽管部分切中要害，但没有充分把握灵魂先在说的用意和复杂性。一方面，奥利金提出灵魂先在学说，主要是为了回应灵知派的挑战，以维护理性造物的自由意志；另一方面，灵魂先在说并非没有考虑到上帝创世的善好目的，恰恰相反，它极大地保证了上帝创世时的绝对平等，缓解

---

① 刘素民：《阿奎那如何循着自然法的道路探求正义和自然权利？》，载《福建论坛（人文社会科学版）》，2020年第11期。

② 吴功青：《内在与超越：奥古斯丁的宇宙目的论》，载《哲学研究》，2020年第11期。

了神义论的难题。不过，正如许多学者所指出的，灵魂先在说一旦推向上帝创世的初始阶段，就会引发与柏拉图《蒂迈欧篇》中类似的原始质料问题。①

雷思温在《失控的无限性：邓·司各脱论无限存在者》一文中指出，司各脱的无限性概念指示了晚期中世纪哲学如何突破亚里士多德传统，并为早期现代世界图景的来临作出准备。在中世纪哲学中，无限性是人关于上帝所能构想的最完满概念，同时也是上帝存在证明的理论核心。然而司各脱将上帝无限性确立于量度之上，抽离了所有进一步的具体含义，使得无限性不受其他规定性的控制，并反过来规定着上帝的首要性及所有属性。通过无限性而衍生出的不可理解性，更是切断了人类正面理解神圣本质的可能性，从而使无限性也不足以刻画上帝自身。这一不受人类理智控制的无限性，是一种失控的、绝对超越的无限性，因而成为对亚里士多德主义传统的重要突破，并为中世纪晚期和早期现代的上帝形象以及世界图景提供了重要的思想基础。②

尹景旺在《〈国王的两个身体〉发微》一文中指出，《国王的两个身体：中世纪政治神学研究》作为一部中世纪政治思想史名著，作者坎托洛维奇何以在正文中很少提及副标题里的"政治神学"，还把自己的工作看作是接续卡西尔揭示"国家的神话"，本文主要抓住这一问题，将坎托洛维奇与他同时代的卡西尔、施米特等思想家进行比较，探寻他在 1930 年代大空位计划之后，如何逐步摆脱自己早年的帝权派思想和国家理性观念，如何借助注释法学派的混合态修辞与法律拟制，追踪历经变更却"一直到 20 世纪仍为有效的"政治神学原则，尽可能还原在他看来威胁着政治现实的"国家的神话"，以及最终他又如何在"变化

---

① 吴功青：《奥利金的灵魂先在说》，载《哲学动态》，2020 年第 3 期。
② 雷思温：《失控的无限性：邓·司各脱论无限存在者》，载《哲学动态》，2020年第 2 期。

却同一"的共同体和人民中,重新定位秩序和连续性。①

3. 近现代哲学研究

在北京的"外国哲学"研究方面,除了古希腊哲学研究外,近现代哲学领域的研究也非常突出。在近现代哲学这个研究领域中,学者们又尤其重视德国哲学的研究。在德国哲学研究领域,又以康德哲学研究和海德格尔哲学研究居多。2020年大体也是如此。不过在整个近现代哲学研究中,2020年出现的一个新特点是很多学者开始关注"人工智能"。

张志伟在《创建"中国解释学"的意义——从哲学解释学的视角看》一文中指出,复兴传统文化的关键,在于使中国传统经典"现代化"。而解决当今时代所遭遇的种种问题,汤一介先生在多年前提出了借鉴西方解释学而创建中国解释学的设想,意在通过对传统经典的现代解释使之对当代中国乃至世界产生深远的影响。就此而论,以伽达默尔为代表的哲学解释学对于创建中国解释学具有理论上和方法上的借鉴意义。②

尚新建、杜丽燕在《谈机器人伦理学》一文中指出,首先,机器人伦理学是机器人学的新领域,涉及机器人对人和社会的积极和消极意涵。其次,机器人伦理学也是一种伦理学,是应用伦理学的一个分支,旨在唤起机器人,尤其是智能/自主机器人的道德设计、发展和运用。该文探讨了机器人的类别,以及机器人被运用于不同领域时面临的伦理学问题。

韩水法在《德国浪漫派的历史境遇》一文中指出,德国浪漫派不仅在文学及学术手法上,而且在观念的源流上与被人们视为其对立面的

---

① 尹景旺:《〈国王的两个身体〉发微》,载《世界宗教评论》,2020年第3辑,宗教文化出版社2020年版。

② 张志伟:《创建"中国解释学"的意义——从哲学解释学的视角看》,载《北京大学学报》,2020年第3期。

其他流派都保持着复杂的关联。只有认真考察德国浪漫派兴起和活动的时代环境,分析当时德意志的社会和历史境遇,以及浪漫派人物对这个时代、这种境遇的反应,及其与它们的互动,才有可能揭示这个思潮的某些独特的性质。德国浪漫派并非活动于一个如现代德国这样有着统一的疆界、明确的人民的国家,当时德意志地区处于四分五裂的状态,浪漫派人物甚至属于不同的邦国。法国革命和法国对德意志地区的占领和统治,激起了德国知识分子前后不同的反应,亦是激起浪漫派思潮的重要动因。以上两个方面激发和形成了德意志的民族认同以及统一的直接要求。这些都一起促成若干浪漫派人物对宗教改革之前的基督教某种理想的想象,导致他们对天主教的皈依或重申天主教信仰。①

黄裕生在《德国哲学论证自由的三个向度——论德国哲学在论证自由问题上的贡献》一文中指出,对自由与权利的论证是近代最伟大的一项思想事业,以康德、黑格尔为代表的德国哲学家对此做出了独特的贡献。他们通过引入先验维度、他者维度与历史维度,不仅在理论上真正完成了对自由与权利的论证,而且为解决之前的自由理论在实践上带来的新困境提供了可能的出路。由于缺乏历史维度,一切冲突都被归结为文化冲突;由于缺乏超验向度,权利空间成了可以无德地生活的世俗空间;而由于关闭了绝对他者的视野,人性滑向了自我删减、自我萎缩的危险。这些表明,到了告别"薄的自由理论",重返德国自由哲学的时候了。

韩林合在《论康德哲学中的过度决定问题》一文中指出,康德认为,人的行动一方面是特定的自然原因的结果,另一方面又是一种独特的理知原因的结果。在此,自然原因与理知原因分别对应着作为显象的人与作为物本身的人(主体本身或我本身)。一些解释者认为,康德的这种观点会让其陷入"过度决定"困境。这种批评是不可接受的,因为在康德这里,理知原因、自然原因和人的行动构成了一个因果链条:

---

① 韩水法:《德国浪漫派的历史境遇》,载《安徽大学学报》,2020年第4期。

理知原因首先引起（因致）作为一种自然原因的意志决定和意志行为；意志决定和意志行为接着引起（因致）人的行动。①

叶闯在《哲学存在问题与含有存在谓词的语言框架》② 一文中指出，卡尔纳普的内问题与外问题的区分，尽管在概念上有效地把科学断定与形而上学承诺隔离开来，其结果却使传统哲学失去可能的理论意义。托马森和雅布罗分别从实在论和虚构主义角度，力图表明即使在卡尔纳普框架下，也可使哲学存在问题有理论意义。但是，托马森方案没有做到其想做的，而雅布罗方案至多只是指出了一种可能方向，而对于怎样做并没有说明，或只有误导的说明。为使形而上学在卡尔纳普框架下有理论意义，需要放弃卡尔纳普经验主义的有意义性标准，且需要一种带有被哲学解释的存在谓词的语言系统，使它表达为这个系统中的内问题。

叶闯在《使真者理论与关于基本存在的形而上学》一文中指出，使真者理论有两个目标，其一是解释使真关系的不对称性，其二是借助一种形而上学中立的标准，来找出那些缺乏本体论基础的被声称的真断定。许多人通过奠基理论来帮助使真者理论家完成这两个目标。然而，他们的努力因为如下原因不可能成功。首先，奠基概念不可能在没有使真概念实质参与的条件下，解释使真这个直觉的不对称关系；其次，识别欺骗者必须根据具体的形而上学断定，这一点注定奠基理论不能成为判定谁是欺骗者的中立的标准。重要的是，完整的使真概念内在地包含关于性概念，后者与纯粹形而上学的奠基概念有本质不同，这是奠基理论之所以不能有效地完成解释使真关系和抓住欺骗者两项任务的深层原因。③

---

① 韩林合：《论康德哲学中的过度决定问题》，载《学术月刊》，2020年第8期。
② 叶闯：《哲学存在问题与含有存在谓词的语言框架》，载《自然辩证法研究》，2020年第3期。
③ 叶闯：《使真者理论与关于基本存在的形而上学》，载《哲学分析》，2020年第4期。

吴增定在《权力的游戏——马基雅维里与斯宾诺莎的政治哲学比较》一文中指出，马基雅维里与斯宾诺莎这两位早期现代政治哲学家对于人性与权力的基本看法有着共识与内在分歧。马基雅维里批评和拒斥了传统道德哲学对于人性和政治的目的论式的理解，把人类的政治世界看成一场获取和维持权力的永恒游戏。斯宾诺莎则是将马基雅维里的这一思想推到极端，他认为：包括人类政治世界在内的整个自然世界都是一个永恒的权力的游戏，在其中人和万物都为自己的生存而尽可能地追求权力。但是，就像阿尔都塞所说的，马基雅维里之后的现代自然法哲学家，如霍布斯、洛克和普芬多夫等，又建构了一种新的道德秩序，以此来掩盖人类政治世界的权力的游戏这一事实。与之类似，斯宾诺莎也试图通过一种理性的沉思，也就是对于上帝的"理智之爱"，来超越人类政治世界的权力的游戏。①

吴增定在《现象学中的内在与超越——列维纳斯对胡塞尔意向性学说的批评》一文中指出，胡塞尔的先验现象学的动机是克服自笛卡尔以来的现代哲学的"内在化"的危机，试图通过意识的意向性构造特征克服内在性与超越性之间的分裂和对立，并且提出了"内在性中的超越性"思想。但在列维纳斯看来，胡塞尔不仅没有克服现代哲学的"内在化"的危机，反而将这种内在性的逻辑推向了极端，以至于使得任何超越性都变成意识的意向性构造成就，也就是说，将一切超越性都内在化了。在这个意义上，列维纳斯将胡塞尔的先验现象学看成是一种否定外在性、超越性或他者的"总体性哲学"。通过对于胡塞尔的"内在性中的超越性"思想的批评和改造，列维纳斯将内在性和超越性严格区分开来，并且提出了一种彻底的超越性或无限性思想。首先，他对胡塞尔的意向性学说进行改造，将内在性从意识和表象的领域改造为一个包含了享受和家政的"自我主义"领域。然后，他将这种内在性的"自我

---

① 吴增定：《权力的游戏——马基雅维里与斯宾诺莎的政治哲学比较》，载《同济大学学报（社会科学版）》，2020年第5期。

主义"逻辑推到了极端,由此揭示了一个不能被内在性领域所包容的纯粹外在性、超越性或者他者的伦理领域。但该文认为,列维纳斯并没有令人信服地阐述这种纯粹的超越性或他者的伦理维度如何显现,因为任何显现都是一种内在化。

先刚在《建构与反思——谢林和黑格尔艺术哲学的差异》一文中指出,谢林在哲学史上首次明确提出"艺术哲学"的概念,并对这个领域进行了系统而深入的阐述。艺术哲学不再是康德以来偏重于主观审美意识的"美学",而是关注艺术的本质以及艺术作品中呈现出来的哲学意义。这些思想对黑格尔的美学(艺术哲学)产生了深刻影响,但黑格尔从自己的哲学立场出发,在一些关键问题上与谢林针锋相对。谢林把艺术本身看作哲学的另一种完整的呈现方式,进而依据"建构"原则阐述了哲学真理在艺术和艺术作品中的表现,而黑格尔则依据"反思"原则,把艺术看作通往哲学真理的一个必经的但却较低的阶段,并据此阐发艺术和艺术作品的意义。黑格尔的艺术哲学观必然导致"艺术终结论",谢林的艺术哲学则为艺术在当代及未来的发展展示了无尽的可能性。[①]

先刚在《试析谢林艺术哲学的体系及其双重架构》一文中指出,谢林开创了严格意义上的艺术哲学,并首次在这个领域提出了系统的阐发。在谢林艺术哲学体系的形而上学基础及其与哲学(尤其是谢林自己的哲学)的关系中,包含着双重架构,即永恒架构(艺术门类的排序)和时间性架构(即古代艺术与现代艺术的对立)。谢林一方面洞察了艺术的永恒本质,另一方面也把握了艺术中的时代张力,从而为当代的艺术发展指明了正确的方向。[②]

[①] 先刚:《建构与反思——谢林和黑格尔艺术哲学的差异》,载《文艺研究》,2020年第6期。

[②] 先刚:《试析谢林艺术哲学的体系及其双重架构》,载《学术月刊》,2020年第12期。

先刚在《重思谢林对于黑格尔的批评以及黑格尔的可能回应》一文中指出，虽然"后期谢林的黑格尔批评"已经成为德国古典哲学研究中的一个重要议题，但学界仍然存在着要么对这些批评充耳不闻，要么过于倚重谢林的观点，对黑格尔哲学做出片面裁决的情况。有鉴于此，本文围绕"哲学的开端问题""概念与思想的混淆问题""逻辑学与自然哲学的关系问题""否定哲学与肯定哲学的问题"这四个方面，重思谢林对于黑格尔的批评意见，并尝试阐述黑格尔的可能回应，借此呈现出两位伟大哲学家之间的一种可能的精神对话。①

雷思温在《面向实情本身——谢林的经验论与虚无主义问题》一文中指出，从黑格尔哲学体系逐渐退潮的19世纪中叶开始，超感性的形而上学概念对现实的经验与实情逐步失去了支配能力，这正是尼采与海德格尔所揭示的现代虚无主义局面。这一新的哲学取向最早出现于谢林哲学之中。晚期谢林将本质（Was）与事物的实情（Dass）进行了区分，并在此前提下提出"哲学经验论"，将其在绝对唯心论中与唯理论进行更高维度的和解，由此挽救现代虚无主义所带来的分裂。谢林"拯救经验"的努力最终走向了超越经验和理性的超越性开端，这一开端来自神性的自由绽出和意志化的决断行动，并由此成为没有根据和不能再被奠基的深渊性开端，结果反而将现代虚无主义的根源暴露得更为彻底。②

宫睿在《当代康德研究中的概念主义与非概念主义之争》一文中指出，概念主义和非概念主义之争是当代认识论中的一个重要话题，这场争论也渗透到康德学界，形成了两种对立立场。非概念主义认为"无概念则盲"并不表明概念对于感知是必要的，形成感知对象所需的综合

---

① 先刚：《重思谢林对于黑格尔的批评以及黑格尔的可能回应》，载《江苏社会科学》，2020年第4期。

② 雷思温：《面向实情本身——谢林的经验论与虚无主义问题》，载《学术月刊》，2020年第12期。

功能能够在非概念的条件下完成,且提出了一些感知的非概念特征。相反,概念主义则认为范畴在感知中扮演着不可或缺的角色,综合有赖于知性的作用,如果否认了概念在感知对象中的作用,先验演绎的任务就是失败的。相较而言,概念主义解读更有说服力,在康德那里范畴对于感知对象是不可或缺的,但康德式的概念主义并不同于麦克道威尔式的概念主义,前者能够在感知对象的基础上接纳广泛的非概念特征。非概念主义的论证,如精细论证与双手论证等,对麦克道威尔式的概念主义有效但并不对康德式的概念主义有效。①

宫睿在《贝克莱的深度知觉理论》一文中指出,《视觉新论》是贝克莱形而上学的奠基之作。在这部著作中,他详细分析了深度、距离、形状等视觉观念的形成,其中尤以对深度知觉的分析最为重要。贝克莱充分发挥了"一点论证"的效力,反对几何光学进路,否认对于距离的直接感知。视觉的直接感知对象既不是三维的物体,也不是二维的平面,而是不具有任何空间性质的"最小视觉物"。但据此贝克莱就不能合理地持有视觉的二阶理论,以触觉辅助视觉的方式会遇到各种困难。不过,虽然贝克莱的深度知觉理论未能成功地解释空间观念的形成,却开辟了一条通往观念论的独特道路。②

朱清华在《德雷福斯与海德格尔式人工智能》一文中指出,自20世纪60年代以来,德雷福斯从海德格尔哲学出发对人工智能进行了深入批判,积极地影响了人工智能研究的发展。他指出,把人的心灵当作信息处理设备的做法完全基于传统形而上学的认识论和存在论假设,不能成功模拟人的智能。心智活动既不能被完全形式化,也不能被孤立地、离散地处理。德雷福斯对人工智能研究的直接影响是促使不同阶段的"海德格尔式人工智能"产生。但即便是这种试图模拟海德格尔

---

① 宫睿:《当代康德研究中的概念主义与非概念主义之争》,载《清华大学学报(哲学社会科学版)》,2020年第4期。
② 宫睿:《贝克莱的深度知觉理论》,载《世界哲学》,2020年第2期。

"在—世界—中—存在"模式的人工智能仍不能突破框架问题。正如德雷福斯对麦克道尔的挑战所展示出的,人的智性活动特有的整体性、直觉性把握的特征有别于表征性、概念性的处理模式。海德格尔对人的存在样式的深刻剖析将继续为人工智能的发展提供根本的思想资源和参照系。①

刘万瑚在《质料与形式:胡塞尔范畴直观理论的困境》一文中指出,胡塞尔在《逻辑研究》"第六研究"中发展出了范畴直观理论,通过这个理论他说明了一个空的意向如何被完整地充实,由此,从现象学的角度重新解释了符合论的真理概念。范畴直观概念的关键在于说明范畴展现的来源,以及说明如何从范畴展现(质料)中获得范畴形式(形式)。但是,胡塞尔的范畴展现理论存在着许多争议和难以克服的困难。他本人最终放弃了这个理论。本文结合学界对范畴直观以及范畴展现理论的讨论,从质料和形式的角度来说明,为什么后期胡塞尔最终选择放弃范畴直观的基础——范畴展现理论。②

综上所述,2020年北京的"外国哲学"研究,无论是在重要原典的翻译出版,还是学者的专著以及论文发表等方面,都取得了很大的成绩。这些成果进一步夯实了全国外国哲学研究的基础,并且加深了我们对古希腊罗马哲学、中世纪哲学、文艺复兴时代和近现代哲学领域诸多基础问题的理解。这些优秀的成果不但取得了良好的学术影响,也产生了广泛的社会影响。

(三)学术活动

受疫情的影响,2020年北京"外国哲学"方面的学术活动的一个明显特征是采取了"线上"或者"线上"和"线下"相结合的方式。

---

① 朱清华:《德雷福斯与海德格尔式人工智能》,载《哲学动态》,2020年第10期。
② 刘万瑚:《质料与形式:胡塞尔范畴直观理论的困境》,载《世界哲学》,2020年第3期。

受益于新的通信技术的发展，线上会议突破了现实空间的局限，使得更多的人可以同时参与学术讨论。北京"外国哲学"的相关活动名家荟萃，他们的精彩讲座吸引了大量听众，引起了社会广泛关注，取得了良好的效果。

在疫情渐趋平缓之际，北京大学外国哲学研究所、北京大学哲学系外国哲学教研室特推出"哲学与现代世界"系列线上讲座，与北京大学乃至全国各地的哲学专业师生和爱好者们共同探讨现代世界中的哲学问题。讲者中既有著作等身的前辈名家，又有初露头角的学界新秀。讲座的主题既有对哲学传统的整体勾勒，又有对重要哲学家的个案分析；既有对经典问题的最新诠释，又有对前沿领域的积极探索。

首讲人是北京大学博雅讲席教授赵敦华，他的题目是："中国人为什么热衷德国哲学？"，由外国哲学教研室的吴天岳主持。讲座以腾讯会议和哔哩哔哩直播的方式进行，在线观看人数最高时达3万之多。本次讲座共分三个部分。首先，赵敦华教授对讲座题目进行解题，指出中国人对德国哲学的热衷并非是一个简单的预设，而是一方面要准确理解有关的时代背景和思想背景，另一方面也要看到德国哲学的发展对中国而言所具有的参照系的作用。其次，主讲人指出西方哲学在中国传播可分为四个时期，即（一）初期：19世纪末—20世纪20年代；（二）成熟期：1931—1949年；（三）潜行期：1950—1977年；（四）繁荣期：1978至今。主讲人分别介绍了在这四个时期中西方哲学传播的主要特点，并强调德国哲学尽管在初期没有受到特别的青睐，但是在成熟期之后却一直为国人所热衷。究其原因，有唤醒爱国热情的现实需求，有研究马克思主义的理论需求，也有理解以存在主义和现象学等为代表的现代西方思潮的文化需求等。

最后是赵敦华教授对中国人"热衷"德国哲学的"价值"评估。这表现在三个方面。首先，值得注意的是哲学史观。在中国传统学术中，对经典的解释一直占据主要地位，而德国哲学传统中对哲学史的重视与此正好十分投契。主讲人认为，在问题意识方面，应当有在理论上

"先立乎其大者"的特点，这样就不会被史料牵着鼻子走，而是能带着强烈的问题意识从哲学思想中寻求解决问题的方案。

其次，德国哲学体现了启蒙问题的时代性：从康德、黑格尔到海德格尔及后现代，启蒙运动所标榜的自由、自立和尊严等价值，在中国人对德国哲学的接受中扮演了重要角色。康德和黑格尔对人的尊严的重视与中国传统思想中士大夫的尊严理想具有天然的亲缘性，而近代以来对独立人格和思想尊严的追求更是中国知识界的首要目标。人的尊严不仅是在学术、思想层面的高蹈，亦有法律层面的保障。在《德国基本法》第一条和《中华人民共和国宪法》第三十八条中，都强调了人的尊严的重要意义。

最后，在思维方式上，德国哲学的体系往往与一种特定的逻辑密切相关，他们的体系可以称之为"逻辑的体系"，他们的逻辑也可以称之为"体系的逻辑"。然而，由于体系逻辑的思维定势和宏大体系的衰落，德国哲学失去了曾经引领西方哲学的创造力。德国哲学家们或是固守在与自然科学对立的精神科学的几个据点，或是对经典考证不断更新，或是转向分析哲学。主讲人认为，当代哲学的发展表明，我们必须实现从先验逻辑到数理逻辑的认识方式转变；必须以数据观察为基础，使用严密的理论分析逻辑推演，才能更好地理解人和社会，从而更好地改变世界。

9月25日晚上，北京大学哲学系尚新建教授主讲的题目是"启蒙何以是一个德国问题——康德启蒙概念的启示"。此次讲座主要分为六个部分：（一）讲座背景与动机；（二）"什么是启蒙"问题的提出；（三）"启蒙"的意涵；（四）启蒙与强国；（五）启蒙的政治维度；（六）启蒙问题在当代。

尚新建教授首先介绍了本次讲座的背景与动机：美国学者詹姆斯·施密特认为，"什么是启蒙"是一个地地道道的德国问题。这一观点最近遭到了国内一些著名学者的质疑，这些学者认为中国古代思想中也包含着启蒙的要素。本次讲座的目的在于为施密特提出辩护，说明启蒙何以是一个德国问题，并借康德的启蒙概念来阐述其现实意义。

尚新建教授接下来对"什么是启蒙"这一问题的提出做了历史的回顾。"什么是启蒙"的问题由德国神学家策尔纳在《柏林月刊》上首先提出，自此对启蒙问题的讨论在德国国内一发不可收拾。除康德外，当时的重要学者如默森、门德尔松等人都提出了深刻的见解。对这个问题的回答绝不仅仅是对一个特定概念的辨析，而且还与德国当时的国情密切相关，甚至有理性批判这一更为深刻的理论背景。因此，无论就历史事实来说，还是从它特有的反思性的本质来看，"什么是启蒙"都的确是一个德国问题。在此之后，尚新建教授深入分析了康德在其著名的《回答这个问题：什么是启蒙》一文中阐述的启蒙观念的意涵。他认为，康德的启蒙观有三重要义：首先，启蒙的关键不在于获取新知，而在于独立运用自己的理性，从而修正人们长期陷入的系统误导；其次，启蒙并不是一种纯粹的理论事务，而是直接关涉人的实践，因此是一种意志活动；在这一活动中，理性的自主性要优先于幸福原则；最后，启蒙要求理性的公开运用，而后者只有在预设个人自由的前提下才是可能的。据此，尚新建教授认为启蒙对中国思想而言根本上是外来的。

尚新建教授还着重分析了启蒙的现实意义。他首先探讨了启蒙与强国之间的关系。启蒙强调的是人性的改进和完善，并非一般地增加人民的幸福。固然人性的完善有助于促进人民的福祉，但是启蒙归根结底彰显的是自由与理性。康德主张，没有任何特定的幸福构想能够成为纯粹立国原则的根基，权利的普遍原则不可能建立在幸福的基础上，只能建立在真正普遍的东西上，诸如自由。如果用强国去取代启蒙，那么启蒙不是被摈除或压制，便是沦为强权者的工具。关于启蒙的政治维度，在他看来，即使在康德的时代，启蒙也不是一个单纯的思想文化问题，而是深刻的政治问题。尽管康德在《什么是启蒙》一文中似乎对腓特烈大帝的开明专制表示拥护，但尚新建教授认为这只不过是一种权宜之计而已。综合他在各主要论著中反复强调的核心论点，可以看出康德虽然认为国家的强制力是不可或缺的，但这一权力唯一合法的来源只能是共和政体。尚新建教授还引用狄德罗的话，说明开明专制是一种具有严重危害的政治制度。最后，尚新建教授结合一个世纪以来中国的历史进程，指出启蒙在中国当下仍然具有十分强烈的现实性、迫切性和必要性。

为纪念中国人民大学命名组建70周年，中国人民大学哲学院隆重推出"哲学的殿堂——中国人民大学哲学名家讲座系列"，由著名哲学家陈先达、张立文、刘大椿担任学术顾问，中国人民大学哲学院院长臧峰宇、党委书记徐飞担任总策划。讲座第一季于2020年7月下旬举办，以腾讯会议在线直播、哔哩哔哩转播等方式向公众开放，获得了社会的高度评价与积极反响。

11月5日，"哲学的殿堂——中国人民大学哲学名家讲座系列"第二场由中国人民大学哲学院张志伟教授主讲，题目为"重思伦理学与形而上学的关系——兼论海德格尔的伦理学问题"，聂敏里教授主持讲座。

在讲座中，张志伟教授从"伦理学与形而上学的关系问题""海德格尔的伦理学问题""当今时代的困境"三个方面进行阐释。首先，他结合斯宾诺莎、康德和黑格尔的哲学，指出形而上学为伦理学奠基的企图，以及二者之间亲密却富有张力与矛盾的关系：伦理学需要形而上学为基础，但形而上学无法提供伦理学所需要的自由。随后，张志伟教授指出，海德格尔的哲学在某种意义上体现了走出这一困境的企图，但是海德格尔既不可能用形而上学为伦理学提供基础，也并无此打算。最后，张志伟教授对当今时代所处的困境进行了深入的哲学考察，并且提出一个基于哲学的解决方案。他认为，当今时代面对的问题，唯有从人类命运共同体的角度出发、在全球合作的基础上才能得到有效的解决，哲学、伦理学在其中具备特有的用武之地，即以哲学的方式将不同文明的理念融合成新的轴心时代的理念，这就要求明确全球化时代不同文化之间和平共存的"底线"，只有所有文明共同参与才能解决问题。在讲座结束时，张志伟教授寄语全场师生：在我们这个时代，哲学有很多事情可做。

11月6日，第三场讲座由中国人民大学哲学院李秋零教授主讲，题目为"康德的目的论思维与形而上学"，王宇洁教授主持讲座。

在讲座中，李秋零教授以"目的论思维与形而上学"这个主题贯穿整个康德哲学。首先，他从康德提出的"我可以希望什么？"这一问题出发，通过"希望"与上帝之间的理论关联，阐明了康德的形而上学关怀，并借由康德对上帝存在的自然神学证明的批判和肯定，说明了康德试图通过合目的性原则这一范导性原则来重建形而上学的努力。接着，李秋零教授讨论了合目的性原则用于自然研究的具体理论后果，即自然目的论。由于人的文化发展是建立在作为自然禀赋的人的理性之上的，由此导致"比较而言的自爱"和理性之中的社会化倾向之间的无休止的斗争，即人的"非社会的社会性"，这种矛盾注定人的文化的最终结果只能达成一个普遍管理法权的公民社会，但最终无法消弭人性的内在矛盾。随后，李秋零教授指出，康德认为，惟有无条件地、不被其他东西所规定地自我立法的能力，即自律的能力，才能使我们跳出"人需要一个主人"的怪圈，从而达到真正的立法的普遍性。在此基础上，李秋零教授得出结论：康德的批判哲学一方面通过否认上帝、世界和灵魂等理念的建构性，实际上宣布了传统形而上学的不可能性，但另一方面，也通过肯定理念的范导性作用，为未来作为科学的形而上学指出了一个新发展的方向。在此意义上，康德完成了自己的批判。

12月16日"哲学的殿堂——中国人民大学哲学名家讲座系列"第三季第一讲由我国著名法国哲学研究专家冯俊教授主讲，主题是"20世纪法国哲学的发展路径"，臧峰宇教授主持。冯俊教授首先指出，20世纪法国哲学蓬勃发展，对法国思想意识形态和主流价值观的形成、自然科学和社会科学的发展，乃至文化时尚、社会风气都产生了很大的影响。尤其是到了20世纪下半叶，法国哲学成为西方哲学潮流的引领者。20世纪法国哲学有四条重要的发展路径，即理性主义和科学主义、非理性主义和宗教哲学、社会政治哲学和马克思主义传统、现象学运动和后现代主义哲学。虽然对这四条重要发展路径的考察并不能穷尽法国哲学的丰富性和多样性，但是了解这四条路径对于我们把握20世纪法国哲学的特点和发展规律很有帮助。冯俊教授分别讲解了这四条发展路径。

冯俊教授提出，这四条路径不是各自分离的，而是互相影响的，这就是思想史、哲学史发展的辩证法。法国哲学家巴迪欧认为，西方哲学史上有三个重要的哲学时刻：希腊古典哲学时期、德国古典哲学时期、20世纪下半叶出现的法国哲学时刻，如果暂且接受这种观点，可以看出这三个时刻哲学的发展都与文化交流互鉴密不可分。因此，冯俊教授得出了结论：哲学因文明交流互鉴而发展，哲学也需要共建共享、构建人类学术共同体。

12月17日，"哲学的殿堂——中国人民大学哲学名家讲座系列"第三季第二讲由中国政法大学的李德顺教授主讲，主题是"变革时代的思维变革——以价值观念为例"，本场讲座的主持人为徐飞教授。

李德顺教授首先通过对西方哲学发展脉络的梳理，指出了价值哲学作为一个新兴哲学分支的来历。在李德顺教授看来，我们现在之所以如此关注价值论，与社会生活实践密切相关，是历史发展趋势所然。他认为，如今世界上最突出的问题，是价值体系和价值观念的大裂变、大冲突，呼唤着大变革。李德顺教授举出近年出现的多种"道德难题"，例如四个"先救谁"这种比较有代表性的伦理困境，加以剖析。他认为，此类伦理难题之"难"，在于其所内含的前提和逻辑，是脱离实际、不合情理的。

李德顺教授还进一步解释了民主法治在社会实践中的重要地位。在他看来，实际上，所谓"民主"，有两个逻辑前提是不应忘记的：一个是"主体相关性"，即民主一定总是某个共同体内的原则和方式，民主的主体是共同体，而不是单个的个体；另一个是"价值相关性"，即民主只能解决共同体内的价值判断和价值选择问题，不能解决事实和存在问题。这样看来，在国家社会治理和政治问题上，不仅要坚持走民主的道路，还要将民主落实为法治。否则，民主最终会变成一盘散沙式的

"无主"，至多是一套空洞的口号；法治亦必须以民主为根基，否则就会流于形式，甚至成为一种专制的暴力工具。总之，只有民主与法治的结合，才是合理可行的政治形式。这是李德顺教授基于对价值现象的本性和规律的深入思考所得出的结论。

2020年，北京的外国哲学界很多学者都非常关注现在的前沿科技——人工智能，分别从人文主义、自由意志、理智主义等不同角度进行了思考。

5月22日，由北京大学外国哲学研究所、北京大学哲学系外国哲学教研室主办的"哲学与现代世界"系列线上讲座第二讲的主题是"人工智能时代的人文主义"，主讲人是北京大学的韩水法教授。韩水法教授首先作了破题，告诉观众本讲座围绕着"人文主义"和"人工智能时代"两个课题展开，而联结此二者的是新时代人之性质的变化。因此，讲座的核心问题是讨论如何在人工智能时代发扬人文主义精神，这之中既有对人工智能时代人之性质新变化的承认，也有对传统人文主义的反思。而讲座的具体内容包括"人工智能时代的特征""传统人文主义的核心""人的性质的变化""人文主义的未来关切"和"人文主义的新维度"。韩水法教授将人工智能时代的人文主义称之为"一种关于人的新形而上学，它探讨和把握演变中的人的性质，承继先前的人文主义，但更加关注人类未来发展的确定性与不确定性"。具体主张如下："依然坚持理性的普遍性原则，但承认这种普遍性以多样性为基础"；"坚持自主是人类的根本特征，人类具有面对不定的未来做出决定的资格和权力，而且既坚持自己的自主权力，也承认其他理性存在者的自主资格"；"人类前途的最终不确定性是基于自然科学和人文主义的必然结论，这不应使我们对人类未来持悲观态度，而应是对前景乐观的理由。这也是对启蒙时代的超越"。

6月19日"哲学与现代世界"系列线上讲座第一季的最后一讲由北京大学哲学系南星主讲，刘哲主持。讲座题目是"人工智能体有自由意志吗？"南星此次讲座的内容可以大致分为三个部分：（1）人工智能的概念及其相关理论讨论;(2)对司倬森(P. F. Strawson)自由理论介绍和发展;(3)将发展后的理论应用到人工智能的自由意志问题上。南星认为,我们对人类自由意志的理解背后存在着一种有深度的生活形式,这种生活形式的基本特征就在于其有限性:人的行为总是有着潜在冲突的目标、不可预测性以及对理由的响应三个特点;由于目前并没有证据表明人工智能体不能具有这三个特点,因此我们也很难从原则上否认人工智能体具有自由意志。最后南星老师指出,具有这种意义上的自由意志意味着人工智能体能够以有"深度"的方式融入人类共同体,但是制造这种人工智能体的理由为何仍留有疑问;只不过无论我们赞成与否,人工智能技术的发展也将迫使我们重新审视我们的自由意志。

10月23日"哲学与现代世界"系列线上讲座第二季第六讲由北京大学哲学系的刘哲主讲,王彦晶主持。讲座题目是"人工智能时代的理智主义"。此次的讲座主要包含五个部分:(一)机器人时刻;(二)关于他人的迷思;(三)身体表达中的他人;(四)空心化的算法;(五)结论:孤独的爱。刘哲指出,机器人时刻所蕴含的"算法的空心化"及其伴生的人类单向情感执着,根源于人类理智的普遍必然性诉求以及理智的自我满足或自我封闭。在我们与人工智能体的交互关系中,后者"行为"的意义只是基于我与他人在相同情境下的交流行为的理智化。由此,我们和人工智能体并未构成真正的"他人"关系。他人陌生性所构成的主体自我意识之内在裂痕,在奠基人工智能体的"理智主义"模型中被彻底排除了。刘哲认为,"机器人时刻"昭示着理智主义主宰人类生命的开始。他向听众提出了这样一个问题:虽然人工智能时代的到来无法也无需避免,但是否需要沉溺在理智主义温床中不可自拔地孤独一生?

2020年,北京外国哲学界注重加强同其他学科的交流和对话,围绕不同主题展开了深入的讨论。

6月20日至21日,"张世英与当代中国比较哲学研讨会"在线上举行。今年恰逢北京大学哲学系张世英教授百岁寿诞,武汉大学哲学学院与北京大学哲学系共同主办本次会议,一是向百岁哲人的创造性思想和卓越学术成就以及笔耕不辍、诲人不倦的精神致敬,二是聚集学术界对比较哲学感兴趣的专家学者,共同探讨当代中国比较哲学及其发展前景。来自北京大学、武汉大学、中国社会科学院、清华大学、中国人民大学、北京外国语大学、复旦大学、中山大学、湖北大学、东华理工大学、澳门大学、香港中文大学的23位专家学者参加了本次会议。

会议开幕式上,张世英先生通过短视频寄语本次会议"和而不同,万有相通",北京大学副校长王博教授、武汉大学哲学学院院长吴根友教授同致开幕辞,两位教授介绍了张世英先生的学术生涯,并分别阐述了比较哲学在整个人类文明视野下的展开问题以及深度全球化中比较哲学与中国哲学研究的前景。在本次会议开展过程中,与会学者在线上展开了热烈而深入的讨论,旁听会议的学者和同学们也在会议留言区进行积极提问和讨论。与会学者的报告以及讨论,使得大家对张世英先生的思想及其价值有了更加深入和丰富的了解,对比较哲学研究的可能性以及方法等问题进行了深入的考察和探究,拓展了比较哲学研究的视域。

8月29—30日,清华大学马克思恩格斯文献研究中心、清华大学人文学院哲学系联合多位日方资深学者以"黑格尔与马克思"为主题,举办了第三期中日哲学论坛。

黑格尔与马克思的思想关系,一直是一个历久弥新的理论课题。随着我国社会的巨大变迁,以对近代社会的剖析和扬弃为宗旨的黑格尔和马克思的哲学,又一次成为中、日等国思想家关注的焦点。围绕两者衍生出来的主观性批判与客观性重建、市民社会与现代个人、国家与自由、实践与辩证法、世界历史与东方社会等经典问题,在面对有着东方社会传统和社会主义经验的东亚社会现实时,又焕发出了新的生命力。本次论坛会期两天,共分9个时段。由于疫情阻隔,中日两国学者无法齐聚线下会场,但来自一桥大学、驹泽大学、京都大学、法政大学、柏林自由大学和中共中央党校(国家行政学院)、北京师范大学、中国政法大学、中国社会科学院政治学研究所、首都师范大学、北京科技大学、北京林业大学、对外经济贸易大学、清华大学等多所高校与研究机构的二十余位学者仍然通过互联网设备聚会云端，围绕"黑格尔和马克思"这一论题展开了热烈讨论。会议对每位报告人都安排了评论人。综观整个会议，中日双方与会学者围绕着黑格尔与马克思思想中的重要问题以及二者之间的关系进行了卓有成效的严肃讨论，进一步深化了对相关问题的理解。

另外，由中国政法大学人文学院哲学系暨中国政法大学政治哲学与法哲学交叉学科建设团队主办的第五届全国近代哲学会议于2020年10月17日至18日在北邮科技酒店举办。本次会议共有来自全国高校、科研机构的二十余位学者参会。

在10月17日上午的开幕式上，中国政法大学人文学院张浩军教授与中国人民大学哲学院聂敏里教授分别致辞。张浩军教授重点介绍了中国政法大学哲学系的发展历程和本次会议的主题；聂敏里教授重点介绍了全国近代哲学会议的形式和历史，以及近代哲学研究的现状和自己对近代哲学的理解。2天的会议，学者们围绕着加尔文、马基雅维利、霍布斯、维柯、休谟、洛克、笛卡尔、斯宾诺莎、德勒兹、黑格尔、谢林、卢梭、康德等哲学家展开了热烈的讨论。通过对这些哲学家不同问题的讨论，加深了中国学界对西方近代哲学的理解。

总的来看，2020年北京"外国哲学"方面的学术活动不但丝毫没有减少，反而非常活跃，各种主题的会议精彩纷呈，这得益于采取了线上或者线上线下相结合的新方式。

（执笔：王玉峰）

五、美学学术发展报告

（一）概况

地缘首善之区，北京市美学界得天独厚、学府林立、人杰地灵，在美学学科学术探究方面，与国家战略层面的京、津、冀一体化对接与同步，三地美学学术团体与学术同仁联盟互动，共同打造国内首屈一指的美学学术高地与平台。北京市美学会是北京市哲学会所属二级学会，也是全国美学界的领先的、标志性学术团体。2020年北京市美学会仍然积极主动开展各项力所能及的常规与主导工作，表现出的特点主要有：

第一，积极普及艺术欣赏知识，进行社会美育，提升大众对审美、艺术的理性认识与水平。北京美学会每年积极响应与参与北京社科联人文社会科学普及的项目，开展各种有关美、艺术、历史、文化等讲座。同时，各位会员也利用各自资源与渠道向社会各界进行美育普及。2020年北京美学会依然举办了20多场讲座。

第二，关注新时代美学的重要理论问题，探索并力图掌握新时代美学新规律，并对中西美学特点予以新解。如《新时代中国美学的新思路》《美学在世纪之交的复兴》《20世纪西方美学的新变与回归》，体现出作者新的、敏锐的学术眼光。《中华美学精神与20世纪中国美学理论建构》子课题的研究也是希望挖掘中华美学精神内核，并建构20世纪中国美学理论体系。《中国古典美学中的时间、历史与记忆》则是从时间、历史角度对中国古典美学新的诠释。

第三，分析艺术美学核心与关键问题，不断掘进学科理论的深度，拓宽学科领域的广度。如高建平《文学和美学的深度与宽度》《当代中国文艺理论研究（1949—2019）》，刘成纪《地理、地图、山水：中国美学空间呈现模式的递变》《中国美学与传统国家地理》，张晶《辽金诗史》，史红《舞蹈美学：知识谱系、内在结构与资源吸纳》等，都是在艺术美学领域里的文学美学、舞蹈美学以及中国美学的前沿性代表成果。

第四，基础美学研究仍在常规展开，本体美学思考时有回归，美学史改写与刷新缓慢进行，但已不再是美学可持续发展的第一推动力，应用美学、动态美学、部门美学与科技媒介美学成为更加方兴未艾、层出不穷的美学增长点。

第五，北京各大艺术院校林立，艺术门类齐全，艺术部门美学研究特色鲜明，积累深厚，人才完备，成果卓著。非艺术院校的综合性高等学府也多设有各类艺术学院，为美育与审美文化的具体实施与展开提供了强大的现实基础与强大助力。

第六，美学的灵魂在于自由，美学的本质在于多元，北京市美学会的美学研究，美学的顶层设计与底层代码双管齐下，齐头并进，各美其美，美美与共。从形而上的美论，到形而中的审美，再到形而下的美育，一美多论、一美多感、一美多育，百家争鸣，百花齐放，下接地气，上不封顶。

第七，线性的、单一的美学研究难以为继，多学科宽口径的美学探究势在必行，文化人类学意义上的风俗史、趣味史、文化史比传统学院派编纂的美学史表现出更开放、更鲜活、更具原生态的美学意蕴。

第八，承担国家重点、教育部重大课题，积极进行学术前沿研究，解决有关领域的理论与现实问题，提供国家政策参考、实践的理论指导、弥补理论缺憾。如国家社科基金重点项目《北京舞蹈生态文化建设》为北京建设全国文化中心服务，提供理论支持；教育部人文社科重点基地"十三五"规划重大项目"中国专业音乐人才培养未来发展研究"，是对培养音乐硕博士的专门研究；国家社科基金艺术学重大项目《"微时代"文艺批评研究》子课题，研究当下"微时代"的文艺批评现状与特点；国家社科基金一般项目"电影创作展现弘扬中华美学精神的路径与方法研究"，探讨电影中的中华美学精神。

概括地说，北京美学会既深入地钻研美学理论的知识核心与思想精髓，也广泛地宣传美学思想，进行社会美育的大众普及活动；既有对美学理论、中西美学史的本体论研究，也涉足艺术美学分支领域的不同专题，以独特视角透视其中真谛。可以说，2020年北京美学会新学术成果在美学界独具特色，其学术品质与学术含金量是一流的。

(二) 学术活动

首先，举办兼具学术性和普及型的讲座。为了适应广大市民对美好生活的需要，北京哲学会美学专业委员会会员们向社会贡献出不少高质量的学术讲座。如中央音乐学院宋瑾教授的讲座有："音乐欣赏：听什么与如何听"（6月13日）；"后现代主义与音乐"（9月23日）；"音乐与音乐学的关系"（10月15日上午）；"'自况'的行为方式及其求索"（10月15日下午）；"古诗词歌曲的词曲关系"（10月16日）；"南音传播中的改编"（10月17日）；"台湾音乐印象"（10月28日）；"西方释义学的变化与启示"（12月17日）；"美育：艺术、审美和品德的融合教育"（12月19日）等。中国戏曲学院的王九成教授的讲座有："走进大师华君武的漫画世界"（4月17日）；"从人的自觉到艺术的自觉"（7月30日）；"幽默的奥秘"（9月22日）；"从中国美学探究戏曲之美"（10月23日）；"守正创新——谈戏曲艺术的继承和发展"（11月3日）；"丁聪漫画：厚重的幽默"（12月26日）等。这些讲座主题涉及音乐、绘画、戏曲、美育等；讲座形式有线下面对面讲解，也有线上精彩分享；受众有高校大学生、机关干部、学者、研究员等。这些讲座充分显示出北京美学会和社会互动，服务于学界和社会的责任、使命与担当。

其次，进行线下与线上结合的教学。北京市美学会会员，主要来自首都各大高等院校和学术研究机构与团体，尤其是艺术院校与艺术研究机构，所以他们理所当然地成为美学以及各类艺术学科的教学、建设与发展的中流砥柱，教学活动的中坚力量。他们承担的课程种类繁多，任务繁重，教学难度大，教学对象广。以宋瑾会长所授课程为例，有《西方现代音乐哲学导论》《后现代主义与音乐》《音乐专题研究与写作》《音乐学历史与现状·音乐美学》，门类众多，硕博选修课、表演博士班必修课、硕博必修课形态各异。再以北京市美学会副秘书长魏家川老师为例，他所讲授的课程也是品种齐全，丰富多彩，从《美学原理》到《艺术原理》和《文学原理》，从《科学与文学》到《梦学与文学》，外加《文艺心理学》《文学批评方法与案例》，不一而足。2020年疫情暴发之后，为了确保线下难以正常开讲的课程得以线上授课，北京美学会会员探索、尝试、学习和掌握了企业微信、腾讯会议等诸多远程直播授课方式，在线上出色地完成了各自的教学任务。

再次，主办或参加前沿性与国际性的会议。如"第二届别现代线上国际研讨会"（5月23日）；教育部"义务教育课程（音乐）标准修订会"（9月26—29日）；"南音传播中的改编"（10月17日）；"中华美学学会年会"（10月20日）；"新时代民族音乐学发展研究暨中国民族音乐学四十年回顾与反思研讨会"（12月12日），以及"2020年北京美学会年会"（12月27日）等。这些会议向北京美学会员与其他美学界同仁提供了交流平台，也开拓了会员的学术视野。

（三）学术成果

美学的研究领域在不断扩展，美学与现实世界的关系也越来越趋于紧密与复杂。美学不再仅仅是注重学术思辨的感性之学，更是侧重实践与活动的感应之学。随着社会经济与科技媒介的多元发展，人类无疑在经历一场以日常生活审美化、审美日常生活化为主导的审美文化扩张与后现代美学膨胀。从个体的审美风格化到城市的景观设计化，从传统艺术审美的静态化到现代艺术审美的动态化，从美学动态到动态美学，艺术引导的人类审美文化正在发生天翻地覆的变化，从剧场、影院、艺术展厅向自媒体、微文化圈层等虚拟空间以及购物中心、超级市场、城市花园等公共领域平移与倾斜。美学研究全方位面临拓展延伸、代偿衍存的学术新常态与学术创新挑战。所有这些美学境况都充分反映在北京市美学会的年度学术成果与探究之中。

2020年，北京美学会会员在学术领域辛勤耕耘、笔耕不辍，取得了大量学术成果。中国社会科学院著名学者，现中华美学学会主席高建平，作为北京市美学会重量级资深会员，长期热情参与北京市美学会各项学术活动，亲临一线指导科研工作，在北京市美学会2020年度的学科学术开展过程中发挥了重要作用。在学术研究方面更是以身作则，他完成的学术专著、译著以及主编的著作主要有：（1）《文学和美学的深度与宽度》（商务印书馆2020年版），在本书中，不少章节都进一步讨论了文论和美学的边界的扩展问题。例如，面对大众文化的挑战，艺术性如何重建？互联网的时代，文学和艺术的处境如何？"艺术"与"技术"构成什么样的关系？以及如何从美学的角度切入到生态与环境、乡村与城市、市场与消费等话题之中。（2）《美学的复兴》（合作主编，河南大学出版社2020年版），本书选辑了中外14位著名美学与文艺理论家有关当代美学研究的专题论文，侧重点虽不尽相同，但其内容都是围绕着当代美学研究在理论、方法"开新"方面的论题展开的，即在新的历史文化语境中，当代美学研究如何面对诸多挑战、走出困惑，在思想理论、学科方法及未来发展上开辟出新的路径、新的境界，进而建立起"超越美学的美学"，以迎来真正有实质内容的"美学的复兴"。另外，还有《外国美学》第32辑和第33辑（主编，江苏教育出版社）；《人文社科经典文选导读》（主编，清华大学出版社2020年版）等。此外，还在诸多刊物上发表十余篇学术论文，如《坚持马克思主义的一元论立场和实践观点》（《中国文艺评论》，2020年第1期），他认为只有到了马克思，才提出一元论和实践观，在实践中克服主客二分。在《作为阐释活动中预设存在项的作者意图》（《探索与争鸣》，2020年第4期），他认为在当下纷繁复杂的关于文学意义的阐释中，作者意图的重要性值得重新强调。阐释是一个回溯的过程，从文本可以看到作者意图的预设性存在。从作者意图到作品文本的意义，再到读者感受理解时所形成的意味，经历了双重生产的过程，要从生产活动的过程性来理解意图、意义、意味三者的关系。由此，读其书还是要"想见其为人"，通过"以意逆志"，从"传达"的角度看文学艺术，这是避免理论的空谈、回到可操作性的重要途径。《新时代中国美学的新思路》（《光明日报》，2020年5月20日）中提出，第一，对"美的本质"问题的重新反思。第二，"科学美学"的新发展。第三，对美的性质界定和艺术批评中所使用的概念和范畴进行研究。第四，对传统的再反思。第五，对艺术的新探索。第六，新技术对美学研究的挑战。第七，面向社会生活的美学。第八，美育概念的更新。其他的论文还有《新时代美学发展的新思路》（《文艺报》，2020年6月15日，《新华文摘》，2020年第18期转载）；《美学在世纪之交的复兴》（《学术月刊》，2020年第6期）；《"崇高"概念的来源及其当代意义》（《浙江社会科学》，2020年第8期）；《继承传统，发展具有当代意义的美育》（《中国文艺评论》，2020年第8期）；《20世纪西方美学的新变与回归》（《社会科学战线》，2020年第10期）；《论美学学科内涵的扩展与新变》（《艺术评论》，2020年第11期）等。

中央音乐学院宋瑾学术资历深厚，他不仅主持教育部人文社科重点基地"十三五"规划重大项目"中国专业音乐人才培养未来发展研究"，还受国务院学位办的委托，与专家组成员王次炤、韩锺恩、罗艺峰、黄汉华等人一道，从2019年开始编写硕士学位核心课程《音乐美学专题研究》和博士学位核心课程《音乐哲学专题研究》课程指南。课程指南确定了音乐美学学科的核心："通过人的感性直觉经验和理性思维逻辑围绕经验研究音乐的艺术特性，用哲学、心理学、社会学等理论方法来探讨音乐美的本质、音乐美的构成、音乐美的呈现方式、音乐美的接受等音乐美的基本问题，以及创作、表演、欣赏等音乐实践活动的审美特性和审美方式。"而音乐哲学则是"通过'观念—概念'方式把握音乐本质，围绕概念研究音乐的艺术本性，从东西方哲学视野，包括本体论、认识论、价值论等，来探讨有关音乐与人的关系、音乐与现实的关系、音乐的价值功能等一系列重大问题，以及与音乐间接相关的理性认知和由此而生成的学科"。(《音乐研究》,2020年第1期。)另外,2020年的音乐美学研究成果也比较丰富,出现了更多元的、综合性的视角和研究方法,研究对象也从音乐作品、思想观念本身向音乐表演实践、文化现象方面拓展,在学科的相互交叉和融合中更具广度和深度。不过同时也应看到这些研究成果之下隐伏的、需要关切的问题,当然有一些已经在解决或改善过程中:其一,音乐美学的学科属性、定位和方法(包括与音乐哲学的关联和区别)一直以来并不是非常清晰明确的。对于音乐美学的学科教学而言,形成一些基本共识和指南很有必要,不过这种定位作为一个比较稳定的参照系,依然应该保持相对的开放,而不该被自身禁锢。如现可查阅的本年度音乐美学硕博士学位论文中的一个明显现象是中西方的音乐美学思想研究成为了比较集中的区域,几乎形成一种类型化的研究模式,而直接针对音乐美学学科本身核心问题提出个人创见,或跨学科程度较大的、视野宽广的选题就相对少见。总的来看,选择课题的丰富度并不甚理想,这也间接地反映了目前年轻美学研究者问题意识相对欠缺,不够敏感。其二,在对一些当代西方哲学、美学引入和借鉴的过程中,目前的批判视角以及与自身民族文化思想进行对比研究的案例尚少。换句话说,国内虽然在很多方面紧跟国际学术研究潮流(尤其像表演理论研究),但目前还未发生真正有价值的交流和对话,这种对话的实现需要双向流动,有来有往,当然前提首先是拥抱和理解。在未来,这应该是一个值得长期努力的方向。

刘成纪在中国古典美学方面贡献突出,具有鲜明的学术个性与风格,2020年度其学术论著有:(1)《自然美的哲学基础》(中国社会科学出版社2020年版),该书包括"自然美的主体基础""自然美的物理根基""自然美理论的重建"及"中国古典美学中的物论与美论"四编,以中西美学史背景,对自然美的一些基本问题和热点论题展开了内容丰富而深入的讨论。(2)《汉代美学中的身体问题》(中国社科科学出版社2020年版),它研究汉代哲学和美学中的身体,首先看到了身体的感性品质。这种感性,意味着它是作为感性学的美学不可回避的研究对象。同时，在汉代驳杂的思想中，身体作为人的物化形式，几乎被当时所有的思想家共同思考，并伴随着这一帝国四百余年的历史。由此，考察汉代哲学和美学的身体史，就成为把握这一时代整体思想风貌的便捷方式。此外，他还发表多篇学术论文，如《释古雅》（《中国社会科学》，2020 年第 12 期），该文提到，从历史看，古雅传统对中国美学史的影响具有纵贯性。尤其中唐以降，它日益占据主导地位，主要表现在诗文、书画和古器物三个领域。《地理、地图、山水：中国美学空间呈现模式的递变》（《文艺争鸣》，2020 年第 6 期）一文提出，首先，在中国美学史中，地理、地图、山水均主要涉及空间问题，是美的空间展开形式。其次，在中国美学史中，地理、地图、山水是关于世界的"一个经验"。最后，单就中国山水画而言，无论画面景观是趋于豪壮还是婉约，耀显还是隐逸，总体均逃不出对自然山川的歌吟和礼赞。《中国古典美学中的时间、历史与记忆》（《北京大学学报》，2020 年第 4 期，《新华文摘》，2020 年第 22 期）一文认为，首先，中国古典美学是传统农耕文明的产物，其时间意识来自对土地、自然生命特质的体认。这种生命化的时间以植被、天象和四季流转表征，从而被感性化、音乐化、审美化了。物象、情象和镜象，基本可以概括这种时间观念在中国美学史中的呈现方式。其次，中国美学浓郁的历史意识起源于其宗教基础薄弱，带有鲜明生成论特色的哲学则使崇史与重道成为同一个问题。以此为背景，历史起源的乌托邦化、历史进程的礼乐化以及历史书写按照美的规律造型的取向，是其向美生成的三个环节。再次，中国没有将记忆作为哲学反思对象的传统，而是将其注入到人的情感和想象之中，这使其关于记忆的表达成为一种美学化的表达。在中国美学史中，记忆的审美价值主要表现在个体、民间、士人和国家四个层面，它和自然性的时间和人文性的历史一起，连缀起美和艺术在中国古典时代的整体运动过程。所谓中国美学史，则因此成为被时间、历史意识和审美记忆维系和不断建构的历史。其他论文还有《宋代宗室、宗室画与赵孟坚》（《艺术评论》，2020 年第 10 期），《重建中国美学的历史论述》（《东方艺术》，2020年第4期），《以美育人，以文化人》（《人民日报》，2020年8月20日）等。

首都师范大学史红在舞蹈美学方面颇多建树，除了长期坚持舞蹈美学课程教学之外，还主持国家社科艺术学重点项目《北京舞蹈文化建设》以及北京教委专项《2020年北京学校美育年度报告》。《2020年北京学校美育年度报告》对1437所大中小学进行了美育调研，总结出北京学校美育成就与特点。第一，坚持正确方向，持续科学合理布局，多样化、现代化、高质量的学校美育体系初现雏形。第二，统筹整合社会资源，面向全体、面向人人的学校美育育人机制渐趋成熟，区域之间与校际美育水平差距逐渐缩小，全市学校美育资源共享持续优化。第三，美育教学改革成效显著，美育师资队伍专业能力进一步得到增强，全员全过程全方位育人机制愈发成熟。第四，不断推进评价检测和评价改革，学校美育评价机制体系不断完善。第五，学校美育课程目标更明确、设置更合理，且"大美育"学科融合理念进一步增强。发表学术论文主要有：《人工智能视域下的舞蹈与身体》（《舞蹈》，2020年第2期），在该文中她认为第一，人工智能实现了对人类舞蹈动作的高度近似模拟。第二，人工智能实现了舞蹈与音乐的紧密融合。第三，人工智能实现了源对象的舞蹈动作对目标对象的对应复制。第四，人工智能实现了人与机器的互动互感功能。第五，人工智能实现了对人的动觉思维的预测功能。第六，人工智能实现了对舞者人体轮廓捕捉、运动轨迹跟踪与渲染性显示。人工智能对舞蹈的挑战才刚刚开始，未来人工智能在舞蹈领域的探索和实践可能更加令人惊诧。其他论文还有《舞蹈美学：知识谱系、内在结构与资源吸纳》（《北京舞蹈学院学报》，2020年第3期），《疫情中美学应该有怎样的担当》（《北方工业大学学报》，2020年第8期）等。

中国传媒大学张晶出版专著两部：《偶然与永恒——中国古代文艺理论对文艺美学的建构意义》（人民文学出版社2020年版），该书以上下两编的结构突显了文艺美学能否获得突破性的发展、中国古代文艺理论对于当代美学建设能够发挥怎样的功能的思考向度。上编建构性地分析了文艺美学当代发展的内在逻辑与现实基础，揭示了中国古代文艺理论的独特美学属性，并从作者多年的研究中提取出感兴论、偶然论、妙悟论、自得说、化境论、两极论等文艺美学的重要元素。下编则是以哲学切入的视角，解决一些中国美学和诗学的问题，搭建起独辟蹊径的理论景观。《辽金诗史》（修订本，辽海出版社2020年版），作者针对于辽金诗歌的实际情况，更多地选择了文化社会学的方法，更多地从辽金两代的文化环境来说明辽金诗歌的特质。金诗具有着与一般断代诗史不同的发展轨迹，作者进行了详细的梳理与总结。张晶发表论文多篇，其优秀电视文艺论文《文化记忆、崇高仪式与游戏表意：论原创文化类节目的美育功能》于2020年11月30日获"第六届星光电视文艺论文评选"一等奖。该文认为在泛娱乐化的传媒生态下，电视文化综艺节目因其"以文化教育为宗旨、以传播知识为目标"的实践策略成为时下重要的审美教育载体。以《中国诗词大会》《朗读者》《诗书中华》《国家宝藏》等为代表的原创文化综艺节目，不仅对传统文化资源进行了内容整合，同时以独特的文化编码形式契合了大众的审美心理结构。通过文化记忆唤起文化共同体的价值认同是其基本的内容支撑与文化载体；象征符号系统的建构营造出仪式化传播"场域"，电视的崇高感得以激发、释放；"游戏化"的表意形式与美育的本质相吻合，用游戏引导大众的审美接受，弥合了娱乐与审美的对立。当下的电视文化综艺节目，正是在这三个维度上的创新，真正地激发了人们的文化艺术兴趣，以熏陶、感发等潜移默化的方式促进人与社会走向完善与和谐，在审美教育功能的实现上给予我们颇多启示与借鉴。

中国艺术研究院文化发展战略研究中心林琳，承担国家社科基金艺术学一般项目"电影创作展现弘扬中华美学精神的路径与方法研究"，发表学术论文有：《电影创作展现中华美学精神的路径与方法研究——以〈不成问题的问题〉为例》（《艺术评论》，2020年第2期），该文认为电影《不成问题的问题》的成功并不依托现代技术，而在于深耕中国美学思想,纵深发掘中国传统艺术资源,从中汲取营养并合理运用到声画复合的电影叙事中,以中国美学特色的电影叙事与情感表达,展现人人都具有的人性,触动和激起真挚的、高尚的情绪,启迪对生之意义与普遍之道的思考。其他论文还有《如何增强国产电影的内生动力——中国电影批评(2015—2019)对电影创作问题的思考》(《艺术学研究》,2020年第2期),《探寻国产电影走强之路——2019年中国电影批评观察》(《长江文艺评论》,2020年第3期),《2019年电影创作纵横·导语》(《中国电影批评年鉴2019》,中国电影出版社,2020年12月)。

中央民族大学的安静,主持北京市民族艺术学高精尖学科建设项目"舞蹈符号学的民族话语体系建构研究",主持国家民委中青年英才计划科研项目"后疫情时代审美教育在铸牢中华民族共同体意识中的实践与理论反思",主持中央民族大学校级教改项目"以文学概论课程思政建设培育和践行铸牢中华民族共同体意识",发表论文《颠覆与整合:艺术符号学在李泽厚美学话语体系形成过程中的肯綮之功》(《艺术评论》,2020年第7期),认为艺术符号学构成了李泽厚美学思想颠覆俄苏一元话语的直接动力,也是他在20世纪80年代重新整合自己的学术理论,提出"情本体"与"积淀说"的重要原因所在。另外,安静还重印个人译著《跨界:美学进入艺术》(河南大学出版社)。

首都师范大学李雷,承担国家社科基金艺术学重大项目《"微时代"文艺批评研究》子课题和教育部人文社会科学重点研究基地重大项目《中华美学精神与20世纪中国美学理论建构》子课题。他出版学术著作有《公共艺术与空间生产》(文化艺术出版社2020年版),该书以公共艺术为研究对象,将其放置于20世纪60年代以来因消费主义文化勃兴而导致的"日常生活审美化"景观之中,简要考察公共艺术的历史变迁与形态拓展,并借鉴公共性、场域、空间生产等理论,重点分析公共艺术的本质特性、生产机制与价值功能等问题。同时,结合公共艺术介入城市文化建构、社区营造与乡村振兴等的现实状况,着力探讨中国当下公共艺术生产场域之中的多重权力话语对抗与利益博弈，以及中国公共艺术未来发展的本土化、制度化、数字化和生态化趋向。他发表学术论文为《前卫艺术介入社会的形式、路径及其限度》（《文艺理论研究》，2020年第2期），《"美术革命"与"美的人生"》（《首都师范大学学报》，2020年第2期）。

（四）学术进展

2020年北京美学研究的主要进展在线上年会中得到了集中体现。2020年12月27日，北京美学会利用"腾讯会议"平台，举行了"2020年度北京哲学会美学专业委员会线上年会"。大家围绕着美学理论与实践的多元样态进行了研讨，就美学理论的新探索、中国传统美学的新挖掘、美学研究中存在的问题、美学理论的应用研究、普及美学的思路与方法等发表了不同的学术见解。

1. 美学原理

美学原理一直是美学研究的重中之重，也是最为核心与基础的研究。中国艺术研究院李修建的发言《人类学与中国美学原理的建构》，借鉴文化人类学的研究方法，注重多样性、特殊性、经验性、实证性等维度的探索与分析，令人耳目一新。他认为，自人类学这一学科诞生以来，人类学家对世界各地的文化进行了全面而深入的探究，积累了极为丰富的文献资料，其中不乏审美人类学和艺术人类学的著作，或者涉及审美和艺术的问题。这些研究，为我们在全球范围内进行跨文化比较，建构新型的美学原理提供了实证基础。

美学原意是感性学，感性是审美的基本特征。首都师范大学魏家川作了论题为"感之深，应之切：感性之学的美学与感应之术的艺术"的发言，其主旨在于如何寻找和保持美学与艺术之间的对接与平衡，达成知行合一，心手双畅的协调与统一。通过现代心理学的借鉴，在心法与手法方面寻找和实现对抗外部物理世界熵增的反熵、降熵、负熵之举。

中国社会科学院的徐碧辉就后疫情时代的美学研究，做了很多精彩的案例分析，特别是对市井阶层平庸之恶的审视与剖析，颇具阿伦特之风。她认为疫情改变了社会运作方式，更改变了社会中的人以及艺术呈现的方式。那么美学如何介入社会？后疫情时代的理论建构怎样进行？她从"美是什么"到"美何以可能"，从"认识何以可能"到"人类何以可能"，从历史本体到心理本体，从工具本体到情本体：一种审美形而上学，一一做了分析。

2. 中国美学史

如何研究中国美学史，其方法论是什么？中国美学境界如何？北京师范大学刘成纪就中国美学史研究问题，谈了富有启发性的学术思路与研究方法。在学术取向上，刘成纪并不认同冯友兰先生与叶朗先生的"接着讲"，而是更看重和用心于"照着讲"。他认为，20世纪30年代，冯友兰先生曾强调"接着讲"之于中国哲学研究的重要意义。近年来，叶朗先生也提到美学研究"接着讲"的重要性。但同样值得注意的是，过于强调"接着讲"容易导致美学史研究与中国本然历史疏离，把美学史研究做成围绕现代观念在历史中寻章摘句的工作。据此，他认为不妨暂时搁置关于历史的价值判断，真正按照历史的方式去理解和解释历史，让中国美学史研究重新回归"照着讲"，最大限度地将其本来面目复现出来。刘成纪认为在书画美学方面，学者们往往过于放大了元、明以来方为有效的南北之分。

中国政法大学张都爱以"宗白华'意境论'中的中国哲学本体论意识"为题作了发言，她认为"艺境"论是宗白华关于"中国美学"和"中国艺术"的核心思想。在宗白华所提炼的"中国艺术精神"和"中国审美特质"问题上，"艺境"是道艺一体与禅艺一体的创构者。要把握宗白华的"艺境"论，首先要认识"艺境"论所形成的"道""禅"本体论思想。宗白华运用了中国哲学的第一本体概念——"道""仁""易""禅"，运用了中国哲学的第一存在形式——时、空存在形式，从本体与本体显现、作用的形式问题上，把哲学的本体意识转化为艺术的本体意识，把哲学的时空意识转化为艺术的时空意识，从而建构了一个以"艺境"为艺术本体和艺术统一性的"中国艺术哲学"体系。

中国戏曲学院孙焘从"海伦与杨妃"的案例比较开始，讨论中西审美文化在"终极关切"层面的异同。在古希腊传说中，人们甘愿为"像不死之女神"的美女而战斗牺牲，在中国杨贵妃的故事里却恰恰相反。这并不意味着中国人不爱美，区别是"美"在价值观排序中的位置。

3. 美育

美育是塑造全面发展的人的教育，现在越来越受到重视。如何进行实施？中央音乐学院宋瑾在《美育视野下艺术课程的特点与效能阐释》的主题发言中，提出了诸多富有学术内涵的新概念，他认为美学的诞生与发展，逐步改变了有美无学的现状，美学、美育与艺术之间，越来越注重统合作用，越来越形成梯级关系，从艺术综合到综合艺术再到整体艺术，这种统合作用与梯级关系，产生 1+1+1>3 的有机复合效能。21世纪以来，中国基础教育增设了《艺术》课程，将音乐、美术、舞蹈、戏剧、影视和新媒体艺术统合起来，为美育添加了新力量。第二轮课程标准修订以来，该课程力求通过艺术感知、创意表达、审美情趣和文化理解这些核心素养的培育，实现立德树人、以美育人的目标。艺术课程的特殊功能在于培养"关联能力"，即不同艺术门类之间的关联、艺术与其他学科之间的关联和艺术与社会的关联。他认为艺术课程有自身的知识/内容结构，依序排列为"艺术综合""综合艺术"和"整体艺术"。这些内容要置于生活、文化和科学的情境中进行教学；教学过程按"感知·关联""创意·表达"和"品评·拓展"3个环节展开。艺术课程效能的释义学原理是各门类艺术的近质性语言的相互阐释，同时还涉及异质性和同质性语言的阐释。

北方工业大学王德岩的《浅论三种形态的美育》，回望了蔡元培先生主持北京大学工作期间，与北平文坛、艺坛领袖陈师曾共创美育救国大业的光辉岁月。他认为现代美育的真正发源是蔡元培先生的北大美育，推行美育理念的重要措施和成果之一的美育社团中国画法研究会，其核心人物中存在着文化立场和面向的差异。作为研究会重要组织者的陈师曾半年后离开，昭示了这一差异。他之后组织成立的中国画学研究会及其文化主张与美育实践，则揭示了学校体制性美育措施之外的另外途径。在学校之外，以雅集形式存在的社会美育和世家相传的家庭美育支撑了之后艺术人才的重要天地，也可以成为未来美育着力发展的领域。

4. 艺术美学理论

艺术美学虽有较多研究，但是一些理论问题仍未有透彻的分析，如艺术训练、艺术接受、艺术符号等。中国传媒大学张晶在年会上就《艺术训练论》谈了他的系统思考。张晶认为，习近平同志在关于文艺的重要论述中多次明确提出"艺术训练"的概念，值得高度重视。对于艺术创新而言，艺术训练是最为基本的主体要素。"艺术训练"指艺术家在长期的艺术实践中，为实现自己的艺术理想而进行的专业性训练，包括老师指导与自我训练。从某一门类的初学者，到成熟乃至杰出的艺术家，这个过程必须伴随着长期的、自觉的艺术训练。艺术训练最主要的内容，就在于艺术媒介运用能力的培养，使艺术家从初步掌握而臻于自由境界。当创作主体特别熟练地掌握自己所使用的媒介，并且臻于出神入化的境界，就会感受到超乎寻常的兴奋，也就意味着其创造出独一无二的艺术精品的可能。艺术运思过程中的感兴、想象及构形，都在艺术训练的范围之内。艺术创作中其他要素都必须通过艺术家的艺术训练得以实现。对于艺术媒介能力的训练，并不止于外在表现阶段，而更重要的是在于艺术家内在运思时的媒介与外在表现的媒介之间的出入无间，心手相应。

艺术审美接受是把研究重点转移到接受者。北方工业大学王文革题为《诗意的发现与遮蔽——关于经典名胜作品接受中的双重性》的发言，旁征博引，通过对众多古典诗句的梳理和阐释，将经典名胜作品接受中的文本间性与文化间性的问题充分展现出来。他认为对经典名胜作品的双重作用应有所意识，并进行某种超越。超越的可能路径有两种：一是加入时间维度，对名胜进行"复原"。二是放下文本，离开文本，从自我当下的真实感受出发，探寻、发现名胜新的诗意。

中央民族大学安静作了《从现代建构性走向当代超越性——百年艺术符号学本土化历程的审视》的发言，她认为艺术符号学本土化的历程始于20世纪二三十年代，在80年代初步发展，90年代主要体现为艺术符号学在各个门类艺术中的广泛应用；进入新世纪以后，我国艺术符号学无论从基本原理、自主话语系统建构以及批评运用都呈现出繁荣发展的态势。

与安静的研究相呼应的是北京印刷学院龚小凡的题为《民国时期〈共产党宣言〉的书籍封面及其政治符号表达》的发言。《共产党宣言》是最有影响力的马克思主义经典著作之一，《宣言》的译介与出版是马克思主义在中国传播与接受的一个重要内容，民国时期拥有众多版本的《宣言》系列开辟了其封面视觉表达的空间。这一时期的《宣言》封面有素封面、线框式、头像式及题签式等设计模式。镰锤组合是这一时期《宣言》封面上的典型图案。从图像志的历史溯源看，镰刀、锤头（斧头）作为图像具有指代相关生产工具、生产活动，以及在此基础上引申的"改革""正义"等象征义。具有鲜明共产主义政治涵义的镰锤符号始自"十月革命"后的苏联，并成为世界上最有影响力的符号之一。作为当时共产国际的一个支部，中国共产党把苏联旗帜上的镰锤符号作为了自己党旗上的党徽符号。镰锤图案、其变体镰斧图案，以及其苏联母版镰锤加五星的图案在民国时期的《宣言》封面上都有体现。通过民国时期的《宣言》封面，人们可以在时代风云和图像历史之间，认识政治与图像，历史与艺术的内在关联。

5. 艺术门类美学

艺术门类主要有音乐、舞蹈、美术、雕塑、戏剧、建筑、电影等，北京美学会会员多为艺术院校教师，在艺术门类美学领域多有贡献。首都师范大学史红的发言题目是《舞蹈美学：知识谱系、结构与资源吸纳》，她指出，按照知识谱系方法观察舞蹈美学线性发展过程，呈现的是舞蹈审美意识萌芽与舞蹈美的发现——舞蹈美学研究对象、领域、范畴确立——舞蹈美学知识谱系构建——舞蹈美学学科知识体系建立的线索。我国舞蹈美学知识生产发展历程主要有萌芽、初建、积累、建构四个时期，每一时期知识生产状态各不相同。舞蹈美学可以划分知识单元，本体性知识、现象性知识、技艺性知识三类知识，依此建立起一个以概念串联的知识结构体系。舞蹈美学可跨学科地吸纳现代一些学科知识资源，以此获得新的知识增长点。

北京舞蹈学院张朝霞关注舞蹈与科技关系问题，她的发言题目是《科技美学视域下高校校园文化营造的实践类型》。她从个体表达的焦灼与多媒体表演的先锋实验本质；舞蹈广告片："屡败屡试"的短视频创作冲动；纪实或记录：传记式舞蹈视觉表达；师长/朋辈影响与介入式多媒体舞台剧实验；舞蹈影像、舞蹈短视频、舞蹈电影节：实验性质录像舞蹈的本土化、现实化；城市舞步：一个正在生成的实验样本六个方面，详细地介绍当今中国舞蹈所进行的舞蹈实验，实验涉及舞蹈、科技、市场，讲述了一些多媒体实验舞台案例，内容丰富，大大开拓了我们对舞蹈的认知与理解。

中国戏曲学院刘志梅作了《论戏曲歌舞化表演与"虚实相生"法的关系》的精彩学术报告，刘老师认为"虚实相生"的哲学智慧与艺术方法，在戏曲表演艺术的创造中，始终具有重要的意义：在对人物内心情感的表现上，"虚实相生"法，将"虚"体的情与"实"体的表演技艺相结合，使原本难以琢磨的情被表现得千姿百态，使角色的情感和行动得到自由而充分的显现。中国戏曲学院王九成作了《中国戏曲之"守正创新"》学术报告，对于"中即正，庸即用"、中和适度的中和之美做了韵味无穷的论述与阐发。

以上是以点带面，点面结合，从学术活动、学术成果、学术进展等主要方面，多元而又立体地对2020年北京美学会进行了全景勾勒。北京美学会会员在广阔的美学天地里驰骋与耕耘,无论是美学理论方面,还是在美育实践方面,都收获了令人瞩目的成果,也为北京哲学会做出了独特的贡献。

(执笔人:魏家川　史　红)

六、科学技术哲学学术发展报告

2020年北京科学技术哲学界继续深入开展学科建设和学术研究,并且运用信息技术开展学术交流活动,取得了较为丰硕的研究成果和重要进展。

(一)学科发展基本情况

总体来看,2020年,北京科学技术哲学学术研究以问题意识为导向,既高度关注学科前沿问题,聚焦以人工智能、大数据等为代表的新一轮科技革命的成果和应用,从科学哲学、技术哲学、工程哲学、科学技术与社会(STS)等各个维度进行了探索,也重视学科基础理论问题,进一步开展技术本体论、技术认识论、工程本体论等研究,还特别关照重大社会现实问题,深刻反思新冠肺炎疫情等问题给人类生存和发展带来的挑战。2020年,北京科学技术哲学学术交流形式多样、成果丰富。受新冠疫情影响,在大规模、面对面的学术交流活动受到限制的情况下,科技哲学工作者创新学术交流模式,利用现代信息技术,突破地域和国别的限制,广泛开展线上和线上线下相结合模式的学术交流活动。2020年,北京科学技术哲学社会服务成效显著。秉承为国服务的一贯传统,科技哲学工作者围绕新冠疫情防控、国家治理、生态文明建设等议题,建言献策,贡献哲学智慧。

（二）学术研究概况

作为智能时代的"第一哲学"，2020年，科学技术哲学学术研究在科学哲学、技术哲学、工程哲学、科学技术与社会研究、自然哲学等领域都取得了较大进展。

1. 科学哲学

2020年，科学哲学越来越关注前沿的科技发展。伴随着认知科学、人工智能、脑机接口等领域的突破性进展，关于认知、意识、自我、智能、情感、记忆、逻辑、知识、感受、行为等问题的哲学研究不断推进，物理学哲学和生物学哲学研究逐渐与心灵哲学研究相结合，呈现出交叉研究特征，精品力作不断涌现。其中最具代表性的著作有中国人民大学哲学与认知科学跨学科平台首席专家刘晓力教授主编的"心灵与认知"丛书，包括《涉身与认知：探索人类认知的新路径》①、《概念与感知：心灵如何概念化世界》②、《知觉即行动：从哲学概念到机器实现》③，以及《信息文明的伦理基础》④。

《涉身与认知：探索人类认知的新路径》对于想要了解认知科学研究纲领变迁的读者是非常易于入门的导引，作者从思想史的角度梳理了认知科学的发展历程、比较涉身认知思想与"认知革命"倡导的计算—表征经典研究的内在关联及分歧所在，追溯了涉身性认知理论赖以奠基的哲学观念、科学源流及其核心主张。此书最丰富的内容是引用经验科学研究的案例，强调了当代实用主义哲学和现象学对认知科学演进

---

① 孟伟：《涉身与认知：探索人类认知的新路径》，北京：中国科学技术出版社2020年版。

② 郁锋：《概念与感知：心灵如何概念化世界》，北京：中国科学技术出版社2020年版。

③ 薛少华：《知觉即行动，从哲学概念到机器实现》，北京：中国技术出版社2020年版。

④ 段伟文：《信息文明的伦理基础》，上海：上海人民出版社2020年版。

的特殊贡献。

《概念与感知：心灵如何概念化世界》反映了近年来认知哲学中关于概念研究的一种新的理论倾向，即有别于传统理性主义进路，从一种经验表征主义立场出发，探究概念的本质、结构以及概念的规范性等问题。其中重点阐释了新经验主义观念下的概念理论如何说明知觉经验与概念之间本质关联的。作者还尝试引入"世界—主体—知觉—概念—语言—思想"的结构模型，建构了一种基于知觉经验的概念研究框架，具有创见地论证了这一框架的三项基本主张。

《知觉即行动：从哲学概念到机器实现》是目前国内关于生态心理学家吉布森提出的关于 Affordance 的知觉理论最为系统的哲学考察和拓展研究。正是吉布森的生态心理学奠定了涉身性认知科学最重要的理论基础。作者在扩展 Affordance 概念的基础上，将动物和人类一同视作与环境打交道的有目的的行动者，尝试建立一种新的概率知觉理论，说明一个行动者如何凭借知觉，获取当下所处环境中的目标对象的意义，审时度势采取恰当的应对环境的行动。此书的另一独特贡献是尝试通过贝叶斯方法，把 Affordance 这个既具生态心理学意义又具哲学意义的概念真正落实到人工智能行动者依据目标采取行动的机器实现的程序设计中。

《信息文明的伦理基础》系统地讨论了人工智能所涉及的各种伦理问题。作者主张审慎的科学，即在信息文明伦理尚未建立健全时，不要过于追求科技化而忽视伦理道德方面的制约。他认为，在没有搞清楚人需要站在什么样的位置去控制智能机器的情况下，人工智能的发展难免有其不确定性甚至是盲目性。关于人类深度科技化的未来情境，作者给出三点展望：其一，人类文明的未来是高度不确定的；其二，只要人类无法抑制其对不断创新的好奇心，其未来情境必然是控制的危机与控制的革命永无止境的缠斗。其三，如果前面两点分别由人类的命运和人性的诉求所决定，那么人类可以做的一个关键性选择是确立创新的速度和限度，或者说如何在颠覆性的创造和颠覆性的毁灭之间找到一个人类文明可以承受的界限。

与此同时，2020年，科学哲学实践性转向继续深化。与经典科学哲学注重考察科学认识的真理性，科学与非科学的划界等问题不同，科学哲学实践转向比较重视地方性科学知识的发生。地方性科学的讨论有助于本土科学哲学的繁荣。最近几年博物学异军突起。作为一种地方性科学，中国传统的博物学讨论试图重新定义何谓科学。科学哲学实践性转向已经进入到了真正的本土化阶段。

2. 技术哲学

2020年，与国外技术哲学的蓬勃发展相呼应，北京学者的研究走入深水区，成果丰富多元。

马克思主义技术哲学研究得到了长足的发展。其中对马克思技术观的发掘、整理仍然是技术哲学研究的重要主题。马克思技术哲学批评在数据时代保持了巨大的生命力。孙恩慧、王伯鲁在《机器技术哲学的第三条进路探析——兼论马克思与芒福德的机器技术哲学》①一文中明确指出，对机器技术的哲学反思有三条分析进路，即工程学传统、人文主义传统以及工程学与人文主义相结合的传统。马克思与芒福德是第三条分析进路的典型代表人物。这条进路在经验的基础之上，有根据地反思技术过程，在特定的语境下审度现实中技术、人与社会之间的关系。他们分别以政治经济学与文化人类学的方法开辟出对立而又互补的两个方向，又分别在自然技术范畴与社会技术范畴、宏观层面（社会效应）与微观层面（个体生存状态）对机器技术做了深刻考察。当代有较大影响力的荷兰学派的技术哲学思想是机器技术哲学第三条分析进路在当今发展的新表现形态。

技术研究的基础理论研究不断加强。随着技术哲学经验转向后学术研究的进一步繁荣，越来越多的学者注意到经验转向后哲学的深入发

---

① 孙恩慧、王伯鲁：《机器技术哲学的第三条进路探析——兼论马克思与芒福德的机器技术哲学》，载《科学·经济·社会》，2020年第1期。

展,有赖于对技术存在论和认识论资源的进一步挖掘。其中海德格尔、梅洛庞蒂研究有复兴之势,斯蒂格勒的现象学研究最近也逐渐受到重视。刘永谋等在《自然辩证法通讯》上组织的纪念斯蒂格勒专栏引发关注。斯蒂格勒是继海德格尔之后,专门从现象学角度讨论技术的最为重要的思想家。他认为技术不仅仅是工具,技术无处不在,他的工作不是技术哲学,就是哲学本身。米切姆、刘永谋、段伟文、王程韡、闫宏秀等人针对斯蒂格勒的生平、著作、核心哲学观点以及哲学史地位都进行了深入地述评,针对其技术作为人的在世,技术作为一种记忆术,技术与人类学的联系,技术分析作为一种药学实践以及其对超工业化的批评等观点都进行了讨论。

国外技术哲学研究日益深入。在《关注法国技术哲学》一文中,刘永谋认为,与美国、荷兰和德国的技术哲学相比,法国技术哲学特色鲜明,有很多值得中国技术哲学发展借鉴的东西。他们关心人在技术时代的命运,融合历史、哲学、社会学和人类学的不同视角,聚焦于技术的伦理学、政治学和社会学方面的问题,重视研究技术与艺术的关系或技艺哲学,加强技术哲学的经验研究。中国的技术哲学应该在继承自然辩证法研究传统的基础上,吸收和借鉴包括法国技术哲学在内的各种思想资源,面对当代中国特殊的技术问题,交融创新,自成一派。①

3. 工程哲学

2020年,工程哲学作为一门新兴的发展领域逐渐受到重视,工程所引发的哲学问题引起了广泛的关注。

工程哲学的价值日益凸显。刘永谋在《工程与工程师时代的哲学反思》一文中断言,今日之人类境遇,从根本上说乃是一种工程境遇。从这个意义上来说,工程哲学可以从"第一哲学"的深度和高度来深入研究。这是因为,工程哲学是理解工程与工程师时代的必然理论产物,

---

① 刘永谋:《关注法国技术哲学》,载《自然辩证法通讯》,2020年第11期。

对于在工程时代防范大工程的负面效应、限制工程师的专家权力、规避社会工程师与社会工程风险等具有不可替代的作用。①

工程本体论研究持续推进。李伯聪在《工程科学的对象、内容和意义——工程哲学视野的分析和思考》一文中认为，我国面临着把工程大国转变为工程强国的历史任务，在这个过程中，发展工程科学常常是关键之关键。它是核心技术或关键技术的孵化器。这就要求人们必须对工程科学的性质、特点和意义有更清醒、更明确、更自觉的认识，要更明确地意识到工程科学的独特地位、意义与作用。工程科学既不同于基础自然科学，也不同于工程技术，但是工程科学和基础科学、工程科学和工程技术之间又是可以双向转化，因此，在实施创新驱动战略时，必须把工程科学创新、工程技术创新、工程制度创新等密切结合起来，实现工程科学创新、工程技术创新、工程制度创新三者的相互促进。②

随着"负责任创新"观念的引入，工程设计的价值敏感性问题引起了广泛的关注。"负责任创新"理念所追求的目标是，研究与创新必须有效反映社会需求与社会意愿，体现社会价值与责任。"价值敏感设计"是以社会和道德价值观为中心的新技术设计和发展理念，希望通过在技术中提前内置伦理价值，实现"负责任创新"。它要求工程设计之初就要加强利益相关者互动，使公共价值设计进入工程产品中。这一思路同传统的技术评估思路有根本不同。它不是在技术使用导致确定后果时进行纠正，而是旨在打开技术黑箱，在工程蓝图阶段就把重要的伦理价值嵌入到工程活动中去。伦理价值不是审查工程技术活动的清单，而是构成工程技术的重要有机部分。尽管王雷、王伯鲁在《技术内嵌价值》一文中也指出，"价值敏感设计"在实践中面

---

① 刘永谋：《工程与工程师时代的哲学反思》，载《民主与科学》，2020年第1期。
② 李伯聪：《工程科学的对象、内容和意义——工程哲学视野的分析和思考》，载《工程研究——跨学科视野中的工程》，2020年第5期。

临着内置伦理的道德超载问题、如何对内置的伦理价值进行审核和判断和所谓的"科林格里奇困境"（Collingridge Dilemma），即"技术的后果在其发展前期难以预测，随着技术的发展，当其占据了生产和市场，所产生的影响逐渐明显时，技术的负面影响往往已经很难控制"等困难，他们仍然认为充分重视技术的内嵌价值，虽然不足以完全应对技术效果的非显而易见性，但是可以在一定程度上帮助工程师做得更好。①

4. 科学、技术与社会（STS）

STS 是一个跨学科研究领域，以科学技术及其与社会的相互关联为研究对象。当前，科学技术快速发展，其与世界其他部分的关系也正在发生深刻变化。这一趋势更加凸显出 STS 的重要价值。STS 研究目前来看还没有统一的研究范式，其研究领域与科学哲学、技术哲学、工程哲学、社会学等都有交叉。然而，从科技哲学核心期刊的论文分类统计情况来看，2020 年，STS 发文比例较高，这充分反映了 STS 研究的繁荣。

STS 紧紧围绕学科前沿问题展开深入研究。例如人工智能技术治理、基因编辑技术管理等问题总是首先在 STS 学者中引起兴趣。段伟文在《构建稳健敏捷的人工智能伦理与治理框架》一文中强调，在各国和地区纷纷提出人工智能发展规划和战略的同时，人工智能的伦理风险与治理也成为全球共同关注的焦点。鉴于不同区域社会环境和文化背景的不同，很难构建单一的全球性人工智能伦理与治理框架。中国在总体上对于人工智能为经济、社会、企业和个人福祉带来的积极影响更加乐观，但人工智能的伦理风险并非虚构，普通用户在享受各种创新便利的同时，难免对个人数据滥用、算法决策的不透明心存疑虑，开发者也担心伦理缺位会使其为由此带来的风险付出高昂代价。

---

① 王雷、王伯鲁：《技术内嵌价值》，载《中国社会科学报》，2020 年 11 月 11 日，第 8 版。

为了消除这种双重焦虑，应该通过技术伦理评估、"技术—伦理"矫正和信任机制的构建，展开必要的价值伦理校准。更重要的是，要在充分考量人工智能的社会影响、对区域与全球的兼容和维护和平底线的基础上，构建一种稳健可行的人工智能伦理与治理框架，实现敏捷治理。①

刘永谋在《技术治理视域下的泰勒主义》一文中指出，在 21 世纪之初，无论是发达国家，还是发展中国家，技术治理已经成为公共治理领域一种全球范围内的普遍现象，可以称之为"当代政治的技术治理趋势"。作为 20 世纪最重要的思想遗产之一，泰勒主义至今仍在社会治理领域发挥着重要的作用，对人类社会运行效率的提高厥功至伟。但是在现实世界之中，依科学之名容易走向"伪技术治理"，依真理之名容易走向暴政，而依确定性之名往往导致混乱。因此，对技术治理的再治理，实际上是对知识走向治理活动可能出现的负面问题的警惕。技术治理是知识与权力相关联的领域，必须慎重地防止知识与权力的勾结与共谋。②

STS 学者聚焦社会热点问题进行理论分析。针对新冠疫情全球大流行，学者们从不同角度进行了深刻反思。周程在《究病毒之理，当有扶社稷之心》一文中主张，科学研究的局限性和科学认知的渐进性决定着科学家们认识新鲜事物需要一个过程。实际上，在不可能做大量的重复实验或不可能进行充分质疑的情况下，科学家们对新鲜事物的理解与预判难免会出现失误。这不仅不利于病毒概念的形塑，甚至会阻碍科学的发展。因此，有必要在科学共同体内部建立平等对话和合作交流的机制。只有充分发扬学术民主，建立平等对话的机制，才有可能使每一位科学家的真知灼见都不至于被埋没，同时确保任何权威的认知盲点都不

---

① 段伟文：《构建稳健敏捷的人工智能伦理与治理框架》，载《科普研究》，2020 年第 3 期。

② 刘永谋：《技术治理视域下的泰勒主义》，载《哲学分析》，2020 年第 3 期。

至于成为阻碍科学发展的绊脚石。要建立合作交流的长效机制，首先需要建立一套大家都能理解的话语体系，不能各说各话；其次需要搭建一批方便各国学者高效沟通的平台，不能画地为牢。①

刘永谋通过邮件与德国哲学家阿尔弗雷德·诺德曼、美国哲学家卡尔·米切姆就"疫情应对中的科技治国模式"进行了比较性讨论，在学界和社会上均产生了广泛影响。刘永谋认为，相比较德国的公民驱动的科技治国模式和美国的没有科技治国约束的反智模式，中国采取的政府驱动的科技治国模式更适应中国国情，也更高效。他也强调，实行政府驱动的技术治理模式时，也需要做好与社会社群间的沟通与协调，将科技手段置于社会监督之下，对专家进行伦理和责任教育。②

STS研究学科融合趋势明显。这一方面反映出STS研究的专业性日益增强，另一方面说明新技术所造成的社会问题迫切需要STS研究予以回应。曾点、高璐在《技术哲学在STS中的遗产——与芬伯格对谈》一文中，通过与美国著名技术哲学家安德鲁·芬伯格（Andrew Feenberg）的对谈，拓展了对技术哲学与STS的关系的理解。芬伯格认为对于理想化来说，技术哲学与STS将会融合。在后真相社会，STS不再是一个常规的、政治中立的、无政治意义的学术领域，将不得不毫不讳言地为科学、技术以及专家知识进行辩护。STS的定位需要被重新阐明。作为具有跨学科特点的STS与技术哲学有着密切的交集。一方面，技术哲学家们提出问题，进步意味着什么？其目标是什么？应该由哪些社会群体来定义进步？这是技术哲学能为STS所做的；另一方面，技术哲学可以从STS的资源中找到一些东西，用以解决诸如进步问题、权力

---

① 周程：《究病毒之理，当有扶社稷之心》，载《中国科学报》，2020年2月27日，第1版。

② 刘永谋等：《疫情应对的中国模式》，参见澎湃报道：https://www.thepaper.cn/newsDetail_forward_7400340

问题、理性问题等哲学问题。①

5. 自然哲学

2020年，自然哲学研究热点突出。北京学者发表理论文章纪念恩格斯诞辰200周年。邹广文的《人与自然关系思想再思考——恩格斯〈自然辩证法〉学习札记》一文是关于恩格斯自然观研究的代表性论文。文中指出，人与自然关系的思想是其哲学思想体系中的主要组成部分。在现时代，重新学习恩格斯有关人与自然关系的思想，无疑具有十分重要的理论意义和实践意义。在当代人与自然紧张的矛盾冲突中，我们更应该去认真领会恩格斯关于人与自然具体的历史的统一思想，以此对于今天人类现代化实践给予自觉的思想检讨和价值审视。

习近平生态文明思想研究持续受到关注。滕菲的《习近平生态文明思想对人类世时代生态哲学的价值》一文指出，习近平生态文明思想是我国社会主义生态文明建设的根本遵循，是克服后自然倾向内在缺陷的重要理论基础，也是构建人类世时代生态哲学的核心资源。习近平生态文明思想包括"人与自然是生命共同体"的本体论、以"绿水青山就是金山银山"为核心的发展论和实践论、"山水林田湖草是生命共同体"的系统工程的思路和生态学为基础的方法论。这一系列重要思想相互联系并构成了统一的理论体系，为生态哲学的发展提供了重要的理论基础。②

生态哲学理论研究不断深化，从关于人与自然关系的一般性研究进展到多视角的具体化、专业化研究。张云飞、李娜的《生态哲学有机范式的二重性》一文，深入分析了生态哲学的有机范式，得出结论，有机哲学不能作为"普遍"的生态哲学，只是生态哲学的一种可

---

① 曾点、高璐：《技术哲学在STS中的遗产——与芬伯格对谈》，载《自然辩证法通讯》，2020年第3期。

② 滕菲：《习近平生态文明思想对人类世时代生态哲学的价值》，载《中国人民大学学报》，2000年第3期。

能范式，可将之称为"生态哲学有机范式"，即按照有机哲学构建的一种生态哲学范式。只有立足于社会主义生态文明建设实践，坚持以人民为中心，坚持综合创新，才可能形成一种科学、普遍、有效的生态哲学。①

(三) 学科问题思考与未来展望

过去一年，科学技术哲学学科发展虽然成绩斐然，但仍有诸多不足。首先，针对科技哲学自身学科定位的反身性研究仍显不足，亟需得到足够重视。科技哲学同哲学一级学科的关系，自然辩证法在科技哲学中的位置，科学哲学和技术哲学，STS 和工程哲学的关系都需要进行细致的梳理。马克思主义科技哲学研究仍需进一步加强。马克思主义传统中科技哲学思想丰富，其中自然哲学、科学社会学、科学认识论以及技术社会批判等资料都尚未得到充分整理。进一步系统整理马克思主义的科技哲学不仅有助于我们从哲学史意义上深入理解当代科技哲学的一些思想流派渊源，同时对于充分把握技术的政治属性有重要作用。

其次，科技哲学研究的基础理论仍然长期跟随。国内早期科技哲学研究主要是对西方主要科学哲学著作进行译介。当前在科学哲学领域，尤其是认知科学哲学界，能够在基础理论上提供创造性贡献的中文著作不多，论文数量有限。在技术哲学研究中，无论是在分析传统、社会批判传统还是在现象学传统内部，对技术本体论、技术形上学基础理论研究都没有重大突破。科技哲学研究需要进一步深入研究基础理论，敢于啃硬骨头。

再次，科技哲学研究和自然科学的结合仍显不足。随着科学技术的不断发展，科技突破所带来的哲学问题成了科技哲学当前研究的热点。

---

① 张云飞、李娜：《生态哲学有机范式的二重性》，载《国际社会科学杂志》，2020 年第 2 期。

在科学哲学界，心灵哲学或可为人工智能发展提供有关认识的基础性概念资源。科学实践哲学旨在提供知识生产的地方性特征，特别关注实验室内部活动。但目前科技哲学研究尚未走入实验室，未能与自然科学家一起开展研究。技术哲学工作者也未能走入企业和工程场所。这使得科技哲学研究对科技工作的影响力不足，也不能从中汲取必须的资源。继续推进科技哲学和科技工作者之间的互动，将有助于深化科技哲学问题研究。

然后，科学实践哲学研究进一步深入。例如海德格尔、福柯和梅洛·庞蒂对科学实践哲学的根源性影响需要得到进一步深入挖掘。科学实践哲学经典作品需要得到更加系统的翻译与介绍。目前这些翻译仍然不够充分。推动科学实践哲学结合当下科技哲学研究热点，例如当下流行的"荷兰学派"哲学研究，在此基础上进一步发展科学实践哲学研究的理论思路。技术哲学作为"第一哲学"的形上学研究需要着力推动。技术哲学不能简单停留在考察应用技术使用所带来的伦理问题上，更需要进一步考察技术的本质问题。经典技术哲学著作的译介工作目前做的还较不充分。海德格尔的技术哲学思想并未能系统进行翻译介绍。后现象学和分析的技术哲学译介也很有限。在推动翻译的基础上，进一步加强对技术本体论问题的研究。其中技术的本质、技术与生活经验的构造、技术与存在等问题都需要进行系统考察。

最后，技术的社会批判理论研究具有重要的现实意义。未来技术批判理论可以从两方面深入开展。一是细致系统地考察技术批判理论与马克思主义技术哲学的关系。二是在系统梳理技术批判理论的基础上，进一步结合中国技术实践案例反思并发展技术批判理论。中国作为一个正在全方面深度工业化的国家，有大量的技术案例值得从技术批判理论视角进行研究。例如最近几年人气很旺的"负责任创新"哲学涌现出很多综合中国技术案例的哲学研究，深化了国际技术批判理论的讨论。工程哲学，尤其是其中的工程伦理教育需要得到进一步支持。工程伦理的教材仍需要进一步丰富。这要求进一步翻译西方经典的工程伦理教材，结合中国实际与中国案例开展别开生面的研究工作。另外应加强对西方工程伦理实践体制、制度的关照,通过对这些问题的考察将工程哲学理论揉入到具体的工程实践中去,使得工程教育紧密结合实际,言之有物。在工程日兴的同时,科技伦理问题最近几年变得日趋严峻。在"十四五"期间加强科技伦理的研究势在必行。科技伦理问题研究不能再仅仅强调技术的风险评估,这种后发式的科技伦理研究范式往往要等到技术应用后才能开展研究。科技伦理研究必须进一步拓展到科学研究实验计划阶段、技术的工程设计、研发过程之中。这种科技伦理研究的"前端"思路值得进一步介绍和研究。其中"价值敏感性"设计、"说服性"技术、技术哲学的"设计转向"等问题都是未来科技伦理研究的可能热点。

以上研究均需置入国际化视野下进行考察发展。科学技术的使用本身具有国际化特征,其所带来的问题必然需要进行国际化讨论。国际化不仅包括对西方前沿思想的引入,更要进一步加强中西学者的实质性互动。这包括一起编辑图书、组织学术期刊专栏针对具体问题进行争论、推动中国学者的重要观点走出国门等实践。与此同时,不断推进科技哲学的中国化工作。近些年来,科学哲学和技术哲学都在经历深刻的实践转向。实践转向给科技哲学提供了一个地方性知识阐释的空间。其中,什么是科学知识?什么是科学?"李约瑟难题"等问题在科学实践哲学转向下都焕发出新的生机。科学传统作为一种博物学传统正在得到热烈讨论。在技术哲学领域,国内一批海归青年学者在儒家技术哲学方面的尝试已经引起了国际技术哲学学界的广泛关注。传统文化资源如何楔入科学和技术哲学势必会成为未来科技哲学中国化的讨论热点。

(四)学术共同体建设

2020年,北京学界继续根据学科发展和社会发展需要搭建各种学术平台,创新学术交流方式,广泛开展高质量的学术活动。

创新学术交流形式。受疫情影响，本年度的学术活动大多采取在线或线上线下混合形式进行。新的交流形式虽然减少了面对面的互动，却打破了资金、地域及人数的限制，学术交流活动变得更加便利、灵活、高效，参与度高，影响力大。

创建新型高端论坛。2020年12月，中国自然辩证法研究会工程哲学专业委员会联合中国工程院工程管理学部和中国国际工程咨询公司，在京举办首届"工程咨询与工程哲学高端论坛"。该论坛力图在中国工程哲学与工程咨询实践活动之间搭建紧密联结的桥梁纽带，以发挥工程哲学研究成果对工程咨询高质量发展的现实指导作用为宗旨，通过对中国丰富多彩的工程咨询创新实践活动进行哲学层面的提炼总结和系统阐释，提升中国工程哲学研究成果的实践应用价值。9位中国工程院院士、6位全国勘察设计大师，40余位部级领导及资深权威专家，400余位工程规划设计咨询专业人士出席论坛，近20万人次通过"中咨研究"公众号论坛直播专栏在线观看了论坛盛况。

举办特色高端论坛。2020年10月31日，以"人工智能：风险治理与应急管理变革"为主题的第18届北京两界联席会议高峰论坛在京成功举办。北京两界联席会议高峰论坛由北京市社会科学界联合会和北京市科学技术协会联合主办，是两界学者服务首都的重要举措。作为高端互联机制和决策参考平台，论坛每年选择两界专家共同关注的首都发展中带有全局性、战略性、前瞻性的问题进行研讨。本次论坛着眼于完善新冠肺炎疫情防控和社会发展中长期的治理体系短板，邀请到公共卫生、应急管理、社会治理等领域10余位专家学者与实务人士，聚焦人工智能时代风险治理和应急管理的新挑战和新机遇，进行了深入的交流和探讨。会后，专家意见会经过梳理，形成专家建议供北京市委市政府及相关部门决策参考。两界学会代表、清华大学师生和新闻媒体代表等200余人现场和线上参加了本次论坛。

打造精品学术讲座。自2016年4月，中国科学院大学人文学院开设"科学与人文讲座"以来，该讲座诚邀国内外一流学者登台报告关于学术前沿问题和热点问题的创新性研究成果。2020年，该讲座仍然以线上线下结合的方式连续举办12期。讲座主题丰富。题目分别为"中国古代科技史的新思路""漫说热力学""库恩哲学是后现代的吗？""气象科学历史的研究与展望""人工智能愿景、伦理和科学探索""我国先民的取火技术探讨""基督教的原罪观与近代科学方法的构建""当代生物学哲学中的个体性问题""明清之际中西科学与哲学思想的交流""科学形而上学的复兴""从'孔夫子'打捞科学史""智能治理与疫情应对""科学传播——变革与热点"。主讲专家的精彩报告引起强烈反响，得到广泛好评。

提升学术报告质量。2020年11月21日，刘晓力教授受邀主讲清华大学科史哲年度讲座暨北京科学哲学论坛2020年第2期。本次报告题目为"认知科学怎么了"，报告分为两个部分：第一部分的主题是"认知科学怎么了"，这一部分的内容有三个方面：（1）认知科学与哲学的双向挑战；（2）认知科学三条分殊路径的困难；（3）认知科学前路如何。报告的第二部分探讨了一个更为具体的问题，即人工智能中的意识与情感问题。刘晓力教授对于人工智能研究是否真的拓展了对人类本质的研究提出了质疑。她认为近30年来，人工智能的研究越来越远离哲学，远离对于人类心灵的本质的理解。那么，人工智能研究是否还能承担起这样的任务，这是一个值得关注的新问题。本次报告对学科前沿问题进行了深入的思考与探索，体现出强烈的学术性与高水准。

加强国际交流。在受疫情影响，许多国际学术交流活动被迫中止或延迟的情况下，中国自然辩证法研究会博物学文化专业委员会同英国博物学史学会仍然保持了密切的联系。2020年3月，英国博物学史学会主席Peter Davis在其官方网站和学会《通讯》（*Newsletter*）亲自撰文，用大量篇幅介绍了中国博物学的进展，尤其是第四届博物学文化论坛的议题，重点推介了《中国博物学评论》、"柯蒂斯植物学杂志版画展"等。

（五）科学技术哲学社会服务效能

为国服务是科学技术哲学学科的固有传统。2020年，北京科技哲学界工作者紧紧围绕影响经济社会发展的重大现实问题展开理论研究和应用对策研究，采取多种形式为国家经济发展和社会治理建言献策，提供智力支撑。

助力疫情防控。2020年5月6日，著名生命伦理学家邱仁宗先生受中国自然辩证法研究会邀请，以"新冠疫情下我们为什么需要生命伦理学"为题，进行了一场在线宣讲报告，近200人参与报告。报告指出，生命伦理学是帮助人们做出合理决策的学问。人的生命重于泰山是防控疫情大流行的第一伦理原则。防控疫情的出发点是人的福祉，即是防止、减轻和挽救人的健康和生命的损失。整场报告内容丰富，观点深刻，对疫情防控具有重大的现实作用。

《工程研究——跨学科视野中的工程》杂志2020年第1期，及时组稿并发表了"直面新型冠状病毒：重大疫情防控的跨学科研究"专刊，产生了良好社会影响。段伟文在《新京报》专栏发表文章《防控疫情，要以"最坏情形"做充分预案》、在新华网发表文章《健康认知与疫情监测》，建议依照尽可能提高疫情监测和预警的及时有效性的原则下，对疫情早期监测进行结构优化和流程再造。

助力国家治理和社会治理。李建军在《国家治理》周刊上发表文章《以疫情防控为契机加强野生动物保护立法执法管理》，提出构建野生动物保护和公共卫生安全的风险预警和防控体系，加强相关的科学研究和技术创新，以及对立法机关和执法人员的动物福利保护和公共卫生安全教育等。张云飞在《国家治理》周刊上发表文章《在完善野生动物保护法的系统之策——基于新型冠状病毒肺炎疫情防控阻击战的思考》，提出要严格执行《野生动物保护法》，为疫情防控工作、国家生态安全和人民身体健康提供切实有效的法律保障和支持。

助力生态文明建设。2020年5月15日，张云飞做客中央电视台

《焦点访谈》节目，接受以"生态优先绿色发展"为主题的访谈，就推动实现生态优先、绿色发展为导向的高质量发展路子提出了自己的建议。

北京科学技术哲学社团为服务首都发展出谋划策。2018年底北京自然辩证法研究会成功入选市科协第二批科技智库建设重点基地。2020年度，研究会组织专家围绕"疫情与社会发展""城市创新发展和安全治理"等主题积极开展决策咨询活动，研究提炼形成调研报告、决策咨询建议。"关于新型冠状病毒感染肺炎疫情防控的一些建议""关于完善突发未知传染病应对机制的五项措施""利用新一代信息技术构建多层次的公共卫生应急信息监测和共享体系的建议""关于重视社交媒体信息分析及时化解公共危机的建议""日本顶级科学研究中心对提升我国基础研究水平的启示""关于高校和科研机构有序恢复科研和创新服务活动的建议""新冠肺炎疫情对体育产业的影响及建议""抓住全球抗疫契机加快科普需求建设促进科普产业发展""疫情之下2022年北京冬奥会的挑战与应对""关于加快构建京津冀城市群协同创新网络体系的建议""我国农村干旱地区实施以水为纽带的农村生态新家园创新项目计划调研报告"等共计15项成果提交市科协，为首都经济社会发展做出应有的贡献。

（六）学科建设成效

近几年关于科学技术哲学的学科定位问题，持续引发学者的热议。作为哲学学科的二级学科，科学技术哲学在我国得到了长足的发展。然而，由于科学技术哲学与自然辩证法的密切关联，科学技术哲学学科在学科建设上出现了很多不明确性。作为中国特色哲学社会科学学科体系的重要组成部分，科学技术哲学学科定位是否明确？学术体系是否科学、合理？都直接关系到中国特色哲学社会科学学科体系的构建与完善。

2020年，围绕科学技术哲学的学科定位问题，北京学界进行了有益的探索，取得了一系列成果。其中最有代表性的是刘大椿教授的相关研究。在《科学技术哲学在中国的兴起与自然辩证法》一文中，作者明确指出，科学技术哲学在中国的学科建制化发展始于自然辩证法的传播与发展，这是无可争辩的事实，也是中国科学技术哲学的重要特色。1978年改革开放以后，中国的科学技术哲学逐渐成熟。作为中国社会发展新思维的重要提供者和中国社会变革的参与者，当下，中国的科学技术哲学已经成为对中国当代社会与思想影响深远的学科之一。在具体回顾了科学技术哲学学科的历史渊源及发展历程之后，作者细致分析了中国科学技术哲学学科发展的规范与多元。20世纪90年代中期以来，随着全球范围科技与社会、环境的冲突加剧，这些都对科学技术哲学的理论和实践提出了新的要求。中国的科学技术哲学学科发展趋于成熟。学科结构相对稳定，学科运行逐渐规范，同时研究取向有不同路径。最后，作者展望中国科学技术哲学的未来发展，提出两个需要着力培育的新的生长点，即科技伦理问题和科学的文化哲学研究。①

（执笔：王小伟　程倩春）

七、反思与前瞻

总体来看，2020年北京哲学学科发展态势可喜，分支学科成果丰硕，亮点突出，学科交叉综合前沿热点问题凸显。不过，如果从更高的标准来看，北京哲学学科学术发展尚存在有待改进的地方，还有进一步提升的空间。

---

① 刘大椿：《科学技术哲学在中国的兴起与自然辩证法》，载《自然辩证法研究》，2020年第10期。

1. 学科交叉综合研究有待进一步加强

长期以来,由于学科分割过细和学术体制的限制,各分支学科以邻为壑,很少交流互动。近年来逐渐形成的"中""西""马"对话,以及其他分支学科之间的对话交流,有助于打破学术壁垒,催生新的前沿课题,推动学科综合发展,这种势头有待继续保持和发展。

2. 学术体系和话语体系亟需进一步更新

这就需要突破长期以来哲学研究中存在的"重史轻论"乃至"趋史避论"的研究倾向,真正聚焦于前沿性哲学问题研究。同时通过对中国传统哲学话语和西方哲学话语的创造性转化,以马克思主义为理论指针,实现话语体系的创新性发展,形成一系列适应时代和实践发展需要的概念术语,为学术体系创新奠定坚实基础。

3. 哲学研究的现实性和原创性必须强调

任何真正的哲学都是自己时代精神的精华和文明的活的灵魂。而只有深刻地直面现实问题,把握时代特征,引领历史方向,哲学才能发挥其应有的社会功能。只有走出"从文本到文本"的观念论误区,调动和凝聚丰富的哲学智慧资源,破解"世界百年未有之大变局"的重大难题,才能为实现中华民族的伟大复兴做出无愧于时代的新贡献。这也是北京乃至全国哲学界应该为之而努力的方向。

(执笔:杨学功)

附：2020 年度代表性成果

一、著作

1. 黄志军：《马克思辩证法研究：以政治经济学批判为中心》，北京：社会科学文献出版社 2020 年版。

2. 张光明等：《关于马克思社会主义学说史上的若干重大分歧问题》，济南：山东人民出版社 2020 年版。

3. 陈来：《儒家文化与民族复兴》，北京：中华书局 2020 年版。

4. 杨立华：《庄子哲学研究》，北京：北京大学出版社 2020 年版。

5. 雷思温：《弥平与破裂：邓·司各脱论形而上学与上帝超越性》，北京：生活·读书·新知三联书店 2020 年版。

6. 策勒著，聂敏里等译：《古希腊哲学史》（全六卷），北京：人民出版社 2020 年版。

7. 高建平：《文学和美学的深度与宽度》，北京：商务印书馆 2020 年版。

8. 刘成纪：《汉代美学中的身体问题》，北京：中国社会科学出版社 2020 年版。

9. 薛少华：《知觉即行动：从哲学概念到机器实现》，北京：中国科学技术出版社 2000 年版。

10. 段伟文：《信息文明的伦理基础》，上海：上海人民出版社 2000 年版。

二、论文

1. 韩震：《新中国 70 年哲学话语体系的生成与转换》，载《社会科学辑刊》，2020 年第 1 期。

2. 杨学功：《当代中国价值哲学研究的历史逻辑》，载《价值论研究》，2020 年第 1 期。

3. 刘笑敢：《"自然"的蜕变：从〈老子〉到〈论衡〉》，载《哲学研究》，2020年第10期。

4. 丁四新：《庄子思想的三大本原及其自然之义》，载《人文杂志》，2020年第2期。

5. 刘素民：《阿奎那如何循着自然法的道路探求正义和自然权利》，载《福建论坛（人文社会科学版）》，2020年第11期。

6. 尹景旺：《〈国王的两个身体〉发微》，载《世界宗教评论》，2020年第3辑。

7. 宋瑾：《从混生音乐视角析学堂乐歌的族性表现》，载《人民音乐》，2020年第3期。

8. 史红：《人工智能视域下的舞蹈与身体》，载《舞蹈》，2020年第2期。

9. 李伯聪：《工程科学的对象、内容和意义——工程哲学视野的分析和思考》，载《工程研究》，2020年第5期。

10. 刘永谋：《技术治理视域下的泰勒主义》，载《哲学分析》，2020年第3期。

课题组组长： 杨学功
课题组成员： 文　兵　黄志军　丁四新　李海峰　丁亮皓　季　磊
　　　　　　　孙皓佳　王　栋　姜明佳　杜丽燕　王玉峰　宋　瑾
　　　　　　　史　红　魏家川　程倩春　王小伟

学科报告

2021年度北京哲学学科学术发展报告

　　面对世界百年未有之大变局和中华民族伟大复兴战略全局，置身"两个一百年"奋斗目标的历史交汇期，北京哲学界精耕学术，不辱使命。2021年，虽然继续受到新冠疫情的冲击，但北京哲学界创新学术活动方式，深入开展学术研究，不断开拓新领域，提出新问题，深化理论创新，取得一系列富有特色的高质量研究成果，在若干前沿热点问题研究上取得明显突破，进一步保持和巩固了在全国的领先地位。

　　按照哲学学科所属二级学科的划分和北京市哲学会的业务范围，本报告主要综述2021年度以下五个分支学科的研究进展：（一）马克思主义哲学；（二）中国哲学；（三）外国哲学；（四）美学；（五）科学技术哲学。本报告旨在通过对2021年度上述五个哲学分支学科学术发展状况的全面梳理和总结，通过对本年度所取得的学术成果的盘点和评论，促进北京哲学学科学术共同体建设，推动北京哲学学科学术理论创新和学术人才成长，为构建中国特色哲学社会科学学科体系、学术体系、话语体系做出无愧于首都地位和哲学学科的独特贡献。

（执笔人：杨学功）

一、马克思主义哲学学术发展报告

（一）重要学术活动

2021年，北京哲学界开展了内容丰富、形式多样的学术活动。由于受新冠疫情影响，本市开展的哲学学术活动和学术交流主要集中于下半年，且大多采取线上和线下相结合的形式进行。下面按时间先后顺序，将重要学术活动列举如下。

2021年，北京市马克思主义哲学学科的重要学术活动主题主要体现在以下四个方面：一是关于基础理论的探讨，如马克思与异化问题的研讨；二是全面建设社会主义现代化国家的人学展望；三是结合建党100周年，从价值与文明的角度思考中国共产党百年来的理论和实践探索；四是国内哲学研究重镇中国人民大学哲学院哲学学科建设65周年展开幕，举办"马克思主义哲学中国化与新时代哲学创新"学术高端论坛。

2021年3月13日，中国政法大学马克思主义学院与人文学院、清华大学马克思恩格斯文献研究中心联合举办的"马克思与异化"学术研讨会在清华大学蒙民伟楼成功召开。来自中国政法大学、清华大学、中共中央党校、北京师范大学、北京理工大学、对外经济贸易大学、北京科技大学、北京林业大学、首都师范大学的二十余位学者围绕"马克思与异化"相关问题展开了热烈的讨论。中国政法大学马克思主义学院张秀华教授、孙美堂教授作主题报告。张秀华教授以《从实践人学到工程人学——异化劳动框架下的技术与工程异化批判》为题，从工程人学的角度介绍了对异化及其克服的当代理解。她指出，马克思虽然受到黑格尔异化概念的影响，但他将黑格尔的抽象的主体性改造为在现实的具体主体之上的实践人学，将异化理论建立在社会关系和生产的基础上。由于发达工业社会中工程异化是引发技术异化的关键，工程哲学就是当代的实践哲学，因此必须在工程哲学的范式下扬弃工程异化，将作为手段的人转换为作为目的的人。清华大学马克思主义学院王贵贤教授、北京科技大学马克思主义学院王俊博副教授分别对报告作了评议。文兵教授、黄志军教授、田毅松老师围绕报告主体阐述了自己的理解。张秀华教授对上述专家的评议进行了回应。孙美堂教授以《马克思扬弃异化的现实路径——兼与韩立新教授商榷》为题做主题报告。孙美堂教授认为，马克思以实践思维取代抽象思辨，马克思对概念的改造方式而不是考察某个具体概念的来源才是理解其异化思想的关键。同时，单个概念只是马克思思想形成的要素之一，而不能论证出与马克思思想的内在关联的必然性，只有考察马克思哲学思路的具体形成过程才能解答。由于马克思思想的形成是多维度的，单纯从德国古典哲学的角度论证经验个体的异化，是难以提供有效解释的。总体来说，"劳动异化"是过渡到历史唯物主义的"梯子"，马克思在《德意志意识形态》之后便转向了更具体的解释范式，如分工、交往、社会形态等。清华大学哲学系韩立新教授、对外经济贸易大学马克思主义学院梁爽对报告作了评议。韩立新教授认为，异化理论就是黑格尔所说的"事情本身"，就是马克思所创立的唯物史观，而不仅仅是形成过程中的可以最终抛弃的"梯子"。何彦教授也结合报告阐述了自己的理解。孙美堂教授对上述专家的评议进行了回应。清华大学马克思主义学院王代月副教授做了题为《黑格尔理性国家观中的自然及马克思的双重批判》的报告，中国政法大学哲学系倪寿鹏教授与马克思主义学院蔺庆春副教授分别对报告作了评议。倪寿鹏不赞同王代月对真正的民主制的评价，蔺庆春则较为认同王代月关于真正的民主制没有摆脱对政治理性的崇拜的论断，指出在自然与自由的关系上，马克思认为自然的必然性恰恰是非自由性，这种非自由性带来了黑格尔理论的保守性，马克思意图激发黑格尔理论中隐性的主观自由原则。黑格尔国家观的实质是理性现实主义国家观，"君主"是对经验世界的现实国家的描述。清华大学哲学系陈浩与中国政法大学哲学系吴照玉也做了主题报告。在评议吴照玉题为《从劳动异化论到劳动价值论——再论异化概念在马克思思想中的理论嬗变》的报告时，张欣然认为，应从辩证法的视角切入异化问题研究，成熟期的马克思虽然可能更换了语词却并未抛弃异化的实质，他以马克思对"三位一体"公式的批判为例，将异化理解为物象化的前提和准备。在闭幕环节，张秀华教授代表中国政法大学对清华大学马克思恩格斯文献研究中心表示感谢，同时高度赞赏本次会议取得的理论成果。张秀华教授希望能加强与清华大学在学术交流方面的合作，通过定期举办学术交流活动促进双方形成稳定的学术共同体。韩立新教授对中国政法大学的参会学者表示感谢，积极回应了张秀华教授提出的合作构想，期待双方能在更宽广的学术领域加强学术交流，促进优势互补。

2021年10月16日，由北京师范大学哲学学院、北京师范大学价值与文化研究中心、北京师范大学社会主义核心价值观协同创新中心主办，北京师范大学哲学国际中心（珠海）承办的"价值与文明：中国共产党100年"学术研讨会在北京师范大学珠海校区举行。本次会议的主旨是深入学习贯彻习近平总书记"七一"重要讲话精神，全面总结中华民族伟大复兴进程的价值意蕴，推动哲学社会科学研究在新时代的发展。来自中国社会科学院、北京大学、中国人民大学、北京师范大学、中央民族大学、首都师范大学等高校和科研机构的专家学者，以及《哲学研究》杂志社、《当代中国价值观研究》杂志社、中国社会科学网等新闻媒体和出版界的编辑记者近百人与会。北京师范大学哲学学院院长吴向东教授代表主办方致辞。他指出，中国共产党在对中国道路的百年探索中，始终包含着价值文化的面相：以马克思主义为指导，以价值建构为核心，推动文化的变革，文明形态的创新，经历了从新民主主义文化到中国特色社会主义文化，从中国道路到人类命运共同体，从文化革命、文化建设到文化自信的发展历程，创造了价值与文明的一系列标识性概念和丰富的思想与实践成果。它们主要包括：（1）建构社会主义核心价值观；（2）构筑中国共产党人的精神谱系与中国精神；（3）坚守和弘扬全人类共同价值；（4）创造中国式现代化新道路，创造人类文明新形态。在中国共产党建党百年这个重要历史节点，总结中国共产党价值与文明百年探索的丰富历程，探究其价值建构与文明创新的内容、方法和路径，反思其探索创新的内在逻辑和基本规律，将会有力促进价值文明观基础理论研究，从哲学的层面展示中国共产党和中国特色社会主义的价值与文明新境界，深化中国共产党和中国道路的自我理解，从而坚定中国特色社会主义的理论自信、道路自信、制度自信、文化自信。开幕式结束后，来自北京哲学界的多位专家学者围绕"价值与文明：中国共产党100年"会议主题，在研讨会上做首场主题报告。中国人民大学哲学院刘大椿教授的报告题目是"智能时代人类文明的交流与互鉴"，中国社会科学院哲学所冯颜利研究员的报告题目是"习近平新时代中国特色社会主义思想的哲学贡献"，北京大学哲学系杨学功教授的报告题目是"论'中国式现代化'作为'人类文明新形态'"。北京师范大学哲学学院沈湘平教授、首都师范大学政法学院哲学系杨生平教授、中国人民大学哲学院张立波教授等也在研讨会上做了主题发言。本次学术研讨会为期两天，期间举办了"青年圆桌论坛"，来自首都和外地高校的近30名博士与硕士研究生围绕会议主题展开研讨。

2021年10月30日，中国人学学会、北京大学中国特色社会主义理论体系研究中心、佳木斯大学马克思主义学院联合主办的"全面建设社会主义现代化国家的人学展望"研讨会暨中国人学学会第23届年会以线上线下结合的方式举行。中国人学学会会长、北京大学中国特色社会主义理论体系研究中心主任丰子义教授就会议主题和讨论议题做了全面阐释。回顾20世纪八九十年代的现代化研究，当时主导格局是以社会现代化为目标，以人的现代化为手段。当前我国已经开启全面建设社会主义现代化国家新征程，在新的历史阶段，人的现代化不再仅仅作为手段来看待，而是作为目的来对待。社会现代化归根到底是人的现代化。围绕人的现代化问题，当前应当关注三大重点问题：一是发展问题，进入新发展阶段，依托人的发展，为高质量发展注入内生动力、提供人学支撑；二是文明问题，全面建设社会主义现代化必须加强文明建设，文明建设的关键是提升人的文明水平；三是人类命运问题，树立人类命运共同体理念，处理好资本逻辑与人的发展逻辑的关系。与会专家学者深入探讨了中国式现代化新道路的人学意蕴。有学者认为，中国式现代化是以人民为主体的现代化，在发展动力上强调全体人民共同建设现代化的伟大事业；在目标追求上强调全体人民共同享有现代化的成果；在评价标准上强调以人民群众满意作为检验现代化成效的标准。有学者认为，马克思曾经批判西方早期现代化的弊端，资本主义现代化造就了异化的、单维的人，一极是财富的积累，一极是贫困的积累；一极是物质文明的发展，一极是精神文明的贫困。在此意义上，中国式现代化是坚持全面发展、全面进步的现代化，因而具有深刻的人学意蕴。与会学者还深入探讨人的现代化与人类文明新形态的关系。有学者认为，中国式现代化新道路开创了人类文明新形态，在新的历史条件下全面建设社会主义现代化，必须继续加强文明建设。要加强文明建设，最为根本的就是要提升人的文明水平。有学者提出"我们需要什么样的新文明"的重要命题，认为我们需要能够掌控巨大物质力量的精神文明，防止迷失于物欲狂欢的拜物教；我们需要返璞人类自然本性的技术文明，以免使人成为机器的附庸或彻底沦落为机器；我们需要超越私有资本逻辑的共享文明，避免社会的文明成果为少数人所垄断。有学者认为，价值观在文明体系中居于核心地位，对于文明发展起着引领作用，社会主义现代化应当避免信仰缺失、价值式微等困境。通过深入研讨，与会学者达成共识，全面建设社会主义现代化国家具有深刻的人学内涵。站在实现第二个百年奋斗目标的新起点，面对社会主义现代化对人的发展提出的新要求，哲学社会科学工作者的责任重大、使命光荣。当代中国人学研究要以马克思主义哲学为指导，以建构中国式现代化新道路为旨趣，构建具有主体性、时代性、原创性的人学学科体系、学术体系和话语体系，为实现中华民族伟大复兴的中国梦提供思想智慧，为全面建设社会主义现代化国家的第二个百年目标贡献人学力量。

2021年11月27日,"爱智求是 共谱华章——中国人民大学哲学学科建设65周年展"暨"马克思主义哲学中国化与新时代哲学创新"学术高端论坛举办。本次展览及论坛由中国人民大学哲学院、博物馆主办,以"马克思主义哲学中国化与新时代哲学创新"为主题,围绕中国人民大学哲学学科65年来取得的成就与哲学学科未来发展进行研讨。第十届全国人大常委会副委员长、中国关心下一代工作委员会主任顾秀莲,中国人民大学党委书记张东刚出席开幕式并致辞。顾秀莲向奋战在哲学学科建设前沿和学术研究前沿的同志们表示诚挚问候与衷心感谢。她指出,党的十八大以来,我国哲学学科建设工作全面贯彻党的教育方针,深入学习贯彻习近平总书记系列重要讲话精神,谱写了我国哲学学科建设新篇章,形成了学科建设的"中国效应"。中国人民大学在我国哲学学科建设的新篇章中展现了极具中国特色的成就和前景。张东刚代表学校对哲学学科成立65周年表示祝贺。他指出,中国人民大学哲学学科诞生65年来,几代哲学人求真务实、薪火相传,在人才培养、学科建设、学术研究、教学改革等领域勇于探索,始终与党和国家同呼吸、共命运,为全国高校哲学学科的蓬勃发展做出了卓越贡献,也因此奠定了人大哲学学科作为当时全国哲学教育与研究"工作母机"的领军地位。中国人民大学荣誉一级教授陈先达深情回顾了自己从1956年起在哲学院(系)从事教学研究的经历,他表示,哲学院(系)由单一学科发展到现在多学科集群,要认真思考自身定位和功能问题。世界上很多国家都有哲学院(系),但中国哲学院(系)的本质特征和根本任务是坚持以马克思主义为指导,为中华民族伟大复兴培养类型多样的哲学人才。坚持马克思主义为指导的定位,并不意味着脱离与世界的交流。我们更要从哲学本质特征及定位出发,放眼世界,着眼未来,不断加强与国外学术同行的沟通与交流,做到从各种经典著作中汲取智慧,从开门办学中进一步提高哲学眼界。要清楚认识到,真正的哲学智慧是人类共同的智慧,一家一派的智慧不能称之为哲学大智慧。现在中国人民大学的十个哲学二级学科各具特色,要始终坚持以马克思主义为指导,认真钻研各个学科的特色成果,集聚大家共同的智慧和力量,为办好中国人民大学哲学院,培养建设中国特色社会主义、实现中华民族伟大复兴中国梦的人才贡献哲学力量。中国人民大学哲学院院长臧峰宇介绍了中国人民大学哲学学科发展概况。他表示,65年来,中国人民大学哲学学科赓续学术传统与精神血脉,成为新中国高校哲学教学与研究演进的缩影。近年来,中国人民大学哲学学科入选国家首批"双一流"学科建设名单,不断探索哲学课程改革与人才培养模式创新,努力探索出一条具有人大风格、中国特色、国际水准的人才培养之路。未来,哲学院将坚持以习近平新时代中国特色社会主义思想为指导,开拓哲学学科总体发展思路,以"世界一流"与"中国特色"相结合作为哲学学科建设重要指针,以哲学基础理论与应用哲学教学与研究并重作为哲学学科建设基本思路,推动人大哲学学科在人才培养、科学研究、社会服务、文化传承创新、师资队伍建设、国际交流合作等方面持续发展,在汇通中西、兼容古今过程中生成具有国际水准和民族情怀的哲学理论思维,进一步发展适应中国实际的哲学的民族形式;认真落实学校"双一流"建设总体部署,以人大哲学学科"大先生"们的精神境界砥砺前行,为加强中国特色哲学学科体系、学术体系、话语体系和教材体系建设贡献智慧;齐心协力,提升人大哲学学科国际学术声誉,汇聚思想力量,建设锐意进取的人大哲学学术共同体,不断推进哲学教育现代化;不忘初心,努力加强具有中国特色的世界一流学科建设,为推动建设"人民满意、世界一流"大学目标贡献人大哲学力量。论坛分为六个单元,与会专家学者深情回顾了人大哲学学科发展65年来的历程,并围绕马克思主义哲学中国化、中国哲学创造性转化与创新性发展、比较哲学与文明交流互鉴、哲学跨学科研究的可能性和方法论探索、新时代哲学创新的基本要素和路径、哲学的危机与哲学的未来等方面展开讨论。

中国人民大学哲学院荣誉一级教授张立文、刘大椿、郭湛，北京大学哲学系教授楼宇烈，中国政法大学终身教授李德顺，北京大学人文讲席教授安乐哲，中共中央党校哲学部原主任庞元正，中国社会科学院哲学所党委书记王立胜、所长张志强，中国社会科学出版社党委书记、社长赵剑英，中共中央党校文史部主任李文堂，北京师范大学哲学学院院长吴向东、教授廖申白，中央民族大学哲学与宗教学学院院长刘成有，山西大学教授马俊峰、江怡，清华大学人文学院副院长韩立新，中国科学院大学教授孟建伟，中国人民大学哲学院党委书记徐飞，教授安启念、宋志明、张志伟、焦国成、李秋零、姚新中、张风雷、曹刚、谢地坤、谢林德、聂敏里、罗安宪、牛宏宝、张文喜、王伯鲁、李萍、王宇洁、刘劲杨、张霄等参加活动。

2021年12月25日，在北京市社科联的大力支持下，北京市哲学会在社科联学术报告厅举办了为期一整天的学术前沿论坛。论坛主题为"当代中国哲学的历史使命"。中国人民大学哲学院张志伟教授、北京大学哲学系杨学功教授、清华大学哲学系丁四新教授、中国政法大学哲学系费多益教授、首都师范大学哲学系史红教授、北京市社科院哲学所王玉峰研究员6位专家，围绕论坛主题做了报告。他们的报告题目分别是："视域融合：在历史与未来之间——当代哲学的历史使命"（张志伟），"当代中国哲学如何贡献普遍性思想——从'金岳霖命题'谈起"（杨学功），"中国哲学的主体性建构和当代面向"（丁四新），"快变时代的哲学作为"（费多益），"当代中国美学的景观与问题"（史红），"古希腊哲学对未来中国哲学发展的一种启示——从柏拉图哲学中一种认识论上的飞跃来看"（王玉峰）。与会专家学者和北大哲学系部分参会的研究生，围绕论坛主题和报告中的问题开展热烈讨论，论坛取得圆满成功。

(二) 主要研究进展

1. 方法论研究

方法论是马克思主义哲学的重要前提性问题，关系到对马克思主义哲学基本原理的理解和把握。2021年，北京哲学界有几篇关于方法论研究的论文值得重视。北京大学哲学系教授仰海峰的《问题意识、思想型与知识地图》①一文，对马克思主义哲学研究方法论做了总体性探讨。他认为，自20世纪以来，马克思主义哲学研究在问题意识、理论逻辑、现代视野上都有了长足发展。就马克思哲学本身的阐释而言，人们越来越意识到要在学科融合中理解马克思的思想，并在当代发展马克思主义。在马克思主义哲学的当代发展中，如何真正做到从马克思走向当代，有效地整合当代思潮，形成具有本土特色的理论逻辑与话语体系，这是大家普遍关心的问题。这些问题的讨论，固然需要对马克思、对当代思潮以及当代社会发展进程的思考，但自觉的问题意识和方法论反思也必不可少，因为方法论反思与自觉恰恰是推进具体研究的前提条件。他强调，哲学是时代精神的精华，是对时代问题的追问，问题意识是哲学作为活的思想的起点。对所处时代的分析、反思与批判是马克思主义哲学的问题意识，也是推动马克思主义哲学不断发展的动力。而在马克思主义哲学当代发展过程中，一方面，我们需要打破学科壁垒，从跨学科的总体语境中理解马克思。通过对思想型的探讨，即透过不同学科的话语，在马克思的文本中看到这些不同学科所共享的基本思想构型，可以展现马克思主义哲学对传统哲学的变革——思想型的转换；另一方面，通过建构新的知识地图，可以展示马克思主义哲学当代发展的可能路径，不仅指向不断变化的外部世界及相应的思想观念，而且也对自身的存在方式展开反

---

① 仰海峰：《问题意识、思想型与知识地图》，载《中国社会科学评价》，2021年第1期。

思，从而勾勒从马克思走向当代的学术理路，形成具有自身特点的知识谱系和话语表达方式，真正获得从马克思出发来面对当代的哲学智慧和历史眼光。所以，问题意识、思想型与知识地图，体现了当代马克思主义哲学研究中的方法论自觉。

仰海峰的另一篇论文《总体性思想：从黑格尔、马克思到国外马克思主义的奠基者》①，则具体地考察了体现在这些思想家中的总体性方法。他认为，总体性思想构成了黑格尔、马克思哲学的重要组成部分，也是他们考察社会历史的重要方法。国外马克思主义的第一代学者卢卡奇、柯尔施、葛兰西，为了走出第二国际时代的马克思主义研究传统，重新回到马克思与黑格尔的内在联系，将总体性作为重新解读马克思哲学的重要内容。卢卡奇从总体性出发，形成了对现存资本主义物化社会及其思想上的二律背反的批判；柯尔施重新回到马克思的哲学、政治经济学与科学社会主义的内在联系，力图重新理解马克思的哲学；葛兰西则将总体性作为领导权理论的重要规定性。

北京大学哲学系教授聂锦芳基于创作史和传播史的考察，具体阐释了《资本论》中的叙述方法。② 他指出，在《资本论》第一卷第二版跋中，马克思强调"叙述方法"和"研究方法"之间既具有内在关联，又在途径和形式上彼此不同。但对于作为"从抽象到具体"的"叙述方法"如何体现、具体关涉哪些方面，马克思并没有做出非常明确和系统的阐释。基于对《资本论》复杂的创作史、传播史的考察，聂锦芳从结构、术语、引证、表述、修订、翻译、辩驳、理解八个方面做出归纳和概述，并且强调，由于马克思对现代社会卓绝的批判，其思想具有不可超越的当代价值，《资本论》因其"叙述方法"的科学性毫无愧色

---

① 仰海峰：《总体性思想：从黑格尔、马克思到国外马克思主义的奠基者》，载《教学与研究》，2021年第6期。

② 聂锦芳：《究竟什么是〈资本论〉的"叙述方法"——基于创作史、传播史的考察》，载《世界哲学》，2021年第6期。

地成为永恒的经典。

首都师范大学马克思主义学院教授黄志军同样探讨了"从抽象到具体"的叙述方法，主要论证为什么马克思说"从抽象上升到具体"是科学上正确的方法。① 他认为，相关学术史的考察和分析表明，马克思所指认的"从抽象上升到具体是科学上正确的方法"这一判断，不能简单地将其理解为从具体到抽象的否定，更不能由此简单地否定从实在和具体出发这一历史唯物主义的前提和政治经济学研究的基础。通过辨析相关争议，可以揭示其至少包含以下两个方面的内涵：其一，从抽象到具体是建构政治经济学理论体系的正确方法，但它本身的运用已经包含了从具体到抽象的过程，更内含了以实在和具体为前提的方法论原则；其二，无论是在政治经济学的研究过程还是在叙述过程中，从具体到抽象和从抽象到具体这两条道路都是彼此交织并相互作用的，它们无法被割裂开来运用于政治经济学理论中。他由此总结说，开拓当代中国马克思主义政治经济学研究，应当注意秉持从实在和具体出发与从抽象上升到具体的原则，这对于中国特色社会主义政治经济学的研究和叙述都具有重要的启示意义。

2. 文本文献研究

文献学研究是马克思主义哲学研究和学科建设的永恒性基础，同时也是 21 世纪以来马克思主义哲学研究的一大亮点。2021 年，北京哲学界在这方面的研究取得了比较突出的成就和明显进展。

中国人民大学马克思主义学院教授赵玉兰发表专文，对《德意志意识形态》百年文献学研究的逻辑、主题与启示做了系统探讨。② 她指出，在近百年的文献学研究历程中，《德意志意识形态》的文本经历了

---

① 黄志军：《为什么马克思说从抽象上升到具体是科学上正确的方法——一个学术史的考察及启示》，载《山东社会科学》，2021 年第 5 期。

② 赵玉兰：《〈德意志意识形态〉百年文献学研究的逻辑、主题与启示》，载《哲学研究》，2021 年第 4 期。

"建构—解构—重构"的辩证演进过程,与之相关的理论主题如编排方式、性质判定和历史定位等亦得到了深入的考察。在新时代中国特色社会主义的背景下,我们不仅要批判地吸收前人的研究成果,而且要以高度的理论自觉开展深入而独立的中国《德意志意识形态》研究,从而为建设具有中国风格、中国气派、中国特色的马克思主义理论贡献力量。

清华大学哲学系教授韩立新认为,随着新 MEGA I/5 卷正式问世和《德意志意识形态》第一章"费尔巴哈"的 Online 版的上线,对《德意志意识形态》的文献学研究将进入一个新阶段。① 他提出,在这一新阶段,作为《德意志意识形态》理论研究的前提,以下四个文献学问题值得特别关注:(1)新 MEGA I/5 卷的去体系化编辑;(2)Online 版对成稿过程的再现;(3)如何编译《德意志意识形态》中文版;(4)重新评价广松涉版的价值。弄清楚这些问题,对于提升我国编译和研究《德意志意识形态》的水平具有重要价值。

《马克思致库格曼书信集》在马克思主义理论史和国际共产主义运动史的研究方面都具有重要的价值。中央党史和文献研究院研究员姚颖通过梳理马克思与库格曼的通信史,对这部《书信集》的形成及其在中俄两国出版传播的情况作了翔实的考察,强调其对于我们了解《资本论》创作时期和欧洲工人运动风起云涌时期马克思的思想发展和革命斗争策略具有重要的启示意义,并分析了其在中俄两国传播的特点。

有两篇将马克思经典文本研究与重大现实问题有机结合的论文引人注目。北京师范大学哲学学院教授鲁克俭通过分析比较《1844年经济学哲学手稿》和《德意志意识形态》,论证了"美好生活"理念在这两个文本中证成方式的差别。他认为,"美好生活"(good life)是马克思共产主义的核心理念,主要包含人的自我实现、自我完善与人的全部才

---

① 韩立新:《〈德意志意识形态〉研究的新起点》,载《国外理论动态》,2021年第6期。

能的自由发展,消灭分工与谋生劳动的扬弃,人的需要的满足与完整的、丰富的人,以及个体与类(社会)的同一、超越近代政治哲学权利范式等方面的内容。马克思的思想演变有一个从哲学共产主义的"人的解放"到哲学共产主义和科学共产主义的"美好生活"转变的过程。马克思在《1844年经济学哲学手稿》中对"美好生活"的证成有两条逻辑,即笔记本Ⅰ的应然批判的逻辑和笔记本Ⅲ的实然的历史性逻辑。而在《德意志意识形态》中,马克思首次提出了自由与生产力的关系问题,把自由看作是由生产力发展水平决定的,从而完成了对共产主义"美好生活"理念的科学证成。①

北京大学哲学系教授聂锦芳在《遭逢危机之际向马克思请益——重读〈资本论〉第一卷〈序言〉和〈跋〉》②中指出,人类的发展愈益复杂而艰难,前些年由金融危机所引发的世界经济衰退还未得到根本缓解,新冠疫情又蔓延起来,把整个世界推向了更为莫测的境地。每当世界上出现普遍性危机的时候,人们总会想起马克思。这位毕生致力于资本批判和对现代社会进行探索的思想家总能给我们以坚定的信念和深刻的启迪。他试图通过对《资本论》第一卷各种版本的《序言》(Vorwort)和《跋》(Nachwort)内容的具体解读,考察马克思是如何把握那个时代的问题和趋势,从而实现理论创新的。这些文献包括:马克思撰写的德文第一版(1867)、法文版(1872)《序言》和第二版(1873)、法文版(1875)《跋》,以及恩格斯撰写的第三版(1883)、英文版(1886)、第四版(1890)《序言》。他认为,在这些作品中,以下三个方面是非常值得关注的:一是马克思注目于"以铁的必然性发生作用并且正在实现的趋势";二是马克思通过清理和辨析古典经济学所

---

① 鲁克俭:《马克思的"美好生活"理念及其证成》,载《广州大学学报》,2021年第3期。

② 聂锦芳:《遭逢危机之际向马克思请益——重读〈资本论〉第一卷〈序言〉和〈跋〉》,载《北京大学学报》,2021年第5期。

提供的思路、体系和方案，进而实现了理论"突围"和超越；三是马克思的研究体现和贯彻了"不崇拜任何东西"、本质上是"批判的和革命的"辩证法，并将其推进和提升到现代形态和新的水准。在漫长的政治经济学研究和《资本论》写作中，马克思身上所体现出的宽广的视野、整体性的思维、深刻的历史感、顽强的意志力等是人类最宝贵的精神财富，在当今时代值得我们倍加珍视和弘扬。

中央民族大学哲学与宗教学学院教授王海锋认为，改革开放以来，中国马克思主义哲学以学术的方式实质性介入中国革命、建设、改革的历史进程之中，在回应重大现实问题和重大理论问题中发掘马克思主义哲学经典文本的思想资源，激发其内蕴的思想活力，实现了马克思主义哲学的理论创新，推动了社会主义现代化建设的伟大实践变革。他试图通过学术史的梳理和研究，以21世纪以来学界关于《资本论》这一经典文本的相关研究为例，就"视角转换与激发经典文本的思想活力"的关系问题作出阐释，对经典文本解读问题作出方法论的反思。如过分注重文本经典，可能导致思想的自我迷失甚至陷入本本主义的泥沼；忽略马克思主义哲学经典文本而转向执迷于"西方哲学经典文本"或"国外马克思主义哲学经典文本"的问题；部分学者以"国外马克思主义学者所解读的马克思主义哲学"为标准和尺度，回过头来重新审视马克思主义哲学并做出"理所当然"的阐释的问题等。①

中国社会科学院哲学所副研究员杨洪源通过具体的例证，阐明了文本学研究何以能够实现马克思主义哲学研究中"史""论""著"的统一。他认为，以版本考证、文本解读和思想阐释为内容的文本学研究，延续了中国马克思主义哲学研究的"史""论""著"相统一的学术传统，实现了文本、历史、理论、现实之间的有机结合。遵循文本学研究的思路及方法，从《1844年经济学哲学手稿》"原始顺序版"出发，具

---

① 王海锋：《视角转换与激发经典文本的思想活力：基于〈资本论〉研究史的检视》，载《求索》，2021年第1期。

体解读马克思对共产主义所作的七条论证,清晰地揭示出它们之间的内在逻辑,即共产主义的最初形态、政治形态、完成形态、实现途径、历史方位,以及理解共产主义所需借助的理论资源、共产主义扬弃私有财产的内容补充。进而指出,从历史维度看,马克思延续了《莱茵报》时期和克罗茨纳赫时期对于当时各种共产主义学说的批判与定位,在巴黎时期进一步明确了作为私有财产的积极扬弃的共产主义的主要内容,并在其后的思想发展中得以深化。

总的来看,北京哲学界2021年度在马克思文本文献研究方面收获颇丰,并且体现出以下几个特点:第一,马克思经典文本研究与重大现实问题有机结合(鲁文、聂文);第二,关注国际马克思研究界的前沿动态和中国当代马克思研究的基础(韩文、赵文);第三,马克思文本研究与中国传播编译史的有机结合(姚文、赵文);第四,文本文献研究的方法论反思与自觉(王文、杨文)。北京学界的两代学者协同互动,在实质上推进了马克思文本文献研究。

3.《资本论》哲学研究

《资本论》是近些年马克思主义哲学的一个重要研究对象和研究领域,学界对此展开了诸多较有成效的研究。2021年,北京哲学界主要在以下几方面取得了较大进展:一是从《资本论》的视角来理解西方金融资本主义的大萧条;二是在社会主义条件下如何正确发挥资本的作用,既要激活资本的文明面,也要限制资本自身所具有的野蛮性,规范和引导资本健康有序发展;三是对《资本论》及其手稿中的认识论问题的重新重视。

北京大学马克思主义学院教授宋朝龙认为,在《资本论》中,马克思抓住了资本本质自身的矛盾来剖析资本主义的历史。他指出,从《资本论》的逻辑视域来看,金融资本是资本主义生产关系矛盾运动的产物,是资本主义生产关系的集中表现。一方面,从对社会化大生产的推动中肯定金融资本的积极职能,比如金融资本加速了科学技术在生产上的应用、金融资本加速了资本周转、金融资本加速了货币资本的充分动员、金融资本加速小资本向大资本的集中、金融资本加速了生产的社会化等；另一方面，从金融资本寄生性积累的膨胀中揭示危机的必然性，比如金融资本基于经营垄断的寄生性积累、基于地产寻租的寄生性积累、基于国债制度的寄生性积累。由此，金融资本的寄生性积累导致了制造业的衰落、工薪阶层的贫困化、公共权力的孱弱、社会福利的削减，推动了右翼民粹主义的崛起，而右翼民粹主义不但解决不了危机，反而有把金融资本帝国引向总危机的趋势。他认为，顺着《资本论》的逻辑来分析西方金融资本，可以发现正是金融资本本质自身的矛盾及其自我否定的必然性造成了西方金融资本主义大萧条。①

中国社会科学院哲学所研究员周丹认为，社会主义公有制及其资本形态从生产关系这一中介入手，驾驭传统的资本逻辑，既激活"资本的文明面"，又克服资本的生产性矛盾，同时避免陷入资本形而上学。第一，只有社会主义市场经济和公有资本，从生产这一根本性环节入手，而不是局限于分配环节，才能克服资本的"利己主义"，为大多数人谋利。第二，社会主义市场经济和公有资本能够克服资本主义条件下的物化逻辑，有助于实现人的全面发展的统一。他指出，从根本目标看，驾驭传统的资本逻辑，发挥社会主义制度与市场经济的双重优势，是为了更好地为人民群众服务，为人民群众谋利益，实现共同富裕。由此，公有资本的逻辑，适应和促进社会生产力的发展，加速资本的自我否定和自我超越，确保社会主义的本质属性，维护和实现绝大多数人的根本利益。以社会主义市场经济和公有资本为基本标识的中国现代化，为人类社会走出现代性困境，实现人的解放，开拓人类文明新形态，提供了可行性方案。②

---

① 宋朝龙：《〈资本论〉对认识西方金融资本主义大萧条的方法论价值》，载《思想理论教育导刊》，2021年第2期。

② 周丹：《社会主义市场经济条件下的资本价值》，载《中国社会科学》，2021年第4期。

北京大学哲学系助理教授张梧认为，马克思对"自然假象"的种种表现形式展开了认识论批判，其批判的重心在于揭示"自然假象"的社会历史根源。以孤立个体为起点的自然状态假象，其根源是"抽象成为表象"。以"看不见的手"为基础的自发秩序假象，其根源是社会关系的物化。以非暴力同意为核心的自由意志假象，其根源是强制暴力的形式转变。《资本论》及其手稿的认识论在如下两个关键问题上决定性地突破了传统教科书认识论理论的反映论模式：第一，传统的反映论模式无条件地信任认识客体，它根本无法意识到，作为认识对象的资本主义社会现实本身就是头足倒置的颠倒存在；第二，传统的反映论模式只能无条件地摹写认识客体，结果只能获得认识客体进入认识主体后的表象，而无法把握认识客体的本质。资本主义社会现实的表象与实质二重化的特点在根本上决定了，要想真正把握认识客体的本质，只能通过辩证法去"透过现象看本质"。正是在这一点上，传统的反映论模式无法与满足于感性直观的经验主义划清原则性的界限。重建马克思认识论理论的可能性恰恰在于传统反映论模式的不可能性，此即我们重返《资本论》及其手稿重新开启认识论研究的缘由所在。①

4. 人学研究

2021年，北京哲学界的人学研究的进展主要体现在以下方面：一是对美好生活的人学意义的当代揭示；二是关于人的发展实现路径的思考；三是从方法论的角度揭示马克思"人类学笔记"写作动机之谜的"破解之道"；四是从生存异化的角度反思弗洛姆对马克思人学的研究；五是对介于个人自由和伦理自由之间的公民自由的思考。

北京大学哲学系教授丰子义指出，将"美好生活"作为一个重要

---

① 张梧：《马克思对资本主义"自然假象"的认识论批判：以〈资本论〉及其手稿为中心的讨论》，载《哲学门》第二十一卷第一册（总第四十一辑），北京：北京大学出版社2021年6月。

命题提出并作为我们党的奋斗目标,这是一大理论自觉,所显示的人学意义是重大而深远的。要推进美好生活建设,需要对一些基本概念和问题作出深入的理解和把握:其一,对于"美好生活",应避免纯粹心理体验或功利主义的极端化理解,而从"全面生活"予以把握,不仅包括物质生活,而且包括政治、文化、社会等生活。只有这些生活都得到充实和提高,才能称得上"美好";其二,对于"需要",应具体地、历史地看待,在其合理性、正当性上坚持内在尺度与外在尺度的统一、合目的性与合规律性的统一;其三,对于需要的"主体",应当突出人民主体地位,处理好个体需要与社会需要的关系,同时处理好人作为目的与手段的关系;其四,对于需要的"满足方式",应将其作为"文明"问题来看待,重点是增强消费的文明意识、转变消费方式、确立健康的生活方式。美好生活需要应加强发展的引导、价值观的引导、生活逻辑的引导以及人们自身素质提升的引导。他认为,美好生活创造的过程也是新人成长的过程。人的自由全面发展就是在劳动过程、实践过程中进行的。①

  首都师范大学马克思主义学院教授陈新夏认为,马克思、恩格斯创立人的发展理论,既确立了人的发展价值取向,也确立了人的发展科学认识。在价值取向方面,他们提出了人的发展的目标和含义,即人的发展是人的本质力量的实现和发展、人的社会关系的合理化以及人的个性的发展。基于这一理解并推而广之,人的发展归根结底就在于人生活得更加幸福、更加美好、更有意义。在科学认识方面,他们揭示了人的发展的现实条件,并在此基础上阐明了环境改变与人的改变之间的关系,认为环境改变与人的改变是一个在实践基础上统一的过程,为理解人的发展问题提供了科学的理论遵循,指明了人的发展的实现途径。根据马克思和恩格斯对人的发展条件和途径的理解,人的发展既有赖于外部环境的改善,又有赖于人自身的改变,是人在实践基础上改变环境与改变

---

① 丰子义:《人学视域中的"美好生活需要"》,载《学术界》,2021年第11期。

自身的统一。①

北京大学马克思主义学院教授林锋认为,晚年马克思写作"人类学笔记"的真实动机,是学界研究中的疑难问题,迄今未有定论。要破解这一难题,需从方法论问题的探讨入手。这里有三个重要的方法论原则,需要进入笔记研究者的视域,它们将对根本解决此问题产生助益:其一,从"人类学笔记"的文本中探寻"真相";其二,从19世纪中后期世界学术背景及马克思19世纪40年代以后的学术历程中探寻"真相";其三,从晚年恩格斯的相关说明中探寻"真相"。这三者相辅相成,相互支持,将三者有机整合,系统地思索和判断笔记的写作动机,将使学术问题的"真相"逐渐呈现。基于上述方法论原则而进行的细致探讨,可以得出如下结论:晚年马克思耗费大量笔墨,对人类学家的著作写下详细的读书笔记,是为了实现其晚年萌生的一个重大的唯物史观创新计划——"根据世界人类学最新成果,系统探索和制定唯物史观的原始社会、文明起源理论"。就其功能和作用而言,笔记是为配合晚年马克思上述"哲学创新计划",写出一部相关的唯物史观著作而作的材料和思想的准备。澄清这一重要事实,有助于还原马克思主义思想史的本来面目,正确界定与评价马克思"人类学笔记"的主题和历史地位。②

北京师范大学哲学学院副教授罗松涛认为,作为西方马克思主义中新弗洛伊德主义的代表,弗洛姆强调在西方人道主义传统中理解马克思的人学思想。在《马克思关于人的概念》一文中,弗洛姆深入解读了马克思《1844年经济学哲学手稿》中的"人的本质"和"异化劳动"这两个关键问题。针对现代西方资本主义社会中人的生存异化困境,弗

---

① 陈新夏:《关于人的发展实现路径的思考》,载《马克思主义理论学科研究》,2021年第12期。

② 林锋:《"人类学笔记"写作动机之谜的"破解之道"——一种基于方法论的探讨》,载《马克思主义与现实》,2021年第1期。

洛姆沿着马克思批判异化劳动的思路，着重揭批了自由异化、爱的异化、消费异化等三种异化状况。弗洛姆的生存异化批判虽然发人深省，却仍带有非历史的抽象人性论色彩。他指出，弗洛姆强调马克思《手稿》中所说的自由的、有意识的活动是人类的本质，把人的本质理解为人们的生产劳动，这显示出他与西方传统人道主义的原则性区别。但是，由于弗洛姆不能全面地把握人的物质生活条件以及人与人结成的特定社会关系，没有认识到不同物质生活条件赋予人的活动方式具有差异性，因而将人的现实性直接等同于一定社会中的包括心理、生理、理性、情感等诸多因素在内的生命状况。在弗洛姆看来，人的生命状况的变化决定不同类型的人格，不同的人格决定不同个体生命活动的动机。由此可见，弗洛姆的解读预设了一种从现实中抽象而出的人的性格结构，并将这种先验的性格结构视为构成人的本质的实体性因素，这样做就无法深入社会生活，并带有抽象的思辨色彩，因而最终难逃西方人道主义抽象人性论的窠臼。①

清华大学哲学系长聘副教授陈浩认为，黑格尔在《法哲学原理》"国家"章中，不仅论述了亲自由主义立场、不受政治权力干预的"个体自由"，而且强调了亲共同体主义立场、将国家权力视同为自由之体现的"伦理自由"。不过值得关注的是，除了上述两种自由，黑格尔还构想了一种以公民对公共事务和政治生活的积极参与为关注点的"公民自由"（civic freedom），并且为了保障这种自由的实现，黑格尔在国家理论中为其专门配备了相应的政治建制。相比个体自由和伦理自由，公民自由以及作为实现公民自由之保障的政治建制，强调公民积极主动参与公共事务的必要性，重视公共权利的不可褫夺性，在某种意义上更能体现黑格尔政治立场的现代性，理应引起我们的关注。同时，黑格尔在论证公民自由时，既未诉诸公民所可能具有的专业治理能力，亦未诉诸

---

① 罗松涛、陈科宇：《从劳动异化到生存异化批判——基于弗洛姆对马克思人学思想的思考》，载《国外理论动态》，2021年第3期。

公民所可能持有的善好意图，而仅仅基于公民作为主体所保有的不可剥夺的无限权利本身，这一点对认识黑格尔思想也非常有启发性。他指出，与自由主义和共同体主义不同，对于公民自由的尊重与维护，在黑格尔那里被剥除了一切实用的考虑，变成了一种无关智慧、无关功利、无关动机的纯粹权利取向，即黑格尔所谓的"主观性的无限权利"本身。恐怕也正是基于这层考虑，与柏拉图同样信仰精英政治的黑格尔，才会指责柏拉图的理想国未曾留意到"主观性的无限权利"，转而在其自身的国家设计中为公民自由保留一席之地。①

5. 价值论研究

价值论研究一直是新时期我国马克思主义哲学研究的热点。2021年，北京哲学界的研究进展主要体现在中西价值观比较、唯物史观价值取向当代建构的路径、中国特色社会主义的价值解读、改革开放以来中国价值观的变迁和转型等方面。

北京大学哲学系教授杨学功探讨了中西价值观比较研究的前提和方法论问题。他认为，从明清之际西学东渐以来，人们围绕中西方文化及其价值观念问题争论不休，其中蕴含着中国人看待中西文化的概念和思维方式的深刻变化，但其背后的深层逻辑则是"中化"与"西化"的相互冲突和纠结。新一轮中西文化和价值观比较研究要取得实质性突破，必须首先有一种前提反思和方法论自觉。具体而言，就是要在批判性反思近代以来中西文化和价值观比较的各种方案的基础上，突破长期主导中国思想界的"中化"与"西化"之争的旧框架。着眼于中国历史与文化发展的未来大方向，中西价值观比较研究应以普遍性为归属和导向，规避离开文化的时代性孤立地强调文化的民族性的误区。②

---

① 陈浩：《作为无限权利的"主观性"——试析黑格尔〈法哲学原理〉"国家"章中的公民自由》，载《复旦学报》，2021年第2期。

② 陆晓娇、杨学功：《超越"中化"与"西化"之争——中西价值观比较研究的前提和方法论反思》，载《湖北大学学报》，2021年第4期。

学科报告

首都师范大学马克思主义学院教授陈新夏在《唯物史观价值取向当代建构的路径》①中指出，唯物史观价值取向当代建构的一个重要前提是确定其建构路径，他强调以下三点：一要体现在唯物史观变革内容上，阐明唯物史观对历史上优秀价值观念的继承和发展；二要体现在唯物史观历史演变上，阐明以人的发展为核心的价值取向在唯物史观演变过程中地位和作用的变化；三要体现在唯物史观理论体系的建构中，将以人的发展为核心的价值取向确立为唯物史观理论的基本价值维度。此外，陈新夏还从马克思主义理论与中国特色社会主义的关系角度，对中国特色社会主义作了价值解读。他认为，马克思主义理论与中国特色社会主义的关系，既体现在发展道路上又体现在价值取向上，这种普遍与特殊的关系是由社会主义初级阶段和社会主义市场经济等因素决定的。理解和处理社会主义普遍价值取向与其在当代中国特殊表现之间的关系，要从社会主义的普遍价值与其特殊实现方式的辩证关系出发，既要符合社会主义的普遍规定和本质要求，又要基于国情并体现特色。②

北京师范大学哲学学院副教授郑伟探讨了改革开放以来中国价值观的变迁和转型问题。她认为，改革开放以来中国价值观的变迁和转型，实际上是20世纪初期社会主义启蒙的延续和深化，是一种"再启蒙"。它的一个重要支撑点在于对"什么是社会主义、怎样建设社会主义"的"再认识"和"再评价"，这也构成了其与西方启蒙的核心区别。社会主义价值立场的"实践展开"性质，使得中国价值观"再启蒙"具有强烈的阶段性特征，客观上需要社会主义核心价值观作为一种制度力量渗入到各种主体的行为领域，并行使价值引导的职能。③

---

① 陈新夏：《唯物史观价值取向当代建构的路径》，载《北京师范大学学报》，2021年第4期。

② 陈新夏：《中国特色社会主义的价值解读》，载《马克思主义理论教学与研究》，2021年第4期。

③ 郑伟：《改革开放以来中国价值观"再启蒙"的性质及其使命》，载《现代哲学》，2021年第4期。

6. 政治哲学研究

在政治哲学研究方面，2021年北京哲学界主要探讨了以下议题：一是关于洛克与马克思财产权理论的关系；二是从马克思政治哲学的角度把握现代政党概念及组织的必要性；三是关于马克思是否有政治哲学的思想考察；四是罗尔斯与马克思关于正义问题的讨论；五是英美马克思主义者对资本主义剥削是否正义的考察。

中国人民大学哲学院教授段忠桥认为，洛克的财产权理论是为私有财产的正当性做辩护的理论，它包括前后衔接的四个论证，即基于人类生存的论证、基于劳动的自我所有权的论证、基于不损害他人权利和利益的论证、基于使土地增值的论证。马克思把洛克的财产权理论定性为一种为基于个人劳动的私有制辩护的理论，并批判地继承了其中的劳动的自我所有权思想。在关于资本主义剥削的论述中，马克思从工人是自己的劳动力所有者这一前提出发，说明了资本主义剥削的产生、本质及其非正义；在关于社会主义按劳分配的论述中，马克思以生产者对自己劳动力的所有权为前提，说明了按劳分配的进步性及其两个弊病。在他看来，马克思认为同资本主义剥削相比，按劳分配是一个进步。按劳分配意味着除了自己的劳动以外，谁都不能提供其他任何东西；另一方面，除了自己的劳动，没有任何东西可以转化为个人的财产，因此，它消除了资本家对工人剩余劳动时间的无偿占有，使生产者获得了他应得的与其劳动量相等的生活资料。然而，由于按劳分配中通行的是商品等价物的交换中通行的同一原则，它又存在两个弊病：一是它默认了因生产者个人天赋不同而导致的人们实际所得的不平等；二是它无视因劳动者家庭状况的不同而导致的人们实际所得的不平等。①

中国人民大学哲学院教授张文喜认为，探讨现代政党概念以及组织的必要性问题，通常是从政治或技术的方面去阐明的。人们总是错误地

---

① 段忠桥：《马克思对洛克财产权理论的定性与继承》，载《武汉大学学报（哲学社会科学版）》，2021年第3期。

单方面地憧憬着个人英雄主义，或单方面地沉醉于集体主义的历史思维中，故而总是无法看到历史合力所推动的整体的、超个人的统一体运动。在人类社会中，个体的多样性和特殊性必然不仅仅与一个自然或地域形成的共同体有关，而且也与一种生产方式和交往方式的权力以及社会结构的权力至关重要的普遍形式相关。不同于任何其他关于政治统一体的形成和维持的根据，共产党概念以及组织问题的探讨取决于社会主义（共产主义）革命和建设的独特性要求。社会主义（共产主义）革命本质上是一种具有自觉性的改造社会的革命。当共产党人就那些有关政治行动的社会物质基础和条件做出决断时，他就已经在进行具有广泛社会基础的政治革命了。因此，对社会物质基础和条件的改造并非完全政治性的，它以由共同利益而凝聚成为统一的、由全体社会成员参与或控制各种经济关系为前提。其本质不仅仅是规范论或秩序论的，也是生存性决断论的。共产党领导的革命是拥有能动性和自我组织能力的革命。马克思主义必然要求把历史发展作为一个整体来把握，这乃是共产党享有领导权的基础。由此，可以从这些基本点出发并寻求领会马克思政治哲学中的共产党概念及其组织问题。①

首都师范大学政法学院教授程广云认为，当今中国学界的一个争论是马克思有没有政治哲学，对此形成了两种观点：一种观点由肯定马克思拥有政治哲学而理所当然地将其理解为规范理论；另一种观点则相反，由质疑规范理论属于马克思而理所当然地否定马克思有政治哲学。无论肯定的观点还是否定的观点，都共享着一种"前见"：凡政治哲学都属于规范理论。诚然，即使支持者也会采纳反对者所提供的某种"证据"，马克思注重"事实性""经验性"和"实证性"，然而只要论及马克思政治哲学，这一切都会与"规范性"相链接。由此，他试图把《资本论》从被误读为规范理论的逻辑还原为唯物史观的逻辑，并且认

---

① 张文喜：《马克思政治哲学与共产党组织的本质》，载《浙江社会科学》，2021年第8期。

为，在政治哲学意义上，马克思《资本论》的核心不是正义概念，而是分工概念。①

中国人民大学哲学院教授臧峰宇认为，罗尔斯在《政治哲学史讲义》中关于马克思思想的三篇讲稿，明确呈现了他对马克思政治哲学特别是马克思正义论的基本看法。他在这里分析了马克思关于资本主义制度的基本观点、马克思关于正当与正义的概念以及马克思关于自由生产者联合体的理想，其中既包括他对马克思思想之深刻性的明确肯定，以及对马克思关于正当与正义的主张的深入分析，也包括他在评述中提出的对马克思某些观点的不同意见。重思罗尔斯在《政治哲学史讲义》中对马克思的解读，有助于我们在比较语境中深化对马克思正义论的理解，呈现解决复杂而深刻的公平正义问题时所应持有的马克思主义哲学基本原理和方法论原则。②

北京大学马克思主义学院李旸认为，在当代围绕资本主义剥削是否正义的辩论中，罗默、莱曼、科恩等英美马克思主义者分别基于初始分配不平等、强迫劳动和自我所有权原则对剥削的不正义性做出论证，对"劳资之间不存在不平等交换""工人自愿为资本家工作""剩余价值是资本家应得的"等当代资本主义意识形态做出了理论上的反击。但由于严格遵循西方道德哲学的范式，忽视马克思、恩格斯讨论剥削和道德问题的历史唯物主义方法，这三种论证路径都陷入了理论困境。该文指出，马克思、恩格斯用以批判资本主义剥削关系不正义的规范性依据，并非抽象建构出来的普遍的道德原则，而是依凭资本主义这一具体的、现实的生产方式中所产生的道德观念。他们既对资产阶级的道德观念及其对资本主义雇佣劳动关系正义性的辩护进

---

① 程广云：《基于唯物史观的政治哲学——规范理论还是境况理论？》，载《社会科学》，2021年第8期。

② 臧峰宇：《正当与正义：马克思对资本主义制度的批判与超越——重思罗尔斯在〈政治哲学史讲义〉中对马克思的解读》，载《吉林大学社会科学学报》，2021年第2期。

行瓦解和颠覆，又基于无产阶级的道德要求批判资本主义剥削的不正义性。而当代英美马克思主义者由于忽视马克思、恩格斯处理道德问题的历史唯物主义立场而寻找超历史的规范依据，反而在论证剥削的不正义性时陷入困境。这是当代马克思主义者在探究马克思主义理论的道德内涵时需要反思和避免的。①

7. 现代化道路研究

改革开放以来，现代化道路问题一直是学术理论界的研究热点之一。2021年是中国共产党成立100周年，随着"中国式现代化新道路"的提出，兴起了新一轮研究高潮。

北京大学哲学系教授丰子义认为，中国共产党的历史命运是和中国道路紧密联系在一起的。对于中国道路，不仅要从"特色"的角度来看待，而且要从历史观上来把握。首先，要从历史发展普遍规律来看待中国道路。中国道路正是遵循历史发展普遍规律走出来的，无论是中国革命道路的选择，还是中国建设、改革道路的开创，都是历史发展普遍规律同中国具体实际相结合的产物；其次，要从世界历史来看中国道路。中国道路是在与世界错综复杂的关系中形成和发展起来的，同时又对世界具有重大影响，因而有其深远的世界意义；再次，要从社会基本矛盾看中国道路。中国革命、建设、改革道路的必然性和合理性的根据就在于不同时期中国社会本身的基本矛盾。随着新时代社会主要矛盾的变化，社会主义现代化发展道路的具体内容也会发生新的变化；最后，要从实践观点看待中国道路。道路不同于模式，本质上是一种实践过程。道路不是完成时，而是进行时。中国道路是在实践中不断探索开创出来的，其发展同样必须探索开创。②

---

① 李旸、杨晓芳：《英美马克思主义视域中剥削的不正义性：三种论证路径及其反思》，载《思想理论教育导刊》，2021年第1期。

② 丰子义：《从唯物史观看中国道路的百年历程》，载《北京师范大学学报》，2021年第4期。

北京大学哲学系教授杨学功认为，现代化是近现代中国所面临的最大时代课题，是中国道路的必然应有之义。如果从大的历史尺度来看，可以把中国现代化的历史进程划分为两个大的阶段：一是从洋务运动到民国时期在学习和采借西方过程中开启中国现代化的阶段；二是中华人民共和国成立后开始独立探索中国式现代化的新阶段。这两个历史阶段也可以称之为中国现代化的两次浪潮，但它们具有非常不同的历史条件和具体特点。经过一百多年为现代化而持续探索和奋斗的过程，中国已经走出了"西天取经"的阶段，开启了独立探索"中国式现代化"的新阶段。这无论对中国和世界的未来发展都具有重大意义。[1]

中国人民大学哲学院教授臧峰宇概括了中国式现代化新道路的哲学内涵。首先，中国式现代化新道路体现了现代化的普遍性和中国发展的特殊性；其次，中国式现代化新道路体现了历史规律的决定性和历史主体的选择性；再次，中国式现代化新道路体现了社会发展的系统性与实践探索的创新性。中国式现代化新道路凝结了我们党百年奋斗的历史经验。[2]

清华大学哲学系教授夏莹探讨了中国化马克思主义阐释路径与"中国道路"的形成问题。她认为，如果说近代中国的核心问题在于"革命"，那么，当代中国的核心问题则是"建设"。而这样两个看似截然相反的主题，却因为马克思主义在中国独特的传播得到了一个可兼容的思想场域。这一可兼容的场域形成的原因，一方面固然在于马克思思想的特质，另一方面却在于中国思想界在接受马克思主义的时候所特有的吸纳方式，即带着全部独属于中国现实社会问题的视角来反观马克思，以探寻问题之解答的方式来重构马克思的哲学思想，从而形成了独特的

---

[1] 杨学功：《从"现代化在中国"到"中国式现代化"——重思球化背景下的中国现代化道路》，载《中国文化研究》2021年秋之卷。

[2] 臧峰宇：《中国式现代化新道路的哲学内涵》，载《中国人民大学学报》，2021年第4期。

中国化的马克思主义阐释路径。这一阐释路径所发挥的作用,从来不是书斋中的革命,而是直接开辟了中国革命与建设的实践道路。①

8. 国家治理研究

随着国家治理现代化的推进,北京哲学界在这方面的研究也取得了重要进展:一是对中国特色社会主义国家治理理念的研究,如以人民为中心的理念、人民主体的定位、人民民主专政等;二是从哲学思维高度总结中国共产党治国理政的实践经验,提升治国理政的哲学智慧;三是从马克思对国家与法律的思考入手,考察中国特色社会主义法治理论体系与国家治理理论建构的关系;四是探讨国家治理在历史唯物主义中的定位。

《山西大学学报》2021年第2期刊发了北京哲学界一组题为"21世纪马克思主义哲学与国家治理现代化"笔谈,中国社会科学院学部委员李景源研究员、中国政法大学终身教授李德顺、中国人民大学哲学院荣誉一级教授郭湛,对此分别发表了重要见解。李景源认为,"以人民为中心"是习近平依道治国的核心。习近平的依道治国理念全面深化了党的群众路线和群众史观,它突出强调党性与人民性的内在统一、自觉坚持思想路线与群众路线的内在统一、自觉坚持党群关系的辩证法、坚持"依道治国"理念与具体制度建设的有机统一。②

李德顺认为,包括经济、政治、社会、文化和生态等"五位一体"的我国国家治理,是一项全面、系统、长期的社会改造过程。从治理理念来说,要明确以下三个问题:首先,关键是主体定位。中国特色社会主义国家治理是人民来治理国家,即绝大多数人自我组织、自我治理,而不是某些少数人的专利。这是社会主义国家的根本原则,更是中国特

---

① 夏莹:《"学以致用":中国化马克思阐释路径与"中国道路"的形成》,载《中央社会主义学院学报》,2021年第2期。

② 李景源:《依法治国是习近平治国理政的精髓》,载《山西大学学报(哲学社会科学版)》,2021年第2期。

色社会主义国家治理的根本标志；其次，"人民民主专政"的时代意义。"人民民主专政"实际上已经超越了单一阶级专政，并把其他阶级都当作对象的理念，实质是现代条件下适合中国国情的新型国家形态，是无产阶级专政的发展了的现代实践方式；最后，社会主义民主与法治不可分。国家治理的方向就是人民的权利和责任统一、社会主义民主与法治统一。中国特色社会主义的国家治理现代化，应该是以人民民主为国体，以社会主义法治为政体，即"民主其内，法治其外"的政治结构。它不仅是适合中国国情并切实体现社会主义特色，也是适合当代世界潮流的一个基础理念和基本目标。①

郭湛认为，正确理解我们所处过渡时期的历史性质，唯物而又辩证地处理现实的具体矛盾，涉及"道"和"术"的关系。我们要坚持社会主义之"道"，即社会历史发展之"道"，同时又要把握过渡时期发展中的方法或技术之"术"。这样，在同美国等西方国家的竞争中，才能真正显现我们的优势。中国有重"道"的传统，这有助于我们更好地把握中国和世界发展的大势，处理好国家治理以至全球治理中的"道"和"术"的关系。对此，我们的哲学，特别是马克思主义哲学，是可以有所作为的。②

中共中央党校教授韩庆祥等认为，从哲学思维总结中国共产党治国理政，可以发现诸多哲学智慧。其中主要包括以下方面：从指导思想看治国理政哲学智慧，就是坚持"实事求是、人民中心、知行合一"相统一；从基本思路看治国理政哲学智慧，就是坚持"定位、定标、定法"相统一；从方法论看治国理政哲学智慧，就是坚持"主要矛盾、根本问题、工作重点"相统一；从治理机制看治国理政哲学智慧，就是

---

① 李德顺：《国家治理的主体向度》，载《山西大学学报（哲学社会科学版）》，2021年第2期。

② 郭湛：《从唯物史观看国家治理之"道"与"术"》，载《山西大学学报（哲学社会科学版）》，2021年第2期。

坚持"动力机制、平衡机制、治理机制"相统一；从发展方略看治国理政哲学智慧，就是坚持"发挥比较优势、补齐发展短板、打牢发展支点"相统一；从推动力量看治国理政哲学智慧，就是坚持"整合党的领导力量、市场配置力量、人民主体力量"相统一。①

中共中央党校教授董德刚认为，国家治理是一类特殊的实践活动，属于社会历史领域，应当归入马克思主义哲学的社会历史观即历史唯物主义。具体说来，它应当与物质生产、精神生产并列，属于标志历史主客体相互作用和有机统一的实践过程的范畴。它们的成果即物质文明（包括生态文明）、精神文明、制度文明（政治文明和社会文明），也应当并列。把握国家治理的理论定位对于丰富和发展历史唯物主义、加强历史唯物主义与具体科学的联盟、促进社会主义国家治理具有重要意义。②

中国政法大学人文学院教授文兵认为，马克思关于国家与法的思考，是从对黑格尔法哲学的批判开始的，而其中最为重要的问题就是要处理市民社会与政治国家的关系问题。"市民社会"作为马克思早期的一个重要概念，具有"狭义"与"广义"之分：前者特指作为一种特定历史阶段即资本主义的物质关系与社会形态；后者是指作为所有社会阶段皆存在的、上层建筑与意识形态建立于其上的经济关系。马克思思想的形成过程，深刻体现了他对"市民社会"在两个方面上的扬弃：一是扬弃了对作为现实具体的存在而被"狭义"理解的"市民社会"，二是扬弃了作为理论分析工具而被"广义"理解的"市民社会"。而对前者的摒弃，对于马克思来说，既在于变革资本主义的生产关系，又在于打碎资本主义的国家机器。自由主义的法治理念与治理理念，是与马

---

① 韩庆祥、虞海波：《中国共产党治国理政的哲学智慧》，载《江海学刊》，2021年第3期。

② 董德刚：《论国家治理在历史唯物主义中的定位》，载《党政干部学刊》，2021年第8期。

克思的思想根本不同的。马克思对于国家与法律的思考，对于我们今天中国特色社会主义法治理论体系与国家治理理论的建构具有十分重要的指导意义。①

（执笔人：杨学功　黄志军）

二、中国哲学学术发展报告

（一）研究概况

2021年，北京中国哲学学科仍呈现出高质量发展的态势，各大高校和研究机构的学者持续开展了众多学术活动和学术交流，不断开拓新领域，提出新问题，深化理论创新。在这一年里，北京各大高校和学术研究机构从事中国哲学研究的学者发表了大量学术论著，取得了一系列学术成绩，带领全国中国哲学学科走向新的发展阶段。

1. 重要学术活动

受新冠疫情的影响，2021年度本市开展的中国哲学类学术活动和学术交流多集中于年末，且大多采取线上和线下相结合的形式进行。这样做的一个好处是，京外的学者也可以通过线上参与的方式分享学术观点。

2021年在本市召开的重要的儒家哲学学术会议有：

（1）10月9日—10日，清华大学哲学系、清华大学国学研究院联合主办了"两宋易学与理学的开展"学术研讨会。30多名学者参加了

---

① 文兵：《扬弃市民社会，坚持中国特色社会主义的国家治理——马克思国家理论与法哲学及其当代意义》，载《马克思主义哲学论丛》，2020年第4期（注：2021年出版）。

本次会议，共收到29篇论文。会议围绕宋代的象数学、理学家的易学、易学与哲学的关系等方面展开。本次会议深化了学界关于宋代易学的认识，在宋代图书学、卦变说及朱子《周易本义》的研究上取得了进步。

（2）11月20日—21日，由清华大学国学研究院、清华大学哲学系、中国哲学史学会联合主办的"湛甘泉与明代儒学——纪念湛甘泉先生诞辰555周年学术研讨会"在线上、线下同步举行，30多位学者参加了本次会议。2021年是明代著名思想家湛甘泉诞辰555周年。本次会议围绕着湛甘泉思想诠释、甘泉学与朱子学、湛甘泉与明代儒学的关系等问题展开，推进了甘泉学的研究进展。

2021年在本市召开的重要的道家道教哲学学术会议有：

（1）4月23日，世界本原文化研究院在北京研究中心主办了以"老子思想与周王朝政体"为主题的学术沙龙，中国人民大学曹峰教授作主题演讲，他认为老子思想是周王朝独特政治体制的产物。罗新慧教授、陈霞研究员、罗传芳研究员等人随后发表了评议。

（2）10月15日，姜守诚教授主持召开了"道教思想与文献学术研讨会"，卓新平、刘瑞旗、汪桂平、尹岚宁等20多位学者参加了本次会议。会议肯定了近年来道教研究的新旨趣和新方法，同时强调了扎实的文献基础是研究根本之本。

（3）12月18日—19日，本年度北京论坛"庄子的世界与世界的庄子"分论坛由北京大学哲学系主办，20多位来自不同国家和地区的学者参加了本次论坛。

2021年在本市召开的重要的佛教哲学学术会议有：

（1）6月18日—21日，中央社会主义学院统一战线高端智库、清华大学道德与宗教研究院、中国佛教文化研究所等机构联合主办了"中国佛教道教国际传播的历史与未来"学术研讨会。60多位佛教、道教界代表人士及专家学者参加了本次会议。会议全面总结了中国历史上佛教道教理论及国际传播的经验，对进一步推动中国佛教道教"走出去"进行了理论上的探索。

（2）12月27日，中国佛教文化研究所等主办了"2021年人间佛教思想建设"研讨会。本次会议围绕"人间佛教与佛教中国化"展开，对中国佛教深厚的哲学理论和历史经验进行了总结，对当代人间佛教思想体系的构建进行了探索，对如何进一步推进新时代佛教中国化的实践进行了讨论。

2. 中国哲学学科理论建设

清华大学国学研究院陈来教授发表了《中国哲学史的学科属性与方法》，对中国哲学史的学科属性与方法作了论述。他强调，中国哲学最重要的训练就是哲学史的训练。"中国哲学史"学科从19世纪末日本学者的论著开始，经由20世纪初谢无量、胡适、冯友兰、张岱年等人不断完善，一直要求对中国的传统哲学进行现代化的转化。"中国哲学史"的学科名称已包含着潜藏的"哲学观"。他认为，"哲学"不应局限于西方的传统中，而应是全球多元文化中的普遍概念，中国哲学便是中国的义理学问。中国哲学史的研究一方面要求在"接着讲"的过程中进行创新，另一方面还要求学者能够"好学深思，心知其意"，理解中国哲学中各种概念的准确含义。① 哲学史是中国哲学研究的重要领域。

近三十年的中国哲学史书写得到新的定义和阐明。清华大学哲学系教授丁四新主撰的《中国哲学通史·秦汉卷》体现了中国哲学史书写的新观念，此书以中国哲学的主体性作为书写观念，具有五方面的新意：其一，积极评价与梳理秦汉思想，清除了以往秦汉思想论述中的启蒙心态和买办心态；其二，摆脱了旧范式与话语，以新观念彰显了秦汉哲学的主体性；其三，突出了秦汉哲学"政治哲学"的主题；其四，重视包括易学哲学在内的经学哲学的梳理；其五，强调"天道观"概念对于汉代思想的贯通性。与同类秦汉哲学史著作相比，《中国哲学史通史·秦汉卷》取得明显进步，无论是在书写观念还是在具体论述上都

---

① 陈来：《中国哲学史的学科属性与方法》，载《中国哲学史》，2021年第4期。

有了质的变化。①

此外，儒家经学哲学研究的不断拓展和从概念史转入观念史的中国佛教研究，值得重视，二者正在一定程度上影响中国哲学学科的理论建设及其学术研究。

3. 主要研究进展

2021年北京的中国哲学研究在儒家哲学、道家道教哲学及佛教哲学等方面取得了进步和成绩，发表了大量学术论著。

本年度北京的儒家哲学研究主要体现在天人关系、心性论、社会伦理、政治哲学和经学研究五个方面。北京师范大学哲学学院教授李祥俊从宏观上探讨了"天"这一重要观念，论述了其在儒学中的演进和思想特征。他认为，儒学的"天"包括主宰之天、物化之天和生命之天三层含义，其中第三义是最重要的，它奠定了儒学乃至传统中国社会的基本世界观和价值观，宋明儒学即以生命之天为核心。在一篇论文中，清华大学哲学系教授丁四新认为"性"是在天命论和宇宙生成论的双重思想背景下，通过追问人物在其自身的本原时提出来的一个概念，它既是天命的下落和转化，又是生命之所以如此的在己的潜在本原。他还认为，孔子在性命论的理论思考和建构中起到了关键作用。在另一篇论文中，丁四新利用郭店简《六德》《成之闻之》等文献解决了学者争论已久的"三纲"问题。他认为，三大法说或六位说很可能是由孔子正式提出来的，是三纲说的第一阶段。"三纲"一词在汉初已经正式形成，董仲舒对于三纲说作了新的理论论证。正统的三纲说为君臣、父子、夫妇，而《礼纬·含文嘉》"君为臣纲，父为子纲，夫为妻纲"的三纲说乃是汉人三纲说的异化。郑开考察了竹书《五行》与孟子心性论的关系，认为孟子的"性"具有双重性，并借助于子思的"诚"概念重新诠释了"心"。北京大学哲学系教授王中江重新探索了儒家传统中的权力正当性基础的问题，他反思了"民本论"的局

---

① 丁四新、龚建平：《中国哲学通史·秦汉卷》，南京：江苏人民出版社2021年版。

限性，提出了"民意论"的新说法，认为"民意"是儒家政治理论的核心。中国社会科学院哲学研究所副研究员任蜜林认为，西汉大戴、小戴和庆氏三派礼学的主要差别体现在有无《礼记》和明堂制度上。在西汉，明堂制度也是一种规范政治的方式。中国社会科学院杨博在一篇文章中全面介绍了南昌海昏侯墓出土的六艺类简牍，这对于西汉经学的研究是有益的。

本年度北京的道家道教哲学研究主要体现在《老子》与黄老学、《庄子》与庄学、道教文本及其思想三个方面。丁四新全面而有重点地介绍了出土简帛四古本《老子》的研究现状。刘笑敢继续就《老子》的"自然"概念撰写论文，提出了"体系义"的新说法。北京师范大学教授李锐撰写了三篇论文，讨论了多处《老子》的具体文本应当如何理解的问题。清华大学哲学系教授曹峰对"黄老"的观念及其划分标准作了系统、重新的理论建构，他根据《史记》将黄老划分为"清静无为""君道至上""黄老刑名""黄老道德""养生成仙"五类，并认为我们应当据此去探索黄老的源流，而不应将"道法"融合视为判定黄老道家的唯一标准。中国社会科学院哲学所副研究员匡钊出版了一本专门探讨先秦道家的心论和心术的新书，而此书似乎是学界第一次集中探讨此项学术问题的专著。北京师范大学哲学学院教授强昱探讨了早期道教的性观念及婚姻态度，具有现代价值和意义，应当肯定。此外，值得一提的是，北京大学哲学系教授程乐松出版了一部专门论述唐宋时期道教信仰与律法及其关联的新著。

本年度北京的中国佛教及其哲学研究主要体现在佛教哲学与历史、佛教中国化理论的探讨上。清华大学哲学系教授圣凯出版了《南北朝地论学派思想史》，他还发表文章，认为应当从观念史的角度来研究佛教。中国人民大学哲学院教授张文良考察了《大乘起信论》"体相用""三大"说的思想渊源，指出了中国佛学的一大变化所在。魏道儒、尕藏加、班班多杰都撰文探讨了"佛教中国化"的理论问题。而对于"佛教中国化"理论问题的探讨，是近年来学界的一个热点议题。

（二）儒家哲学研究进展

1. 天人关系

"天"是中国哲学的核心概念之一。北京师范大学教授李祥俊发表了《儒学"天"观念的含义演进与思想特征》一文，探讨了"天"这一观念的含义在儒学中的演进和思想特征。他指出，"天"是儒学最高的观念，含义十分丰富，并随着儒学与社会的发展而变化。儒学的"天"观念源自三代，包括有主宰之天、物化之天和生命之天三层含义。先秦儒学中的"天"依此三种含义次第展开，汉唐儒学呈现出主宰之天与物化之天的双向演进态势，而宋明儒学则确立了生命之天的核心地位。他认为，生命之天是儒学"天"这一观念最主导的含义和演进趋向，为儒学乃至传统中国社会奠定了基本的世界观和价值观，是我们理解并实现儒学现代转化的思想前提。①

中国人民大学教授梁涛发表了《"天生人成"与政治形上学——荀子天论发微》一文，分析了荀子之"天"的内涵。在他看来，荀子天论有两个目的，一是为了否定神学之天及批判迷信，二是为寻找礼义的形上根据。荀子一方面提出了"天行有常"的观点，批判了意志性之天的思想，肯定了"治乱非天"；另一方面又提出了"天职""天功"的概念，以作为经验世界秩序的根据。这两个方面的"天"有所区别，前者是经验性的天，后者是本体性的天。荀子从本体之"天"出发，提出了天君、天官、天情、天养与天政五者。其中，前四者是"天赋予人的禀赋与能力"，而"天政"是天的法则，是人类社会中政治的形上依据与礼法的价值原则，它包括生养原则、差异原则与和顺（和谐）原则。梁教授继承老一辈学者的说法，将荀子的天论概括为"天生人

---

① 李祥俊：《儒学"天"观念的含义演进与思想特征》，载《社会科学战线》，2021年第2期。

成","人成"是建立在"天生"基础上的。①

中国社会科学院哲学所研究员李存山发表了《天地信仰与儒家的普世道德》一文,考察了天地信仰与儒家普世道德之间的关系。他认为,西周时期已存在祭祀天地的"郊社之礼",这体现了中华文化视域中天地如同夫妇与为万物父母的特质。这证明中国文化信仰的最高神不在于超越的"彼岸",而在于"此岸"世界之中,与人类的生活世界具有"存有的连续性"。这一思想将天道自然与人伦道德相统一,使得自然界与人类社会成为了"天人合德"的共同体。儒家的人性论、工夫论等思想,尤其是"仁民爱物""民胞物与"的这种普世道德的价值取向便是建立在这样的天人关系之上的。②

清华大学哲学系教授唐文明发表了《气化、形化与德化——周敦颐太极图再论》一文,对周敦颐太极图所体现的天人关系进行了探析。他认为,太极图的五层圈分别对应太极、天道、地道、人道和万物化生之道。第一层圈代表着太极本体,是天地之心与天地之理的结合;第二层圈代表着天道,万物通过气化而初生;第三层圈代表着地道,万物通过形化而再生;第四层圈表征人道,人类文明的开端与确立肇始于伏羲,而完成于孔子;第五层圈则代表着可能被人文力量所转化的宇宙与盛德之下才有的大业。唐教授认为这五层含义的观点可"衡之于《易》、核之于《太极图说》、验之于《通书》,并比之于《太极解义》"。③

2. 心性论

"心""性"是中国哲学的两个关键概念。清华大学哲学系教授丁四新发表了《作为中国哲学关键词的"性"概念的生成及其早期论域

---

① 梁涛:《"天生人成"与政治形上学——荀子天论发微》,载《中国哲学史》,2021 年第 5 期。

② 李存山:《天地信仰与儒家的普世道德》,载《国际儒学》,2021 年第 1 期。

③ 唐文明:《气化、形化与德化——周敦颐太极图再论》,载《清华大学学报(哲学社会科学版)》,2021 年第 4 期。

的开展》一文，对"性"这一关键概念的生成及其早期论域的开展作了深入的研究和探索。他指出，"性"这一概念产生于天命论及宇宙生成论的双重思想背景中。此一概念的提出，是为了追问生命体之所以如此及在其自身之本原的问题。"性"是天地万物在己在内的潜在本原与质体，是"天命"的下落与转化。"天命"与"性"虽然有位格的不同，但其实体并无二致。古人对人、物之"性"内含的天赋类本质有所了解，孟子进一步指出人性不同于禽兽之性，它是善的。丁教授认为，"性"概念正式形成于春秋末期，而将其理解为"天命"之下降、转化及其赋予，这很有可能是孔子的思想贡献。与"性"概念相关的论域包括性命论、心性论、性情论、人性善恶论和人性修养论，这在春秋末至战国时期已经展开。自春秋末期以来，人性善恶论是中国古代思想史的核心议题。①

北京大学哲学系教授郑开发表了《试论孟子心性论哲学的理论结构》一文，分析了孟子心性哲学中的理论构架。本文回顾了思孟学派《五行》等书篇的相关论述，认为孟子对子思理论有大的转变与创造。孟子心性论可分为"心""性"两个部分，孟子的"性"具有双重性，有"性善"的"性"与"生之谓性"的"性"两种用法。孟子将仁义等价值理性置入人性本身，这是孟子哲学的核心所在。孟子继承了子思"诚"的观念，并借由此一概念重新诠释了"心"，对"心"进行了深层次的揭示。总之，孟子关于"心""性"的论述是儒家心性论思想最核心的组成部分。②

中国社会科学院哲学所副研究员匡钊发表了《早期儒家"为己之学"以"心术为主"的意义——以心观念的起源和身心关系为线索》一文，对早期儒家"心"的观念及身心关系进行了研究。在他看来，

---

① 丁四新：《作为中国哲学关键词的"性"概念的生成及其早期论域的开展》，载《中央民族大学学报（哲学社会科学版）》，2021年第3期。

② 郑开：《试论孟子心性论哲学的理论结构》，载《国际儒学》，2021年第2期。

"心术"尚未成为孔子思想的核心;但是随着思想的演进与儒学的发展,"心"得到了孔子后学的重视,"心"观念及其相关的"心术"逐渐成为战国思想世界的关键议题。在战国时期,"心"与"德"被紧密地联系在一起,体现了从"仪式伦理"到"心志伦理"的转变。而就"心"与"身"的关系而言,"心"作为身体的主宰,自然也获得了支配身的地位。匡钊进一步认为,这种对身心关系中心地位的强调在后世儒学发展中逐渐成为主流,"心术"逐渐遮蔽了孔子曾强调的"博文"与"约礼"的修身方式。①

"情"也是中国心性论哲学的一个重要概念。中国社会科学院研究员赵法生发表了《从性情论到性理论——程朱理学对原始儒家性情关系的诠释与重构》一文,对儒家"性""情"关系作了历史的考察。他认为,在先秦儒学中,以气本论为核心的宇宙观是心性论的基础,因此性、情两者不具有形上、形下的分别,其关系是"一本"而非"二本",不是异质性的。在这一阶段,"情"可以说是"道"的初始,《性自命出》曰:"道始于情。"而随着程朱理学的不断发展以及本体论的不断推进,先秦儒学所主张的气本论宇宙观逐渐被理学的理本论所取代。由此,"性""情"也就有了形而上与形而下的区分,从而具有了异质性。"情"也沦为了理学话语体系中"复性"工夫所要克服的障碍。赵法生将这一转变类比为西方哲学中"存在论到形而上学的转变",儒家工夫论也因此产生了剧烈的转向。②

3. 社会伦理

"忠""孝"等是近十余年来部分学者很关注的伦理观念。清华大学教授陈壁生发表了《从家国结构论孝的公共性》一文,从家国结构

---

① 匡钊:《早期儒家"为己之学"以"心术为主"的意义——以心观念的起源和身心关系为线索》,载《湖北社会科学》,2021年第9期。

② 赵法生:《从性情论到性理论——程朱理学对原始儒家性情关系的诠释与重构》,载《广西师范大学学报(哲学社会科学版)》,2021年第5期。

论述了儒家"孝"思想的公共性。他回顾了"孝"在近代以来被私德化的过程。由于近百余年来民族主权国家的形成,"孝"逐渐被认为是属于私领域的家的问题,并在"五四"以来受到了严厉的批判,甚至被认为是专制的基础。但传统道德并未有这种明显的公私区别,相反,"孝"具有相当的公共性,是政治与社会结构构建中的核心基础。《孝经·圣治》"周公郊祀后稷以配天,宗祀文王于明堂以配上帝"展现出"严父配天"这一天道与道德的双重合法性。而在古代法律中,"孝"也具有典型的公共性。古代的法律将不孝列为严重的恶罪,体现了不孝这一行为超越了个体人伦对共同体道德的破坏。因此,不理解这种"孝"的公共性,也就不能理解传统中国的古典文明。①

清华大学哲学系教授丁四新发表了《三纲说的来源、形成与异化》一文,对"三纲"观念作了历史追溯和概念辨析,阐述了"位分伦理学"的重要思想。丁教授指出,郭店简《六德》提出了"三大法"说或"六位"说的位分伦理学,《成之闻之》篇则以"天常"或者"大常"肯定了这一伦理学系统。孔子是三大法说或六位说的集大成者,是此一理论系统的正式提出者和构建者。三大法说是汉人的三纲说的直接来源,是其第一个阶段。"三纲"一词到汉初才正式出现,三纲说的提出是位分伦理学纲常化的结果。董仲舒不是三纲说的提出者,但在论证上作出了突出的贡献。丁教授认为,"三纲"包括多方面的含义,作为位分伦理的主干或基本结构是"三纲"最明显的含义。而"君为臣纲,父为子纲,夫为妻纲"其实出自《礼纬·含文嘉》,是对于汉人正统三纲说的扭曲与异化,因其不符合现代的价值观念,丁教授主张,应当对其进行否定与批判。②应当说,所谓"三纲"问题已经被丁氏此文解决。

---

① 陈壁生:《从家国结构论孝的公共性》,载《船山学刊》,2021年第2期。
② 丁四新:《三纲说的来源、形成与异化》,载《衡水学院学报》,2021年第3期。

4. 政治哲学

《洪范》是《尚书》中非常重要的一篇文献。清华大学哲学系教授丁四新发表了《论〈尚书·洪范〉福殛畴：手段、目的及其相关问题》一文，对《洪范》福殛畴进行了深入研究。"福"为"福报"义，"极"应读为"殛"，义为"诛罚"。福殛畴论述了以"修好德"为核心的五种福报和六种惩罚。五福与六殛具有个体层面的趋吉、避凶以及政治层面的统治手段两层含义。五福与六殛的对应关系在汉儒与宋儒的论述中存在差异。在《洪范》本身的文本中，存在"五事""五纪"与"庶征""皇极""三德"与"福殛"两组系列。而汉儒则将"五事""皇极""庶征""福殛"关联起来，由此贯通了洪范九畴，从而在天人感应的框架下将《洪范》转变为如何展现与制约君权、如何谴告与赏罚人君的一篇经典文献。①

"民"是儒家政治哲学关注的重点对象，北京大学哲学系教授王中江发表了《权力的正当性基础：早期儒家"民意论"的形态和构成》一文，对儒家"民意论"的形成与构成进行了分析。他认为，传统观点所重视的"民本论"并非就政治权力、目的及其基础而论的，"民意论"才是儒家关于公共权力目的的论述。从儒家对于建立政权与设立君主、权力运用须合乎民意与民心等方面来看，"民意"是儒家政治理论的核心。因此，儒家的"民意论"是其关于政治权力正当性与合法性的理论，对于这一理论的研究将有助于改变儒家政治思想的图景。②

北京大学哲学系教授干春松发表了《民族、国民与国家——康有为、章太炎关于建立现代国家的分歧》一文，对儒家政治哲学有关现代国家建立的历史案例进行了考察。在维新运动失败以后，康有为、章太

---

① 丁四新：《论〈尚书·洪范〉福殛畴：手段、目的及其相关问题》，载《四川大学学报（哲学社会科学版）》，2021年第6期。

② 王中江：《权力的正当性基础：早期儒家"民意论"的形态和构成》，载《学术月刊》，2021年第3期。

炎就如何建立现代国家的问题作了交锋。在民族问题上，康有为主张"文化民族"的观点，呼吁满汉融合，而章太炎则坚持"历史民族"观，强调满汉两者的历史差异性，认为汉族才应是新国家的主体。在革命问题上，康有为据公羊学的"三世说"，认为革命民主属于未来社会，而当时的国情只适合君主立宪制。而章太炎借助于公羊学的复仇说来论证排满革命的合法性。康有为与章太炎的政治立场差异，与二人在经学上的古今之别有着紧密联系。在论战后，章太炎对革命建国的现实策略提出了更多超越性的价值思考，在理想社会的层面与康有为趋于一致。①

5. 经学研究

经学是儒学研究领域的一个重要课题，2021年度北京学术界在经学研究上取得了丰硕成果，特别是在利用出土新材料来考察和考证传统认识上取得了重要进展。

中国社会科学院助理研究员杨博发表了《海昏侯墓出土简牍与儒家"六艺"典籍》一文，全面介绍了南昌海昏侯墓出土的六艺类简牍，并由此梳理了两汉儒家典籍的传习情况、刘贺父子所传承的学术谱系以及竹简所见儒家经典的学脉渊源问题。竹简所载内容验证了学界对于两汉经学授受的传统认识，如通经之前皆先通《论语》《孝经》等说法。杨博还指出，"汉博士皆专经教授"的论断有误，"西汉学者专守一经"似属于昭宣以降家法兴起后的通例。此外，他认为，对于简文中尚未固化又相对稳定的经典文本，必须加以历史的眼光考察以还原西汉中期的经学面貌，而非用后世学者所述的家法等固有印象来作概括。②

---

① 干春松：《民族、国民与国家——康有为、章太炎关于建立现代国家的分歧》，载《孔子研究》，2021年第4期。

② 杨博：《海昏侯墓出土简牍与儒家"六艺"典籍》，载《江西社会科学》，2021年第3期。

中国社会科学院研究员任蜜林发表了《西汉礼学的分化、特征与明堂阴阳说》一文,对学界关注不多的西汉礼学传承过程、各家关系和内容特点等问题作了新的探讨。他指出,尽管西汉中期以后,礼学分化为大戴、小戴和庆氏三派,但是三派所传《仪礼》思想内容并无太大差别,而反映各家礼学特征者在于《礼记》。庆普没有编排《礼记》,说明其固守师法,在礼学理论上并无创新。二戴《礼》的革新在于,在庆氏今文礼的基础之上增加了与"天子之礼"辟雍有关的明堂制度的论述。《汉志》关于"明堂"文献甚多,反映出西汉今文经学与《春秋》公羊学的灾异思想、齐诗学的"五际"说、易学的象数思想一样,也是一种规范政治的方式,即通过强调自然法则的重要性,将国家政治的好坏归结于君主治理方式的优劣。①

北京师范大学教授许家星发表了《"吾之深信者〈书〉"——从〈尚书〉之论管窥象山学的经学底色》一文,以陆象山的《尚书》学研究为例,提出了一条从经学角度出发、以同情的理解来重新认识理学的基本研究途径。他指出,象山《尚书》学孕育于宋代经学与理学互动的学术氛围中,体现了宋学"就经典阐明义理"的特点,包含着内外两种面向,即学以成圣的为学工夫和以德性教化为宗旨的治国之道。象山学所体现出的反求六经、悉心体认的经学底色,是当时"经学义理化"这一时代精神的产物,对重新认识象山思想、反思当代中国哲学研究所要求的归本工作皆具有借鉴意义。②

北京师范大学教授姜海军发表了《朱、陆异同的学理差异及其经学展现》一文,从对群经思想内涵即道的认知、经学解释学范式、经学旨趣等三个方面深入探讨了朱陆异同这一学术公案。他认为,正是由于朱

---

① 任蜜林:《西汉礼学的分化、特征与明堂阴阳说》,载《国际儒学论丛》,2021年第3期。

② 许家星:《"吾之深信者〈书〉"——从〈尚书〉之论管窥象山学的经学底色》,载《中国哲学史》,2021年第5期。

陆对待知识、价值的不同态度与进路，从而造成了朱陆在经学解释学上的分歧和异同。朱熹注重概念的分解，将知识的获取作为道德境界提升的重要手段，而陆九渊则主张内求于心，以实现对道体的体认与践履，不甚重视经学的学习、知识的积累。在体道方式上，朱熹强调道问学与尊德性的分离与转化，分为"致知""涵养"两端，与程颐思想一脉相承；而陆九渊则强调"体悟本心"，一以贯之程颢的"识仁"。尽管二人借助经学所建构的理论不同，但他们都希望通过道学的兴盛和指导，重建孟子所言的王道政治。①

中国人民大学教授韩星发表了《熊十力：以经学为基础的新儒家哲学建构——以〈读经示要〉为中心》一文，以《读经示要》为中心探讨了熊十力以经学为学术基础，重建儒家道统、学统、治统，以建构新儒家哲学体系的工作。在道统方面，熊氏以《六经》为本源，《四书》《孝经》为衍流，以阐发经典常道和重建道统。在学统方面，他主张以六经为本，尽摄义理、经济、考据和辞章四科，并旁及诸子、道佛、西学等。在治道方面，他详细阐发了六经的言治之义：仁以为体，格物为用，诚恕均平为经，随时更化为权，利用厚生本之正德，道政齐刑归于礼让，始乎以人治人，极于万物各得其所，终之以群龙无首。在境界方面，他向往圣贤境界，提出学贵立志、下学而上达的实践工夫。②

（三）道家道教哲学研究进展

1.《老子》、老学与黄老学

清华大学哲学系教授丁四新发表了《出土简帛四古本〈老子〉研究及其展望》一文，认为出土简帛古本《老子》的整理和释文注释都

---

① 姜海军：《朱、陆异同的学理差异及其经学展现》，载《国学学刊》，2021年第1期。

② 韩星、倪超：《熊十力：以经学为基础的新儒家哲学建构——以〈读经示要〉为中心》，载《湖南大学学报（社会科学版）》，2021年第3期。

已趋于完善，并指出了相应的代表作。此文是今后学者研究《老子》文本及其相关问题的指导性文献。该文指出，高明《帛书老子研究》、郑良树《〈老子〉新校》是在帛书本《老子》校勘、校注上的代表作。尹振环在帛书《老子》的研究上成果较多但也招致了许多批评。围绕郭店楚简本产生的论著众多，其中校注以廖名春《郭店楚简老子校释》和丁四新《郭店楚竹书〈老子〉校注》为代表，研究以《郭店老子：国际会议论文集》《道家文化研究》第十七辑及裘锡圭《郭店〈老子〉初探》等为代表。汉学家的简帛《老子》研究以韩禄伯和池田知久为代表。在早期《老子》文本变化及文本观念上，以刘笑敢、宁镇疆和丁四新的研究为代表。同时丁四新教授还指出，汉简本《老子》及四古本《老子》的综合研究，是未来早期《老子》文本研究的重要方向。①

在《〈老子〉首章中的相关问题考证》一文中，北京大学哲学系教授郑开指出，《老子》文本内容有不同的思想，比如"道德"与"物"的关系有好几种模式，它有多元思考的特质，放到经典化的演变中是非常合理的。"道"本身是要出现在思想世界里的，或者说它只能首先出现在思想世界里；强调"无名"，意味着"道"超出了思想世界。《老子》中的政治哲学研究，一条线索是"道""物"二分的上下结构，从这个结构可以读出主宰与被主宰、本与末、一与多、独立与分散、个体与整体等关系，这些关系后来在王弼那里得到了极大的发挥。另一条线索是"道""无为"而"万物""自然"，"圣人""无为"而"百姓""自然"。"道""物"二分引发的是主张君主集权的政治哲学，而第二条"道""无为"，"万物""自然"引发的是清静无为、与民休息的政治哲学。②

---

① 丁四新：《出土简帛四古本〈老子〉研究及其展望》，载《国学学刊》，2021年第1期。
② 郑开：《〈老子〉首章中的相关问题考证》，载《中原文化研究》，2021年第3期。

中国人民大学国学院教授李若晖发表了《〈老子〉八十一章本早期形态探索》一文，他认为，八十一章本作为《老子》的标准本对《老子》文本的形成与思想定型起到了巨大作用。近年来关于八十一章本的形成，产生了若干争议。他认为，北大汉简七十七章本与河上公八十一章本的重要中介是《淮南子》所引据的《老子》，该本《老子》的《道经》部分分章同于（或近于）河上公八十一章本，《德经》部分分章同于（或近于）北大汉简七十七章本。与这一特征相符的最有可能的是《老子傅氏经说》，可将该本理解为仅编成了《道经》三十七章（篇）。至于宋人所引刘歆《七略》刘向定著《老子》语，他认为是后人的伪造。①

"自然"观念的研究是近二十年来相关学界研究的热点。北京师范大学哲学学院教授刘笑敢发表了《"自然"的蜕变：从〈老子〉到郭象》一文，指出虽然关于《老子》之"自然"或道家之"自然"的文章已经很多，但多数文章没有注意到《老子》之"自然"与后来诸家、诸书之"自然"有重要不同。他提出严遵《老子指归》《老子河上公注》《老子想尔注》，王弼《老子道德经注》，郭象对《老子》和《庄子》的注疏和阐发这五部重要的注释类著作对"自然"一词有着各具特色的解释、运用，乃至改造和创发。人们应当看到老子之"自然"与后来各家的注解、诠释之"自然"都有重要不同，应当重新认识《老子》之"自然"，真正发掘其独特价值。② 在《什么是老子之自然的"体系义"》一文中，刘笑敢进一步解释了他早前提出的老子之"自然"乃是人文自然的观点，老子的"自然"具有"体系义"，可分为最高义、整体义和价值义三个主要意义。从价值义中又可以引申出自

---

① 李若晖：《〈老子〉八十一章本早期形态探索》，载《浙江大学学报（人文社会科学版）》，2021年第6期。
② 刘笑敢：《"自然"的蜕变：从〈老子〉到郭象》，载《文史哲》，2021年第4期。

觉义。这种体系义凸显了老子之自然在思想史上的独特贡献和地位。这种分析可以帮助我们更全面地理解老子之自然的思想意义和理论贡献，并有利于我们重新思考老子之人文自然的概念在现代世界可能的贡献。①

北京师范大学教授李锐发表了《〈老子〉"夫佳兵者"释读》一文，从文字训诂提出了一些新观点，如今本《老子》第31章"夫佳兵者"，李教授综合考察了学者们的不同意见，认为"兵"当读为"雱"，义为"盛"，诸本文义相近，都是反对盛美事物。此外，《庄子·徐无鬼》"凡成美，恶器也"含义与《老子》此章一致。② 今本《老子》十六章有"致虚极，守静笃"一句，历来释读就存在争议，或以"虚极""静笃"为合成词，或在"极""笃"前句读。马王堆帛书、郭店简、北大汉简等出土材料相继公布后，此句又出现了与今本差别较大的异文。其中，马王堆帛书甲本整理者隶定文字作"至虚极也，守情表也"，北大汉简本作"至虚极，积正督"，差别尤甚。过去学者多将"表"视为"裻"之误字，由此调和诸本。而在《〈老子〉第28、29章解读》一文中，李锐认为，诸本虽有异文，但意义相近，可读为："致虚，极也；守静，督也。""守静"的异文"守中""积正"与其均为义近关系。帛书甲本整理者隶定为"表"之字，当隶定作"衽"，读为"程"，训为"标准"，与"督"同义。③ 在《老子〈道〉〈德〉篇历时研究》一文中，李锐还指出，老子《道》《德》篇有一些历时差别的现象，由《德》篇的第六十七章"天下皆谓我道大，似不肖"，以及《德》篇对《道》篇某些问题的补充来看，《德》篇可能比《道》篇晚，甚至《德》篇第六十七章之后的某些内容是《德》篇内部比较晚形成的文

---

① 刘笑敢：《什么是老子之自然的"体系义"》，载《福建论坛（人文社会科学版）》，2021年第10期。
② 李锐、王晋卿：《〈老子〉"夫佳兵者"释读》，载《中国文字研究》第33辑，臧克和主编，上海：华东师范大学出版社2021年版。
③ 李锐：《〈老子〉第28、29章解读》，载《中华文化论坛》，2021年第1期。

本，由此《德》篇在早期是《老子上经》。这种历时性认识，对研究《老子》或有一定帮助，带来了新的看法。①

在老学研究方法的反思上，学者也发表了几篇重要论文。北京师范大学哲学学院副教授蒋丽梅发表了《理解、解释和运用：论瓦格纳的老学研究方法》一文，分析了瓦格纳先生遗稿《现代中国学术困境的全球背景：疑古还是信古》中文版，围绕民国时期疑古思潮下《老子》文本研究的看法，并结合瓦格纳先生的其他著述，集中梳理和讨论了瓦格纳先生在老学研究方法上的看法：如他主张《老子》文本在演变过程具有高度的稳定性，并且文本内部章节存在内部关联；他使用解释学和语言学的方法，通过链体结构，建立了单元的逻辑关联，并将这一方法拓展至战国时期的其他文献研究中；他肯定了老子注释本的价值，解读了他们的理解策略，并以语言分析和历史分析的立场将个人视域与文本视域融合在一起，形成自身独特的老学研究方法。②

中国人民大学国学院副教授林光华发表了《本体与境界——冯友兰的〈老子〉诠释及其推进》一文，认为当代对《老子》之道的诠释方法与种类很多，但在思维方式上还是以客观论的解释为主流，以冯友兰为代表。冯友兰将道诠释为"总原理"，在哲学史上源于韩非子，在诠释方法上源于西方的本体论与共相论。但冯友兰又提出了"四个境界"说，将"道"境解释为"天地境界"，超越了主客对立的思维，"境界"比"本体"更契合《老子》之道的含义。张岱年的"本根论"克服了冯友兰本体论的局限，牟宗三的"大客观境界"更明确地揭示了道境超越主客对立的特性，从诠释史的角度看是一个进展。③

---

① 李锐：《老子〈道〉〈德〉篇历时研究》，载《江淮论坛》，2021年第5期。
② 蒋丽梅：《理解、解释和运用：论瓦格纳的老学研究方法》，载《国学学刊》，2021年第3期。
③ 林光华：《本体与境界——冯友兰的〈老子〉诠释及其推进》，载《人文杂志》，2021年第8期。

随着马王堆《黄帝四经》的发现,"黄老道家"也成为近年来道家思想研究的一个重点。清华大学哲学系教授曹峰发表了《黄老道家研究的几个基本问题》一文,指出我们需要进一步厘清黄老道家研究的一些基础性问题。"黄老学"与"黄老道家"的概念可以成立,这既是一种现实存在的思想现象,也是一种对于共同思想倾向的概括。《史记》所见"黄老"可以分为"清静无为""君道至上""黄老刑名""黄老道德""养生成仙"五类,探究这五类的性质,有助于上溯黄老思想的来源,下探黄老思想的去向。养生思想是黄老道家的底色,贯穿于黄老思想发生、发展乃至转变的所有时期,不能将"道法"融合视为判定黄老道家的唯一标准。在黄老道家中,托名"黄帝"的知识思想系统和老子思想系统是互补关系,不能将黄老学说仅仅视为老子思想的转化。正是通过"黄帝"这个媒介,为社会普遍遵循的规则、禁忌系统才得以导入黄老道家,使之具有实操性和权威性。①

2.《庄子》与庄学

《齐物论》是《庄子》中极其重要的一篇,一直以来都是《庄子》注疏和研究的重点。北京大学哲学系教授王中江发表了《"差异性"和"多样性"的世界:庄子的"物之不齐论"》一文,指出庄子思想中的"齐物"或"齐同"产生了广泛的影响,并一直为研究者所关注。但是,与之相对的万物殊异的差异性和多样性概念同样包含于庄子思想之中。庄子不仅提供了一幅世界丰富多彩的多样性和差异性图像,而且从不同方面说明了万物为什么具有差异性,为什么是多样的和不同的。这不仅取决于万物的内在之德和内在之理等,而且也取决于人们如何观察和看待万物以及如何运用万物的眼光和价值观。完整呈现庄子的"万物异同观",需要对庄子的世界差异性和多样性论域进行整体性的考察,

---

① 曹峰:《黄老道家研究的几个基本问题》,载《四川大学学报(哲学社会科学版)》,2021年第5期。

揭示庄子与"齐物论"相对的"物之不齐论"。①

中国人民大学国学院教授黄克剑发表了《〈齐物论〉指归甄辨》一文，认为庄子所言的"物谓之而然"，此"物"之"然"并不存在于人"谓之"之外，而"谓之"即是"物论"。齐"物"之契机在于齐人的"谓之"或齐其"物论"，除却这样的齐"物论"，并不存在另一条齐"物"的路径。《齐物论》由"照之于天"而明"丧我"之旨，其多设譬以言："天籁"以声之所发设譬，"天钧"以形之所塑设譬，"天府"以府之所藏设譬，"天倪"以端倪之隐显设譬。如此设譬以喻人"丧"（忘）其"我"，乃在于诱导人"入于天"（化之于自然）。"照之于天"以"丧我"，必至因任于天（自然）而"忘乎物"，而"忘乎物"的极致是"未始有物"。"物"不可能在未"丧我"时独忘，"我"也不可能在未"忘物"时独"丧"；"物化"诚然是"忘乎物"，却也意味着"丧我"或"忘"乎"我"，因此其适可恰切地理解为入于自然大化之境而"物""我"双忘。庄子学说以"逍遥"之"游"为终极导向，而以忘乎"物""我"的"齐'物论'"而"齐物"为达于此虚灵的真实之境的不二蹊径。人"应于化而解于物"而有"游"，唯此"游"乃称得上"逍遥游"。②

"有待无待"问题是《逍遥游》诠释的关键之一。中国人民大学孔子研究院副研究员罗祥相发表了《庄子"有待""无待"思想新诠》一文，文中在总结前人研究的基础上，提出对"有待无待"问题的新解，指出《庄子》中存在两种不同的依待意义上的"待"：一是人根本无法摆脱的"物物间""物道间"对其存在前提的依待，二是人可以摆脱的对生命本然无用且无益之物的依待。《逍遥游》所谓的"无待"，并非全称的无任何依待，而是特指无对"己、功、名"的依待。故庄子

---

① 王中江：《"差异性"和"多样性"的世界：庄子的"物之不齐论"》，载《社会科学战线》，2021年第4期。

② 黄克剑：《〈齐物论〉指归甄辨》，载《东南学术》，2021年第2期。

"无待逍遥"的思想主旨实际上是让人摆脱对生命本然无用且无益之物对人的拘限,从而实现不为不当依待之物所系缚,无所拘碍,逍遥自在的人生超越境界。①

中国政法大学哲学系教授王威威发表了《〈淮南子〉对〈庄子〉"齐物"观念的阐发——以〈齐俗训〉为中心》一文,阐述了《淮南子》对《庄子》"齐物"观念的阐发。《淮南子》对《庄子》中不同层次的"齐物"观念均有吸收、改造和发展。如在是非问题上,《淮南子·齐俗》从《齐物论》出发,在论证中走向了《秋水》,区别了"至是""至非"与"一是一非",在一定程度上肯定了出自个体的"己""心"和特定视角的对物的是非判断的相对价值。②

此外,中国社会科学院哲学所副研究员匡钊出版了专著《先秦道家的心论与心术》。他认为,在先秦道家的学术谱系中,心观念的地位始终与道、气等观念相互纠缠,尤其是有关心气关系的思想通过稷下黄老学而对诸子产生广泛的影响。他在揭示心观念思想深度的同时聚焦于修身工夫问题,辨析心与相关诸观念之结构性关系,最终服务于对哲学之共性而非某种特殊的"中国性"的揭示。③

3. 道教文本及思想

道教是中国本土的宗教,其文献研究、历史研究始终是道教学研究的重点。中国人民大学哲学院教授姜守诚发表了《"业秤"小考》一文,认为近年发现的《解真三十八代天师圹志》是研究张与材的第一手资料,对于弥补传世史料记载的缺失和不足有重要意义。④ 他又发表了《"业镜"小考》和《宋元道教黄箓斋中的童子科》两文。前一文与

---

① 罗祥相:《庄子"有待""无待"思想新诠》,载《哲学研究》,2021年第12期。
② 王威威:《〈淮南子〉对〈庄子〉"齐物"观念的阐发——以〈齐俗训〉为中心》,载《四川大学学报(哲学社会科学版)》,2021年第5期。
③ 匡钊:《先秦道家的心论与心术》,北京:中国社会科学出版社2021年版。
④ 姜守诚:《"业秤"小考》,载《艺术收藏与鉴赏》,2021年第5期。

《"业秤"小考》乃着眼于佛、道经书及民间宗教宝卷中出现的"业秤""业镜",讨论其宗教含义,并从图像学角度分析"业秤""业镜"之演变、种类及异同,并与古希腊、古罗马神话中的形象作对比,提示我们东西方虽分属异质文化,在选择代表公正之图像时却有异曲同工之妙。① 后一文介绍了晚唐以降随着黄箓斋的兴起而产生的一种仪式性法术——童子科,还分析了其在宋元道教中流行以及并未形成一套独立、完整的仪式流程,而遭到批评和抵制的原因。②

北京师范大学哲学学院教授强昱发表了《早期道教的性观念与婚姻态度》一文。此文认为,与儒家对性与婚育问题的暧昧态度不同,道教自创立以来即逐步对此展开了十分系统、深入的探索。从未将正常生理本能的满足视为洪水猛兽的道教理论家与修行者,为后人留下了一份重要的精神财富。汉武帝时期的女仙灵妃形象被推崇塑造,俨然为传统的贤妻良母的女性观注入了贴近人情需求的积极成分。历来被刻板的道德教条扭曲的生命真相,在道教思想的冲击下发生了精神气质焕然一新的改变。③

中国社会科学院世界宗教研究所副研究员刘志发表了《古代道教写本经藏的社会文化功用》一文,认为道教经书有着独具特色的经藏体系,其形成是以写本的形式实现的。道教教内的经书写本,对于道教教派的产生、传承和发展具有特别重要的意义。作为古代官方经籍制作的一个组成部分,道教写本经藏对于参与古代国家文化治理和传承中国传统文化,曾经发挥着重要的作用。④ 他又发表了《丹青之信——早期〈太平经〉写本特色及其政治思想意蕴》一文,指出早期道教经典《太

---

① 姜守诚:《"业镜"小考》,载《艺术收藏与鉴赏》,2021年第5期。
② 姜守诚:《宋元道教黄箓斋中的童子科》,载《中华文化论坛》,2021年第4期。
③ 强昱:《早期道教的性观念与婚姻态度》,载《中国本土宗教研究》第4辑,汪桂平主编,北京:社会科学文献出版社2021年版。
④ 刘志:《古代道教写本经藏的社会文化功用》,载《周口师范学院学报》,2021年第3期。

平经》是以赤色、青色为主色的缣素写本。"丹青之信"象征的是在君臣民社会体系中施行仁政和教化的思想。君王施行仁政是道德仁三统之一,仁政主要是注重民生、减少刑罚,以民为本。教化主要是使臣民"孝、忠、顺"并以孝为第一。《太平经》以阴阳五行学说,论述丹青之信,阐明君臣民在施行仁政和教化中的地位和发挥的作用。①

北京大学哲学系教授程乐松出版新著《耽玄与尘居：唐宋道教思想与社会研究》。这部专著以唐宋时期的道教信仰为主题,分别从隋唐时期的道教信仰思想与唐宋时期的律法及信仰关联两个视角展开专题研究,展示信仰既疏离日常生活又实践于世俗世界的一体两面的信仰史框架。②

（四）佛教哲学研究进展

1. 佛教哲学与历史

北京地区的中国佛教研究力量强大,机构众多,2021年度在中国佛教哲学、佛教中国化和藏传佛教的研究上取得了一些新进展。

佛教的思想观念与哲学理论研究是佛学研究的核心。清华大学哲学系教授圣凯出版了《南北朝地论学派思想史》一书,弥补了中国佛教思想史中南北朝唯识古学论述不足的缺憾。在方法论层面,该书突破了传统的"南北二道"叙事模式,采用区域史、思想史的研究视野,深入梳理了敦煌遗书中地论学派的文献以及法上、灵裕、净影慧远等人的著作。同时,该书依据地论学派"五门"的思想传统,改变了以往佛教思想论述中"本体论""认识论"等解释框架,以地论学派本身的思想纲要为核心展开,重现了地论学派"佛性、心识、修道、缘集、圆

---

① 刘志：《丹青之信——早期〈太平经〉写本特色及其政治思想意蕴》,载《世界宗教研究》,2021年第2期。
② 程乐松：《耽玄与尘居：唐宋道教思想与社会研究》,北京：宗教文化出版社2021年版。

融"的递进观念体系。① 另外，圣凯还发表了《佛教观念史的方法论传统与建构意义》一文，对佛教观念史的方法论传统以及建构意义作了论述，指出佛教观念史作为一种研究方法虽然是缘起于西方的史学理论，但却能够兼顾学术传统与佛教的特殊性。相较于"概念史"，观念史的研究方法可以更好地呈现"佛学"兼具宗教与哲学两义的特质，从而避免了概念史研究中静态与抽象化的弊病，有助于还原生活世界中具体的情境。②

北京大学哲学系教授姚卫群发表了《佛教中的无神与有神观念》一文，分析了佛教中的"无神"及"有神"观念。他指出，这两种观念在佛教中都广泛存在，这一现实与佛教初创时期的核心理念以及佛教发展过程中传教的需求有关。在佛教理念中，无常、无我以及性空等思想均支持"无神"论；而在传教过程中一个具有超越性主宰者的设立则有助于吸引教徒。因此，佛教兼有"有神"与"无神"两种观念，这是有其历史与理论原因的。③

佛教哲学史研究也有一定进展。中国社会科学院哲学所研究员成建华发表了《论僧肇的思想及其对"六家七宗"般若学的批判》一文，对僧肇的思想及其对"六家七宗"般若学的批判进行了梳理。成建华首先回顾了僧肇的思想渊源。僧肇通达老玄，在玄学上具有极高修养；后又在罗什门下博览群书，对般若妙义有着深刻证解。僧肇思想可分为"动静相即"的物不迁论和"空有不二"的不真空论两方面。其动静关系的理论强调动静的关联以及求静之必要，有很强的辩证色彩。另外，僧肇批判了"六家七宗"的般若学，会通龙树的中观哲学和玄学，开

---

① 圣凯：《南北朝地论学派思想史》，北京：宗教文化出版社2021年版。
② 圣凯：《佛教观念史的方法论传统与建构意义》，载《清华大学学报（哲学社会科学版）》，2021年第6期。
③ 姚卫群：《佛教中的无神与有神观念》，载《科学与无神论》，2021年第2期。

创了佛教中国化的新阶段。①

北京大学哲学系教授李四龙发表了《〈大乘义章〉与北朝佛教释义学》一文，论述了《大乘义章》以及北朝佛教释义学。在北朝晚期的邺城，佛教义学十分兴盛，净影慧远《大乘义章》是其中的代表作品。《大乘义章》用不甚地道的法相唯识思想整合了小乘与大乘阿毗达磨的论义形式。"义章"继承了中国传统的文体形式以及佛教"抉择宗义"的问答传统。②

中国人民大学哲学院教授张文良发表了《从"体用"到"体相用"——〈大乘起信论〉"三大"说思想渊源考》一文，考察了《大乘起信论》"三大"说的思想渊源，认为其实现了从"体用"到"体相用"的发展。以往的研究对《起信论》"三大"说与印度佛教经论的关联已有论述，但对其中国佛教的思想背景则着墨不多。张文良认为，《大乘起信论》吸收了《金刚仙论》的"法相"思想。在此基础上，《大乘起信论》对"相"作了进一步的改造，提出了"相大"的概念，并将其与南北朝时期流行的"体大""用大"观念结合，从而构建出了其独特的"三大"说，实现了由"体用"到"体相用"的发展。③

中国人民大学哲学院教授温金玉发表了《道宣律师研究回顾与展望》一文，对道宣律师的思想研究作了回顾与展望。道宣律师是中国佛教南山律的创始人，也是中国少数的佛教史家与文献学家。在以往的研究中，对道宣律师的身份定位有律僧、史传僧、经录僧、护法僧、感通僧等多种不同类型。温金玉指出，对于道宣律师的研究应该从多层面进行解读，不能仅仅局限在他的戒律思想或是行持中。另外，他指出，三

---

① 成建华：《论僧肇的思想及其对"六家七宗"般若学的批判》，载《世界宗教研究》，2021年第6期。

② 李四龙：《〈大乘义章〉与北朝佛教释义学》，载《北京大学学报（哲学社会科学版）》，2021年第2期。

③ 张文良：《从"体用"到"体相用"——〈大乘起信论〉"三大"说思想渊源考》，载《东亚佛学评论》，2021年第1期。

教关系、"三宝格局"、信仰化导机制是研究道宣律师思想的重要突破口。①

2. 佛教中国化理论探讨

研究佛教的中国化具有重大意义,这不仅有利于人们了解中国佛教的发展脉络,促进对佛教思想的理解,而且有利于佛教在当代的融合和发展。

中国社会科学院世界宗教研究所研究员魏道儒发表了《旧课题与新理论:研究"佛教中国化"的脉络》一文,对改革开放以来数十年间"佛教中国化"研究的兴起进行了考察,从原因、内容、成果与分歧四个层面作了详细论述。据魏道儒的概括,学者关于佛教的中国化可分为"两个时期说""一个时期说"和"三个时期说"。"两个时期说"认为,中国佛教史可分为宋以前的佛教中国化和宋以后的中国佛教持续发展阶段。"一个时期说"认为,中国佛教的历史就是佛教中国化的历史。"三个时期说"认为,存在古印度佛教在中国、佛教中国化和中国佛教的发展三个阶段。在此基础上,魏道儒进一步指出,对"佛教中国化"的"旧课题"进行研究,是对使用"宗教本土化"研究范式分析中国佛教哲学的深化与提高。②

清华大学教授沈卫荣发表了《确立汉藏佛教为中国佛教的身份认同是推进藏传佛教中国化的重要途径》一文。他指出,推进藏传佛教的中国化不仅对于藏族、蒙古族等民族同胞中的藏传佛教信徒了解中华优秀传统文化有着重要帮助,而且对于实现西藏地区的长治久安也有着重大与迫切的意义。他又认为,整合与圆融汉藏佛教传统、强调二者的一体性以及汉藏佛教同作为中国佛教的身份认同是"推进藏传佛教中国化"

---

① 温金玉:《道宣律师研究回顾与展望》,载《普陀学刊》,2021年第2期。
② 魏道儒:《旧课题与新理论:研究"佛教中国化"的脉络》,载《内蒙古师范大学学报(哲学社会科学版)》,2021年第2期。

的重要途径。①

中国社会科学院世界宗教研究所研究员尕藏加发表了《从历史视域中管窥宗教信仰与文化认同——以早期汉藏佛教交流为中心》一文,以早期汉藏佛教交流为中心,对中国佛教传统中的宗教信仰与文化认同进行了考察。尕藏加认为,宗教信仰和文化认同是对立统一的辩证关系,理解这一关系有助于我们认识汉藏佛教在历史上的交流以及佛教的中国化。尕藏加梳理了汉藏佛教历史上创制文字、翻译佛经的崇尚佛教信仰的行为、汉藏佛经互译、金城公主兴佛、赤松德赞推崇佛教等追求大同文化的行为以及大、小昭寺等凸显文化信守的行为,重新显现了唐代中央王朝与西藏地区两地佛教的交流历史,还原了汉藏文化历史交流的情形,显示汉藏系佛教间源远流长的亲密关系。作者最后强调,正是汉藏等各民族的交流和认同铸就了中华文明。作者的观点对于"推进藏传佛教中国化"有一定参考价值。②

中央民族大学教授班班多杰发表了《藏传佛教般若中观中国化的诠释学解读》一文,对藏传佛教般若中观的中国化进行了解读。班班多杰对大量尚未有汉译的藏传佛教相关的般若中观论藏文史料作了研究,指出"佛教中国化"主要经历两个阶段,即尊重印度佛教"文本原义与作者原意"的"我注六经"式阶段和以中国读者及文本为主体的"六经注我"式阶段。藏传佛教"般若中观论"中的六个颇具特色的命题及其解读便是上述两种诠释的典型案例。作者认为,这两种诠释途径应当并重,并由此提出了"共殊本体诠释学"。③

---

① 沈卫荣:《确立汉藏佛教为中国佛教的身份认同是推进藏传佛教中国化的重要途径》,载《中国宗教》,2021年第2期。

② 尕藏加:《从历史视域中管窥宗教信仰与文化认同——以早期汉藏佛教交流为中心》,载《世界宗教研究》,2021年第4期。

③ 班班多杰:《藏传佛教般若中观中国化的诠释学解读》,载《中央民族大学学报(哲学社会科学版)》,2021年第5期。

中国佛教文化研究所研究员伍先林发表了《从蕅益智旭融会天台学与净土教的思想看佛教的中国化》一文，从明代高僧蕅益智旭大师融会天台学与净土教的思想案例出发，对佛教中国化的历史作了案例探析。他指出，蕅益智旭法师以天台宗的"一念无明法性心"等命题为思想资源，从中提炼出了作为统摄禅教律依据的"现前一念心"，并以此统摄诸对概念。他又认为，蕅益智旭法师以"信愿行"的修行方法扬弃、超越了传统佛教与禅宗中的观想、参究的修行方法。通过《佛说阿弥陀经要解》，蕅益智旭法师成功融合了天台教理和净土法门，是中国化佛教的重要人物。①

（执笔人：赵乾男　王政杰　胡晓晓；审稿人：丁四新）

三、外国哲学学术发展报告

（一）概述

2021年北京的外国哲学研究在古希腊罗马哲学、中世纪和文艺复兴时期哲学、近现代哲学等不同领域都取得了不少优秀的成果。在古希腊哲学和德国哲学这两个传统优势方向，学者们的研究进一步深化。在中世纪哲学和文艺复兴时期哲学这两块短板上，也取得了一些可喜的新成绩。由于受新冠疫情的影响，一些学术活动虽然被迫推迟或者采取线上形式，但是北京的外国哲学学术研究气氛仍然是非常活跃的。通过对外国哲学各个领域的深入研究以及举办各种形式的学术研讨活动，北京的外国哲学学科建设也取得了积极进步。但是，在看到成绩的同时，也

---

① 伍先林：《从蕅益智旭融会天台学与净土教的思想看佛教的中国化》，载《中国佛学》，2021年第1期。

必须清醒地看到目前学界外国哲学研究仍然存在的一些问题和不足。

在古希腊罗马哲学研究方面，柏拉图和亚里士多德仍然是学者们关注的重心。无论是柏拉图、亚里士多德的形而上学、知识论还是政治哲学，都受到了学界普遍的重视。不足之处是对于柏拉图和亚里士多德哲学的古代注疏，尤其是公元 200—600 年的文献，重视仍然不够。柏拉图哲学和亚里士多德哲学在西方传统学术中处于某种类似"经学"的地位，他们的著作在漫长的学术历史中得到了非常细致和专业的注释研究。20 世纪以来，中国学人才开始比较专业地研究古希腊哲学，而当时最容易利用的西方研究资料就是 20 世纪的。虽然 20 世纪西方的古希腊哲学研究也取得了很多重要成果，但是缺陷也是明显的。公元 200—600 年这批希腊文的柏拉图、亚里士多德哲学注释，在 20 世纪的西方也没有受到足够的重视，很多西方学者的研究甚至是直接"略过"（不是超越）了这些注释。20 世纪学者们争论的很多问题，其实 1500 多年前都已经得到过非常详尽的讨论了。当代中国学人如果要在古希腊哲学方面取得更大的进步，仅仅依靠西方 20 世纪的某些资料显然是不够的。

中世纪和文艺复兴时期哲学的研究一直是我们的短板，一是相关科研人员较少，二是相关科研成果，尤其是优秀的成果相对较少。但是可喜的是，近年来这一状况正得到逐步的改善。近几年来在中世纪和文艺复兴时期哲学方面，每年都有一些优秀的论文或专著面世。中世纪和文艺复兴时期哲学有自身独特的宗教文化背景。很多中世纪哲学的问题，并不是"纯粹"的哲学问题，它牵涉到复杂的神学和社会背景。但是我们中国社会以及学术从来就没有过这种强烈的宗教背景，而且中国学者历来对于纯粹智性的问题也更感兴趣，这些因素都导致长期以来我们在中世纪哲学研究方面投入较少。西方文艺复兴时期出现了一批多才多艺的伟大天才，哲学只是他们思想的一个方面，而如何从哲学的高度来审视那个天才的时代一直是我们的一项重要任务。

近现代哲学研究方面，笛卡尔、斯宾诺莎以及德国古典哲学的研究仍然是重点。相比较而言，英国和法国的哲学研究还是偏少。目前，在德国哲学方面，康德和海德格尔研究仍然是"显学"。中国学者之所以偏重德国哲学，或许跟中国人偏好理智思辨有关，我们对于那些偏重经验和情感的东西兴趣就较少。2021年，在斯宾诺莎、康德、海德格尔哲学等研究上，都取得了不少成果。可以说，我们对西方近现代哲学某些人物和领域的研究已经达到了相当的深度和水平，一些研究已经不逊色于西方学界了。但是，在近现代哲学研究方面，莱布尼茨始终没有受到应有的重视。莱布尼茨是西方近代第一流的哲学家，他在形而上学、逻辑学、数学等众多领域都取得了杰出成就。但是这位第一流的哲学家在中国却长期受到冷落，这不能不说是一种遗憾。莱布尼茨哲学是一种彻底的唯心论，在这点上他比笛卡尔、斯宾诺莎更彻底，当然也比后来的康德和胡塞尔走得更远。中国学人如果要真正理解西方哲学，就必须真正地领会唯心论，而莱布尼茨是近代唯心论者中不能被忽略的重要人物。可以说，我们在近现代哲学研究方面，莱布尼茨哲学的研究还是一个短板，这是未来应该加强的。

总的来看，2021年外国哲学研究在各个方面都取得了不少的成果，也不乏优秀的作品。但是无论在古希腊罗马哲学，中世纪和文艺复兴时期哲学还是近现代哲学研究领域，其短板和不足也是明显的。

（二）主要研究进展

1. 古希腊罗马哲学

在古希腊罗马哲学领域，柏拉图和亚里士多德毫无疑问地居于核心地位。学者们的研究也主要聚焦于这两位伟大的哲学家，从发表的成果上来看，2021年对亚里士多德的研究则更多一些。

吕纯山在论文《亚里士多德论复合实体的定义——从自然哲学著作出发》[1]中讨论了亚里士多德的定义理论。作者指出，古希腊定义理论

---

[1] 吕纯山：《亚里士多德论复合实体的定义——从自然哲学著作出发》，载《世界哲学》，2021年第2期。

在苏格拉底、柏拉图和亚里士多德那里得到了长足的发展，尤其在亚里士多德那里。他不仅在逻辑学著作中把柏拉图提出的"人是两足动物"作为标准定义而使用，还大力发展并详细讨论了"属加种差"的分类法定义，使得这一定义方式及划分法成为哲学史上最为著名的定义和方法。而多为人所忽视的是，他在自然哲学和《形而上学》中专门针对质形复合物还提出了一种由潜在的质料和现实的形式构成的质形复合定义。然而，在对亚里士多德哲学的研究中，许多研究者认为这种定义方式是分类法定义的扩展和深化，而非针对不同对象的全新的定义方式，即潜在的质料就是属，现实的形式就是种差。然而，在作者看来，这样的理解恐怕忽视了亚里士多德对后一定义方式的重视。因此该文联系《形而上学》《物理学》《论动物的部分》《论天》等著作中的质料和形式分别具有必然性和目的性的特征，以及定义的两个部分必须为一的理论来说明，就对质形复合物的定义而言，对质料的描述和对定义的描述二者都不可或缺。与属加种差的定义相比较，质形复合定义是亚里士多德专门针对不同于一般概念的普遍的质形复合物而提出的一种全新的定义方式，有其独有的运用领域和对象。该文还联系柏拉图的《泰阿泰德》指出，柏拉图那里已经有对个别事物的集合或"可知的复合物"进行描述的思想，而这一概念与亚里士多德的"普遍的质形复合物"概念很有渊源，因此在一定程度上，亚里士多德的质形复合定义也是对柏拉图定义理论的发展。

该文强调了质形复合定义在亚里士多德哲学中的独特性，指出它是一种不同于属加种差定义方式的一种全新的定义方式，应该予以重视。同时为研究者所讨论的有关灵魂的定义提供了基础的理论背景，肯定灵魂的定义实际上是质形复合定义的一种应用，因为亚里士多德强调对灵魂的定义不能离开躯体。该文从亚里士多德的逻辑学著作、自然哲学著作、《形而上学》出发，并联系柏拉图的《泰阿泰德》等对话进行问题研究的做法，也是整体研究方法的一个范例。

吕纯山在论文《〈形而上学〉Z卷与柏拉图哲学——以对人和灵魂

的定位为例》①中，分别讨论了亚里士多德和柏拉图对人以及灵魂的定位。作者指出，亚里士多德的《形而上学》是一部不同时期创作、主题并不单一、书名也是后世编辑者而非他本人赋予的论文集，以晦涩而复杂而著名，而争议最大的当属Z卷，因为其结构、主题、成型时间不同等的复杂性，究竟应该被系统地看待，还是以发生学的观点看待，在当代的研究中也颇多争议。如《形而上学》Z卷讨论的主题是实体是什么，并论证形式是第一实体的问题。如果以人、灵魂、躯体作为质形复合物、形式和质料的典型，并且像《论灵魂》II卷那样，给出灵魂的定义，对实体进行明确的定位，那么Z卷的很多争议将根本不会产生。但我们知道的是，Z4—6讨论的实体，竟然连形式也没有提及，强调的只是苏格拉底这样的个别的人；Z7-9也没有提及人的第一实体灵魂，反而强调的是柏拉图的理念"人"，还把理念、种和形式完全划了等号；却在Z10—11重新定位"人"是普遍地看待个别的灵魂和躯体之后产生的概念，强调灵魂是人的第一实体。因此，Z10之前不明确灵魂是第一实体的做法，表明Z卷的思想并非如传统所认为的是亚里士多德的成熟期思想，相反，是与柏拉图的理念论对话的结果，是伴随着他自己的灵魂学说和定义学说而逐步成熟的。可以说，Z卷呈现的正是把柏拉图的理念放入质料之后，有形之物在存在论上的个别性如何体现的问题。因此引入柏拉图哲学的视角，更有助于我们把握Z卷既有柏拉图哲学的立场，又体现亚里士多德本人立场的双重特征——既在存在论上突破柏拉图理念的分离，肯定了形式不脱离质料，又在知识论上与柏拉图哲学立场一致，肯定定义的对象是不包括质料的形式；进而使得形式呈现出不同的面相——形式就是理念放在质料之中的种，对质形复合物的定义只描述不脱离质料的普遍的形式，个别事物就是个别形式和质料的复合物，种是普遍的质形复合物概念，正是这些不同时期的思想的交

---

① 吕纯山：《〈形而上学〉Z卷与柏拉图哲学——以对人和灵魂的定位为例》，载《上饶师范学院学报》，2021年第4期。

织，以及种与形式、存在论和知识论的混淆，造成了这一卷的诸多争议。

该文具有三方面的重要意义，其一强调了发生学在一定范围内使用的必要性，其二明确 Z 卷并非传统所认为的是亚里士多德最成熟的思想，其三肯定 Z 卷大部分章节是在与柏拉图哲学对话中展开的，强调了联系柏拉图哲学的必要性。

中国人民大学哲学院教授聂敏里在论文《〈理想国〉中哲学家论证的内在结构和困难》①中详细分析了哲学理论和实践生活在哲学家身上的冲突。作者指出，《理想国》中的哲学家论证无疑是为柏拉图在其中所勾勒的理想政治蓝图服务的，但却由于其主题的相对集中和特殊，构成了《理想国》全篇之中相对独立的一个部分。它从第五卷提出的"那个最大的怪论之浪"开始，一直到第七卷末尾才宣告结束。篇幅之大、论述之集中、主题之鲜明都属罕见。如果说亚里士多德曾经写过一部已经遗失的《论哲学》，那么《理想国》中以"哲学家"为主题的这一篇幅长达两卷半的论证可以说就是柏拉图的"论哲学"。从总体上说，柏拉图从《理想国》第五卷 474C 开始一直持续到第七卷结束的哲学家论证可以大致分成五个部分：（1）什么是哲学家（第五卷 474C—480A）；（2）哲学家都有哪些美德（第六卷 484A—487A）；（3）哲学家为什么对城邦是无用的（第六卷 487A—489D）；（4）哲学家败坏的原因是什么（第六卷 489D—502D）；（5）如何通过教育造就一位真正的哲学家（第六卷 502D—第七卷 541B）。该文详细地分析了这些问题，并且给出了自己的观点。作者指出，哲学家论证既体现了哲学生活与实践生活的紧张，也体现了理想政治与现实政治的张力，而根源则是柏拉图超越的"理念世界"和可感世界的对立。只要设定了理念世界的绝对真实和可感世界的绝对虚假，那么，这种分离与对立就是不可避免

---

① 聂敏里：《〈理想国〉中哲学家论证的内在结构和困难》，载《道德与文明》，2021 年第 6 期。

的。它始终渗透在柏拉图的论证逻辑中,作为一道时隐时现的裂隙不断干扰着柏拉图的论证,使得他只能借助于言辞而非逻辑来遮盖它、回避它或淡化它。在对柏拉图的哲学家论证做出上面的说明和分析之后,面对这个根本的问题,该文认为解决这个问题的办法实际上很简单,这就是始终从现实出发,不离开现实,推动现实自身的改善。在这里,没有丝毫超出现实的欲求和企图,而是让现实自身开展除旧布新的运动。就此而言,将现实看成完全消极负面的存在和离开现实的理想主义,实际上是一个硬币的两面。但现实既不是僵死的东西,也并非任人抟塑的质料,它自身就在开展自我更新的运动。

作者的解决之道显然是要否定柏拉图的形而上学,而回归生活世界本身。这似乎也符合现代哲学的基本取向。但是,如果取消了形而上学,那么哲学何为?这似乎是一个随之而来的根本性问题。

聂敏里在《亚里士多德论定义的统一性》[①] 一文中指出,亚里士多德在《后分析篇》中提出了定义的统一性的理论难题,但却把这个问题放到了《形而上学》中来予以解决,这就是《形而上学》Z卷的第12章。该文通过对这一章的深入分析表明,在这一章里,亚里士多德通过指出属加种差的定义中的属与种差的关系是一种潜能和现实的关系,定义在本质上是由种差构成的描述,种差才是针对于所定义的东西的现实的知识,从根本上解决了定义的统一性难题。最后作者还就亚里士多德的解决方案所启发的有关个体知识可能性的问题做了探讨。该文认为,亚里士多德关于定义的论述,从最初的属开始,通过"种差的种差"的方式一路下降,直至不再有种差的最终的种差,而这也就获得了事物的实体、形式和定义,并且他还对它们之间的关系实际上是一种质料和形式、潜能和现实的关系做了断言,所有这些都向我们暗示了一些非常富有意味的关于定义的思想。这就是,按照这一思路,我们甚至可以最终定义个体本身。因为,最低的种、最低的种差,不再有种差的种

[①] 聂敏里:《亚里士多德论定义的统一性》,载《哲学家》,2021年第1期。

差，这个思路显然可以一直通到个体。因为，在一个意义上，一个最终的不可分的个体本身就是一个种，是那个最低的种。从而，按照亚里士多德提供的这一把握定义的理论模式，严格来说，我们关于个体也可以形成定义，只不过这不再是作为潜能的知识意义上的普遍的定义，而是作为现实的知识的对个体实体的直接认识。

一般认为，在逻辑学上个别事物是无法被定义的，因为一方面定义总是具有某种普遍性的知识，另一方面个别事物的偶性是千差万别的，数量是无穷的。该文的意义是通过亚里士多德哲学中最低的种差这个概念，揭示了个别事物可以被"定义"的某种可能性。当然，这里面还有一些重要的理论困难需要进一步阐明，比如亚里士多德认为不同的认识能力对应的对象是不同的，科学知识的对象只能是普遍必然的，不能是个别的特殊事物。只有感觉和想象的对象才是个别事物，因此亚里士多德不承认有关于某个个别事物的真正"知识"。但是"定义"则属于科学知识。无论如何，关于个别事物能否被"定义"的问题既是一个重要的逻辑学问题，也是一个重要的哲学问题。

2. 中世纪和文艺复兴时期哲学

2021年的中世纪哲学研究在一些方面取得了新的突破。北京大学哲学系教授赵敦华撰文专门讨论了中世纪的建筑和柏拉图主义的数学之间的关系，学术界对这个主题的讨论还是非常少见的。另外，中国人民大学哲学院副教授孙帅出版专著《抽空：加尔文与现代秩序的兴起》，专门讨论了加尔文新教改革的意义。加尔文是16世纪加尔文宗的创始人，他的新教改革是建立在对中世纪奥古斯丁和阿奎那双重背离的基础上的，他本人生活在文艺复兴时代，虽然他本人不主张回到希腊的人文主义，但是他的新教改革仍然强烈地影响了近代以来的人文主义。

赵敦华教授在《中世纪建筑与柏拉图几何学》[①] 一文中深入地探讨

---

① 赵敦华：《中世纪建筑与柏拉图几何学》，载《社会科学战线》，2021年第1期。

了中世纪各种建筑艺术形式与柏拉图的几何学之间的紧密关系。哲学界很少有人专门讨论中世纪的建筑,在对柏拉图哲学的研究中,他的几何学思想也少有人专门讨论。因此,赵敦华教授的这篇论文具有某种突破性的意义。该文写作的动机是因为2019年4月15日巴黎圣母院的火灾,整座建筑毁坏严重。这座历史著名建筑遭此大难,实在令人痛心不已。作者结合自己以前参观巴黎圣母院的亲身经历,以及雨果的世界名著《巴黎圣母院》中的细致描述,深入地讨论了中世纪的建筑美学,以及其中包含的柏拉图主义数学思想。该文主体分为六个部分:(1)《巴黎圣母院》的美学启示;(2)柏拉图几何学对建筑体系的影响;(3)感受上帝的比例:罗曼式建筑与新柏拉图主义几何学;(4)哥特式建筑艺术风格和几何力学原理;(5)文艺复兴的复合;(6)数学与建筑术:一个隐秘的柏拉图主义中世纪传统。该文章图文并茂,既富有艺术美感,又科学严谨。作者认为,柏拉图主义数学传统与建筑艺术的结合有不同途径和方式,但始终在同一范式中运作。这就是由柏拉图《蒂迈欧篇》建立的"几何创世论"范式。这个范式确定宇宙和人的结构和元素,区分了天体的圆周运动和地上的直线运动、组成天体的"以太"元素和组成地上万物的四元素。虽然有天界和地界的区分,但两个世界都是按照同一几何学比例和 Λ 数列构造出来的和谐整体,而不是如亚里士多德批判的两相分离。在漫长的中世纪,柏拉图主义范式在不同时期的运作方式不同,由此产生了几个有代表性的建筑结构。

孙帅出版了专著《抽空:加尔文与现代秩序的兴起》[①]。该书包含三个部分,第一部分从整体上考察上帝、自我与世界问题,从中可以看到加尔文对这三个问题的独特理解,其中的关键是关于自我与上帝的双重认识、自然本性的空无化、上帝的力量化,以及上帝在世界中的显现。现有研究多是关注"造物主与救主"的双重认识,却很少讨论关

[①] 孙帅:《抽空:加尔文与现代秩序的兴起》,北京:商务印书馆2021年版。

于"自我与上帝"的双重认识，虽然对于理解整本《要义》和加尔文神学而言，后者比前者更基础、更具结构意义。作者认为，在自我与上帝的双重认识问题上，加尔文在利用奥古斯丁哲学的同时无情地抽空了内在自我的深度内容。

第二部分作者以《要义》第一卷最后三章为中心，详细分析加尔文如何用神意重构被路德解构的世界秩序。与通常的研究不同，该书通过细读文本发现加尔文不仅没有明确区分特殊神意与一般神意，反而在对"活力论"的批判中将所有神意都理解为特殊神意。结果就是神意统治下的加尔文世界与机运统治下的马基雅维里世界极为类似。在一个没有目的且异常危险的偶然世界里，加尔文需要重新讲出行为筹划的道理，让个体积极谨慎地投身到不确定的生活之中。如何克服决定论造成的虚无主义，是加尔文神意论所要解决的关键问题。

第三部分作者围绕《要义》第二卷展开，旨在全面分析信心、称义、成圣与预定等问题，在这部分的考察中，不仅可以看到加尔文对路德因信称义学说的继承，而且可以看到加尔文在此基础上所作的一系列创造性发挥，尤其是对成圣问题的突出和构造。作者在第三部分的考察试图揭示救赎伦理蕴含的内在张力：一方面，加尔文毫无保留地抽空行为的内在价值与功德，在将尘世生活变成否定性的虚无生活；另一面他又用"呼召"赋予生活以一种无目的的目的性，将基督徒的在世存在构造为荣耀上帝的"圣洁生活"。第三部分最后的考察表明，无论是自我与上帝的关系，世界秩序的基础，尘世生活的筹划，还是称义、成圣与呼召，最终都必须还原为唯独意志的预定论上来。没有任何理性根据的双重预定，既是个体命运的终极保障，也是足以吞没一切的"恐怖之渊"。

在作者看来，根据基督教思想史的主流叙事之一，这场从礼教到心教的宗教改革运动，通常被理解为从阿奎那经院传统向奥古斯丁教父传统的回归。如果仅从基督教思想的发展趋势来看，这一从阿奎那到奥古斯丁的回归叙事当然没有太大问题，尤其是考虑到中世纪晚期的奥古斯丁主义复兴，以及路德本人的奥古斯丁修会背景。但如果细究从奥古斯丁、阿奎那，经司各脱、唯名论和人文主义到宗教改革的转变，这一回归叙事就显得过于粗略了。将宗教改革简单理解为向奥古斯丁道路的回归，不仅遮蔽了奥古斯丁与阿奎那之间的共性，而且遮蔽了新教与奥古斯丁之间的差异，同时忽视了唯名论或新路派（via moderna）与人文主义思潮的深刻影响。该书研究加尔文的目的之一就在于表明，这位抛弃阿奎那及其经院道路的日内瓦改革家并未严格遵循奥古斯丁的道路；相反，对奥古斯丁的回归或利用，最终推动他像威腾堡的改革家一样在更深的意义上背离了奥古斯丁。《基督教要义》这部旨在培育现代心性、重构世界秩序的新教巨著，既不同于通过类比逐层搭建起来的《神学大全》，也不同于对自我进行深度剖析的《忏悔录》。加尔文的思想必须被视为对奥古斯丁与阿奎那的双重背离，只有着眼于此，才能明白加尔文的思想道路何以意味着"内在性的抽空"，才能明白从礼教的制度规定中解放出来的自由人何以会成为不自由的空无个体。

3. 近现代哲学

相比较于中世纪和文艺复兴时期哲学，我们对近现代哲学的研究投入要更多，每年的成果也更丰硕。而在近现代哲学中，德国哲学的研究又是重点。在德国哲学中，康德和海德格尔又是研究的热点。2021年的情况仍然是如此。

中国人民大学哲学院教授张志伟在论文《重思伦理学与形而上学之间的关系：以海德格尔为视域》[①]中指出，19世纪以前的古典哲学时代，形而上学是伦理学的根基，但是随着现代哲学的兴起，形而上学逐渐式微，伦理学则面临着相对主义的危险。海德格尔激烈地批判传统形而上学遗忘了存在本身，把存在与存在者相混淆，但是他的新的存在论

---

① 张志伟：《重思伦理学与形而上学之间的关系：以海德格尔为视域》，载《道德与文明》，2021年第1期。

中却没有伦理学的位置。在作者看来,当我们讨论伦理学与形而上学之间关系的时候,海德格尔哲学恰恰起了一个凸显其困境的作用。19世纪以后的哲学家在伦理学问题上往往面临着类似于"布里丹的驴子"面对两堆青草时的困境:一边是形而上学的绝对主义,另一边是主观主义和相对主义。当我们以形而上学作为伦理学的基础的时候,这个基础是"自由因",而以之为基础的伦理学却无法解释人的自由和独立性。当我们抛弃形而上学的基础之后,伦理学则面临着主观主义和相对主义的困境。海德格尔试图跳出布里丹驴子的困境,他一方面批判形而上学,把存在问题从形而上学中拯救了出来,另一方面则试图以存在的"尺度"或"秩序"取代人间的"尺度"或"秩序",这不仅没有允诺为伦理学重建基础,甚至当他以存在论作为"源始的伦理学"的时候,实际上取消了通常意义上的伦理学。

作者的分析无疑是非常准确的,伦理学如何摆脱绝对主义与相对主义的两难困境也是一个重要的问题。在这个问题上,亚里士多德的伦理学或许比较有启发性的意义。因为亚里士多德的伦理学既不是绝对主义的,也没有走向相对主义。原因在于亚里士多德伦理学的核心是建立在"实践智慧"的基础上的,实践智慧不同于理论性的沉思,它的对象总是具体的人或者实践行为,因此亚里士多德的伦理学虽然是理性主义的,但却不是普世主义的,当然也不是相对主义的。这是亚里士多德的伦理学和后来的斯多亚派,托马斯主义以及康德主义伦理学的重要区别。在亚里士多德那里,指导我们实践行为的只是"实践智慧",不是普遍性的理论理性或者"自然法""绝对命令"等。

北京大学哲学系教授韩水法在《胡塞尔现象学中的"先验性"与"超验性"——兼论"transzendental"和"transzendent"的汉译》[①] 一文中详细地分析了在康德哲学、胡塞尔的现象学中这两个重要概念的基本

---

① 韩水法:《胡塞尔现象学中的"先验性"与"超验性"——兼论"transzendental"和"transzendent"的汉译》,载《学术月刊》,2021年第2期。

内涵，并且反驳了王炳文、倪梁康、王庆节的看法。"transzendental"与"transzendent"是康德哲学，也是胡塞尔现象学中的两个基本概念，如何准确地理解它们的内涵直接关涉到如何理解他们的基本哲学主张，因此其重要性不言而喻。作者指出，在德国唯心主义的汉语文献中，尤其在康德文献中"transzendental"和"transzendent"早有成译，前者译为"先验的"，后者译为"超验的"。在现象学引入汉语哲学界之初，胡塞尔著作中这两个术语，尤其是前者大体也沿袭这样的成译，似乎没有产生多大的争议。大约在20年前，王炳文在汉译《欧洲科学的危机和先验现象学》中将"transzendental"译成"超越论的"，与其直接相关的"a priori"则被翻译为"先验的"，先前的传统于是就被打破。随后不同译者一时各呈其技，后来的主要趋势是将"transzendental"译为"超越论的"，将"transzendent"译成"超越的"，而"a priori"则有各种译法。韩水法教授在文章中详细地批评了这种理解和翻译，而坚持把"transzendental"翻译为"先验的"，把"transzendent"翻译为"超越的"。作者强调，"先验的""超验的"与"超越论的""超越的"译法之争的要害，并不在于汉语词语的选用，也无关修辞，而在于如何理解和认识胡塞尔理论的实质。如果把胡塞尔现象学理解为一种认识论，它旨在为一切科学提供可靠的基础，与此同时将哲学建立为严格科学，那么，这样的理解就切中了胡塞尔现象学的核心和宗旨。于是，"超越论的"译法的失据和不当就是一望而知的。"超越论的"译法无论在字面意义上，还是就有关采用这个译法的理由而言，都表明了对胡塞尔现象学核心的失焦。因为，作为认识论的现象学原则和内容是内在性的，而这种内在性正是先验的态度之下的视域。

胡塞尔的现象学虽然与康德哲学有很大的差异，但是它们之间的联系也是非常明显而紧密的。韩水法教授这篇重要的论文可以帮助学界澄清了胡塞尔现象学的基本旨趣和特征，也让我们看到了胡塞尔现象学对康德哲学的因袭及其区别。

北京大学哲学系教授吴增定在论文《实体与事物：重思斯宾诺莎对

亚里士多德主义的批评》①中指出，斯宾诺莎的实体（substance）概念是来自亚里士多德的哲学。但是，斯宾诺莎同笛卡尔一样，恰恰是用这个亚里士多德的概念批评了以亚里士多德主义为代表的前现代形而上学，甚至比笛卡尔更彻底。如果说实体在亚里士多德哲学中首先是指独立存在的个别事物，那么斯宾诺莎则反过来认为个别事物并不是实体，而是最低层次的样态，即有限样态；真正和唯一的实体是符合因果必然法则的无限力量。这一实体超越了日常的感性经验，只能为抽象的理智所认识。从根本上说，斯宾诺莎的实体学说意味着现代科学的世界图景对于作为亚里士多德主义之基础的前科学的日常经验的根本否定。

在作者看来，从哲学精神上说，亚里士多德以及中世纪亚里士多德主义者的实体学说代表了一种非常典型的前现代形而上学，其基本原则是：有很多东西客观、独立、自在地存在着，它们有各种各样的属性，其中有些属性是根本性的规定（本质），有些属性是非根本性的规定（偶性）。在斯宾诺莎的实体学说以及形而上学之中，实体不再是指我们在日常生活中所见所闻的一个个具体存在的事物，而是意味着一个最高和唯一的形而上学终极实在或本原："自因"（self-cause）。按照斯宾诺莎的形而上学界定，亚里士多德那里作为个别事物的"实体"就不再是真正的实体，而是变成了不折不扣的"样态"，甚至变成了形而上学的等级秩序中最低层次的样态——有限样态（finite modes），也就是在时间中绵延（生成和消逝）的事物。因此，斯宾诺莎就彻底的颠覆了亚里士多德的哲学。

与柏拉图相比，亚里士多德虽然更加注重经验和自然，但是他的哲学并非是唯物论的，和他的老师柏拉图一样，其实他们都是唯心论者。他们哲学上的这种根本一致性是不可忽视的。尤其是亚里士多德的"神学"完全是柏拉图主义的。斯宾诺莎是近代重要的哲学家，讨论他和传

---

① 吴增定：《实体与事物：重思斯宾诺莎对亚里士多德主义的批评》，载《世界哲学》，2021年第1期。

统的亚里士多德哲学之间的关系无疑具有重要意义。通过这种研究可以让我们看到近代哲学在何种程度上继承了古代哲学，又在何种意义上背离了古代传统。斯宾诺莎把"实体"看作"自因"这点是来自于传统的亚里士多德主义的，因为亚里士多德承认存在着"不动的推动者"，神是自足的。但是在亚里士多德哲学中，"无限的广延"只是最低的"原始质料"，斯宾诺莎却把它看作了与"思想"平行的实体的"属性"，这是颠覆性的。

首都师范大学哲学系副教授尹景旺在论文《〈国王的两个身体〉的历史书写：在尼采与韦伯之间》①中指出，希腊哲学传统和希伯来宗教传统，一般被视作西方现代文明的摇篮，但现在越来越多的学者倾向于把后起的罗马法传统单列为推动西方现代文明的第三极，与前两种传统并立。不可否认，罗马法传统很大程度上脱胎于前两大传统，但自12世纪以来，罗马法异军突起，它与教会法、经院哲学的互动，孕育了意大利文艺复兴和西欧人文主义。因此，有学者进一步指出，西欧文明真正区别于其他文明的时间是在罗马法复兴的12—15世纪，而这一时期发展起来的以基督教为中心的法律神学和注释法学，正是造成这种文明分野的重要原因。11世纪博洛尼亚大学和13世纪那不勒斯大学的创建，尤其是法律科学在两所大学的专门化，为12、13世纪罗马帝国皇帝（尤其是腓特烈二世）与教皇之间的论战提供了法律武器；与腓特烈二世几乎同一时期、南意大利出身的阿奎那，正是受益于这股法学之风，将亚里士多德哲学引入基督教神学，打开了之后经院哲学和自然法思潮的繁荣局面。始于意大利并进而影响整个欧洲的这一系列政治法律变革，带来了城市共和国的繁荣和人文精神的新气象，但它同时也为后来的绝对主义、民族主义埋下了伏笔。民族国家在王权与教权的较量中渐露端倪，法律神学在此较量中催生出国家理性和绝对主义；尤其是基

---

① 尹景旺：《〈国王的两个身体〉的历史书写：在尼采与韦伯之间》，载《中外人文精神研究》，北京：人民出版社2021年版。

督教"神秘体"思想的发展,以及从"神秘体"向"国王的两个身体"理论的发展,奠定了西方早期以法律为中心的王权和民族国家学说的基础。《国王的两个身体:中世纪政治神学研究》,正是追溯这段发展历程的一部力作。

坎托洛维奇(Ernst H. Kantorowicz)首版于1957年的这部著作,副标题虽是"中世纪政治神学研究",但实质上也是一部中世纪法律神学研究之作。在坎托洛维奇看来,要回溯绝对主义谱系、"国家的神话",要揭开中世纪政治神学,就要理解"教会—国家"关系的深刻变革,以及相伴而来的教会法和罗马法等法系的融合互鉴。他明确指出,中世纪"教会—国家"的交错关系,形成了一种属灵世界和世俗世界的混合态(hybridism),而绝对主义恰恰是这种圣俗混合态的后期产物。事实上,坎托洛维奇早在1927年出版的第一部著作《腓特烈二世》中,就详细考察了腓特烈二世治下神圣罗马帝国的"教会—国家"关系,以及教皇制对腓特烈世俗国家的影响。《国王的两个身体》则致力于探究,属灵的"教会神秘"通过什么途径转移到了国家,产生了新的世俗的绝对主义的"国家神秘"。坎托洛维奇认为,通过对法律史料的重新梳理,圣俗之间这种新的交换方式可以得到澄清。在教会注释法学家和罗马法注释法学家交互作用下,某种(早期中世纪完全不存在)"后来被称作'国家的神话'的东西形成了,今天在更广泛的意义上经常被称作政治神学"。正是看到这一点,坎托洛维奇着力强调,注释法学家们抓住自己时代的圣俗之争和法律神学,引申出了对"自然法""公共善""公法"乃至"国家理性"的新理解,把古典基督教思想与绝对主义思潮勾连了起来。13—14世纪圣俗两界的注释法学家们,把以法律为中心的王权以及更广泛意义上的法律神学抬升到了新的高度,这些学说或礼仪实践,成为后来16—17世纪绝对主义王权的先声。

该文主要围绕《腓特烈二世》和《国王的两个身体》两个文本,结合坎托洛维奇的几篇论文,尽可能还原他前后历史书写的差异,并将这种差异置于尼采和韦伯两种思潮下来观照,在澄清坎托洛维奇历史书写前后变化的同时，尽可能去揭示其中蕴含的国家观和法律观。该文认为，坎托洛维奇在不同时期对历史书写如何表达政治理念有不同立场。坎托洛维奇前期主要受尼采、布克哈特和德国"中世纪主义"的影响，后期主要受韦伯、布莱克曼和英美学界的影响，但他前后期历史书写又有着一种连续性。

（三）主要学术活动

2021年，通过各种线上会议，或者线上线下相结合的会议方式，北京哲学界的学术氛围仍然热烈。

北京大学哲学系有一个常规性的"哲学会饮"活动，它是北京大学哲学系面向全系师生开放的哲学讨论会，其主旨在于创建一个系内自由交流正在创作过程中的哲学思考和问题的平台，希望能促进不同方向的哲学工作者之间的对话。"哲学会饮"2021年第一次活动于3月17日成功举行。哲学系助理教授南星报告了他最近正在创作的关于智能与判断力的文章。南星从智能（intelligence）一词在西方哲学史中的背景讲起，进而比较了赖尔（Gilbert Ryle）对西方哲学中传统的智能这一概念的批判和康德对判断力（the power of judgment）之间的讨论。南星认为虽然两者有相似之处，但后者存在将判断力这一普遍的能力过度理性化的问题。2021年下学期哲学会饮的第一次活动于9月22日成功举行。尚新建教授做了题为"问诊'历史主义'"的报告。尚新建教授用"历史主义"这一概念概括了注重哲学史研究的特色和传统。在报告中，尚新建教授根据哲学的性质和当代哲学的发展趋势，评析了这一传统的利弊得失，从而澄清了哲学与哲学史之间关系。在尚新建教授看来，西方的哲学是具体地体现在哲学史中的，因此需要辩证地看待哲学与哲学史之间的关系。如果我们要深入地理解哲学，需要扎实地掌握哲学史的知识。

2021年6月12—13日，由清华大学哲学系、逻辑学联合研究中心和《哲学分析》杂志社联合举办的"第21届《哲学分析》论坛——王路教授荣休纪念暨学术思想研讨会"在清华大学蒙民伟人文楼顺利举行。来自全国各地的高校和研究机构的学者和学生参加了本次会议，围绕王路教授的学术观点、逻辑与哲学的前沿问题展开研讨。论坛分三个主题展开研讨。一是"逻辑、哲学与历史"，学者们探讨逻辑与逻辑学的关系、名称理论、隐喻认知和逻辑与哲学的关系。二是"逻辑、语言与哲学"，学者们讨论了语言与哲学的关系。三是"逻辑与哲学问题研究"，王路教授以"亚里士多德和弗雷格给我们的启示"为题阐述了自己的逻辑观，强调树立正确逻辑观对于学术研究的重要性。会议期间举行了王路教授荣休的座谈会。

2021年10月28日，由中国人民大学哲学院主办、中国社会科学网合办的"哲学的殿堂——2021年度中国人民大学哲学名家讲座系列"第五讲顺利举行。本场讲座由中国社会科学院哲学研究所研究员赵汀阳主讲，主题是"形而上学路径与存在论事件"，中国人民大学哲学院聂敏里教授主持。此次讲座通过线下线上相结合的方式展开。赵汀阳的讲座内容分为四个部分。第一部分讨论了思想的历史性体制，或者叫章法（regimes of the historicity of thoughts）问题。第二部分的主题是回溯本源的方法、语言里的存在论位置以及问题溯源的递归路径。第三部分主要讨论了所谓的"存在论事件"（ontological event）。第四部分主要讨论了最近兴起的元宇宙（Metaverse）问题。在讲座的最后，赵汀阳研究员作了总结，他认为通过递归溯源的方法可以找到本源，那就是"我行故我在"（facio ergo sum）的"我行"，几乎所有的哲学问题都能够由此生成。但是赵汀阳研究员也指出，必须注意它也有一些局限性：第一，它未必能够解释所有类型的真理，比如说数学；第二，它对私人性无所说明。

2021年11月18日，人民大学哲学院主办"哲学的殿堂"系列讲座第六讲，谢地坤教授作了"从否定神学到否定哲学"的学术报告。谢地坤教授认为，文艺复兴时期库萨的尼古拉提出"学识的无知"的核心思想，构建了否定神学的体系，为近代哲学认识论革命开辟了道路。康德继承和发展了这种否定性思想,开始了"哥白尼革命",影响深远。费希特、黑格尔丰富并完成了以否定性为核心的德国古典哲学,进而对叔本华、尼采的意志哲学,现代的法兰克福学派社会批判理论、后现代哲学奠定了基调。否定哲学的这种批判特征体现了哲学的本质,也是哲学这门古老学科得以不断前行的动力!人大哲学院的师生们围绕着相关问题进行了热烈的讨论。

(执笔人:王玉峰)

四、美学学术发展报告

2021年,美学学科自主性进化到研究领域进一步分化、深化阶段。由于学科惯性,美学学术脉络在美学本体论等基础上,不断向中国美学、西方美学、艺术美学、当代美学、美育等研究领域扩展深入,在前沿问题上也持续推进,美学学术研究因此迎来了丰富的、复杂的课题,美学知识生产和理论供给越来越丰富,取得了新的进展。

(一)美学本体:基础研究、方法厘清与高更问题

美的本体研究无论怎样都是美学研究的最为基础、最为关键的内容,是任何时候都不能舍弃的,美学研究需要进一步深入讨论"美本身"。2021年依然有学者在坚持美的本体研究,但是开辟了新的视角。中国人民大学哲学院教授张法的《美的本体论:中西印美学的不同建构》一文,把中国、西方、印度对美的本质理解进行比较研究,他认为美的本体论关系到世界的存在方式。世界万物的存在方式有三:不以人的主观为转移的客观存在、由主观互动决定的存在、以虚体空性的形态存在。中西印文化对这世界三种存在的不同强调而形成的理论整体,决

定了中西印美学在美的本体论上是不同的理论建构。①

杨春时的《当代美学论争中的方法论、本体论问题》一文认为，发生在 20 世纪五六十年代的第一次美学论争，主要讨论美的主客观性问题，没有形成本体论和方法论的自觉。它们分别依据物质本体论和社会存在本体论，得出了认识论的结论。在方法论方面主要是采用了演绎方法，即从物质或社会存在来推导出美的主客观性。发生在 20 世纪 80 年代的第二次美学论争，主要讨论美的本质问题，其中反映论美学坚持物质本体论，而实践美学提出了实践本体论。在方法论方面，蔡仪一派主要是依据经验归纳方法，提出了"美是典型"的论断；而李泽厚则采用了逻辑—历史的方法，提出了"美是人的本质对象化"观点。20 世纪 90 年代至 21 世纪初，展开了第三次美学论争，主要是后实践美学与实践美学，包括新实践美学和李泽厚后期美学的论争。后实践美学提出了存在本体论，而新实践美学也转向了本体论建构，如朱立元的"实践存在论美学"，李泽厚则建立了情本体美学。在方法论方面，后实践美学提出了现象学方法论，建立了审美现象学；而新实践美学还没有形成方法论的自觉，还是采用了逻辑—历史的方法。李泽厚依据中国文化传统，建立了情本体美学，属于经验归纳方法。②

"美学从哪里来，美学是什么，美学到哪里去"是所谓美学的"高更问题"，回答它需要区分美学学科和美学思想。郭勇健、吴程程在《回答美学的"高更问题"》一文中认为，美学起源于德国，却走向全世界。"美学在中国"与"中国美学"的对立可能只是一个虚构的对立。中国美学有"双重来源"，美学问题和框架来自德国，美学材料和元素却可以来自中国。回答"美学是什么"的问题，当从美学的研究

---

① 张法：《美的本体论：中西印美学的不同建构》，载《当代文坛》，2021 年第 4 期。

② 杨春时：《当代美学论争中的方法论、本体论问题》，载《广东社会科学》，2021 年第 5 期。

对象和思维层次两方面着手。美学研究美、审美、艺术三大问题，美学处于反思的思维层次，是"第二级的思考"。广义的美学包括经验性美学和哲学美学，狭义的美学是哲学美学。哲学美学是"本来意义的美学"。关于"美学到哪里去"的问题，中国的美学研究出现了一个明显的趋势，"从实践论到现象学"的转向，但是新的现象学美学与以往欧洲的现象学美学大不相同，它将呈现为"现象学的大美学观"。这一"现象学大美学"将完整地回答美、审美、艺术这三大问题，在性质上跨越形而上学的三大领域，是一个将本体论美学、认识论美学、价值论美学囊括其中的"大美学"体系。①

实践美学是在有关美的起源、发展的争论中兴起的，是最重要的学术事件。章辉的《重审实践美学》认为，实践美学反对机械唯物主义美学，推崇人的本质力量，构造有人的美学，这是其贡献。但实践美学的思想资源是古典性的，其本体论思维模式和决定论推演方式存在诸多理论难题，且缺乏对现代审美的个体性、自由性、超越性的解释效力；后实践美学借助现代哲学，把中国当代美学从古典引向现代。当代美学进一步发展的可能方向，是分析美学概念、反思思维方式、走向艺术哲学。②

（二）中国美学：精神探求、概念解析与问题反思

中国美学如何独立发展，其历程特点是怎样的，是每一位中国美学学者都关心的问题。中国社会科学院研究员高建平在《他律、介入、为民——百年中国马克思主义美学历程》一文中集中论述了马克思美学在中国的情况，他认为在过去的一百年中，中国美学有了很大的发展，其中属于马克思主义美学线索的三个概念，即"他律""介入""为民"，

---

① 郭勇健、吴程程：《回答美学的"高更问题"》，载《南开学报（哲学社会科学版）》，2021年第6期。

② 章辉：《重审实践美学》，载《甘肃社会科学》，2021年第6期。

对推动这种发展起到了很大的作用。"他律"与"自律"相对,"他律"带动"自律",两个概念在美学史上循环出现;"介入"与"静观"相对,用实践、生产和活动来克服"静观";"为民"有一个变化过程,从"国民""庶民""平民",发展到"人民",不同时代的"人民"内涵有所不同。对这三个概念在中国的状况做具体分析,能够从侧面反映和阐述马克思主义在中国的发展历程。①

中国美学有着怎样的传统与精神,一直是美学界关注的重点。北京师范大学哲学学院教授刘成纪在《礼乐美学与传统中国》一文中认为,礼乐概念对中国历史形成了既深且巨的影响,人们可以用它界定中国文明、文化、政治、制度的性质,相应把中国文明称为礼乐文明,文化称为礼乐文化,政治制度称为礼乐政治和礼乐制度,但从本质上看,它却奠基于美和艺术。其中,礼主要指人行为的雅化、典礼艺术和礼仪美术,乐指涉诗、乐、舞。礼乐概念是对两种美和艺术形式的综合。以此为背景,美之于传统中国的价值被彰显出来。可以认为,以礼乐为标识的美学传统是中华民族最具奠基性的传统,以尚文为宗旨的礼乐精神构成了民族精神的灵魂。据此,设置一个礼乐美学,有助于申明美学之于中国人文历史的主干地位,并可使中国美学史研究摆脱种种窠臼,与国家历史等量齐观。②

《春秋》"三传"(《公羊传》《谷梁传》《左传》)含有一些重要的美学思想,陈望衡《〈春秋〉"三传"的政治美学思想》认为,其中有如春秋笔法、"大一统"论、家国情怀、以礼为本、以美成礼、礼乐彬彬、审美标准、自然审美等。"三传"坚持妙语诱人的原则,不直说而曲说,不明说而隐说,不重说而轻说,不正说而反说,都具有一定的美学追求。"三传"中,家国情怀观是中国美学的灵魂,既重视家庭伦

---

① 高建平:《他律、介入、为民——百年中国马克思主义美学历程》,载《文艺研究》,2021年第7期。
② 刘成纪:《礼乐美学与传统中国》,载《学术月刊》,2021年第6期。

理，又重视国家礼制，并以国家礼制为重；仁使礼成为社会审美的核心，美的仪式感成就了礼；礼与乐配合，体现出善与美的统一。"三传"提出了"顺"（自然）"和"等审美标准，记录了一些自然景物，透露出一些自然审美的观点，并指出华夏重在文化上的先进，中国美学精神之源在华夏。这些在某种意义上可以看作儒家政治美学之源。①

自19世纪末西方美学传入中国，我国就开始借鉴西方研究方法分析中国美学。北京师范大学教授王德胜等的《现代中国美学发生问题考略》一文，考察了现代中国美学经历了汉译定名、大学课程设置、初期传播与理论创构活动三方面演变过程。他认为从文献梳理出发具体考察美学在现代中国"从无到有"的早期历史，是探讨现代中国美学发生问题的基础，有助于从学术史角度进一步厘清现代中国美学的理论缘起。他的这一研究从"美学"汉译的固定化、大学美学课程的最初设置中寻获现代中国美学的学科确立形态，以及中国学者在传播和接受西方美学之际，如何以主动寻求的理论姿态而推动着现代中国美学理论双向创构路径的形成，为中国美学进一步展开提供了理论参考。②

中国美学领域重视民族文化传统和美学精神的探源性研究，"易象通于比兴"论的美学研究就是此类研究。陶水平的《"易象通于比兴"论的理论传统与美学意义》认为，"易象通于比兴"论美学传统滥觞于先秦两汉，提出于魏晋南北朝、拓展于唐宋元明，而更为系统地理论化于清代，赓续与创新于20世纪中国美学研究之中，成为一个生生不息的中国美学理论传统。"易象通于比兴"论贯通了中国古典哲学意象与诗歌审美意象，揭橥了《易》之象与《诗》之比兴之间的内在相通性。"易象通于比兴"论在中国美学史上具有多方面的重要意义，铸就了中

---

① 陈望衡：《〈春秋〉"三传"的政治美学思想》，载《武汉大学学报（哲学社会科学版）》，2021年第6期。

② 王德胜、杨国龙：《现代中国美学发生问题考略》，载《东岳论丛》，2021年第3期。

国古代美学哲思与诗魂的统一,成为中华美学精神走向理论自觉与成熟的一个重要标志之一。①

中国古代美学思想资源有着丰富而独特的内涵,是人类共同的精神财富。中西美学尽管在理论形态和论证方式上截然不同,但是在具体美学思想上有着许多共识,相互印证是必要的,而比较参证也可以揭示中国古代美学思想的独特贡献。朱志荣在《论中国古代美学研究对西方美学的借鉴》中认为,我们在研究中国古代美学思想的时候,需要借鉴西方美学的观念和方法。这是由美学学科的性质,以及它的历史发展和现状所决定的。中西美学思想的关系,具体表现为普适性与差异性的统一。中国古代美学思想有着潜在的体系性和独特的气质与品格,需要我们借鉴西方的美学观念和方法加以研究,从而揭示出中国古代美学思想的当代价值,为建构多元一体的世界美学作贡献。②

中国美学"气韵"可以与当下的中西文艺理论和美学对接并形成对话,并在此过程中生成新的理论内涵,完善当下的文学艺术创作和审美理论。李健在《"气韵"美学意义的构成及其当代价值》中认为,气与韵是两个独立的美学范畴,从气、韵到气韵经历了复杂的意义衍变。气在古代中国人的意识中是世界万物的生成要素,是物质与精神的和谐共生体。曹丕将气的观念真正引入文章写作、文学创作领域,并给气以明确的美学规定,刘勰对此阐发得更为完善。韵广泛应用于文学、书画批评和人物品评领域。气韵的意义指涉艺术形象、艺术风格、艺术境界,是生成美的力和气势,是艺术的韵味。在全球化的当下,气韵对建构具有民族特色的文艺理论和美学具有重要价值。③

---

① 陶水平:《"易象通于比兴"论的理论传统与美学意义》,载《江西师范大学学报(哲学社会科学版)》,2021年第1期。
② 朱志荣:《论中国古代美学研究对西方美学的借鉴》,载《学术界》,2021年第10期。
③ 李健:《"气韵"美学意义的构成及其当代价值》,载《中国文学批评》,2021年第1期。

中国古典文论和美学长河中，《文心雕龙》闪耀着明亮而深刻的思想光辉。张晶的《〈文心雕龙〉创作论中的审美主体性及其现代启示》一文，认为创作论部分中的"神思""物色"和"风骨"等范畴，涉及审美主客体关系、艺术构思、艺术风格等重要的理论问题，体现出独特的中华美学精神。中国古代虽无"审美主体性"的现代美学概念，但刘勰其实已经自觉或不自觉地关注到了审美主体性的重要作用。《文心雕龙》是一部有着丰富思想内涵的文化宝库，探究其创作论中的审美主体性，对当今现实仍有着重要的启示意义，这意味着对人的自由全面发展的重视，是增强中国文化自信的题中之义。[①]

胡友峰的《20世纪中国美学史书写的十大问题》认为，学界对20世纪中国美学进行了多向度、多层次的探讨，取得了丰硕的成果，但20世纪中国美学史书写研究中仍有一些问题需要正本清源。一是逻辑起点问题，二是书写范式问题，三是叙述方式问题，四是方法论和学科定位问题，五是重要美学家的重新评价问题，六是民间视域缺失的问题，七是港台地区美学的书写问题，八是补遗工作问题，九是当代美学建设的学术资源问题，十是自然美缺失问题。这十个问题的解决能够为20世纪中国美学史的研究和书写提供新的知识增长点。[②]

寇鹏程的《中国古典美学精神》关注中国美学精神，作者认为中国传统文化中包含有自由精神与超越境界符合美学的精神实质，因此，将中国传统文化界定为一种具有美学精神的文化。寇文继而从中国古典美学中提取出"比德""缘情""畅神"三大审美范式，围绕"言志缘情""重气感物""深于取象"的传统，阐释中国古典美学天人合一的思维方式和生活艺术化的艺术形态。[③]

---

① 张晶：《〈文心雕龙〉创作论中的审美主体性及其现代启示》，载《河北学刊》，2021年第3期。

② 胡友峰：《20世纪中国美学史书写的十大问题》，载《社会科学战线》，2021年第8期。

③ 寇鹏程：《中国古典美学精神》，北京：科学出版社2021年版。

(三) 西方美学：历史追溯、中西比较与语境考量

英语美学是西方美学的独特版块，周宪《英语美学的历史谱系》认为，在现代性的历史进程中，随着民族国家和民族语文的兴起，西方美学体系中英、德、法三种语言的美学理论彼消此长，构成三足鼎立之势。作为现代美学源头之一的不列颠美学，与大陆美学处在剪不断、理还乱的关系之中。18世纪是趣味世纪，"趣味""无功利性""美""崇高""如画"等概念在英伦的出现，不但先于德法美学，且对后者产生了相当的影响。19世纪德国古典美学一枝独秀，但英伦浪漫主义和唯美主义等思潮在相当程度上绘就了西方美学的版图。20世纪，随着美国崛起和英语成为全球通用语言，尤其在语言学转向和语言分析哲学的主导下，英语美学建构了西方美学的分析世纪。①

徐辉在《维特根斯坦美学批判——兼论重返"美本身"之探讨的可能性》一文中指出，早期维特根斯坦美学将"美本身"置于"神秘之域"，主张对此"保持沉默"。但这一观点要么因其中的悖论而无意义，要么只是对"美本身"问题的一种有前提的悬置，据此并不能导出放弃"美本身"之探索的结论。后期维特根斯坦美学在否弃"美的本质"探讨的基础上，将美学导向"语法"或"生活形式"研究，开辟了新的美学方向。但"美本身"和"美的本质"不是一回事，美学的"语法"研究或"生活形式"研究也不能取代促使"语法"或"生活形式"变动的"动力"研究。这样的动力追寻恰可将我们引向对"美本身"的探讨。因此，维特根斯坦美学不是我们遗忘或放弃探讨"美本身"的根据。重返"美本身"的探讨，不但可能，而且必要。②

"天人合一"思想并非中国美学所独有，康德美学的整体思路也是

---

① 周宪：《英语美学的历史谱系》，载《文艺研究》，2021年第11期。
② 徐辉：《维特根斯坦美学批判——兼论重返"美本身"之探讨的可能性》，载《首都师范大学学报（社会科学版）》，2021年第2期。

如此。程相占的《康德美学的"天人合一"思路论析》认为，康德在《判断力批判》中提出的"鸿沟"，即自然领域与自由领域之间的严重断裂。针对这个哲学难题，康德提出自然与人类的认知能力之间有一种"适合性"，判断力的先天原理"自然的有目的性"某种程度上就体现为自然"适合"人类的认知能力，以便人类能够从自然事物那里认知、感受或领悟"自然的有目的性"，自然与人类因"相合"而"合一"。这种意义上的"天人合一"对于我们重新认识康德美学的思路进而展开中西美学比较研究具有一定的启示意义。①

直观是德国观念论美学中的一个重要而复杂的概念，围绕这个概念展开的各种论述关系到现代美学的合理性、意义及限度等基本问题。陈剑澜的《德国观念论美学中的直观理论》一文认为，康德从批判主义立场把直观限于感性的范围，同时将更高级的直观排除在审美活动之外，从而止步于审美内在价值的原则主张。康德之后的观念论者持续拓展这一论题，并逐渐转向审美、艺术与真理的问题，由此形成一种影响深远的审美主义思潮。在此过程中，费希特代表从批判观念论到主观观念论的转变，而荷尔德林、诺瓦利斯、F.施勒格尔和谢林则开辟了绝对观念论或客观唯心主义的方向。谢林的审美直观论把艺术当作真理唯一的、最高的显现方式，把艺术哲学看作整个体系的枢纽，赋予早期德国浪漫派的艺术宗教信念以系统哲学的形式，因此成为后启蒙时代审美主义持续扩张的动力。②

中国美学界从20世纪70年代末开始引介"法兰克福学派"的理论，经过40多年的理论旅行，"法兰克福学派"在中国美学界经历了一个从"批判、质疑、反对"到"认可、接受、赞同"的过程，也实

---

① 程相占：《康德美学的"天人合一"思路论析》，载《社会科学战线》，2021年第12期。

② 陈剑澜：《德国观念论美学中的直观理论》，载《北京大学学报（哲学社会科学版）》，2021年第6期。

质性地完成了与中国美学界的"理论对接"。段吉方的《"法兰克福学派"的"中国形式"与问题》认为,作为一种西学话语,"法兰克福学派"理论和其他理论一样面临着中国语境的考量,但客观上起到了促进中国当代美学话语转变的作用,使当代美学研究的问题性更加明显,增强了美学理论的现实批判性。但"法兰克福学派"在进入中国美学理论叙事的过程中也经历了美学意义上的理论重塑,客观上已经成为一种"法兰克福学派"的"中国形式"。①

马克思美学思想具有独特的价值,而且在我国当代美学研究中具有重要的指导意义。如何理解马克思美学及其与当代美学研究的关系?赖大仁、李婕婷的《马克思美学思想与当代美学研究之反思》一文认为,马克思美学的精神特质与现代性品格主要体现在它的"人学"特质、"实践"基础、审美自由和审美解放的价值理念以及审美批判精神。引入马克思美学思想对当代美学研究中的问题进行理论反思,是值得着重探讨的问题:一是应当如何看待当今的后现代美学转向,以及当代美学何以成为真正的美学研究?二是当代美学研究应当秉持什么样的审美价值理念,以及将美学理论和人们的审美实践引向何方?三是如何看待当代美学研究中的"无人美学"问题?四是在当代美学研究多元开放格局中,如何看待艺术美学研究的地位和意义价值?总体而言,应当把马克思美学精神融入当代美学研究并使其起到主导性作用。②

(四)艺术美学:理论思考、体系建构和批评实践

艺术美学是美学最丰富多彩的研究领域,艺术本身的审美特点、审美规律与审美现象,纷纷吸引学者从审美视野去分析艺术。陈旭光在

---

① 段吉方:《"法兰克福学派"的"中国形式"与问题》,载《中国比较文学》,2021年第4期。

② 赖大仁、李婕婷:《马克思美学思想与当代美学研究之反思》,载《中国人民大学学报》,2021年第5期。

《"电影工业美学"与"中层理论"的观念及方法论》一文中,提出"电影工业美学"理论,它在方法论上与大卫·鲍德韦尔主张的电影理论"中间层面"研究有相通性。"中层理论"对文化批评的"大理论"模式进行深刻反思,表现出强烈的问题意识以及对技术、产业、电影语言等内容的重视,具有务实的、经验主义的、实用主义的精神特质,这对于当下电影产业发展和理论建构均具有启示价值。"电影工业美学"正是试图融合"艺术至上"的艺术电影研究、"作者电影"研究模式与专注市场、受众的产业研究或文化研究模式,同时避免悬空、高蹈、抽象的"大理论"式的文化研究,力图回到产业现状、电影本体与现实需求中,在工业/美学这一对"二元对立"的矛盾中,开辟理论建构的可能性。"电影工业美学"思维上的"中层理论"定位、本土化意识、开放性立场与创作紧密结合的"接地气"等特征,决定了该理论的开放性、包容性及延展性,即话语、知识再生产的潜力。[①]

同样是研究电影美学,周斌在《论中国电影学派的美学追求与理论建构》中关注"中国电影学派",认为它的建设需要从国产电影的创作实践和理论建构两个方面入手,既要在国产影片的创作拍摄中鲜明地体现出具有"中国作风和中国气派"的民族化美学风格,又要在理论建构方面真正建立起具有中国特色的电影学学科体系、学术体系和话语体系,这两个方面的工作缺一不可。中国电影学派的美学追求目标应该是努力建设一种"新鲜活泼的、为中国老百姓所喜闻乐见的中国作风和中国气派"的民族化美学风格,较鲜明地体现出中华优秀文化的意蕴和中华传统美学的特点,具有鲜明的中国特色。中国电影学派的理论建构应着重围绕如何真正建立具有中国特色的电影学学科体系、学术体系和话语体系来进行。这既是新时代的需要,也是国家文化发展战略的需要。中国电影学派的建设,既要来自对中华文化和中华美学精髓以及中外文

---

① 陈旭光:《"电影工业美学"与"中层理论"的观念及方法论——"电影工业美学"的理论资源与方法论阐述之一》,载《民族艺术研究》,2020年第5期。

艺理论的传承与借鉴，也要来自于对国产电影创作实践经验的不断总结和精心提炼，只有传承和实践的有机结合，才能真正建构好完整的理论体系。①

戏曲诞生以来，与戏曲表演美学相关的资源与论述极其丰富，但建构戏曲表演美学的完整体系还需要努力。傅谨在《戏曲表演美学体系的历史基础与研究方法》中认为，古往今来的戏曲理论家、美学家对戏曲表演理论的深入研究，是戏曲表演美学体系研究的坚实基础。戏曲表演美学体系研究的重点，是更好地归纳、总结戏曲表演的特色，从中提炼具有美学意蕴的范畴，使之既符合中国戏曲表演特点与规律，又区别于一般意义上的戏曲表演理论。这就需要在方法论上体现美学特有的历史和逻辑相统一的理论格局，从戏曲艺术本体出发，发现内在地蕴含于不同时代戏曲表演和欣赏中的审美意识，立足舞台表演和观众欣赏的实际，将抽象的美学原理落实到具体的艺术语汇层面。②

在舞蹈美学研究方面，吕艺生的《舞蹈美学的逻辑起点》提出人体既然是舞蹈艺术的感性材料，它理所当然地成为舞蹈美学的逻辑起点，而这个人体不是身心分离的人体，而是在意识支配下的一个整体，因此舞蹈美学研究必须坚持身心一元论。只有坚持身心一元论，才能准确地把握舞蹈艺术的本质特性，也才能防止舞蹈训练滑向单纯的技术技能的道路上去。对原始舞蹈的生命意识、宗教意识、象征意识、社会意识与审美意识进行考察，以探寻舞蹈最本质的意义，将舞蹈美定义为"意识的肢体表现"。③

美学学者对绘画风格的研究不少，但对绘画类型的研究不多。北京大学艺术学院教授彭锋的《之间与之外——兼论绘画的类型与写意绘画

---

① 周斌：《论中国电影学派的美学追求与理论建构》，载《未来传播》，2021年第4期。

② 傅谨：《戏曲表演美学体系的历史基础与研究方法》，载《复旦学报（社会科学版）》，2021年第2期。

③ 吕艺生：《舞蹈美学的逻辑起点》，载《文化艺术研究》，2021年第2期。

的特征》，从沃尔海姆的"双重性"理论和波兰尼的"身心关系"理论出发，将西方绘画分为幻觉绘画、照相写实、具象绘画、具象表现、表现绘画和抽象绘画六种类型。在这种分类的基础上，他通过比较沃尔海姆的"双重性"与中国画家推崇的"似与不似之间"，确定写意绘画的结构，认为写意绘画是一种特殊的绘画类型。①

在对音乐美学学科定位问题上，孙月在《置于艺术学、美学与哲学之间的音乐美学》中认为，音乐美学源于从哲学衍生而出的美学，又同先于艺术学的音乐学相属并成为其研究的最高目标。在一百多年的进程中，音乐美学与哲学、美学、音乐学、艺术学都有不同程度的相关并呈现出变化的动态关系。当下我国音乐美学学科的建设发展中所呈现出来的问题，使其处于三重学科中心的同时又失去平衡、偏离本位，原因既与音乐学学科分支自身的独立发展有关，又有跨学科倡议带来某种程度的混乱，但根本还在于对美学的误读与滥用。相应有效的对策是：追溯学科的历史轨迹，回归美学的感性学初衷，还原艺术的"艺术"、音乐的"音乐"，并追问"艺术之为艺术""音乐之为音乐"的本质之源。②

（五）当代美学：跨界视域、分支学说与前沿探触

北京大学艺术学院教授王一川在《文化现代性中的异文化角色——跨文化学视域中的审美生命政治》中认为，文化现代性过程中诞生了新的审美生命政治，这使得各种后发现代性国家民族文化都自觉或不自觉地获得了借助异文化启迪而实现再生的生命权力。文化现代性的重要工作之一在于确立普遍性审美生命政治原则，将后发现代国家个体的生命力从对异文化的拒绝、抵抗态度转化为仿佛自觉欢迎并从中获得快乐的

---

① 彭锋：《之间与之外——兼论绘画的类型与写意绘画的特征》，载《南京大学学报》，2021年第5期。

② 孙月：《置于艺术学、美学与哲学之间的音乐美学》，载《音乐研究》，2021年第3期。

热情。异文化会向本文化打开其多层次而又相互交融的错综复杂面貌，为个体生命的未来开拓展现多重可能性，从而与本文化之间形成错综复杂的相互涵摄关系。处在个体生命体验中的异文化常常被个体主动或者不知不觉地内化于本文化结构中，表现为多种不同而又相互交织的情形，进而转化、化生或再生为新型本文化即中国现代文化。应当认真研究异文化的角色，关注审美生命政治运行体制，为本文化的更生作出预案，这涉及知往鉴今、合理应变、以本化异和以本访异等。①

进入21世纪以后，中国身体美学快速发展，显现出超越西方同类话语的态势。王晓华在《从实践美学到身体美学：一个内生路径》中认为，舒斯特曼身体美学致力于建立聚焦"身体经验和身体作用"的分支学科，中国身体美学则力图推动美学研究"回到身体—主体"。这种差别从中国身体美学诞生、发展的语境中去寻找。除受惠于国际性的学术互动之外，它还隶属中国文化的本有谱系。从理论发生学的角度看，实践美学可能是对其影响最大的汉语学术流派。早在李泽厚撰写《批判哲学的批判——康德述评》时，身体概念已经以一种具有悖论意味的方式出场了：从物质一元论和实践范畴出发，他实际上建构出了未被命名的肉身本体论和身体图式。随着相关话语被后来者摄入和重释，中国的身体美学建构已经形成了一条内生路径。②

生态美学研究生态与人类之间的关系，《曾繁仁文集》有两卷直接以生态美学为题，即第一卷《生态美学导论》，第二卷《生态存在论美学论稿》，它们是曾繁仁教授多年来关于生态美学研究的结集，主要聚焦于生态美学的产生、生态美学的中西方思想来源、生态美学的理论内涵等研究。③ 袁鼎生的《美生学：生态美学元理论》是作者数十年沉潜

---

① 王一川：《文化现代性中的异文化角色——跨文化学视域中的审美生命政治》，载《人文杂志》，2021年第1期。

② 王晓华：《从实践美学到身体美学：一个内生路径》，载《文艺争鸣》，2021年第9期。

③ 曾繁仁：《曾繁仁文集》，北京：中国社会科学出版社2021年版。

研究之作，该书提出的"美生"范畴，意图揭示生态美学发展逻辑，即从共生走向整生，最后归于美生。作者围绕美生本原、本位、本体、世界、范畴、机理等视角，对生态美学做元理论探讨。①

生命美学从理性或者神性之外去阐释生命存在的意义，潘知常的《生命美学在西方》认为，西方19世纪上半期到20世纪初逐渐形成的一个美学思潮，由叔本华、尼采、狄尔泰等人创始。精神分析美学使得生命美学更加"立地"，有机美学使得生命美学更加"顶天"，存在主义美学使得生命美学更加"主观"，法兰克福学派美学使得生命美学更加"社会"，后现代主义美学使得生命美学更加"身体"。生命美学的共同之处是：以生命为视界，以直觉为中介，以艺术为本体。生命美学是西方现代美学真正的开始，至今还存在拓展的空间。②

全球对"生活美学"都抱有一种研究热情，如何看待从全球美学的视野来定位"生活美学"的问题？中国社会科学院哲学所研究员刘悦笛在《中国"生活美学"翻身为全球美学》中提出中国的"生活美学"如何翻身为全球美学的问题。在他看来，欧美所建构的"生活美学"是一种否定分析传统（"分析美学"以艺术作为美学唯一的研究中心）的新构，但是中国美学本然就具有起码两千年的"生活美学"传统，所以对我们而言，更多是"反本开新"，而非无本而创。③

认知神经科学及相关学科发展正在深入拓展、变革并重构当代美学的问题域，在20世纪以来的科学和美学史中表达出一种新的科学人文走向。越来越多的认知神经科学家、美学家关注脑科学、新技术、类脑工程实验条件下人类与个体审美活动的认知机制及神经基础研究，并将之视为美学作为感性科学、人文科学的新可能。梁玉水在《走向认知神

---

① 袁鼎生：《美生学：生态美学元理论》，北京：人民出版社2021年版。
② 潘知常：《生命美学在西方》，载《东南学术》，2021年第5期。
③ 刘悦笛：《中国"生活美学"翻身为全球美学》，载《文艺争鸣》，2021年第1期。

经科学的美学》中指出，对于缺乏人文情意和价值理念的"纯粹"科学化美学的警惕，也不可避免遭到来自"人文学科意识形态偏见"的龃龉，引发了对于美学学科性质等问题思考的新自觉。当代美学研究应该以马克思主义的辩证唯物主义和历史唯物主义为指导，在哲学理解、科学研究、实践旨向中寻求新的"辩证综合"，想象并重塑美学学科的方法、思维、视域、边界、话语，完成美学当代理论形象的创构与革新。①

随着人工智能时代来临，人类劳动形态将发生怎样的变化？王惠民的《人工智能时代的美学劳作》一文乐观地认为，尚未具备自主意识的人工智能依然不会脱离马克思定义的机器范畴。但是人工智能时代意味着机器大工业的最高阶段，它预示了资本主义的终结与共产主义的到来。为了考察人工智能时代的劳动问题，文章总结了亚里士多德、康德、黑格尔与马克思的实践与劳动理论，并从行为结构的角度定义劳动是以行为对象的善为目的的活动。在人工智能时代的共产主义社会，劳动不会消失，摆脱了异化劳动的人们将从事合目的且合规律的自由劳动，本文称之为"美学劳作"。②

"审美资本"和"审美资本主义"是当代美学研究的前沿议题，向丽在《审美资本与审美资本主义批判》中认为，该问题一方面阈源于对经济基础与上层建筑空间隐喻的再讨论，亦即审美和艺术不只属于上层建筑，而是作为一种特殊的意识形态形式，在当代社会发挥着基础性功能；另一方面则是对于审美/艺术与经济如何基于人的情感结构而建构新型关系的纵深探讨。藉此，审美资本主义批判既是对于审美资本在当代社会转型和变迁中所发挥作用和意义的显现，同时也是基于审美资本的特殊性，对审美的资本化及其可能的旧病复发提出

---

① 梁玉水：《走向认知神经科学的美学》，载《社会科学家》，2021年第2期。
② 王惠民：《人工智能时代的美学劳作》，载《哲学研究》，2021年第8期。

的批评与重构。①

大数据改变了科学和认识的范式,同时也对传统美学产生冲击和影响。陶锋在《大数据与美学新思维》中认为,美学新思维首先是关联思维和计算思维的结合。大数据在人工智能艺术中的应用,说明艺术中的关联思维可以被算法所表示。其次是全面性认识与小样本方法的融合。全面的数据带来了客观性,使得艺术从专家驱动走向了观众和流量驱动,而人类在小数据限制下的"隐喻—联想"能力,也为实现人工智能的"大任务"提供了可能。最后,大数据技术还可以融合静态思维和动态思维,定性分析和定量分析,理性认识和感性认识等。但是,我们也要警惕"数据中心主义"和"数据霸权",防止大数据造成的审美同一化。我们应该提升人们的"数据素养",用"审美理性"来限制和引导大数据技术的发展。②

(六) 美育：学科建构、媒介形式与评价政策

党的十八大以来,国家出台专门美育文件,制定美育改革政策,切实推进学校美育改革发展。北京大学人文社会科学资深教授叶朗、顾春芳在《"互联网+教育"时代的美育观念及媒介形式探索》一文中,探讨了互联网时代在 MOOC 的新媒介条件下的美育观念和课程建设。作者从"'艺术与审美'人文通识网络共享学分课建设的实践与成效""美育在 21 世纪的新的机遇与使命""互联网时代美育课程的人文品格和文化守望"等三个方面深入思考,探讨了当代美育依托"互联网+教育"的理念和新媒介形式的探索,以及网络慕课在"互联网+教育"的媒介环境对于当代中国人文通识教育和美育的划时代意义。③

---

① 向丽：《审美资本与审美资本主义批判》,载《思想战线》,2021 年第 6 期。
② 陶锋：《大数据与美学新思维》,载《华中科技大学学报（社会科学版）》,2021 年第 1 期。
③ 叶朗、顾春芳：《"互联网+教育"时代的美育观念及媒介形式探索》,载《中国文化研究》,2021 年夏之卷。

中小学艺术课程为美育注入了鲜活力量，但艺术课程有没有自身的特殊知识和能力？中央音乐学院教授宋瑾在《美育视野下艺术课程的特点与效能阐释》一文中认为，《高中艺术课程标准》明确提出艺术课程培养四个核心素养，即"艺术感知、创意表达、审美情趣、文化理解"。《课标》提出了3个层次，即艺术门类之间的关联，艺术学科与其他学科之间的关联以及艺术与社会的关联。《艺术》教材修订的"顶层设计"，应按"艺术综合—综合艺术—整体艺术"顺序建构高中艺术课程的知识系统或教学内容序进。该文从释义学视角对"关联/综合/融合效能"的哲学基础作初步探讨——阐释艺术综合、综合艺术和整体艺术何以能产生"1+1>2"的原理。美育是艺术教育、审美教育和德育融合一体的教育。①

在美育热之中，中国美育学如何构建？杜卫在《论中国美育学建构的问题和范畴体系》中认为，中国当下与美育学相关的本土问题主要有两个相互关联的层面：一个是一般意义上"以人为本"的教育观念和人的全面发展的指导思想，这是育人的根本；另一个是学生人文素养的培养和个体创造力的发展，这是属于美育的特殊问题。作为交叉学科领域，中国美育学应该努力确立属于自己的概念范畴，建立以美育性质、审美发展和美育方法论三大范畴为构架的一系列概念体系。②

北京中小学美育领先全国，首都师范大学哲学系教授史红的《北京中小学美育发展状况研究》一文认为，北京学校美育具有整体思维、基本原则、独特理念，形成了学校美育模式。北京中小学美育的发展现状是美育课程标准高，教学质量高，特色学校多；教师队伍稳定，学历层次高，专业能力强；学生学习艺术课程比例大，满意度高，参加艺术社

---

① 宋瑾：《美育视野下艺术课程的特点与效能阐释》，载《人民音乐》，2021年第1期。

② 杜卫：《论中国美育学建构的问题和范畴体系》，载《美术研究》，2021年第1期。

团多。北京中小学美育也存在一些问题，其原因与教育体制、教育价值观、美育资源等因素有关。北京学校美育要进一步发展，应彰显首都特色，完善机制，深潜发展，横向联合，起到辐射带动、创新引领的作用。①

美育评价政策关乎美育实施，郭声健的《国家美育评价政策：背景、内容与原则》认为，学校美育评价政策主要包括建立中小学学生艺术素质评价、学校艺术教育工作自评公示、学校艺术教育发展年度报告等三项美育评价制度，以及推进中小学美育评价、高校美育评价、美育督导评价、美育问责评价等四项美育评价改革举措。贯彻落实国家美育评价政策必须坚守育人为本、遵循美育规律、明确以学定评、坚持因地制宜。②

（七）重要学术活动

在学术会议方面，2021年11月13日—14日，中华美学学会第九届全国美学大会暨"新时代中国特色美学基本问题研究"国际学术研讨会在深圳和北京两地同步召开。会议通过腾讯会议网络直播。主会场和分会场线上同步直播平台的参会人数，一度达到60余万人次。此次大会是疫情后时代首次举办的最高规格的美学盛会。大会以"新时代中国特色美学基本问题研究"作为主题，既具有深度的理论价值和意义，也充分呼应了时代和现实的关切。两天会议期间，与会专家学者们围绕会议主题和各分议题展开了热烈的讨论。大家按照美学与艺术学基本问题、生态美学与生态批评、美育理论、美育实践问题研究、意象美学、李泽厚与中国当代美学、礼乐文化与儒家美学、20世纪以来的中国美

---

① 史红、徐春生：《北京中小学美育发展状况研究》，载《湖南师范大学教育科学学报》，2021年第3期。

② 郭声健：《国家美育评价政策：背景、内容与原则》，载《湖南师范大学教育科学学报》，2021年第3期。

学、表演艺术与视觉美学、西方美学的观念与方法、身体美学与艺术、乡村与都市的审美实践、中国古典美学研究、中国古典美学的现代性问题、新时代、新媒介与新文艺、中国古典书画艺术、美学与艺术学的交叉研究、人工智能时代的艺术景观、音乐美学与乐教观念等二十大议题分四个分会场进行了讨论。

2021年12月11日，由北京市哲学会美学专业委员会主办的"面对现实+走向未来"美学年会在线上展开。本次会议的主题为"面对现实，走向未来"，围绕这一中心议题，各位专家学者针对美学界当下的学术热点、新时代发展带给美学新的变化，以及美学如何面对现实、走向未来，进行了精彩的交流研讨。会议内容涉及音乐美学、当代中国美学、具身美育、漫画、审美感知、大运河美学、阐释学、朱光潜美学、在地美学、戏曲美学、品牌形象设计、身体美学、群众艺术学、绘画美学、书法美学、舞蹈美学、元宇宙时代创意策划、艺术符号学、未来美学热点等。在广泛的话题讨论与交流中，美学空间被进一步拓展。

总的来说，2021年北京的美学研究，在主题、内容、分支领域上都呈现出多元性，且多闪光之作。"多元""跨界"等以交互发展的态势共同推进美学学科的深度掘进与横向铺陈，打开一个丰富、多姿、饱满的精神向度。但是2021美学也还存在一些问题，主要是系统深入的学理论证需要加强。美学学科要有美好未来，还需要在基础建设上下大功夫。当美学的时代来临之时，我们要做的事，就是乘势而上，把美学基础研究做好。

（执笔人：史　红）

五、科学技术哲学学术发展报告

(一) 概述

2021年,北京科学技术哲学学科学者在做好新冠疫情防控的同时,潜心学术研究,举办高质量学术活动,广泛开展国内外学术交流,学科建设与学术研究成果显著。

第一,北京"科学技术哲学"学科继续深化基础理论研究。学者们在科学哲学、技术哲学、工程哲学、科学技术与社会(STS)、自然哲学以及科学思想史领域深入耕耘,持续钻研,举办多场高端学术论坛、学术会议与学术讲座,出版多部学术著作,发表大量学术论文。《科学实践哲学:基本问题与多重视角》《西学东渐与中国近现代科技转型的若干问题》等著作和论文相继出版与发表,进一步夯实了科学技术哲学研究的学科基础。

第二,北京"科学技术哲学"学科高度关注学科前沿问题和热点问题研究。学者们聚焦"自动驾驶""脑机接口"等新技术应用所带来的科技伦理问题,大数据、人工智能技术应用所引发的技术治理问题以及"负责任创新"等问题,开展深入的理论探讨与学术交流。在《功利主义在无人驾驶设计中的道德算法困境》《脑机接口的伦理问题研究》《人工智能框架问题的情境表征》等论文中,以及中国人民大学哲学与认知科学跨学科交叉平台主办的"机器人伦理1.0"学术研讨会上,学者们进行了富有启发性的研究与探讨,进一步推进了相关问题研究。

第三,北京"科学技术哲学"学科继续发挥学科优势,注重重大社会与现实问题研究,服务首都及国家经济社会发展。学者们针对科技伦理治理、科技创新发展战略、数字经济发展面临的诸多问题进行学术研讨、社会调研和理论研究。"国家科技创新中心发展战略综合性论坛"成果以及"关于借鉴日本筑波科学城高精尖成果就地转化经验促进北京三大科学城发展的建议"等决策咨询建议对于首都及国家经济社会高质量发展发挥了重要作用。

第四，北京"科学技术哲学"学科学术研讨与交流活动形式多样，内容丰富、质量高端，学术影响力不断提升。中国科学院大学人文学院开设的"科学与人文"系列讲座一如既往地体现出精品意识，中国自然辩证法研究会庆祝建党100周年、研究会成立40周年大会暨2021年学术年会，全面展现了科技哲学学科的特色与进展，北京自然辩证法研究会承办的"开放科学与科学教育国际论坛"彰显了科技哲学学科研究的国际视野。

（二）学术研究成果与进展

2021年，北京科学技术哲学各领域学术研究各有侧重，均取得了丰富的研究成果和较大的研究进展。

1. 科学哲学

学者们在继续深化学科基础问题研究的同时，加强了科学的历史哲学、科学实践哲学、生物学哲学研究范式等方面研究。

樊姗姗、徐治立关注自然规律观问题，指出范·弗拉森沿袭逻辑实证主义拒斥形而上学传统，并采取语义经验论的反实在论立场，从自然规律存在的动机及其所面临的问题两个方面，批判了传统实在论的自然规律观，提出了语义学方案，以解决自然规律面临的推理与识别问题，呈现西方科学哲学领域中研究自然规律问题的新样本。他们认为，范·弗拉森的观点有失偏颇，片面强调逻辑分析而忽略了哲学与科学实践之间的联系，具有不可知论、主观主义与相对主义倾向，主张一种主客互动论的自然规律建构观。①

---

① 樊姗姗、徐治立：《范·弗拉森反实在论的"自然规律"语义学思想及其出路》，载《科学技术哲学研究》，2021年第6期。

北京师范大学哲学学院教授李建会阐述了当代生物学哲学对科学哲学的重要贡献。首先，生物学哲学改变了传统科学哲学把物理科学作为科学标准范式的看法，使人们重新思考科学的理论结构和解释方式等问题；其次，功能和目的概念以及功能解释和目的性解释等成为科学中继因果概念和因果解释之后的重要概念和解释方式；再次，在生物学中不仅存在描述性解释，而且存在规范性解释，事实和价值在生物学的一些领域纠缠在一起；最后，信息成为生物学解释生命现象的一个不可或缺的量。他认为，生物学哲学还讨论了传统科学哲学不涉及而只在生物学哲学中才讨论的问题，比如适应主义到底正不正确？自然选择的单位是什么？物种是自然类还是自然个体？进化论能不能解释利他主义的进化？进化是偶然的吗？劳动是如何创造出人的？语言、意识如何能从进化中产生？这些都丰富了当代科学哲学的研究，为科学哲学提供新的思想源泉。①

中国科学院自然科学史研究所研究员袁江洋、佟艺辰认为，科学的历史哲学，更广泛地说，"科学史—科学哲学"联合研究，一直面临着历史独特性与哲学普遍性之间的不相容问题。解析库恩与柯瓦雷、哈金与克隆比之间的"哲学—历史型"的方法论链结，区分共时分析优先与历时分析优先两种不同的史学理解进路，有助于解释何以科学哲学的历史转向最终蜕变为社会学转向，何以这种历史转向始终未能引导科学哲学真正走出相对主义或历史虚无主义的非此即彼的怪圈，进而辨明发展科学的历史哲学、推进"科学史—科学哲学"联合研究，须以历时分析优先的史学理解模式为基础。②

清华大学科学史系再度出版一系列著作，其中吴彤、孟强编著的

---

① 李建会：《生物学哲学为当代科学哲学贡献了什么？》，载《广东社会科学》，2021年第6期。

② 袁江洋、佟艺辰：《回到历史还是穿越历史？——科学的历史哲学的反思》，载《科学技术哲学研究》，2021年第2期。

《科学实践哲学：基本问题与多重视角》① 一书，聚焦于科学实践哲学的基本问题，并从多个视角展现科学实践哲学的不同侧面，内容涵盖科学解释学、科学史、心灵哲学、认知科学哲学、政治学等，反映了近几年国内相关研究的最新进展。科学实践哲学从实践与行动出发，并在此基础上尝试提出不同的科学观念与知识观念。该书指出，20世纪90年代以来，科学实践哲学逐渐受到重视。该书是了解近几年国内关于科学实践哲学研究的基本问题与前沿进展必不可少的著作之一。

2. 技术哲学

随着技术迅猛发展，技术突破应用于社会生活所带来的影响与挑战日益严重。2021年，学者们一方面高度关注具体的高新科技造成的哲学挑战，另一方面立足于哲学旨趣，探寻中国技术哲学的未来之路。

对颠覆性技术创新的哲学反思始终是技术哲学关注的重点。中国人民大学哲学院教授刘永谋的《技术的反叛》② 一书，以技术时代为主题，直面高新技术迅速推进导致的诸多挑战。收录的文章分为"人类的命运""技—艺新世界""新技术治理""新冠启示录"和"工程与科学"五个部分。该书表明技术虽然能帮助有效地组织并动员社会，但技术治理也会导致技术的反叛。人们应该通过对技术的不断反思，使技术应该真正为人所用，不能变成异己的力量，奴役人的工具。

中国人民大学哲学院教授王伯鲁以科学、技术与生产的一体化为背景，从科学技术史的"内史论"视角切入，梳理以高新技术研发为轴心的当代科学技术演变，讨论技术试验与科学实验的分化与融合，以及在技性科学和知识生产新模式扩张过程中所发挥的双重功能，指出当代科学技术及其实践的组织从R&D中心到国家创新系统演变，出现了技

---

① 吴彤、孟强：《科学实践哲学：基本问题与多重视角》，北京：科学出版社2021年版。

② 刘永谋：《技术的反叛》，北京：北京大学出版社2021年版。

性科学形态、知识生产新模式以及科学实验与技术试验的渗透融合趋势。①

隋婷婷、张学义关注电车难题作为无人驾驶面临的关键道德困境，指出依照符合大众偏好的功利主义设计的无人驾驶车无人问津。通过设置选择与道德接受度并行的三情境实验，人们发现被试的选择与道德偏好并不构成连动关系，电车难题的既有偏好不足以作为无人驾驶采取功利主义算法的支持论据；主张无人驾驶算法的未来方向应当是跳出功利主义与利己主义框架，发展出兼容应然与实然需求的第三种方向的算法。②

北京大学哲学系顾心怡、陈少峰聚焦脑机接口技术的伦理问题，认为脑机接口技术（Brain-Computer Interface，以下简称 BCI）目前呈现出三种并行发展态势，即治疗型 BCI（神经系统疾病的诊断、预防和治疗）、服务型 BCI（"脑控"与"读心"功能）和增强型 BCI（跨脑认知、复合体能、实现永生）。这一技术在给人类未来描绘了无限可能的同时也带来了诸如安全性与有效性、人格同一性与真实性、脑隐私保护、决策自主权、责任归属等伦理问题。他们主张建立健全技术安全性原则、脑隐私保护原则、自主决策原则、分配正义原则和政策保障原则，以助于客观理性地看待脑机接口技术为人类带来的风险与收益，推动其以合伦理性的方式全面健康发展。③

徐源指出，目前人工智能技术研究领域更多关注人工智能自身的实现，忽视了随时随地与智能体交互作用的环境，认为实现人工智能的进一步发展，必须要包含一个更广阔的生态系统，进而主张从科学实践哲

---

① 王伯鲁：《当代科学技术及其实践基础演进剖析》，载《中国人民大学学报》，2021年第11期。

② 隋婷婷、张学义：《功利主义在无人驾驶设计中的道德算法困境》，载《自然辩证法研究》，2021年第10期。

③ 顾心怡、陈少峰：《脑机接口的伦理问题研究》，载《科学技术哲学研究》，2021年第8期。

学的视角出发,将"人工智能+情境"作为研究对象。人工智能是应对复杂情境的举一反三、随机应变的情境化选择结果,是一种动态维度的地方性产物,人工智能框架问题表征的规范性,是通过实践内化的因果性得以发挥作用的。①

对技术哲学发展方向与道路的全面思考是关系到技术哲学学科建设的重要问题。中国社会科学院哲学所研究员段伟文认为,从生态环境的不可逆改变到"基因编辑"与"人类增强",其实质是科技对世界与人的全方位深度介入。因此,可以用"深度科技化时代"或"科技世代"来概括我们这一代人与技术关系的特殊性。在走向深度科技化的进程中,世界与人的技术重构在认知与存在的意义上涌现出诸多革命性的变化,由此产生了若干值得关注的技术新形态。一是技术空间与技术圈的出现;二是虚拟认知与实践方兴未艾;三是技术日渐成为无形的自动化过程;四是人与机器间的差异呈现出日渐弥合的趋势。适应这一新变化,对于深度科技化时代所展示出的诸多技术新形态的反思、批判和审度将成为技术哲学的关键主题。由于历史的原因,深度科技化时代对于中国哲学和技术哲学的挑战将远比海德格尔等人的技术时代更为直接,更具冲击力。要探寻中国技术哲学的未来之路,需要从以下方面着力:第一,要反思中国技术哲学所走过的道路,探寻超越之道;第二,要面向中国当代科技创新实践中的复杂性问题和真实的冲突,寻求一种既具有批判性、建设性、预见性的思想功能,又能使之融会、协调的智慧;第三,走出文本解读和理论评述的窠臼,拿出本土思想方案;第四,将技术哲学上升到一般哲学和智慧层面,以揭示人与技术相处之道和技术活动之道;第五,要走出技术哲学的小圈子,迈向问题导向、学科交叉

---

① 徐源:《人工智能框架问题的情境表征》,载《自然辩证法研究》,2021年第1期。

和知识融合。①

负责任创新研究持续引发兴趣。李平、廖苗指出，负责任创新是具体情境下多元主体及主体间的实践活动，负责任创新的"反思"需要一种情景敏感性。他们提出一个启发式框架，一是明确反身性反思（reflexivity）与反映性反思（reflection）的不同，突出反身性反思在培养创新者认知风险的不确定性，以及提高反思性治理能力中的作用；二是基于"反思"对情境的敏感性，厘清负责任创新实践中创新者在独处、产品设计、创新的社会治理、国际间跨文化合作这四种情景中的责任概念拓展。他们强调负责任创新的"反思"维度不仅体现在创新者在具体情境中的价值敏感性上，更体现在其通过"自反性反思"提升参与式治理能力上。②

技术哲学研究的国际化趋势不断加强。中国人民大学哲学院副教授王小伟极为关注国际技术哲学领域中"荷兰学派"的工作，指出总体而言"荷兰学派"有三个研究思路：一是以克罗斯（P. Kroes）为代表的分析技术哲学，二是以维贝克（P. Verbeek）为代表的现象学路径，三是以拜克尔（W. Bijker）为代表的社会建构论路径。技术哲学国际化工作主要有：现象学路径、后现象学路径、技术伦理学—STS 路径、分析的技术哲学。③

3. 工程哲学

2021 年，工程哲学研究不断推进。工程哲学研究的"中国学派"逐步形成，工程哲学的研究领域在不断扩展。

工程哲学的学科地位日益凸显。中国科学院大学教授李伯聪明确指

---

① 段伟文：《深度科技化与中国技术哲学的未来之路》，载《哲学动态》，2021 年第 1 期。

② 李平、廖苗：《对负责任创新"反思"维度的再思考》，载《自然辩证法通讯》，2021 年第 3 期。

③ 王小伟：《中国技术哲学的国际化思考》，载《哲学动态》，2021 年第 1 期。

出，21世纪初工程哲学开始逐步在多国形成，无论在中文和英语中，"科学""技术""工程"概念各自有明晰内涵；工程解释经历了从"工程派生论"到"工程本体论"的演变，"工程本体论"解释认为工程哲学的核心问题是如何从本体论高度，而非仅从工程学角度认识工程，进而从工程本体论出发考察"工程方法""工程知识"；认为当代工程哲学领域中已经形成了"中国学派"，并主张21世纪哲学界需要实现一场"转出语言"和"转向工程（实践）"的"再转向"，技术哲学和工程哲学应该在这一"新转向"中努力从哲学的"边缘"走向"哲学的中心区域"。①

工程哲学研究尝试扩展到美学、医学领域。殷瑞钰、李伯聪等人认为，真善美实际上也是一种现实的工程实践。真是工程活动不可或缺的思想前提和基础；善是工程实践内在蕴涵的目的与动机；美贯穿于人类工程造物过程始终，是工程美不竭的源泉和动力。他们指出，以往的美学研究主要是关注"自然美"和"艺术美"，而忽视了"工程美"；认为在工程活动和工程哲学中，工程美的追求都是一种最高价值，一个最高范畴和终极性理念；在社会的工程实践和工程演化发展工程中，对于真善美统一的理想追求和工程异化现象是同时现实存在着的，工程实践是在二者的对立统一中不断前进、不断发展的。工程哲学不仅应当反思和研究工程美，而且应当研究不同工程美的境界问题。②

李伯聪还进一步推进医学工程研究。他指出现代社会中存在着对科学、技术、工程和医学的混淆。"科学技术工程三元论"并不否认三者间的密切联系，而是强调三者"各自有其身体特性"。他从名实关系和语言分析角度对"医"提出了双重"三维论"观点：第一重"三维论"认为"医"之含义包括医疗活动之"医"、医疗角色之"医"、社会医

---

① 李伯聪：《工程哲学：回顾与展望》，载《哲学动态》，2021年第1期。
② 殷瑞钰、李伯聪等：《工程哲学与真善美》，载《工程研究——跨学科视野中的工程》，2021年第4期。

事制度之"医";第二重"三维论"则是医疗活动之中包含的医理、医术、医疗实践。①

4. 科学、技术与社会（STS）

STS 始终是科学技术哲学研究的重要领域，学者们围绕科学与伦理、技术治理等重要和热点问题展开深入研究，既注重把握 STS 研究的总体趋势，又关注跨学科的实践研究。

科学与伦理相关问题得到全面梳理与阐释。中国科学院大学教授李醒民的《科学与伦理》② 一书，紧紧围绕科学与伦理这一中心，针对其中包括的主要议题，如科学的善恶、科学与伦理的关系、科学家对社会的道德责任、科学与军事、政治的关系、爱因斯坦的伦理思想、基因技性科学与伦理、人工智能与伦理、中国学界的学术不端行为等问题，进行了全面深入的剖析与探讨。该书的出版不仅极大地深化了科学与伦理研究的理论探讨，其中关于一些重要问题的独到见解对于相关科学和技术政策的制定具有较大的现实意义。

技术治理的理论与实践研究进一步深化。刘永谋指出，20 世纪未来主义学派的代表人物丹尼尔·贝尔所预测的后工业社会，实质上是以"智能技术"为基础的技治社会，即智能治理社会。智能治理社会的问题在于技治社会的文化冲突，文化反抗是技治社会最重要的冲突形式。他认为，贝尔从社会、政治和文化三大结构的变迁描绘智能治理社会的蓝图，提出了许多有价值的观点和问题。但是，其对技术理性与民主政治、人的解放之间存在的矛盾关系考虑得还不够深入，虽然考虑到了智能治理的一些问题，但基本上赞同技术治理的总体主义推进，即将整个社会按照技术治理的逻辑来安排，这种看法过于乐观。智能治理社会将是高效社会，但同时是高风险社会，这种风险并不局限于文化领域，因

---

① 李伯聪：《"医"之双重"三维论"和"医学工程"的双重含义》，载《医学与哲学》，2021 年第 7 期。

② 李醒民：《科学与伦理》，北京：中国人民大学出版社 2021 年版。

而对智能技术运用于公共治理的后果,必须要做研究、预测和防范,谨慎推进,妥善处理,引导智能治理向造福社会的方向前进。①

刘永谋还细致分析了20世纪最著名的心理学家斯金纳的技术治理乌托邦思想,指出斯金纳的社会改造方案并非典型意义的技治主义乌托邦,其行为主义立场、行为控制方法以及文化设计理论,是美国历史文化的传承,具有很强的清教主义情绪和乌托邦传统,极度推崇理想化的科学技术,启发性很强;但也存在诸多问题,如将价值并归于事实,无视人的价值与尊严,使每个人彻底原子化等。斯金纳的社会改造方案属于技术治理"个体改造路径",有一定的现实意义,但必须谨慎选择和实施,避免忽略意义工程。②

STS的总体研究持续推进。北京大学哲学系教授刘华杰认为,对科技的探究成为"科技元勘",也叫科学技术论,它包含一系列先后发展起来的学科。科学传播学、科学伦理学和科学政治学将成为其中的新三论,以区别于原来科学哲学、科学史、科学社会学之老三论。受笛卡尔"普遍数学"的影响,从多种初级学科逐渐蒸馏出当下主流的西方科学。此科学与同期出现的"万能等价物"思想相结合,在帝国主义时代表现出一种权力意志,威胁着天人系统的可持续生存。新三论瞄准的是科学治理而非对"科技做大"的膜拜。③

彭家锋、刘永谋尝试对STS第三波浪潮的转向进行较为精准的定位。STS的"第三波浪潮"研究提出已近二十载,但较前两波浪潮,它究竟发生了哪些方面的转变,学界对此仍意见不一。在他们看来,第三波浪潮研究主要完成两大转向:一是在认识论上主张知识基础的实践转

---

① 刘永谋:《智能治理社会的蓝图:丹尼尔·贝尔的技术治理思想》,载《晋阳学刊》,2021年第5期。

② 刘永谋:《行为科学与社会工程:斯金纳的技术治理思想》,载《山东科技大学学报(社会科学版)》,2021年第8期。

③ 刘华杰:《科技元勘或科学技术论:从学术探究到社会治理》,载《自然辩证法通讯》,2021年第8期。

向，即从以命题性知识为基础转向以技能性知识为基础；二是在价值立场上主张科学争论研究的规范性转向，即从对科学争论进行价值中立的描述性研究转向重视科学价值的规范性研究。第三波浪潮开启了极具愿景的研究方向，但面临诸多挑战。当前第三波浪潮深入推进，对转向做出最终评价还为时尚早。①

STS 研究也越发呈现出跨学科交叉的趋向，学者们愈加关注具体的社会实践问题。李晓洁、丛亚丽认为，健康医疗大数据面临的公平问题，已经由小数据时代关注对风险和负担的公正分配转向关注机遇（受益）的公正分配。因而，需要权衡个体权利和共同善，在关注公共健康发展的共同利益的同时，也要注重个体隐私权、知情同意权的保护。②

5. 自然哲学

自然哲学问题是科学技术哲学研究的经典问题，学者们的相关研究不断取得进展。

2021 年诺贝尔物理学奖颁给三位在复杂系统研究领域做出重大贡献的科学家，以褒奖他们的研究推进了气候和地球系统科学的进一步发展。受这一学术界重大事件影响，国内科学技术哲学领域对系统科学、复杂性科学的讨论掀起了热潮。2021 年《自然辩证法研究》杂志围绕系统科学研究组织了"当代系统观念与系统科学哲学"专题，发表多篇论文，深化了这一学科热点问题的研究。董春雨、熊华俊从系统演化过程的对称与非对称关系即"对称疑难"入手，着重强调了过去被人们常常忽视的非对称涨落在系统演化中的重要地位，认为涨落借助于"初值敏感"这一杠杆，作为演化的动力，不仅可以打破系统演化过程

---

① 彭家锋、刘永谋：《论 STS 第三波浪潮的两大转向》，载《科学与社会》，2021 年第 1 期。

② 李晓洁、丛亚丽：《健康医疗大数据公平问题研究》，载《自然辩证法通讯》，2021 年第 7 期。

的对称僵局,而且体现出其特有的随机特征,表明我们所在的这个世界并不是最优世界,而是一系列对称的可能世界中最幸运的一个,是在涨落的推动作用下变成显示,在本质上是"被冻结的偶然事件";进而指出,考虑到系统演化在绝大多数情况下的不可逆性,是可以承认我们世界的独特性的,这样就可以说涨落本身就成为一种不断创造的源泉和工具,即没有非对称的涨落,世界将是停滞不前的和死气沉沉的。这也就意味着,系统的演化是对称与非对称的统一,是必然性与随机性的统一。①

清华大学科学史系教授吴彤、于金龙认为,贝塔朗菲的传统系统观念具有抽象主义特征和认识论和方法论上的局限性。基于对系统定义的再理解、新科学哲学思想以及马克思主义哲学对传统系统观念的批判和对系统本质的反思,他们提出一种新系统哲学的可能。新系统哲学主张多元性与地方性系统观,体现为介入主义的实践性、多元主义的地方性、建构主义的动态性以及整体与破碎的相容性等特征。新系统哲学对思维观念的转换和多元价值的尊重与重塑具有理论启发和实践意义。②

刘劲杨聚焦自然观问题,认为整体论的基本问题是整体与部分的含义,且不同整体论呈现出整体与部分及其关系的不同界定,而这些界定的混淆往往导致了整体论讨论难以深入。因此,要想推进整体论研究,首先要澄清整体与部分;其次,分析整体与部分界定的词项、关系、维度的多层关联;最后,在构成维度下,分析一与多对立导致的"组合难题"的三种形式,进而提出要解决组合难题,其可能路径是由构成转向生成。③

---

① 董春雨、熊华俊:《论作为复杂系统演化推力的涨落及其意义》,载《自然辩证法研究》,2021年第11期。

② 吴彤、于金龙:《新系统哲学:多元与地方性系统观念及其意义》,载《自然辩证法研究》,2021年第11期。

③ 刘劲杨:《论整体、部分及其构成——整体论视角的形式分析》,载《中国人民大学学报》,2021年第7期。

朱科夫梳理了量子力学的历史进程，指出矩阵力学和波动力学是量子力学的两种早期形态，前者由海森堡、约当、玻恩提出，后者由薛定谔提出。1926年，薛定谔给出二者之间等价性的证明。随后，泡利、狄拉克、约当、冯·诺伊曼等人或是为等价性证明给出新的版本，或是给出了间接的论证。这两种力学现在已被表述为海森堡绘景和薛定谔绘景。他还提出了在当代数学物理研究中从量子化问题出发对其等价性做出的新考察。①

计彤、李傲挺关注人与自然关系问题，认为"生命共同体"论是生态危机视角下关于人与自然关系的科学论断。他们通过对"生命共同体"概念及其理论的历史溯源，探索"生命共同体"的方法论建构过程，分析"生命共同体"对传统方法的超越，进而主张生命共同体方法论的建构不仅仅是合逻辑的思维运动，也在实践中不断验证与完善；同时生命共同体方法论关注生命个体的有机属性与生命群体的共荣状态，既描摹系统内部结构的有序性，也关照以生命为要素构成的系统整体功能的"活性"。②

6. 科技思想史

科技思想史是科技哲学研究中的重要组成部分，为科技哲学研究提供重要的哲学史思路。近年来随着新工科思路的提出，科技思想史研究也得到更多关注。

中国人民大学哲学院教授刘大椿长期致力于西学东渐与中国近现代科技转型问题研究，并取得重要成果。"西学东渐"即把西方科技和文化传入中国，人们通常认为西学东渐、师夷长技之事肇始于晚清。刘大椿把这一历史事件大大前推，并且一直追溯到明末第一批耶稣会传教士

---

① 朱科夫：《矩阵力学与波动力学等价性证明的历史分析》，载《自然辩证法通讯》，2021年第3期。

② 计彤、李傲挺：《科学方法论视野中"生命共同体"的创新性研究》，载《自然辩证法研究》，2021年第11期。

所开启的西学东渐。他认为传教士1583年开始将西方科技大规模传入中国,中西方科技和文化真正出现交集,由此为西学东渐的开端。1583—1949年的中国科技转型可以概括为两波西学东渐浪潮。第一波是1583—1840年,其间利玛窦与徐光启的合作是西学东渐的成果标杆。在1700—1853年进入所谓康乾盛世,使得西学东渐提出的学习西方近代科技、实现近现代科技转型的愿望夭折。1840年鸦片战争爆发,正式成为西学东渐的转折点,进入1860—1949年的第二波西学东渐。从1860年发起的自强运动成为中国近代科技转型开始的主要标志。1911年辛亥革命结束后,北洋政府和国民政府持续推动了科技和教育的现代转型。[1]

在梳理以上历史演变的基础上,刘大椿进一步分析了中国近现代科技转型存在的问题:一是认为传教士为中国科技发展确实带来了积极的影响,耶稣会士与中国士人的互动为西学东渐的重要潮流;二是进一步追本溯源回答了"李约瑟问题",指出了在爱因斯坦说法之外的、自清中叶开始的固步自封的问题;三是认为17世纪中国科技转型的可能性是存在的,亦同样受困于闭关锁国、文化专制;四是明确肯定嘉乾学派在文本和历史上的卓著成果,同时也指出了其在自然科学领域上的渐行渐远;五是指出尽管师夷长技的内涵是不断变化和深化的,但依旧可以理出一条清晰的线索,即坚定的思变求进、变中有常。他认为当代学人应以史为鉴,从科学社会史的角度去思考中国近现代科技转型,乃至中国近现代社会转型,科技传播对中国近现代社会变革所产生的影响,应当是一个全新的视角。

(三)重要学术活动

2021年,北京各高校、科研机构及学术团体积极搭建学术交流平

---

[1] 刘大椿:《西学东渐与中国近现代科技转型的若干问题》,载《天津社会科学》,2021年第7期。

学科报告

台，灵活开展学术交流活动，频繁举办高质量学术讲座、学术会议、学术论坛，有力地推进了科学技术哲学学科的建设与发展。

1. 持续培育精品学术讲座，推动学科基础理论研究和学术创新

中国科学院大学人文学院的"科学与人文讲座"本年度共举办24期，题目分别为"科学史与科学哲学联合研究——路在何方""近期数学史研究进展管窥""当代数学哲学问题及一种回答""中国科学院与两弹一星""机械计算机发展史""工程职业与道德力""哲学与认知科学的双重挑战""布什报告75载：从历史到现实""公元前3千纪的物种全球化""人工智能时代的智能折叠与伦理重构""'自然'在中国——从罗界、伊懋可、杨儒宾的不同观点谈起""有壳机动，明德何用——赛博格时代的机器人伦理困境""从汉代天文看中国古代科学的思维特点""文明危机与第二开端的哲学""语境、对比与知识归属""图像与指称""技术谱系与技术基因""从古代泥版到近代印本：西方早期科学史文献学说略""宏微之间——冶金考古三例""社会科学的个人主义与整体主义""世界气象科学的历史与哲学反思""大变革时代科学与伦理的'碰撞'""人类胚胎研究'14天规则'的挑战与出路""人类心灵起源问题研究的回顾与思考"。众多知名专家学者对于学科基础理论问题和前沿热点问题的深刻洞见与精彩阐释，不仅体现了学科学术研究的日益专业化和规范化，也极大地开阔了师生的学术视野。

2. 加强高水平学术研究平台建设，推进学科前沿问题研究

2021年5月28日，中国人民大学哲学与认知科学跨学科交叉平台主办"机器人伦理1.0"学术研讨会暨平台年度规划启动仪式。人工智能界、计算机科学界、认知科学界、哲学界和艺术界的近百名专家学者参加了本次会议。会议采取特邀报告和圆桌对话相结合的形式，聚焦于机器人的伦理问题进行深入研讨。

薛少华指出，机器人伦理学是涉猎领域非常广泛的学问，几乎涵盖了人类方方面面的众多领域。机器人伦理学讨论在当下社会具有重要现实价值，这其中涉及人的强烈情感投射。他着重分析了机器人伦理的生态式研究路径，认为机器人生态研究路径主要有三种，分别是机器人学的生态路径，机器人交互设计的生态路径和机器人伦理的生态路径。

陈小平提出，机器人伦理问题存在三个重大挑战。一是如何理解人工智能和机器伦理的终极使命。二是AI发展中所遇到的问题恰恰并非因为技术发展太快所导致，而是源于全球AI发展不够快，特别是在产业落地上做得不够好。三是长期效应和界外效应。最后一个重大挑战在于情感上的人机交互。这项技术带来的长期后果可能是出现"非人非物、亦人亦物"的第三类存在，也将对人机关系本身造成长远影响。在情感人机交互的这一重大挑战面前，应该坚持公义原则，将市场要素和非市场要素的公义性组合，兼顾人性原则与商业利益。

曾毅聚焦人工智能的伦理挑战问题，指出在当下人工智能技术的发展过程中，存在一些用技术的手段去回避可能存在的伦理风险的问题；在阐述了人工智能的未来发展路径与相关的伦理考量后，总结了三种人工智能发展的模式，主张只有从构造自我、构造生命的本源的最基本要素开始，考虑到人类的情感与认知共情，以及人的脆弱性，在这样的基础上去发展，才可能使人工智能去学习人类的道德伦理规范。

段伟文关注人机共生问题，指出人机共生时代的一个特点在于人类智能与机器人智能之间的转换，这个过程实际上是不断地把人的智能转换为机器的智能。对于机器人伦理的理解也应该采取一种更主动的姿态。人类可以在生活中主动建立一种新的社会契约去应对人机共生的现状，可以随时随地将某种检测开关断掉，为争取自己随意运用理性和情感的空间动用一些伦理智慧。

邱仁宗直指机器人伦理研究的根本原则问题，强调无论是目前的机器人，还是在可预见的未来，所谓的机器人都不能成为人，它只是可编程的机器。由此，机器人不能成为行动者，更不是道德行动者。他认为，对于机器人伦理的讨论必须确立这样一条原则：是人，而非机器是负有责任的行动者。由人来承担责任可以看作是一项道德至上律令。如果在未来机器人具备了成为道德行动者的条件，那么在设计"人工道德行动者"（artificial moral agent，AMA）系统时需要强调自主性和道德事实敏感性这两个维度。而这些工作无论对于机器人学科技人员，还是对于哲学研究者来说都是艰难的挑战。

总之，本次会议作为学界盛会，充分展示了学术研讨的高质量、高水平。会议取得的丰硕成果，产生了巨大的学术影响力。

3. 积极承办国际学术论坛，提升学术交流国际化水平

9月20日，北京自然辩证法研究会联合北京科普发展和研究中心共同承办的"开放科学与科学教育国际论坛"成功举办，论坛采用线下与线上相结合的方式，来自中国人民大学、中国社会科学院、北京师范大学、华南师范大学、荷兰乌得勒支大学和英国西英格兰大学等国内外近30位专家学者参加会议。学者们主要围绕"开放科学与科学研究、开放科学与科学教育、开放科学与科技治理"等议题进行了精彩的交流讨论，提出诸多创新性见解与观点。一是规范性与开放性是科学的基本品质。开放科学的含义涵盖开放方法、开放资源、开放数据、开放获取、开放同行评审和开放教育等诸多方面，在倡导开放科学的同时，既需要公众参与和开放获取，也需要发挥科学传播和科学教育的潜质，需要处理好开放科学与研究可靠性之间的平衡。二是开放科学需要创新教育，需要培养科学素养。三是开放科学为科技共同体内部的公共治理问题和科技与社会、自然交汇层面的公共治理问题提供了解决机制和途径。此次论坛立足国际化视野，不仅加强了本学科的国际学术交流，而且论坛所取得的成果对于推进科学与教育事业的健康发展，推进国家治理现代化都具有重要的理论价值和现实意义。

4. 精心举办全国性学术年会，全面呈现学科特色与学术成就

12月10日，"中国自然辩证法研究会庆祝建党100周年、研究会成立40周年大会暨2021年学术年会"以线上方式隆重召开。自然辩证

法界老前辈、广大会员，以及来自全国各高校和科研院所的专家学者300余人出席会议。大会分为开幕式、特邀报告、分会场交流报告三个阶段。报告主题涉及中国共产党百年与自然辩证法在中国的传播与发展、中国共产党百年与科技创新、马克思恩格斯自然辩证法思想和文献研究、马克思主义科技观、自然辩证法在中国的理论与实践、自然辩证法教育与教学、自然辩证法与中国文化、自然辩证法与前沿科技相关问题、自然辩证法与中国科技自立自强、自然辩证法与国家"十四五"规划相关问题研究、自然辩证法与后疫情时代的科技与社会等议题。老中青三代学者同聚一个网络空间，分享彼此的学术智慧。无论是关于经典文本的解读，还是对科技前沿问题的哲学审视，都既具有理论性、学术性，又具有时代性、现实性，体现了科学技术哲学的学科特色，也展现了科学技术哲学富有理论价值和时代价值的研究成果。①

（四）社会服务效能

2021年，北京科学技术哲学学者面向首都和国家经济社会发展重大需求，以理论研讨、建言献策等形式，汇聚智慧，服务国家与社会，效果显著。

1. 以学术研讨推动国家科技创新中心建设

1月30日，北京自然辩证法研究会通过线上方式，成功举办了"国家科技创新中心发展战略综合性论坛"。来自中国农业大学、中国科学院、首都科技发展战略研究院、中国科协创新战略研究院等在京高校院所共60余位专家学者，围绕"科技创新发展试验、科技创新组织机制、科技创新建设经验"等议题进行精彩的报告交流。

刘海波聚焦科技成果转化问题，认为应用场景是链接科技成果转化

---

① 赵月刚：《中国共产党百年与自然辩证法——中国自然辩证法研究会庆祝建党100周年、研究会成立40周年大会暨2021年学术年会综述》，载《自然辩证法研究》，2021年第12期。

利益关联主体的有效手段,建议对于新技术应分段设计应用场景,尽早启动各方利益链的运转,并提出了活用应用场景、促进转移转化的P—Q模型。刘益东强调国际科技创新中心建设的关键策略是鼓励原始创新,鼓励原始创新的最好方式是通过互联网+代表作的开放式评价方法让完成人及时胜出。颜振军关注产业孵化与 AI 赋能对科技创新中心建设的突出作用,认为北京国际科创中心建设应把产业孵化作为重要的抓手。李建军建议通过政府购买服务等可能的体制机制创新打造独具特色的"人工智能社区",以有效化解新一代人工智能的风险防控与创新探索之间的必要张力。林坚主张创新发展要立足资源环境承载能力,构建形成城市化地区、农产品主产区、生态功能区三大空间新格局,为城市创新建设提供合理的空间布局保障。总之,与会专家学者的理论分析和对策建议必将进一步推动国家科技创新中心建设。

2. 以决策咨询建议服务首都经济社会发展

作为市科协智库建设重点基地,北京自然辩证法研究会积极组织专家学者围绕关于首都建设与发展的重大现实问题和热点问题开展决策咨询服务。本年度智库基地先后向市科协提交了包括研究报告、决策咨询建议共计 20 项研究成果。其中,《关于借鉴日本筑波科学城高精尖成果就地转化经验促进北京三大科学城发展的建议》与《关于推进北京高校工程伦理教育社会共建的建议》转化为北京市政协十三届四次会议的委员提案;《关于以数字产业技术促进北京红色遗迹保护和宣传的建议》以《利用数字经济和技术优势加快推进我市红色资源数字化提升保护利用和宣传水平》为题刊发在北京市政府研究室主编的《市长参阅》上,并获北京市委领导批示,《北京市稳外资工作建议》得到北京市领导批示。此外,智库基地的专家还先后在相关期刊和报纸发表了十余篇有关"党建、科技伦理、科技创新、数字乡村、数字素养"等文章,为推动首都经济社会发展做出了应有的贡献。

(五)问题与展望

尽管2021年科学技术哲学学科学术研究取得了显著成就,但仍有以下方面需要改进与提高。

首先,我国科学技术哲学研究已经基本上摆脱了长期跟随的局面,但是还没有完全建立健全属于自己的学科体系、学术体系和话语体系。当下科技哲学研究已经高度分化,朝向具体问题研究。例如心灵哲学和生物学哲学等研究领域,虽然学者云集,已然不大可能出现像卡尔纳普,库恩这样的泰斗人物。人们对宏大叙事和完美知识论建构相对失去了兴趣。从这个角度上来说,前沿的科技哲学讨论不再是一边倒的输入,仅仅是简单的翻译和转译工作很大程度上失去了重要性。在这种情况下,科学技术哲学研究的范式需要保持反身性,积极从中国传统文化资源当中寻找新思路。尤其是在技术哲学和STS的研究中,地方性内容应该成为研究的构成性要素,使研究能够扎根大地,研究中国的具体的情况,给国际学界提供新的参照,新的思路。借此推动真正意义上的双向互动,促进思想交流。

其次,科学技术哲学研究虽然能够及时关注一些科技发展的新现象,例如人工智能,元宇宙等问题都在学界引起了热议,但针对这些问题的专门研究著作还没有出现。尤其是针对这些问题开展起来的交叉科学研究工作仍然凤毛麟角。基本情况仍然是科技哲学人做哲学,很少和人工智能专家、元宇宙工程师一起开展深入合作,走入实验室和产业中去。大多数工作仍是对前沿技术可能面临的挑战进行概念澄清和未来展望,其讨论带有一定程度上的科幻特征。真正地深入到技术的本质当中,打开技术的黑箱,在此基础上进行深度哲学反思的工作仍显不足。例如元宇宙研究,该技术不是一个简单的虚拟现实,也不是一个增强现实。元宇宙依托区块链技术、加密货币技术和感官模拟技术,长远来看它的技术底层逻辑将对当下的现实造成巨大的挑战。深入研究元宇宙的本体论意蕴及其所带来的各种具体的伦理风险,势必要充分了解它的底层技术逻辑架构和工程可能。这必然要求科技哲学研究学者同相关领域的专家进行广泛深入的研究合作。要实现这种深入的实质性联动和互动，光靠科学技术哲学研究者的主动性是不够的，仍然需要从高层进行设计，通过特定的交叉研究项目的设置，打破学科壁垒，充分鼓励哲学和相关的具体科学的深入实质性合作。

最后，随着人类社会的深度科技化，科技伦理风险突出，科技伦理问题得到国家前所未有的重视。可惜的是科技伦理相关研究还没能进入深水区，基础理论未有突破。科技伦理的定位尚不清楚。科技伦理问题目前很大程度上是被当成了一个应用伦理问题，尚没有特别系统的、新颖的专门著作出版。科技伦理研究被还原为应用伦理研究，意味着考察的对象被限定为特定技术对社会规范和价值所带来的具体挑战。这样一来，科技伦理就被当成了伦理学的应用。在此视域下，科技伦理研究必然完全侧重对既有伦理学理论的继承，将其应用在分析科技所带来的挑战上。科技哲学研究者的优势只体现在对前沿科学技术有较为深入的了解，但在规范性资源方面，还是要依靠传统的伦理学。

这一思路并无不妥，但如果被当成是唯一的思路，则容易忽视科技伦理的科技特性。科技特性指的不是科学技术的工程特点，而是指的科学技术活动和实践本身的价值维度。在旧有思路中，科学技术仅仅被当作中立的工具来使用，科技伦理蜕化成一种后见之明，无法预见科技使用可能的风险。鉴于此，科技伦理研究需要把自身当作一个崭新对象，就其方法论和问题域进行深入研究。科技伦理研究要建构自己的科技伦理理论，就势必要求我们从科学技术哲学角度进一步深挖科技和工程活动的价值维度。近年来，已经有学者从"道德物化""负责任创新"等角度剖析了技术的价值和政治内涵。但如何能够重构这些西方前沿理论，将之同中国传统资源相结合，尝试建构富有中国特色的科技伦理学话语体系，还没有出现专门的尝试，研究还未进入深水区。

（执笔人：王小伟　程倩春）

六、发展态势与研究反思

综上所述，2021年北京哲学学科成绩可喜，分支学科成果丰硕，亮点突出。从发展态势来看，有以下几点比较明显：

1. 马克思主义哲学研究的现实性增强

这当然是在保证学术性的前提下实现的，但对于以往片面和狭隘理解的学术性在一定程度上有纠偏的作用。诸如人学研究、价值论研究、政治哲学研究，特别是现代化道路研究、国家治理研究等，都具有鲜明的现实针对性，有些成果也实现了理论上的突破。这种以现实问题研究带动基础理论研究的趋势值得高度肯定和提倡。

2. 中国哲学研究的学科自觉和主体性凸显

学者们总结了学科的属性和方法，在中国哲学史的书写范式上实现了以主体性为特点的创新，进一步凸显了中国哲学的特色。值得重视的是儒家经学哲学研究和从概念史转入观念史的中国佛教研究，二者同时在一定程度上影响着中国哲学学科的理论建设和学术发展。

3. 西方哲学研究优势明显亮点突出

在古希腊哲学和近现代哲学这两个传统优势方向，学者们的研究进一步深化。在中世纪哲学和文艺复兴时期哲学这两块短板上，也取得了一些可喜的新成绩。

4. 美学研究进一步分化和深化

基于学科惯性，美学学术脉络在美学本体论基础上，不断向中国美学、西方美学、艺术美学、当代美学、美育等研究领域扩展深入，在前沿问题上也持续推进，美学学术研究因此迎来了丰富的多样的课题，美学知识生产和理论供给越来越丰富。

5. 科学技术哲学研究全面推进

在继续深化基础理论研究的同时，聚焦"自动驾驶""脑机接口"

等新技术应用所带来的科技伦理问题,大数据、人工智能技术应用所引发的技术治理问题以及"负责任创新"等问题,开展深入的理论探讨与学术交流。与此同时,继续发挥学科优势,注重重大社会和现实问题研究,服务首都及国家经济社会发展。

总体来看,2021年北京的哲学研究继续走在全国前列,而中国哲学研究甚至处于国际领先水平,带领着全国哲学学科不断走向进步和新的发展阶段。

不过,如果从更高的标准来看,北京哲学学科学术发展尚存在有待改进的地方,还有进一步提升的空间。(1)学科交叉融合有待进一步加强。虽然近年来学科对话有所进步,但长期形成的二级学科各自为政的局面很难打破。(2)学术体系和话语体系有待进一步更新。这就需要真正聚焦于前沿性问题研究,同时对中国传统哲学话语和西方哲学话语的创造性转化,形成一系列适应时代和实践发展需要的概念术语,为学术体系创新奠定坚实基础。(3)哲学研究的原创性必须提升。虽然我们取得的成果很多,但真正具有原创性的成果却是凤毛麟角。只有走出"从文本到文本"的观念论误区,调动和凝聚丰富的哲学智慧资源,破解"世界百年未有之大变局"的重大难题,才能为实现中华民族的伟大复兴做出无愧于时代的新贡献。这也是北京乃至全国哲学界应该为之而努力的方向。

(执笔人:杨学功)

附：推荐论文及著作

一、论文

1. 仰海峰：《问题意识、思想型与知识地图——关于马克思主义哲学研究方法论的思考》，载《中国社会科学评价》，2021 年第 1 期。

2. 李德顺：《国家治理的主体向度》，载《山西大学学报》，2021 年第 2 期。

3. 陈来：《中国哲学史的学科属性与方法》，载《中国哲学史》，2021 年第 4 期。

4. 李祥俊：《儒学"天"观念的含义演进与思想特征》，载《社会科学战线》，2021 年第 2 期。

5. 赵敦华：《中世纪建筑与柏拉图几何学》，载《社会科学战线》，2021 年第 1 期。

6. 张志伟：《重思伦理学与形而上学之间的关系——以海德格尔为视域》，载《道德与文明》，2021 年第 1 期。

7. 高建平：《他律、介入、为民——百年中国马克思主义美学历程》，载《文艺研究》，2021 年第 7 期。

8. 刘成纪：《礼乐美学与传统中国》，载《学术月刊》，2021 年第 6 期。

9. 段伟文：《深度科技化与中国技术哲学的未来之路》，载《哲学动态》，2021 年第 1 期。

10. 刘大椿：《西学东渐与中国近现代科技转型的若干问题》，载《天津社会科学》，2021 年第 7 期。

二、著作

1. 陈新夏：《唯物史观价值取向当代建构》，北京：首都师范大学出版社 2021 年版。

2. 韩蒙：《马克思思想变迁的社会主义线索》，南京：江苏人民出版社 2021 年版。

3. 丁四新、龚建平：《中国哲学通史·秦汉卷》，南京：江苏人民出版社 2021 年版。

4. 匡钊：《先秦道家的心论与心术》，北京：中国社会科学出版社 2021 年版。

5. 孙帅：《抽空：加尔文与现代秩序的兴起》，北京：商务印书馆 2021 年版。

6. 寇鹏程：《中国古典美学精神》，北京：科学出版社 2021 年版。

7. 曾繁仁：《曾繁仁文集》，北京：中国社会科学出版社 2021 年版。

8. 吴彤、孟强：《科学实践哲学：基本问题与多重视角》，北京：科学出版社 2021 年版。

9. 刘永谋：《技术的反叛》，北京：北京大学出版社 2021 年版。

课题组成员名单

课题组组长： 杨学功
课题组成员： 黄志军　丁四新　杜丽燕　王玉峰　宋　瑾
　　　　　　　史　红　程倩春　王小伟

2022年度北京哲学学科学术发展报告

北京作为中国的首都，拥有全国最为齐全的哲学学科设置，最为雄厚的哲学队伍和研究力量。北京市哲学会现有会员435人，涵盖首都高校和科研机构的老中青三代学者，从而保证了北京哲学学科在全国的领先地位。2022年度，北京哲学界创新学术活动方式，深入开展学术研究，开拓新领域，提出新问题，深化理论创新，取得一系列富有特色的高质量研究成果，在若干前沿热点问题研究上取得明显突破，进一步保持和巩固了在全国的领先地位。

本报告旨在通过对哲学学科学术发展状况的全面梳理和总结，对本年度所取得的学术成果的盘点和评论，促进北京哲学学科学术共同体建设，推动北京哲学学科学术理论创新和学术人才成长，为构建中国特色哲学社会科学学科体系、学术体系、话语体系做出无愧于首都地位和哲学学科的独特贡献。根据北京市哲学会的业务范围，本报告主要综述以下五个分支学科的研究进展：（一）马克思主义哲学；（二）中国哲学；（三）外国哲学；（四）美学；（五）科学技术哲学。

一、马克思主义哲学研究进展和发展态势

在新时代和新的历史条件下，马克思主义哲学在完善现有的哲学

学科知识和思想体系、建构中国自主的知识体系，推动中国式现代化、人类文明新形态等方面具有举足轻重的重要作用和基础地位。2022年，北京市各高校和科研机构的马克思主义哲学研究力量，紧扣新时代的新任务、新发展和新问题，围绕中国式现代化的哲学探索，马克思主义哲学经典著作和基础理论研究，以及马克思主义人学理论、马克思主义政治哲学、政治经济学批判与现代社会等主题，展开了卓有成效的研究。

（一）重要学术活动

2022年，北京市哲学界举办了数场重要的学术会议。虽然受疫情影响，大部分会议都采取了线上的形式，但是从学术会议的主题和内容来看，彰显了这些会议的学术含金量，以及学者们对时代问题的深度关注。北京市哲学界集思广益地对马克思主义哲学中国化、马克思主义哲学基础理论和当代价值等议题进行研讨。为深入学习贯彻党的二十大精神，深化马克思主义哲学中国化时代化新境界研究，中国人民大学哲学院举办"马克思主义哲学中国化时代化的新境界"学术研讨会；从黑格尔和马克思的关系角度出发研究马克思主义哲学及其当代价值，清华大学哲学系举办第五届清华大学中日哲学论坛；为思考和应对在变化的不确定的世界如何凝聚价值共识，北京师范大学哲学院举办"变化世界中的价值观2022"国际学术研讨会。从研讨的内容来看，主要反映了学者们在建构中国自主知识体系、关注当代世界发展的哲学担当，以及厚植马克思主义哲学的基础理论等方面的研究进展。

2022年2月19日，由清华大学和日本驹泽大学联合主办、清华大学马克思恩格斯文献研究中心和人文学院哲学系承办的"黑格尔与马克思——第五届清华大学中日哲学论坛"在清华大学人文楼举行。来自日本一桥大学、日本驹泽大学、日本东京农工大学、日本京都大学、德国波鸿鲁尔大学、清华大学、中国人民大学、北京师范大学、北京理工大学、北京科技大学、北京林业大学等国内外高校的数十位学者，通过线上线下相结合的方式进行了深入交流。清华大学马克思恩格斯文献研究中心主任、人文学院副院长、哲学系教授韩立新主持会议。

在开幕式上,韩立新教授和日本一桥大学荣誉教授岛崎隆分别致辞。韩立新教授点明了会议主旨和意义,介绍了会议议程,并代表清华大学向日方学者表达了问候。岛崎隆教授表示,日本研究马克思和黑格尔的学者很多,但是能够真正结合二者进行研究的学者不多。从黑格尔和马克思的关系角度出发进行研究,可以加深对理论界很多重要问题的理解,正是在这个意义上,中日哲学论坛大有可为。

在上午的会议中,清华大学哲学系硕士研究生李闫涛做了题为 Material Needs and Objective Activity: Reinterpretation of Young Marx's Social Concept and Its Formation——Starting from Hiromatsu Wataru's "Overwhelming Influence of Moses Hess" Hypothesis(《物质需要与对象性活动:对青年马克思社会概念形成的再解读——从广松涉"赫斯压倒性影响说"谈起》)的报告。在报告中,李闫涛认为,广松涉以"人"的概念和"人—社会"的发展逻辑两个问题为切入点,建立了青年马克思思想发展介于费尔巴哈和赫斯之间的解读结构,认为马克思从费尔巴哈转向赫斯,实际受到赫斯社会关系及其生成逻辑的深刻影响。而他通过重新梳理费尔巴哈与赫斯两人社会概念的生成过程后认为,费尔巴哈在解释类本质的存在论问题时,将"人"归结为感性存在的主体,并在对对象人的相互关涉中建立起两个人的"社会";赫斯则在费尔巴哈无中介的社会认识之内,将"人"的本性归纳为自我意识的自我运动,一切物质性的社会联系作为他人自我意识的产物,在决定"人"的劳动行为时,都将构成对"人"本质的侵犯,因此在共产主义阶段只能建立起纯粹精神领域的直接交往,物质交往关系则将终结。与费尔巴哈和赫斯都不同的是,马克思早在《提纲》、甚至《巴黎手稿》中就接纳了黑格尔"物象本身"的劳动—交往视野,并以个体的物质需要属性作为类本质的替代物,需要的个人在以交换为目的的劳动活动中既建立起自身与劳动产品的对象性关系,又进而建立起与商品市场,以及与其他个体的以商品为中介的联系，共同编织为一幅复杂的社会图景。

下午的会议由清华大学马克思恩格斯文献研究中心梁爽博士主持。在下午会议的第一阶段中，日本东京农工大学特任助教柏崎正宪做了题为 A Radical Perfectionist's New Vision of Civil Society: Marx's Critique of Hegel, Bauer and Stirner（《一个激进完美主义者的市民社会新视域：马克思对黑格尔、鲍威尔和施蒂纳的批判》）的报告。柏崎正宪在报告中提出，马克思本人并未对人类平等的伦理思想进行过体系性的阐述，但我们依然能够从马克思的早期文本中看出，马克思在平等问题上持有一种每个人都具有完美潜质的观点。年轻的马克思是一个激进的完美主义者，他认为所有的人，包括最贫穷的劳动者，都应该作为社会的平等成员，在这个社会中的人们可以充分发展自己的潜力。然而更值得注意的是，马克思的理论成就与他对人性和平等的看法密切相关。年轻的马克思提供了一个新的社会愿景，作为对传统愿景的一种替代观点，得到了如鲍尔和施蒂纳等左倾追随者的认同。马克思在与恩格斯共同写作《德意志意识形态》手稿期间，他仍旧是一个完美的激进主义者。他们在1845—1846年的合作在某种意义上可以被视为一种设想，即一个从政治形式中解放出来的社会。尽管在其理论发展过程中存在着断裂，但年轻的马克思的思想发展在更深的层次上有一种一致性，而这种一致性正是由马克思的完美主义理想实现的，他的完美主义理想能够弥合马克思的思想中存在的差异，同时促成马克思成为自觉的唯物主义共产主义者。

在下午会议的第二阶段中，日本京都大学特别研究员饭泉佑介做了报告，题目为 Beings, Concepts or Something Else: On the Subject of Hegel's Logic as Metaphysics（《存在、概念或其他：论作为形而上学的黑格尔〈逻辑学〉的主题》）。饭泉佑介认为，形而上学视域下的《逻辑学》的真正主题，不是"存在"或"概念"，而是维特根斯坦意义上的"逻辑空间"，即呈现为存在向概念的发展的整个逻辑过程是《逻辑学》真正的形而上学主题。《逻辑学》的出发点是存在与概念的统一性，存在只是概念的不完美的、潜在的形式。因此《逻辑学》的"客观逻辑"与"主观逻辑"两部分并不是相互孤立的,前者并非指独立于意识的存在。二者的真实含义,分别是"作为存在的概念"和"作为概念的概念"。《逻辑学》中从"客观逻辑"到"主观逻辑"的逻辑进程,就是概念自身的生成运动。正是这个逻辑进程("逻辑空间"),构成形而上学视域下《逻辑学》的真正主题。

在闭幕致辞环节,日本学者泷口清荣向本次会议的主办方和参会学者表示感谢,对中日哲学论坛在东亚学术界的意义给予高度评价。明石英人教授表示热切期待下次会议的举行,并希望疫情防控形势允许的时候,欢迎中方学者赴日本进行面对面的深入交流。韩立新教授代表中方学者对日方和所有参会学者表示感谢,以期进一步深化双边学术交流合作关系。

2022年4月23日,第二届"中国马克思主义哲学30人论坛"暨中国马克思主义哲学史学会中国马克思主义哲学研究分会、中国社会科学院哲学研究所—延安大学中国马克思主义哲学研究院成立大会在京举行。本次会议由中国社会科学院哲学研究所、中国马克思主义哲学史学会中国马克思主义哲学研究分会、延安大学、曲阜师范大学、中国社会科学院大学哲学院主办,由中国社会科学院哲学研究所马克思主义哲学学科、中国社会科学院哲学研究所《哲学研究》编辑部、中国社会科学院哲学研究所中国马克思主义哲学研究室、延安大学政法与公共管理学院、中国社会科学院哲学研究所—延安大学中国马克思主义哲学研究院、曲阜师范大学政治与公共管理学院承办。

会议采用线上和线下相结合的方式进行。大会主要包括三个环节:中国马克思主义哲学史学会中国马克思主义哲学研究分会成立、中国社会科学院哲学研究所—延安大学中国马克思主义哲学研究院成立并揭牌,以及第二届"中国马克思主义哲学30人论坛"。

"中国马克思主义哲学30人论坛"开幕式由中国社会科学院哲学研究所副所长冯颜利研究员主持。延安大学副校长付峰教授致辞。王立胜研究员、梁树发教授、郝立新教授分别作主题发言。王立胜研究员重点强调了中国马克思主义哲学的特征，认为实践是中国马克思主义哲学的理论硬核，并从方法的维度、活动的维度和自由的维度三个方面解读了中国马克思主义哲学的实践特征。梁树发教授集中阐述了中国马克思主义哲学的特征、实质和体系建构，他认为中国马克思主义哲学的特征表现为一般特征、根本特征和具体特征三个层次，中国马克思主义哲学的实质是当代中国特色社会主义建设哲学，体系建构要实现"四个转化"，抓住起点、范畴和结构三个要素。郝立新教授着重指出，当代中国马克思主义哲学应在文本基础上把握时代特征和回应时代问题，包括对资本的全面认识，关于科学技术的新变化及其对社会和人的生活的深刻影响，对文明问题的研究，对后疫情时代的人权和交往观念的认识等。

2022年8月20日，"变化世界中的价值观2022"学术研讨会在北京师范大学举行。本次会议由国际价值学会、北京师范大学哲学学院、北京师范大学价值与文化研究中心、北京师范大学社会主义核心价值观协同创新中心、北京师范大学哲学国际中心联合主办。来自美国、俄罗斯、罗马尼亚等国高校和国内高校、科研机构的专家学者以及学术期刊、新闻媒体代表200余人通过线上或线下方式与会。专家学者围绕"变化世界中的价值观"这个主题，分别就"世界的变化与价值和价值观念冲突""国际交流须遵循同情理解与和而不同的价值原则""马克思视野中的'世界主义'""人类文明新形态与价值重估""人类命运共同体：事实与价值""中华民族价值理想的当代重建何以可能"等作主题报告。

周作宇指出，北京师范大学具有跨学科开展价值观研究的良好基础，在价值学基础理论和实践领域有着长期的深入的研究，取得了一系列标志性成果。我们真诚期待与会学者在思想的碰撞中充分凝聚共识，为建设一个持久和平、普遍安全、共同繁荣、开放包容、清洁美丽的世界做出应有的贡献。田海平指出，作为人类中的一员，作为生活在家庭中、生活在同胞中、生活在民族或国家中、生活在普遍的人类社会中的个人，应该确立并坚守的基本价值信念包括：对人类共同价值的信念，对价值和价值观的客观性基础的信念，对价值统一性和价值最大公约数的信念以及对价值的进步性和普遍性的信念。苏瓦娜教授指出，与会学者和专家关于价值观议题的多样性和丰富性给她留下了深刻印象，在她看来，哲学是接近真理的最好方式，哲学的思辨有益于推进价值研究的不断深入。吴向东表示，人类社会价值观的撕裂、冲突与危机深层次地表现出现代性文明的历史边界和内在困境。世界历史和现代性文明以现实的危机和历史的内驱力呼唤着人类社会的价值重建。

2022年11月13日，由中国人民大学哲学院、中国人民大学国家治理现代化与应用伦理跨学科交叉平台主办的"马克思主义哲学中国化时代化的新境界"学术研讨会以线上线下相结合的方式成功举办。来自中共中央党校（国家行政学院）、中央编译局、北京大学、清华大学、中国人民大学、北京师范大学、中国社会科学出版社等单位的专家学者围绕习近平新时代中国特色社会主义世界观和方法论、以中国式现代化全面推进中华民族伟大复兴、人类文明新形态的世界历史意义等展开深入研讨。

中国人民大学郭湛教授指出，当代中国马克思主义哲学研究面临两个迫切问题：一是要把握马克思主义哲学发展整体状况；二是要加强沟通借鉴，提高整体性、综合性研究水平。他强调，我们要面对当代中国马克思主义哲学发展的总趋势，进一步凝练和挖掘马克思主义哲学学科中最具普遍性的内容，在做好本学科研究梳理的同时，也要打破狭隘的界限，走向大哲学发展状态，使马克思主义哲学发展呈现百花齐放的繁荣景象。

中央党校韩庆祥教授阐述了中国式现代化是如何创造和建构的，他强调中国式现代化是从中国特色社会主义道路中走出来的，是对中国特色社会主义道路的进一步推进和拓展，中国式现代化新道路是在世界现代化进程中独立开拓出来的。新道路包括道路、理论、制度、文化层面,要把中国式现代化道路由经验层次上升到理论层次,从话语依赖走向话语权的自信,构建中国式现代化理论体系和话语体系。

中国人民大学安启念教授对中国式现代化的五个特征,即"人口规模巨大""全体人民共同富裕""物质文明和精神文明相协调""人与自然和谐共生"和"走和平发展道路"做了深入阐发。他指出,推进中国式现代化的发展,马克思主义哲学学者应重视唯物史观的两种表述,在马克思恩格斯的著作里寻找思想资源,回答中国式现代化提出的现实问题。这是中国社会实践的要求,也是人类文明发展的要求。

清华大学特聘教授杨金海从三个方面对人类文明新形态进行阐述:一是要深刻把握人类文明新形态的历史逻辑,以马克思恩格斯为代表的19世纪的科学社会主义理论推动了现代化发展道路;二是人类文明新形态的提出是理论发展的必然,要深刻认识社会主义文明坚持人民至上的根本宗旨;三是要从总体上把握人类文明新形态的内涵,人类文明新形态回答了21世纪人类文明向何处去的世界难题,标志着中华文明和世界文明发展的新形态。

中国社会科学出版社社长赵剑英指出,党的二十大报告明确提出了习近平新时代中国特色社会主义思想的世界观和方法论,世界观和方法论是习近平新时代中国特色社会主义思想的哲学基础和思想精髓,也是整个马克思主义中国化时代化的最新成果,是对习近平新时代中国特色社会主义思想体系的进一步丰富发展。"六个坚持"是对马克思主义世界观和方法论的新表达,以习近平同志为核心的党中央从世界观和方法论的高度开辟了马克思主义中国化时代化新境界。

中国人民大学郝立新教授从"总体把握"和"贯穿其中的立场观点"两个层面阐明如何全面把握习近平新时代中国特色社会主义思想的世界观和方法论及其精髓。他指出,习近平新时代中国特色社会主义思想的"六个坚持"是习近平总书记哲学思想中的精髓,在丰富发展马克思主义哲学方面做出了原创性贡献,体现了根本性和贯通性的统一,世界观和方法论的统一,价值立场与科学态度的统一,认识论和思想路线的统一，民族性和世界性的统一。

清华大学邹广文教授指出，党的二十大报告对中国式现代化道路进行了系统表述，中国共产党的领导是中国式现代化的最本质特征，改革开放是中国式现代化实践的动力之源，市场经济是中国式现代化实现的必由之路，人民主体性是中国式现代化实践的价值旨归。他深入阐述了中国式现代化道路的文化认同和价值诉求，认为立足于中华民族伟大复兴，构思中国式现代化的蓝图，展现了中国式现代化丰富的文化魅力和时代内涵。

北京大学杨学功教授阐明了马克思主义哲学中国形态的两种形式，提出要从三个方面入手，进一步发展中国马克思主义哲学的"学术形态"：一是要形成学术研究的新思路，积极开展马克思主义哲学中国化时代化研究；二是要摆脱"学徒"状态，释放当代中国马克思主义学者的创造力，阐发中国学术的自我主张；三是要改进研究方法，借鉴其他学科的经验，创造有影响力的新的哲学研究成果。

北京师范大学沈湘平教授指出，把马克思主义基本原理同中华优秀传统化相结合的根本和关键在于哲学，只有植根于中华优秀传统文化沃土，马克思主义哲学才能不断夯实其中国化时代化的历史基础；只有融通中国人的文化心理结构，马克思主义哲学才能深入人心；只有贯通传统文化的精华，马克思主义哲学才能不断体现鲜明的中国特色。推进马克思主义哲学与中华优秀传统化相结合，要做到二者有机结合，以马克思主义哲学为主导，发扬马克思主义的学风。

中国人民大学哲学院院长臧峰宇教授向与会专家表达了衷心的感谢，认为各位专家的发言对学习贯彻落实党的二十大精神，深入理解中国式现代化的哲学内涵，深入理解马克思主义中国化时代化新境界具有启发意义。他指出，坚持理论自信和战略定力，深入理解习近平新时代中国特色社会主义思想的世界观和方法论，不断提高驾驭复杂局面、处理复杂问题的本领，形成以中国式现代化全面推进中华民族伟大复兴的理论思维，要深刻把握马克思主义中国化时代化的新境界，深刻理解马克思主义基本原理同中国具体实际和中华优秀传统文化相结合的内在机理和实践逻辑,深入研究事关党和国家全局性、根本性、关键性的重大问题,做出符合时代精神的哲学解答。

(二)主要研究进展

2022年,北京哲学界专家学者发表了大量学术论文和著述,在中国式现代化的哲学探索,马克思主义哲学经典文本和基础理论研究,以及马克思主义人学、马克思主义政治哲学、政治经济学批判与现代社会研究等方面,取得突出成果和明显进展。

1. 中国式现代化的哲学探索

围绕党的二十大报告的重要主题,北京哲学界对"中国式现代化"展开了多维度、多方面的研究,如从理论逻辑和实践逻辑、物质文明和精神文明、文明形态和文化根基等角度,丰富和深化了"中国式现代化"的哲学探索。

中央党校韩庆祥教授发表《论中国式现代化的逻辑》[①]。文章认为,党的二十大是在全党全国各族人民迈上全面建设社会主义现代化国家新征程、向第二个百年奋斗目标进军的关键时刻召开的一次十分重要的大会。深入学习研究二十大报告,发现贯穿其中的一个大逻辑,就是中国式现代化逻辑。它包括生成逻辑、理论逻辑、实践逻辑和世界逻辑。生成逻辑,就是十八大以来我们党在理论和实践上的创新突破,聚焦于成功推进和拓展了中国式现代化,新中国成立特别是改革开放以来的长期探索和实践是这一创新突破的基础,十八大以来我们党在理论和实践上具有根本性的创新突破都聚焦于推进和拓展了中国式现代化,这就意味着,习近平总书记提出的创新突破和成功拓展"中国式现代化"的历史起点是十八大理论逻辑,在于第一次较为系统地阐述了中国式现代化理论;实践逻辑,就是以中国式现代化全面建成社会主义现代化强国、

[①] 韩庆祥:《论中国式现代化的逻辑》,载《政治学研究》,2022年第6期。

全面推进中华民族伟大复兴；世界逻辑，就是中国的现代化在世界现代化发展历程中的地位，经历了从"世界失我"到"世界有我"再走向"世界向我"的历史演进。以中国式现代化全面推进中华民族伟大复兴是贯穿二十大报告的一条主线。二十大报告第一次从总体上构建起中国式现代化的理论体系和话语体系，掌握了解释中国式现代化的话语权。

中国人民大学郝立新教授发表《物质文明和精神文明协调发展的中国式现代化》[①]。文章认为，中国式现代化是多维度的社会发展进程。人们在关注物质世界和物质丰裕的同时，越来越关注人的精神世界和人的全面发展问题。党的二十大报告指出，中国式现代化的本质要求之一就是要"丰富人民精神世界"，中国式现代化是"物质文明和精神文明相协调的现代化"，要"促进物的全面丰富和人的全面发展"。这些论断深刻揭示了中国式现代化的丰富内涵、本质特征和发展要求，丰富和发展了马克思主义关于社会全面进步和人的全面发展理论，为全面推进中国式现代化、全面推进中华民族伟大复兴指明了方向。为什么要强调丰富人民精神世界？精神世界的内涵是什么？丰富人民精神世界的路径是什么？这是我们迈向现代化新征程后迫切需要弄清楚的问题。本文结合中国式现代化进程中物质文明和精神文明相协调的特征，侧重阐述了对丰富人民精神世界的理解。文章提出，丰富人民精神世界和实现人的全面发展是科学社会主义理论与实践的价值目标；丰富人民精神世界和实现人的全面发展是新时代中国式现代化的本质要求；并且对丰富人民精神世界的基本思路和现实路径作了具体探讨。

北京大学杨学功教授发表《从"现代化在中国"到"中国式现代化"——重思全球化背景下的中国现代化道路》[②]。文章认为，现代化

---

① 郝立新：《物质文明和精神文明协调发展的中国式现代化》，载《中国人民大学学报》，2022年第6期。

② 杨学功：《从"现代化在中国"到"中国式现代化"——重思全球化背景下的中国现代化道路》，载《中国社会科学文摘》，2022年第2期。

无疑是近现代中国所面临的最大时代课题,而且也只有到了近代,这一课题才具有特别突出而紧迫的意义,因为现代化首先是一个时代性概念。由于中国所面临的现代化课题从一开始就是与全球化即西方资本主义的全球性扩张联系在一起的,所以如何处理现代化与西方化的关系,始终是一个充满着矛盾的复杂问题。经过一百多年为现代化而持续探索和奋斗的过程,中国已经走过了"西天取经"的阶段,开启了独立探索"中国式现代化"的新阶段。这无论对中国和世界的未来发展都具有重大意义。

清华大学邹广文教授发表《中国式现代化道路的文化解析》①。文章认为,改革开放以来,中国在坚持和发展中国特色社会主义的基础上,创造性地走出了一条中国式现代化道路,创造了人类文明新形态。中国式现代化道路体现为既要遵循现代化一般规律又要葆有中国特色。这一道路的实践展开表明:党的领导是中国现代化实践的前提保障,改革开放是中国现代化实践的动力之源,社会主义市场经济是中国现代化实践的必由之路,人民主体是中国现代化实践的价值旨归。中国式现代化道路突出彰显了物质文明与精神文明的协调发展,有效释放了中国和西方、传统与现代的文化张力,在人类文明新形态的意义上,中国式现代化道路为世界和平发展贡献出了可资借鉴的方案与智慧。

中国人民大学臧峰宇教授发表《马克思的现代性思想与中国式现代化的实践逻辑》②。文章认为,马克思既是资本现代性的批判者,也是新现代性的构建者,他在肯定现代社会生产力发展水平的同时,指出资本逻辑的现实化体现为资本无限增殖和膨胀的过程。在批判资本现代性的同时,马克思提出现代化发展的新版本,从而提升了现代文明

---

① 邹广文:《中国式现代化道路的文化解析》,载《求索》,2022年第1期。
② 臧峰宇:《马克思的现代性思想与中国式现代化的实践逻辑》,载《中国社会科学》,2022年第8期。

的品质。马克思主义为中国的民族解放事业提供了科学指导,激活了支撑中国现代化的现实历史的伟力。中国式现代化道路体现了社会主义建设规律和人类社会发展规律,促进了中华优秀传统文化创造性转化和创新性发展,其中创造的人类文明新形态表明,特定的世界历史民族选择了符合自身发展实际的现代化道路,取得的成就具有世界历史意义。

北京师范大学沈湘平教授发表《中国式现代化道路的传统文化根基》①。文章认为,现代化与传统并非简单二元对立,中国式现代化道路有其传统文化的根基。中华优秀传统文化蕴含着解答西方现代化道路总问题,同时也是人类总体性危机的基本提示,这是中国式现代化道路扬弃和超越西方现代化道路的重要逻辑之一。作为中国传统文化精髓之一的"中和位育、安所遂生"理念与实践正是中国式现代化道路的内在底蕴和传统文化基因,其核心要义在于:天地乃生命之本体,人与万物共生、并育,安所、守位方能并育、遂生,致中和而参赞化育是人的最佳选择,生而有道则存之。中国式现代化道路对这一理念的继承、发展可以从"生""位""所""育"四个角度体现出来,即生命至上和追求美好生活,正确处理改革发展稳定关系和防范化解重大风险,各得其所和各尽所能,以存在看待发展和以发展成就生命。文章强调,"中和位育、安所遂生"理念对中国式现代化道路的底蕴式作用目前尚未得到足够自觉的彰显,亟须引起高度重视与深入开掘。

从上述研究成果可以看出,对"中国式现代化"的特定实践逻辑和特定文化根基的论证和阐发是目前研究的重中之重。这也从根本上切中了"中国式现代化"哲学探索的本质规定,有助于推动中国自主知识体系的建构。

---

① 沈湘平:《中国式现代化道路的传统文化根基》,载《中国社会科学》,2022年第8期。

2. 马克思主义哲学经典文本研究

学界主要围绕《德意志意识形态》的版本问题，《资本论》的研究范式，《政治经济学批判大纲》的思想阐发等议题作了主题聚焦、观点鲜明的研究。

清华大学韩立新教授发表《〈德意志意识形态〉在线版的特征及其意义》①。文章指出，《德意志意识形态》第一章"费尔巴哈"在线版是一个读者可在网上自行查阅的《德意志意识形态》原文版（https//www.online-dif.com）。它把手稿看作一个包括底稿、修订稿和最终文本在内的三个阶段的产物，通过将右栏的信息完整保留，实现了对手稿彻底的两栏编排，并用不同图层、颜色和字体表示手稿的层次性和作者的笔迹。这种组版方式在《德意志意识形态》编辑史上尚属首次，其对成稿过程的再现在实用性上超越了新 MEGA 系列，在直观性和精准度上超越了广松版。通过在线版，我们可以发现和追踪两位作者的思想在《德意志意识形态》中的形成过程及其差别，甚至可以追踪唯物史观的形成过程。这个在线版也为我国编译《德意志意识形态》中文版提供了重要的参考。

北京大学聂锦芳教授发表《刍论马克思主义政治经济学研究方式的转换——从〈资本论〉的"郭、王译本"及当代研究谈起》②一文。文章认为，在中国《资本论》翻译史上，"郭大力、王亚南译本"不仅是建立在之前各种试译、节译和第一卷全译基础上的集大成之作，而且由于较为准确地把握了从古典经济学到《资本论》的逻辑发展，统一了政治经济学的核心范畴，并通过不断地修改提供了更为准确的中文表达，彰显出重要的学术价值。在当代要推进马克思主义政治经济学研

---

① 韩立新：《〈德意志意识形态〉在线版的特征及其意义》，载《马克思主义与现实》，2022 年第 1 期。

② 聂锦芳：《刍论马克思主义政治经济学研究方式的转换——从〈资本论〉的"郭、王译本"及当代研究谈起》，载《现代哲学》，2022 年第 1 期。

究，除了传承他们的学风，在他们奠定的"回到古典经济学"思路的基础上，还需要在"从完整、权威的文献出发""全面认识资本的功能及其效应""在全球视野中探究经济学的当代发展"等方面实现观念、视野和研究方式的转换。

中国政法大学文兵教授发表《蒲鲁东在马克思思想形成中的不同理论面相——马克思从政治哲学走向政治经济学的理论意义探析》[①] 一文。文章认为，马克思青年时期就投身于对现实政治的批判并倾注于对政治哲学的探究，但马克思思想的成熟则是伴随着他对古典政治经济学的批判而不断深入的。虽然马克思的政治哲学的规划即人的解放是他恒久的思想主题，但在马克思看来，要解决政治哲学中的问题，还必须将之建立在坚实的科学的基础之上，必须对资本主义的生产方式和社会结构进行科学的分析。从《神圣家族》到《哲学的贫困》，马克思都将蒲鲁东的思想作为考察对象，但他对蒲鲁东思想的态度则是从辩护走向了批驳，这深刻反映了他从对政治哲学的关注走向对政治经济学的研究的必然性。

中国人民大学黄志军教授发表《论自由个性的显现——基于〈政治经济学批判（1857—1858年手稿）〉的研究》[②] 一文。文章认为，在《政治经济学批判（1857—1858年手稿）》中，马克思对自由个性显现的理解与社会形式的三阶段理论息息相关。沿着"自我异化的扬弃同自我异化走的是同一条道路"的逻辑，马克思揭示了以交换价值为基础的生产方式对个性的压制过程，即"物的胜利"的历史进程，但同时也借此论证了自由个性由潜藏到显现的必然逻辑和现实道路。在以交换价值为目的的劳动和交往体系中，与其说第二阶段即以物象为基础的

---

① 文兵：《蒲鲁东在马克思思想形成中的不同理论面相——马克思从政治哲学走向政治经济学的理论意义探析》，载《学术研究》，2022年第8期。

② 黄志军：《论自由个性的显现——基于〈政治经济学批判（1857—1858年手稿）〉的研究》，载《马克思主义理论学科研究》，2022年第10期。

人格独立性为第三阶段即自由个性准备了物质条件，倒不如说自由个性在第二阶段便开始了自身的显现过程。由此，自由个性在马克思的世界历史理论中才可以说是以历史唯物主义的方式为自身奠定了基础。这对于我们进一步把握人类文明形态发展的历史进程与可能空间提供了理论上的启示。

清华大学陈浩副教授发表《"扬而不弃"的市民社会——〈法哲学批判〉之后的〈法哲学〉筹划》① 一文。文章认为，面对市民社会与国家的分裂难题，黑格尔试图运用国家来"扬弃"市民社会。但问题在于，黑格尔究竟是通过"消解"市民社会的独立性，运用国家统摄甚至消融市民社会，来完成对于市民社会的"强扬弃"？还是在"保留"市民社会之独立性的前提下，借助市民社会与国家的沟通与和解，来促成一种"弱扬弃"？两种看似区别不大的扬弃之间，暗含了对于"市民社会"完全不同的理解和定位。当马克思批评黑格尔未能成功克服市民社会与国家的分离时，马克思认为黑格尔理应施行一种"强扬弃"方案。不过，鉴于黑格尔的初衷是要维持市民社会与国家的两分结构，保证市民社会相对于国家的张力，黑格尔似更倾向于主张一种"弱扬弃"方案，即在承认市民社会之独立性与正面价值的前提之下，对市民社会施展一种"扬而不弃"。

上述研究成果一方面体现了国内马克思主义哲学文本文献研究方面较高的水平，另一方面也体现了学者们根据时代发展状况和要求，秉持守正创新原则，推动马克思主义哲学文本研究与基础理论研究相结合的特点。

3. 马克思主义哲学基础理论研究

基础理论研究主要集中在重释马克思哲学的理论特质和阐发其当代价值，哲学基本问题的当代阐释，生产关系与唯物史观的关系，马克思

---

① 陈浩：《"扬而不弃"的市民社会——〈法哲学批判〉之后的〈法哲学〉筹划》，载《清华大学学报（哲学社会科学版）》，2022 年第 6 期。

的平均概念等方面。

北京师范大学杨耕教授发表的《走进马克思哲学深处与展现马克思哲学当代价值》[①]是他的自选文集的总序。文章认为,马克思的哲学是在法的批判、政治批判和社会批判、形而上学批判、意识形态批判和资本批判等多重批判过程中形成的,马克思的哲学是"批判的哲学";马克思的哲学关注的不是所谓的"终极存在",而是"对象、现实、感性"何以成为这样的存在,马克思的新唯物主义中的"物"不是所谓的"初始物质",而是具有社会关系内涵的"可感觉而又超感觉"的"社会的物";历史唯物主义不仅是"唯物主义历史观",更重要的是"唯物主义世界观",是"真正实证的科学"和"真正批判的世界观"的统一。文章提出,应当把马克思的哲学放置到马克思主义哲学史、西方哲学史、现代西方哲学、后现代主义哲学以及政治经济学、社会主义理论、当代社会发展理论这样一个广阔的历史背景和理论背景中进行重释。

中国人民大学罗骞教授发表《思维与存在的关系——哲学基本问题的当代阐释》[②]一文。文章认为,思维与存在的关系是黑格尔书写哲学史的基本线索,恩格斯在不同于黑格尔的意义上将思维与存在的关系作为哲学的基本问题,并且建构了哲学派性的判析框架。恩格斯提出的哲学基本问题框架对哲学尤其是马克思主义哲学发展产生了广泛影响。围绕着思维与存在作为哲学的基本问题和思维与存在的关系本身,中国哲学界四种代表性观点颇具特色,在哲学和马克思主义哲学的当代阐释方面都做出了创造性的尝试。在与四种代表性观点相互关联和相互区别的意义上,能在论以"能在"概念为核心阐释思维与存在的关系,并在

---

① 杨耕:《走进马克思哲学深处与展现马克思哲学当代价值》,载《江海学刊》,2022年第1期。

② 罗骞:《思维与存在的关系——哲学基本问题的当代阐释》,载《武汉大学学报(哲学社会科学版)》,2022年第5期。

后形而上学的思想视域中重构了哲学基本问题的两个方面。在能在论看来，思维与存在的关系仍然是哲学的基本问题。这一基本问题的两个方面，即第一性问题和同一性问题需要在以实践为基础的统一性和否定性过程中才能得到正确理解。以生存实践为基础的"能在"概念就是把握思维与存在统一性和否定性过程的存在论范畴。

北京大学丰子义教授发表《"生产关系"与唯物史观关系的再认识》① 一文。文章认为，"生产关系"是唯物史观的一个核心概念。从史实来看，马克思从理性→国家→市民社会→生产→接近生产关系→生产关系的思想发展过程，也就是唯物史观的创立过程，"生产关系"概念的形成与唯物史观的创立是一致的。生产关系对于唯物史观的系统阐发有其决定性的意义，其影响一方面体现于唯物史观基本概念的科学制定，另一方面体现于唯物史观基本原理的科学阐释。要准确地理解和把握生产关系，应当注意马克思研究生产关系的这样一些基本观点，即整体性的观点、"普照的光"的观点、世界性的观点、历史性的观点。

中国人民大学黄志军教授发表《论马克思对"平均"概念的两种理解及其理论效应》② 一文。文章认为，在政治经济学批判的视域中，马克思对"平均"概念有两种不同的理解。第一种"平均"概念，即把各个要素简单相加进而平分出一个结果。它以事物的同质性为前提，实质上消解了事物内部各要素之间的差异，仅具有形式的普遍性，而无法保存个别性。其理论效应主要表现为，马克思在《巴黎手稿》中对"粗陋的共产主义"的批判。第二种"平均"概念，是以均分为中介推动事物内部各个要素否定自身，同时改变事物的"平均"状态的过程，

---

① 丰子义：《"生产关系"与唯物史观关系的再认识》，载《北京大学学报（哲学社会科学版）》，2022年第5期。

② 黄志军：《论马克思对"平均"概念的两种理解及其理论效应》，载《哲学研究》，2022年第12期。

是推动事物发展的现实力量。它既具有形式上的普遍性，也内含各要素的差异性，所以是辩证的"平均"概念。其理论效应主要表现为，马克思在《政治经济学批判大纲》和《资本论》中把它视为事物自我否定的环节，且以它为理论中介建构起了平均利润等概念。这两种理解分别为我们把握马克思"平均"概念的复义性和利润率下降趋势等议题提供了有益视角。

4. 马克思主义人学理论研究

马克思主义人学研究理论研究是新时代马克思主义研究的热点之一，2022年的研究又体现出新的特点。

北京大学丰子义教授发表《面向新时代的人学研究》① 一文。文章认为，我国的人学研究是改革开放后适应新时期的需要而兴起和发展的。在40多年的发展进程中，人学研究大致形成了这样几种较有代表性的研究路向，即基础理论研究、现实问题研究、"对话式"研究、交叉式研究。文章强调，在新的历史条件下，要推进人学研究，应着力加强对新时代新阶段的新问题、全球化大变革中的人学问题、人学基础理论问题、理论与现实中重点难点问题的深入研究。在研究方法上，也需要加强和改进，重点是加强专题性研究、跨学科研究、比较研究以及宏观研究和微观研究的结合。

中国社会科学院哲学所魏小萍研究员发表《从双重对象性关系中解读马克思人的本质思想》② 一文。文章认为，以人与人、人与物的双重对象性关系为主线，可以重新解读马克思关于人的本质是一切社会关系总和的思想。通过双重对象性关系，可以分析人的本质中的自然属性和社会属性及其意识中的双重因素——非理性与理性，从而理解两种理性因素即经济理性与政治理性的区别，进而分析这两种理性在经济关系与

---

① 丰子义：《面向新时代的人学研究》，载《江海学刊》，2022年第1期。
② 魏小萍：《从双重对象性关系中解读马克思人的本质思想》，载《四川大学学报（哲学社会科学版）》，2022年第1期。

政治关系中的功能差异。在此基础上,还可以深化对唯物史观基本理论的认识。马克思和恩格斯从生产力与生产关系的矛盾运动中理解和把握客观社会发展规律,这一矛盾运动是通过人的有意识的社会实践活动体现出来的,而这种意识既包含反思性的理性(经济理性、政治理性)认知活动,也包含社会存在论意义上的非理性意识活动。

中国社会科学院哲学所周丹研究员发表《智能时代的劳动与人的劳动解放》① 一文。文章认为,人工智能的发展和运用,正在深刻改变人们的生产方式、生活方式、思维方式,逐渐形成了人的劳动新形态——智能劳动。站在人类社会发展的角度,深入理解智能劳动和马克思劳动价值理论的关系,思考智能劳动在资本主义生产方式条件下产生的新的劳动异化,以及智能时代人类的解放,具有重要的理论和现实意义。文章提出,我们要完善有关人工智能的顶层设计,构建符合智能时代特点的人机协同关系,真正通过智能劳动推动人的自由全面发展,实现人的劳动解放。

北京大学张梧助理教授发表《重建人伦日用:当代中国人学研究的重大课题》② 一文。文章认为,随着我国对家庭家教家风建设的日渐重视,人伦日用的重建问题成为当代中国人学研究的重要课题。人伦规范是在人们的交往实践中凝结的,是人与人交往关系的合理规范形态,具有深刻的人学意蕴。然而,在现代社会中重建人伦日用的问题呈现出复杂性和难题性,即如何处理个体性与伦理性的关系,仍然是现代社会悬而未决的普遍问题。在当代中国的现实语境中,重建人伦日用体系,既需要中华优秀传统文化的创造性转化,也需要立足当代中国的社会生活实践。当代中国的人伦重建,既是追求美好生活的心灵需求,更是创造人类文明新形态的生动实践,具有深远而重大的理论意义。

---

① 周丹:《智能时代的劳动与人的劳动解放》,载《学术前沿》,2022 年第 4 期。
② 张梧:《重建人伦日用:当代中国人学研究的重大课题》,载《江海学刊》,2022 年第 1 期。

从上述研究成果可以看出，2022年的人学研究具有两个特点：一是从宏观上对人学研究的基本思路梳理和对新的研究方式的倡导；二是对智能时代的劳动解放以及体现在人伦规范中的具体人学问题的研究。

5. 马克思主义政治哲学研究

历史唯物主义与政治哲学的关系是哲学界存在分歧和争论的重要问题。中国人民大学张文喜教授发表《历史唯物主义与政治哲学之间关系的探讨》① 一文，对这个问题提出了新的观点。文章首先提出这样一个问题：在当代复兴对马克思政治哲学的关注意味着什么呢？有些人担心这意味着拥护现代性观念（如"正义""公平"等）或者当代政治哲学所拥护的那种政治拟制。然而，马克思政治哲学之根基在于历史唯物主义，深入社会历史现实便是首要的任务，透过当前关于马克思政治哲学论辩可以看到这个转变。不过，当代马克思政治哲学是否还要进入到另一个不同的基准点上呢？或者马克思主义政治哲学发展是否属于"现代性观念"发展呢？这种问题意识必然被标注为对历史唯物主义进行观念反思，其观念反思意味着各种不同的原则形成了我们称之为以好生活或好社会为导向的马克思政治哲学。在这方面，施特劳斯把马克思的观点带到政治哲学中来，并且扮演着不可小觑的角色。

北京师范大学鲁克俭教授发表《马克思对权利范式的超越》② 一文。文章认为，近代政治哲学是基于以个体、权利、自由、私有财产为关键词的权利范式，而马克思的共产主义政治哲学正是对这种权利范式的超越。一方面，马克思以自我所有权来解释私有财产的产生，批判私有财产带来的人的异化和剥削现象；另一方面，马克思认为权利观念的消失是一个历史过程，因而在共产主义第一阶段仍然会有市民权利的痕

---

① 张文喜：《历史唯物主义与政治哲学之间关系的探讨》，载《长白学刊》，2022年第5期。
② 鲁克俭：《马克思对权利范式的超越》，载《马克思主义与现实》，2022年第1期。

迹。超越了权利范式的马克思政治哲学，以建立在个体与社会和谐统一（自由人联合体）基础上的个体自由（个体潜能得以自由而全面的发展）为核心价值。

"塔克—伍德命题"是近十几年我国政治哲学研究中为很多学者关注的一个热点问题，2022 年的两篇文章值得注意。中国人民大学段忠桥教授发表《"塔克—伍德命题"辨析》一文，文章从"塔克—伍德命题"的提出和含义、发源和形成、作用和影响三个方面，揭示了我国一些学者在对这一命题理解中存在的诸多误区，尤其是认为它引发了英美学者 20 世纪 70—90 年代关于"马克思与正义"的争论并且是争论的核心问题，指出不应以对"塔克—伍德命题"的关注取代对"马克思与正义"问题的关注。

北京师范大学郑伟教授发表《"塔克—伍德"命题的恩格斯视角解读》[①] 一文，文章独辟蹊径，认为"塔克—伍德"命题的关键在于，它试图在历史唯物主义框架内部建立一种阶段性的"正义评价模式"并认可其"历史合理性"。对于"正义评价模式"与历史唯物主义关系问题的解答，强调"意识形态的规范性作用"或建构"生产正义"理论等诸种尝试均以失败告终，即无法真正解答"塔克—伍德"命题。而在《反杜林论》等著作中，恩格斯阐释了价值观评价"元模式"的历史生成及其局限性，在资产阶级"正义观"问题上集中表达了历史唯物主义的态度，揭示了马克思及他本人没有从"正义"视角进行资本主义批判的原因。恩格斯的这一视角，有助于我们在区分事实判断和价值判断的基础上，澄清"塔克—伍德"命题的"泛主体性"逻辑缺陷，摆脱价值形而上学的思维方式。

由上可见，2022 年的政治研究主要聚焦于马克思主义政治哲学与近现代西方政治哲学的关系以及"塔克—伍德命题"研究。

---

① 郑伟：《"塔克—伍德"命题的恩格斯视角解读》，载《哲学研究》，2022 年第 6 期。

6. 政治经济学批判与现代社会研究

2022年，北京哲学界在政治经济学批判与现代社会研究方面取得了突出进展。

北京大学仰海峰教授发表《马克思的社会转型思想》① 一文。文章认为，马克思所处的时代正是西方社会从传统向现代的转型时代，不同的学者从不同的立场出发，对这一转型进行了不同的分析，浪漫主义、自然主义、批判的改良主义构成了当时的主要思潮。马克思在其思想发展的不同阶段，对资本主义社会变迁有着不同的理解。在撰写博士论文及主编《莱茵报》时期，他以理性的自我意识为基础批判德国封建的专制制度。而在1844年之后，马克思通过整合哲学、政治经济学和社会主义思潮，描述了从中世纪到近代资本主义社会的转型过程，形成了以异化逻辑、生产逻辑、资本逻辑为基础的三个不同阶段的批判性话语。相比于浪漫主义、自然主义、批判的改良主义，马克思提出了面向未来的重建这一思路。马克思对资本主义社会转型的思考，为我们理解当下的社会发展和变迁提供了理论指导。

北京大学宋朝龙教授发表《金融资本元宇宙帝国的内在矛盾及发展进路》② 一文。文章指出，元宇宙技术不是中性的技术，而是从属于一定的所有制关系。在西方，元宇宙技术是金融资本积累的工具，它开拓了金融资本积累的新空间，也加剧了金融资本帝国的既有矛盾。社会主义市场经济具有更大的制度禀赋来推动元宇宙技术的发展。在打造统一有序、超大规模市场，以及推动国有企业和国有资本发展的过程中，如何在参与全球化顶层设计中推进元宇宙技术建设，实现元宇宙时代社会主义的新追赶战略，是具有世界历史意义的时代课题。

清华大学夏莹教授和潘沈阳合作发表《元宇宙叙事语境下的非物质

---

① 仰海峰：《马克思的社会转型思想》，载《中国社会科学》，2022年第2期。

② 宋朝龙：《金融资本元宇宙帝国的内在矛盾及发展进路》，载《人民论坛》，2022年第7期。

劳动批判》① 一文。文章认为，"元宇宙"作为一种指向未来的"叙事"，被界定为不受现实时空条件限制的极具临场感的数字空间，其中劳动被构想为带有最大的"非物质性"。根据"自治主义马克思主义"基于非物质劳动概念对诸众取得阶级斗争胜利的乐观推演，它应当是最适合诸众脱离资本逻辑、迈向理想未来的场所。基于对作为当代资本逻辑之表达的元宇宙叙事中可能存在的劳动形态的分析，却发现其呈现出与自治主义的乐观推理相悖反的态势。出现这种悖反的原因，一方面在于自治主义对马克思资本与劳动思想的误读，一方面则在于他们没有把握马克思协作理论对资本主义管理机制的批判。在资本逻辑的分析框架中，非物质劳动概念本质上正是资本主义生产关系中劳动的特殊表现形式，而资本主义生产关系中劳动的协作形式依旧服务于价值自我增殖的内在动力，因此，可充分发展非物质劳动形态的元宇宙叙事不是劳动者的"绿洲"，而是他们的"囚笼"。

总之，对现代社会的哲学探讨离不开马克思的政治经济学批判的有力支撑，缺乏政治经济学批判的研究，对现代社会的反思就会显得抽象而空洞。2022年的研究聚焦于金融资本元宇宙帝国的内在矛盾及发展进路、元宇宙叙事语境下的非物质劳动批判等方面，取得了可喜进展。可以说，政治经济学批判研究的深化将进一步推动学界对现代社会的理论把握和哲学反思，反过来又可以推动马克思主义哲学研究形成新的气象。

（三）研究特色和发展态势

总的来看，2022年北京的马克思主义哲学研究富有特色，在若干领域取得明显突破，主要体现在以下四个方面。

一是对中国式现代化展开了多维度的哲学研究，而对"中国式现代

---

① 夏莹、潘沈阳：《元宇宙叙事语境下的非物质劳动批判》，载《华中科技大学学报（社会科学版）》，2022年第3期。

化"的特定实践逻辑和特定文化根基的论证和阐发是研究的重中之重。这就从根本上切中了"中国式现代化"哲学探索的本质规定,有助于促进马克思主义哲学研究与中国哲学研究之间的对话,从而推动中国自主知识体系的建构。

二是马克思主义哲学经典文本和基础理论研究向纵深发展。虽然研究中所涉及的经典文本数量不算多,但研究质量体现了国内马克思主义哲学文本文献研究方面的较高水平。更重要的是,在研究中体现了文本文献研究与基础理论研究密切结合的特点。而在基础理论研究方面,无论是重释马克思哲学的理论特质和阐发其当代价值,还是对哲学基本问题的当代阐释,以及对生产关系与唯物史观的关系和马克思的平均概念的研究方面,都有明显的深化或突破。

三是马克思主义人学研究体现了宏观与微观相结合的特点。一方面从宏观上对人学研究的历史进程和基本思路加以梳理,倡导新的研究方法;另一方面对智能时代的劳动解放以及体现在人伦规范中的人学问题展开具体研究。

四是马克思主义政治哲学以及政治经济学批判与现代社会研究方面取得突出进展。政治哲学研究方面的进展主要体现在马克思政治哲学与近现代西方政治哲学的关系,以及对"塔克—伍德命题"的新解读视角方面。而对金融资本元宇宙帝国的内在矛盾及发展进路、元宇宙叙事语境下的非物质劳动批判的研究则是重新开拓的课题。

从现在的研究状况可以大致预测,今后北京地区的马克思主义哲学研究将在进一步提升学术性的同时加强研究的现实性,逐渐形成具有当代中国特色的马克思主义哲学新形态以及相应的学术体系和话语体系。

(撰稿:杨学功 黄志军)

二、中国哲学研究进展和发展态势

北京是全国乃至世界中国哲学研究的中心。2022年，本市各大高校和科研机构的学者积极提出问题，探索新领域，扩大新视野，深化理论创新。研究主要集中在儒家哲学、道家道教哲学和佛教哲学，学者发表了大量论著，产生了一系列具有原创性和突破性的成果，继续引领全国乃至全世界研究中国哲学的方向。在学术活动方面，本年度最重要的就是中国哲学史学会在中国政法大学完成了换届选举，杨国荣担任新一届理事会会长。在学术成果方面，丁四新的《洪范大义与忠恕之道》和《上博楚竹书哲学文献研究》，干春松的《公天下与家天下》，圣凯的《佛教观念史与社会史研究方法论》等著作的出版，值得关注。在研究进展方面，学者们提出了"中国哲学的主体性"等观念和"概念考古、诠释定向、体系义"的诠释方法；理学和佛学受到重视；经学的研究观念正处于突破阶段。同时，在哲学理论及道教哲学、中西比较哲学的研究方面尚存在一些薄弱环节。

（一）重要学术活动和研究概况

2022年度北京开展的中国哲学类学术活动和学术交流主要集中在年末，大多采取线上和线下相结合的形式进行。本市召开的中国哲学学术会议主要有：

（1）2022年8月20日至21日，清华大学哲学系、清华大学国学研究院等单位在清华大学联合主办了"旧邦新命与中国哲学——陈来先生七十寿辰纪念及学术思想研讨会"。170余位专家学者参加了此次研讨会，此次会议主要围绕中国哲学史上的一些问题展研讨。

（2）2022年11月5—6日，北京师范大学哲学学院道家与中国文化研究中心等单位联合主办的"早期道家哲学的新路径"国际学术研讨会在线上召开。20余位专家学者齐聚线上，围绕老庄的现代诠释、道家哲学概念与理论的新阐释等主题进行深入的学术交流。

（3）2022年3月19日至20日，北京大学佛教研究中心等单位主办了"近代中国佛教（1912—1949）与全球化"的学术研讨会。近40位中外学者主要以线上方式，从理论与范式、视野与方法、思想与阐释等方面讨论了近代佛学与比较佛学的问题。

（4）2022年11月29日，中国哲学史学会在中国政法大学召开换届选举大会，华东师范大学杨国荣教授当选第十届中国哲学史学会会长，清华大学陈来教授被推选为名誉会长，北京地区张志强研究员（中国社会科学院）和丁四新（清华大学）、李景林（北京师范大学）、向世陵（中国人民大学）、杨立华（北京大学）四位教授当选为副会长，刘丰研究员（中国社会科学院）任学会秘书长。

从研究状况来看，中国哲学学科理论建设取得进展。清华大学哲学系丁四新教授在《主体性的彰显：中国哲学史的新书写》① 一文中，将百年中国哲学史的书写历史分为五个阶段，提出了"中国哲学的主体性"概念，并以此概念来考察百余年中国哲学学科的建设及其发展。1990年以来，"中国哲学的主体性"逐渐成为了中国哲学史书写和研究的主要原则。"中国哲学的主体性"是丁四新对中国哲学史方法论的总结和反思，对于认识百余年中国哲学学科的建设及其未来发展具有一定的指导意义。在《洪范大义与忠恕之道》的《序言》中，丁四新讨论了研究经书的方法论问题，他认为研究经书经学应当确立经学方法或哲学方法的主导地位。所谓经学方法，指以常道常理来看待经书和经学，进而发明经义和推阐其常理常道的方法。② 清华大学哲学系唐文明教授发表《中国哲学研究中的真理与方法问题》③，对中国哲学研究方法进

---

① 丁四新、冯鹏：《主体性的彰显：中国哲学史的新书写》，载《孔子研究》，2022年第2期。

② 丁四新：《洪范大义与忠恕之道》，北京：商务印书馆2022年版，第4—8页。

③ 唐文明：《中国哲学研究中的真理与方法问题》，载《哲学动态》，2022年第10期。

行了反思和展望。他强调,关于中国哲学研究方法论的讨论主要集中于两个时段:现代中国哲学研究的初创时期和20世纪90年代以来。唐文明指出经典的权威性是超越历史的,教化哲学是对中国哲学方法论问题的可能回答。北京师范大学哲学学院刘笑敢教授从"概念考古""诠释取向"和"体系义"三个维度对《老子》的"自然"进行了分析,推进了研究的深化。清华大学圣凯教授在佛学佛教研究中成功运用了观念史的研究方法。北京大学哲学系章启群教授以六大理论分野澄清唯识学与现象学的根本差异,指出了以日常经验为基础的公元7世纪佛教认知体系描述,与在现代科学背景下的20世纪认知体系描述的本质不同。①

2022年,北京的中国哲学研究在儒家哲学、道家道教哲学及佛教哲学等方面取得了长足的进步,产生了一大批优秀的学术成果。

儒家哲学研究主要体现在本体宇宙论、心性工夫论、伦理政治思想和经学与出土文献研究四个方面。北京大学安乐哲教授从过程主义的角度诠释中国宇宙论,指出中国宇宙论有其自身的因果和逻辑:特定事物既是其他事物的原因,也是其他事物的结果,为理解中国宇宙论提供了新的视野。② 清华大学哲学系陈来教授梳理了"气不用事"思想在中国朱子学和朝鲜性理学中的发展和演变,指出中国朱子学有主心和主性两种理解,朝鲜朱子学形成了本然之性派和气质之性派的对立。陈来教授运用语言概念和哲学问题结合的方法,挖掘了"气不用事"这一朱子学重要命题,深化了对东亚朱子学心性工夫论的研究。③ 北京大学哲学系干春松教授出版了《公天下与家天下:大同、小康与儒家的社会理

---

① 章启群:《唯识学与现象学的六个理论分野》,载《云南大学学报(社会科学版)》,2022年第1期。

② 安乐哲、欧阳霄:《中国宇宙论及"其自身的因果与逻辑"》,载《孔子研究》,2022年第4期。

③ 陈来:《论朱子学"未发之前气不用事"的思想》,载《哲学研究》,2022年第1期。

想》一书。① 该书共分三章，分别是"中国经典中的理想社会""公天下与家天下""大同、小康与现代中国"。该书较为详细地梳理了大同、小康观念的近代演化，勾勒了儒家对天下国家的认知途径，立足于文明的多样化、民族国家的世界体系，指出建立突破民族、地域、国家局限的人类共同意识的必要性。清华大学哲学系丁四新教授出版了《洪范大义与忠恕之道》一书。② 其中《洪范大义》分为六章。该书一是以大量新材料考证了《洪范》的著作时代问题，二是以经学方法或哲学方法为主导，结合多种方法比较系统而深入地阐发《洪范》的大义。《洪范大义》在《洪范》著作年代考证、大义阐发和经学方法的运用上都取得了重要突破，观点和结论可信。同时，丁四新教授出版了《上博楚竹书哲学文献研究》一书。③ 该书包括思想研究和竹书注译两个部分。该书是学界第一部全面、系统研究上博楚竹书哲学文献的专著。

本年度北京地区的道家、道教哲学研究主要体现在儒道思想比较、老子学及道家出土文献、庄子学以及道教思想与文化四个方面。北京师范大学哲学学院刘笑敢教授从"概念考古""诠释取向"和"体系义"三个维度，对《老子》之"自然"在古今中外的比较中所凸现的独特性进行分析，推进了学界对于老子"自然"观的整体认识。④ 北京大学哲学系王中江教授对老子的"道恒"思想作了新的解读，从"时间与永恒"的向度揭示了《老子》文本中的深奥义理。⑤ 中国人民大学哲学院曹峰教授围绕先秦儒道两家的"性"论思想展开探讨，认为研究儒

---

① 干春松：《公天下与家天下：大同、小康与儒家的社会理想》，成都：四川人民出版社2022年版。

② 丁四新：《洪范大义与忠恕之道》，北京：商务印书馆2022年版。

③ 丁四新等：《上博楚竹书哲学文献研究》，石家庄：河北教育出版社2022年版。

④ 刘笑敢：《〈老子〉之自然的独特性——多元视角的思考与发现》，载《哲学研究》，2022年第1期。

⑤ 王中江：《老子之根源性时间概念：作为"道"的谓词的"恒"》，载《船山学刊》，2022年第2期。

家的"性"论应使用"具体属性—根本属性"的框架,研究道家的"性"论应使用"差异性—统一性"的框架,体现了儒、道思想在根源性上的碰撞与交流。① 北京师范大学哲学学院的章伟文教授、强昱教授在道教思想研究上有所突破。前者立足生命哲学的视域,阐发了道教的"性命双修"理论;② 后者则从思想分析入手,梳理了残唐五代时期内丹学大师烟萝子的丹道学说。③ 总之,这些研究成果在道家诠释方法及人性问题的研究上有所推进。

  本年度北京的中国佛教哲学研究主要体现在佛教哲学与历史、佛教中国化理论以及比较佛学的探讨上。在佛教哲学与历史方面,清华大学哲学系圣凯教授出版了《佛教观念史与社会史研究方法论》一书,④ 由五章组成。该书对近代以来的各种佛教研究方法进行了全面的总结与分析,勾勒出佛教观念史与社会史研究兼行方法论,又辅以多个案例展示方法论的具体应用情况,为中国佛教研究的方法论发展作出了一定贡献,值得重视。在佛教中国化理论方面,北京大学哲学宗教学系李四龙教授探讨了历史上佛教中国化及其文化主体性的确立,认为佛教在中国得到了丰富和发展,形成了适合中国农耕文明、宗族社会的佛教形态,在教理教义、修行体系和组织制度等方面具备鲜明的中国特色。⑤ 北京大学哲学系章启群教授以六大理论分野澄清唯识学与现象学的根本差异,指出了以日常经验为基础的公元 7 世纪佛教认知体系描述,与在现代科学背景下的 20 世纪认知体系描述的本质不同,深化了佛教与西方

---

  ① 曹峰:《先秦儒道性论研究的两重框架》,载《北京大学学报》,2022 年第 5 期。

  ② 章伟文:《身心"趋衡"的生命哲学初探》,载《当代中国价值观研究》,2022 年第 7 期。

  ③ 强昱:《烟萝子的内观丹道论》,载《宗教学研究》2022 第 4 期。

  ④ 圣凯:《佛教观念史与社会史研究方法论》,北京:宗教文化出版社 2022 年版。

  ⑤ 李四龙:《历史上的佛教中国化及其文化主体性的确立》,载《中国宗教》,2022 年第 11 期。

哲学的比较。①

（二）主要研究进展

1. 儒家哲学研究进展

(1) 儒家本体论与宇宙论

陈来的《朱子理气论研究的比较哲学视野》② 一文以希腊哲学为主，围绕柏拉图理型论及分有、分离、动静问题和亚里士多德论形式、质料、动力因、不动的动者的思想，对照朱子哲学中的类似思想进行了细致的比较分析，扩大了比较的视野，加深了诠释的深度。在另一篇文章《张荫麟、贺麟朱子太极动静说论辩简析》③ 中，陈来细致地考察了20世纪30年代张荫麟、贺麟关于朱子太极观的争论，揭示了这场争论背后的比较哲学背景。陈来的上述文章视野开阔，从多维度拓展和深化了当代朱子学的研究。

北京大学教授安乐哲发表了《中国宇宙论及"其自身的因果与逻辑"》④ 一文，通过反思汉学家提出的"关联性思维"概念，从"焦点—场域"的解读方式理解中国宇宙论的关系性特征，并指明诸关系本身所具有的那种富有创造性的、相互依赖的因果性。他认为，在中国古代宇宙观中，一切事物可以产生任何事物，故而任何特定事物既是其他一切事物的原因，也是其他一切事物的后果。这种因果论及其逻辑，与西方哲学的因果论和逻辑存在明显区别。在《比较哲学视域中的〈易

---

① 章启群：《唯识学与现象学的六个理论分野》，载《云南大学学报（社会科学版）》，2022年第1期。

② 陈来：《朱子理气论研究的比较哲学视野》，载《船山学刊》，2022年第2期。

③ 陈来：《张荫麟、贺麟朱子太极动静说论辩简析》，载《现代哲学》，2022年第1期。

④ 安乐哲、欧阳霄：《中国宇宙论及"其自身的因果与逻辑"》，载《孔子研究》，2022年第4期。

经〉宇宙论》① 一文中,安乐哲先生通过参考唐君毅的早期易学,对《易经》宇宙论作了过程主义的解读。在唐君毅"无定体观""一多不分"等易学观念的基础上,安乐哲教授从谱系性、改良性、具体主义、涌现生成等角度对《易经》的宇宙论作出新的诠释。安教授提供了一条从过程主义借鉴、反思现代新儒家本体宇宙观的路径,这也是未来学界应该重视的方向。

2022年度本市关于儒学本体论、宇宙论的研究呈现出一个显著的特征:中西比较的视野似乎在一定程度上得到了凸显。从发生、发展来看,中西比较是现当代中国哲学研究的题中之义。不过,我们注意到,20世纪90年代以来,中国大陆哲学界由于追求特殊性而逐渐呈现自我孤立、自我封闭和自高自大的特征,井蛙式的研究和边缘性的研究不断得到提升和彰显。同时,我们也注意到,近数年,中国哲学界也在缓慢反思此一状况,国际视野、比较哲学视野在逐步增强。我们认为,这是一种好的发展趋势。

(2)儒家心性论与工夫论

丁四新教授发表了《儒家修身哲学之源:〈尚书·洪范〉五事畴的修身思想及其诠释》一文,② 将"敬用五事"视为儒家修身哲学的源头。他指出,"敬用五事"指君王以貌、言、视、听、思五事敬慎其身。联系庶征畴来看,此一命题处于王道政治和天人感应的语境中,其基本逻辑是王者之身修则天应之以休征,其身不修则天应之以咎征。天子处位的合法性根源之一在于修身,这是中国政治思想的一大变化。而且,他认为,汉宋儒学普遍重视五事畴,丰富和充实了"敬用五事"的思想内涵。以往学者往往重视"子学时代"的工夫论,丁四新则将

---

① 安乐哲、欧阳霄:《比较哲学视域中的〈易经〉宇宙论》,载《江西社会科学》,2022年第8期。

② 丁四新:《儒家修身哲学之源:〈尚书·洪范〉五事畴的修身思想及其诠释》,载《哲学动态》,2022年第9期。

儒家修身哲学的源头追溯到《洪范》，在学术上具有突破性意义。

清华大学陈来教授发表了《论朱子学"未发之前气不用事"的思想》①一文，从黄榦论性时所引述朱子"气不用事"的思想出发，梳理分析明清朱子学和朝鲜性理学中对这一问题的看法。陈来教授指出，对于朱子学中所说的"未发"，如果从性去理解可称为主性派，从心去理解则是主心派。主性派中，又可细分为主"天地之性"说和主"气质之性"说。主心派中，又可细分为"未发为中"说和"未发不中"说。在另一篇文章《朝鲜朱子学关于"气未用事"的讨论》②中，陈来指出，朝鲜时代的性理学比起中国的朱子学更为重视"气不用事"对"未发"理解的重要性，形成了本然之性派和气质之性派的两种主张对立。"气未用事"是朱子学内部的重要命题，但是现代学者并未充分重视该命题，陈来教授的两篇文章立足于东亚朱子学的视野，运用"语词、概念与问题相结合"的方法，推进了相关讨论的深入。

清华大学高海波副教授在《王阳明"知是行之始，行是知之成"新诠》③一文中指出，多数学者将"知是行之始，行是知之成"中的"始""成"理解为"开始""完成"，这意味着知行之间还存在极短的时间差。他认为"始"与"成"应该被理解为"方始"和"作为"（或"表现"），知行是体用同时的关系，而不是时间先后的关系。高海波的研究突破了学界的以往解释，使我们对王阳明的知行合一观有了更深入、更内在的认识。

另外，中国社会科学院哲学研究所任蜜林研究员发表了《心、生为

---

① 陈来：《论朱子学"未发之前气不用事"的思想》，载《哲学研究》，2022年第1期。

② 陈来：东亚哲学研究朝鲜朱子学关于"气未用事"的讨论》，载《世界哲学》，2022年第3期。

③ 高海波：《王阳明"知是行之始，行是知之成"新诠》，载《国际儒学（中英文）》，2022年第3期。

性——早期"性"观念的发生学考察》① 一文，对学界存在争议的早期中国"性"概念的起源问题提出了自己的意见和看法，认为在西周时期"性"概念已经形成。但其观点是否正确，值得商榷。北京师范大学许家星教授发表了《贫困身与圣贤梦——吴康斋〈四书〉工夫论及其意义》② 一文，将儒者生命实践、经典世界与工夫理论三者结合起来，在工夫论的研究方法上具有一定的典范性。

本市专家学者对儒家心性论和工夫论的研究主要集中在先秦哲学和宋明理学。工夫论是近几年儒学研究的增长点，本市的学者在工夫论研究中作出了一些具有突破性、原创性的成果，拓展和深化了儒家工夫论。

（3）儒家政治伦理思想

社会起源论是政治哲学的一个论域。北京大学哲学系王中江教授发表了《圣创论的图像和形态：社会起源论的中国版本》③ 一文，立足于中西比较的视野，指出圣创论是中国社会起源论的主要理论。他认为，先秦时期子学家们所构建和塑造的社会起源论正是圣创论，在基本形态上与社会契约论不同。王中江从中西古今对比的角度作了研究，凸显了儒家社会起源论的独特性。

清华大学哲学系高海波副教授发表了《从"师道"与"君道"关系看晚明清初社会改革理论与实践的三种路向》④ 一文，通过反思余英时关于明代师道运动的主流判断，指出明代阳明学的师道运动是社会改

---

① 任蜜林：《心、生为性——早期"性"观念的发生学考察》，载《哲学研究》，2022 年第 11 期。

② 许家星：《贫困身与圣贤梦——吴康斋〈四书〉工夫论及其意义》，载《现代哲学》，2022 年第 4 期。

③ 王中江：《圣创论的图像和形态：社会起源论的中国版本》，载《中国社会科学》，2022 年第 6 期。

④ 高海波：《从"师道"与"君道"关系看晚明清初社会改革理论与实践的三种路向》，载《哲学研究》，2022 年第 5 期。

革的"下行路线";管志道、杨起元、张居正等人主张恢复以皇权为中心的政教秩序,是"上行路线";东林学派和黄宗羲等主张限制君权,是"中间路线"。上述考察展现了晚明儒学中师道与君道两种伦理之间纵横交错的复杂图景。

北京大学哲学系干春松教授出版了《公天下与家天下:大同、小康与儒家的社会理想》① 一书。在第一章中,他描述了中国经典中的理想社会以及大同、小康观念的演化史,认为大同体现了中国古人对共有和共享的理想社会的向往,可以深化我们对诸如贤能政治、禅让和世袭、礼制以及亲亲、尊尊等儒家政治思想核心概念的理解。在第二章中,他从公、私这一对概念出发,讨论了禅让与革命两种儒家政治模式。在第三章中,他具体分析了近代思想史上康有为、无政府主义、民生主义、新儒家、历史学家等不同学派的大同理想,展现了大同思想的近代图景。该书详细梳理了大同、小康观念的演化,勾勒了儒家对天下国家的认知途径,立足于文明的多样化、民族国家的世界体系,指出建立突破民族、地域、国家局限的人类共同意识的必要性。这可以帮助现代人理解中国传统的秩序原理,体察近代中国政治发展的复杂面向。

北京师范大学李祥俊教授的《儒家人伦及其现代转化》② 一文,考察了儒家人伦的历史特点和基本特征,并指出其在现代化的社会中转化的可能性。他指出,儒家的人伦观奠基于中国传统家庭、家族本位基础上的君主专制主义等级社会,因而具有反对个体独立的特征。近现代的中国社会转型对儒家人伦观产生了巨大冲击,批判和维护儒家人伦观的论争在多层面展开。在此基础上,李祥俊指出,回到人类社会生活实践,实现儒家人伦观的创造性转化,是儒学理论发展的内在要求,更是

---

① 干春松:《公天下与家天下:大同、小康与儒家的社会理想》,成都:四川人民出版社 2022 年版。

② 李祥俊:《儒家人伦观的思想特质与现代转化》,载《河北学刊》,2022 年第 2 期。

当代中国社会发展的现实要求。

中国社会科学院哲学研究所刘悦笛研究员发表了《从"情本伦理学"观当代道德情感主义——论李泽厚对迈克尔·斯洛特的批判》[①] 一文，处理了李泽厚和斯洛特在"情感"问题上的分歧。他指出，李泽厚对斯洛特以移情为内核的当代情感主义进行了批驳，彰显出其情本伦理学以理性为主力、以情感为助力的基本取向。当斯洛特以中国之阴反西方之阳时，也忽视了李泽厚所强调的阴阳互动的中国传统。上述研究立足于中国传统哲学的立场，对当代的伦理学理论进行回应，推动了中西哲学的对话。

本市学者对儒家政治伦理思想的研究呈现出鲜明的特点，既有对儒家传统政治模式的诠释，又显示出强烈的现实关怀，从多个角度探索了儒家伦理如何应对现代社会的问题。

(4) 经学与出土儒家文献

清华大学教授丁四新教授出版了《洪范大义与忠恕之道》[②]，该书分为上下两篇，上篇共六章，论"洪范大义"；下篇共四章，论"忠恕之道"。该书对《洪范》进行了系统化的哲学诠释，其主要贡献有三点。第一，丁四新批判了民国以来将《洪范》成书年代推至战国晚期的观点，利用新的材料、新的视野和新的方法来论证《洪范》为周初的著作。这些考证成果摆脱了疑古的窠臼，为学者重写西周哲学及尚书经学奠定了基础。第二，丁四新基于经学家、哲学家的立场来进行写作，力图揭明《洪范》所包含的常理至道。他认为洪范九畴蕴含了丰富的治道哲学内涵，进而对每一畴的奥义及其各畴之间的逻辑关系作了阐明。他认为洪范九畴在数序上呈现出一定的系统性，其中五行畴、皇极畴和福殛畴分别具有基础、核心和目的的地位。该书对洪范大义的阐

---

① 刘悦笛：《从"情本伦理学"观当代道德情感主义——论李泽厚对迈克尔·斯洛特的批判》，载《道德与文明》，2022年第5期。

② 丁四新：《洪范大义与忠恕之道》，北京：商务印书馆2022年版。

发接续了汉宋《尚书》学的传统，并能推陈出新，有许多颇具创新性的观点。在经学研究方法上，丁四新综合了考据方法、哲学方法和寻流探源法等多种研究方法，展现了深厚的学术功力。总而言之，该书无论是在《洪范》著作年代考证、大义阐发和经学方法上都取得了重要突破，是当代《洪范》经学的集大成研究，也为当代经学研究提供了典范。

在经学史研究方面，学者们比较关注汉宋的礼学、春秋学以及尚书学。清华大学陈壁生教授发表《从"礼经之学"到"礼学"——郑玄与"礼"概念的转化》①，全面介绍了郑玄在汉代礼学发展过程中的重要作用。中国社会科学院任蜜林研究员发表了《刘歆的春秋学思想新探》②一文，认为刘歆的春秋学以左氏学为主，但不排斥公羊学和穀梁学。北京师范大学许家星教授发表了《"〈四书〉之宗祖，往往出于〈书〉"——以陈栎为中心管窥元儒的〈四书〉〈六经〉观》③一文，以元代新安朱子学者陈栎为例，重新考察了元儒的经学观，为反思流行的"《四书》阶梯"说提供了启发。许家星细致地展现了元代经学的丰富性和复杂性，从经学的角度拓宽了宋明理学的研究视野。

在出土文献方面，丁四新等出版了《上博楚竹书哲学文献研究》④。该书是学界第一部全面、系统研究上博楚竹书哲学文献（包括思想与文本）的著作，学术价值大。目前学界关于上博简研究的大多数成果比较繁杂、琐碎，大多属于语文性研究，思想性研究较少，且对语文性和思想性研究的结合不足，不足以揭示上博简的思想内涵及其价值。丁四新的新著克服了上述不足，全书分为"思想研究"和"竹书注译"两个

---

① 陈壁生：《从"礼经之学"到"礼学"——郑玄与"礼"概念的转化》，载《清华大学学报（哲学社会科学版）》，2022年第1期。
② 任蜜林：《刘歆的春秋学思想新探》，载《甘肃社会科学》，2022年第3期。
③ 许家星：《"〈四书〉之宗祖，往往出于〈书〉"——以陈栎为中心管窥元儒的〈四书〉〈六经〉观》，载《哲学动态》，2022年第11期。
④ 丁四新等：《上博楚竹书哲学文献研究》，石家庄：河北教育出版社2022年版。

部分,既注重大义的抉发,又兼顾文献研究。在"思想研究"部分,著者较为全面地梳理、论述和讨论了上博楚竹书的哲学内容和内涵,在广泛参考学界成果的基础上取得了一系列具有创新性的观点。在"竹书注译"研究部分,著者从上博楚竹书中挑选出了一批思想性较强的篇目作了简明而直接的注译,并分析和归纳其思想主旨。由于该书对于上博楚竹书哲学文献的注译建立在集释的基础上,故该书的竹简编联、释文和注释更为可靠。总之,本成果从整体上推进了学界对于上博楚竹书哲学文献的研究,有助于人们深化对先秦哲学、思想的认识。

2. 道家道教哲学研究进展

(1) 儒道思想比较

中国人民大学哲学院曹峰教授比较了先秦儒道语境中的"性"概念,发表了《先秦儒道性论研究的两重框架》① 一文。这篇文章指出,研究儒家的"性"论应使用"具体属性——根本属性"的框架,研究道家的"性"论应使用"差异性——统一性"的框架。就道家而言,差异性和统一性同时产生于"道生万物"的过程。其中统一性是道未分化时物性的整全状态,差异性是道分化后物性的个别状态。在道家思想中,回归事物的统一性是进入理想境界的最佳途径,而对于差异性的认识与有效利用则是把握事物的最佳入口以及解决矛盾的关键。曹峰关于先秦儒道"性"论框架的反思,促使我们在立足道家思想之独特性的基础上,对儒道关系和儒道会通等问题重新进行思考,具有一定意义。

中国社会科学院大学文学院刘国民教授发表了《〈春秋〉"微言大义"与〈庄子〉"寄言出意"辩示》② 一文。这篇文章指出,公羊学家之标举微言大义,有其文本性的基础,即《春秋》本身含有微言大义,

---

① 曹峰:《先秦儒道性论研究的两重框架》,载《北京大学学报》,2022年第5期。
② 刘国民:《〈春秋〉"微言大义"与〈庄子〉"寄言出意"辩示》,载《中国社会科学院大学学报》,2022年第8期。

公羊学家加以增饰,不仅把《春秋》神圣化、神秘化,且借之建构了公羊学的思想体系,而为大一统的专制政治服务。郭象倡导寄言出意,也有文本性的基础,即《庄子》主要以寓言叙事说理,其言辞谬悠、荒唐。郭象进一步将其夸大,以重新建构玄学的思想体系,来解决庄子思想在魏晋时期所面临的课题。刘国民教授关于"微言大义"和"寄言出意"的对比,对我们理解儒、道传统中的"言意之辨"有积极的促进作用。

(2) 老学及出土道家文献

北京师范大学哲学学院刘笑敢教授发表了《〈老子〉之自然的独特性——多元视角的思考与发现》[①] 一文。其文指出,《老子》的"自然"指向的是"人类文明社会中自然而然的秩序",简称"人文自然"。只有通过对"自然"概念的考古,将"自然"与西方语言中的"Nature"进行比较,剖析对比前人对于"自然"的多元解读,立足《老子》文本分析"自然"在其中的体系义,考察"自然"概念在老子之后的语义演变,才能充分彰显出《老子》"自然"的独特性。刘笑敢教授对老子"自然"观的关注已逾三十余载,近年来由其所倡导的"自然"之体系义研究又在方法论及观念上推动了相关论域的发展。本篇论文可视作刘教授"自然"观研究的一个阶段性总结及纲要。

北京大学哲学系王中江教授发表了《老子之根源性时间概念:作为"道"的谓词的"恒"》[②] 一文,对老子的"道恒"思想作出解读。其文指出,根据《老子》中"恒"字的用法以及"象帝之先""谷神不死""死而不亡""长生久视"等时间概念,可知老子具有"道恒"的

---

① 刘笑敢:《〈老子〉之自然的独特性——多元视角的思考与发现》,载《哲学研究》,2022年第1期。
② 王中江:《老子之根源性时间概念:作为"道"的谓词的"恒"》,载《船山学刊》,2022年第2期。

根源性时间概念。"道恒"在工夫论、人生论方面揭示了具体事物获得时间上的长久性不仅值得向往，而且完全可以期望。期望的根据在于事物必须与道合一，必须合乎道、持守道。王中江教授对于"道恒"的阐释，向我们呈现了老子"时间"观念的一个重要侧面。

中国人民大学哲学系罗安宪教授发表了《老子"水几于道"思想解说》一文，其文指出，老子对"道"的标榜主要不是为了解释世界，而是将一切事物（包括人）当成一个整体，探索其如何、当如何等根本性的哲学问题。"道"不可言，但又不得不言，故老子以水喻"道"。水的无处不在，体现了"道"的无处不在；水的本体的"一"，体现了"道"的本体的"一"。更为重要的是，水"善利万物而不争"的特性，体现了"道"的两个基本原则，即"利而不害""为而不争"。老子讲"道"，本质上是要为人类立法，所以"利而不害""为而不争"就是道的根本，也是人应当坚守的根本。①

首都师范大学哲学系白奚教授发表了《〈恒先〉的宇宙生成论及其思想价值》一文。② 其文指出，《恒先》中的"恒"与"或"实为二位一体的关系，类似于《老子》的"道"与"一"。"或"是最高本体"恒"在生成论中的代名词，以"或"为起点的生成论本质上是古代哲学中常见的"气生论"。从"或"开始的宇宙演化，经形上之"气"的过渡阶段，最终落实为形下之"有"，展现了一个关于宇宙万物生成的更为哲学化的解释系统。上述研究对了解先秦（尤其是道家）的"生成论"思想有一定帮助。

中国人民大学国学院林光华副教授发表了《非境界、非境域的〈老子〉诠释可能——从牟宗三到列维纳斯》一文。③ 其文指出，牟宗

---

① 罗安宪：《老子"水几于道"思想解说》，载《社会科学战线》，2022年第6期。
② 白奚：《〈恒先〉的宇宙生成论及其思想价值》，载《船山学刊》，2022年第5期。
③ 林光华：《非境界、非境域的〈老子〉诠释可能——从牟宗三到列维纳斯》，载《人文杂志》，2022年第7期。

三先生从主观心境切入、将道家哲学解释为"境界形态形上学"的解说，在阐释方法上打开了一条在中西方哲学互照下的新的道家诠释进路，但其对道"主客未分"之特点的诠释不够充分。受列维纳斯"反境域"思路的启发，我们或许可以将《老子》视作一个陌生化的"艺术作品"，道是人的"意向"尚未抵达客体，人的"感觉"尚未被还原成某种质、尚未变成某个观念的主客未分的存在状态。这样的"道"拒绝被概念化、对象化，从而避免语言带来的二元分裂。这种立足于哲学比较、中西贯通的诠释思路，拓宽了老子学的研究视野。

清华大学哲学系丁四新教授发表了《老子思想研究的文本依据：观念及其原则》一文。① 这篇文章认为，当代学界仍以王弼本或河上公本作为研究老子思想的主要文本依据，这造成了通行本与出土古本的严重脱节。陈旧过时的文本观念应当放弃，切合实际的新文本观念应当得到承认和推广。早期《老子》文本是在不断发展、变化的，在西汉它经历了一个经典化的过程，汉简本和通行本篇章数的设定均以天道观的数理为依据；《老子》分章的首要依据是文义，阅读、理解和引用《老子》应当以原子分章为基础。王弼本和河上公已严重失真，直接影响了人们对于《老子》章义、文义及其思想的理解。出土简帛本近古、近真，文本更为优质，但综合多重因素来看，汉简本最具代表性。应当以汉简本作为研究老子思想的主要文本依据。研究老子思想应当遵循三个原则，即以汉简本为主要依据，以原子分章为依据，以及全面检讨和反省通行本《老子》及王弼注和河上公注。应当通过实践，形成《老子》文本的新共识。作者在此文中继续推进了早期《老子》文本的研究，从方法论上反思了王弼注和河上公注可能存在的问题，是一篇值得重视的论文。

---

① 丁四新：《老子思想研究的文本依据：观念及其原则》，载《社会科学战线》，2022年第6期。

(3) 庄学研究

北京师范大学哲学学院刘笑敢教授发表了《船山〈庄子〉分篇说今证——兼答一些疑问》①一文。这篇文章指出，王夫之断定内篇为庄子所作、外杂篇为后人所作的观点基本正确，只是缺乏客观证据，应予以补充。而他对于外、杂篇一些具体篇目的评价和归属判断则有待商榷，应予以斧正。这部分的主要内容在《庄子哲学及其演变》一书中已有系统的阐证。此外，该论文还涉及刘笑敢教授对学界关于其上述观点之质疑的回应，主要围绕"西汉前无人引用《庄子》内篇""用了复合词就不会再用单纯词"两个方面展开。在此前，刘笑敢以道德、精神、性命三词论证了《庄子》内篇为庄子本人所作、外杂篇为庄子后学所作的观点。但后来李锐等学者反对他的此一观点，并撰文，作了正式的批评。刘笑敢坚持自己的观点，对李锐的批评作了回应。我们看到，刘教授在这篇文章中对于自己的观点继续作了回护，在一定程度上深化了对于相关问题的讨论。

中国人民大学国学院梁涛教授发表了《玄学的兴起与内圣外王语义的变化》②一文。其文指出，"内圣外王"的说法在《庄子》中相对沉寂，郭象《庄子注》对其作了玄学化的阐释并使之进入士人的视野。其中，"内圣"取道家之旨，顺乎自然，"外王"取儒家之旨，不废名教，将儒道融合在一起。结合对"独化于玄冥之境""适性逍遥"等理论的分析，梁涛教授认为《庄子注》"内圣外王"思想较之《庄子》的重要变化，即"逍遥""内圣"在郭象思想中不再是少数圣人的专利，而成为每一个体安身立命之可能。上述研究对澄清"内圣外王"思想的转变、促进庄子学及玄学的研究有一定作用。

---

① 刘笑敢：《船山〈庄子〉分篇说今证——兼答一些疑问》，载《船山学刊》，2022年第1期。

② 梁涛：《玄学的兴起与内圣外王语义的变化》，载《中国社会科学报》，2022年10月25日。

中国社会科学院大学文学院刘国民教授发表了《俗知与真知：庄子的知识论新释》和《论郭象对庄子之知的诠释和建构》①两篇论文，探讨了《庄子》的知识论思想以及郭《注》对其的理论重构。刘国民指出，庄子否定众人之俗知，而标举真人之真知。真知不是追求真实性的知识，也不是体道之知，而是心斋、坐忘之后内外俱丧，从而与天地万物混而为一的存在形态。郭象基于"性分论"而强调知识之相对性，其理论主要包括三个方面，即承认个体之知的差异性与独特性、肯定众人合于性分之知、反对众人逾越性分之知。而圣人则遗知忘知，即无独知而涵融众人之知以为一，即全知，从而冥合万物之知，助成万物之任性逍遥。刘国民教授的文章不仅对庄子"知识论"研究中的一些争议作出了回应，而且在一定程度上填补了学界对郭象"知识论"思想研究的不足。

（4）道教思想与文化

北京师范大学哲学学院章伟文教授发表了《身心"趋衡"的生命哲学初探》②一文。这篇文章指出，道教的生命哲学属于一种性命双修的趋衡论，强调的是人的身心健康与平衡。道教所谓"修身"，旨在使人的身体各项机能趋于平衡、稳定；道教所谓"修心"，是要在保持人的心理平衡基础上，寻求其形上精神境界之超越。道教的生命哲学不仅试图尽可能地延长、保持人的肉体生命，还要从生命体中创造出更高级的精神境界来时时更新自己。这个过程有其变化规律，道教的生命哲学就是要探讨、实践这种规律，使人的生命存在得到超越、升华。章伟文教授从"性命双修"理论出发，对个体生命之身心趋恒与超越的思考，使我们对道教生命哲学的特征有了进一步的认识。

---

① 刘国民：《俗知与真知：庄子的知识论新释》，载《中南民族大学学报（人文社会科学版）》，2022年第1期；刘国民：《论郭象对庄子之知的诠释和建构》，载《学术界》，2022年第2期。

② 章伟文：《身心"趋衡"的生命哲学初探》，载《当代中国价值观研究》，2022年第7期。

北京师范大学哲学学院强昱教授发表了《烟萝子的内观丹道论》[①]一文。其文指出，烟萝子的内丹思想大致可概括为五个方面，即"与道通真，内明中正""绝虑忘思，神气调和""壶中自有长生术，返老还童天地齐""中有白元君，肌肤凝皓雪""吾心如海，吾意如风"，这些主张均蕴含着丰富的哲学思考。正如本文作者所言："虽然其精神贡献长期湮灭不彰，但是随着对内丹学历史的认识不断深入与全面，烟萝子的劳作必然将大放异彩。"强昱对于烟萝子思想的进一步神会与解读也是有价值的，展现了中国思想的另一个侧面。

除了道教哲学、道教思想研究的不断推进与完善，本年度北京地区学者对道教史、道教仪轨、道教文化等领域的探索也有较大突破。北京大学哲学系张广保教授发表了《明代茅山、齐云山的道教与官道》《正一真人统领下的龙虎山道教与明代官道》《武当山皇室家庙与明代官道的形成》[②] 三篇专文，对明代官道的历史现象进行研究，观点和结论令人信服，值得重视。中国人民大学哲学系姜守诚教授发表了《汉代"直符"观念的神秘化》《宋元道教科仪中的"直符"神》《宋元道教科仪中的"天医"观念》和《宋元道教天医醮仪考述》[③] 四篇论文，对道教科仪中的"直符"与"天医"观念着重进行了考察。中国社会科学院世界宗教研究所副研究员刘志发表了《唐代老子经像西传考——

[①] 强昱：《烟萝子的内观丹道论》，载《宗教学研究》，2022年第4期。

[②] 张广保：《明代茅山、齐云山的道教与官道》，载《宗教学研究》，2022年第2期；张广保：《正一真人统领下的龙虎山道教与明代官道》，载《世界宗教文化》，2022年第3期；张广保：《武当山皇室家庙与明代官道的形成》，载《世界宗教研究》，2022年第10期。

[③] 姜守诚：《汉代"直符"观念的神秘化》，载《贵州社会科学》，2022年第3期；姜守诚：《宋元道教科仪中的"直符"神》，载《中国本土宗教研究》，2022年第1期；姜守诚：《宋元道教科仪中的"天医"观念》，载《东方论坛》，2022年第2期；姜守诚：《宋元道教天医醮仪考述》，载《宗教学研究》，2022年第2期。

敦煌文化与丝绸之路典范探析》①一文，梳理了老子经像由长安向敦煌、西域以至天竺传播的相关情况。上述研究对我们进一步了解道教历史、认识道教文化功不可没，一点一点地增长相关知识和文化。

3. 佛教哲学研究进展

（1）佛教哲学与历史

佛教文化是中国文化的重要组成部分，佛教的哲学理论、方法论、文化和历史是佛学研究的核心和重心。北京地区的佛教佛学研究比较活跃，处于全国领先的位置。

在方法论研究上，北京大学宗教学系李四龙教授，探讨了汉语佛教哲学文体和方法的沿革。②他认为，学界今天使用的"佛教哲学"是现代词汇，源于现代西方佛教学术体系，其内涵以知识论、逻辑学、心理学、伦理学和语言哲学为主。但是，在中国佛教史上，"佛教哲学"实有其对应的历史名称——义学，而精于此道的义学僧、义学沙门或义学大德，既有着相对集中的议题，也有基本类似的讨论方法，又有参与翻译与讲解佛经的共性。然而，由于在中唐以后，随着译经高潮的消退，讲经活动的衰微。因此，这个群体在中国佛教史上逐渐失去主导地位，中国中古时期的佛教解经文献更一直未获学者的重视。有见及此，他提出中国佛教研究应重新提炼这些解经文献的讨论方法和重要议题，以还原及呈现中华民族历史上一个全新的哲学图景。

清华大学哲学系圣凯教授出版了《佛教观念史与社会史研究方法论》③。这本书以观念史与社会史为方法，以"作为人类文明的佛教""佛教中国化""中国佛教的世界传播"为问题意识，以"全球文明史"为视角，以"经典""观念""制度""生活"为内涵，以真理、神圣、

---

① 刘志：《唐代老子经像西传考——敦煌文化与丝绸之路典范探析》，载《世界宗教文化》2022第1期。
② 李四龙：《汉语佛教哲学的文体和方法》，载《外国哲学》，2022年第2期。
③ 圣凯：《佛教观念史与社会史研究方法论》，北京：宗教文化出版社2022年版。

历史为维度，以信仰生活、制度生活、政治生活、文化生活、物质生活、寺院生活、寺院生活空间等为主要内容，建构起一种"长时段""结构性""整体性"佛教研究，旨在呈现出"具体的""鲜活的""有血肉的"佛教观念与社会互动的生活图景。圣凯教授突破了各学科研究路径之间的抵牾与限制，为中国佛教研究的方法论发展作出了重大贡献。

在哲学理论上，北京大学艺术学院助理教授柯伟业（Michael Cavayero）对于《佛说阿惟越致遮经》中"心源"的词义进行了详细的研究。① 他提出，心源一词，即是在中古时期经过早期大乘佛典的翻译而产生的"新词"。然而，心源虽说是新词，但其不仅在字面上延续了传统汉语中对"心"与"源"字本身的原义，更在词上融入了大乘佛教利他的核心思想，当中也受到了菩萨行、佛凡相应与宇宙认识论的影响。无论如何，心源作为一个载体，以文字的形式承载其演进的整个过程，不仅体现了"心源"一词深刻的佛教源头，也是外域佛教词汇与其概念在汉地的本土化这一复杂过程的缩影。

（2）佛教中国化理论探讨

研究佛教的中国化具有重大意义，这不仅有利于人们了解佛教在中国的发展脉络，从而促进学界对于中华优秀传统文化思想的理解，而且有利于佛教在新时代的融合及创新。

在宗教中国化的大方向上，北京大学张志刚教授对于宗教中国化研究的几个认识论问题进行了回应。② 他认为，假若学界要深入推进宗教中国化研究，那么必须加强基础理论建构，而首要的是探究并破解诸多认识论难题，如：世界性宗教、各宗教传承、本土性宗教与宗教中国化

---

① 柯伟业（Michael Cavayero）：《〈佛说阿惟越致遮经〉中"心源"词义的研究》，载《世界宗教文化》，2022年第4期。

② 张志刚：《"宗教中国化"研究的几个认识论问题》，载《北京大学学报（哲学社会科学版）》，2022年第4期。

的关系。这些认识论难题的解决，将有助于印证宗教中国化与世界宗教史的共相及发展契合性。在另一篇文章中，张志刚教授从"两个大局"的视域为宗教中国化研究的发展把脉。① 他指出，"坚持我国宗教中国化方向"可谓中国特色社会主义宗教理论的创见。为了进一步加强其基础理论建构，他便使用了"世界百年未有之大变局"和"中华民族伟大复兴的战略全局"为思考方法，致力于以历史哲学的进路论述宗教中国化的意义，并提出"以中华文化认同凝聚共识"的倡议。

在佛教中国化的历史研究上，北京大学宗教学系李四龙教授便探讨了历史上佛教中国化及其文化主体性的确立。② 他认为，一方面佛教在中国得到了丰富和发展，形成了适合中国农耕文明、宗族社会的佛教形态。中国佛教，不但在这样的氛围里确立了文化主体性，还在教理教义、修行体系和组织制度等方面具备了鲜明的中国特色。其中，悲智双运与中道圆融，是其文化主体性的两大思想支柱。另一方面，他指出中华传统文化从早期的"儒道互补"到后来"儒释道合流"的样态演变，更是中国化佛教对中国文化产生了持续影响的凭证。

北京大学宗教学系王颂教授从五四知识分子的观点入手讨论佛教对中国文化传统所作出的影响。③ 他打破了既往西化派和传统派的分析框架，从一个侧面揭示了近代知识分子对于佛教与中国文化传统交流的洞见。

另外，在佛教中国化的理论及仪式研究上，北京语言大学文学院刘宗迪教授讨论了佛教神话宇宙观的中国化。④ 他们认为，源自古印度的神话宇宙观曾经过佛教的继承并改造，并随着佛教东传流入中土。当

---

① 张志刚：《"两个大局"视域下的"宗教中国化"研究》，载《世界宗教研究》，2022年第12期。

② 李四龙：《历史上的佛教中国化及其文化主体性的确立》，载《中国宗教》，2022年第11期。

③ 王颂：《五四学人论佛教与中国文化传统》，载《中国哲学史》，2022年第1期。

④ 沈婉婷、刘宗迪：《须弥与昆仑：佛教神话宇宙观的中国化》，载《广西民族大学学报（哲学社会科学版）》，2022年第6期。

中，因为印度须弥宇宙观与中国昆仑宇宙观存在很多相似之处，一些僧人译经时采用"格义"法，而将须弥或阿耨达山译为昆仑山。到了唐宋时期，佛教的发展日益壮大，此时僧人便倾向将宇宙观作为塑造自身神圣与优越的利器，以至于"指昆仑山为天竺须弥山"，更使得须弥中心说一度取代昆仑中心说而重构了华夏中心的世界观。而到了明清时期，佛教宇宙观更加入了中国的堪舆成分，而佛教宇宙观亦反向地影响了清代西北的地理学。

（3）比较佛学研究

比较佛教研究可以让我们了解佛教与其他优秀文化的异同，观察佛教与人类文明交流互鉴的发展成果，且为中国优秀传统文化更好地吸收外来文化提供借鉴。

有鉴于使用现象学比附各种传统文化及宗教的研究日趋风行，北京大学哲学系章启群教授便以六大理论分野澄清唯识学与现象学的根本差异。[1] 他先指出，兴盛于7世纪的佛教唯识学和成书于7世纪的《成唯识论》，与诞生于20世纪初的胡塞尔现象学之间，相差一千三百余年。然后，他又从六个方面比较了"识"与"意识""悬置"与"二空""二分"与"显现""自证分"与"意向性""现量"与"本质直观""修行"与"认识论"等理论之间的根本差异，更点出了以日常经验为基础的公元7世纪佛教认知体系描述，与在现代科学背景下的20世纪认知体系描述的本质不同。总而言之，这个巨大的历史长度及理论距离，基本上可以展示这两种哲学思想存在深深的鸿沟。

在佛教与儒家哲学的比较研究上，北京外国语大学历史学院李雪涛教授便探讨了"韩愈辟佛"的对于中国文化发展的深层影响。[2] 他指

---

[1] 章启群：《唯识学与现象学的六个理论分野》，载《云南大学学报（社会科学版）》，2022年第1期。

[2] 李雪涛：《韩愈辟佛及其对中国文化的深层影响》，载《中华文化论坛》，2022年第3期。

出，一方面韩愈曾对佛教展开猛烈的批判，并试图恢复"独尊儒术"时期儒学的社会地位，以捍卫孔孟之道。但是，另一方面韩愈却借助佛教理论建立了儒家的道统与心性学说。总之，"韩愈辟佛"的矛盾促进了宋明理学对佛教的系统性改造和吸收，形成了全新的中国文化思潮。另外，北京大学哲学系的张峥讨论了程颐"性即理"与佛教心性论之关系。他指出，对于"性即理"的原文，① 大陆通行标点作"性即理也，所谓理，性是也"，而港台地区及日本学者如牟宗三、劳思光、市川安司、土田健次郎等都将其引作"性即理也，所谓理性是也"。市川安司更指出此中的"理性"有佛教意味，故而朱熹《近思录》才刻意将其删去。作者则从文本与义理等多个角度考校，点出"理性"本于中国佛教，连读相较于点断，具有合理性。当中，程颐主动援引"理性"解说其"性即理"说，体现了理学家对佛义理既吸取又批判的微妙意趣。而后，朱熹在《近思录》中删去此语，南宋以后"理性"逐步成为道学话语，剔除了其佛教意味，体现了理学理论建构的成功。

在佛教与道家哲学的比较研究上，北京大学宗教学系王颂教授便连续发表了两篇有关于以佛教哲学诠释《庄子》哲学的文章。② 一篇是关于以佛教义理解释《齐物论》，另一篇则是对章太炎《齐物论释》"以佛解庄"的分析和评议。他提出，中国古代向来有"以佛解庄"的传统，即运用佛教义理诠释《庄子》，或者借注释《庄子》阐发佛教义理。而注疏家以佛解庄的目的，有的是出于扬佛抑道的意图，有的纯粹是出于心智的愉悦。他认为《齐物论释》借鉴佛教哲学而多有创新，其哲学价值值得重视。例如，章氏以"平等"释"齐物"，以语言的"平等性"为"平等"的形而上学基础，以佛教心识说来统摄名言等说

---

① 张峥：《"性即理"与佛教心性论之关系——程颐"性即理也，所谓理性是也"考辨》，载《中国哲学史》，2022年第2期。
② 王颂：《齐物与圆融：哲学视域下的佛解〈齐物论〉》，载《世界宗教研究》，2022年第9期；王颂：《名言与心识：〈齐物论释〉对佛教语言哲学的阐发》，载《哲学研究》，2022年第12期。

法，都超出了前人的范围，这值得进一步的研究。

在藏传佛教与其他哲学的比较研究上，北京大学社会学系博士后、中国藏学研究中心《中国藏学》杂志编辑朝告才让，以甘青川民间收藏苯教古籍文献为主题对藏族的宇宙观进行了深刻的探析。① 他认为，甘青川地区民间收藏苯教古籍文献的问世给藏族宇宙观的研究提供了崭新的研究视角。由于，他发现藏族宇宙观的实际内容远大于佛苯经典《俱舍论》和《斯巴佐普》，而三界宇宙观对藏族传统地理方位、民居建筑结构、民间文化创造模式等更产生了深刻影响。因此，他表示藏族宇宙观实系以多种文明互动交流为基础，以契合本土观念为主线，形成独特的传统宇宙认知体系。再来，北京师范大学教育学部的王文修以《中黄督脊辨》一文为中心，阐释及辨析了道家内丹学与藏密中脉修炼之异同。② 他指出，陈健民是道密合流的阐释的专家。其藏密巨著《曲肱斋文集》中的《中黄督脊辨》篇，曾对道家内丹学所涉"黄道周天修证系统"与藏密"中脉法身修证系统"做了详尽的比较。但是，陈氏对"道家黄道周天"与"藏密中脉法身"所依据的哲理背景，却未有展开论述及比较。他认为，内丹学所秉持的哲理是老庄的"清净无为"之道，但藏密的哲理却是"随教唯识见"与"中观应成见"；前者禅修的内容是开发人体的"黄道周天"，后者的却是与人身无关的"色空本尊身"。由此可见，道家内丹学与藏密中脉修炼不属于同一范畴的事物。

总之，我们看到北京市的佛教佛学研究是比较兴盛的，汉传佛教佛学和藏传佛教佛学都受到了人们的重视。但是，我们也看到，对佛教的研究胜过了对佛学的研究，对佛学的研究又胜过了对佛教哲学的研究，

---

① 朝告才让：《藏族宇宙观探析——以甘青川民间收藏苯教古籍文献为主》，载《青海社会科学》，2022年第4期。

② 王文修：《道家内丹学"黄道"与藏密"中脉"异同之辨析——以〈中黄督脊辨〉为中心的阐释》，载《世界宗教研究》，2022年第1期。

呈现出泛化和边缘化的哲学史观，甚至非哲学化的宗教研究指导观念。换言之，佛教哲学研究近一二十年来不断呈现出下落的趋势。不但佛教哲学研究如此，实际上道教哲学研究也是如此。

（三）研究特色和总体评价

综上所述，2022年度，北京市中国哲学学科主办了一系列学术活动，如"旧邦新命与中国哲学""中国哲学视域下的汉代经学""东林学派与明清儒学""早期道家哲学的新路径""近代中国佛教与全球化""汉传佛教制度与亚洲法律"等学术会议。特别是中国哲学史学会在中国政法大学完成了换届选举，尤其值得一提。不过，需要指出，三年疫情致使学者缺乏直接接触，线上会议多有局限，缺乏讨论和交锋。同时，新冠疫情阻断了正常的国际学术交流，虽然开支减少了，但是心理距离却变远了。随着新冠疫情的解除，可以预料，来年这一情况应当可以避免，国内和国际的学术交流将会趋于活跃和热烈。

在方法论上，丁四新提出了"中国哲学的主体性"观念，并运用于对近百年中国哲学研究的描述，具有一定新意。他同时辨析了"经学研究"的概念，肯定了哲学研究在经学研究中的正当性。刘笑敢从"概念考古""诠释取向""体系义"三个维度研究《老子》的"自然"观念，在一定程度上推进了他的老子诠释学。唐文明讨论了中国哲学研究中的真理与方法问题，他特别强调了经典的权威性、超历史性，具有一定的方法论意义。佛学领域重视观念史的研究，道教领域重视科仪的研究，这都是受到了一时代之方法论的影响。综合起来看，"主体性"观念受到普遍重视，本年度的中国哲学研究和中国佛学研究都强调了这一观念。这种强调是"文化自信"的表现，也是中国精神的一种反映。同时需要指出，北京市的学者也更加重视中西比较哲学视域。一方面是经学研究高歌猛进，一方面是哲学研究的回归，这是两股力量，处于竞争之中。

陈来、许家星、高海波等推进了宋明理学的研究，任蜜林、温海明、刘悦笛等推进了儒家心性论的研究，干春松、王中江等推进了儒家政治哲学的研究，丁四新、陈壁生等推进了经学哲学的研究。其中陈来的朱子学研究、干春松的政治哲学研究、丁四新的《洪范》经学思想研究，具有代表性。老子思想和庄学是道家哲学研究的两个重点，刘笑敢、王中江、罗安宪、林光华等发表了老子思想研究的论文，刘笑敢、黄克剑、梁涛、刘国民等发表了庄学研究的论文。另外，张广保、姜守诚、章伟文、强昱、刘志等发表了道教研究的论文。总体看来，道家、道教哲学研究的成绩不如儒家哲学研究，缺乏突破性的进展。北京地区佛教哲学和佛教思想的研究比较活跃，李四龙、圣凯、柯伟业、陈明、王嘉宜、张志刚、王颂、刘宗迪、湛如、章启群、李雪涛、张峥等人的论文值得注意，其中既有具体问题的研究，也有理论研究。

从总体上来看，2022年度北京市中国哲学的学术活动略显不足，重大会议不多，特别是交流不够密切和顺畅。众所周知，这是由于对新冠疫情的管制所导致的。可以预见，来年这种情况会发生较大转变。本年度我市中国哲学研究方法论在整体和局部上都取得了突破，如提出了"中国哲学的主体性"概念，对"经学研究"作了重新定义，运用观念史方法来研究佛教，强调中西比较哲学方法的运用，但是对于学者群体来说，其影响始终是局部的。就问题或专业领域来看，学者的研究比较分散，不够集中，成绩一般是局部的。虽然人们发表和出版了一些重要成果，但是突破性的成果不多。同时，理论建设是我市中国哲学学科的薄弱环节，近三十年的中国哲学研究模式已日趋固化，亟需理论创新，实现研究的自我突破，引领海内外的中国哲学研究踏上新台阶。

（撰稿：王振辉　王子航　赵卓凡；统稿：丁四新　杨学功）

三、外国哲学研究进展和发展态势

2022年，北京市的"外国哲学"学科蓬勃发展，举办了多场重要的学术活动，在哲学的许多领域都取得了不少重要成果，学科建设不断发展进步。在2022年举办的重要学术活动中，既包括对传统哲学问题的深入探讨，也有对哲学和科技前沿问题的前瞻性探索以及批判性反思。在研究进展方面，古希腊罗马哲学领域、近现代哲学领域都取得了很多杰出成果。这些重要的学术活动和研究进展，既加深了人们对相关哲学问题的理解，也扩大了哲学的社会影响力，取得了良好的学术与社会效益。

（一）重要学术活动

"人工智能"是近年逐渐兴起的一项新技术，它不仅仅是一次单纯技术层面的变革和飞跃，它还与哲学、逻辑学、伦理学等多个领域的问题相关，因此哲学界对它越来越重视。北京大学哲学系近些年来持续关注人工智能相关问题。2022年4月8—10日，由北京大学哲学系宗教学系与北京大学外国哲学研究所主办，北京大学人工智能研究院与北京大学哲学与人类未来研究中心协办的"人工智能基础与应用国际会议"在北京大学召开。在为期两天半的会议中，共有46场报告，分别是17场特邀报告，29场平行会议报告。

在会议致辞中，北京大学哲学系韩水法教授从三点阐述了人工智能与哲学的关系。第一点是人工智能从产生伊始便与哲学有着紧密关联，本次会议的创办说明了北大哲学系在人工智能研究上的积极态度；第二点指出人工智能无论在基础层面或是应用层面都直接关涉到人，而"人"正是哲学的核心和基础问题；第三点展望了人工智能的发展，提出要始终关心人工智能对人的性质的改变，应从人文主义的角度来对待人工智能，哲学工作者应与科学工作者一起为人工智能的未来发展担负责任，这也是本次会议的重要意义。

这次会议是哲学、计算机技术、逻辑学、认知科学、伦理学等不同领域的一次综合性会议，它集中了各个领域的优秀专家学者，就人工智能的哲学基础、逻辑基础、前沿技术发展、伦理道德风险等方面的重要问题展开集中探讨，会议取得了积极的成果和广泛的好评。北京大学哲学系对人工智能的持续关注和深入研究是哲学理论和社会实践相结合的一次重要尝试。随着人工智能的逐步发展，相信它会深刻的改变我们这个世界。

2022年是北京大学哲学系王太庆先生的百年诞辰，王太庆先生是我国著名的哲学家和翻译家。北京大学哲学系和外国哲学研究所为了纪念王太庆先生，专门在《外国哲学》（第43辑）杂志上设立了"大师百年"专栏，其中收录了四篇纪念王太庆先生的文章，它们分别从不同角度论述了王太庆先生的哲学与翻译思想。

王太庆先生除了母语汉语以外，还精通多国外语，同时有着良好的哲学基础，这就使得他的翻译能够最大程度地做到了"信雅达"。他对笛卡尔、黑格尔、柏拉图等哲学家重要著作的翻译惠泽几代学人，他的译作至今仍是学界典范。不过令人遗憾的是，他未能翻译完成《柏拉图全集》就不幸仙逝，这实在是哲学界的重大损失。后人纪念太庆先生最好的方式，我们认为就是继承先生未竟的学术和翻译事业。这一事业无疑是任重道远的。

2022年6月15日，《纯粹理性批判》（韩林合新译本）出版座谈会在商务印书馆成功举办。译者韩林合教授介绍了《纯粹理性批判》的翻译过程与心得，来自北京大学、清华大学、中国人民大学、中国社会科学院等多个高校和科研院所的30余位专家学者参加了本次座谈并发言。《纯粹理性批判》作为康德这位西方哲学史上的重量级学者的代表作，成为了整个西方哲学史和思想史上最为重要、影响力最深远的著作之一。《纯粹理性批判》初版于1781年（该版本又称为"A版"），1787年经康德亲自修订的《纯粹理性批判》第二版正式出版（该版本又称为"B版"），在《纯粹理性批判》的诸版本中，只有上述两版是由康德亲自改订的，因此这两个版本的《纯粹理性批判》对于深刻且准确理解康德的思想具有举足轻重的意义与价值。此次由韩林合教授翻译、商务印书馆出版的《纯粹理性批判》中译本就是基于《纯粹理性批判》德文本的"A版"与"B版"进行的汉语新译；这也是汉语学界首次以"A版"与"B版"为底本完成的足本汉语全译。

德国古典哲学一直是我国哲学界重点关注和研究的领域，德国古典哲学的很多问题都是直接源于古希腊哲学的，比如"理智直观"概念。2022年9月16日，北京大学外国哲学研究所、哲学系主办的2022"风华讲座"秋季论坛的第一场讲座准时举行。本次主题为"直观的神话及其在德国唯心论中的破灭"，主持人为北京大学哲学系系主任仰海峰教授，本次讲座的受邀主讲人是北京大学哲学系的先刚教授。讲座由"直观"神话的起源、"感性直观"的神话、"直接知识"的神话、"理智直观"的神话、"直观"神话的摧毁五个部分展开。

先刚教授首先对"直观"的概念进行了解读，指出"直观"（Anschauung）的字面意思仅仅是看到，而其在哲学界被广泛接受的意义，正是中文这个词语贴切地表达出来的，"直接地观看"，一般意味着对于事物的"本质"和"整全性"的直接把握。但在后续的研究中，"直观"的概念却在各种意义上被神话了。先刚教授认为研究者们神话"直观"的起源与柏拉图相关。康德不承认人有"理智直观"的能力，认为只有"感性直观"。雅各比批评了康德，雅各比通过"直接知识"表达了对康德批判哲学的否定。雅各比之后，对于"理智直观"的神话则来自费希特与谢林的相关研究。先刚教授认为，费希特和谢林的症结在于，他们为这个洞见选择了"理智直观"这个自柏拉图以来已经神话了的名称，导致其遭到了拒斥。费希特与谢林之后的"直观"神话摧毁是由黑格尔主导的。先刚教授在结语中指出，"直观"作为真正意义上的"直接的观看"，实际上指的感觉（视觉），其他所谓的"直观"都是冒充。柏拉图、康德、雅各比、费希特和谢林的"直观"概念都有其不完备的地方，黑格尔对于"直观"的观点则最终揭示出了"直观"的真实意义，由此也完全摧毁了直观的神话。

先刚教授对"直观"做了一种哲学史的考察，并且得出了自己的结论。他批评了"理智直观"神话，认为它是神秘的。他的观点是学界的一种声音，但是对"理智直观"还需要更深入的思考。"理智直观"是来自于柏拉图的，之后无论是柏拉图主义还是漫步学派，都对此没有任何疑义。哪怕康德不承认人具有理智直观的能力，他也还是在传统的意义上来理解这个概念的。而黑格尔的"辩证法"严格来说不是理智直观，只是一种推理。理智直观这个问题无疑是西方哲学的重要主题，值得我们继续深入的讨论。

2022年12月2日，由中国人民大学哲学院主办，中国社会科学网合办的2022年度"哲学的殿堂——中国人民大学哲学名家讲座系列"第十讲如期举行。本次讲座由北京大学哲学系尚新建教授主讲，主题为"谈'自然主义谬误'"，中国人民大学哲学院聂敏里教授主持。

讲座中，尚新建教授首先说明讲座内容将围绕对"善"的分析和Is—Ought（"是与应当"）问题而展开。关于"Is—Ought问题"，尚新建教授指出，20世纪上半叶的许多哲学家在讨论自然主义谬误时，如B. Russell、D. C. Williams、W. K. Frankena和J. Searle，他们将自然主义谬误与应然（ought）与实然（is）、价值与事实、规范与描述之间的二分联系在一起。J. Searle还明确指出"不能从is推导出ought"这个论点来自于休谟，后来的学者还将休谟《人性论》中的这段文字（III. i. 1. 27）概括为No-Ought-From-Is或者IO。也就是说，现代道德哲学对于"Is—Ought问题"的标准解释是：不仅认为休谟是否定从is推导出ought的可能性的第一人，还主张Is与Ought意义完全不同，二者之间具有实在的逻辑区分。这种伦理学主张也就意味着无论什么道德判断，都不能合乎逻辑地从事实论断（即没有主观影响的事实描述）中推导出来。摩尔试图用一种论证来表明，凡是企图根据经验（自然）属性来界定"善"（good）都是错误的，陷入了自然主义谬误。尚新建教授还谈到了麦金太尔（A.C.MacIntyre）对"Is—Ought 问题"之标准解释的批评。另外，Fred Feldman（弗雷德·费尔德曼）等当代学者认为这种理解实际上是一种误读。Pigden（皮戈登）也对这种理解提出批评：他认为休谟是一种逻辑观点，即主张"道德者不可在逻辑上从非道德者推出"，但摩尔提出的观点却是"道德者不可能根据非道德者加以界定（违者即自然主义谬误）"，因此两者不可混为一谈。

在讲座中，尚新建教授就近代以来伦理学界围绕"是与应该"问题的争论做出了清晰的梳理和精彩的评论。"是与应该"问题是近代以来伦理学界的一个核心问题，对这个问题的清晰梳理和深入研究无疑是具有重要的意义。

2022 年 12 月 20 日下午，中国政法大学哲学系 20 周年系庆讲座第六讲暨"蓟门哲谭"第十九期讲座如期在线上进行，本次讲座由浙江大学哲学学院王俊教授主讲，中国政法大学人文学院文兵教授主持。讲座题目为"今日哲学何为？"

这个讲座主要围绕哲学的双重困境——作为学科的哲学在现代知识体系和学科建制中不断被边缘化，以及作为思想方式的哲学与时代境遇越来越隔膜来展开。王俊教授本次讲座集中回答了两个问题，即今天我们在何种意义上还需要哲学、今天作为学科的哲学和作为思想方式的哲学能够发挥何种作用。王俊教授认为，现在的哲学渐渐失去了对生活的统治性影响。哲学作为自古以来人类知识体系的核心部分，作为世界经验的基础，在近代以来逐渐呈现出专业狭隘化、纯粹学院化和文化本质主义等特征，日益陷于困境。王俊教授从"作为学科的哲学"与"作为生活方式的哲学"两条路径，提纲挈领地探讨了哲学未来的任务。

哲学自古以来就被看作一门最高的科学，也是一种最好的生活方式。但是近代以来，随着科学的兴起，以及哲学与科学的分离，哲学与科学以及与生活的关系确实遇到了新的挑战和问题。如何在现代自然科学背景中，重新确立哲学的主体性，以及恢复哲学与生活之间活生生的关系，的确是一个值得深入探讨的问题。这个讲座在这些方面都做了有益的探讨，具有积极的意义。

（二）主要研究进展

1. 古希腊罗马哲学研究

在古希腊罗马哲学领域，2022 年学者们还是主要围绕着柏拉图和亚里士多德这两位伟大的哲学家展开研究，在形而上学、宇宙论和伦理学等方面都取得了一些重要成果。

《蒂迈欧篇》是柏拉图的宇宙论作品，其中的世界"本原"问题历来是学者们关注的重点。人民大学哲学院的聂敏里教授在《柏拉图〈蒂迈欧篇〉中的本原理论》[①]中探讨了柏拉图的宇宙论，尤其是"第二本原"问题。聂敏里教授指出，在《蒂迈欧篇》中，柏拉图为了详细说明宇宙的生成，提出了宇宙生成的本原的问题，并在"形式本原"之外设置了"第二本原"。和传统观点认为第二本原是质料不同，也和现代主流的观点认为第二本原是空间不同，聂敏里教授对柏拉图有关第二本原的文本做了深入的分析，认为柏拉图的第二本原是不确定性，形式本原决定的是生成变化中的不变的部分，而作为不确定性的第二本原决定的恰恰是生成变化中的变的部分。在此基础上，他对以上两种不同的观点提出了具体的反驳，并且指出恰恰是亚里士多德带有误读性质的文本支持了本文对第二本原的看法。

在传统的柏拉图主义和漫步学派看来，柏拉图《蒂迈欧篇》中的"第二本原"就是"不定之二"（indefinite dyad），而它也就相当于"原始质料"（primary matter）或者"空间"（space）、"无限的广延"（infinite extension）。只不过，亚里士多德似乎是在字面意思上来理解"空间"的，而亚历山大和一些新柏拉图主义者则更多是从"比喻"的意

---

① 聂敏里：《柏拉图〈蒂迈欧篇〉中的本原理论》，载《现代哲学》，2022 年第 4 期。

义上来看待它的。无论如何,"不定之二"在柏拉图的哲学中都是"质料","一"则是"形式"。而作为"不定之二"的"质料"乃是"原始质料",不是物理学中的"第二质料"(second matter),"原始质料"没有任何性质,而"第二质料"则有了某种性质。因此,它也就不是物理学中的"空间"。聂敏里教授在文章中强调了"不定之二"与物理"空间"的不同,具有积极的意义。

Idea 与 Idealism 是西方哲学的基本范畴。聂敏里教授在《Idealism:古典与现代的思想转换》①一文中,详细地考察了从古希腊到近现代哲学中"Idealism"一词的含义,以及相应的翻译问题。在聂敏里教授看来,"Idealism"按其词源来自于柏拉图的"idea",但正是在 Idealism 这一概念中蕴含着古典与现代的思想转换。无论是巴门尼德的"存在"还是柏拉图的"理念",已经包含思维的主观运用和建构,从而,Idealism 作为一个二阶哲学概念,其"唯心论"的内涵同样适用于他们的思想。近代以来笛卡尔通过"我思故我在",赋予了它以某种主观的思维性。无论是英国的经验论,还是德国古典哲学中,"Idealism"都包含了这种主体思维的主观性在内。聂敏里教授还指出,"Idealism"作为一种"唯心论",不但适用于西方哲学,也同样适用于中国哲学,比如阳明心学。作者最后的结论是,把"Idealism"理解并翻译成"唯心主义"或"唯心论"都是有充分理由的,这也提醒我们思维主体与存在本身之间的不同。

"Idealism"作为西方形而上学的核心概念,如何正确地理解和翻译它,无疑是一个重要而根本的问题。聂敏里教授这篇文章对此做了较深入的探讨,具有积极的意义。当然,这不是说这个问题就不需要进一步的研究了。所谓"人心惟危、道心惟微,惟精惟一,允执厥中"。(《尚书·大禹谟》)事实上,无论是巴门尼德,柏拉图,还是阳明心学,他们把"思想"与"存在"直接等同起来,或者认为"心即理"时,

---

① 聂敏里:《Idealism:古典与现代的思想转换》,载《世界哲学》,2022 年第 5 期。

他们谈的"心"都是在"道心"意义上的,而不是指"人心"。因此,"道心"虽然有精神性的"思想"活动,但它不是任何主观的思维,也不存在所谓主观和客观的对立。这个问题,无疑牵涉到对中西哲学的基本理解。毫不夸张地说,正确地理解了这个问题,就正确地理解了中西哲学。

"友爱"是伦理学的一个重要主题,在亚里士多德的伦理学体系中它的地位甚至高于正义。人民大学哲学院刘玮教授在《亚里士多德论完美的友爱》①一文中,围绕亚里士多德的三部伦理学,即《大伦理学》《欧德谟伦理学》和《尼各马可伦理学》详细地考察了他对"完美友爱"问题的讨论。"完美友爱"问题是这样一个问题,如果说最高意义上的好人,或者哲学家是"自足"的,因此是毫无欠缺的,那么他还需要"朋友"吗?这个问题在亚里士多德的不同文本中是有不同论述的。在刘玮教授看来,亚里士多德在《欧德谟伦理学》和《尼各马可伦理学》中都花了很大的篇幅,用相当复杂的论证讨论了这个问题,在另一部有时被归于亚里士多德的作品《大伦理学》中也有对这个问题的回答。这些问题在解释者中间引起了巨大的争议。他认为,《大伦理学》的核心观点是"非自足自我认识模式",这一观点确实与另外两部伦理学存在着实质性的差别。《尼各马可伦理学》和《欧德谟伦理学》虽然在细节上存在一些差别,但是都表达了相同的核心学说:自足之人虽然达不到神的自足性,但就他是自足的而言,依然需要朋友,因为与朋友的共同行动、共同生活,给他提供了观看美好行动和幸福个体的机会,他会在这样的观看中,体会到类似欣赏美丽画作、听到美妙旋律的审美愉悦。刘玮教授指出,"自足型审美模式"是亚里士多德回答自足之人是否需要朋友这个问题的最终答案。同时,这也是最贴近文本、最不需要依赖伦理学以外的文本支持、最不损害朋友作为一个独立个体、最不需要把朋友工具化的理解。刘玮教授这篇文章,通过对三部伦理学

---

① 刘玮:《亚里士多德论完美的友爱》,载《道德与文明》,2022年第4期。

文本的细致梳理，为我们更好地理解"友谊"问题提供了重要见解。

Being 是西方哲学的一个基本概念，如何理解和翻译这个基本概念，一直是学界比较关注的问题。有人主张把它翻译为"存在"，有人主张翻译为"是"。中国社会科学院哲学研究所的詹文杰研究员在《汉语哲学语境中的 Being 难题——评王路教授的"一是到底论"》①一文中，批评了王路的"一是到底论"。詹文杰研究员认为，王路教授的"一是到底论"主张应当把西方哲学概念 being 翻译为"是"，而且这种译法要贯彻到底，不仅针对同一个哲学家的不同文本和不同语境，而且针对古今所有的西方哲学家。他批评了这种"一是到底论"，并且提出如下几点主张：首先，"to be"不仅仅是系词，而且是表示某种特殊活动的动词；其次，简单地应用"一词一译"原则来支持"一是到底"的译法是有困难的；再次，尽管西方传统形而上学与"to be"的语义和句法问题相关，但不能将它全然混同于逻辑学；文章最后，詹文杰研究员把汉语语境中翻译和理解 being 的困难归结为跨文化翻译和理解本身的困难。

王路教授的"一是到底论"曾引起学界的一些争论。其核心是形而上学中的"Being"是否指的是一个系词。Being 一词确实具有多种含义，比如它可以指语言中的系词 to be，也可以在逻辑学中表达真值，也有存在的含义。亚里士多德认为，形而上学是研究"being as being"的，巴恩斯（J. Barnes）等学者指出，后一个 being 指的就是"存在"（existence）意义上的，不是其他语言或逻辑意义上的。因此，形而上学研究的就是作为"存在"意义上的 Being。这个问题其实涉及对形而上学或西方哲学的一个基本理解。对这个问题的深入探讨，无疑可以加深我们对西方哲学本身的理解。

古希腊哲学是西方哲学的源头与根基。对古希腊哲学的深入探讨就

---

① 詹文杰：《汉语哲学语境中的 Being 难题——评王路教授的"一是到底论"》，载《现代哲学》，2022 年第 6 期。

是对西方哲学根基的深入理解。2022年北京的古希腊哲学领域的学者们，对Idealism，Being等核心概念的讨论，无疑是具有基础性意义的。

2. 中世纪与文艺复兴时期哲学研究

相较于我国的古希腊罗马哲学和近现代哲学研究，中世纪与文艺复兴时期的哲学研究历来偏弱。但是2022年也还是取得了一些重要成果。中国人民大学哲学院的谢地坤教授专门撰文研究了埃克哈特的神秘主义思想，这个主题在历年的研究中是不多见的。中国人民大学哲学院的副教授雷思温撰文研究了中世纪晚期的单义性革命问题，通过这个问题的研究，可以使我们更好地理解那个时期的哲学发展状况。

埃克哈特是中世纪著名的神学家，他的神秘主义思想一直显得有些"神秘"。中国人民大学哲学院谢地坤教授在《在真理探索与灵魂拯救之间——埃克哈特神秘主义研究》①一文中，着重研究了中世纪神学家埃克哈特的神秘主义思想及其对后世西方哲学的影响，指出神秘主义是人类探索真理、认识真理过程中一个不可避免的环节，而且是西方哲学的一个重要思想资源。谢地坤教授认为，从西方文明而言，神秘主义作为一种宗教观念和哲学观念，普遍而持久地存在于他们的宗教和哲学传统之中。埃克哈特之所以一方面接近新柏拉图主义的流溢说，另一方面甚至提出有些离经叛道的近似于泛神论的命题，这既与他所处的13世纪与14世纪之交的大背景有关，也与他重视宗教信仰与自然理性和生命体验有直接联系。那个时代，新柏拉图主义面对着亚里士多德的形而上学和托马斯主义的挑战。新柏拉图主义在基督教神学中只是提供了一种拒斥知识的神学，即更接近于基督教所要求的对上帝的单纯而直接的信仰，但是，在虔诚的信仰中却没有自然理性和超自然信仰之间的过渡和连续性，因而不可能阻挡更接近于自然理性的阿奎那式的亚里士多德主义。与之不同的是，阿奎那则利用亚里士多德的哲学思想，提出了另

---

① 谢地坤：《在真理探索与灵魂拯救之间——埃克哈特神秘主义研究》，载《社会科学研究》，2022年第2期。

一种通向上帝的道路,即信仰不可能由某种不同的经验来加以补充,而是反过来,信仰是对知识的补充。恰恰是这两种不同的神学主张的争辩在信仰与知识之间留下了空白,从而给神秘主义创造了产生和发展的机会。而埃克哈特的神秘主义对德国哲学的影响是深远的,从中世纪的库萨的尼古拉(Nicholas von Cusa,1401—1464)到宗教改革时期的马丁·路德(1488—1546)和雅各·波墨(Jacob Boehme,1575—1624),再到德国古典哲学,这种影响都是以或显或隐的方式存在着,甚至一直延伸到现代哲学。

西方的神秘主义一直是西方哲学和宗教中除了理性主义以外的另一个重要组成部分,我们给予较多研究和关注的一直是理性主义部分,对神秘主义则关注的较少,这当然跟"神秘主义"本身比较"神秘",不容易理解有关。谢地坤教授的这篇文章,深入浅出地梳理了埃克哈特的神秘主义思想背景、主要特色以及影响等,具有重要的意义。

存在的"类比"问题是中世纪亚里士多德主义神学的一个重要问题。托马斯·阿奎那使用这个概念来说明上帝与他的造物之间的既相似又有存在论差异的关系。中国人民大学哲学院副教授雷思温在《类比的崩溃:中世纪晚期的单义性革命与一本二元问题》[①]一文中比较深入地讨论了亚里士多德主义的类比问题,以及它与中世纪晚期的单义性革命的关系问题。雷思温指出,自阿奎那将亚里士多德主义系统地整合入基督教神学后,基督教神学与存在论的类比学说就发生了整体性融合。相比新柏拉图主义的太一论与基督教神学的融合,这一基督教的"存在论神学"具有更深的危机和张力,并产生了存在论系统中上帝的超越性与内在性无法整合的困境。这一困境在14世纪造成了"类比的崩溃",致使存在的类比学说分裂成两条单义性道路:埃克哈特、库萨等依据神性单义性所建构的一本之路,以及司各脱、奥卡姆等凭借心灵内在单义

---

① 雷思温:《类比的崩溃:中世纪晚期的单义性革命与一本二元问题》,载《哲学研究》,2022年第5期。

性所建构的二元之路。这一分裂意味着基督教语境中的"存在论神学"在一本与二元关系上的无法调和,从而塑造了路德、笛卡尔、斯宾诺莎等人的思想前提。此外中世纪晚期发生的这一崩溃还造成了深刻的思想革命与近代效应。

"存在的类比"问题中世纪哲学的一个重要问题,它要处理的是上帝与被造物之间既存在差异,又有某种相似性的问题。而柏拉图主义与亚里士多德主义的一个表面上的区别在于,亚里士多德主义主要表现为一种"存在论",而柏拉图主义则把"太一"置于"存在"之上,因为"一"是"多"的本原,是高于"多"的,而"存在"是"一多",它虽然是一,但是这个一是"多"的统一,这样在"存在"之上就需要一个没有任何多的"太一"。基督教传统内,上帝是至高无上的,因此当有些学者把上帝等同于"存在"时,就会遇到柏拉图主义的某种挑战。一些学者就用柏拉图主义的"太一"而非亚里士多德主义的"存在"本身来解释上帝。这两派在基督教内部有着复杂而长期的争论。雷思温的这篇文章,有助于我们更好地把握基督教传统内部的这种争论的复杂性,以及它对近代以来哲学的深远影响。

3. 近现代哲学研究

西方近现代哲学一直是我国哲学界关注较多,每年研究成果也较多的领域。2022 年,北京的学者们围绕着笛卡尔、培根、德国古典哲学以及现象学等展开了深入研究,取得了较为丰富的成果。

斯宾诺莎与笛卡尔哲学之间的关系问题是近代哲学的一个基本但是又复杂的问题。北京大学哲学系吴增定教授在《因果性与力量——笛卡尔、斯宾诺莎与当代哲学争论》[①] 一文中,对笛卡尔与斯宾诺莎形而上学中的"因果性与力量"问题展开了深入研究。吴增定教授指出,笛卡尔的形而上学与斯宾诺莎的形而上学之间的关系,以及斯宾诺莎对于

---

① 吴增定:《因果性与力量——笛卡尔、斯宾诺莎与当代哲学争论》,载《同济大学学报(社会科学版)》,2022 年第 10 期。

前者的批评，无论是在德国唯心论哲学中，还是在当代法国哲学中，都是一个非常重要的问题。笛卡尔和斯宾诺莎的形而上学有两个核心的原则：其一是因果性原则，其二是实在性或力量原则。但是，对于这两个原则之间的关系，笛卡尔和斯宾诺莎分别给出了不同的解释。对于笛卡尔和斯宾诺莎的形而上学，德国唯心论和当代法国哲学给出了不同的评判。德国唯心论肯定了斯宾诺莎形而上学对于笛卡尔形而上学的内在困难的克服，但批评前者缺乏主体性和自由。德勒兹和马里翁作为当代法国哲学的代表则对笛卡尔与斯宾诺莎形而上学给出了截然对立的看法。德勒兹认为，斯宾诺莎将邓·司各脱的"存在的单义性"原则推进至一种彻底的内在性原则，由此肯定了力量的无限能动性和多元性。马里翁则认为，斯宾诺莎的自因学说错失了笛卡尔形而上学的深刻和谨慎，因为后者认识到上帝作为一个"匿名的他者"不可能被自因概念完全包容。但是，无论德勒兹还是马里翁，都不再关注笛卡尔和斯宾诺莎最重视的因果性原则，而仅仅是强调力量原则。

吴增定教授这篇文章对相关问题展开了较为细致的分析，具有重要的意义。把上帝看作是最高的原因或者"自因"，或者无限的力量（全能），这些都是中世纪经院哲学的传统看法，它们并不会直接导致一种彻底的内在主义。只有斯宾诺莎把"上帝"和"自然"等同起来以后，才导致了一种否定上帝的超越性的内在主义，这点深刻地影响了谢林与黑格尔的哲学。在笛卡尔那里，上帝确实还保留着一种传统意义上的超越性，他是严格地高于自我以及任何有限实体的。而且笛卡尔认为在上帝那里，严格地说他的意志与理智是完全统一的，这避免了神学信仰的唯意志论，更接近哲学意义上的神。上帝的无限的力量也不是指物理学上的力，因此笛卡尔的哲学是更传统的。对这些重要问题展开深入思考，无疑是有助于我们加深对近现代哲学的理解的。

培根是近代哲学的奠基人之一，他对现代哲学、宗教、政治与科学之间的复杂关系的阐释仍值得人们去深思。北京市社会科学院哲学研究所的王双洪副研究员在《现代乌托邦的科学寓言——培根〈新大西岛〉

中的政治、宗教与科学》一文中，深入地研究了培根的政治理想，以及他的思想中科学与宗教的关系。与笛卡尔一样，培根同样被看作是近代哲学的开创者。但是我国哲学界对培根的研究，一直热度不高，研究成果较少。王双洪副研究员的这篇文章，可以让我们更深入地理解培根哲学。

王双洪副研究员指出，《新大西岛》在培根著作中是比较独特的一部，它以寓言和故事的形式表达了培根对理想政制的描述。《新大西岛》是培根与柏拉图的一场隐秘对话，他们同样设计了理想的共同体，这个共同体建立在绝对的真理之上。新旧两个大西岛都几近完美，但结局却迥异。区别在于，柏拉图始终对技术（科学）统治抱以警惕，而在培根的新大西岛中科学是最为重要的公共事业。培根的现代信仰是科学拥有征服自然的力量，这种力量将哲学、宗教纳入自己的麾下，用科学统治整个共同体，在这个共同体中，科学永远在进步，而政治和宗教则是稳定不变的。与此同时，培根《新大西岛》也以未竟之作的形式，保留了对现代事业之不足的思考。

王双洪副研究员认为，作为站在现代科学事业开端的思想者，培根从政治、宗教和哲学（自然）几个角度给了技术发明以无以复加的地位。如果说他这样做的原因是为了给当时在宗教和政治夹缝中的现代科学开辟道路，意在让当时政治和宗教接纳科学，那么培根似乎也意识到，大西岛上的科学统治还需要与科学不同的东西。萨罗门学院的元老在公布新的发明之前，要确定哪些可以公之于众，哪些应该保守秘密，适合公布的标准是什么。这似乎又从科学问题回到了政治问题，新大西岛的科学在超越政治的同时需要政治，培根身处现代事业中隐约意识到了现代事业的不足。在科学高度发展的今天，科学带来的问题较之培根那个时代更为清晰，科学真的能独立于政治存在吗？王双洪副研究员的这篇文章为这些问题提供了自己独特的视角，具有重要的理论和现实意义。

近年来，很多学者们开始对谢林哲学展开深入研究，谢林的很多重要作品也被陆续翻译过来。北京大学外国哲学研究所先刚教授翻译团队在 2022 年出版了谢林的《神话哲学之历史批判导论》（先刚译），《启示哲学》（上、下卷，王丁译）和《一种自然哲学的理念》（庄振华译）四部作品。近年来，先刚教授团队在谢林作品的翻译与研究方面取得了引人注目的成就。这些翻译与研究补齐了德国古典哲学研究方面的短板，加深了人们对整个德国古典哲学的理解。以往人们往往认为谢林是处于康德与黑格尔哲学之间的过渡，谢林哲学似乎没有达到黑格尔哲学的高度，但是随着研究的深入，人们逐渐改变了对谢林哲学乃至整个德国古典哲学的刻板印象。

先刚教授在《谢林论神话的起源和本质》[1] 一文中，深入浅出地讨论了谢林对神话起源于本质的看法。先刚教授指出，谢林在同一性哲学时期曾经把神话看作哲学的外衣，随后在世界时代哲学时期甚至试图把神话当作哲学本身来处理。但是只有到了后期的神话哲学，他才深入研究了神话的本质与起源。在这个问题上，谢林的基本立场是拒绝把神话看作"人为的发明"（既不是任何个人的发明，也不是单个民族的发明），进而批驳了各种诗意的、历史的、科学的、宗教的神话解释，最终从民族的起源和分化以及人类原初意识的角度揭示出了神话的起源和本质。

先刚教授认为，谢林后期的神话哲学（乃至启示哲学）的最终目标，仍然是遵循"自我意识的推进史"这一线索，去建立他一直以来宣扬的"大全一体"（All-Einheit）学说，因此，他既不会放弃自然哲学，也不会放弃艺术哲学、哲学史等其他精神领域，而是要将它们完全包揽在自身之内。在谢林的这个宏大体系构想里，神话问题始终是一块试金石，以验证他的哲学体系能否真正圆融地建立起来。

在我国的德国古典哲学研究中，谢林受到的关注比起康德和黑格尔一直要少很多，但是近些年在先刚教授的大力推动下，我国的谢林哲学

---

[1] 先刚：《谢林论神话的起源和本质》，载《学术月刊》，2022 年第 7 期。

研究不断取得了许多新的重要成果，这些都是非常有意义的。

现象学传入中国后，就逐渐开始了与传统中国思想的对话。近年来有些学者在现象学与法相唯识学之间进行比较研究。北京大学哲学系章启群教授在《唯识学与现象学的六个理论分野》①一文中比较详细地从六个方面讨论了法相唯识学与现象学的重要区别。现象学传入中国后，已经开始"中国化"，一些学者开始用现象学的方法和理论分析研究中国传统哲学问题。近些年来倪梁康等人开始在佛家的法相唯识学与现象学之间进行比较研究。但是任何有意义的比较研究，都需要建立在正确理解的基础上。现象学与法相唯识学之间是否存在重要的根本区别呢？这是一个基本的问题。

章启群教授指出，唯识学与现象学的六个概念之间，即"识"与"意识"，"二空"与"悬置"，"二分"与"显现"，"自证分"与"意向性结构"，"现量"与"本质直观"，"真如"与"事物本身"，其意涵虽然有一定交接，但从根本上来说，它们的含义是完全不同的。因此，不能在现象学与唯识学之间进行简单的"对话"或比较研究。如果看不到上述根本分歧，那种简单的对话只会产生严重误导。章启群教授这篇文章的具体观点虽有值得商榷之处，但是他指出了现象学与唯识学在上述6个方面的根本分歧，是具有重要意义的。

胡塞尔的现象学仅仅是一种"认识论"，不是传统的形而上学。而且，作为一种认识论，它具有一种鲜明的调和论色彩。胡塞尔的现象学既具有经验论的残余，比如他认为我们认识的对象是严格意义上"被给予的"，也具有一些唯理论的特征，比如他认为我们的意识具有某种先验的结构。他的现象学首先要求一种对认识对象存在的"悬置"，也就是所谓的"现象学还原"，然后仅仅回到意识的纯粹内在性中，并进行"本质直观"等。但是，起源于印度的法相唯识学其旨趣与现象学是完

---

① 章启群：《唯识学与现象学的六个理论分野》，载《云南大学学报（社会科学版）》，2022年第1期。

全不同的。它把万法建立在"阿赖耶识"(第八识)基础上,通过详细分析第八识与七转识之间的关系,论证了"万法唯识"的基本佛学道理。显然,法相唯识学并不仅仅是一种单纯的认识论,它还是一种形而上学和宇宙论。

我们对于任何新事物都有一个认识的过程,对于现象学也不例外。一开始有人觉得它比较新颖,随着认识的深入,我们会获得关于它更充分的知识。章启群教授这篇文章的意义在于,它提醒我们在中西哲学比较的过程中,要充分注意中西哲学旨趣的某些根本差异。

海德格尔无论在早期还是后期都非常关注时间与存在的关系问题。首都师范大学政法学院朱清华教授在《海德格尔后期时间观念辨析》①中详细地分析了海德格尔后期时间观的主要特点。朱清华教授指出,在《存在与时间》中,海德格尔试图经由此在的生存论分析把握存在,时间性是此在存在的可能性条件,是追问存在的超越的视域。海德格尔在后期没有放弃早期时间解释的一些基本特征,而是力图突破《存在与时间》中一些形而上学残余导致的对时间以及存在的解释的局限。后期海德格尔提出了时间和存在更源初的来源——"居有"(Ereignis)。在居有中发生的是存在的天命"派送"(Schicken)和源初时间的伸展到达。本真的三维时间是居有作为"esgibt Zeit"(有时间)中的"es"所给出的礼物。礼物的接受者是被居有的"此—在",后者作为建基存在的真理的"时机之所"恰恰是深渊,即无根据之根据。在基础存在论中意图用时间解释存在的超越论在后期也被存在历史的历史时间所取代。海德格尔试图以这种方式克服追问存在的形而上学框架和主体中心,为存在之思打开新的视域,但是否成功仍是有疑问的。

从"时间"出发来理解"存在"的意义其实是海德格尔前后期现象学的一个主旨,只不过前后期的说法稍有不同罢了。这体现了海德格

---

① 朱清华:《海德格尔后期时间观念辨析》,载《南京大学学报(哲学·人文科学·社会科学)》,2022年第1期。

尔一贯的反形而上学思路。因为在传统的形而上学中，存在（Being）是永恒的，它超越了一切"流变"（becoming），而时间仅仅是运动的一个属性，所以不可能用时间来衡量存在的意义。现象学与传统的形而上学之间有着一种完全颠倒的关系。如何评价这种颠倒，仍然属于现代哲学反思的一个重要任务。

（三）重要突破和薄弱环节

2022年，北京学界在外国哲学研究的许多方面都取得了重要的进展。

一是通过学者们深入的对话和研究，西方哲学中的一些基本概念得到了进一步的澄清，西方哲学史上的一些基本理论也得到了更加准确的理解。比如，对于"being"（*to on*）这个基本的哲学概念，以前一些学者主张应该翻译为"是"而不是"存在"。最早提出这种主张的著名学者是陈康先生，在他的《巴曼尼得斯篇》译注中，他就把"*to on*"都翻译成了"是"。他这样翻译的理由是，"*to on*"除了表示"存在"的意思以外，还能表示逻辑判断中的"真"。而汉语的"存在"不能反映出"*to on*"的这种意思，"是"则能兼表"存在"与逻辑上的"真"这两种意思。在他之后，著名的哲学翻译家王太庆先生也遵循了陈康先生的意见，把"*to on*"都翻译成了"是"。王路教授则坚持一种"一是到底"的理解和翻译态度。近来一些学者则采取更为灵活的翻译态度，主张在不同的语境中可以把它分别翻译成"存在"或"是"，而且在形而上学中的一些特定语境中，必须把它理解和翻译成"存在"，而不是逻辑判断的真值或者系词意义上的"是"。比如亚里士多德认为形而上学研究的是"being as being"，后面一个"being"强调的不是系词或逻辑判断意义上的"是"，而只能是"存在"。这个短句说明，形而上学研究的仅仅是"存在"意义上的"being"，从而使形而上学与逻辑学、语文学区分了开来。这些讨论和对话，有助于我们加深对古希腊哲学的基本概念、基本理论的理解。

二是对谢林著作的翻译与研究，推进了我国哲学界对德国古典哲学深入理解，也逐渐地补齐了我国德国古典哲学研究的短板。近年来，在北京大学哲学系先刚教授的大力推动下，我国的谢林哲学翻译与研究均取得了重要进步。从2016年开始，先刚教授就开始组织翻译《谢林著作集》，这个计划是开放性的，它计划在德文经典全集本的基础上选取那些谢林哲学最具代表性的作品加以翻译（计划是16种）。2022年先刚教授团队翻译出版了谢林《神话哲学之历史批判导论》等4种作品。谢林的神话哲学由两部《导论》和《神话哲学》（上、下卷）组成。本书是其第一导论，另一部是《神话哲学之哲学导论》。在这部《历史批判导论》里，谢林展示了如何建立一种科学的神话哲学的过程，亦即通过批判地考察由古至今的各种具有代表意义的神话观（比如把神话理解为纯粹的诗意发明、科学真理和宗教真理的扭曲或掩饰等等），表明神话本身已经是一种哲学思维，但它不是个别人或个别民族的自觉的发明，而是人类原初意识的基本结构和发展运动在不同民族的意识中的反映。在这个批判的历史考察中，谢林对于相关观点的批评以及他自己正面阐发的观点都展示出极为生动和深刻的面貌。因此，这部《历史批判导论》本身在某种意义上也可以被看作一部阐发谢林"神话观"的独立著作，其中的各种思想对于我们理解古代文明的现象和本质具有重要的启发意义。

谢林是一位极其早慧的天才哲学家，以前我国哲学界更多地关注康德、费希特和黑格尔等其他德国古典哲学家，而对谢林的关注较少，近年来先刚教授团队对他的著作的较为全面的译介和深入研究无疑是具有重要突破意义的。

三是在中西哲学的深层对比研究方面也取得了重要进步。一些学者在把现象学引入中国后，就逐渐地展开了现象学与中国传统思想的比较研究。其中，有些学者研究了海德格尔哲学与儒家天道之间的关系，取得了很多启发性的成果。也有些学者则开始进行现象学与佛学，尤其是与法相唯识学之间的对比研究。章启群教授在2022年的文章中比较深入地研究了二者之间的重要区别,指出虽然现象学与法相唯识学之间存在着一些表面上的相似性,但是从根本上来说二者存在着多方面的根本区别。如果我们忽视了它们之间的根本不同,那么对它们任何的对比研究就会陷入似是而非的境地。在他看来,从根本上来说,法相唯识学是一种本体论和宇宙观,而胡塞尔的现象学则主要是一种认识论。而且它们对"认识"的看法也存在着重要的差异。这些研究一方面加深了我们对现象学的理解,另一方面也提醒我们它和佛学之间某些根本的区别。这无疑是具有重要理论意义的。

虽然2022年北京学界在外国哲学研究中取得了一些重要成果和突破,但是在一些领域仍然存在薄弱环节。

一是中世纪哲学研究仍然缺少重量级作品。相比于古希腊罗马哲学和近现代哲学研究,我国的中世纪哲学研究一直较为薄弱。无论是研究学者的数量,还是优秀作品都较为缺乏。这既有历史的原因,也有思想的原因。从思想倾向上来看,我国学界对高度原发性的古希腊哲学和高度思辨性德国古典哲学具有更强烈的兴趣,因此这两个领域集中了很多优秀的学者,也取得了很多杰出的成果。而对强调信仰高于理性的中世纪哲学,我们一直兴趣不甚强烈,近年来这个局面仍然没有得到大的改观。

二是近代哲学中对莱布尼茨的重视不够。莱布尼茨是近代一位全面的天才,他也被称为近代的亚里士多德。他在数学、逻辑学和物理学等领域成就斐然,在哲学上则提出了著名的单子论。遗憾的是,这样一位全才的哲学家,在中国并没有受到应有的重视。在近代哲学中,笛卡尔、斯宾诺莎和莱布尼茨并称三大唯理论哲学家。我们对笛卡尔和斯宾诺莎都有较为深入的研究,对于莱布尼茨之后的德国古典哲学也给予了充分的重视,但是对于莱布尼茨的研究则是相当不充分的。尤其是人才聚集的北京哲学界,常年缺乏对莱布尼茨的研究,这是明显的短板和不足。

总的来看,2022年,北京的外国哲学研究在多个方面都取得了重要成果,但也存在一些明显的短板和不足。在"古希腊罗马哲学"领域,我们的研究基础比较好,研究得比较深入,优秀的成果也比较多;而在"中世纪与文艺复兴时期哲学"领域,我们的基础始终比较薄弱,优秀的成果较少。而在"近现代哲学"方面,无论是笛卡尔哲学、斯宾诺莎哲学,还是德国古典哲学研究,我们都取得了很多杰出成果,并取得了一些重要突破,但是不足之处在于对莱布尼茨的重视还不够。

(撰稿:王玉峰)

四、美学研究进展和发展态势

新的时代发展出现了许多新现象,改变着人们的生活与思维,也给美学研究提出了新的要求。回应、思考与解决时代问题,是美学界共同关注的话题。2022年,北京的美学学者在传统领域继续深入,在前沿问题上不断开拓,在学术观念上勇于创新,发表了不少真知灼见,取得了一系列有影响力的学术成果,引领着全国美学学科的走向,呈现高水平、高质量的美学学科发展态势。

(一)重要学术活动

2022年,北京的高校与学会举办了一些重要的美学学术活动。

2022年5月15日,"新时代中国美育理论"北京大学美育论坛暨高校优秀美育课程案例交流会在线上召开。论坛由北京大学艺术学院、北京大学美学与美育研究中心联合中国高等教育学会美育专业委员会共同举办。北京大学党委副书记安钰峰在致辞中指明了本论坛的宗旨,即在新时代继承和发扬北京大学校长蔡元培先生的美育精神,并践行其"五育"并举的教育理念。上午举行的美育论坛由美育专委会副理事长、北京大学教授李洋主持,共有六位专家进行了主题发言。美育专委会理事长、杭州师范大学教授杜卫在《作为人文教育的艺术教育》中指出当前艺术教育中人文教育的缺失，并强调艺术人文教育在学生树立纯正的人生观、价值观方面的重要作用。北京大学美学与美育研究中心主任朱良志教授的《中国古代超越美丑分别的思想》，提出中国艺术追求的是一种超越知识和秩序的精神。山东大学文艺美学研究中心主任谭好哲教授的《中国现代人生论美育的当代意义》以中国现代人生论美育为范型，强调了当代美育要立足于时代特点和现实需求。北京大学艺术学院院长彭锋教授的《完美主义与美育》讨论了实用主义与儒家思想在"完美主义"上的联系与区别。北京师范大学美学与美育研究中心主任刘成纪教授的《如何理解中国美育传统》，提出新时代中国美育"绕道西方进入中国"与"绕道历史进入当下"的双重径路。首都师范大学艺术与美育研究院院长王德胜教授的《历史继承性与文化适应性——当代美育理论建构的两面》提出应注重当代理论与美育思想、人生实践的关联。清华大学肖鹰教授对六位发言人进行了评议，提出美育不应成为神话，而是一种反神话。

  2022年12月24日，北京市哲学会美学专业委员会召开线上年会，北京美学会会长、北京师范大学哲学院教授刘成纪主持了年会。中华美学学会会长、深圳大学美学与文艺批评研究院院长高建平教授在会上致辞。本届年会围绕"美学的时代使命"主题展开讨论。中国美学一直是学者们的研究重点，刘成纪主要解释了"王维画物，多不问四时"的问题；中国传媒大学教授张晶分析了"审美感兴论"与中国哲学中感应相通与相异的关系；中国人民大学教授余开亮对中国古典"味美"说的三种形态进行说明；中国政法大学张都爱讨论了宗白华"美学散步"之路径成立的根据。关于西方美学的研究，主要以中国艺术研究院研究员张颖《维龙美学的表现论》发言为代表。对艺术美学的丰富探究，表现出北京美学会研究特色。中央音乐学院教授宋瑾做了"审美关系中音乐的返身符号"的演讲；首都师范大学教授史红重点分析"京味舞蹈"的审美内涵与构成因素；中国社会科学院研究员徐碧辉对

"艺术与生活的边界何在"进行发问；中国戏曲学院教授王九成对后疫情时代"三小戏"审美功能进行了思考；中国艺术研究院研究员刘桂荣认为"墨戏"的美学特质是意涵、旨趣、精神；首都师范大学科德学院副教授高昱探索了电视剧《平凡的世界》的音乐风格民族化美学特征；北京服装学院教授杨道圣对作为明星的艺术家提出自己的要求；中国艺术研究院研究员孙晓霞从文艺复兴时期知识图像化获得学科启示；中国艺术研究院研究员秦兴华展望了媒介视域下的当代艺术综合发展趋势；中国戏曲学院副教授杜衣杭研究了戏曲数字表演中的身体美学；中央民族大学副教授金艳就韩国话剧版《骆驼祥子》谈艺术情感的符号性。关于美本身、美本体研究，从来就是美学界的核心问题。中国传媒大学教授徐辉思考的是"美本身"的路径；北方工业大学教授王文革关心"审美中的历史维度问题"；首都师范大学副教授魏家川则关注夜深人静的感应属性及其美学意义。中国戏曲学院副教授孙焘发现了"取消文化"现象中存在"美的焦虑"；中央民族大学副教授安静介绍了美国"共同体"问题研究情况。在美育与人、与当代社会发展研究上，北京印刷学院教授龚小凡考察了民国教育政策与民国教材设计；首都师范大学教授易晓明认为美育应成为电子媒介时代最强大的技术人文。北京青年政治学院教授彭笑远挖掘了孔子美育思想内容；中国文联的丁平考察分析了民国时期美育中国化实践的社会环境、现实问题及历史目标；北京舞蹈学院教授张朝霞对新时代"艺术乡建"的动力机制与创新实践提供广泛的思维路径；北京电影学院教授张冲从《觉醒年代》谈影视美育及艺术观；北京城市学院讲师陈玉就青年朱光潜雕塑广场谈了美学的实践性。本届年会内容广泛，具有深度的理论价值和前沿意义，表明了北京的美学学者对时代和现实问题的思考与关切，开辟美学研究的新境界。

在运用美学服务社会方面，北京美学学科发挥了积极作用。2022年9月21日，为助力美丽乡村建设，由清华大学美术学院与无锡市联合编制的《无锡市乡村建设美学导则》正式发布。《导则》立足无锡乡村的资源禀赋，统筹规划自然生态、人居环境、经济发展和乡风文明之间的关系，提出打造基于生态美学、聚落美学、美学经济和乡村美育四项核心要素的"乡村美学"，促进乡村生态、生活、生产，因"美"而兴、"美"而行。"乡村美学"这一新概念，以"美"为线索统筹考虑乡村规划设计、经济发展和精神文明建设，以"美"为核心强调人在乡村中的主观感受，避免乡村建设实践中出现碎片化、同质化、重物轻人、主体模糊等问题。它强调守护乡村绿水青山，承续"天人合一"的传统美学理念，针对植被、农田、水系、道路、农房、设施、景观等具体建设项目提供美学规范方面的指导；促进乡村美学经济发展，以文化创意、生活美学、深度体验为三大增长点，推动乡村产业振兴；挖掘山水林泉、土地荷田、民俗文化的美育价值。这一《导则》以美为名片，构建乡村美学共同体，成为美学落实于乡村的指南。同时，美学研究也受到社会的支持，特别是民间人士的资助。

2022年4月21日，北京大学孙少文国学与美学发展基金捐赠仪式通过线上方式举行。全国政协委员孙少文博士捐资设立北京大学孙少文国学与美学发展基金，支持北大国学与美学领域的学术研究和人才培养，促进中华传统文化的继承和弘扬，推动国家文化建设的繁荣发展。该基金将用于支持北京大学国学研究与人才培养的同时，也支持北京大学美学与美育研究中心的学术研究、国际交流和人才培养。北京大学美学与美育研究中心主任朱良志教授出席了捐赠仪式。

（二）主要研究进展

1. 中国美学向历史与本体的深度掘进

中国美学不仅继承和发展了传统美学资源，而且在精神传承、意识分析、命题研究等方面做出新的思考和推进。

中华美学精神的内涵深刻、内容丰富，贯穿了艺术创作的始终，对文艺创作具有鲜明的指导意义。中华美学精神究竟是什么？对它的总结、提炼与分析是中国美学研究的重中之重，虽已有一些学者进行了专题性研究，而由北京师范大学教授王一川主编的《中华美学精神的当代传承》一书还是显示出了其特点，它立足于我国当代各艺术门类领域中的作品、现象，通过研究中华美学精神的含义、现代性转化、与西方诸美学思想的比较等方面获得理论依据，聚焦大量当代具体艺术案例、热点现象进行分析论证，力求重点突出中华美学精神对当代文艺事业的针对性与现实性，同时兼顾理论性与传播性。本书涉及当代文学、美术、电影、设计、音乐等艺术门类，是总体性的基于艺术之上的中华美学精神的研究。①

在对中国传统美学总结性研究上，除了对中华美学精神提炼之外，还有就是对传统审美意识的分析。中国社会科学院研究员王柯平的《中华传统审美意识四原理》认为，以儒、道、墨、释（禅宗）诸家为主要根源的中华传统审美意识，虽然各自理路与特征相对有别，但在目的论意义上，其核心关切均指向理想人格修养与审美敏悟能力相融合的艺术化人生。儒家基于礼乐文化的传统，持守中和为美的原理。道家基于道法自然的理念，推崇自然为美的原理。墨家基于崇俭尚用的立场，力倡功用为美的原理。禅宗基于大乘空观的思想，标举空灵为美的原理。这四项原理因革相济，绵延至今。②

在中国现行的美学学科框架内，中国美学史可能是最让人无法以个人之力穷极的领域。对中国美学史本身的本体反思，是站在哲学维度上的跳脱于外的更高的思考，这有利于更好地看清研究对象。北京师范大学教授刘成纪的《中国美学史研究：限界、可能与目标》，提出就美学理论与美学史的交互关系看，中国美学史既接受理论给予的限定，又以本土经验重建学术视域，并通向美的普遍历史；就美学与时代精神的关联看，这一领域既映显现实，又表现出种种偏至，但这种偏至正预示了美学史研究的全新可能。可以认为，在现代学术视域内，美学学科无论

---

① 王一川等：《中华美学精神的当代传承》，北京：北京大学出版社2022年版。
② 王柯平：《中华传统审美意识四原理》，载《美育学刊》，2022年第1期。

是它理论的弹性、思维方式的一般性,还是研究对象的无限广延,均意味着它是对人和世界普遍存在性状的描述,并不仅限于一种专门的知识。由这种理论和学科性质建构的历史,则必然是一种看待世界的普遍视野。于此,一切历史都是美学史。①

中国古代美学命题、范畴研究,是国内学术界近几年兴起的研究领域。中国古代美学领域有大量的"理论命题""审美范畴",这些"命题""范畴"需要进行学理性、综合性、实践性的全面整理与研究。中国传媒大学教授张晶在《中国古代美学命题研究有待突破的空间指向》一文中认为,急需为学术界进行古代美学命题研究提供一套资料汇编;大力推进古典美学命题、功能研究的整体突破。探讨美学命题的经典化进程,也是当下研究的重要学术价值之所在。②"默"作为一个词语,原本是指沉默不语、背诵记忆的意思,中国人民大学教授袁济喜《默:从人生态度到审美心智》,认为在中国文化中,它具有很深的哲学与美学意蕴。"默"在人生态度上,往往与一定的立场与价值观相联系;在认识论与审美观上,又与特定的思维方式相联系,彰显出审美心智。从先秦迄至六朝时代,这一词语的内容与人生态度、与审美方式的联系愈益紧密,经历了不断的变迁,在清代叶燮的《原诗》中获得了新的阐发,成为中国文论与美学的重要范畴。③"兴"这一范畴在中国美学中有着丰富的内涵,北京大学教授彭锋在《兴与激情》中提出"兴"在中国美学中有两种解读,一是作为一种修辞手法,二是作为一种存在状态。以杜博斯为代表的激情导向的西方美学,认为艺术可以激发出激情,让生命力活跃起来,从而解除生存的沉闷。中国美学中作为存在状态的"兴"与这种激情美学相似,同样认为诗歌等艺术形式能对人的

---

① 刘成纪:《中国美学史研究:限界、可能与目标》,载《南京大学学报(哲学·人文科学·社会科学)》,2022年第4期。

② 张晶:《中国古代美学命题研究有待突破的空间指向》,载《河北学刊》,2022年第2期。

③ 袁济喜:《默:从人生态度到审美心智》,载《社会科学战线》,2022年第1期。

精神从总体上起到感发、激励、升华的作用，使人摆脱昏庸猥琐的境地，还原到本然的生存状态。这种生存状态，就是一种审美状态，不能用理性和逻辑来解释。无论中西美学，都强调对"兴"和激情的理解无法按照理性和规则，只能诉诸感觉，不能诉诸分析。中国艺术有太多关于永恒的纠结，关于永恒的"作业"。①

中国人有独特的时空观，并且进行了艺术性的表达。在时间感上，北京大学教授朱良志的《中国艺术的"永恒感"》，探讨的是中国艺术追求的境界。他说唐宋以来中国艺术追求的永恒，根本特点是非时间的，总在"四时之外"徘徊。时间的绵长、功名的永续、终极价值的追求等，不是很多艺术家考虑的中心。他们追求的永恒，是关乎生命存在的基本问题：面对脆弱易变的人生，到艺术中寻找底定力量；身处污秽生存环境，欲在艺术中觅得清净之所；为喧嚣世相包围，欲到艺术中营建一块宁静天地；为种种"大叙述"所炫惑的人，要在当下直接感悟中，重新获得生命平衡。不是追求永恒——物质的永远占有、精神的不朽，而是追求永恒感，那当下此在从容优游的生命体验。② 在中国古代，空间同样是一个重要的美学问题，尤其是其中的方位。北京师范大学教授周律含在《中国早期方位观及其美学意识》中说，方位观念的形成，从一开始就不仅是人对空间的物理性认知，更是一种具备美学特性的空间规划。以早期中国"六合"的空间模式建构为例：它将人置于空间中央，由此诞生的华夏地理就成为一种经验性的人化空间，而并非纯粹的客观地理，这种非客观性恰恰为美学的发生提供了契机。从上、下的建构到四方的展开，方位承载了中国人独具特色的空间想象。这一空间想象及方位建构在农耕文明紧密的人地关系促使下逐渐成为华夏民族的方位共识，为中国人提供了一种稳定的归属感，最终涉及的是一个如何建构精神家园的"安居"问题。总之，空间方位不仅关乎物

---

① 彭锋：《兴与激情》，载《中国文学批评》，2022年第1期。
② 朱良志：《中国艺术的"永恒感"》，载《学术界》，2022年第5期。

理，更关乎人文、关乎审美，它发源于感性，又从感性活动升发至价值观念甚至哲学思辨，为早期华夏文明的建构开出了一条独特的美学路径。①

中国美学在汉语世界里的典型存在方式需要从总体上进行学术探索。北京语言大学教授韩经太的《中国美学与汉语智慧》，探索的具体切入点有三：关注中国美学以"道"论建构为中心的终极追询方式，聚焦中国哲学美学之原点《老子》"五千精妙"之最具代表性的"道可道，非常道"章和"大象无形""大音希声"章，重新解读并揭示文本的整体玄同语境所生成的玄同命题之丛集原理；关注中国美学以"人的关怀"为中心的人文关怀方式，聚焦中国文人主体的历史命运变迁和话语能力养成机制，凸显其大语言艺术自觉的本体观念以及"微言"褒贬和"景语"抒情的特殊传统；关注中国美学以"意象"范畴为中心的文艺批评传统，聚焦"意象"原生语境的文本特质和"言意之辨"的思想动因，重新认识并深化推进"言意之辨"和"意象"阐释，揭示超绝言象而又执着于言象的汉语艺术智慧。②

钱中文先生提出的"新理性精神"文论具有中国当代性品格，曾经引起热烈讨论。北京大学教授陈晓明的《论"新理性精神"的审美意涵——钱中文的文艺理论思想再探讨》，认为应该在审美的意义上去理解"新理性精神"，因为审美的出发点和为着审美的需要，"新理性精神"可以融合感性并形成新的统一体。因此，"审美意涵"构成了"新理性精神"的内在特质，它决定了"新理性精神"具有人文品格、内化的丰富性品格、可共享的交流对话的伦理品格。这充分体现了钱中文对中国当代文艺理论的贡献。③

---

① 周律含：《中国早期方位观及其美学意识》，载《人文杂志》，2022年第11期。
② 韩经太：《中国美学与汉语智慧》，载《中国高校社会科学》，2022年第6期。
③ 陈晓明：《论"新理性精神"的审美意涵——钱中文的文艺理论思想再探讨》，载《学术月刊》，2022年第11期。

2. 西方美学中对现代美学研究热度不减

在西方美学研究中，北京学者关注西方现代美学多于关注古典美学，并且用现代眼光反思古典美学。古典美学的代表康德美学经常被当代学者批判为过时，因为它无法解释现今艺术的多样性，也无法说明当前社会中审美现象的复杂性，但是北京师范大学教授周黄正蜜有不同看法。她的《康德美学被超越了吗？——浅析韦尔施对康德美学的批判》一文认为，康德美学并未过时，也尚未被超越，其反思性保证了它对各种审美对象的接纳，其对形式性原则的强调为质料层面复杂多变的审美经验留下了空间，而审美再自律作为一种柔软开放的立法形式为美学存有自己的独立空间提供了保证。① 在对德意志浪漫派研究方面，中国人民大学教授冯庆的《德意志浪漫派的隐喻哲学》，认为德意志浪漫派渴望基于文学艺术的隐喻机制，探究一种对绝对者之同一性进行全面把握的哲学方法论，其动机则是探求康德式认识论哲学和斯宾诺莎主义泛神论的"中道"，从而进一步推进审美启蒙。在谢林的艺术哲学构想里，哲学之"思"成为自然不断进行着的自身显现；施勒格尔则认为，艺术的创作性、感受性本质及其形象表征应当成为"思"的生活基础，引领尚未熟悉哲学的主体通向最终的哲学"自由"。基于对作为起点的特殊自我和作为终点的普遍自我的区分，浪漫派设定了一种无限类比关联中的反思观，并使之获得更为通俗的有机自然的隐喻外观，在开展审美启蒙的同时，也让启蒙的重心发生根本性的转变。② 德国法兰克福学派主要代表阿多诺关于审美经验的思考，不可回避其前后介入的两大问题史论争语境的重要影响。中国社会科学院研究员汪尧翀在《内在批判的极限：阿多诺论审美经验的否定性》一文中，认为问题史之一涉及布莱希特及本雅明就"艺术社会学"的论争，围绕"艺术自律"的合法

---

① 周黄正蜜：《康德美学被超越了吗？——浅析韦尔施对康德美学的批判》，载《外国美学》，2022年第1期。

② 冯庆：《德意志浪漫派的隐喻哲学》，载《文艺研究》，2022年第11期。

性问题；问题史之二涉及马尔库塞"文化的肯定性批判"，围绕艺术的超越性问题。相比之下，阿多诺最终选择了介于两大问题史路径之间的居间路径，将内在批判推向极限，坚持悖论运思的方式，从而建构起一种作品美学，继续推动理性批判。因此，这种悖论的作品美学沿着"艺术自律—媒介分化—哲学的运思"路径，规定了审美经验的否定性特定。简言之，阿多诺从内审美意义上为艺术自律辩护，捍卫艺术的超越性；从媒介分化的意义上捍卫具体艺术门类的认知意义；从悖论运思的意义上，捍卫审美经验的否定性特征，视之为通往艺术作品真理的起点。① 对德国学者阿比·瓦尔堡，我国学者则研究并不多。中国人民大学教授吴琼的《阿比·瓦尔堡的幽灵学》提炼出阿比·瓦尔堡学术贯穿始终的一个主题，即古代"遗存"在各历史时代的"重生"。因为时空的错置，因为古代"遗存"中表达生命能量的象征形式不断变形，使得每一次重生就像原初生命能量在历史性中的幽灵般返回，尤其在文艺复兴早期这种"危急的时刻"，生命能量的极性化通过象征形式的两极性获得最为充分的表达，后者也因此成为历史的症候、生命的症候和艺术的症候。②

现代美学与古典美学有着时间的连接，现代美学是古典美学的发展，甚至于其性质中包含古典，如法国现代美学就属于一种古典主义美学体系。它在17世纪的现代民族国家法兰西大力发展的古典主义文化中成型，占据现代欧洲普通知识核心区。中国艺术研究院研究员张颖的《论法国现代美学的缘起与体系性》认为，法国美学从19世纪开始自觉展开学科化探索，既吸纳德国古典美学，又回归并发扬自身的"美之学"传统。这一学科化进程经实证主义渗透后发生质变，专注于艺术"事实"的科学实证美学越来越远离形而上的"美之学"，古典主义逐

---

① 汪尧翀：《内在批判的极限：阿多诺论审美经验的否定性》，载《外国美学》，2022年第1期。

② 吴琼：《阿比·瓦尔堡的幽灵学》，载《社会科学战线》，2022年第1期。

渐淡出历史舞台。法国古典主义美学体系呈现出起源、成熟与衰朽的生命历程。拜泽尔力主后康德时代的美学回归从莱布尼茨到莱辛的审美理性主义传统，法国古典主义现代美学与这一传统之间有亲缘关系。"民族美学"视角的引入，或许能够给美学通史增补新观念，灌注新活力。

在法国哲学家梅洛—庞蒂中后期哲学对其早期哲学概念及架构的修正和充实中，关于弗洛伊德的"无意识"概念的讨论扮演着非常关键的角色。北京大学哲学系长聘副教授宁晓萌的《"无意识"概念与梅洛——庞蒂中后期哲学的改造》，认为梅洛—庞蒂揭示出"无意识"具有沉默的、含混的以及实存论的特征。他看到了一种既不破坏无意识自身特性，又能够让无意识活动的意义呈现出来的独特的表达方式，即以精神分析治疗中的谈话为典型的话语的表达，这种表达以象征、偏离字面意义和沉默为特征，在其运行中包含着治疗与改变的要求，因而具有实存论的意义而非仅仅停留在语词含义之中。这种表达所揭示出的与他人的关系，为其后期哲学中的交互主体性问题、交织的存在论提供了模型，实在地影响着其后期哲学的核心概念及理论框架。"无意识"概念作为一种"他者"，已经参与到梅洛—庞蒂后期哲学的构造中。①

维特根斯坦是 20 世纪最重要的哲学家之一，占据维特根斯坦思想核心地带的是其艺术气质而不是科学精神。中国社会科学院研究员吴子林在《"哲学应当作诗来写"——维特根斯坦的语言批判及其写作》一文中认为，对维特根斯坦而言，音乐是最重要的艺术形式，是衡量精神事物的尺度；作为深层的精神背景，音乐深刻影响了维特根斯坦哲学著作的结构形式，其还有以音乐阐述哲学思想的偏好。新的思想方式必然伴随新的述学文体。维特根斯坦是出色的文体家，"语言批判"贯穿其思想脉络的始终，并赋予其哲学著作以长久的文学价值。维特根斯坦将哲学视作一种语言行动，即一场与语言的搏斗，由此而展开了以思其非

---

① 宁晓萌：《"无意识"概念与梅洛——庞蒂中后期哲学的改造》，载《哲学动态》，2022 年第 8 期。

思、以言其不可言的"诗化哲学";后期维特根斯坦修正了"唯名论"思想,把语言从形而上学返回到日常生活的使用当中,使哲学成为一种"生活方式";基于语言"构成性""生成性"双重结构的认识,维特根斯坦以"描述性"语言克服了"语言的空转",立体呈现超因果思想的生成过程。维特根斯坦思想的强度使自己成了未来知识界的智慧来源之一。①

西方美学中现代性与后现代性究竟有什么特征?如何把握?中国社会科学院大学教授卢春红的《从"怪诞"到"时尚":西方美学中现代性与后现代性的分野和过渡》,认为"怪诞"与"时尚"因其不同的形式特征显示出关键性区分:构成"怪诞"之对立一极的普遍性是关联着理性的纯粹的普遍性;而构成"时尚"之对立一极的普遍性则是依托于感性的有限的普遍性。现代性与后现代性由此在审美表征上呈现出各自的分野。在现代性的推进过程中,"怪诞"与"时尚"亦透露出内在的关联:由感性因素的出现到感性视角的转换,构成了由"怪诞"到"时尚"的关联平台。通过形式结构中"异"与"怪"的叠加,"怪诞"呈现的是普遍性实际上寻而不得的状态,这一审美存在由此显示出自身的过渡性质。而"时尚"则通过植根于变化中的"新"与"异"的交错,实际上建构着一种新的普遍性。于是,由"怪诞"到"时尚",现代性得以完成其在审美存在中向后现代性的过渡。②

对马克思主义美学,传统研究方法是就美学而论美学,中国社会科学院文学研究所研究员刘方喜的《美学属性、奢侈品与自由时间:马克思美学/经济学二重性重构》,把马克思主义美学与经济学相连,认为生存资料(必需品)由社会必要劳动时间或直接的劳动时间创造,具有

---

① 吴子林:《"哲学应当作诗来写"——维特根斯坦的语言批判及其写作》,载《求是学刊》,2022年第2期。

② 卢春红:《从"怪诞"到"时尚":西方美学中现代性与后现代性的分野和过渡》,载《哲学动态》,2022年第8期。

美学属性的艺术等享受资料（奢侈品）则由剩余劳动时间转化的自由时间创造；在资本框架下，交换价值（货币）支配作为使用价值的生存资料、享受资料和发展资料的生产；而艺术美学属性与货币属性的对抗，在消费领域体现的是使用价值与交换价值的二重性对抗，在生产领域体现的是自由时间与直接的劳动时间的抽象对立，扬弃这些对立和资本的支配，艺术创造就会成为每个人的真正自由的劳动而获得充分发展。面对当今艺术、文化与经济越来越交融的新现实，重构马克思美学/经济学二重性结构，具有多方面重要意义。①

3. 美学基础研究重新回归感性与体验

如今的美学领域越来越宽泛，几乎找不到边界了。一个学科要立得住，需要有明确的维度，有不变的内核，并与其他学科之间存在较为明确的界限，这是美学的基础性研究。北京师范大学教授严春友在《感性作为美的维度：为美学奠基》提出，美学的内核就是感性，是感性中的美与丑，因此美学应当回到鲍姆嘉通的"感性学"那里去。唯有从感性这个维度出发，才可以确立美学牢固地位，才能够明确其与相关领域之间的分野。不指向这样一种感性维度的，就不能说是美学的。一些流行观点没有分清美与真、美与善、美与艺术、美与想象、美与情感之间的界限，无法说清一些基本问题；而前述感性维度作为评判的准则，就可做出明确区分。人的心灵是一个整体，心灵的所有活动几乎都伴随着审美环节，只要立足于感性维度，就可以将美从整体的活动中区分开来。审美维度的这个"感"当然也不可能离开理性，它是理性伸向感性维度的触须，是以感性表现出来的理性，正如理性是以抽象的形式表现出来的感性。对于上述观点，可从五个方面进行具体的分析和论证：美感与感官；美感与真理；美感与想象；美感与情感；美感与崇高。②

---

① 刘方喜：《美学属性、奢侈品与自由时间：马克思美学/经济学二重性重构》，载《云南社会科学》，2022年第5期。

② 严春友：《感性作为美的维度：为美学奠基》，载《河北学刊》，2022年第5期。

近几十年来，美学学界不断质疑亲知原则，原因之一在于该原则未能清晰地交代审美亲知是否能够传递。清华大学教授章含舟的《论图像与审美亲知的传递性——为洛佩斯一辩》，认为以洛佩斯为代表的学者们肩负起了解难题之任，提出了图像理论，旨在说明审美亲知的传递性是什么，以及这类传递性何以成为可能。然而图像传递理论难以抵御威廉姆斯的批评：观摩图像之人究竟是接收到了图像提供者的审美亲知体验，还是说观摩者自主地做出了一个审美判断？为了澄清相关纷争，有必要精细区分两种意义上的审美亲知，即"第一手审美亲知"和"知觉性审美亲知"。事实上，在图像观摩者的知觉性审美亲知的内部，渗透着图像提供者的第一手审美亲知，正是在此意义上，审美亲知得到了传递。①

4. 美育研究的实践落实转向生活与身体

美育是美学的教育学的延展，具有实践性。以美育人、以美化人、以美培元，是美育的重要课题。首都师范大学教授王德胜提出了生活美育的观点，他在《生活美育：价值、策略与在场性改良》中说，"去熟悉化"作为生活美育的实践策略，其内部体现了指向意义生产及其增值的转换。这一转换的实现，着重于通过训练和强化人在日常状态下的个体意识专注，完成生活的日常经验向审美感知方向的转移。在当下生活中锐化人的感知、激发内心的反思意识，在现实人生行动中敞开创意表现的冲动、张扬意义创造的精神追求，是生活美育立于现实而又超越生活现实的介入性实践。② 关于生活，可以导向美育，而它本身就是一种日常生态。中国社会科学院研究员刘悦笛的《"后人类纪"人类艺术的生态使命：走向一种"日常生态美学"》，指出人类艺术要肩负起生态

---

① 章含舟：《论图像与审美亲知的传递性——为洛佩斯一辩》，载《外国美学》，2022年第1期。

② 王德胜：《生活美育：价值、策略与在场性改良》，载《社会科学辑刊》，2022年第6期。

责任，日常生活美学也要与生态美学融合起来，由此促成"日常生态美学"的拓展。当今时代的艺术在此路向上，将持续地"上下而求索"。①人类经由这种虚拟互联与生物科技的发展之途，正在走向"后人类生存"状况，这个事实已被昭显出来。危机恰恰便出现在生态上面，因为科技发展很多时候恰恰是"反生态"的，现代科技产生了大量的废弃芯片之类的垃圾，强调人类艺术的生态使命就变得尤为突出。

美育不仅是理论，更需要身体实践，美育应结合身体进行。首都师范大学教授史红在《具身、舞蹈与美育》中认为，以具身认知为基础的具身美育是一种身心交互影响、和谐共促的教育。舞蹈美育是具身美育最为典型的代表。具身美育的特点表现为强调身体的感知性、亲在性、开放性、主体性。"舞蹈"概念的形成不能脱离身体的活动体验，舞蹈的身体、认知与环境有关，三者融为一体。舞蹈美有的功能是使身体成为自我生命体验的最佳觉知体，效应是使身体成为动作行为最佳表达体，目的是使人达到身心和谐最佳状态。舞蹈美育是身体力行的实践性、体验性美育，强调将身体运动感觉内化为个体自觉追求的生命体验。②

美育重要的任务之一是塑造与培养能推动社会现代化的新人。中国人民大学教授廖亦奇在《情感启蒙：论沙夫茨伯里的趣味教育观》里说，沙夫茨伯里提出了以情感为中心的趣味教育主张，通过对人进行情感启蒙，确定了人类情感的限度、规范和价值，打通了在美的范畴内教化人、改造人的现代化之路。趣味教育将人对自我价值的发掘与审美经验结合起来，从而带来了政治、经济、伦理、文化艺术等多方面的革命。趣味教育是现代审美教育的先声，其内涵超越了纯粹艺术技艺培养的范畴，体现了沙夫茨伯里的改革构想，它从个人情感出发，转向了宏

---

① 刘悦笛：《"后人类纪"人类艺术的生态使命：走向一种"日常生态美学"》，载《美术观察》，2022年第1期。

② 史红：《具身、舞蹈与美育》，载《北京舞蹈学院学报》，2022年第5期。

大的社会目的，承担着启蒙初期以美育人、改良社会风尚和重塑国家秩序的重责。①

5. 艺术美学形成多维度的新阐释

艺术有着永恒的美和一切美的原型，北京的学者从不同层面和角度揭示美的规律和艺术规律的奥秘。如音乐有理性信息，也有感性信息。二者相关而不同。中央音乐学院教授宋瑾在《阐释音乐的三种语言：异质性、近质性与同质性》中认为，阐释音乐有三种语言。其一，异质性语言。采用口头和书写的表义性语言来阐释音乐，主要功效在揭示理性信息，特点是异质同义，多见于音乐批评和音乐分析文论。其二，近质性语言。采用文学的表现性语言或美术的视觉语言来阐释音乐，特点是近质通感，主要功效在阐发感性信息；反之，音乐亦可阐释文学和美术作品，出现互文现象。其三，同质性语言。用音乐来阐释音乐感性信息的各种方式，特点是同质同感，多见于表演和改编。具体包括复述（表演，二度创作）、再述（借用，转义）、转述（转换，改编）、引述（引用，有机拼贴，无机拼贴）、恶述（坏乐，bad musicing），等等。②

艺术中的图像隐喻与词语语言中的诗性隐喻，都是人通过语言—符号进行意义生产的主要方式。中国人民大学教授牛宏宝的《图像隐喻及其运作》，揭示和把握图像隐喻的意义生成是如何运作的，以及这种运作与意义的关系，对于研究美学和艺术哲学具有枢纽性的价值。讨论图像隐喻，须融合图像符号学、哲学和美学相关理论，涉及图像隐喻与词语隐喻的异同、图像隐喻的类型、图像隐喻的运作、图像隐喻与意义等四个核心议题。语言要成为语言，就必须保持对于本真状态的敏感和对

---

① 廖亦奇：《情感启蒙：论沙夫茨伯里的趣味教育观》，载《外国美学》，2022年第2期。

② 宋瑾：《阐释音乐的三种语言：异质性、近质性与同质性》，载《中央音乐学院学报》，2022年第1期。

意义创新的敞开。对图像隐喻的思考，可以把我们带入对图像符号意义生成的自觉中。① 受英国历史学家彼得·伯克对文艺复兴时期"趣味"思考的启发，意大利历史学家金斯伯格创造了一个概念——"图像环路"——旨在解释一定时空条件下某个或某类图像的流动，及其地位与作用。《美术》杂志编辑盛葳在《图像环路：视觉、文化与社会》中认为，通过这一具有浓郁文化史色彩的理论，金斯伯格在16世纪的意大利艺术中区分出公共和私人两种主要的图像环路，以破除传统社会史在特定图像和特定社会阶层之间建立的简单对应关系，以及传统图像学从文本到文本的研究方法。这一理论视野下的图像流动跨越了媒介与阶层，解除了精英与大众之间的对立，并充分说明了一个社会中视觉活动的复杂性。研究领域对时代、地域和文化的跨越，显示出环路理论广泛的适用性。因此，在今天这个全球化的图像时代，它仍具有继续发展的可能。②

影像美学范式，是指电影所据以建构人物、景物、场景、背景等影像系统及其表意方式的基本价值理念构架，正是这些基本价值理念构架成为影像系统所据以构型的意义来源。北京师范大学教授王一川在《通向电影强国的影像美学范式》中总结出了六种范式，第一种为国族美学范式，是基于现代中华民族的民族国家意识而建构起来的确证和宣示中国国家主权的正义性和认同感的影像模型。第二种为家庭美学范式，这是以现代家庭和家族关系为中心而建构的个体据以认同的影像模型。第三种为地缘美学范式。这是体现中国当代城市和乡镇的地缘内生力和地缘美学密码的影像模型，其中可以细分为都市地缘美学范式和乡村民间地缘美学范式两种。第五种为传统美学范式。这是基于中国艺术传统的当代传承意向而创造的影像模型。第六种为公共法理情理美学范式。这

---

① 牛宏宝：《图像隐喻及其运作》，载《文艺研究》，2022年第6期。
② 盛葳：《图像环路：视觉、文化与社会》，载《美术研究》，2022年第6期。

是指较为显著地表达公共法律和公共情理、呈现其人类共同价值的影像模型。① 本土化的电影美学建构是中国电影学术话语和体系建构的一个重要方面，其必要性在于西方还没有建构出在学理上有说服力且在实践上具有可行性的电影美学。然而，由于电影美学的问题至今还未得到解决，作为电影美学方法论的美学发展得并不乐观，我们需在进行本土化电影美学的建构之时，进行本土化美学的建构。因此，北京电影学院教授王志敏《电影美学建构与电影之美探究》提出一个电影美学的总体理论表述：电影作品在表达系统内部嵌入了表达保障系统，是两个系统叠合交错的结合体。如果说电影艺术学是研究电影作品表达了什么及如何表达的，那么电影美学作为电影艺术学必须解决的问题，则是侧重研究如何在特定时代下设置并组织特定的单元结构，以确保观众接受其艺术表达。② 近年来，剧集创作中叙事时空的多变极大地改变了我国传统电视剧的叙事格局。中国传媒大学教授戴清、石天悦的《"时空魔方"：剧集创作中的叙事新变与审美潜能》，以"时空魔方"比喻剧集创作中叙事时空的多样呈现，将打破顺时序叙事的创作模式具体归纳为交叉时空、折叠时空和混杂时空等三种叙事时空类型；进一步探讨作品中叙事时空的转换机制，分别为设置时空"开关"、建构相似场景之间的关联以及借助内聚焦多视角的透视手段等；在此基础上，分析了多重时空对应的丰富隐喻、精神蕴含及其背后的哲学思考。③

进入新时代以来，书法领域在创作和理论研究方面都取得较大发展。我国现行的书法美学研究体系，是在20世纪末基于传统书法观念、书法问题所形成的，不能适应和阐释当代书法中所出现的新的美学特征和时代特色。在这种背景下，建立一个面向新时代的中国汉字书法美学

---

① 王一川：《通向电影强国的影像美学范式》，载《中国电影报》，2022年8月31日。

② 王志敏：《电影美学建构与电影之美探究》，载《电影艺术》，2022年第6期。

③ 戴清、石天悦：《"时空魔方"：剧集创作中的叙事新变与审美潜能》，载《中国电视》，2022年第12期。

理论体系,已势在必行。北京大学副教授祝帅的《新时代书法美学理论体系的建构》,提出书法美学理论体系的基础理论研究,根据历时性和共时性,可以划分为历代书法美学范畴研究和当代书法审美特征研究两部分。在应用理论研究的新领域上,一是汉字书法审美评价研究,二是汉字书法审美教育研究,三是汉字书法审美传播研究。①

6. 科技创新引发美学全新思考

现代科学的飞速发展,如数字艺术、虚拟现实、元宇宙等,使美学研究获得了新的意义和内涵。北京学者对科技美的关注是与其他美学思想的探索并存的,他们有敏锐的观察力,其美学思考也是超前的。从基本理论上分析,艺术与技术究竟是什么关系?中国社会科学院研究员尚杰在《艺术与技术》中,认为原始艺术的灵光,体现在此时此地仅此一次的现场感,但出于想留住"瞬间美好"的天性,人类发明了文字、印刷术、摄影、电影以及当代人工智能技术,它们都是广义上的复制,而艺术越来越依附于机械复制,它的升级,就是如今的互联网和人工智能。在效果上,不仅艺术而且人类精神也进入了"后真相"时代。艺术与技术之间的关系,既是冲突的,又是互补和相互促进的。②

信息时代科技的迅猛发展改变了社会生活习惯,媒体技术也造就了媒体艺术多元的创新态势。中央美术学院教授靳军的《虚实的交融——信息时代媒体科技推动数字沉浸艺术体验创新》,提出数字沉浸艺术领域的形成,尤其是在技术、空间、媒介、内容的相互配合下塑造出新的独特的动态艺术景观与体验,也构成了一种新的沉浸媒体。该文讨论数字沉浸艺术的展现方式、审美特征、体验塑造,解构其创新特点,特别是通过媒体科技作为数字艺术的基础支撑来探讨艺术与科技融合的未来

---

① 祝帅:《新时代书法美学理论体系的建构》,载《中国书法》,2022年第11期。
② 尚杰:《艺术与技术》,载《社会科学战线》,2022年第1期。

趋势与社会价值。①

关于虚拟现实艺术，是一个热点话题。中国人民大学教授顾亚奇、王立锐的《可供性视角下虚拟现实艺术的实践与思考》一文，认为虚拟现实艺术是自成独立体系、完全有别于传统门类艺术的新艺术形态，从可供性视角探究人与技术之间的互构，将揭开虚拟现实艺术的生成逻辑。人机一体构造具身性沉浸场景，虚拟空间搭建交互式叙事平台，虚拟现实艺术的生动案例呈现了创作新范式，带来全新的参与方式与接受体验。从虚拟现实艺术的未来演化看，艺术主体的重塑需要技术的"可供"，更要求技术的"可控"，现实与虚拟一体化将实现两种时空文明的融合，也将开辟未来艺术整体性变革的新路径。②

元宇宙作为一种全新的时空存在形式，通过建构三维虚拟影像世界实现对现实时空的深度拓展，其中也显示出值得思考的美学问题。清华大学教授向安玲、陶炜、沈阳的《元宇宙本体论——时空美学下的虚拟影像世界》认为，时空拓展性构成元宇宙第一性，实现了从信息流、场景流到时空流的延伸：基于静态和动态空间拓展建立拟真孪生体，可随时"进入""在场"和"体验"；基于多重时间线的并构与拼接构建新型数字虫洞，可随时"跳转""回溯"和"联结"。时空美学构成元宇宙虚拟影像世界的底层要素，实现多尺度视角切换、激活人类创作想象力，但同时也存在虚实边界混淆等诸多风险。③

（三）重要突破和薄弱环节

从总体上看，2022年北京的美学研究具有探索性、创新性与前沿

---

① 靳军：《虚实的交融——信息时代媒体科技推动数字沉浸艺术体验创新》，载《美术研究》，2022年第6期。

② 顾亚奇、王立锐：《可供性视角下虚拟现实艺术的实践与思考》，载《美术研究》，2022年第2期。

③ 向安玲、陶炜、沈阳：《元宇宙本体论—时空美学下的虚拟影像世界》，载《电影艺术》，2022年第2期。

性，保持了高标准、高质量，在许多问题上进行了深入思考，提出了不少令人耳目一新的见解，推动了美学领域的进展。主要突破有：

其一，中国美学重点在于古典美学的内在精神、史学边界、命题探讨。在对中华美学精神的分析与总结基础上，关注其如何传承。在中国美学史上，反思限界研究与目标的问题。对古代美学命题研究，指出了有待突破的空间。

其二，西方美学关注现代美学概念、思想的分析以及现代美学家研究，如维特根斯坦、阿多诺、梅洛—庞蒂、阿比·瓦尔堡等，以德国美学与法国美学版块为多。对传统古典美学也有新的挖掘，如韦尔施对康德美学的批判、德意志浪漫派的隐喻哲学等。另外，对马克思美学/经济学二重性重构、现代性与后现代性的分野进行了思考。

其三，美学基础性研究再次回归，美学的感性性质受到重新审视。审美亲知的难点研究关联了图像理论，有了新的切入点。

其四，美育研究从理论转向强调实践与落实，如生活美育价值与策略；舞蹈作为具身美育的方法、手段与路径等，进一步明确了美育实施方向。

其五，艺术美学在音乐、图像、电影、书法等专题上不断出新，如在音乐语言、图像隐喻、影像美学范式、书法美学理论体系等方面都有新阐释，推进了以往研究的深度。

其六，科技发展引发美学前沿话题，如新媒体科技与数字沉浸艺术体验创新，虚拟现实艺术思考，元宇宙美学下的虚拟影像世界等，这些新问题打开了美学研究新领域。

尽管2022年北京的美学研究取得令人瞩目的成果，但是还存在一些薄弱问题有待进一步解决，如美学基础性的理论问题；中国现代美学的思想、学派、人物等；西方古典美学、国别美学；学校美育理论实践与评价等都需要加强与深化。

（撰稿：史　红）

五、科学技术哲学研究进展和发展态势

随着人工智能技术的广泛应用、元宇宙的经济、社会与文化影响的日益凸显，加强科学技术哲学研究尤为重要。2022 年，北京科学技术哲学界继续聚焦学科基础理论问题和重大现实问题开展学术交流和学术研究，在科学哲学、技术哲学、工程哲学、STS（科学、技术与社会）、自然哲学等领域都取得了丰硕成果，推进了科学技术哲学学科的高质量发展。

（一）重要学术活动

新冠疫情给本年度学术交流活动带来诸多限制，但学者们仍然创造条件，聚焦重大理论和现实问题举办高质量学术讲座与会议。学术活动内容丰富、研讨深入，既夯实了学科基础，拓展了前沿问题研究，又彰显了理论研究的现实意义。

1. 继续举办品牌学术讲座

中国科学院大学人文学院主办的《科学与人文讲座》本年度如期完成 24 期。讲座内容贯穿古今中外，融合基础理论与工程技术实践问题研究，兼具前沿性与包容性，对推进科学技术哲学学科建设具有重要的基础性意义。如"重审萨顿理想——科学思想的跨文化旅程""科学思想的跨文明旅程""科学文化的起源与概念演化""贯穿人类文明史的 sin1°""赫森论题的提出和影响""物理学名词 moment 中文译名的创制与变迁"等讲座对诸多科学史问题做了精彩诠释；"物理主义框架下的可靠主义知识论""物有能动性吗""决策论与因果模型""'柏拉图的报复！'——略论近代空间观的中世纪因素""思想实验与理论哲学""'元'的追问：从工程哲学说起""技术意向性研究"等讲座针对诸多科学哲学和技术哲学基础性理论问题阐发了独到见解；"寻找看不见的宇宙""器以藏礼——浅析殷墟玉器的加工与使用""晷仪与元

大都中轴线的确定""中国古代冶铁竖炉炉型研究"等讲座展示了古今高超的技术水平与进步;"福柯与治理术""电子游戏如何助力哲学研究""数据和知识驱动的社会计算与决策智能浅析"等讲座深刻剖析了颠覆性科技的广泛而深刻的影响;"科学家如何能够克服认知偏差""从解读华罗庚的后半生谈中国现代科学家研究""中世纪写本研究常识与有关科学史案例""学术论文创作及撰写规范"等讲座从科学家和研究者的视角对科学研究与学术写作进行了有说服力的探讨。

2. 围绕杰出科学哲学家的思想与经典著作召开学术会议

托马斯·库恩(Thomas Kuhn,1922年7月18日—1996年6月17日)是举世瞩目的科学哲学家和科学史家,其著作与思想无论在世界与中国都具有不可忽视的影响。2022年是库恩诞辰100周年,也是《科学革命的结构》(*The Structure of Scientific Revolutions*,1962)出版60周年。7月18日上午,中国自然辩证法研究会、中国科学技术史学会和清华大学科学史系在北京举行纪念库恩诞辰100周年学术研讨会。来自国内高等院校、科研院所、学术出版机构的二十余位嘉宾现场出席会议,另有五百余名各界人士通过线上会议、直播等形式共同参会。

清华大学科学史系教授王巍在以《库恩与后库恩科学哲学》为题的报告中,梳理了自库恩同时代(20世纪60年代)到21世纪的科学哲学教材中对库恩的不同评价,指出库恩思想在科学哲学界内部产生了巨大影响,包括后达尔文主义的康德主义(post-Darwinian Kantianism)的发展、对科学实在论之争的介入、科学知识的社会维度及心理和认知维度在科学哲学界得到重视、科学史在科学哲学中的运用与整合(表现为20世纪70年代起一系列新的科史哲机构的成立)、分支科学哲学的兴起等都与库恩的工作有重要关联。

北京化工大学文法学院教授崔伟奇在题为《库恩哲学对其他学科的影响》的报告中,对库恩在哲学、科学论(science studies)学科内部及其外部的文化影响力作了全面而简练的综述,认为库恩的思想构成了科学哲学乃至科学论内部的转折点,从一统转为开放、多元、多向度;

而在更大的范围内，库恩哲学则引发了"科学观"的革命，"启发"了"后现代"思潮，引发了具有美国特色的创新哲学。同时，崔伟奇教授简要解析了库恩哲学影响力的来源，认为库恩个人经历的独特性、其哲学思想的包容性和调和性，甚至是学界对库恩的反讽和误用都加深了其思想的深远影响。

清华大学科学史系教授吴国盛在题为《库恩与后库恩科学编史学》报告中，首先讨论了库恩著作中的科学编史学自觉，指出与库恩同时代的科学编史主要是辉格史的编史观念，但也出现了三方面的变革动因，即来自新的哲学史原则、中世纪与现代早期科学史研究、新兴起的科学通史等。库恩主要受到以柯瓦雷为代表的思想史/内史传统的影响，秉承"对过时的文本恢复过时的读法"，但又吸收了来自德国社会学传统、马克思主义传统对体制、社会经济等新因素的重视。其次，吴国盛教授探讨了后库恩的科学编史学，指出库恩的影响既表现为对柯瓦雷科学思想史研究纲领的继承和作为职业化科学史家对辉格史的拒斥，又表现为如《哥白尼革命》一书中对社会心理因素的引入、对科学革命整体性的弱化（通过引入培根科学的概念）、对内史外史结合的强调。最后，吴国盛教授还介绍了国际科学史界的诸种新的编史学倾向，包括社会建构论转向、实践转向、关注科学知识的制造与传播等。本次会议进一步凸显了库恩思想及其研究在中国和当代语境中的重要性。

3. 聚焦重大理论和现实问题进行学术研讨

人类目前正处于"风险社会"之中，因此，对科技所可能引发的重大风险进行讨论，非常具有现实意义，同时具有学术前沿性。2022年9月3日，中国自然辩证法研究会未来哲学与发展战略专委会、科技风险治理与人类安全专委会和中国科学院自然科学史研究所科技与社会研究中心联合主办的"当前科技重大风险的伦理治理研讨会"在北京召开。由于疫情原因，来自国内高等院校、科研院所、学术出版机构的二十余位嘉宾现场出席会议，另有六十多位学者在线参会。

与会期间，各位专家学者就当代科技所引发的重大风险进行了广泛而深入的研讨。中国人民大学教授刘大椿认为,当代科技发展新浪潮带来各种不确定性,学界对于可引发毁灭性后果的科技的讨论并不充分,有效解决科技所可能带来的重大风险问题,要把管理的、行政的、政治等各方面的治理都纳入进来,形成社会综合治理模式。北京大学教授刘华杰认为应该避免易获得超级竞争优势,主动性极强,速度快,能引发全球性问题的弗兰肯斯坦式创新,采取宏观上表现为被动的,速度慢,不至于造成全球性问题的达尔文式创新。中国科学院大学教授王大洲指出,应重新审视中国的文化资源,以"和文化""天下意识"为本,有意识地在科技自立自强的基础上履行大国责任,谋求提供全球性公共物品,推动建构人类命运共同体。北京师范大学教授刘孝廷提出,科技文明步入新时代,人类要推动伦理时代的到来,使伦理成为第一原则,未来原则成为总原则;科学也应该随之发生根本性转变,科学家的思想和实践要伦理优先,使约束和抑制成为第一要务;哲学也必须重新构造。中国社会科学院教授段伟文主张,颠覆性科技的绝对盲目性导致社会性风险与不确定性,这就需要慢科学的回调。中国科学院教授刘益东认为科技风险愈演愈烈而人类安全防线却存在诸多严重漏洞,强调新分配革命的重要性与紧迫性。中国政法大学教授张秀华强调有机论的宇宙论世界观有助于人类的可持续发展与生态文明建设,还能进一步赢获生产物(制造新存在,成物)与塑造人(培育新生态人,成己)的双赢局面。北京市社会科学院研究员程倩春指出,科技伦理治理之所以可能,源自于人们普遍具有的道德能力以及人们的理性选择与行动能力,但是风险社会治理仍然面临许多困难和诸多困境。北京师范大学教授王天民认为,科技异化已深入到与资本合谋的内在层面,因此伦理治理需要采取标本兼治的系统化应对策略。北京理工大学教授范春萍提出,当前人类已经进入"乱世纪",对科技重大风险进行伦理治理必要且迫切,在这一过程中,特别需要进行科技伦理教育,以启蒙社会决策者、管理者,以及公众。中国气象局教授陈正洪指出,认识全球气候变化是否是确定性的风险事件是科学、认知、利益等多因素相互交织与博弈的过程。需要发展气候哲学,对气候领域中的风险形成机制、认知差异、利益博弈等进行深层次的学术分析。北京大学教授唐文佩认为,风险已成为一种中心的文化结构。医学风险在很大程度上是社会建构的,具有非常明确的文化属性,因此我们应对医学领域中风险话语的使用保持适当的警惕。中国科学院副研究员高璐指出,科技伦理教育是我们从根本上获得伦理能力的基础,科技伦理教育主体应当从知识传授,到科技伦理能力的提高,再到通过伦理教育完成科学价值塑造。中国科学院副研究员王彦雨认为,在关注 AI 伦理及散发风险等问题的基础上,应对人工智能应用与传播过程中所可能引发的大范围、高强度、规模化社会风险问题给予足够关注。首都师范大学教授李昕提出,数据安全标准的制定是国家进行数据治理、防控数据风险的重要方式,因此应该重视未来的数据安全规制。

与会学者一致认为,对科学的发展应保持多方面的反思与自觉,从而为我国乃至全球科学事业的发展及治理提供有益借鉴,使科学技术的发展真正造福于人。本次研讨反映出中国学者在动荡世界中对高科技广泛运用所具有的一种警惕品质。

(二) 主要研究进展

1. 科学哲学

科学哲学研究既对库恩思想、"内在主义—外在主义"争论等一般科学哲学的许多基础性问题进行了重新认识,也对分支科学哲学开展了一般性研究,还对科学家的科研方式等具体性问题给予了阐释,提出了许多富有创新性的新观点,无论是研究的广度和深度都较以往有较大推进。

一般性科学哲学问题一直是国内科学哲学界研究的重点。托马斯·库恩思想研究在本年度尤其具有特殊的意义。为纪念库恩的《科学革命的结构》出版 60 周年、库恩诞辰 100 周年,科学哲学界对库恩思想及其影响进行了再解读再认识。王巍研究了库恩思想在当代科学哲学中的影响，指出库恩的"后达尔文式康德主义"在逻辑实用主义传统中起了承前启后的作用，带来了当代的科学实在论之争，推动了科学哲学界关注科学知识的社会维度，引发了"认知转向"，促进了科史哲的整合，也是分支科学哲学兴起的原因之一，特别是库恩提出了第三次相对主义挑战，这有待新时代的康德来回应。① 崔伟奇、程倩春认为，库恩科学哲学所实现的三个转向——"历史的转向""解释学的转向"和"进化论的转向"，有助于我们进一步反思库恩对科学创新的理解，从而深化对库恩科学哲学创新意义的认识。② 中国人民大学哲学院陈石磊等则强调库恩在"范式"定义上的模糊性导致"范式"一词已失控，"范式"一词已成为人们的日常用语，在各领域具有举足轻重的地位。他们站在理性主义的立场重新考察该概念及其定义，以库恩在《科学革命的结构》中展现出的矛盾的立场为线索反驳相对主义的"范式"定义，提出技术实践无论是在范式的诞生还是崩溃阶段都发挥着重要作用。③

科学的社会维度在近年来日益受到关注，朗基诺（Helen Longino）提出的"非个人主义的个人"，与基切尔（Philip Kitcher）的"个人主义的理性观"，成为当代科学哲学中关注科学的社会维度的两大重要立场。王巍等认为，上述两种立场有所区别，但不矛盾。如果把它们统合起来，同时坚持方法论的多样性和本体论的统一性，就可以将朗基诺的观点发展成为"批判的逻辑经验主义"，使之成为比较均衡的新 HPS 研究纲领，从而形成关于科学技术的哲学、历史和社会科学的新视域。④

---

① 王巍：《库恩与当代科学哲学》，载《自然辩证法研究》，2022 年第 10 期。
② 崔伟奇、程倩春：《论托马斯·库恩科学哲学的创新意义：纪念〈科学革命的结构〉出版 60 周年》，载《自然辩证法研究》，2022 年第 10 期。
③ 陈石磊、王伯鲁：《基于理性主义的"范式"流变考察》，载《科学技术哲学研究》，2022 年第 1 期。
④ 王巍、郑金连：《知识的本体论与方法论命运：略论新 HPS 的研究纲领》，载《哲学分析》，2022 年第 2 期。

福曼命题（Forman Thesis）在国际科史哲领域具有长期不断的影响力。清华大学科学史系刘杭深入剖析福曼的"福曼命题1"和梳理争议中的"福曼命题1"，认为"福曼命题1"所承载的绝大多数的争议性实质仍是"内在主义—外在主义"之争，而这种二元划分正是福曼试图避免的。争议中的"福曼命题1"的重点在于科学的内容是否受到外部因素的决定性影响，拒斥者认为其决定性因素仍是科学的内部因素。她特别指出，福曼的研究里并不缺乏科学上的理由，而"文化"因素的突出作用是自20世纪90年代以来参与讨论的学者不断强化的结果。[①]

丘奇兰德（Paul M. Churchland）在批判逻辑实证主义的基础上，应用人工神经网络技术概念，建立了以联结主义思想为中心的自然化认识论。北京师范大学毛郝浩等指出，丘奇兰德的自然化认识论为科学哲学中的一系列议题提供了新的解释和思路。他认为，理论和知识既不是通过归纳也不是通过演绎获得的，而是在经验上通过感官输入形成理论输出；科学发现是通过向量补全来实现的，即将混乱的自然环境用熟悉的原型解释，例如星座、太阳系的漩涡等。科学理论的评价则可以通过概念框架或原型来实现，它允许真理以一种程度的方式呈现。科学实在论不应该建立在全称命题的基础上，而应该使用概念框架或原型这样的工具来描述科学实在，从而对科学实在论提出了新看法。[②]

人们通常认为培根所倡导的实验方法只是在近代以来的自然科学中发挥着重要作用。中国科学院大学人文学院王业飞等则指出，培根的实验哲学不仅是科学探索的方法，也是科学和工程之间的联系。所罗门宫作为代表现代社会创新和发展的新实验系统，展示了科学与工程在组织上结合起来的可能性。实验才是同时代表着知识与力量并完成知识向力

[①] 刘杭：《"福曼命题1"研究述评》，载《自然辩证法通讯》，2022年第9期。
[②] 毛郝浩、李建会：《丘奇兰德的自然化认识论》，载《关东学刊》，2022年第1期。

量过渡的枢纽性环节。①

动物模型作为现代生物实验室中的缺省配置，被广泛应用于理解人类情况的实验中。尽管有人批评使用动物模型是一种简化人类情况的还原主义，但很少有人说清使用动物模型的合理性是如何构建出来的。北京大学哲学系廖新媛等认为，使用动物模型的合理性不是固定事实，而是处于不断建构、修补、完善甚至重建当中，研究者应该在承认"复杂性"的同时，合理地开展动物实验。②

中国科学院科学战略咨询研究院研究员范岱年等翻译的马里奥·邦格（Mario Bunge）《搞科学：在哲学的启示下》③一书聚焦发展过程中的科学（science in the making），即以许多自然、社会和生物社会科学的实例显示的过程，及其哲学前提，诸如合理性、实在论等，主张哲学前提构成了构思和孕育科学研究计划的某种母体，提出这些前提大多是隐含且容易被忽略的，但实际上它们却极其重要，因为有些前提有利于科学研究，而其他的一些前提却阻碍科学研究。

中国科学院高能物理研究所研究员张双南的《科学方法与美学》④一书横跨科学的起源、人类对天体与宇宙的认识，最后在哲学高度上对美学进行了讨论。这三方面的连接正好反映了人类在宇宙（天）、自然（地）以及美的认识（人）三方面的认识是如何作用与促进的。

分支科学哲学（philosophy of specific sciences）在国际上是主流，

---

① 王业飞、王大洲：《实验就是力量：培根的实验哲学思想新论》，载《自然辩证法通讯》，2022年第9期。

② 廖新媛、周程：《科学家如何构建并维持使用动物模型的合理性？——〈行为建模：动物实验，复杂性，以及精神疾病的遗传学〉评介》，载《科学与社会》，2022年第3期。

③ 〔加〕马里奥·邦格：《搞科学：在哲学的启示下》，范岱年、潘涛译，杭州：浙江大学出版社2022年版。

④ 张双南：《科学方法与美学》，北京：北京理工大学出版社2022年版。

但在国内相对重视不够。王巍的《分支科学哲学导论》① 介绍了分支科学哲学的主要内容，从逻辑哲学、数学哲学、物理学哲学、生物学哲学、社会科学哲学、认知科学哲学、经验的与实验的哲学等 7 个领域，探讨了非经典逻辑、真理论、数学基础、时空哲学、量子力学的哲学解释、生物学有无定律、生物学中的还原论、自然选择单位、社会科学中的其他情况均同定律、说明与解释、强人工智能、延展认知与延展心灵、社会认识论、实验哲学等 14 个问题，推动了国内分支科学哲学的发展，促进了科学与哲学的密切互动。

2. 技术哲学

技术哲学研究既关注技术内涵及本质等基础性问题，更侧重对人工智能这一颠覆性技术的理论反思与实践探究，技术哲学的国际化也呈现出新特点。

中国"技术"概念的演变对于中国的技术哲学研究具有基础性意义。中国社会科学院哲学研究所雷环捷认为中国传统阶段的"技术"概念是非对应且多元的，包括技能和艺术、处方和卜卦，近代阶段的"技术"概念是外来和工业化的，涵盖了从古典到现代、从局部到普遍、从概念到实体的意义转变，当下阶段的"技术"概念是科学化和泛在的，融合了科学和技术，体现了"科技"概念的普及。他梳理出工匠技术、产业技术与科学化技术发展的线索，愈来愈指向广义技术的见解，有助于思考中国近现代技术（科技）思想史的分期问题，促进中国技术哲学的新时代发展。②

技术建构论自身的缺陷与当代技术社会发展的生态化趋势要求技术观作出新转变，而且在学科交叉背景下，生态学为技术哲学研究提供了新的思路与方法，这两个背景导向了技术哲学语境下的"技术生态"

---

① 王巍：《分支科学哲学导论》，北京：科学出版社 2022 年版。
② 雷环捷：《中国"技术"概念的历史演进与当代启示》，载《自然辩证法通讯》，2022 年第 10 期。

概念的形成。中国人民大学哲学院孙恩慧等深入分析了技术生态概念，认为技术生态论是一门"关系"哲学，它强调社会与技术之间、不同技术体系之间的依存性、共生性与和谐性，追求发展过程的科学性、协调性与可持续性。因为技术生态是对技术体系内部或外部各层次、各要素之间在共同演化过程中所形成的联动关系的一种形容与描述方式；技术生态的判定标准有两条，至少由两种功能不同的技术构成，且技术之间要具有互补关系；技术之间能够产生协同效应；技术生态的基本结构分为由技术间互动构成的内部生态和技术与环境互动构成的外部生态。①

法国技术哲学家贝尔纳·斯蒂格勒（Bernard Stiegler）提出"技术是药"，并倡导"技术药理学"，这一思想实则源出德里达（Jacques Derrida），中国社科院哲学研究所研究员孟强通过分析古希腊语境中药的含义，发现书写既是良药又是毒药，书写作为一种文化传承的重要载体，既能够弥补记忆力不足，也能毒害记忆、背离真理。化解书写的毒性，需要从辩证法角度强调恢复书写的附属、补充和协助角色，使之安于其位，从药理学角度强调学会与药共存，以达到消除毒性的目的。②

伴随着人工智能技术的迅猛发展和广泛应用，对人工智能本质的分析与批判正在成为技术哲学研究的重要内容之一。符号奠基问题是人工智能中的重要理论问题。这一问题是指在不借助外部中介的条件下，一个纯粹的符号系统应如何获取意义？毛郝浩等探讨了人工智能中符号奠基问题的几种解决策略，如以哈纳德（S. Harnad）的杂合系统为代表的认知主义方案、以布鲁克斯（R. A. Brooks）的物理奠基策略为代表的生成主义方案和以福格特（P. Vogt）等人为代表的指号学方案，认

---

① 孙恩慧、王伯鲁：《"技术生态"概念的基本内涵研究》，载《自然辩证法研究》，2022年第3期。

② 孟强：《论书写与"药"：德里达对〈斐德罗〉的解读》，载《南京社会科学》，2022年第6期。

为这些解决方案都受到塔迪欧（M. Taddeo）和弗洛里迪（L. Floridi）批评，他们提出"零语义承诺"，要求这些方案不能借助任何形式的内在主义和外在主义，但是"零语义承诺"本身也面临诸多责难。①

符号主义人工智能把智能理解为逻辑推理、符号抽象等可以被表征的能力。蔚蓝与中国科学院大学人文学院教授孙小淳分析了德雷福斯（Hubert L. Dreyfus）从海德格尔现象学哲学出发对符号主义人工智能的批判，指出德雷福斯认为智能是此在在世存在（In-der-Welt-Sein）的智识能力，是人在生存过程中对环境局势的经验性认知和熟练应对，需要由实践性和体会性知识汇合而成，主张符号主义根本谈不上是一种新的"范式"，真正的"人工智能"还处于孕育之中。②

使用新技术工具从事传统哲学问题研究，即技术化地做哲学是技术哲学研究的一个新视角。北京理工大学副教授薛少华等在考察了电子游戏为哲学研究提供新工具并凭借其优势深化理解传统哲学问题的可能性之后，认为由于游戏虚拟技术可以生成很多可能世界，因此传统哲学领域中的道德困境、语言概念理解、反事实感官刺激和其他形而上的思想实验场景等都可以使用游戏虚拟技术设计出来，研究者和被试不仅能够身临其境地感受到一些物理世界中无法实现的思想实验场景，还能使一些思想实验和哲学思辨结论得到沉浸式的经历和身临其境的验证。③

技术哲学研究的国际化趋势不断加强，在众多国际技术哲学家被引介到国内的同时，国际技术哲学研究也对中国有更多的关注。中国人民大学哲学院卡尔·米切姆教授注意到了美国技术哲学家阿尔伯特·伯格曼（Albert Borgmann）对中国的关切及其思想对中国的意

---

① 毛郝浩、李建会：《人工智能中符号奠基问题的几种解决策略》，载《哲学分析》，2022年第1期。

② 蔚蓝、孙小淳：《称不上"范式"：德雷福斯对符号主义人工智能的批判》，载《自然辩证法研究》，2022年第3期。

③ 薛少华、王宇轩：《电子游戏如何助力哲学研究》，载《自然辩证法研究》，2022年第12期。

义。他指出伯格曼虽然从未到过中国,但在作品中数次提及中国,并表达了对汉语这门独特语言的欣赏。伯格曼提出了"装置范式"和"焦点物及实践"这两个核心概念,并主张哲学意义上的物与焦点实践相伴相生,构成了一切富于美感、令人满足的文化的基础;病态的社会性"多动症"归结为焦点物和实践的缺失。他认为伯格曼对技术物质文化弊病的诊断以及为此开出的药方对于当今中国社会同样具有启发和借鉴意义。①

3. 工程哲学

作为一门新兴学科,工程哲学研究仍着力于学科建设,在围绕工程哲学创立者提出的基本命题及思想进行拓展性研究和总结梳理的同时,在教材建设上也有重大推进。

中国科学院大学人文学院教授李伯聪的《工程哲学引论——我造物故我在》② 一书,是世界上首部专论工程哲学的著作,其出版标志着工程哲学作为一个学科领域的正式创立。2022年是该书出版20周年,学者们纷纷撰文阐释和拓展其思想。王大洲拓展了"我造物故我在"这一命题,认为工程活动是一个"造物"与"成人"的双向建构过程;只有做到造物—成人的耦合,才能形成人与人、人与物、物与物之间的三重耦合,从而使工程达成"工程自身";这个三重耦合的实现又有赖于以现场感和工程记忆作为媒介的工程人与工程现场之间的耦合。这有助于理解工程实践的微观逻辑,人、物、技术和制度之间的交互作用特别是关于工程现场的现象学分析应成为未来工程哲学的一大主题。③

卡尔·米切姆等则从跨文化视角对李伯聪的技术哲学和工程哲学研

---

① 〔美〕卡尔·米切姆、陈雨晴:《阿尔伯特·伯格曼和中国》,载《山东科技大学学报(社会科学版)》,2022年第1期。
② 李伯聪:《工程哲学引论——我造物故我在》,郑州:大象出版社2002年版。
③ 王大洲:《工程实践何以可能:关于"我造物故我在"的拓展性分析》,载《工程研究——跨学科视野中的工程》,2022年第4期。

究进行了梳理和分析，指出李伯聪哲学思想中的三个主题对西方学者关于技术和工程的哲学思考具有重要价值，即工程不只是工程设计；工程共同体不是同质的社会结构；工程伦理不只是职业伦理。①

中国科学院大学教授王佩琼以亚里士多德目的最终因以及黑格尔逻辑为理论依据，讨论科学、技术、工程三元论的内在逻辑矛盾，提出并论证技术不宜作为一元的观点，进而主张将李伯聪提出的科学、技术、工程"三元论"发展为科学、工程"二元论"。她认为将"三元论"发展为"两元论"，并在此基础上阐述科学活动、工程活动的"自为"本质及技术活动的"为它"本质，阐述三者之间相互转化的辩证关系，有助于巩固工程哲学的本体论及认识论基础。②

中国人民解放军装备学院研究员贾玉树通过研究李伯聪装备哲学思想，发现工程哲学走向装备哲学是哲学向人的本质的一种自我回归，也是工程哲学的自我完善，认为李伯聪先生高度重视装备哲学发展，其工程哲学就是致力于人类自由和解放的一种装备哲学，换句话说工程本身也可以理解为人类自由和解放的装备。③

工程哲学研究不断拓展新领域。在语言转向之后，"日常语言"和"学科学术语言"的哲学分析受到许多关注。李伯聪也特别重视跨学科分析方法的运用和对工程价值的经济学研究成果的哲学分析，尤其是从创造论观点和过程论方法研究工程价值的哲学分析问题，如分析了工程产品的技术设计、价值需求设计和美学设计及其提出的若干哲学问题，讨论了工程活动的生产主体、生产程序、工程产品的交换价值与价值交换、工程的价值形态转化、价值实现和工程价值的生命周期等问题，论

---

① 〔美〕卡尔·米切姆、王楠：《从跨文化思维看李伯聪工程哲学研究的特色》，载《工程研究——跨学科视野中的工程》，2022年第4期。

② 王佩琼：《从"三元论"到"二元论"——工程本体论新探》，载《工程研究——跨学科视野中的工程》，2022年第4期。

③ 贾玉树：《从工程哲学到装备哲学——李伯聪装备哲学思想钩沉》，载《工程研究——跨学科视野中的工程》，2022年第4期。

述了产品、商品、消费品的价值内容与价值形态转化问题。①

工程哲学教材建设不断推出新成果。中国工程院院士殷瑞钰教授等著的《工程哲学（第四版）》② 本年度出版。该书由理论篇和实践篇组成，理论篇中详述了中国工程哲学理论体系，实践篇中分析了我国高铁、航天、通信、水利、桥梁、建筑、钢铁、石化、医药等行业的一些典型案例，是对中国工程哲学理论创新成果的系统概括和总结，代表着中国工程哲学研究的最高水平。殷瑞钰主编的《工程与哲学（第三卷）——工程知识与工程创新（2019）》③ 一书是数十位院士、专家在首届中国工程科学高峰论坛、中国工程科技论坛"工程知识与工程创新"（2019）、第九次全国工程哲学学术会议上发表的观点和论文的汇编专辑，内容涵盖工程知识论、工程与哲学、工程伦理与工程教育、工程与社会、工程史与工程文化等相关领域，反映了我国工程与哲学——工程方法论研究领域权威专家的最新研究成果。

4. 科学、技术与社会（STS）

技术治理仍然是科学技术与社会研究的热点，学者们既注重对技术治理思想与现象的正反两方面的总体考察，又关注大数据时代技术治理的独特性；既表明了科学家和工程技术对政治生活和政策的重要影响，又指出了在诸如建立现代医疗体系等具体问题上技术治理的限度。科技的伦理治理、元宇宙、虚拟交往等问题与新事物新现象同样引起了学者们的深入思考与探究，并提出了许多富有前瞻性的观点。

20世纪七八十年代以来，技术治理逐渐成为全球范围内公共治理

---

① 李伯聪：《略论工程的价值创造、价值形态转化和价值寿命》，载《工程研究——跨学科视野中的工程》，2022年第1期。

② 殷瑞钰、李伯聪、汪应洛、栾恩杰：《工程哲学（第四版）》，北京：高等教育出版社2022年版。

③ 殷瑞钰：《工程与哲学（第三卷）——工程知识与工程创新（2019）》，西安：西安电子科技大学出版社2022年版。

领域的基本趋势。本世纪初，随着智能革命的推进，社会中的技术治理活动更是向智能治理的新阶段迈进。在新冠肺炎疫情暴发后，各种技术治理尤其是智能治理手段，被大规模运用于疫情应对以及复工复产活动中，对当代社会运行产生极大的影响。中国人民大学教授刘永谋认为从技术治理的角度看，科学世界观和统一科学为技术治理奠定了认识论和方法论的基础。纽拉特技治主义的最终目标是实现向实物经济和社会主义的转变，实现的手段是社会化和完全社会化，从而纽拉特技治主义思想对于构建新的技术治理理论有重要价值。①

刘永谋还认为对新科技的误读与滥用易导致伪技术治理现象的存在。因为伪技术治理实施的操控活动产生明显的压迫感，人们总是将之怪罪于技术治理和现代科技，容易走向完全否定的极端立场，极大地伤害科学和治理。因此要警惕伪技术治理，揭露以科技为名的社会操控行为。②

刘永谋等也提出，在大数据时代，应该以"小设计"取代自上而下的"大设计"的社会规则。"小设计"在认识论上认为不能给出既定社会蓝图，反对大数据的精确性、客观性，在方法论上主张社会规则应当进行渐进主义的局部调整与修正，在科学观上秉持谦逊主义，同时注重公众参与、实时反馈、多元融合、面向未知。③

科学日益成为当代社会发展的重要动力，科学家参与到国家政策制定中，能够为国家发展做出重大贡献，也引领政策制定更加科学化和民主化。中国科学院大学人文学院教授尚智丛等聚焦于美国 DDT 政策制定过程中科学家的角色扮演，阐述其价值观与行为变化。他们认为，20世纪以来，科学家倾向于将知识应用于相关的政策领域，其角色由科学

---

① 刘永谋：《论纽拉特的技治主义思想》，载《学术前沿》，2022 年第 5 期。
② 刘永谋：《伪技术治理：类型、逻辑与应对》，载《探索与争鸣》，2022 年第 11 期。
③ 刘永谋、李尉博：《从"大设计"到"小设计"：大数据时代的社会规则之变》，载《哲学分析》，2022 年第 1 期。

研究者转变为咨询专家。当科学家转变为专家时，内心承受着的社会责任和价值观的冲突，同时也必须考虑决策者和公众的价值观、需求和认知基础。①

米切姆把政治哲学与技术问题结合起来，通过考察这一主题与施特劳斯思想可能的交集来探讨如何提升"主权"这一概念。他认为主权概念不仅应用在国家政治中，也可以应用在工程和技术中，这个交汇点的复杂性和挑战性要求建立一种"政治技术论（Tractatus Politico-Technologicus）"，进而深入分析了工程和技术对主权的影响。②

人们通常认为现代医疗体系的建立过程本身，就应该是技术化、科层化和专业化——即去人化的。清华大学科学史系副教授王程韡通过回顾我国疫苗诞生以后到"冷链"系统建立之前的麻疹防治史发现，在技术基础设施外，以黄祯祥、诸福棠等为代表的国际一流病毒科学家，担当"及时报告"和"切断传播"大任的以赤脚医生为主体的基层卫生人员（包括配合其工作的家长），以及总结经验教训并适时推广预防接种卡制度的受过良好医学和公共卫生训练的技术官僚和专家，共同构成了决定麻疹防治成败的关键因素，从而呼吁重新重视人作为医疗基础设施的可能性和重要性。③

鉴于人工智能等新技术的发展和应用带来的巨大伦理风险与挑战，科技伦理治理尤其是人工智能伦理治理日益成为人们普遍关切的重要议题。段伟文明确指出，当前数据驱动的算法认知的观念正在从根本上决定着深度智能化时代的伦理与政治结构。算法治理之道不能仅仅关注透明度和问责等一般性的科技伦理和法律治理框架，而应该从算法认知对

---

① 尚智丛、刘源、薛承会：《美国DDT政策制定过程中的科学家角色转变》，载《自然辩证法研究》，2022年第7期。

② 卡尔·米切姆："Political Philosophy of Technology: After Leo Strauss (A Question of Sovereignty)", *Nano Ethics*, 2022 (3).

③ 王程韡：《医疗基础设施何以可能——新中国成立初期的麻疹防治史》，载《自然辩证法通讯》，2022年第1期。

伦理与政治的重新安排入手，探寻如何恰当运用技术赋予的权力构造一种可以让人们能够共处的生活方式，进而走出机器役使和社会驯化的困境，获得超越技术解决主义的足够智慧。①

作为整合多种新技术而产生的新型虚实相融的互联网应用和社会形态，元宇宙正在给我们的生活和社会经济发展带来巨大改变，从哲学高度研判其发展趋势和潜在风险尤为重要。元宇宙倡导者普遍主张，下一代技术将带来更多创新并解决现有技术存在的问题，通过创新与投入的相互激励将会实现可持续创新。段伟文则主张，不能将元宇宙简单地视为技术系统或技术经济系统，而应该从技术社会系统、技术与人的关系和面向科技未来的"行星智慧"等视角出发，对元宇宙的发生学、本体论、认识论和价值论等问题展开更深入的探讨和追问。②

在信息技术蓬勃发展、虚拟交往方兴未艾的今天，关于虚拟交往及其意义可谓众说纷纭。北京印刷学院曾祥富出版《虚拟交往的哲学探析：基于历史唯物主义的视角》③ 一书，以辩证唯物主义和历史唯物主义为认识工具，用辩证的、批判的、历史的眼光观察虚拟交往，在对人类交往方式变迁历史的考察中找到了贯穿其中的虚拟化这一客观趋势，论证了虚拟交往出现的历史必然性，进而探讨了虚拟交往对信息时代人的自由全面发展、社会历史发展等产生的深远影响。

1939 年出版的贝尔纳《科学的社会功能》，第一次"对科学做了科学的分析"，为后来科学学的发展奠定了基础。中国科学院科技战略咨询研究院研究员樊春良根据历史研究的方法，从《科学的社会功能》的开创性这一视角，对从普赖斯（Derek John de Solla Price）"科学学"到"科学的社会研究"、再到最近美国"科学的科学"计划的科学学历

---

① 段伟文：《深度智能化时代算法认知的伦理与政治审视》，载《中国人民大学学报》，2022 年第 3 期。
② 段伟文：《元宇宙与数字化未来的哲学追问》，载《哲学动态》，2022 年第 9 期。
③ 曾祥富：《虚拟交往的哲学探析：基于历史唯物主义的视角》，北京：社会科学文献出版社 2022 年版。

史演变做了探讨，对当代科学学发展具有启示作用。①

"Sociotechnical Imaginary"概念是分析科学技术与社会秩序共生现象的有力工具，被当代 STS 学者广泛采用。尚智丛等通过考察 imaginary 含义的演变过程，结合与 STS 中试图弥合主客二元的研究趋势，比较、辨析"Sociotechnical Imaginary"概念与其他近义词汇及社会意象、秩序工具、行动者网络等概念，认为"Sociotechnical Imaginary"是一种具备实在性、存于主客二元之间、有集体性、一定程度的规范性、稳定性、灵活性、多样性等多种特征的特殊想象形式，"社会技术意象"这一中文词汇能够较好地表达这一概念。②

5. 自然哲学

自然哲学聚焦进化理论、马克思主义自然观进行理论阐释，直面环境危机寻求破解之道。进化研究是自然哲学研究中的重要议题。北京师范大学哲学与社会学院教授李建会等通过梳理朱利安·赫胥黎（Julian Huxley）早期、中期和后期有关进化的进步性思想，总结出他如何面对生物学家是否有资格使用"进步"这类价值性术语的争论以及如何推出对进步的定义。③ 北京大学教授刘华杰以演化理论为中心讨论了科学理论的复杂性和化简的必要性以及化简可能存在的局限和偏见，指出达尔文之后，"达尔文理论"一再被重新表述，其中最有影响的一次是《物种起源》出版之后 70 多年所谓的"现代演化论综合"，重构后的理论被打扮得简洁、漂亮、具更强的解释力。他特别强调的是，模型化方法是当今科学研究使用的最基本方法，可以为了方便而建构"干净的"

---

① 樊春良：《科学学的历史演变与当代使命》，载《科学学与科学技术管理》，2022 年第 10 期。

② 尚智丛、冯础：《"Sociotechnical Imaginary"的含义辨析及中译讨论》，载《科学与社会》，2022 年第 1 期。

③ 李建会、邹昕宇：《朱利安·赫胥黎进化的进步性思想研究》，载《长沙理工大学学报（社会科学版）》，2022 年第 3 期。

没有大毛病的达尔文理论，但要交代清楚这是事后建构的，是美化的产物，而且这种建构具有多样性和可修改性。①

人们对于恩格斯与马克思自然观的关系存在不同理解。北京师范大学教授鲁克俭考察了马克思和恩格斯对"自然史"的看法的异同与关联，认为自然史是恩格斯与马克思具有高度共识性的话题，马克思《博士论文》中的原子论自然哲学是缺乏历史性的物活论，其后续与马克思试图完善唯物史观自然史基础的努力相契合，恩格斯自觉承担起发展基于大历史观的自然史方法的理论任务，其切入点是辩证唯物主义新自然观。所谓马克思历史辩证法与恩格斯自然辩证法相对立的说法，是对马克思和恩格斯的双重误读。②

2022年是罗马俱乐部报告《增长的极限》发表50周年，也是《生物多样性公约》和《地球宪章》发布30周年，亦是人类面临新冠肺炎疫情和环境危机的紧要关口，北京师范大学教刘孝廷从一种哲学性的超越论视角来反思生物多样性的本质，提出了基于生物多样性的"共"哲学的构建，以推动人类提升对该问题的认识高度，深刻把握治之"理"，或可间接为后续可持续发展和生物多样性保护提供一种稍具长远眼光的精神治理的建议。③ 刘华杰提出，自然辩证法并不等同于科技辩证法，我们有必要重新重视博物学，甚至抬博物而抑科学，以减少自然与人类系统的可持续生存风险。④

（三）问题与展望

2022年科技哲学研究成就显著，但也存在一些不足。2022年的疫情管控比较严格，使得国际学术交流受到比较大的影响，线下国际会议

---

① 刘华杰：《杂多的演化理论与干净的教科书重构》，载《生物多样性》，2022年第9期。

② 鲁克俭：《恩格斯自然哲学与马克思自然哲学之关系》，载《学术研究》，2022年第4期。

③ 刘孝廷：《基于生物多样性的共哲学之构建》，载《学术前沿》，2022年第4期。

④ 刘华杰：《博物学伴随人类行稳致远》，载《自然辩证法通讯》，2022年第8期。

陷于停顿，由于时差和技术等挑战，线上会议举办的也不是太多。科学技术哲学比其他的哲学学科更加迫切需要进行国际交流。首先，科学技术的发展速度极快，瞬息万变，只有透过交流才能及时把握时代的科技脉搏。另外，科技哲学研究，早已超越了单一的技术或科学领域，走向了全球性的技术性科学（techno-science）研究。相对而言，科技哲学研究方式和方法，却在很大程度上还停留在较为单一的层面。当下科技哲学研究，往往只是对某一领域、某一问题的深入研究，而忽视了科技问题本身的全球性特征。科学技术背后的伦理、道德问题，在当下常常是在跨国家和跨文化情境中发生的。要深入理解并考察这一现象，就需要我们打破地域、文化、语言的界限，加强国际间的科学技术哲学研究交流，将全球性视角融入到科技哲学研究中。这势必要求科学技术哲学研究需要与国际同行保持密切的联系，频繁的交流思想。只有这样才能够敏锐准确地把握科学技术哲学研究的核心议题。疫情之后，科技哲学研究的国际化交流势必要全面重启。

第二，面对科技发展的快速步伐，科学技术哲学研究仍未能及时、全面且深入地跟踪前沿技术所带来的各种风险与挑战。例如，2020年，OpenAI发布了GPT-3，这是迄今为止最大的语言模型，具有1750亿个参数。2022年下半年，ChatGPT已经在全球掀起了热潮。ChatGPT技术虽然带来了很多方便，但其所带来的挑战是前所未有的。这一技术一定程度上实现了通用智能，能够用来实现多样具体的目标。这其中，ChatGPT语料训练中牵涉到隐私泄漏问题，ChatGPT对人类的工作岗位的取代问题，其对人类的认知和思维方式的深刻影响，对社会伦理和道德有何冲击等都是我们在科技哲学研究中需要深入探讨的问题。遗憾的是，针对这一问题的研究并未能充分深入下去。当下的研究仅止于一般介绍，未能从特定的角度深入讨论人工智能大语言模型可能对人的生活世界造成的影响，更未能就此问题向外输出中国话语，提供中国化的治理思路。

另外，值得注意的是科学技术哲学的研究中，科学哲学和技术哲学处于相对独立的状态，这在一定程度上阻碍了科技哲学研究的深化和拓展。因为历史和学术传统的原因，科学哲学研究和技术哲学研究之间的交流并不充分，但现代科学技术的复杂性已经使得科学和技术两者的边界变得越来越模糊。从20世纪80年代开始，美国的科技哲学界就开始出现实践转向，科学哲学家越来越开始关注技术。例如哈金，希伦等人对实验仪器对认识的影响进行了非常深入的考察。科学哲学家——现在通常被认为是技术哲学家——唐·伊德从后现象学和实用主义的角度出发对技术对知觉经验调节做了非常系统地研究，发展出了后现象学。这都显示了科学和技术的交叉研究可以为我们提供更丰富、更深入的视角。科学哲学和技术哲学的交叉研究能帮助我们更好地应对科技发展带来的挑战，因此能更好地服务于社会发展。近来科学哲学家大卫·查尔默斯提出的技术化的哲学的说法，正是有感于技术对当下科学的巨大影响和塑造作用。在此语境下，科学哲学和技术哲学之间的进一步交叉与融合，势必成为一个趋势。

总的来说，2022年给我们带来的不仅仅是挑战，更是机遇。疫情使我们更加清晰地认识到，科学技术哲学研究需要更加开放、敏捷和全球化的视角。未来需要打破研究的界限，加强国际交流，关注科技热点，深化科学哲学和技术哲学的交叉研究。只有这样，我们才能更好地应对科技发展带来的挑战，更好地服务于社会发展。

（撰稿：王小伟　程倩春）

六、简要的结语

综上所述，2022年北京哲学学科各分支成果丰硕，亮点突出。从各分支学科的研究来看，以下几点比较突出：

（1）马克思主义哲学研究的现实性增强。紧扣新时代的新任务、新发展和新问题，对中国式现代化的哲学探索，对马克思主义哲学经典文本、基础理论的研究取得明显进展，同时对马克思主义人学理论、马克思主义政治哲学和政治经济学批判与现代社会等展开了卓有成效的研究，体现出理论与现实相结合，以现实问题研究带动基础理论研究的突出特点。

（2）**中国哲学研究的主体性和学科自觉凸显**。中国哲学研究的主体性和学科自觉性得到强化，多领域的研究取得明显进展。学者们总结了中国哲学学科的属性和方法，在中国哲学史书写范式上实现了以主体性为特点的创新，进一步凸显了中国哲学的特色，同时关注中国哲学研究的世界化，以及马克思主义哲学和中国传统哲学的结合问题。在儒家心性论、经学哲学、朱子理学、佛教观念史、道教性命学、中国政治哲学、简帛哲学文献等领域，研究取得了明显进展，提出了许多新颖的观点和结论。

（3）**外国哲学研究优势明显亮点突出**。既包括对传统哲学问题的深入探讨，也有对哲学前沿问题的前瞻性探索和批判性反思。在古希腊哲学和近现代哲学这两个传统优势方向，学者们的研究进一步深化。以前研究相对较少的谢林哲学在北京大学哲学系先刚教授的大力推动下取得了不少重要成果，德国古典哲学的研究短板正在补齐。

（4）**美学研究进一步分化和深化**。美学学科分支发展很快，美学知识生产和理论供给越来越丰富。学者们深掘中国美学精神本体，探索美学史研究边界；用现代美学思维分析西方美学思潮与人物；重审美学基础的原生问题；转向美学的实践性策略与方法；阐释门类艺术里的美学语言、范式；开启科技领域审美探索天地。北京美学学科在传统领域不断深入，在前沿领域不断开拓，在学术观念上不断创新，引领着全国美学学科走向，出现高水平、高质量的发展态势。

（5）**科学技术哲学研究全面推进**。继续聚焦学科基础理论问题和重大现实问题开展学术交流和学术研究，在科学哲学、技术哲学、工程哲学、STS（科学、技术与社会）、自然哲学等领域都取得了丰硕成果，推进了科学技术哲学学科的高质量发展。在科技的伦理治理、元宇宙、虚拟交往等研究方面，提出了一些富有前瞻性的观点，在人工智能技术的应用，元宇宙的经济、社会与文化影响等方面的研究取得进展。

总体来看，2022年度北京的哲学研究继续走在全国前列，在一些前沿学术问题和重大现实问题研究上取得突破，引领着全国哲学学科的发展。

不过，如果从更高的标准来看，北京哲学学科学术发展还有进一步提升的空间。（1）学科交叉融合有待进一步加强。虽然近年来学科之间对话有所进步，但长期形成的二级学科各自为政的局面还没有根本突破。（2）学术体系和话语体系有待进一步更新。这就需要聚焦于前沿问题研究，特别是对重大现实问题的哲学概括，同时也包括对中国传统哲学话语和西方哲学话语的创造性转化，这样才能形成一整套适应时代和实践发展需要的概念范畴体系，从而为学术体系创新奠定坚实基础。只有走出观念论的误区，直面当今时代和当代中国现实，凝聚一切可资利用的哲学资源，富有创造性地开展哲学研究，破解"世界百年未有之大变局"的重大难题，才能为实现中华民族的伟大复兴做出无愧于哲学学科的新贡献。这也是北京乃至全国哲学界应该为之而努力的方向。

（撰稿：杨学功）

附：代表性论文和著作

一、论文

1. 丰子义：《"生产关系"与唯物史观关系的再认识》，载《北京大学学报（哲学社会科学版）》，2022年第5期。

2. 黄志军：《论马克思的平均概念及其理论效应》，载《哲学研究》，2022年第12期。

3. 陈来：《朱子理气论研究的比较哲学视野》，载《船山学刊》，2022年第2期。

4. 刘笑敢：《〈老子〉之自然的独特性——多元视角的思考与发现》，载《哲学研究》，2022年第1期。

5. 吴增定：《因果性与力量——笛卡尔、斯宾诺莎与当代哲学争论》，载《同济大学学报（社会科学版）》，2022年第5期。

6. 谢地坤：《在真理探索与灵魂拯救之间——埃克哈特神秘主义研究》，载《社会科学研究》，2022年第2期。

7. 刘成纪：《中国美学史研究：限界、可能与目标》，载《南京大学学报（哲学·人文科学·社会科学）》，2022年第4期。

8. 牛宏宝：《图像隐喻及其运作》，载《文艺研究》，2022年第6期。

9. 段伟文：《深度智能化时代算法认知的伦理与政治审视》，载《中国人民大学学报》，2022年第3期。

10. 崔伟奇、程倩春：《论托马斯·库恩科学哲学的创新意义：纪念〈科学革命的结构〉出版60周年》，载《自然辩证法研究》，2022年第10期。

二、著作（含译著）

1. 臧峰宇：《文本语境中的马克思政治哲学研究》，北京：中国人民大学出版社2022年版。

2. 杨耕：《思考的痕迹：重读马克思的记忆与思考》（上、下卷），成都：四川人民出版社 2022 年版。

3. 丁四新：《洪范大义与忠恕之道》，北京：商务印书馆 2022 年版。

4. 干春松：《公天下与家天下》，成都：四川人民出版社 2022 年版。

5. 康德：《纯粹理性批判》，韩林合译，北京：商务印书馆 2022 年版。

6. 谢林：《神话哲学之历史批判导论》，先刚译，北京：北京大学出版社 2022 年版。

7. 王一川等：《中华美学精神的当代传承》，北京：北京大学出版社 2022 年版。

8. 王巍：《分支科学哲学导论》，北京：科学出版社 2022 年版。

9. 殷瑞钰、李伯聪、汪应洛、栾恩杰：《工程哲学（第四版）》，北京：高等教育出版社 2022 年版。

课题组名单

课题组组长：杨学功

课题组成员：文 兵　黄志军　丁四新　李海峰　王振辉　王子航　赵卓凡　王玉峰　史 红　程倩春　王小伟

前沿论坛

当代中国哲学的使命

视域融合：在历史与未来之间

——当代哲学的历史使命

张志伟*

【摘　要】 17世纪科学革命以及由此而来的一系列连锁反应开辟了现代化道路，几百年来全世界差不多都走上或正在走上这条道路，由此而引发了传统与现代之间的"古今之争"和文明或者国家之间的"文化之争"。当今世界全球化进程遭遇挫折则进一步凸显了这两方面的矛盾，伽达默尔哲学解释学的"视域融合"思想对于化解这两方面的矛盾具有重要意义，它一方面有可能使传统从历史走向未来，另一方面有可能跨越文化屏障，在全球化背景下形成多种文化能够和平共存的基本条件。就此而论，哲学的开放性和理想性，它的问题意识、批判精神和思辨思维，或许有望成为融合各个文明理念的"平台"。

【关键词】 视域融合；古今之争；文化之争；全球性文明；底线伦理

---

* 作者简介：张志伟，中国人民大学哲学院教授、博士生导师，中国人民大学首批杰出学者特聘教授，大华讲席教授，享受国务院政府特殊津贴专家。兼任中华全国外国哲学史学会理事长。主要研究方向为西方哲学。

冰冻三尺非一日之寒，当前我们所面临的严峻的世界形势看似突如其来，实际上自有其深远的历史原因。自17世纪科学革命以来，古代知识过时了，哲学陷入危机之中，在某种意义上迄今为止仍然如此，而哲学的危机实源自人类文明的危机。人类文明的危机表现为轴心时代各个文明的核心价值理念相继失去或弱化了现实影响力，由此而导致价值理性与工具理性之间失去了平衡，在这个历史过程中，17世纪是一个关节点。形成鲜明对比的是，在科学技术的推动下，物质文明（工具理性）迅猛发展，而人文理念（价值理性）萎缩而边缘化，被科技文明的全方位覆盖的高速发展所淹没。

按照雅斯贝尔斯的轴心时代理论，2000多年前各大文明相继构建了自身的核心价值理念，如中国的先秦诸子、希腊的哲学、印度的《奥义书》和佛陀、伊朗的琐罗亚斯德和巴勒斯坦的犹太先知，这些文明理念对于人类文明的演变具有决定性的影响。然而，随着17世纪科学革命以及由此而引发的一系列连锁反应（18世纪启蒙运动、工业革命和社会变革），传统观念动摇，人类社会逐渐树立起发展、进步和创新的观念，在几百年中，全世界在少数西方国家带领下走上了现代化的道路，从传统社会转型而为现代社会，现代性文明逐渐蔓延全球，从而使人类文明既达到了前所未有的繁荣，也面临着前所未有的挑战，至少有两个后果构成了我们这个时代的难题：其一是世界从相对独立的各个文明以及各个独立的国家走向了全球性文明，鉴于丛林法则仍然潜移默化地发挥着作用，我们面临着国家之争或文化之争；其二是大多数文明、文化或国家由于社会的转型而面临着"古今之争"。于是，我们面临着双重的挑战：一方面是传统与现代之争——古今之争，另一方面是国家与国家之间的矛盾——往往表现为文化之争。几十年来，由于全球化加速，科学技术日新月异以及种种原因，世界一片繁荣景象，貌似掩盖了其中蕴含的问题。然而近些年来，随着突发事件的增多，隐藏的矛盾逐渐爆发，这就是我们今天面临的局面。追根寻源，当全世界在少数国家带领下走上现代化的道路，从传统社会向现代社会转型的时候，我们并没有解决好前述之"古今之争"和"文化之争"的难题,而当我们这个地球变成了地球村,原本相互之间相对独立的各个文明、文化和国家,联结而成"人类命运共同体",我们并没有为此做好准备,这就像我们生活在现代社会,而我们的基因本能还处在原始狩猎或农耕的时代一样。

显然,我们不可能倒退回去适应我们的原始本能,相互"脱钩",退回到前现代化的时代,因此我们必须直面挑战,尽力化解上述"纵横交错"的双重困境:"纵向的"古今之争和"横向的"国家之争,这两个方面往往相互纠缠,因而实际情况远比这复杂得多。这一局面的复杂性也在于,传统观念虽然逐渐失去了对于现实社会的影响力,但是却潜移默化地影响着不同国家之间的相互交往,所以表现为所谓的"文化之争"。在一个国家内部,成员之间的矛盾通常不会激化到你死我活的程度,但是在国家与国家之间,却往往是丛林法则在发挥作用,而迄今为止我们还没有走出"丛林"的有效方法。

一个文明往往是由不同血缘关系的人们乃至不同民族的人们,甚至不同文化的人们,因为历史的原因而组成的整体,轴心时代各个文明理念的作用至少有三个方面:第一,作为抵御虚无主义威胁的"堤坝",体现为该文明的最高理想性的目的,形成了一个意义的世界;第二,作为伦理规范,体现为将不同血缘、不同民族凝聚为一个整体的精神纽带;第三,作为安身立命的理想,体现为个人精神追求的道德境界。超大型文明的时代虽然过去了,但是曾经发挥作用的古代智慧仍然可以为我们所借鉴,更何况实际上那些传统观念仍然潜移默化地影响着我们,所以才会有"文化之争"的"借口"。既然我们进入了全球化的时代,地球成为了地球村,我们处在同一个"人类命运共同体"之中,那么我们应该做的就是这样一项工作:把人类命运共同体当作一个文明——世界文明或人类文明,构建新的轴心时代的核心价值理念,在这里既需要过去的传统也需要指向未来的创新,尝试将曾经在每一个文明中发挥凝聚力的理念——它们相互之间也许是冲突的——融合起来,并且更重要的是，使之与全球化时代世界性的现代性文明"对接"或"兼容"起来，这尤其是摆在当代哲学面前的艰巨任务。本文的主题是《视域融合：在历史与未来之间——当代哲学的历史使命》，意在借助哲学解释学，尝试提出以"视域融合"作为化解古今之争和文化之争的方法，当然还仅仅是设想。

一、视域融合

人类生活的世界是人化的世界/文化世界/意义世界/语言世界，不过意识到这一点是很晚近的事，人们最初总是以为我们看到的世界就是世界本身，这意味着世界的意义原本客观地蕴含在世界之中或者世界背后，因而认识世界就是去"发现"世界本身的意义。真正使我们意识到其中存在的问题的是康德，他面对笛卡尔以来的心物二元论，主张我们的经验和知识乃是主体与客体相关的产物，因而在此范围内既有外部事物刺激感官而形成的杂多表象，也有认识主体自身的因素渗透其中，康德称之为"先天认识形式"，由此保证了我们的科学知识具有普遍必然性。如果我们做延伸的考虑——我们的世界作为人化的世界，也是文化的世界，归根结底是人与自然相互作用而形成的"第二自然"，这意味着世界的意义乃是人与自然相互作用的产物，价值哲学和文化哲学是在新康德主义的背景下产生的，并非偶然。

最初的人类社会划分为不同的文明，虽然相互之间的碰撞和交往古已有之，但是相互之间毕竟是相对独立的。伴随着现代性文明的形成，地球变成了地球村，我们的世界也从一个一个相对独立的"小世界"，逐渐碰撞融合而成为一个"大世界"，于是我们的世界变得不同了——不同的文化/文明共享同一个世界。如果我们把我们看世界的方式称为"视角"，把由此而看到的领域或范围称之"视域"，由此便形成了"世界观"。显而易见，当今世界是由不同的文化或国家的"世界观"（视角）交织在一起并且相互覆盖而成的世界（视域），我们试图围绕伽达默尔哲学诠释学的核心概念之——"视域融合"——来讨论我们面临的困境以及走出困境的可能性。

伽达默尔"视域融合"的理论秉承的是深厚的现象学传统，包含着丰富深刻的内容。作为一种诠释学的理论，伽达默尔的哲学诠释学与仅仅关注于历史性经典文本的理解和解释的方法的传统诠释学不同，就像他的代表作《真理与方法》的书名一样，"能够理解的存在就是语言"，因而哲学诠释学要解决的问题是体现为逻各斯（语言）的真理问题。就此而论，我们归根结底是通过语言与世界打交道的，我们可以把世界看作是语言的世界。因此，哲学诠释学所关注的问题不仅仅是经典文本的理解和解释的问题，更重要的是我们对世界的理解和解释的问题。在某种意义上说，针对启蒙主义对传统的批判，伽达默尔力图恢复传统的合理性。传统的诠释学主张我们要清除主观性的偏见、成见，完全按照经典文本的本来面目理解其客观的意义，在伽达默尔看来，这既不可能也没有必要。历史上的文本都是在社会文化历史等具体背景下形成的，并非隔绝于它的时代，我们作为解释者同样生活在由社会文化历史等因素组成的环境之中，不可能抹去这一切把自己变成一张白纸，因而前见、权威和传统等构成了理解的必要条件。如果把这样的背景或环境称作"视域"，那么我们对历史性的文本的理解就是发生在"视域融合"的过程之中，而文本的意义就是在这个过程中生成的。"通过这种视域融合，文本和我得到某种共同的视域，同时我在文本的它在性中认识了文本，这种融合性就是诠释学经验真正重要的东西"。[①] 诠释学经验的结果就是视域融合，它产生了一个既不与经典文本所处的问题域相等同，也不与我与经典文本相接触时所处的问题域相等同的新的提问，

[①] 洪汉鼎：《诠释学——它的历史和当代发展》，北京：人民出版社 2001 年版，第 234 页。

这意味着我们既超出了文本的视域,也超出了我自己的视域。① 这就是本文标题中所要表达的,"视域融合:在历史与未来之间",即是说,在"视域融合"之中,我们站在历史与未来之间。由此,传统在视域融合中既是理解和解释的前提和基础,同时也在视域融合中获得了更新。

如前所述,人的世界是人化的世界/文化的世界/语言的世界,实际上亦是视域融合而成的世界,我们可以称之为"生活世界",它至少具有三重意义:人化而形成的世界,塑造着人的世界,作为我们理解和解释的对象的世界。从现象学的立场看,视域构成了被我们课题化为对象的东西的背景,而这个背景也是理解对象的整体性的条件。"我"的视域是个别的,而"我"的视域乃以"我们"的视域为前提和背景。同样,"我们"的视域则是以世界视域为前提和背景。所以人类文明并不是由不同的文化拼凑起来的"七巧板",而是一个整体,作为文化之间交往的前提和背景,这就是"人类命运共同体"的意义。随着全球化时代的到来,地球变成了地球村,这意味着我们共同拥有同一个世界。因此,"我们"的范围在扩大,容纳了"他们"在内,至少是想象中的"人类"。然而,我们虽然经常把"人类"挂在嘴边上,但是却很少自觉地从人类出发思考问题。

因此,视域融合理论对解决上述两个问题可能有所帮助:其一是传统与现代之间的关系——古今之争,其二是文化与文化之间的关系——文化之争或国家之争。这两个方面往往是纠缠在一起的,形成了错综复杂"纵横交错"的难题。

二、"古今之争"与"文化之争"

人生活在社会之中,伽达默尔哲学解释学所说的"视域融合"不

---

① 洪汉鼎:《诠释学——它的历史和当代发展》,北京:人民出版社2001年版,第234页。

仅发生在（1）人与人之间的理解，也发生在（2）传统与现代之间的理解，亦发生在（3）文明与文明之间，或者国家与国家之间的理解。首先必须承认的是，我们都是从个人的角度看世界的——第一人称视角而且是单数，但是作为社会性的存在，这个视角从来都是复数的"我们"——复数的第一人称视角，"我"被"我们"所塑造，"我"在"我们"之中。另一方面，我们看世界的"视角"却也是由"视域"——生活世界——所决定的，在这里视角与视域是相互作用的。的确，在我们的时代与过去的时代之间存在着历史性的时空间隔，尤其是发生了自17世纪以来从传统社会向现代社会转型之后，历史貌似发生了断裂，于是便有了古今之争。不过从视域融合的理论看，我们与传统并不像想象的那样格格不入，传统塑造了我们，我们在改变着传统，而传统对于我们更加重要的意义在于，在科技时代其自身作为工具理性难以形成价值理性的情况下，传统构成了形成新的价值理性的丰富资源。如果我们真的可以"视域融合"的话，那么就有可能使传统与现代"对接"成功。

然而，在全球化与生活世界之间貌似存在着矛盾。[1] 我们来自不同的文化背景，犹如生活在一个个不同的生活世界之中，不同文化之间的相互了解的确存在着"文化屏障"，存在着如何通过跨文化沟通而形成相对和谐的人类命运共同体的问题。就此而论，视域融合对于打破文化之间的屏障，形成地球村之相对而言共同的价值观念，同样具有重要的理论意义和现实意义。如前所述，我们既有"纵向"的古今之争，也有"横向"的文化之争，而且它们又是交织纠缠在一起的，我们的时代可以说是"纵横交错"的时代，就如罗蒂所言，我们处在"混合文化的时代"。[2] 由于全球化加速了文化之间的交往，一种"纯正"的西方文化或者"纯正"的东方文化早已不复存在，甚至也许从来就没有

---

[1] 参见张鼎国：《诠释与实践》，北京：商务印书馆2016年版，第316页。
[2] 参见罗蒂：《混合时代的哲学》，载《求是学刊》，2006年第3期。

存在过。我们都是在不同文化相互碰撞融合中理解彼此的。百多年来，无论被动还是主动，无论自觉还是不自觉，我们已经深受西方文化的影响，以至于我们一方面要重新理解我们自己的文化传统，另一方面也要深入理解西方文化及其传统，而且这后一方面并不单纯是中国文化与西方文化的视域融合，而是已经包含有西方文化的中国文化与也已经包含了（虽然相对而言比较少）中国文化的西方文化的视域融合。有时候我们恐怕已经"不分西东"或者"不辨东西"了。所以就此而论，窃以为"文化之争"不过是丛林法则的一个"借口"。

哲学诠释学的视域融合理论揭示了我们与传统以及"我们"与"他们"之间的理解和解释的本体论的基础和根据，但这并不意味着我们自然而然就在视域融合之中，或者准确地说，这并不意味着我们自然而然地就在恰当合理的视域融合之中，就此而论，视域融合具有理想性，需要我们的自觉。否则我们就无法解释，为什么在传统与现代之间始终存在着某种断裂性的冲突，为什么在我们与西方文明之间的冲突有越来越激化的趋势，相互之间的误解越来越深，近年来全球化遭到重挫，大有倒退之势，各种矛盾在激化，这一切都表明解决这些问题已经迫在眉睫。

我们把"视域融合"置于"纵横交错"的时代背景之下，意在突出哲学诠释学的"存在论—认识论—方法论"的性质：一种文化与自身传统之间，一种文化与其他文化之间，都存在着视域融合的需要，而且鉴于我们身处混合文化的时代，视域融合已经成为了我们的生存处境，或者说，已经构成了我们的"存在"。这意味着我们无论如何都是从视域融合的生存处境出发，与自己的传统、他者的传统乃至他者的现实处境，发生着视域融合的关系，谋求着视域融合的效果。其复杂性在于，我们与自己的传统之间的视域融合已经融入了其他文化的因素，而我们与其他文化之间的视域融合也已经潜移默化地融入了其他文化的因素。

我们之所以陷入了如此复杂的困境有众多的原因，其中一个重要原因是轴心时代的没落。几百年来，由于科学革命、启蒙运动和工业革命，全世界相继从传统社会转型为现代社会，原本由传统观念起决定作用的传统社会，转变成为指向未来的现代社会，一方面呈现为"古今之争"的问题，另一方面则是失去了诸神的"诸神之战"。

轴心时代各大文明理念均可看作是面对虚无构建起来的"堤坝"。按照雅斯贝尔斯，轴心时代标志着人类文明的"觉醒"。当人类从自然母体中分娩而出，切断了联结大地母亲的"脐带"，只能依靠自己而生存于世，或者说，要求他自己去寻求安身立命的基础和根据。这使他意识到整体，意识到自身乃至自身的限度，面对空无，他力求解放和拯救。由此，各大文明的古代先贤们构建起了抵御虚无的哲学理念或者宗教信条，这相当于构建起一个个意义世界以作为我们的家园，不过套用文化人类学的概念，它们最初都是"地方性知识"，希腊哲学也不例外。然而，随着17世纪科学革命，18世纪启蒙运动和工业革命，西方在少数国家带领下走上了现代化道路，从而由传统社会转型为现代社会，由此而产生了两个相关的后果。其一是从哲学之科学思维方式产生的自然科学理论与技术相结合，逐渐成为遍及世界的带有普遍性的现象，而哲学学科则因为与自然科学的"血缘关系"而成为任何一所研究型大学的"标准配置"，渗透到了各种文化之中。其二是伴随着社会的转型，原本适应传统社会的传统观念对于现代社会失去了原本决定性的影响力，我称之为轴心时代的没落，在基督教表现为尼采的那句话："上帝死了"，在中华文明表现为"三千年未有之大变局"，而在哲学上则表现为古典形而上学的终结。我们遭遇的挑战是，再也不能像过去那样信仰上帝了，再也不能像过去那样相信天道不爽了，再也不能像过去那样相信宇宙是一个合乎理性的存在了……由此而产生了第三个后果：我们重新面对虚无主义的威胁。

在我们这个时代，虚无主义无处不在，而迄今为止，除了传统，貌似我们还没有其他抵御虚无主义的武器。从传统社会到现代社会的转型，就轴心时代的没落而言，体现为从神圣到世俗的回归。虽然神圣的时代也是"诸神之战"——不同的文明有不同的神圣，但是随着当今时代彻底走向世俗，我们似乎陷入了没有诸神的"诸神之战"，面临着"一切人反对一切人"的混战，这是一个主观主义和相对主义的时代。就此而论，我们究竟能否形成人类命运共同体的核心价值理念，不得而知。

如果我们把各个文明曾经的文明理念看作最高的理想，让地球村形成一个统一的最高理想显然是不现实的，或许我们首先应该考虑的是最低的底线，即在全球化背景下形成多种文化能够和平共存的基本条件。就此而论，哲学自有其用武之地。

三、哲学何为

现代性文明与传统社会各大文明之间的差别是什么？按照社会学家艾森斯塔特的《反思现代性》，"现代性的文化方案带来了人的能动性和人在时间之流中的位置的观念的某些独特转变。它持有这样一种未来观，其特征是通过自主的人的能动性，众多的可能性能得以实现"。[①] 这意味着由传统决定的社会逐渐转向了由未来决定的社会，创新和进步乃是现代性的核心。我们今天已经普遍接受了发展和进步的观念，而在世界历史之中，文明的衰落和消亡才是正常现象，进步倒是不可能发生的。简言之，现代社会与传统社会的区别在于，传统社会是由过去的传统决定的，而现代社会则指向未来，发展、进步和创新构成了现代性文明始终旺盛的生命力的源泉。然而，现代性文明的基础建立在科学技术之上，而从作为工具理性的科学技术中难以形成可以作为现代社会之灵魂的价值理性。另一方面，传统观念往往只是自说自话，落后于时代，难以适应现代社会的发展和进步。因此，

---

① 〔以〕S.N.艾森斯塔特：《反思现代性》，旷新年、王爱松译，北京：生活·读书·新知三联书店2006年版，第39页。

恐怕我们必须把希望寄托于传统文化与现代性的相互适应。如果传统代表着历史,现代体现为未来,那么我们要做的就是——激发历史的可能性,让历史走向未来。

威廉斯在《伦理学与哲学的限度》这本书的序言里说了一句话很有意思,他说:"我的结论是,现代世界对伦理思想的需求是没有前例的,而大一半当代道德哲学所体现的那些理性观念无法满足这些需求;然而,古代思想的某些方面,若加以适当的改造,却有可能满足这些需求"。① 如前所述,各大文明的文明理念原本都是某种"地方性的知识",我们弘扬传统文化,面临着两个艰巨的任务,其一是使之返本开新,在适应现代性文明的基础上发挥作用,其二是跨越文化之间的屏障,与其他文明理念相互融合,共同形成新的轴心时代的核心价值理念。这不仅仅是摆在中华文明面前的任务,也是摆在所有文明或者所有的国家面前的任务。一方面在一种文化内部,我们可以与自身的历史进行视域融合,返本开新,激发传统的潜在可能性;另一方面在不同文化之间进行"视域融合",使它们在相互碰撞中相互融合,以形成全球性人类文明的普适性的价值观念。如此说来,我们需要在不同文明理念之间搭建一个共同的"平台",以便使它们能够"视域融合",在我看来,这个视域融合的"平台"非哲学莫属。

我们为什么瞩目于哲学?显然,即便是出于本能,各个文明理念也都会试图在思想竞争中争取主动权和主导权,但是我们却不可能让任何一种文明理念或者宗教成为全球化时代统一的价值理念,那不会形成和谐,只会造成冲突。如果说我们还有希望,那么可以说希望在哲学。

如前所述,哲学与其他轴心时代的文明理念一样最初都是"地方性知识",但是哲学与众不同之处在于,它的问题意识、批判精神和

---

① 〔英〕B. 威廉斯:《伦理学与哲学的限度》,陈嘉映译,商务印书馆2018年版,第1页。

理论思维具有自我认识的反思性以及自我否定的"自反性",使得哲学始终在探索之中,从来没有建立起某种终极的理论、信条或者教条,这从来被看作是哲学的缺陷,但是现在看来却是哲学的优势所在。因为其他文明理念虽然都具有普遍化的倾向,但都因为自身的信条或者教条而相互隔绝或者相互抵触,未能超越"地方性知识",若以其中任何一个为基础构建地球村的价值观念,则很难为其他文明理念所接受。这意味着我们不能以某一个文明理念或宗教信仰作为全球性时代的价值理念,需要寻求的是一个能够容忍百花齐放百家争鸣的带有普遍性的"平台"。了解这一点对于我们这个全球化的时代来说具有非常重要的意义。

不容否认,自近代以来,哲学在社会生活中的影响越来越大,不过这种影响仍然是有限的。在古代世界,通常维系文明的价值观念往往是和宗教或者带有宗教性的意识形态相关,哲学属于"小众",属于少数人的精英文化,既缺少为人们所信仰的信条,也缺少影响现实社会的手段。这是哲学不如宗教以及其他文化传统的地方。但是,由于哲学与科学之间的"血缘关系",哲学与其他文明理念相比具有更普遍的影响,这是它的与众不同之处。正是由于哲学具有更加广泛的影响,它能够与不同文明理念之间不断地相互融合。就此而论,我们在这里所说的哲学既不是西方哲学也不是中国哲学或东方哲学,而是一般意义上的"哲学",或者说,是作为问题意识、批判精神和理论思维的哲学,而不是颁布法则、确定教条的哲学。与所有的文明理念不同,哲学的确也试图把握真理,但是由于它对真理的追求以及对象的理想性,始终没有能够建立某一种绝对真理来,这一向被看作是哲学的缺陷——众说纷纭、莫衷一是,但是现在看来也可以是哲学的"优点"——哲学没有教条也不迷信权威,只讲道理。

因此,我们或许可以考虑以"视域融合"为方法,在哲学的基础上,融合各个不同的文明理念而形成新的轴心时代理念。这并不意味着我们必须形成统一的理论和教条作为全球性人类文明的最高理想,因为那将意味着专制,既不可能也不应该,而是以哲学的抽象性、普遍性、理想性,以及问题意识、批判精神和思辨思维,融入到各个文明理念之中,促进各个文明理念自我反思,由自我反思而返本开新,形成某种"万物并育而不相害,道并行而不相悖"(《中庸》)的"底线伦理"。当然,迄今为止,这只是希望而已。

在我们这个时代,哲学有很多事可做,也可以做很多事。

主体性的追寻：百余年中国哲学研究及其当代面向*

丁四新**

【摘　要】 百余年中国哲学研究经历了民国时期、1949—1989 年和 1990 年以来三大阶段。民国时期的中国哲学研究属于"哲学"的自觉性阶段，且主要通过中国哲学史的书写来完成。1949—1989 年属于中国哲学研究的意识形态化阶段，它包括前后两段，前一段属于日丹诺夫模式，后一段属于列宁模式。列宁主义的开放性及政治上的改革开放环境成就了 20 世纪 80 年代中国哲学研究的多元性。从更宏观的视角来看，1989 年前的中国哲学研究大体上属于"本型—摹仿"类型，是以西方哲学为参照系而对于所谓一般"哲学"本型的摹仿。这种"本型—摹仿"型的中国哲学书写和研究方式带有生搬硬套和强势构造的特征，缺乏独立性和自主性。1990 年以来中国哲学研究发生了巨变，通过对特殊性的寻求和肯定，中国哲学建立了其自身的主体性。随着"文化热""国学热""经学热"和"出土文献热"的持续，中国哲学的主

---

* 基金项目：国家社会科学基金重大项目"出土简帛四古本《老子》综合研究"（15ZDB006）。

** 作者简介：丁四新，清华大学人文学院教授，主要从事中国哲学、儒家经学与简帛思想研究。

体性不断得到强化。其主体性建构主要表现在：提出了由特殊性进至主体性的方法论；在心性论、价值论和思维方式上作了自我肯定，建立了一套能够自洽、自立和自生的话语体系；本着中国哲学自身的问题、概念、命题及其经典来展开研究；经学哲学兴起，先秦哲学面貌大变，宋明哲学研究不断细化和深化；建立了研究中国哲学的基本门槛。中国哲学主体性的建立，不但使中国哲学成为真正的加字哲学，而且使西方哲学也成为真正的加字哲学。当代中国哲学研究应当超越对特殊性的过分依赖和强调，突破其封闭性；应当面向哲学的普遍性展开积极对话，进一步完善其自身的主体性。

【关键词】中国哲学；中国哲学史；主体性

"中国哲学"是从"哲学"分化出来的，是参照"西方哲学"，特别是欧洲哲学建构起来的。实质义（思想内容）的中国哲学为传统中国所本有，但学科义或名义上的中国哲学则是传统中国所无的。一百多年来，中国哲学学科及中国哲学研究经历了一个从无到有，中经挫折，而不断发展壮大和独立自主的过程。而在此一过程中，中国哲学之主体性的寻求和建立具有关键意义。

需要指出，本文所说"中国哲学"概念，指"中国哲学"二级学科及其所关涉的内容。从内容上看，"中国哲学"包括中国传统哲学和现当代中国哲学。前者的情况比较单纯，而后者的情况则比较复杂。本文所说"现当代中国哲学"，一般指基于中国传统而发展出来的现当代中国哲学部分。从广义角度来看，今人对于中国传统哲学的研究也属于现当代中国哲学的组成部分，一方面它会影响现当代中国哲学的开展，另一方面它会同时受到现当代中国哲学的影响。有鉴于此，本文的论述一般基于中国大陆百余年来的中国哲学研究和实践。

一、研究现状与提出问题

（一）研究现状

最近二十年，学者对于百余年来中国哲学研究作了大量回顾、梳理和总结，发表了大量论著，比如单就著作来说，即有郭齐勇主编的《当代中国哲学研究（1949—2009）》、乔清举的《中国当代哲学史学史》、柴文华主编的《中国哲学史学史》和高瑞泉的《动力与秩序——中国哲学的现代追寻与转向（1895—1995）》四书。据柴书《绪论》，回顾、梳理和总结百余年中国哲学研究的学者有张岱年、刘文英、周桂钿、陈来、宋志明、蒋国保、臧宏、李宗桂、张祥浩、张耀南、乔清举、田文军、柴文华等。① 而据中国知网（www.cnki.net），陈卫平和郭齐勇两位也是值得注意的。

郭书除"导论"外，共分十三章，前三章论述了百年中国哲学的研究史和书写史，后十章则梳述了学者断代和专题研究的相关成果。第一章的标题是"中国融合与20世纪前期中国哲学学科的创立"，第二章的标题是"中国哲学研究的初步成果（1949—1978）"，第三章的标题是"中国哲学研究的转型（1978—2009）"。② 这三章从总体上反映了郭书对于1949—2009年六十年中国哲学研究的认识。乔著共分六章，此书将1949—1999年五十年的中国哲学史研究及学科发展分为1949—1956年、1957—1959年、1960—1965年、1966—1976年、1977—1989年和1990—1999年六段。比较起来，此书有两点值得注意，其一它重视清华—北大系这条重要线索，其二它将1976年归于"极端政治化"

---

① 柴文华主编：《中国哲学史学史》，北京：人民出版社2018年版，第2—5页。
② 郭齐勇主编：《当代中国哲学研究（1949—2009）》，北京：中国社会科学出版社2011年版，"目录"部分。

一段,而将"1977年"归入"认识史"一段,① 这与其他学者的看法不一致。柴书结构宏大,共分四编,第一编为"中国哲学史学科的前史",第二编为"中国哲学史学科的创立",第三编为"中国哲学史学科的马克思主义化",第四编"港台地区的中国哲学史研究"。其中,第二编包括《胡适的中国哲学史研究》《冯友兰的中国哲学史研究(上)》《张岱年的中国哲学史研究(上)》《同时代其他学者的中国哲学史研究》四章,第三编包括《冯友兰的中国哲学史研究(下)》《张岱年的中国哲学史研究(下)》《任继愈的中国哲学史研究》《冯契的中国哲学史研究》《萧萐父的中国哲学史研究》五章,第四编包括《牟宗三的中国哲学史研究》《唐君毅的中国哲学史研究》《方东美的中国哲学史研究》《罗光的中国哲学史研究》《劳思光的中国哲学史研究》五章。② 这是一种写法。高著的问题意识和写法都很独特,全书分为《导论》《救亡与求道》《革命世纪的社会动力学》《现代新儒家的"返本开新"》《后启蒙时期的理想世界》五章,而以"动力"与"秩序"作为全书的关键词和基本观念。③

在如上四书中,郭书《导论》简明扼要,同时不失其主要节目,具有代表性。在《导论:中国哲学研究60年的回顾与反思》中,郭齐勇先生将百年中国哲学发展史分为两大段、五小段。所谓两大段,指民国时期和1949—2009年。第一大段属于中国哲学学科的奠基期,第二大段属于中国哲学学科的发展期。对于前者,郭先生说:"1949年前的中国哲学思想(史)研究,主要有胡—冯、郭—侯两种范式,此后30

---

① 乔清举:《当代中国哲学史学史》,上海:上海古籍出版社2014年版,"目录"部分。

② 柴文华主编:《中国哲学史学史》,"目录"部分。

③ 高瑞泉:《动力与秩序——中国哲学的现代追寻与转向(1895—1995)》,桂林:广西师范大学出版社2019年版。

年主要流行的是郭—侯范式。"① 而所谓五小段是就上述后一大段来说的,这五小段是:1949年至1966年的"十七年"为第一段,1966年至1977年为第二段,1978年至1990年为第三段,1991年至2000年为第四段,2001年至2011年为第五段。第一段确立了"两个对子"的哲学史理念。第二段以"评法批儒""批林批孔"事件为代表。第三段是中国哲学史研究的复苏期和拨乱反正期,学界摆脱了日丹诺夫模式,回到黑格尔—马克思的"逻辑与历史相统一"及列宁《哲学笔记》的哲学史观,掀起了"螺旋结构""历史圆圈""哲学史是认识史"及范畴史的研究和叙述;同时,学界掀起了关于"传统文化与现代化关系"的中西文化讨论热潮。第四段是沉潜研究期,一是观念上多元,二是个案研究突出。第五段是"国学热"背景下学界对于"中国文化"之根源性和"中国哲学"之自主性的追求。② 通观"中国知网"所载相关论文,学者的意见大致如此。

(二)提出问题

从总体上来看,学界对于百余年中国哲学的研究及其发展历程作了比较细致、完备的叙述和概括,许多重要细节都被学者注意到和反复讨论过了。而对于百余年来中国哲学学科发展之每一阶段的观念、特点和贡献,以及对于某些重要学者的成绩,学界也作了反复的叙述和评论。这是值得充分肯定的。不过,在笔者看来,人们对于百余年来中国哲学研究及其学科发展历程的叙述和梳理仍有不足,这主要表现在三个方面:其一,目前,绝大多数相关成果的视角局限于中国本位,特别是局限于中国的中国哲学本位,而没有从东亚文明和从中国文化转进的角度来观察和评论中国哲学的生成和发展问题。其二,目前绝大多数学者的

---

① 郭齐勇主编:《当代中国哲学研究(1949—2009)》,北京:中国社会科学出版社2011年版,第3页。

② 郭齐勇主编:《当代中国哲学研究(1949—2009)》,北京:中国社会科学出版社2011年版,第2—7页。

评论和叙述过于贴近事实，纠缠于所谓"事件"及其"细节"的学术史意义，而缺乏更宏观、更深层次的洞察和贯通。常常看到，分段或分节、事件与政治、人物和著作这样的叙述模式，而贯通性的思考及其观念反省很缺乏。其三，学者对于中国哲学学科的当下处境和当代面向缺乏必要的认知和思考，而即使有所思考，也往往含混不清。

此外，叙述者个人的立场也常常影响了这些学者对于百余年中国哲学研究及其学科发展历程的梳理和评价。而所谓个人立场，主要表现在三个方面：一是个人的学统来源，二是个人的现实价值选择，三是个人的学术思想偏好。滥用这些个人立场和价值倾向，无疑会影响作者的相关叙述及其评论的客观性和有效性，在一定程度上会遮蔽事实的真相。

笔者认为，从百余年来中国哲学的建立、建构和展开历程来看，"主体性的追寻"应当成为相关学者关注的焦点和思考的轴心，因为中国哲学学科的成立最终取决于其主体性的建立及其程度的厚薄。没有主体性即没有严格意义上的中国哲学；只有主体性建立了，中国哲学才成其为中国的中国哲学，而不是在中国的中国哲学。而且，中国哲学只有基于一在此的主体才能与其他加字哲学（如西方哲学、印度哲学）展开平等而有效的对话，才能给人类增加相应的智慧。主体性无疑是东西方哲学展开对话的前提和基础。从现实来看，学者对于中国哲学之主体性的发现和建构不是一开始即有的，也不是一蹴而就的。在笔者看来，中国哲学研究及其学科发展，经历了一个从自觉性到特殊性，又从特殊性到主体性的展开过程，而这个过程是合乎逻辑的。

需要指出，笔者曾以"主体性"为关键词理解和阐明了《中国哲学通史》的指导观念及其价值和意义所在。[①] 本文是对笔者此一观点的大力推进、大步提高和全面阐明。

---

① 丁四新、冯鹏：《主体性的彰显：中国哲学史的新书写》，载《孔子研究》，2022年第2期；丁四新、高一品：《主体性的重光：论郭齐勇中国哲学史的书写观念》，载《中国哲学史》，2022年第2期。

二、"本型—摹仿"模式：20世纪80年代以前的中国哲学史书写和研究

中国哲学的研究和展开，包括学科和学术两个层面。从制度层面来说，中国哲学（史）学科的设立是中日知识分子共同创造的一项奇迹，是东亚文明和东亚教育在近代特定历史条件下知识传承及其生产方式发生大转变的一个结果。由于中国在近现代遭遇三千年未有之大变局，故哲学进入中国教育在当时不但无人怀疑，而且实际上受到了启蒙思想家和新青年的热烈欢迎。从学术层面看，中国的中国哲学（史）研究及相应学科的创立有两大来源，一个来自日本明治时期的支那哲学史书写，另一个来自从欧美归国留学生的中国哲学史书写。从实践来看，特别是从中国哲学史的研究和书写方式来看，百余年中国哲学研究及其学科发展的基本态势是对于自身之主体性的追寻，经历了从本型—摹仿模式到主体性建构模式的重大变化。前一种模式（"本型—摹仿"）从民国一直蔓延到20世纪80年代，后一种模式（主体性建构）则从1990年以来延续至今。在以往的学科史论述中，学者一般忽视了中国哲学之"主体性"这个关键概念和维度。

（一）日本明治时期与民国时期：中国哲学史书写的"哲学"自觉

先看日本明治时期关于中国哲学史的书写。毋庸讳言，中国的中国哲学研究及其学科的创立都受到了日本的影响。林美茂指出，希腊语"哲学"（philosophia）一词本来可以直接翻译为"理学"，但是日本启蒙思想家西周却采用了两个汉字的新组合词——"哲学"来作翻译。[①] 而此一译名的重点即在于强调西方"哲学"科目与东土"理学"或

---

① 林美茂：《"哲学"抑或"理学"？——西周对Philosophy的误读及其理论困境》，载《哲学研究》，2012年第12期，第71页；林美茂、赵淼：《为什么是"哲学"？——关于西周的选择与追求探因》，载《中国人民大学学报》，2022年第1期，第55页。

"经学"名称的不同。

曹峰指出，19世纪末至20世纪初，日本学者所写中国哲学史著作包括内田周平、松本文三郎、远藤隆吉和高濑武次郎等人的著作。内田周平的《支那哲学史》（1888）只写了先秦部分，且写法老旧，没有什么新理路和分析，故其"哲学"概念不清，尚未实现大转变。① 松本文三郎的《支那哲学史》（1898）是一部关于中国哲学的通史，它将中国哲学史分为三个阶段，即创作时代（东周至秦朝）、训诂时代（西汉至五代）和扩张时代（宋朝至清）。远藤隆吉的《支那哲学史》（1900）也是一部通史，它将中国哲学史分为古代哲学、中古哲学和近世哲学三期，但其具体划分法更近似于西洋哲学史的做法。松本和远藤的这两部通史在日本历史上都被称为"真正意义"上的中国哲学史，散发着强烈的西洋"哲学"味道，具有更强的"哲学"自觉性。而且，在结构上它们都积极模仿西方哲学史的叙述框架，如使用了宇宙论、本体论、认识论、人生论和伦理学等名词术语。出版于1910年的高濑武次郎的《支那哲学史》也采用上世、中世、近世的三期分法，在观念和写法上更为成熟，书中还创立了一些基于中国思想的哲学范畴。② 高濑曾来华游学，与同时代的中国学者多有交流，他的相关著作对民国初期学界及中国哲学史的书写产生了直接影响。③

---

① 日本中国哲学研究的自觉，是从小柳司气太的《宋学概论》（1896）开始的。小柳司气太要"用西洋的科学方法，谋历史地、批评地系统化支那哲学"，葛兆光据此指出此书"这大体上已经具备了哲学史的雏形"。曹峰进而认为，内田周平的《支那哲学史》不够哲学。参见葛兆光：《道统、系谱和历史——关于中国思想史脉络的来源与确立》，载《文史哲》，2006年第3期，第52页；曹峰：《对内田周平的重新认识》，载《台湾东亚文明研究学刊》，第13卷第2期，2016年12月，第83页。

② 曹峰：《日本战前的"私学派"》，载《中国社会科学报》，2015年5月14日；《井上哲次郎与内田周平》，载《中国社会科学报》，2015年5月15日；《对内田周平的重新认识》，载《台湾东亚文明研究学刊》，第13卷第2期（2016年12月）。

③ 据学者考证，梁启超写作《子墨子学说》一书即大量采用了高濑武次郎的《墨子哲学》的内容。高濑氏的汉译著作有蒋竹庄编译的《杨墨哲学》（上海：商务印书馆，1928年）和赵兰平编译的《中国哲学史》（上海：国立暨南学校出版部，1925年）。

总之，近代意义上的"中国哲学史"诞生于日本，这无论从学制还是从中国哲学史的书写来看都是如此。松本文三郎和远藤隆吉的两部通史具有标志意义，而高濑武次郎的中国哲学史在书写上更为成熟，并对民国学界直接产生了影响。而日本学者之所以能更早写出中国哲学史，这应当与明治维新（1868）后日本社会迅速转圜、坚定走上以西方化为指向的近代化历程颇有干系。陈来指出："'中国哲学史'本质上是东亚文明和东亚国家在教育和文化走向近代化的过程中出现的一个学科。"① 这个判断是对的。更准确地说，日本明治时期"支那哲学史"的书写，是在西方文化的大肆输入下，日本启蒙思潮家与日本汉学家共同作用的结果，其本质是以所谓"哲学"范式来延续东亚文明的精神及其思想存在。这种"旧邦新命"的做法，是历史潮流，中国亦不例外。

再看民国时期中国哲学学科的建设及中国哲学史的书写。在《奏定经学科大学文学科大学章程书后》一文中，王国维批评了张之洞《奏定学校章程》，认为其根本失误在于"缺哲学一科"；他主张仿照日本体制设立文学科大学，而其所设计的文学科大学五科（经学科、理学科、史学科、中国文学科、外国文学科）都包括"哲学概论"科目；而且，除史学科外，其余四科均包含"中国哲学史"科目。② 这篇文章完全表明，作为学科性质的"中国哲学史"已经存在于王国维的心目中了，王氏充分肯定了"中国哲学（史）"学科的正当性和必要性。据冯友兰先生的回忆，北京大学早在1914至1915年间由陈黻宸开设了中国哲学史课程。③ 从王国维的设想到陈黻宸的举措，这标志着中国哲

---

① 陈来：《中国哲学史的学科属性与方法》，载《中国哲学史》，2021年第4期，第5页。

② 王国维：《王国维全集》第14卷，杭州：浙江教育出版社2009年版，第32—40页。此文原刊于上海《教育世界》118、119号，1906年2月。

③ 冯友兰：《三松堂自序》，载《三松堂全集》第1册，郑州：河南人民出版社2001年版，第170页。

学（史）作为学科在中国大学制度中已开始落地。而这个制度的设计，从根本上来讲，是出于以"哲学"名义传承、规范和创新中国传统思想的三重需要。

民国期间的中国哲学史书写者，主要包括谢无量、胡适、冯友兰、张岱年和郭沫若、侯外庐等人，他们形成了"胡—冯"和"郭—侯"两大阐释体系。

1916年9月，中华书局出版了谢无量的《中国哲学史》，这是中国人所写的第一部中国哲学史。这部通史模仿了日本学者的写作方式，无论在分期（上古—先秦秦汉、中古—魏晋至隋唐、近世—宋元明至清初）上还是在叙述方式（时代+流派+哲学家）上都是如此。不过，谢书在出版后几乎没有产生什么影响。此书在指导观念及叙述方式上缺乏创见，且作者本人也缺乏"哲学"修养的学术背景。

1919年，胡适的《中国哲学史大纲》卷上由上海商务印书馆出版。虽然此书较谢书晚出，但是一般认为，这部著作是中国第一部具有里程碑意义的中国哲学史著作。《中国哲学史大纲》卷上实际上只有先秦部分，是为了当时教学需要，胡适在其博士学位论文《先秦名学史》的基础上修改、扩充而成的。全书共分12篇，每篇又由若干章组成。胡适的这部哲学史有几个特点，一是用实用主义的哲学观念写作的；二是辟头从老子、孔子讲起，并将老子置于孔子之前；三是重视墨家、名学；四是注重史料考辨。① 胡著一经出版，立即造成很大影响，这可以从众多相关评论看出来。胡适是留美博士，《中国哲学史大纲》出版时他已是文化名人和北京大学教授，其书又经蔡元培校长作序加持，故这部著作在当时想不引起人们的注意，都很难。

冯友兰两卷本《中国哲学史》是中国第二部具有里程碑意义的中

---

① 蔡元培说胡书有"四种特长"："第一是证明的方法"，"第二是扼要的手段"，"第三是平等的眼光"，"第四是系统的研究"。蔡元培：《中国古代哲学史大纲序》，载胡适：《中国哲学史大纲》卷上，上海：商务印书馆1926年版。

国哲学史著作,具有典范意义,是中国的中国哲学(史)学科的真正奠基之作,其学术成就远在胡著之上。冯著出版于20世纪30年代初,全书分为子学时代和经学时代两个部分。子学时代指先秦诸子,经学时代指从董仲舒到康有为、谭嗣同、廖平一大段。这部著作采用西方哲学的形式,使用思想分析的方法阐释和叙述了中国哲学思想的实际内容。这一点,与注重考证的胡著是很不相同的。冯友兰先生对于中国哲学思想内容的叙述比较全面和深入,不但对汉代以下的哲学有深刻论述,而且对于先秦墨家、名家的研究也超过了胡适。冯友兰对于什么是哲学史作了详细讨论,在方法论上具有明显的自觉性;同时,在许多地方,他通过中西比较的办法突出了中国哲学思想的特性。张岱年先生认为冯著是"根据理性主义的观点写的"①,这个评价很平实。对于胡书,劳思光曾有严厉批评,云:"这部书中几乎完全没有'哲学'的成分。"而对于冯书,劳思光虽然也有批评,如说冯书"并未接触到中国哲学的特性",但是认为冯友兰"是想要讲中国古人思想中的哲学理论"②,是有哲学成分的。胡书重视考据,而冯书则重视中国古代哲学思想的阐明,这是胡、冯两部著作的最大不同。

继冯友兰两卷本《中国哲学史》之后,比较重要的中国哲学史著作是张岱年的《中国哲学大纲》。《大纲》写于20世纪30年代后期,1943年曾以讲义印行,1958年由商务印书馆正式出版,1982年由中国社会科学出版社再版。这部著作是以西方哲学为标准、以基本问题为纲要写作出来的一部中国哲学史,意义和影响都很长远。全书分为宇宙论、人生论和致知论三大部分,对于中国哲学的基本问题和基本概念都作了简明梳理。不过,这部著作没有列入佛教哲学,原因是作者认为佛

---

① 张岱年:《二十世纪中国哲学史研究概况》,载《南通师范学院学报(哲学社会科学版)》,2001年第4期,第1页。

② 以上两条引文,见劳思光:《论中国哲学史之方法》,见氏著:《新编中国哲学史(一)》,台北:三民书局股份有限公司2010年版,第2—3页。

教哲学属于外来哲学。

在以上诸氏之外,郭沫若和侯外庐的相关论著也比较重要。郭沫若著有《十批判书》(1937)和《青铜时代》(1945),这两部著作以马克思主义的基本观点、立场来梳理和阐释了先秦哲学思想,特别是诸子的思想。侯外庐等人合著的《中国思想通史》第一、二卷分别出版于1947年和1948年。这部著作虽然名为"中国思想通史",但其实主要指中国哲学思想。侯著是较早运用马克思主义研究中国哲学思想发展的权威性通史,它突出了唯物主义与唯心主义两大阵营的斗争,特别重视对异端思想家的研究。郭—侯一系的著作在1949年后很长一段时间里受到人们的高度重视,成为研究中国思想史、中国哲学史的权威著作。

总之,民国时期的中国哲学史书写大体上可以分为两系,一系为胡—冯,另一系为郭—侯。这两系的中国哲学史研究及日本明治时期的支那哲学史研究,都处于何谓哲学及以西洋"哲学"概念来梳理和阐释中国思想的历史阶段中。这个阶段,笔者称之为中国哲学的"哲学"自觉性阶段,并且主要是通过中国哲学史的书写这种形式来完成的。在此意识下,我们可以很明确地判定,为何冯友兰的两卷本《中国哲学史》很重要很关键,而钟泰编著的《中国哲学史》(1929)却不受待见的原因所在。尽管钟泰的著作使用了所谓"以中释中"的还原性做法,似乎与1990年以来中国哲学界的做法比较类似,但其实,时代不同,背景不同,人们对于"哲学"的理解、认识及其受教育的程度不同,故从方法论追问之,这部著作的出现不但是逆潮流而动,而且实际上是盲目的。清末至民国基本上是"哲学"在中国启蒙及其落地生根的时期,而1990年以来的中国哲学界则与此不同,绝大多数学者属于科班出身,已经具有良好的哲学理论素养。特别需要指出,1990年以来的中国哲学史研究,依笔者意见,其主导方向是通过对中国哲学之特殊性的寻求来建立中国哲学自身的主体性,同时在一定程度上指向哲学的普遍性。这一新起的研究思潮,是对于此前所有本型—摹仿模式的中国哲学研究活动的反动和纠正。

此外,清末至民国时期研究中国哲学思想的学者还有梁启超、蔡元培、蒋维乔、范寿康、汤用彤、吕振羽等人,对于他们的学术成就及其历史地位本文不拟赘述。

(二) 1949—1989 年:中国哲学史书写的意识形态化与多元化

1949—1989 年为中国哲学研究及其学科发展的又一大节。而此一大节之所以以 1949 年、1989 年为界,是因为前一个时间点为鼎革之变,而后一个时间点则是新启蒙、新批判思潮及文化讨论热终结的标志。进一步,此一大节又以 1978 年为界分为前后两节,即 1949—1977 年和 1978—1989 年。1978 年是改开元年。

在笔者看来,前一节(1949—1977)是人们在"思想改造"的过程中完成其中国哲学史的书写的,其中以郭沫若的再版著作《青铜时代》《十批判书》,侯外庐的再版著作《中国思想通史》,任继愈主编的《中国哲学史》教材和冯友兰的《中国哲学史新编》为代表。在如上所列诸书中,侯外庐的《中国思想通史》成为此期最重要、最权威的中国哲学史著作。任编《中国哲学史》教材由人民出版社出版于 1963 年,影响很大。冯著《中国哲学史新编》第一、二册由人民出版社出版于 20 世纪 60 年代;第 3—6 册虽然出版于 20 世纪 80 年代,但是其写作观念仍然属于此一节。当然,此一节还可以再分,"文革"前和"文革"中的中国哲学研究是不同的。"文革"前的中国哲学研究还有意识形态化的学术,但是"文革"中的所谓中国哲学研究则演变成儒法斗争,几乎没有什么学术了。

后一节(1978—1989)是人们在"思想解放"的过程中完成其中国哲学史的书写的,其代表作有任继愈主编的《中国哲学发展史》(只完成了前四卷,分别出版于 1983、1985、1988、1994)、杨宪邦主编的《中国哲学通史》(只完成了前三卷,分别出版于 1987、1988、1990)、冯契的《中国古代哲学的逻辑发展》(1983)、萧萐父/李锦全主编的《中国哲学史》（1982、1983）教材、张岱年的再版著作《中国哲学大纲》（1982）、张立文编撰的"中国哲学范畴史"系列、侯外庐等著《宋明理学史》（1984—1987）、任继愈主编的《中国佛教史》《中国道教史》等。另外，此节还出版了李泽厚的《中国近代思想史论》《中国古代思想史论》（1979、1984）、朱伯崑的《易学哲学史》和众多个案专著。毫无疑问，1978—1989年是一个不断思想解放、学术研究日益多元化的时代。单从中国哲学研究来看，这一点也很容易得到证明。

上文所谓"思想改造"，指在1949年至1977年间所建立的阶级分析法及两个对子的哲学史书写观念。1957年，中国学术界、中国哲学界正式接受了苏联日丹诺夫的哲学史定义，即哲学史是唯物主义与唯心主义、辩证法与形而上学斗争史的定义。① 这个哲学史定义也称"两个对子""两军对垒"或"两军对阵"的理论。通过对日丹诺夫哲学史定义的接受，中国哲学的研究（当时主要是中国哲学史的研究）开始全面、快速意识形态化。意识形态化的后果之一，是哲学或哲学史研究沦为当时政治斗争的工具，文革后期的儒法斗争史叙述就是一个鲜活的例子。

而所谓"思想解放"，指日丹诺夫的哲学史定义及两个对子的叙述模式被打破，学界迎来了方法论上的较大变化，学术研究和学术讨论因此变得日益宽容和开放起来。1979年，第一次全国性中国哲学史讨论会在山西太原召开，大会的主题之一即是拨乱反正，摒弃日丹诺夫的哲学史定义，摒弃"两军对垒"的哲学史叙述模式。从此，中国哲学史研究迎来新的指导观念，而新的指导观念一个是列宁的"哲学史是认识史"说，另一个是黑格尔、列宁的"每一种思想=整个人类思想发展的

---

① 《哲学研究》编辑部：《中国哲学史问题讨论专辑》，北京：科学出版社1957年版。

大圆圈（螺旋）上的一个圆圈"理论。① 同时，依据列宁的相关说法，② 唯心主义哲学家的思想成果在研究中得到了尊重。任继愈主编《中国哲学史发展史》即以列宁理论为根据，任先生说："本书着眼于中国哲学逻辑的发展过程，所以称之为《中国哲学发展史》。"而其所谓逻辑发展，具体指人类认识史，"哲学史的研究对象就是整个人类认识的历史"，而中国哲学史就是中华民族的认识史。③ 萧萐父、李锦全主编的《中国哲学史》教材及冯契的《中国古代哲学的逻辑进程》力求所谓历史与逻辑的统一，都编织了一个又一个中国哲学思想发展的上升式螺旋结构。而同时期其他学者的研究也几乎都是在列宁《哲学笔记》相关言论作为理论依据下进行的，这可以参看陈卫平的论文。④ 总结起来，一个是认识论的转向，另一个是范畴史的研究，而后者是前者的子题。需要指出，"实事求是"的思想路线及当时流行的"猫论"和"摸论"，为新时期的理论探索和多元化学术研究提供了更宏观的开放背景。

总之，无论是思想改造期的1949—1977年还是思想解放期的1978—1989年，都属于中国哲学研究或中国哲学史书写的意识形态化过程，只不过前者属于日丹诺夫模式，而后者属于列宁模式。很明显，在这两种模式下，中国哲学的个性和主体性不可能得到阐明和张扬。但列宁主义的开放性及1978—1989年的改革开放环境，将中国哲学学科的发展通过多元研究的方式推向了另一个阶段，即主体性追求的阶段。这是人们所始料不及的。

---

① 列宁：《哲学笔记》，北京：人民出版社1974年版，第399、371页。
② 列宁：《哲学笔记》，北京：人民出版社1974年版，第411—412页。
③ 以上引文，参见任继愈主编：《中国哲学发展史（先秦）》，北京：人民出版社1983年版，《导言》部分第4—11页。
④ 陈卫平：《从突破"两军对阵"到关注"合法性"——新时期中国哲学史研究之趋向》，载《学术月刊》，2008年第6期，第34页。

(三) 本型—摹仿模式及其困境

归纳起来，日本明治时期的支那哲学史书写及民国至 20 世纪 80 年代的中国哲学史书写都属于本型—摹仿模式，相关成果都是在此种模式下写作出来的。学科意义上的中国哲学（史）是在东亚文明近代化的进程中诞生的，并且首先是以日本"支那哲学史"的方式出现的。中国的中国哲学研究有两个来源，一个是日本，另一个是欧美，后者成为大宗。胡适和冯友兰都是留美博士毕业生，胡氏《中国哲学史大纲》卷上和冯氏两卷本《中国哲学史》是民国时期中国哲学史书写的两座里程碑，意义重大。日本明治时期的支那哲学史书写和民国时期的中国哲学史书写都具有"哲学"的自觉性，而所谓的"哲学"又是由西方哲学及其历史所限定的概念。虽然明治和民国时期的中国哲学史书写带有强烈的"哲学"自觉特征，但是这种"哲学"的自觉或觉醒都属于拿来主义，是以西方哲学的"哲学"概念及其框架来处理和塑造中国思想的相关材料的。

众所周知，胡适的"哲学"观念是杜威的实用主义，冯友兰的"哲学"观念是早期的柏拉图理论和当时流行的新实在论。就实际写作效果来看，劳思光对冯书的评价高一些，认为冯书比胡书写得更好，更有哲学味。而葛兆光与劳思光不同，他更重视胡适《中国哲学史大纲》的意义，认为胡书创造了一个"典范"（paradigm），而这个典范连冯友兰并没有超过。胡书的典范性在于："内容是中国的，形式和概念上是取西方的。"① 这是胡书的学科史意义所在。冯友兰自己说，他的两卷本《中国哲学史》是在中国历史上各种学问中"将其可以西洋所谓哲学名之者，选出而叙述之"。② 据此，葛兆光指出，这种"选出"，"就

---

① 葛兆光：《道统、系谱与历史——关于中国思想史脉络的来源与确立》，载《文史哲》，2006 年第 3 期，第 54 页。

② 冯友兰：《中国哲学史》上册，北京：生活·读书·新知三联书店 2009 年版，第 1—3 页。

是按照西洋哲学的长短宽窄,将中国思想截长续短",或者说,"就是以西方哲学的'三大部'即宇宙论、人生论、知识论,把中国资料拆零再装,然后整编出可以对应西洋哲学史的历史,至于不能以西洋哲学名之者,不能与西洋哲学史匹配者,当然就无法'选出'而纳入哲学史中了。"① 笔者认为,"摹仿"其实是中国哲学(学科)诞生及其初步发展的必然命运,而其所摹仿的"本型"对象即是西方哲学。应当说,一直到20世纪80年代,除了台港地区外,中国大陆的中国哲学研究及其相关叙述基本上都没有逃脱"摹仿"的痕迹和特征。

在1949年鼎革之后,除了台港地区之外,中国的哲学研究全都经历了意识形态化的过程。以1978年为界,中国哲学研究可以分为前后两段,前一段属于"两个对子"的叙述模式,以日丹诺夫的哲学史定义为标准;而后一段则返回了列宁《哲学笔记》的哲学史定义,具有相对宽容和多元化的特征。前一段不但将中国哲学史的研究,而且将马克思主义哲学的研究带入了灾乱;而后一段则因其开放、多元化的特征,将中国哲学研究推向了一个崭新的境界,即1990年以来中国哲学本身的主体性建构阶段。

总之,不论是日本明治时期的支那哲学史,还是民国时期至20世纪80年代的中国哲学史,其书写基本上都是对以西方哲学为直接参照系而对所谓"哲学"本型的摹仿。这种本型—摹仿型的书写和研究方式,都难免带有生搬硬套和强势构造的特征,以及存在中国哲学思想自身之主题、范畴、命题、线索及其文化精神被掩盖和漫漶不清的问题。或者说,1989年前的中国哲学研究其实都直接是在"西方哲学"的概念下进行的,而不是在更普遍的"哲学"概念下进行的,不是真正意义上的加字("中国")哲学("中国哲学")。这样,中国哲学的特质、自主性、独立性和主体性都不可能得到真正的反映。就两卷本《中

---

① 葛兆光:《道统、系谱与历史——关于中国思想史脉络的来源与确立》,载《文史哲》,2006年第3期。

国哲学史》及"新理学",劳思光曾批评冯友兰对宋明理学的叙述"不能掌握道德主体的观念,甚至连主体性本身也悟不透,看不明",① 此一批评不但击中了冯先生《中国哲学史》及其"新理学"的痛处,而且击中了1989年以前除港台外的整个中国哲学研究的弊病。

应该说,从民国至20世纪80年代,中国的中国哲学(史)研究一直处于西方哲学及其"哲学"概念的主宰之下,受其影响严重,只不过其间有此种"哲学"概念或彼种"哲学"概念之别。这种"本型—摹仿"观念导致中国的中国哲学研究长期沦为对中国相关材料的摹仿性处理和塑造,因而对于"哲学"大家庭来说1989年以前的中国哲学研究很难有思想上的实质贡献。很显然,这种研究模式是一种近似于宿命的困境,在20世纪80年代末期此种模式也似乎走到山穷水尽而不得不变革之的地步。简言之,中国哲学研究虽然很早已经奠基,但却始终无法真正独立起来。不过,在山穷水尽之际,20世纪80年代的多元、开放性为中国哲学研究带来了转机,即为中国哲学研究带来了通往其主体性建构和独立之路。

三、主体性建构与追求:1990年以来的中国哲学研究

就20世纪最后二十年,高瑞泉先生说:"20世纪最后二十年都获得了前所未有的成绩。更重要的是哲学的主题也有所变化。总体上说,中国哲学以'主体性'概念的提出及其分化与消隐,浓缩地表达了从现代性追寻到现代性反省的复杂历程。"② 高先生的观察很敏锐,但是未必准确。据笔者观察,1990年至今的近三十年大体上属于中国哲学的主体性建构时期;而且,"主体性"已成为中国哲学学术活动的基本

---

① 劳思光:《论中国哲学史之方法》,载《新编中国哲学史(一)》,第3页。
② 高瑞泉:《动力与秩序——中国哲学的现代追寻与转向(1895—1995)》,桂林:广西师范大学出版社2019年版,第275—276页。

精神，不存在"消隐"问题。通过学者的不断认同和建构，中国哲学的主体性在多个方面已显著地表现出来。陈来《仁学本体论》及郭齐勇主编十卷本《中国哲学通史》等著作的出版，正式标志着中国哲学研究及其哲学史书写之主体性的确立。

（一）"哲学"文化观念的转变

"哲学"文化观念的转变是中国哲学之主体性意识的根源。在哲学引入我国之初，特别是民国时期，部分学者如梁漱溟先生基于对中西或中西印文化的直观比较而开始认同中国文化自身的精神和价值。进入20世纪30年代和20世纪40年代，熊十力和冯友兰等人更进一步，他们试图通过构建自己哲学的方式来延续中国哲学思想。应该说，熊、冯个人的哲学创作也是建构中国哲学主体性的一种尝试方式。但是，从总体上来看，此种哲学创作的方式在当时不是中国哲学界的学术主流和亟需任务，而且其成果是否能真正体现中国哲学的主体性，这是值得怀疑的。在"哲学"观念引进中国之初，"照着讲"并力图阐明传统中国有实质意义上的哲学，这是时代给予中国学者的重任。从道理上来看，只有"照着讲"能如实讲和讲得好，中国哲学才能够"接着讲"。"接着讲"的前提是学者推阐和发展真正基于中国传统精神、价值和理路的哲学。从总体上来看，民国时期的中国哲学研究连"照着讲"的水平都不高，故"接着讲"的水平如何，也是可想而知的！实际上，"接着讲"不是历史交给民国学者的任务。民国时期的中国哲学创作在很大程度上体现了哲学创作本身的独立性，而不是中国哲学创作的独立性。不过，民国以来从事中国哲学研究的两代学人始终抱有极强的企图心，如萧萐父先生所说"汗漫通观儒释道，从容涵化印中西"。而这种企图心或初心，在二十多年前逐渐演变成"打通中西马"的口号。从普遍哲学来看，中国哲学学科由此走向世界，并力图推陈出新，消化全人类哲学智慧的初心，这似乎是无可厚非的；但是，从中国文化、中国哲学学科的现当代生成及其处境来看，此种方法论明显高高在上，带有诗意般的理想情怀。中国哲学最终应当落实下来，切中其自身发展的问题和肯綮。

笔者认为，中国哲学研究及其学科建设如果想让自身变得具有普遍价值和意义，给当代世界贡献其自身的思想和智慧，那么它首先要经历一个"返本"的过程。而这个"本"即是中国哲学的主体性根干。回顾历史，中国哲学之主体性建构的意识应当追溯至1958年，在那年元旦，唐君毅、牟宗三、徐复观、张君劢四人共同署名发表了《中国文化与世界宣言》（又称《为中国文化敬告世界人士宣言》）一文，而此宣言即为中国哲学之主体性建构意识正式形式的标志。这份宣言将中国文化的特质界定为心性文化。随后在20世纪60年代和20世纪70年代，唐、牟、徐等人将此观念具体落实在他们的学术活动和众多论著中。20世纪80年代后期至20世纪90年代，唐、牟、徐的著作传入内地，得到广泛传播和阅读。20世纪90年代，中国哲学界实际上经历了一场学习港台新儒家著作的热潮。笔者认为，港台新儒家将中国哲学和文化的特质界定为心性文化，这是符合其本来面貌和本来结构的。这是一方面。

另一方面，发生在20世纪80年代后期的"文化讨论热"激起了当时部分中青年学者对于启蒙思潮和西化思潮的反思，他们自觉地维护中国传统文化的精义和价值。不但如此，他们的中国哲学文化观随之发生了根本变化，不但摆脱了意识形态化哲学观的控制，而且摆脱了一般性哲学观念的控制，并进而肯定了中国哲学的特殊价值和意义所在。在他们看来，特殊性不但是必要的，而且是维系中国哲学和文化身份之所在，是中国哲学和文化给未来世界贡献其价值和智慧的基石。在20世纪80年代后期至20世纪90年代，陈来和郭齐勇先生都撰写了大量文章，替中国哲学和中国文化的当代命运辩护。不过，他们二位虽然同属于文化保守主义阵营，但是从学术进路和主观意愿来看，陈来先生属于温和的文化保守主义者，他仍然坚持冯友兰新理学的传统，而郭齐勇先生则属于相对激进的文化保守主义者,他积极靠近和传播熊(十力)牟(宗三)一系所说的中国哲学和文化传统。大概在世纪之交前后,陈、郭两位不但对于中国哲学的特殊性有清晰认识,而且对于中国哲学的主体性已有明确认定。正是在此一意义上,笔者认为,从20世纪80年代到20世纪90年代,在多元化的哲学学术活动背后其实隐藏着一个追寻中国哲学之特殊性和主体性的线索。

值得一提的是,20世纪80年代,张岱年先生在其早年所提"文化综合创造说"的基础上又提出了"文化综合创新说",他的《天人五论》(1988)一书正式出版;庞朴的《文化的民族性与时代性》(1988)亦在此期间出版。20世纪90年代,冯契的《智慧说三篇》(1995)出版,汤一介、张世英发表了关于天人关系的论著,张立文提出了"和合学"概念。这些论著或观点是对于民族文化的新思考和对于中国哲学智慧的新推阐,它们一方面代表了那一两代学人面对历史的迫切心情,另一方面代表了20世纪80年代至20世纪90年代基于民族本位的文化和哲学思考成绩。不过,从总体上来看,这些论著虽然体现了学者在哲学文化观念上的一些变化,但是大体上止于对民族文化和民族哲学之"特殊性"的追寻上,还没有完全从"特殊性"迈入"主体性"的境界和层次。

(二) 个案研究与哲学史书写

1990年以来的中国哲学研究主要包括个案研究和哲学史书写两种形式,前者更重要,是学术进步的表现。20世纪80年代以前的中国哲学研究以中国哲学史,特别是通史的写作为代表,20世纪80年代兴起的范畴史书写亦属于此类。

先看个案研究。个案研究主要包括专人、专书和单一主题(或问题)三个方面。个案研究兴起于20世纪80年代,20世纪90年代成为主要研究形式。个案研究的兴起是通史书写衰落的必然结果,同时与中国高等教育研究生制度的设立及其推广颇有关系。研究要深入和持续，理解要精细和准确，以及研究生培养要有法门，这都需要通过个案研究的方式来进行。而港台地区的中国哲学研究在20世纪80年代以前已经完成了此种研究形式的转换。

从总体上看，1990年以来的中国哲学研究主要体现在如下几个方面：其一，专人、专书的思想研究全面铺开，在中国哲学史上形形色色的人物及其思想被广泛用作博士论文的选题。不但重要思想家或哲学家几乎每年都有专门研究，而且众多不知名的人物也被多次用作研究对象，甚至一些负面的人物也会出现在博士学位论文的选题中。其二，学界对于宋明儒家哲学的研究不但早已全面铺开，而且深入重要哲学家、思想家的后学中，如对于二程后学、朱子后学和阳明后学的研究即是如此。其三，学界对于现代儒学和中国现代哲学的研究已很充分。重要现代新儒家被竭泽而渔，且以个案的形式被反复多次研究过。其四，进入新世纪以来，经学哲学研究崛起，并经历了一个展开过程。需要指出，经学研究的兴起是以前期的国学热为背景的。20世纪80年代后期兴起了"文化热"，20世纪90年代兴起了"国学热"。进入21世纪，"国学热"促使了众多国学院的建立和多个国学研究院的复活。而国学院的建立及国学研究院的复建，预示着经学研究及经学哲学研究的兴起。从"文化热"到"经学热"，中国文化在当代的实践是一个环环相扣、依次展开的逻辑进程。其五，大量简帛资料的发现或出土，导致先秦秦汉哲学研究处于活跃期，而且人们对于先秦哲学的理解和叙述正处于重构和重塑之中。其六，从一切中国哲学史都是当代中国哲学史的视角来看，中西哲学和中西文明的对话正处于上升期和紧密期，并且变得愈来愈重要。与此同时，作为对话的中国一方——儒家和道家哲学的分量正变得愈来愈重要，而佛教哲学和道教哲学的影响变得愈来愈弱。其七，进入本世纪以来，张立文出版了多部和合学著作，陈来出版了《仁学本体论》等书，杨国荣出版了"具体形上学"系列著作。和合学属于文化哲学的进路，《仁学本体论》属于"接着讲"的价值儒学进路，而"具体形上学"属于一般哲学意义上的进路。从百余年中国哲学的研究史来看，陈来的《仁学本体论》极具代表性，充分体现了传统与现代的契合，以及民国以来众多学人努力为中国文化接续慧命的初心。因此《仁学本体论》的出版，是中国哲学研究之主体性建构取得成功的标志之一。而"具体形上学"则直接以一般哲学的方式将中国哲学研究推向当代语境和世界语境，意义同样重大。

再看中国哲学史的书写。20世纪90年代，中国哲学史的书写似乎沉寂了一段时间，但其实在20世纪90年代末至21世纪初，学界即在酝酿重写中国哲学史。为何要重写中国哲学史？这是因为在20世纪90年代，从事中国哲学研究的学术观念发生了重大变化，港台新儒家和大陆新生代的学术观念及其成果极大地改变了人们的学术心态和学界生态。

本世纪以来学界相继出版了多种中国哲学史教材，如冯达文/郭齐勇主编的《新编中国哲学史》（2004）、郭齐勇编著的《中国哲学史》（2006）、复旦大学哲学系中国哲学教研室编著的《中国古代哲学史》（2006）、杨国荣主编的《中国哲学史》（2012）。这些新编教材的写作，都与20世纪80年代末至20世纪90年代中国哲学界内部的文化自我认同及主体性建构的思潮有关，同时与熊牟一系的文化立场及其学术在中国大陆学界的影响剧增有关。不过，如上几部哲学史教材在笔者看来都只具有实验性质，尚未成熟，都不属于标志性著作。

标志性的中国哲学史著作应当是郭齐勇主编的《中国哲学通史》（2021、2022）。这部通史大抵写作于21世纪10年代，如笔者主撰的《秦汉卷》即写作于2011—2017年间。这部通史的写作观念发生了根本性转变。在总结相关研究成果的基础上，这部通史对于中国哲学史的书写问题作出了崭新回答。其出版意义较大，概括起来说，它在强调中国哲学之特殊性的基础上彰显了中国哲学的主体性，并在一个层面上标志着中国哲学之主体性建构取得了成功。

(三) 主体性的表现

从多元研究到强调特殊性，从强调特殊性到突出主体性，这是中国哲学研究的必由之路。在强调特殊性的同时中国哲学的主体性意识亦随之潜滋暗长，本世纪以来此种意识变得愈来愈明显。笔者认为，中国哲学的主体性建构主要表现在如下几个方面：

其一，提出了由特殊性进至主体性的方法论。通过20世纪80年代后期对多元化中的中国文化身份及其地位的辩护，以及20世纪90年代对于中国文化和中国哲学之特殊价值的肯定，学界将中国哲学从所谓普遍意义的"哲学"观念中解放出来，进而肯定其主体性。但肯定中国哲学的特殊性，并不意味着此特殊性不具备所谓哲学的普遍性。换言之，中国哲学的普遍价值应当建立在其特殊性的基础上。指认和阐发包含着哲学之普遍性的中国哲学的特殊性，这是中国哲学史研究的一项重要任务或根本任务。在如何研究中国哲学的问题上，强调理解的历史性与诠释的相应性，强调理解和批评的内在性，坚持"内在理路"和"同情的了解"，坚持在中西平等对话的基础上确立中国哲学的价值和意义，这些都是中国哲学之主体性的内容。顺便指出，正当中国哲学的特殊性获得肯定，同时中国哲学的主体性意识在逐渐上升之际，所谓"中国哲学的合法性"问题突然爆发了。在笔者看来，这个问题的爆发其实既有内因也有外因，在世纪之交前后，众多圈内圈外人士对于中国哲学的未来走向感到非常迷茫和困惑，但是他们似乎没有意识到，中国哲学学科在充分肯定其自身之特殊性的基础上正逐步走上其自身之主体性建构和张扬的历程。

其二，梳理和发掘了中国哲学自身的问题、基本线索、范畴或概念体系，在心性论、价值论和思维方式上都作了自我肯定，建立了一套既能真正自洽、自立、自生，又能展开自我对话的中国哲学话语体系。

其三，中国哲学研究在多个领域达到了新的高度和深度，其特有内涵获得了崭新理解，并且其理解方法是从对于中国哲学经典的阅读和研究中自主地培养起来的。在宋明领域，学者确立了程朱和阳明两大思想体系，而人们的研究即是本着其问题、概念、话语及其经典展开的。在经学领域，"经学哲学"受到重视，周易哲学和公羊哲学等已成为中国哲学研究的重要领域。在先秦领域，学界对于孔子、子思、孟子、荀子、老子、庄子、黄老和出土简帛文献的思想研究在不断深入。与20世纪80年代以前的成果相较，最近一二十年所叙述和描绘的先秦哲学面貌已发生了很大改变。

其四，建立了研究中国哲学的基本门槛。所谓研究中国哲学的门槛，包括资料门槛、阅读门槛和理解门槛。资料门槛主要是由于古代资料的范围在不断拓展，甲骨、金文和简帛资料具有极高的阅读难度，甚至连许多专业学者都难以胜任。而这个阅读门槛主要是由于古代汉语与现代汉语的分裂程度及出土文本与通行文本的相异程度所决定的。阅读当然和理解有关，从哲学思想来看，其理解门槛主要是由中国哲学之特殊性的发现所造成的，中国哲学之特殊性体现在其自身的语境、涵义、概念、问题和思想构成及发展脉络上。在如上三种门槛中，理解的门槛是最难的。中国哲学的门槛大体上是在世纪之交建立起来的。以前，中国哲学领域譬如一座高度开放的公园，几乎任何人都可以自取蹊径而自由出入，但现在它仿佛变成了一座私家花园，不但设有门禁，而且入口有限。通过特殊性及其复杂知识建立起来的门槛，中国哲学研究即在很大程度上限制了非专业人士及文化买办、文化自我殖民者的随意闯入。这样，中西哲学俨然产生了难以逾越的界限和隔阂，一方面中国哲学成为真正的加字哲学，另一方面西方哲学也成为了真正的加字哲学。当且仅当中西哲学都成为了真正意义上的加字哲学，特别是专业学者基于中国哲学的立场而判定西方哲学亦为一加字（"西方"）哲学时，中国哲学的主体性才算真正建立了起来。

四、交互主体的对话模式：中国哲学研究的当代面向

（一）面向对话的交互主体性

本节所说"当代"，具体指最近十年至未来三五十年的一段时间。

据笔者陋见，目前中国哲学研究似乎进入了一个新的困境，而这个新困境即是由于人们对于中国哲学自身主题、内容、概念和价值之特殊性的过分强调而导致当代中国哲学研究具有很强的封闭性。封闭性未必是坏事，但过分封闭则会妨碍与其他加字哲学的交流和对话，从而在很大程度上会降低中国哲学的普适性及其解释能力。实际上，我们看到，中国哲学与其他加字哲学的隔阂似乎正在不断加深，并不断招来非议。确实，过度固守在自己的传统中而过分强调其特殊性，这会让中国哲学学科脱离当代语境，从而放弃对人类精神生活的影响和塑造。

但是，如果对特殊性的强调指向主体性，而对于主体性的强调又指向不同加字哲学间的对话，那么中国哲学即具有开放性，它是面向未来和世界文明而积极进取的。这样，中国哲学不但不会遭到自我孤立，而且可以融入时代和解释时代，并促成中国哲学思想的发展和转进。脱离现当代语境和哲学普遍性的特殊性，是一种很危险的学术自娱方式。而这种方式其实也在很大程度上断绝了通往主体性之路，断绝了与其他哲学体系的对话及其思想在当代的创造性。因此，中国哲学在当代应当面向世界文明和面向哲学的普遍性，重新走向开放和对话，在普遍性的追求中成就和完善其自身的主体性，创新思想，发展自我，发挥和壮大中国思想的力量。当然，"普遍性"如何认定，这是一个问题。那种认为只有西方哲学才具有普遍性而中国哲学没有普遍性的流行看法，其实是一种很庸俗的见解。谁也无法否认，中国传统的"仁"和"和"的价值观念即具有普遍性。

不但如此，随着中国在当代已深深置身于世界文明和人类命运共同体之中，中国哲学不可能脱离当代世界场景及其实践。与其他加字哲学展开对话，是中国哲学置身于当代并在当代延续下去的基本方式。而对话必须以交互主体为基础，一方面中国哲学建立了其自身的主体性，同时承认和尊重其他加字哲学的主体性；另一方面中国哲学作为一个新近被建构起来的哲学主体，也必须得到其他加字哲学的承认和尊重。所谓交互主体性，即指两个以上的对话主体或关系主体承认彼此的相对独立性，它们的关系大体上是平等的，且己方主体性包含着对方的主体性，而对方的主体性也包含着己方的主体性。具有交互主体性的主体能尽忠恕之道，能够充分尊重双方的主体性；反之，则不能。具有交互主体性的对话双方应当具备平等、能动而积极的关系。任何一方缺乏交互主体性，则对话难以展开；而即便展开，此种对话也不是一种真正意义上的有价值的对话。

（二）中国哲学研究的当代面向：对话的条件、可能性、任务和目的

中国哲学重新走向开放与对话，这既是有条件的，也是可能的。一者，主体的存在是对话的前提，有主体才能对话；没有主体，对话即无法展开。20世纪80年代的多元性研究和20世纪90年代对于特殊性的强调，并经过随后一段时间的学术努力，中国哲学及其研究的主体性终于建立了起来。建立了主体性的中国哲学即可以与西方哲学和其他文明展开真正的对话。二者，展开对话的前提是，不但己方为一对话的主体，而且此主体应当存在于多维的主体结构之中，对话中的任一主体都应当是交互存在和关联着的主体。对话需要有对立面和他者的存在，中华文明的对立面是西方文明、基督教文明、伊斯兰文明和佛教文明，而中国哲学的对立面是外国哲学，特别是西方哲学。对话要求具备主体性的他者，需要双方建立基于平等原则的关系。主体性是进行良好对话的前提，没有主体性的对话是强者话语系统的灌

输、反映和蔓延。不平等的对话应当达到平等。广义的现当代中国哲学（在中国的中国哲学，西方哲学、马克思主义哲学都包括在内）已拥有多重主体，当前的总体态势是希望彼此展开对话。狭义的中国哲学目前已建立了自己的主体性，可以基于自身的哲学智慧与国内国外不同哲学派系展开对话。自我孤立，自我封闭，而不愿展开对话，这是一种心胸狭隘、胆怯和玻璃心的表现。三者，对话是因为彼此存在差异，同时又需要沟通和借鉴。差异性和特殊性是对话前提和原因所在，沟通和统一是对话的重要手段和目的。在对话中达到沟通，达到统一和融合，同时在对话中又尊重彼此的差异性和特殊性，两方面都是应该的。在未来一段相当长的时期内，对话的目的不是为了消灭任何一个加字哲学，如中国哲学、西方哲学或者印度哲学，而是在交流中增进彼此的智慧，为人类的生存、发展及其精神生活服务。四者，处于世界语境中的中国实践，为中西哲学和世界文明的对话提供了重要源泉。一个世纪来的中国实践，特别是近四十年来的中国实践，为国家治理和构建人类命运共同体提供了成功案例。从文化的角度来看，这与作为文化母体的中华文明、中国哲学的智慧颇有关系。在中国实践的基础上进行中国哲学与西方哲学的对话，发展出超越于中西之上的新思想和新文化，这是一项艰巨任务。

中国哲学参与当代哲学对话有其自身的任务和目的。一者，重建基于中国传统的当代中国哲学的对话传统。这包括基于中国传统的对话和在当代语境中指向形成新传统的对话。不基于中国传统而自称中国哲学，这其实是在中国的哲学。基于中国传统的中国哲学与在中国的中国哲学，其性质是很不相同的。基于中国传统的重要性，一在于保持中华文明的连续性，二在于证明中华文明和中国智慧具有相应的普遍性。处于当代语境（包括理论和实践）中并努力使之形成新传统的对话，也很重要。只有形成了新传统，与旧传统有所区别，对话才具有标志性。传统可以演绎，可以推阐，这是一种创新；传统可以综合，可以转进，这又是一种创新。而后一种创新更为重要，更为关键。二者，面向当代中国思想和实践，不断创新和发展中国哲学思想。推进中国思想的创新、创造和发展，这是中国哲学参与对话的最重要目的。三者，在交互主体的作用中，实现以我思（特别是哲学家的我思）为中心的中国哲学的新书写。四者，通过参与对话，在一定程度上实现中国哲学思维形式和叙述形式的转化和重构。五者，通过参与对话和思想创新，使中国哲学走向更成熟和更高级的形态。中国哲学的终极目标是通过自我革新（新问题、新观念、新思维和新传统）消融其自我身份，即消融"中国"的加字身份，使自身成为普遍的世界哲学的一部分。思想虽然出自在中国的我思，但成果却是面向世界而贯通世界思想整体的新思想。以理言之，专业学者的中国哲学研究都应当面向或转入新模式；但是，从实际来看，任何事情不是一蹴而就的，这种学术转向应当相当艰难和漫长。因此，作为一种基础培训，在相关学者中仍然强调研究中国哲学的主体性，并进一步完善其主体性，这在当前及未来一段相当长时期内都是非常必要的。

五、结论

综上所述，本文的主要观点和结论如下：

百余年中国哲学研究经历了民国时期、1949—1989年和20世纪90年代以来三大阶段。民国时期的中国哲学研究属于"哲学"的自觉性阶段，且主要通过中国哲学史的书写来完成。1949—1989年属于中国哲学研究的意识形态化阶段，它包括1949—1977年和1978—1989年两个小阶段，前者属于日丹诺夫模式，而后者属于列宁模式。列宁主义的开放性及1978年后政治上的改革开放环境成就了中国哲学研究的多元性。从更宏观的视角来看，1989年前的中国哲学研究都属于摹仿类型，是以西方哲学为参照系而对于所谓一般哲学形态的摹仿。这种对于所谓一般哲学形态的摹仿型研究和书写都带有生搬硬套和强势构造的特征,存在中国哲学的主题、概念、命题、内涵、线索及其文化精神被掩盖和被扭曲的问题。1989年以前的中国哲学研究普遍缺乏自主性和独立性。

1990年以来的中国哲学研究发生了巨变,其基本倾向是通过对特殊性的寻求和肯定,建立中国哲学自身及其研究的主体性。建构中国哲学主体性的意识应该追溯至1958年,是年唐君毅等四人发表了《为中国文化敬告世界人士宣言》一文。此份宣言将中国文化的特质界定为心性文化。20世纪80年代后期的"文化讨论热"激起了当时部分中青年学者对启蒙思潮和西化思潮的反思,开始关注和强调中国哲学和文化的特殊价值。特殊性是建立中国哲学和文化之主体性的前提和基础。20世纪80年代至20世纪90年代,追寻和肯定中国哲学的特殊性和主体性成为许多相关学术活动背后的隐形线索;同时,在方式上,专人、专书研究逐渐成为主流。在"文化热""国学热""经学热"和"出土文献热"的持续作用下,中国哲学研究的主体性不断得到强化。概括说来,中国哲学的主体性建构主要表现在如下几个方面:一,提出了由特殊性进至主体性的方法论;二,在心性论、价值论和思维方式上作了自我肯定,建立了一套能够自洽、自立和自生的话语体系;三,本着中国哲学自身的问题、概念、命题及其经典来展开研究;四,经学哲学兴起,先秦哲学面貌大变,宋明哲学研究不断细化和深化(朱子系、阳明系);五,建立了中国哲学研究的基本门槛。中国哲学研究之主体性的建立,不但使中国哲学成为真正的加字哲学,而且使西方哲学成为真正的加字哲学。

目前中国哲学研究似乎进入了过分强调特殊性(包括本土性),从而使其自身具有很强的封闭性。这不但可能断绝中国哲学与其他哲学及当代思想的对话,而且可能断绝中国哲学通往真正的主体性。当代中国哲学研究应当超越对特殊性的过分强调,突破其研究的封闭性;应当面向哲学的普遍性展开积极对话，进一步完善其自身的主体性。对话应当建立在交互主体性的基础上，以忠恕之道充分尊重对话双方的主体性。开放的主体性和主体性的深入（形上），人类命运共同体（普世性、普遍性），西方特殊性的东西在中国本土化，成功的例子佛教哲学，成就了中国哲学的新主体性内涵。没有静止、不动、一成不变的主体性。主体性内容应当是开放的、变动的和不断丰富的，是老传统和新传统的有机结合，这包括返本开新、移植调适和西方哲学的本土化等形式。

（原载《天津社会科学》，2023年第1期）

汉语哲学与中国哲学的使命

彭永捷*

【摘　要】"汉语哲学"的提出是中国哲学学科合法性问题讨论的一个成果。"汉语哲学"相较于"中国哲学"概念,凸显了自觉把哲学当作来自于西方而传播于中国的思想传统。一部汉语哲学史就是哲学的传统传播于中国并和中国自身思想传统融会的历史。汉语哲学在学术界呈现多样化的理解和多谱系的展开,每一种理解和展开都代表着各自的学术追求和理论企图,共同之处在于由不同进路推动当代中国哲学的创新。

【关键词】汉语哲学;中国哲学;学科合法性;中国哲学

汉语哲学界,是哲学进入中国后,讲汉语的人以汉语为语言载体从事哲学而形成的哲学学术界及所取得的成果。我们是先通过对西方哲学进行格义,如同早期佛教传入中国,我们用汉语对佛教进行格义一样,去学习、了解西方哲学;接着用这种格义的结果,也就是西方哲学的汉语译名来从事哲学的思考。这带来了许多问题:首先是术语的混乱。我

---

* 作者简介:彭永捷,中国人民大学哲学院教授,中国人民大学孔子研究院院长。主要从事中国哲学研究。

们用汉语的词汇去对应西方哲学的某个词汇，这仅仅是一种建立辞典的结果，但辞典的两端不是对等的，我们无法通过汉语的词汇了解所对应词汇在西方哲学中原初的和延伸的含义。举个例子，我们不能通过"形而上者谓之道，形而下者谓之器"这句话中"形而上者"的含义，去了解西方的形而上学究竟是什么含义。此外，在中国的学术界大体形成了不同的学术团体，比如中哲是一个团体，马哲是一个团体，西哲又是一个团体，三个团体各自创造了一套自己的词汇，这些词汇有些时候可以通用，但有些时候不可通约。尤其是在中国哲学界，研究者对西方哲学往往缺乏足够的训练，学者多是在误解或创新性误解的意义上去使用西方哲学的汉语译名，创造了一套讲述中国传统思想的话语。这是第一个危机，即术语的混乱。第二个危机是说，哲学这一传统是自西方舶入的，与我们以母语为基础的传统，即建立在汉语基础上的思想传统之间存在某种张力。哲学在中国的流传和发展，特别是以哲学的方式重新整理中国思想的传统，从后现代主义和东方学的角度来看，最终表现为对传统的颠覆和破坏，某种程度上也是肢解和破坏自身传统完整性、学术传承性的一种学术活动。为什么会这样呢？今天讲座的主要内容也将围绕着这个话题所进行。

今天的讲座主要有六个部分，首先是中国有没有哲学；第二部分介绍一下中国哲学学科合法性危机这一主题；第三部分讲一讲后合法性危机时代的中国哲学；第四部分是汉语哲学如何可能；第五部分，汉语哲学研究的兴起与中国哲学生态；第六部分，汉语哲学与中国哲学的使命。从这六部分讲座内容安排可以看到，要讲到"汉语哲学"这一主题，需要一个冗长的前置，最终才能回到这个话题。

一、中国有没有哲学

首先来讲第一部分，"中国有没有哲学"。在讲这个问题之前，首先要澄清这个问题的意义，也澄清由于不了解这一话题而对这一话题产生的误解。在中国哲学界以及其他领域的学者，当人们听到讨论中国有没有哲学，或者听到有人说中国没有哲学的时候，很容易产生一种情绪化的反应，"凭什么说我们中国没有哲学"？然后会进行一系列的批判，如"这是欧洲中心主义，为什么只有欧洲人有哲学、中国人没哲学呢？"又如"说中国没有哲学就是缺乏文化自信，是妄自菲薄、是民族文化虚无主义"。有些老一辈学者的情绪化反应更大，当他们接触到这一话题时，会很本能地说"中国没有哲学？中国哲学不合法吗？难道我们做了一辈子中国哲学都不合法了吗？"下面我们就稍微解释一下这一话题本身的含义。

当我们说中国没有哲学，实际上和我们说西方没有儒学是一样的道理。由于从我们接触到哲学开始，就接受哲学学科的规训，嵌入了一种观念，以为哲学是各个民族都有的思想形式，是人类思想的普遍形式，每个民族中都存在着哲学，西方有西方的哲学，中国有中国的哲学，印度有印度的哲学。这种理解实际上是一种误解。哲学并不是人类思想的共名，也不是人类思想的普遍形式，我们不能认为每个民族中都存在着哲学，换句话说，不能说每个民族的思想传统都是哲学的传统。哲学史不同于文明史，当读一本文明史，人们会看到世界上的许多文明；当读一本哲学史，书中大多只讲西方哲学，就像当今西方大学哲学系只讲西方哲学，不讲中国哲学、印度哲学，却毫不妨碍它们作为哲学系而存在。人们有时候讲"三大哲学"：希腊哲学、印度哲学、中国哲学。黑格尔在《哲学史讲演录》中也是一样，他在讲西方哲学从古希腊到当今的传统时，先讲中国哲学、印度哲学，即所谓的"东方哲学"。之所以先讲，并不是因为它们重要，而是因为他认为它们不属于哲学。也有学者提出在三大哲学之上加上阿拉伯哲学形成"四大哲学"，但阿拉伯哲学很难单独列出作为一个独立的哲学传统，因为它很大程度上从属于西方哲学这一传统。所以，能够与西方哲学旗鼓相当的、具有世界影响的思想体系，实际上主要还是"中国哲学""印度哲学",即中国人的思想、印度人的思想。进一步解析的话,中国人的思想体系和印度人的思想体系,二者都是人类思想的典范形式,但不能说都属于哲学这样一种形式,中国的思想不能称为哲学,我们不具有哲学的传统,但我们拥有自身的思想传统。所以当我们说中国没有哲学,并不是缺乏民族自信、民族虚无主义,因为我们有自身的思想传统,且这一思想传统可以与造端于希腊的哲学传统并驾齐驱。而且中国的思想在古代世界也是世界性的学说,不仅对东方而且对西方都产生了重要影响,至少在欧洲的启蒙时代,中国思想就对其发挥了较为重大的影响。反过来说,一定要强调中国的思想是哲学的形式,把中国人的思想附会到西方的思想上,就如同看到别人家财大势大,想把自己的家谱附会到别人的家谱上一样,恰恰是缺乏文化自信的表现。

我们说中国没有哲学,第一个理由是中国的思想传统不是哲学这种类型,无论是孔孟老庄还是程朱陆王,都与柏拉图、亚里士多德不是一类思想家,我们可以明确感受到他们不是把知识问题当作核心。第二个理由是,中国的传统学术也并未将哲学当作一个公共的知识部门,不像西方那样拥有叫作哲学的知识。事实上,中国有自己的知识分类,是按照自己的知识分类和学术传统进行知识生产。这种知识分类和它的学术传统按照近代以来产生的词汇叫做"国学",如钱穆先生所说"吾国固有之学术"。这种学术的分类体系大体上可参照《四库全书总目》对图书的分类体系,首先分为经史子集四部,过去也将中国传统的学术称为"四部之学",在四部里面又有很多小的分类,整个体系非常广博,知识也比较庞杂。其实,把自身思想传统附会到哲学上,把自己的思想传统当作哲学的传统,这种做法不仅存在于中国,也存在于日本和朝鲜半岛。比如日本学者高坂史朗就曾讲"现今,它(指哲学—引注)作为东亚汉字圈中的共通译语而流传开来。我想虽然具有这种汉字的共通性,但是'哲学'这一译语的受容和其后的使用方法,每个国家都呈现出不同的旨趣。"① 日本一般将日本思想史与日本哲学史进行了明确区分。日本传统的思想被称为思想史；日本接触哲学后，有一批运用哲学讲述思想、进行哲学思考的人物，将这一段历史称为日本哲学史，所以并没有"圣德太子哲学""空海哲学""道元哲学""徂徕哲学"这样的说法。但是作者感到很奇怪，因为在中国和朝鲜，"直至今日，一直理直气壮地将本国文化中的传统思想以'孔子唯心主义哲学''老庄哲学''朱熹哲学''戴东原哲学'为名加以论述，宛如中国四千年历史中存在着'哲学'的传统似的。"② 这是日本学者对哲学在东亚发展状况的反思。

前面讲中国没有哲学，是说中国没有一以贯之的哲学传统，中国有自身的思想传统，但就此断定中国没有哲学，也不准确、不完满。在西方民族所主导的全球化背景下，哲学传到中国并对中国思想界产生了影响，也形成了哲学传入中国之后的历史。

当我们说中国有哲学，是在两种意义上说的：第一种是冯友兰先生意义上。冯先生在写《中国哲学史》的时候，他并没有认为中国的思想就是一部哲学史，他明确地说"哲学本一西洋名词。今欲讲中国哲学史，其主要工作之一，即就中国历史上各种学问中，将其可以西洋哲学名之者，选出叙述之。"③ 换句话说，他很清楚，当我讲中国哲学，中国本来没有哲学，仅仅是以西洋哲学为参照，选出来中国思想中与西洋哲学相类似的问题，对中国思想进行比较的研究。他又讲，中国古代思想中就哲学而言，有实质的系统无形式的系统，中国哲学的任务之一就

---

① 〔日〕高坂史朗：《儒教和 philosophy 的纠葛——东亚思维构造的特性》，载王青主编：《儒教与东亚的近代》，石家庄：河北大学出版社2007年版，第50页。
② 〔日〕高坂史朗：《儒教和 philosophy 的纠葛——东亚思维构造的特性》，载王青主编：《儒教与东亚的近代》，石家庄：河北大学出版社2007年版，第50页。
③ 冯友兰：《中国哲学史》上册，北京：生活·读书·新知三联书店2009年版，第3页。

是把实质的系统变为形式的系统。我们也可以反过来，从中国的义理学入手，编写一本西洋义理学史，但在那个时代，即使编出来又给谁看呢？西方人的思想被当作人类思维的普遍形式，哲学被当做人类思想的共同传统，一个民族能证明自己有哲学，就证明了这个民族如西方一样，能够屹立于民族之林。不仅是中国，印度也是一样。在冯友兰先生的时代，当时的印度总统是一位文化学者，对中国文化也充满兴趣，他邀请冯友兰先生和中国驻印度大使，共同编写了一本《东西方哲学史》。这本书主要是给西方人看的，用英文撰写，在印度、英国出版，用意主要是让西方人意识到中国、印度等东方国家也都有哲学。这是第一种在比较哲学意义上，以西洋哲学为参照去书写的一部哲学史。同样，我们也可以写出一部《西方儒学史》。当然，西方没有儒学，最多是儒学传到西方后，西方一些研究者吸收儒学而形成的思想，或者他们以儒家学者自居；同样地，中国哲学也是这样一种结果。

哲学传统传入中国后，中国有很大一批学人对哲学充满兴趣、热爱哲学，并尝试用哲学的方式生产思想，与在座的诸位一样变成了"哲学人"。比如，明代的时候耶稣会士来中国传教；明末的思想家也已经对西方哲学有了一定了解，把中西学术归结为三类：质测之学、宰理之学与通几之学。质测之学实际上是实证科学，宰理之学相当于研究社会治平的学问，通几之学相当于讲自然最基本规律的理论科学如物理、化学等学科；方以智还对中西哲学进行了比较，认为西方在质测之学有特长，中国更擅长宰理之学，通几之学中西各有擅长。清朝末年出现了对现在哲学研究具有决定性影响的人物，如康有为、王国维、黄遵宪。康有为在旅居日本的时候接触到了哲学，对哲学充满了热情。如果重写一部中国哲学史，康有为是中国名副其实的第一位哲学家，是第一个尝试用哲学的方式写第一本哲学著作的人，这就是他的《实理公法全书》。在这本书里，他试图用欧几里得几何学的方式，像笛卡尔、斯宾诺莎一样，非常严谨明晰地表达自己的思想。王国维是大学问家，撰写了许多关于西方哲学的文章，有意思的是他用叔本华的思想研究《红楼梦》。我的硕士论文是写叔本华的，讲印度宗教哲学对叔本华的影响，往上追溯，叔本华恰恰是受到了印度和中国思想的影响，并且在叔本华的《充足理由的四重根》里面还专门有一节讲中国哲学，所以王国维先生用叔本华研究《红楼梦》实际上是出口转内销了。王国维先生曾与清朝学政张之洞辩论重订京师大学堂章程。在辩论中，张之洞强调中体西用，王国维认为京师大学堂应该学习西方的哲学而不只是西方的自然科学；另外，张之洞主张学习六经，王国维则认为"六经皆哲学"。有学者指出王国维早期那么热衷哲学，后来闭口不谈哲学，也许可用他自己的话解释"可爱者不可信，可信者不可爱"，后来研究诗学可能是去研究"可爱"的了，对"可信"的没兴趣了。黄遵宪是大清国的驻日公使，在日本接触到了哲学，把在日本所了解到的西方哲学介绍到了国内。

综上，我们说中国有哲学，是在两种意义上来说的，一是冯友兰先生意义上的做一种比较研究；另一种是哲学传入中国、在中国生根发芽，中国学人演变为哲学人，他们以哲学的方式生产思想，形成了在中国的哲学传统。

如果说中国自身的思想传统不是哲学传统，那么中国的思想传统是什么？我们可以用一个更具包容性的词汇称呼它——"思想"。"思想"这个词，据钱穆先生考证，也是外面传过来的，我们姑且用这个词。如果用一个更具中国传统学术色彩的词汇来称呼中国传统思想文化，就像张岱年先生很早就讲过的，也许"道术"这个词更合适。"道术"出自《庄子·天下篇》，载《天下篇》是纵论天下学术的一篇，相当于今天讲思想史、哲学史的文章。到了汉代，汉代人重视"术"，就将"术"放在"道"的前面，变成了"术道"。"术"是具体的手段和方法，"道"是讲普遍的原理和法则。

如果说中国思想的传统是"道术"或"术道"，而非西方的哲学，那么相比较西方哲学，中国思想传统应该有以下特点，我尝试做了些归纳：一是思维上，西方的哲学更倾向于以抽象的思维去思维抽象，比如亚里士多德的《范畴篇》用实体去称呼一切实际存在的事物，用与实体相关的样式、形式这些词汇去取代关于具体事物的研究。汉字和世界上其他文字一样，早期都是象形文字，但是世界上大多数语言都是由象形文字转向拼音文字，汉字是少数仍然保留了象形文字特点的语言。象形文字每个字都是一幅画，汉字本身就是对事物的一种抽象，所以我们更擅长用抽象的思维去思考形象。当然这是我尝试进行的归纳，不一定准确。二是在思想的核心内容上，如果说西方哲学思考的重心是知识，对人事的考量也是以学科的方式、知识的形式去探讨、去切入，那么中国人思想的核心则是人事问题，只不过不是就人事讨论人事，而是"推天道以明人事"。中国人是一个喜欢讲道理的民族，事情虽小道理却大。有人说我们如今实行的是"战狼外交"，标榜自身的实力与地位，其实在我看来我们并不是战狼外交，因为我们还是讲道理的，我们的民族自古就是擅长讲道理的民族。三是从发展轨迹上讲，钱穆先生曾对赵翼的诗句进行改造，将"国家不幸诗家幸，赋到沧桑句便工"改为"国家不幸哲人幸"。赵翼是讲国家面临不幸的时候，诗人往往最能感受到世道沧海桑田的变化；钱穆先生则认为国家不幸与哲人的联系更为紧密。回顾中国传统思想史，每一个思想的高峰都是发生在社会从大治到大乱的时代，比如先秦诸子出于礼崩乐坏，魏晋玄学出于东汉名教虚伪，宋明理学出于唐末开始的儒学衰落式微。当天下太平，时代没有足够大的问题，知识分子也就没有把精力用到处理这些问题上；当社会动荡，时代提出了足够大的问题，知识分子就集中精力于此，所谓"国家不幸哲人幸"。以上是第一个话题。

二、中国哲学学科的合法性危机

第二个话题介绍一下与中国有没有哲学相关的一个话题，即中国哲学学科的合法性危机。过去十几年里面，中国哲学界存在着一个基础性、根本性的讨论话题——中国哲学学科的合法性危机。这一话题在日常讨论中也以"中国哲学的合法性"问题提出来。笔者认为"中国哲学的合法性"这种提法不太严谨,我们实际上讨论的是"中国哲学学科的合法性危机"。这一话题可以从这几个方面入手。

首先,我们要认识到所谓的中国哲学史,是近代建构出来的一门学问,所以我们不能说中国哲学史或中国哲学自古有之。实际上是先有了中国哲学史这个学科,才有了所谓的中国哲学史。哲学传入中国以后,中国学者也尝试使用哲学的方式整理中国的思想。早期大家主要是使用"中国哲学"这一名称,却并不是严格按照哲学的方式去处理中国的思想。比如冯友兰先生回忆他自己学习中国哲学的时候,老师在课堂上讲授中国哲学,学期过半,老师从三皇五帝还未讲到周公。学生关注的是分数,就问老师是否能讲完,老师听完不乐意地说,要说讲不完永远讲不完,要说讲得完三言两语就讲完了。冯先生回忆说,老师在课堂上讲得津津有味,学生如堕五里雾中。后来谢无量先生写了第一本中国哲学史,谢无量先生本来是北京大学的学者,后来来到了咱们人民大学,他的这本书也被人民大学出版社重新出版。过去学者多认为这本书不太像哲学史,因为它没有按照西方哲学的样式去讲述,但这种评价在当今可能会有所转变,谢无量先生的写法或许更符合中国思想的实际。胡适先生所著的《中国哲学史大纲》上卷,仿照西方哲学关于知识部门的划分,把中国思想中的相关内容进行了整理。要写出一部中国哲学史,要处理的第一个问题就是中国有没有哲学,如果没有,你写中国哲学史从何讲起呢?解释"中国哲学"一般有两种方式:一种方式是胡适先生开创的自行定义哲学,"哲学的定义从来没有一定的,我如今也暂下一个定义:凡研究人生切要的问题,从根本上着想,要寻一个根本的解决,这种学问,叫做哲学"。[①] 如果这种做法成立,那么西方学者要写西方儒学史,当然也可以自行为儒学下定义,比如可以认为研究怎样做

---

① 胡适:《胡适讲哲学史》,北京:团结出版社2019年版,第1页。

人的学问就是儒学；另一种方式就是从特殊性定义哲学，因为中国哲学有特殊性，所以我讲的是特殊的哲学。两种做法在学术上都是立不住的。另外，在胡适先生的《中国哲学史大纲》中，还需注意蔡元培先生所作的序，他不仅认同中国本没有哲学史，认为要写出一部中国哲学史，没有现成的系统可以依傍，必须依傍西洋人的哲学史；而且又提出要写出一部中国哲学史，要有两方面的学术功底：一方面是汉学的功底，要去整理史料、甄别真伪，另一方面是西洋哲学的训练，而胡适博士这两方面兼备。在这里就产生了具有典型意义的转折：在过去，我们称一个人学问做得好，会称之为"汉宋兼综"，是说这个人既有汉学的考据功夫，又有宋学义理的明晰。如今，这种称赞变成了"汉西兼综"，这也意味着，在新的学科模式下，中国哲学是以西方哲学作为分析工具来整理中国的史料，中国自身的义理已经不重要了。

其次，我们要具体讲一下中国哲学学科具有哪些合法性危机。"合法性""法"应当回到汉语本来意义上来理解，同义的词有"仪""表""范""式"等，不能将其理解为合乎法律。学术界在过去几十年围绕着中国哲学学科的合法性危机问题进行了大量讨论，这些讨论大致可以归为以下六个方面。

第一个是"汉话胡说"。"胡说"一语双关，有两层含义：一是中国的思想要用外来的语言（哲学的语言，学术的词汇）来讲述，我们已经失去了用自己的学术语汇讲述它的能力；另一个是胡说八道的意思，因为把西方的词汇生搬硬套到中国思想文本上面，无疑是削足适履、胡说八道，张立文先生在《中国哲学逻辑结构论》序言中很早就反思了这一问题。这样一种失去自身话语系统的、用西方哲学的汉语译名来整理中国思想的活动、教学模式，是一种洋汉学的模式。本来我们讲授中国哲学史是给中国人讲，现在却非要采取给外国留学生讲授中国哲学的方式来给本国学生讲，这就必然要求学生首先了解西方的思想传统，掌握一种两种或多种西方的哲学词汇、话语系统，然后我们再来翻译，把中国的语汇翻译成西方的语汇。我们用这样一种外国人研究中国思想的模式培养自己的学生,是要把自己的学生培养成身居中国本土的汉学家。反过来,如果在西方大学里面讲授西方哲学史,让他们不能用本国语言讲,也不能用西方哲学的原有词汇讲,必须用中国哲学里面"理""气""道"等词汇在西方的译名讲,这是不是很奇怪呢?我们可能会觉得很荒谬,可几十年来,中国哲学史这个学科就是在走这样一种教学模式。这是第一个危机,也就是中国的自身思想失去了自身的话语系统,我们不会用自身的话语来讲述中国古人的思想。

第二个问题是"截断众流"。"截断众流"原本是对胡适先生《中国哲学史大纲》的一个肯定。这本书的确是"截断众流",以至于要将自身的学术传统截断了。本来我们以西洋哲学整理中国思想,是以他者的眼光审视自身,打开了一扇从另一个角度看待我们思想传统的窗户,但问题在于开窗的时候,把大家都要走的门堵死了。换句话说,一方面标榜兼容并包、学术自由,另一方面又废止了尊孔读经,在形成一个所谓的中国哲学或中国哲学史传统的时候,我们把自身的学术传统截断了。可以看到,"截断众流"在此处的引用是贬义的,因为它造成了自身学术传统的断裂。

第三个问题是"婢作夫人"。在过去,对中国人的精神生活影响最重要的是经典以及解释经典的经学。但现在,除了《周易》外,经学地位下降,子学地位上升,因为诸子看起来更像哲学,而取舍的标准就是这些经典是否"哲学"。

第四个问题就是解释的有效性。当我们用西方的解释工具解释中国的传统思想,这种解释的有效性往往成问题,因为它往往背离了、离开了中国思想自身的语言、思维、问题意识而强行纳入到西方哲学的框架中。比如有学者从马哲原理出发,认为孔子并无太多哲学思想,只是因其思想中的辩证法色彩所以才具有一点研究价值;也曾看到过一位研究孔子的瑞典学生,认为孔夫子没有哲学思想,最后将"论孔夫子的风趣"作为自己的研究主题;黑格尔也曾在他的《哲学史讲演录》提到记载孔子的语录很像存在于每个民族生活中的格言,而不具有真正的哲学内涵。由此看来，当我们把孔子当成一个哲学家去要求，难免产生孔子没有哲学的尴尬后果。后来，雅斯贝尔斯的《大哲学家》就改变了这种研究方式，他把孔子、耶稣、释迦牟尼、苏格拉底作为人类的圣者，而未将他们作为哲学家处理，在他看来，这些人类圣哲的贡献和影响，远远超过任何一位哲学家，因为世界上的人群主要是受他们思想的影响。

第五个问题是中国哲学这一学科的研究对象是我们的思想传统，研究目的之一是拉近当代人与我们自身思想传统的距离，使得我们对传统更熟悉、更亲近。但以前的中国哲学史的学科范式，使得我们与传统的距离愈发疏远。

第六个问题是当代人们更为关注的创造力的缺失。在过去的学科范式里，我们每一代学者不断地用一种新的西方哲学去附会中国的思想，比如存在主义流行的时候用它去研究庄子，庄子就是一位存在主义大师；后现代主义流行的时候庄子就变成了一位后现代主义大师。按照这种学科模式，两代学者之间往往没有继承关系，而且后一代学者往往对前一代学者充满鄙视，因为他们认为自身的理论更加时髦，前一代学者运用的西方哲学已经是老旧的学术思潮了。一种思想的创造离不开自身的文化土壤，由于这种学科模式实际上把自身的思想文本仅仅当作解释的材料、演绎的对象，而不是从它自身文本之中、用它自身的话语以及思想做当代的表述、去产生当代的哲学，所以造成当代中国哲学的创造力的贫乏。

总体来说，对中国哲学学科的合法性的讨论，一方面对中国哲学学科影响广泛。中国哲学界主要的研究者几乎都广泛参与了这一讨论并发表了许多见解，而且这一话题还在持续讨论中，中国哲学许多其他主题的会议，往往在不知不觉中最后归结为对这一话题的讨论。另一方面，这一话题的讨论也对其他学科产生了触动作用，比如中国文学的研究者讨论中国文学的合法性问题，法学的研究者讨论中国法学的合法性问题，教育学、语言学都存在这样的问题。也就是说在中国整个人文社会科学体系中，失去了自身的话语、缺乏自身的学科模式、缺乏创造活力、和自己的传统进行割裂，是一种普遍的现象。

综上，当我们说中国哲学学科面临合法性危机的时候，主要是从上述几个方面讲的。

三、后合法性危机时代的中国哲学

第三个话题，我们讲怎么消解中国哲学学科的合法性危机，也就是说，在后合法性危机的时代，中国哲学可能以一种怎样的面貌来消解掉自身的合法性危机？以及目前是否已经消解了这个问题？

首先来看中国文化或者说中国学术的文化版图或学术版图的变化。在中国哲学学科的外部，在一定程度上消解了中国哲学学科的合法性问题。前面我们说过，之所以存在合法性问题，就在于我们打开了一扇窗却堵塞了一道门，也就是中国哲学学科成为割裂自身思想传统、掘断我们自身学术脉络的学术研究活动。当代文化建设的一件大事，是教育界、学术界、文化界对国学学科的讨论。说到这里，我们同学应该感到自豪，因为人民大学在全国率先建立了国学院，率先去系统培养国学专业人才，国学学科应当真正承担如张载所说的"为往圣继绝学"的历史使命，将中国自身的传统传承下去。中国自身的思想传统，是五千年从未中断的文明，即使曾在近代遭受帝国主义列强组团侵略，我们的语言没有消亡、文化也没有消失。所以，在我们接受西方学术体制和学术传统的时候，并不意味着中国自身的学术就应该瓦解。就像经过疫情，我们的中医传统在西医占据主导的当今越发显现出自身的价值。在过去，我们执著地把中国哲学当作了解中国自身思想传统、传承中华民族精神的文化部门，但冷静想一想，将西方哲学套用到中国思想的中国哲学学科，怎么能承担起这一使命呢？它仅仅是比较哲学意义上的、以他者重新审视传统的一门学问，而不能当作中国自身思想历史的主流表述。现在呢，国学学科的存在部分地消解了中国哲学学科的合法性问题，因为国学能够承担起这一宏大使命。当然，目前的国学学科也面临这一问题，比如人们现在注重经学的发展，注重经学史的编写。我曾提出过一些问题：当我们编写经学史的时候，参与者都是做中国哲学的学者，会不会把中国哲学学科的合法性问题又带到了经学研究？过了若干年后，学者会不会又不得不讨论经学的合法性？这些情形是可能发生的。不过，经过这样一种讨论，在当前的中国哲学研究与对博士、硕士生的培养过程中，相当数量的研究者已尽量不去生搬硬套西方哲学的语汇，而是用中国思想自身的语汇和思想结构来阐述中国传统的思想，这是一个明显的变化。

第二点是经过中国哲学学科合法性的讨论，大家不再关注研究的题目和表述方式是否哲学，不再很执著地把是否哲学当作标准，而更加关注它是否是中国文化与中国思想中有意义的思想性话题。在这种思想的指导下，中国哲学领域释放出三个前沿性的、具有新生生长点意义的研究领域，分别是经学、礼学和政治哲学。经学在过去中国古人的生活中起着至关重要的作用，居于学术的核心地位。现在大家重新注重经典和经学历史的研究，包括经学历史和经学思想史；同时，我们还应注意经学在当代的延续，如饶宗颐等学者提出要建立新经学，要依据中国传统经典和文本产生当代性的思想。另一个领域是礼学，中国自称是礼仪之邦，礼是中国文化的一个根本标志，可是在当代，礼学没有明确归属于任何一个学科，大众生活的礼仪也没有任何一个部门去掌管，这造成了现在国民礼仪教育的普遍缺失。因此，制礼作乐仍然是当代文化建设的一个制高点，这需要以扎实的礼学研究作为基础，所以在中国哲学学科名目下的礼学研究也成为了一个新兴领域。再一个就是政治哲学，政治哲学是哲学学科这些年在全球范围内持续发热的新型研究领域。中国传统思想推天道以明人事，关注的核心是人事，与政治哲学有很高的契合性。参照政治哲学理解传统的学术，对治国理政或理解自身的思想传统，都具有实在的意义。

第三点就是要重新定位中国思想史与中国哲学史。我们需要把中国思想史作为思想方面的研究主流，把中国哲学史当作中国思想史的一个发展阶段。更确切地说，中国哲学史是自哲学在近代传入中国后，中国人接触、学习、模仿、创造哲学的阶段。这种讲法的一个潜在意义，就在于强调中国哲学史仅仅是中国思想的一个阶段，在未来也仅仅是一个阶段而已而不是他的全部。当佛教在中国流行、中国传统思想式微，虽然还没有发展到把中国思想传统掘断、以佛教语言重新表述中国思想，像现在西方哲学所做到的地步，但古代的中国本土学者在强烈的文化主体性意识的激励下，对这一问题有深入思考和强烈感受，通过出入佛老、返之六经，最终重新振兴了中国传统学术，也就是宋明理学的产生。同样，西方哲学进入中国也有了不短的时间，对中国也有了非常重要的影响，这需要我们借鉴中国古人吸收融会佛教、最终形成中国新的思想传统的做法，出入西学或者更为广义的外国哲学，而后"返之六经"，返回我们自身的思想传统。

第四个是我们站在哲学的角度，看待哲学在中国发展的传统，这也就是我要讲的汉语哲学的方向。很抱歉我们经历了这么长的前置才进入后面的话题，而后面这个话题恰恰讲得不那么多，因为这还是一个刚刚开始探讨的话题。

四、汉语哲学如何可能

第四部分讲汉语哲学如何可能，也可以表述为"让哲学说汉语"。

首先要对汉语哲学进行界定。我们在两种意义上讲述这一问题。第一个是汉译西方哲学，这就是哲学界研究西方哲学的同事们所做的工作。从域外传入哲学，我们先是以汉语去格义西方哲学，在汉语和西方哲学语汇之间建立辞典；然后我们让西方哲学、西方著作能够为中国人所了解、被中国读者读懂，这就是让哲学说汉语。在这一领域我们已经取得了很大成就，但也存在很大不足。比如拿日本学术界来对照，日本学术界有一批专门从事翻译西方哲学著作的学者、学术群体，他们翻译了几乎所有重要的西方哲学家的思想全集。反观中国学术界，除了《马恩全集》《康德著作全集》《亚里士多德全集》外（可能还有其他全集，我还不了解），其他西方哲学家的全集整理出版数量总体上还是比较少的。用汉语翻译西方哲学，也存在一个不断去探讨的问题，比如海峡两岸都用汉语去对应西方哲学，但往往使用不同的译名，那么哪种翻译更准确贴切，是需要去比较研究。第二种意义上的让哲学说汉语，是指将哲学融入中国思想自身的传统。汉语哲学，不仅指运用西方哲学的汉语译名来表达哲学，而且应当指运用汉语自身的思想语汇进行哲学思考、哲学创造、哲学写作、哲学表达。这也就意味着，所谓"让哲学说汉语"，包含着运用汉语的思想语汇来言说哲学。如此言说的汉语哲学，将不再只是"哲学在中国"，而真正能够成为"中国的哲学"。以上是对汉语哲学的界定，也是对让哲学说汉语的解释。

接下来，我们解释为什么要提出汉语哲学。

第一个，我们提出汉语哲学的问题，有助于我们自觉思考哲学与我们母语的关系。哲学总是生存于其具体的话语系统之中。话语系统不是外在的形式，而就是哲学本身；离开了一种特定的话语系统，一种哲学就不再是其本身。我们可以想象，马克思主义哲学离开马克思哲学中的那套语汇，我们用中国哲学如何表达它？存在主义离开存在主义的那套词汇，我们用儒学如何表达它？每一套思想都有它自身的哲学语汇，思想与语汇是合二为一的。我们汉语哲学界需要从汉语本身出发，考虑汉语自身的特点，展现汉语自身的魅力，使我们的思想深嵌到汉语自身的功能之中，充分发挥汉语自身的表达能力。

汉语不仅是一种语汇，也是一种思想传统。这也引出第二点，汉语哲学将更有助于我们自觉思考哲学与我们思想传统的关系。当我们思考哲学与汉语关系时，语言提供给我们的，绝不仅仅是一些表音或表意的符号。在汉语的背后，起着支撑作用的是深厚的文化传统与文明成果。现在每隔一段时间都有人提出诸如大同语之类的新的世界语，但无论他们怎么推广，也很少有人会使用这些世界语，因为语言绝不仅仅是语言符号，更与其背后深厚的文化传统密切相关，那些和计算机编程语言毫无二致的所谓世界语，背后所联系的文化传统又是什么呢？当我们考虑"让哲学说汉语"的时候，也就意味着让哲学与我们自身的思想传统相融合。这种融合至少应该包括以下三个方面：一是哲学必须和汉语自身的思想语汇融合，中国传统语汇也同样可以被重新选择、重新使用、重新诠释和重新表述，即可以重新进入当代哲学话语系统；西方的当代哲学也是不断向它的哲学传统进行回溯，并不断复活它的思想语汇，我们中国当然也可以把我们的传统思想语汇作现代性表达。举一个例子，山东有一个有名的案子于欢案，最高法当时对这件案子的表态就是断案不能仅仅死抠法律条文，而应当考虑到天理、人情，这里的天理、人情就是传统语汇，也是中国传统的看法。二是必须和我们传统的思想类型融合，当代的中国哲学未必一定要严格按照西方哲学的思想类型范式去思考、写作和言说，也可以结合中国传统思想的范型去思考、写作和言说；三是必须和我们自身的思想成果相融合，从传统思想汲取思想资源，开发传统智慧。

第三个原因，可以表述为汉语哲学将更有助于我们自觉主动地吸收西方哲学，更好地继承我们引进西方哲学的已有成果。当我们提出中国哲学合法性的时候，我们不是要在中国哲学界"驱逐鞑虏，恢复中华"，把西方哲学在中国哲学界排除，这其实是一种误解。作为人类思想范型的哲学与中国思想之间虽然不可通约、不可替代，但哲学在汉语世界里仍然是一项值得继续的事业，大家仍然可以继承哲学传入中国以后的传统，自觉地清理它、改变它，将它与自身的思想传统进行综合或融合。

第四点呢，就是汉语哲学将更有助于我们自觉思考引进哲学与哲学创造之间的关系。这一点我们就不展开了。

那么，要想达成汉语哲学，我们有什么做法呢？我尝试提出了几个可能的步骤。第一步，我们要对哲学进入中国后形成的汉语哲学界进行清理与澄清。虽然哲学在中国已产生了足够多的成果,但也出现了相当多的问题。如果不及时进行清理和澄清,我们仍然是在混乱的基础上前进。所以我们需要像笛卡尔从"我思,我在"出发,用普遍怀疑的方法清理西方哲学与科学界那样;或者说像胡塞尔现象学还原,对以往的知识、哲学与科学进行"中止判断""加括号"的方法那样,对哲学在中国业已形成的成果包括它所使用的各种语汇进行澄清和清理。这可能不是某一哲学团体就能完成的任务,而需要中西马等学术群体在内的整个哲学界的通力配合。哲学院的张志伟老师也曾提议,中国哲学学科合法性问题讨论的下一步,就是应该开展这一清理工作。

第二步,要做一些中国哲学史学科真正应该去做的工作——编写哲学舶入中国以后的学术编年史,包括西哲中译的历史与汉话西说的历史。西哲中译的历史是指西方哲学进入中国的历史,我们要对西方的哲学经典、哲学家在什么时间、通过哪个人、以什么样的方式介绍到中国进行系统清晰的整理。汉话西说的历史是指我们用西方哲学的汉语译名或者说我们用自身接受的西方哲学方面的训练去研究中国传统思想文本的历史,比如我们是什么时候开始研究老子的哲学、孔子的哲学的?最早是用什么方式整理古代思想的?这种研究方式产生了哪些问题和争论?包含上述内容的学术编年史才应该成为中国哲学史的主体内容。

第三步,是从解构到建构。我们关于中国哲学学科合法性的讨论表现为解构的性质,是对我们已取得成果、已开展历史的反思。但最终并不是通过反思去解决问题,而是通过建构去解决问题,也就是通过哲学实践产生新的哲学研究作品,在研究过程中清醒地认识到问题、努力去解决问题,尝试一种新的哲学生产的模式。

第四步是我们哲学的话语,要从"汉话胡说"到"汉话汉说"。在过去,中国已经有整理自身话语系统的传统,比如最具典型意义的朱熹弟子陈淳的《北溪字义》,字义研究就相当于现在的范畴研究,目的是去澄清理学使用的话语系统;还有的是以汉学考据学的方式去解决,如戴震强调"由词以通其道"。在我读硕士、博士的年代，我们中国哲学史学科必读的两本书就是《孟子字义疏证》和《北溪字义》，它们不仅仅是作为原著课，而且是作为方法课来上的。

再下一步，是从旧范式到新范式。在过去，我们检验一个人是否有哲学的气质、所写论文是否有哲学的特色，评判标准主要在于是否掌握了一套哲学的语汇、是否提出了一些哲学问题。现如今，我们对中国哲学史的研究具有更强的包容性，更希望回到中国思想家本身的问题意识、语汇、思想结构，而不是把他们当做西方哲学史上的思想家来对待。正如前面所提及的，现在中国哲学的研究要经历一个从出入西学到返之"六经"的过程，传统思想并不只是被言说的对象，也应是创造力的源泉和生成当代哲学的宝库。

再一个是从作为历史学到作为哲学。我们现在不光是哲学，包括整个人文学的研究，起主导作用的还是历史学的进路，写任何一个课题，都要作冗长的文献综述，把这一课题的来龙去脉讲清楚。哲学尤其是这样。一个人不学习哲学史就无法学习哲学，这是我们科班哲学学习者和哲学爱好者的区别。但是这样学习和训练的一个结果，包括我自己在内，就是让我们成为了只知道各种各样哲学说法的人，而越来越懒得从事哲学的思考。哲学家曾经思考的问题对我们来说都已经是哲学史、已经变成知识，而我们则很少去探寻他们，不再希望得到一个究竟的回答。所以在这种学科模式下，我们培养出越来越多的哲学史研究者而不是哲学家。

最后一点是从模仿到创造，此点也不多说了。

前面讲的内容有些是我本人文章里的内容，有些部分也参考了我们学术界的一些成果。由我本人出面整理的两本文集，大家可以参看。一本是《中国哲学史学科合法性问题论集》，这本文集整理了我们人民大学哲学院所有老师参与这个话题的成果，人民大学哲学院是这个讨论的推动单位之一，也取得了丰硕的成果。另外一个是一个会议的论文集，会议是由《中国社会科学》杂志社、《中国人民大学学报》编辑部、中国人民大学哲学院、中国人民大学孔子研究院四家单位合办的，邀请中西马三个领域的学者共同讨论了一个话题，即"重写哲学史与中国哲学学科范式创新"。实际上在过去的几十年间，中国哲学史界，也包括相邻领域的研究学者，都撰写了相当多的文章，产生了相当广泛的讨论，提出了很多丰富的观点，有机会还应当更大范围地整理出来，供读者参考。

五、汉语哲学研究的兴起与中国哲学生态

由于时间关系，第五、第六部分概略表述。汉语哲学研究的兴起，对当代中国哲学生态可能的变化，有三个方面值得关注。其一，中国哲学史只是中国思想史的一个阶段，即以西方哲学治中国思想只是中国思想史某一阶段的特点。其二，哲学传统在中国传播与融会的历史是汉语哲学的既往史，同时也是中国西学史的一部分，从事西方哲学的学者应当成为研究的主力。其三，对汉语哲学概念的多元理解，丰富了汉语哲学的内涵，体现了不同的学术追求，生成汉语哲学的不同分支。

六、汉语哲学与中国哲学的使命

我们至少可以从两个角度来理解汉语哲学对于履行中国哲学当代使命的意义：

其一，讲好中国故事——讲好中国思想的历史。

当诺贝尔文学奖数次颁发给那些"用本民族的语言述说本民族的历史"而获得成功的作家时，我们却发现我们的哲学家或哲学史家已丧失了用带有本民族语言特点的方式来述说或吟唱本民族的哲学史诗的能力。一句话，回过头反思为时不短的学科实践，我们忽然发觉，这种

"汉话胡说"的中国哲学史,充其量不过是一种以西方哲学为标本的比较哲学研究而已。①

其二,建立中国社会科学自主理论体系。

从中国哲学学科合法性问题讨论到汉语哲学讨论的兴起,哲学研究体现了引领和激活时代潮流的学术作用,相关讨论普遍渗透于中国人文社会科学的其他学科或学术领域,并且远在官方倡导自主学术创新之先。这股学术潮流同时表明,只要有足够的学术宽松与学术自由,中国学术界就有能力自主地学术创新。

---

① 摘自拙文《关于中国哲学"合法性"问题的几点思考》,中国社会科学院历史所思想史研究室编:《中国思想史研究通讯》第一辑,2003年。

古典学的使命与担当

——从维拉莫维茨和尼采的争论出发

王双洪*

【摘　要】古典学在我国的学科建制中是缺席的，我们的大学中没有古典学专业，也没有作为一级学科的古典学。但是，近年来，越来越多的学者开始关注并讨论古典学的建设问题，古典学何为以及建设怎样的古典学成为了讨论的焦点。本文从德国古典学家维拉莫维茨和尼采之间的争论出发，从历史主义、科学实证主义的古典学研究和侧重理解古代思想及其现代境遇、重视人的教育的古典学研究之间的矛盾出发，试图发现中国古典学发展的镜鉴。我们要做的是，用古典学的教养教育来补足技术科学教育中人文素养、德性教养的欠缺，用古典教育平衡教育品质中出现的偏差。

【关键词】古典学；尼采；维拉莫维茨；教养教育

古典学在我国大学的学科建制中是缺席的，我们的大学中没有古典学系，也不存在作为一级学科的古典学。但是从本世纪初以来，却有越来越多的学人开始关注古典学研究。随之而来的是学界对古典学的讨

---

* 作者简介：王双洪，北京市社会科学院哲学所副研究员。主要研究方向为西方古典哲学、政治哲学。

论，来自哲学、史学、文学、政治学等专业的很多学者都加入了讨论。近二十年来，讨论的热度不但没有减，还有越发深入的趋势。在众多讨论中，大家几乎都在关注，古典学何为以及中国的古典学何为的问题，进而也在探讨建设中国的古典学的问题。

与国内古典学讨论和研究的热度相比，古典学在西方却陷入了动荡和改革。首先，古典学前两年深陷种族主义和民主运动的漩涡，2020年6月，普林斯顿大学古典学系"博士预备班"的黑人学生，发表文章，指责古典学科中存在根深蒂固的白人至上主义，后来该系不再规定古典学本科生必修古希腊文和拉丁文；全美古典学重镇加州大学伯克利分校将古典学系改为希腊罗马研究。英国的牛津大学古典学系动议，从必修课中移除维吉尔和荷马；2020年7月，剑桥大学古典系的青年教师在英国《观察家》上发表评论，反对那些将古典学看作是种族主义学科的观点，却因此遭到了古典系研究生的联名抗议。

中国的古典学热和西方古典学的动荡形成了鲜明的对照，要知道，在现代事业中，长期以来，我们不乏亦步亦趋现代西方的现象，但在古典学的建设和发展上，我们却有着自己的节奏。我们的大学学科建制基本上是照搬西方现代大学的，但是，在内地的大学，甚至包括香港的大学，却唯独没有古典学系，也没有作为一级学科的古典学。西方的古典学内部产生种种问题时，我们的学界却在讨论建设和发展我们的古典学。所以，我们的古典学一定是与西方的古典学相区别的。

广义的古典学，是研究古代经典的学问，无论是中国还是西方的古代经典，都是古典学研究的对象；狭义上作为学科建制的古典学，也具有跨学科研究的性质，会与哲学、文学、史学、文献学、考古学等学科的研究内容、研究方法互有交叉重叠。我国学界古典学争论的核心，不外乎，我们的古典学是干什么的——这是往小里说，往大里说，古典学研究的使命何在？或者转化成这样的问题，我们的古典学的使命是要与西方古典学接轨，建立起一个从研究对象、内容到研究方法与西方类似的古典学，还是要带着我们自己的经典意识和文明意识，整理、阐释、研究具有典范意义上的中外成文经典，建设我们的古典学？随之而来的问题是，我们的古典学研究的重心是再现一个古代世界，以科学性和客观性为标准，从各种资料、材料中耙梳古人生活的方方面面，还是以成文经典为研究重心，关注我们的文明境遇，为青年的教育教养和文明传承提供思想资源？

在此，我不想通过加入争论的方式解决争论，而是想通过德国古典学发展过程中的一段争论，通过德国两种古典学传统之间的分歧和论争，看能否为我们学界讨论的问题找到某种启发以及可资借鉴的部分，或者寻找某种解决论争的可能性。

19 至 20 世纪的德国曾经是西方古典学的中心，出现了很多古典学大家，可谓群星璀璨。其中有两个人对德国古典学产生了非常深远的影响，他们的求学经历相似，都是年纪轻轻就当上了大学的语文学教授，可是两个人在古典研究上却走了不同的道路，以至于后来甚至成为了学问上的对头。其中一位是大名鼎鼎的维拉莫维茨，他是当时古典学的大家，他的弟子和再传弟子很多都是古典学界颇有影响力的人物。另一位是尼采，大家对尼采作为哲人的形象极为熟悉，对于他古典语文学的背景可能稍显陌生。其实，尼采古典语文学功底相当扎实，丝毫不逊色于维拉莫维茨，他在巴塞尔大学教授古典语文学也长达十年之久。他们两个人之间的分歧以及争论，还有他们身后研究者们的反思，对于我们而言，非常有启发意义。

一、维拉莫维茨的古典学

维拉莫维茨（1848—1931）有一部著作，德文书名 *Geschichte der Philologie*。Philologie 一词对应的英文是 philology，中文译本将书名翻译为《古典学的历史》。将 Philologie 翻译为"古典学"是很微妙的，但就维拉莫维茨的研究重心而言，这样翻译也颇为准确。philology（语文学）一词早在公元前 3 世纪亚历山大时期就在使用了，希腊文原意是爱言辞以及言辞诉诸的文字——典籍,指的是整理、编纂和研究古代经典文本。语文学面对的不是语言本身,而是语言承载的文化、思想和情感。① 一直到18世纪末,古典学主要还是指古典语文学意义上的古典学。随着历史主义和实证主义的发展,古典学后来就成了Altertumswissenschaft意义上的研究,这个词指的是和古代有关的知识的总汇。这种古典研究的出现是德国古典学的一次转折,研究的重心从典籍扩展到了几乎所有与古代有关的东西,更多关注的是知识,而不再是思想。维拉莫维茨提出的整体意识就是把所有古代知识作为一个整体来研究。② 古典学在维拉莫维茨这里已经不再单纯是语文学意义上的古典学。

要知道,古典学并非西方大学的传统学科,直到18世纪末,古典学作为一门专业,才在大学中得以确立。1777年,德国人沃尔夫(Friedrich August Wolf)在格廷根大学申请注册,要学习"古典语文学"专业,但当时的大学中并不存在这一学科,在沃尔夫的强烈要求下,校方妥协同意以"古典语文学"为其注册。1795年沃尔夫发表《荷马绪论》,被视为古典语文学在现代大学的诞生,沃尔夫因此被冠之以"古典学之父"的美名。沃尔夫之所以在大学中找不到古典语文学专业,与现代大学的教育理念的转变密切相关。传统的西方大学,古典语文学并不是一门专业,但几乎所有人都学习古希腊语和拉丁语。对于古希腊、古罗马文明的了解,是一个人文化和教养的体现。直到十六、十七世纪,欧洲的一些学者还直接用拉丁文写作。比如,培根的《新工具》《论学术的进展》都是拉丁文写成的。

沃尔夫申请的专业是古典语文学,而语文学也是公认的古典学专业的前身。沃尔夫提出了一种新的语文学理念,即Altertumswissenschaft,

---

① 〔英〕休·劳埃德-琼斯:《古典学的历史》导言,陈恒译,北京:三联书店2008年版,第3页;另外参见凌曦:《早期尼采与古典学》,广州:中山大学出版社2012年版,第25页。

② 〔英〕休·劳埃德-琼斯:《古典学的历史》导言,陈恒译,北京:三联书店2008年版,第4页。

沃尔夫提出这一理念的初衷，是以人文主义为基础，用古典文化的方方面面实现对青年健全、健康人格的教育。但事与愿违的是，Altertumswissenschaft 意义上的古典学很快背离了人文主义，转向历史—实证主义。这也标志着古典学作为学科建制的研究路向的一个转折。到了维拉莫维茨那里，语文学只是他的古典学研究的一部分而已。他将韵律学、铭文学、纸草学、地形学、宗教、艺术、诗歌、历史、文献分析等结合起来，各门学科理论上是平等的，价值上也是等同的，最后用历史主义的方法将这些串联起来，追求对古代生活方方面面的还原与再现。

维拉莫维茨在他的《古典学历史》中指出：

> 古典学术的本质——虽然古典学这一头衔不再暗示那种崇高地位，但人们仍旧这样称呼它——可以根据古典学的主旨来定义：从本质上看，从存在的每一个方面看都是希腊—罗马文明的研究。该文明是一个统一体，尽管我们并不能确切地描述这种文明的起始与终结；该学科的任务就是利用科学的方法来复活那已逝的世界……①

从这里可以看出，维拉莫维茨的古典学，倾向于还原和再现古代的"史迹"。这似乎与古典学的语文学旨趣、与教养和文明的传承渐行渐远。古典文明的典范意义开始不再受重视。

维拉莫维茨曾表示，对于一个学者而言，所谓古代，仅仅是同其他的时代一样的一个时代而已。当"古典"被抹去，替换为古代时，就意味着古代文明的典范意义也随之弱化，因此在维拉莫维茨那里，古典语文学变成了"历史的古代科学"或者"历史的语文学"，这种研究侧重用历史主义、用科学实证的方法来看待古典文明。他们全面收集、分

---

① 〔德〕维拉莫维茨：《古典学的历史》，陈恒译，北京：三联书店2008年版，第1页。

析和利用所有可能获得的原始资料，强调"历史证据的价值"，历史的真实性被等同于"科学的客观性"，获取知识，追求客观性也是他们追求的最高目标。这就不难理解，为什么作为古典学前身的语文学后来成为了古典学的一个构成部分，成了与古代史、考古学并列的古典学三大方向之一。"历史—实证主义"的古典语文学家致力于恢复古代文化各个方面的一切真实细节。如此一来，学科内部的专业分化越来越严重，有专门研究铭文的、专门研究语法的、专门研究韵律的等，知识也变得越来越专业、高深和琐碎。

德国当代古典学家克拉夫特（Peter Krafft）在一本写给高中生和大一学生的小册子中，曾经这样评价维拉莫维茨：

> ……维拉莫维茨对历史—实证主义的古典学的鼓动极富成效，历史—实证主义大有上升为古典学术目的的势头，对科学客观性的信念切断了古代文本与现实之间的联系。（值得注意的是，维拉莫维茨基本上未意识到，来听他讲座的人也要被培养成文理中学的教师。）语文学家们只是忙于一些宏大的项目，比如编辑碑铭集、残篇文章和辞典等等，以便尽可能地扩大知识量。①

克拉夫特说当时开始编撰的最大的古代百科全书（注意，这里书名中出现的就是 Altertumswissenschaft），有 80 卷本，内容仅仅局限于"实用知识"，也就是关于古代的人名、地名、机构和具体的事物等（这里让人很容易想到尼采所说的"知识的贪欲"），古代的思想观念、理论，以及古代文化对后世的影响都被排除在外。沿着这条研究路径走下去，就有了科学主义和历史主义主导的古典学。

这样的古典学已经与语文学意义上的古典学有了太大的差异。如果

---

① 〔德〕克拉夫特：《古典语文学常谈》，丰卫平译，北京：华夏出版社 2012 年版，第 160 页。

不谈作为学科建制的古典学,古代经典研究意义上的古典学甚至可以追溯到公元前3世纪,普法伊费尔(Rudolph Pfeiffer)在著作 *History of Classical Scholarship*: *From the Beginnings to the End of the Hellenistic Age* 中提出,公元前3世纪,诗人和学者们逐渐意识到,社会转变的大背景下,过去与现在甚至和未来可能会出现某种断裂,所以这些人一边承载着诗人的记叙职责,一边开始有意识地收集过往作品进行编纂。这种行为出于对文明断裂的隐忧,是一种自觉的经典意识和文明意识,同时也塑造了最早的古典学。

可以看到,最早的古典学是出于对文明传承的关切来整理过往的经典作品。后来,古代经典在社会有教养的阶层中流传,也并不是因为那个阶层都是古典学者,而是因为古典与人的精神教养、与现实生活的密切联系。但是,随着古典学日益专业化的倾向,这种经典与现实之间的联系日益弱化,正如维拉莫维茨的学生莱因哈特指出的,这浇灭了人们对古典的热情。古典学者们以深奥难懂的表达方式和庞杂的专业知识,吓退了非专业人士,哪怕是那些对古典保有极大热情的非专业人士。

这里提到的莱因哈特(Karl Reinhardt,1886—1956)是维拉莫维茨的学生,也是他学生中唯一一位以公开的方式,多次表达尼采对自己深刻影响的人。当然,维拉莫维茨的学生中,不止他一个人,反思了自己老师的学术立场,以各种方式表达尼采对他们的影响,有的甚至因为批评历史—实证主义的古典学,和老师维拉莫维茨产生矛盾,走向分裂。那么,尼采的古典学研究的旨趣是怎样的呢?

二、尼采的古典语文学

尼采认为当时的语文学家就是一群"知识庸人",他们拥有广博的知识,醉心于对"博学"的追求,所有满足和骄傲都建立在"博学"之上,自诩是有教养的人,但这些人完全不能理解教养的真正内涵。他们有一种过度的知识贪欲，对"古老的，一切存在过的东西贪得无厌，以至于他最终对任何食物都感到满足，甚至愉快地吞食文献垃圾的残渣。"① 尼采批评历史—实证主义的语文学家贪得无厌地攫取生活的各个方面的知识，却不具备甄别对德意志精神和文化有价值的东西的能力。

尼采在批评历史主义和实证主义的好古癖时，无不带着对青年教育和对德意志民族精神的隐忧。尼采将那些为知识而知识，不去理解或者无法理解古人情感的知识人称为无可救药的老书虫，这些人的博学玷污了真正的经典，发现不了经典作品的高贵天性和伟大心灵，而只有这些具备典范意义的精神趣味才对人的幸福有意义。尼采痛心地呼出，"够了"，我们的孩子如果在这些人构建的知识土地上奔跑，最终造成的是孩子们对古代事物的反感，或者培养出和这些知识庸人同样的后继者。

> ……我们通常用来谈论古人的那些陈词滥调，要么是轻率，要么是出于我们的世代相传的愚蠢的自以为是。我们看到古代的词汇和概念与我们自己的词汇和概念不无相似，不知道这只是一个假象，在这些词汇和概念后面，隐藏的全是我们这些现代头脑必然感到不熟悉、无法理解和痛苦的情感。这就是我们认为可以让孩子们在上面跑来跑去的土地！
>
> 够了！我们在儿童时期在这片土地上东跑西撞，养成了对一切古代事物的敌视和反感，一种由于过于熟悉而产生的不可磨灭的巨大反感！我们的古典教师是如此狂妄无知，他们认为自己已经完全了解古代，并把这种狂妄无知传给了他们的学生，同时还传给他们一种轻蔑，让他们觉得，这样一种了解对人类的幸福毫无帮助，只

---

① 〔德〕尼采：《不合时宜的沉思》，李秋零译，上海：华东师范大学出版社2007年版，第162—163页。

对那些可怜的、痴呆的、不可救药的老书虫很有用。①

尼采在《我们语文学家》中,描绘了德国古典语文学家们令人沮丧的样貌。这些人对古代缺乏尊重,有着过度的实证和历史学倾向,轻视真正有天分的语文学家。尼采认为,这样的人是无法胜任教育青年的任务的,不能提升青年人的教养。他非常尖锐地指出,"我们语文学家与真正教育者的关系,如同兽医同真正的医生的关系一样。(GA X 页 376)""他们身上有什么古典的东西呢?(GA X 页 375)"

> 考察语文学史时,引人注目的是,参与者中真正有才华的人寥寥无几。最著名的人中,有几个人由于博学毁掉了自己的理智,而在最懂行的人中,有些人除了咬文嚼字之外不知该如何使用他们的理智。这是可悲的事情,我以为没有哪一种科学如此缺乏天才。他们是精神麻痹者,只在咬文嚼字中找到了自己的癖好。②

基于对当时古典研究现状的认识,尼采很早就有建立新的语文学的想法。他决定从一个文献编纂者和文本校勘员,这样一个当时所谓正统的语文学家行列中走出来。尼采要做的是,站在语文学的地基上,在这个领域内进行革命,即建立语文学与哲学、古典思想与现实问题相联系的新的语文学。他认为,希腊古典作品中存有现代文化据以进行自我调节的、关于人类生存方式的最高理想。

尼采的语文学的目的在于,发掘理想的古代,并将之作为衡量和解决现代问题的镜鉴,带着审美的眼光和虔敬的态度去阅读古代经典。他

---

① 〔德〕尼采:《朝霞》,田立年译,上海:华东师范大学出版社 2007 年版,第 238 页。

② 〔德〕尼采著、沃尔法特编:《尼采遗稿选》,虞龙发译,上海:上海译文出版社 2005 年版,第 23—24 页。

反复强调，现实生活是古典语文学家永远不可以放弃的立足点。当时的语文学的危机就是漠视现实，那些语文学家把全部的精力放在了追求"客观性"的知识，尼采称之为积累知识的机器。尼采呼吁，"别再把人当成物体来用"（GA X，页413），"首先要成为人，然后才可能成为富有成果的语文学家"（GA X 页347）。所以，尼采认为语文学家必须能正确理解三样东西，古代，现代和人。他称这样的人为未来的语文学家。①

三、维拉莫维茨与尼采的交锋

尼采从整全角度关注古代思想、现代境遇和人的教育的古典语文学，和维拉莫维茨（也提出过关注整全）讲究历史客观性的古典学是截然不同的。维拉莫维茨代表的是当时德国古典语文学的主流，而尼采的新的语文学，则与传统中注重古典的典范意义和教化作用的古典学一脉相承。

尼采《悲剧的诞生》吹响了古典学界革命的号角。1872年初，作品出版时，尼采信心满满。可是等到的却是学界的沉默，连欣赏他和介绍他到巴塞尔任教的恩师里敕尔也久久没有给尼采回应。在尼采给老师的信中，还依然在表达自己改变古典学界现状的决心和信心。

> 我想，如果您在生命中会遇到什么充满希望的事物的话，那么可能就是这本书了。它充满了对于我们的古代科学的希望，充满了对于德意志精神本质的希望，尽管有些人会因此而逐渐没落……——正如您会相信我的那样，我已经将个人的目的和审慎都置之度外，正因为我不为自己寻求什么，才希望为别人有所奉献。我最关心的是，争夺年轻一代语文学家，如果此事不能成功，

---

① 凌曦：《早期尼采与古典学》，广州：中山大学出版社2012年版，第68页。

我将视之为耻辱。①

接下来尼采等来的是学界的批判。维拉莫维茨连发两篇书评,猛烈攻击尼采对语文学的背叛。维拉莫维茨称,如果尼采承认,自己不是一个学者,而是新的宗教的布道者,他就可以收回对尼采的批评。称尼采可以手执狄俄倪索斯的拐杖,可以召集虎豹在身边,却不适宜让一群年轻的古典语文学者聚集在周围。② 很显然,这不仅是一场关于语文学使命的论争,也是争夺年轻一代教育权力的论争。(有意思的是,后来维拉莫维茨的学生莱因哈特在批评历史—实证主义时,化用了维拉莫维茨对尼采的批评,他称维拉莫维茨为历史—实证主义的古典语文学这个新宗教的布道者,因为他终其一生都保持着对于科学理性的虔诚,是"行将结束的历史主义的最后一个伟大代表"。)维拉莫维茨后来成为了德国古典语文学界的重要代表人物,而尼采却在《悲剧的诞生》发表几年后,逐渐淡出了所谓主流的古典语文研究领域。

当时的尼采似乎败下阵来,蒙受了耻辱,可是,几十年后再回看的时候,尼采可能并没有输。维拉莫维茨的学生当中,有不少人开始反思语文学,或公开或不公开,他们都选择了尼采的立场。其中,耶格尔几乎算是维拉莫维茨最为器重的学生,维拉莫维茨退休后是耶格尔接任了他在柏林大学的教席。耶格尔虽然没有公开和老师发生论争,对老师研究路向的反思却一直存在。他认识到,19世纪以来的历史—实证主义的古典研究逐渐走入僵化,他希望恢复人文主义传统的古代理想,把语文学从历史主义的泥潭中解救出来,将古典文化与现代人的精神生活和教养结合起来。1934年,耶格尔的《教养》($Παιδεια$)出版。"教养"试图恢复的就是古典学人文教育的理想,以

---

① 尼采1872年1月致里敕尔的信。*KSB III*,第281—282页。转引自凌曦:《早期尼采与古典学》,第78页。

② 凌曦:《早期尼采与古典学》,第86页。

古典文化作为现代人教养的典范。Παιδεια 在古希腊指对青年的教育，包括体育训练和对城邦的信念、忠诚等等，耶格尔希望在德国树立这样一种教育理想，而他认为这也正是语文学或者说古典学应该肩负的使命和任务。在维拉莫维茨的学生中，不只是耶格尔，弗兰克尔（Eduard Franekel, 1888—1970）、弗里德兰德（Paul Friedlander, 1882—1968））、莱因哈特（Karl Reinhardt, 1886—1956）等，都有对历史—实证主义语文学的批评和反思。弗兰克尔说尼采是造成维拉莫维茨和他的某些学生之间意见不合的主要原因，因为尼采对"历史—实证主义"倾向的批评，对一些年轻学者产生了重要影响。使之开始思考古典研究的价值，古典与现代的关系等问题。弗里德兰德在给老师维拉莫维茨的信中曾经明确表明，是尼采引起了他对"生活"的重视，批评当时的语文学止于耙梳、考据的琐屑研究。莱因哈特提出古典研究始终面临着科学性和古典性之间的两难处境，但最终古典语文学家应该以揭示"古典性"为目的，也就是为现代人发现古代经典中具有典范意义和价值的东西。后来，维拉莫维茨的再传弟子，他学生的学生也深受尼采语文学思想的影响。20世纪90年代，在尼采曾经就读的巴塞尔大学，欧洲的古典语文学家召开了一场题为"尼采在巴塞尔"的大会。会上，瑞士古典语文学家拉塔奇为尼采正名，指出了尼采对批评当时语文学的合理之处及其观点的重要性。而拉塔奇是莱因哈特学生赫尔舍的学生。可以说，尼采当年在给自己老师的信中所说的"耻辱"，多年之后得到了清洗，或者说，尼采那里不存在什么"耻辱"，因为在"争夺年轻的语文学家"这件事情上，多年之后，他没有失败。

发生在维拉莫维茨和尼采之间的争论，后来依然在古典学界延续，不得不说，18世纪、19世纪一直到20世纪初德国古典学的发展、变动以及论争，正是我们建设古典学的他山之石，能提供给我们很多可供借鉴的思想资源。

四、古典学的使命

我们倾向哪种西方古典学的传统，会影响我们对古典学使命的理解。我尝试在德国古典学两种传统的基础上，谈一下对我们古典学建设的理解。

首先，我们的古典学一定不是为古典而古典，不是为了再现古代的生活场景，而是为了理解古代经典的精神世界。它应当要在古典世界中发现对我们而言具有典范意义的东西，从而使得现时代以及未来都保持与传统的联系，以此保证一个民族精神的命脉和人的心性教养。

其次，我们的古典学的视野不局限于西方传统意义上的古希腊、古罗马研究。西方的古典学专注于古希腊罗马的研究，因为那是他们的文化根底所在。而我们自身文明的根底，一定在于我们的古典传统。与此同时，我们生活的世界，是在古今中西交织之下的世界。如果说我们的古典学研究的使命之一是能够让我们更清楚地认识这个世界，那么，身处现代西方影响下的我们，要理解西方和我们的处境，中古欧洲大陆的基督教文明同样需要重视，即我们面对的是双重古典。同样重要甚至更加重要的是，我们的古典学必须涵盖对我们自己古代经典的研究。五四之后，进而到新中国建立，我们是否要与传统保持血脉联系以及如何保持血脉联系，古典学研究当然也要回答这个问题。

最后也是最重要的，是古典学的教育使命。西方传统的古典学和中国建设中的古典学固然有着天然的差异，但其中共通的一点是，古典学在人的教养层面发挥着重要的作用。同样，当下无论是西方还是中国的大学，都有教育普及和教育实用化的取向，曾经培养贵族、精英，培养治国之才的教育，逐渐被职业化、实用化的教育取代，培养人的教育被培养从业者的教育取代。并且各专业之间有着严格的区分，甚至存在研究的壁垒。诚然，身处现代文明当中，我们不可能否弃现代文明建立的、现代文明需要的教育方式和教育制度，我们所能做的是，用古典学的教养教育来补足技术科学教育中人文素养、德性教养的欠缺，用古典教育平衡教育品质中出现的偏差。这可能意味着两个方向的努力，一是在本科生中推行通识教育，目前国内越来越多的高等院校已经在做，还有一个方向，是打破学科建制，立足中国的文明传统，用刘小枫教授援引过清代大儒皮锡瑞的话，便是培养"兼通古今中西之学，于古今沿革、中外得失皆了然于胸"[1]的担纲性人才。

---

[1] 皮锡瑞:《皮鹿门学长南学会第十二次讲义》，见吴仰湘编，《皮锡瑞全集》卷八，北京：中华书局2015年版，第71页。

热点聚焦

全球化语境中的国家治理

社会发展视域中的国家治理

丰子义[*]

【摘　要】国家治理对于社会发展来说主要扮演着两种角色：一是作为发展环境、条件的治理，二是作为发展内在要素的治理。治理现代化是整个社会现代化的重要内容，是现代化强国的突出标志。推进国家治理现代化，一是要坚持治理的规律性原则。所谓治理要依据制度，实际上就是要按照发展的规律行事；尊重制度，也就是尊重发展的规律。二是要坚持治理的主体性原则。由社会发展的实质所决定，治理的最终目的就是为了促进人的全面发展。研究和加强治理，必须突出人的发展这一价值指向。三是坚持治理的方法论要求。在治理的具体推进上，应当充分体现治理与发展相结合、长远制度建设与解决突出问题相结合、顶层设计与分层对接相结合、独立探索与开放借鉴相结合。

【关键词】社会发展；国家治理；规律性原则；主体性原则

健康的社会发展有赖于有效的国家治理。国家治理的好坏直接决定着社会发展的成败。从"发展"的视角对"治理"问题加以认真审视

---

[*] 作者简介：丰子义，北京大学哲学系博雅讲席教授、博士生导师，北京大学马克思主义哲学研究中心主任。主要研究方向为马克思主义哲学史、社会发展理论、人学理论等。

并做出相应的理论阐释,对于提高治理的理论自觉,进而推进国家治理体系和治理能力现代化,有其重要的意义。

一、治理:社会发展的内在要求

对于一个国家的发展来说,治理主要扮演着两种角色:一是作为发展环境、条件的治理。社会发展必须在和谐、有序的状态下来进行。没有这样的环境、条件,根本无从谈及发展。良好的治理能够有效地协调社会关系,规范社会行为,应对各种风险,维护社会秩序,促进社会和谐,为经济社会发展营造有利的社会环境、条件。这是发展的前提。二是作为发展内在要素的治理。一个国家的发展是一个复杂的巨系统,它是由各种因素、关系构成的并借助特定的社会体制和机制运行的。发展的状况如何,主要看社会的各种要素是否具有活力,社会组织和构成是否合理,各种关系是否协调,运行机制是否健全,信息渠道是否畅通,化解矛盾的能力是否高效等。所有这一切,都离不开治理,都是和特定的治理方式联系在一起的。就此而言,治理是发展的内在要素。不管是作为环境、条件,还是作为内在要素,治理都是发展所不可缺少的。发展需要有效的治理,发展的程度取决于治理的水平。所以,治理现代化是整个社会现代化的必要制度体系和能力保障,是现代化建设的重要内容和组成部分,是现代化强国的突出标志和重要表征。

治理,古已有之,于今为烈。虽说任何社会都离不开治理,但严格意义上的治理只是在当今时代才逐渐凸显出来的。在古代社会,生产方式和技术水平比较低下,社会关系和社会构成相对简单,因而在治理上远未今天这样复杂。如关于亚洲的村社制度尤其是印度的村社制度,马克思曾经引用英国的一份官方资料作过这样的描述:"从地理上看,一个村社就是一片占有几百几千英亩耕地和荒地的地方;从政治上看,它很像一个地方自治体或市镇自治区。它固有的管理机构包括以下各种官员和职员:帕特尔,即居民首脑,一般总管村社事务,调解居民纠纷,行使警察权力,执行村社里的收税职务……卡尔纳姆负责督察耕种情况,登记一切与耕地有关的事情。……边界守卫员负责保护村社边界,在发生边界争议时提供证据。"① 这就是当时村社制度的治理方式。尽管古代社会也涉及诸多国家事务,需要国家治理,但其治理主要是中央集权的。由于这样的治理主要是人治而非法治,故很难保证社会的持续稳定和健康发展,常常引发各种危机、动乱,以致出现"乱—治"的交替与循环。在近现代社会,随着商品经济和科学技术的发展,生产方式和人们的活动方式发生了深刻变革,社会生活分化加剧,社会关系和社会结构日趋复杂,因而在社会组织、协调上更多强调的是管理。受科学主义、理性主义的影响,管理方式主要借用的是自然科学的方法,采取的是科学管理,"管理科学"就是由此逐渐产生出来的。这样的管理固然促进了管理的科学化、规范化,提高了管理效率,推动了工业化、现代化进程,但其局限也是明显的,这就是只重视物,而不重视人;只重视效率,而不重视公平;只重视统一性,而不重视多样性,由此带来诸多"异化"现象。在当今时代,伴随现代化和科学技术的快速发展,特别是全球化、市场化、信息化、网络化的深入发展,各种经济社会联系日益紧密,社会生活的变动日益加剧,不确定性明显上升,以致现在的社会被称为"风险社会"。与传统风险不同,现代风险更具人为性、不可预测性,如技术风险、环境风险、金融风险、公共安全风险等,均具有高度不确定性,有些风险还难以找到明确的责任主体,成为"有组织地不负责任"的产物。因而现代风险不仅仅是技术性风险,同时也是制度性风险,是一个社会政治问题。特别是伴随全球化的发展,各种风险不仅给每个国家的发展带来重大威胁,而且使每个人都能感受到强烈的影响或冲击。面对这样的风险,迫切需要加强治理。正因如此,从20世纪90年代以来,国际社会开始高度关注治理问题,兴起了"治理"研究,并开始了新的实践探索。历史表明,治理是人类社会发展的

---

① 《马克思恩格斯选集》第1卷,北京:人民出版社1995年版,第764页。

必然，是时代发展的内在要求。治理的目的，就是推动社会健康发展，使发展少走弯路、少受挫折、少付代价。

从现实的发展来看，现代化的成败、国家的兴衰与治理密切相关。各个国家在推进现代化的历史进程中，虽发展的理念、模式、具体方式千差万别，但有些特点还是共同的，其中重要的一点，就是发展的结果源于治理的效果。一般说来，现代化水平高的国家大都是治理比较好的国家，现代化发展比较缓慢的国家基本上是缺少有效治理的国家。这在发展中国家的发展中表现得尤为明显。"二战"后，众多发展中国家实现了民族独立解放，开启了现代化的进程，但有的顺利，有的比较艰难。一些国家之所以迟迟不能步入现代化，一个重要原因就是治理远远跟不上发展的需要。如在一些发展中国家，社会生活长期存在这样一些干扰：首先是国家内部缺乏有效整合。部族、种族、民族的分裂成为影响国家政治经济稳定和发展的主要祸害。一些国家的当权者往往以部族利益为最高利益，对其他部族采取排斥的态度，致使部族间的矛盾激化。一些受压制或者处于无权地位的部族为了保护自己的利益，则纷纷要求"分离"。由此造成部族冲突不断，直接威胁到国家的生存和发展。其次是政府能力和责任感低下。政府虽然存在，但不作为或作为欠佳。许多可怕的社会现象如饥荒、瘟疫、难民等，主要是由政府的无能和腐败造成的，或者是因为根本不存在事实上的政府。有些灾害和麻烦与其说是天灾，不如说是人祸。再次是制度和政策缺乏稳定性。一些国家由于经历了长期的战乱、长期的国内政局动荡、长期的政府更迭，导致政策法规不断频繁更迭，造成环境恶化，引起投资风险增大，从而严重阻碍经济社会发展。落后的制度安排导致制度供给严重不足，直接制约着发展的顺利推进。此外是国家认同欠缺。在一些国家，人们的国家观念淡漠，部族意识、种族意识强化；即使在民族或种族比较单一的国家内，不同地区之间或同一地区的不同人群之间，往往有不同的效忠对象及其背景，常常表现在语言、宗教、生活方式的差异上。凡此种种，都加剧了社会的无序和混乱，致使发展举步维艰。要加快现代化步伐，必须从各方面加强治理。否则，只能使现代化严重受挫乃至夭折。国际治理的经验教训确实值得认真汲取。

我国的发展既有时代发展潮流的大背景，又有自身发展的内在逻辑和鲜明特点。历经70年新中国的不断建设和40年的改革开放，我国的经济社会发展取得了巨大成就，令世界刮目相看。现在，我国进入了新时代。新时代面临新情况、新问题，需要新的治理。就其发展而言，我国主要处于这样几个重要时期：一是发展的关键期。面对百年未有之大变局，我国正处于实现"两个一百年"奋斗目标的关键时期，发展的环境和条件正在发生深刻变化，既有机遇，又有挑战。一方面，世界经济进入深度调整，一些国家单边主义、保护主义盛行，多边主义和自由贸易体制受到严重冲击，各国抢占科技制高点的竞争日益激烈，国际经贸规则体系和国际秩序面临重构；另一方面，我国虽已成为世界第二大经济体，但与我国在世界经济中应有的地位相比，经济技术水平和创新能力还不够高，国际话语权还不够强，不利于我们抓好、用好重要战略机遇期。二是社会主要矛盾的转化期。经过长期的经济快速发展，我国社会主要矛盾已经转化为人民日益增长的美好生活需要和不平衡不充分的发展之间的矛盾。这是关系全局的历史性变化，对发展提出了许多新要求，不仅对经济发展提出了更高要求，而且在民主、法治、公平、正义、安全、环境等方面也提出了更高要求。这就要在继续推动发展的基础上，大力提升发展的质量和效益，更好满足人民各方面日益增长的需要。三是社会转型期。我国目前的转型，不是某一方面的转型，而是全面的转型。其转型的特点是结构转型与体制转轨同步、发展与转型并行、市场作用与政府作用相互交织。无论转型所涉及的范围还是所达到的程度，都是空前的。其产生的影响也是巨大的。社会转型期同时也是利益调整期、矛盾凸显期，能否妥善处理好这些利益、矛盾，事关转型和发展的成败。总体说来，我国发展的各方面任务之繁重前所未有，面临的风险挑战之严峻前所未有。只有防范化解风险，才能保证发展顺利进行。为此，必须加强治理，推进国家治理体系和治理能力现代化。

二、治理的规律性原则

国家治理既然是从社会发展的现状与问题中提出来的，那么，必须根据社会发展的要求来推进。如何看待和推进国家治理？有必要从其基本理论上尤其是从实践观上加以合理的理解和把握。

国家治理，涉及的中心问题是"制"与"治"。"制"，即制度。在我国，现在的国家制度就是党和人民在长期实践探索中形成的科学制度体系，由其根本制度、基本制度、重要制度所构成。"治"，即治理。它既表现为治理的活动，即治理实践，又表现为治理的效果，即治理效能。完整的国家治理，就是由"制"与"治"共同构成的。

"制"与"治"并不是各自孤立存在的，而是内在联系在一起的。一方面，"制"是"治"的根本依据。国家治理体系是根据国家制度来制定的，治理体系的内容、结构、规则、运作以及实施方式等从根本上来说是由国家制度的性质决定的，有什么样的国家制度，就有什么样的治理体系；国家治理的一切工作和活动都是依照国家制度来展开的，国家治理的方向、道路是由国家制度确定的。因此，国家制度是国家治理的根本遵循。另一方面，"治"是"制"的体现和实现方式。"制"只有通过"治"才能发挥作用并产生实际影响，而"治"就是"制"的功能发挥和体现。如我国的国家治理体系和治理能力就是国家制度及其执行能力的集中体现，其中治理体系是国家制度落实到国家治理中的具体化、实体化，治理能力则是国家制度在贯彻落实中的主体化、应用化。只有建立起完备的国家治理体系、形成高效的国家治理能力，国家制度才能得到贯彻执行。不仅如此，"治"还是"制"的实现方式。制度是通过治理来为自己开辟道路的，是通过各种具体的治理来落地生根的，因而治理是把国家制度优势转化为国家治理效能的基本方式和基本依托。制度的合理性最终体现于治理的效果上。

"制"与"治"相辅相成、相得益彰。治理国家，制度无疑起根本性、全局性、决定性的作用。诚如邓小平所说，"制度好可以使坏人无法任意横行，制度不好可以使好人无法充分做好事，甚至会走向反面"①。只有建立起好的制度，才能形成合理有效的治理，进而取得预想的效果。就此而言，"凡将立国，制度不可不察也"。反过来，治理对制度又有着极为重要的影响与作用。治理的好坏，直接关乎制度的存在与发展。没有有效的治理，制度就难以彰显其价值与功能；没有有效的治理，再好的制度也难以发挥作用。国家制度和国家治理不能完全相等同，不是国家制度越健全，国家治理的水平就自然而然地越高。只有不断提高国家治理能力，才能充分发挥制度的效能，彰显制度的优越性。而且，治理能力和水平的提高，也会使制度进一步发展、完善。如治国理政的先进理念和成功实践经验，常常会被制度所吸收，转化为成熟的定型的制度。"制"与"治"就是这样相互依存、相互转化的，共同构成为一个统一的有机整体。要加强治国理政，必须要有这样的总体意识，对制度和治理予以总体性的把握。"徒善不足以为政，徒法不足以自行。"制度与治理必须密切结合，共同发力。

  "制"与"治"的统一是在实践中形成的，并按规律性的要求发展的。先进的国家制度不是主观设定和随意制造出来的，而是根据社会发展规律形成并制定出来的。中国特色社会主义制度就是党和人民在长期实践探索中形成的科学制度体系，是对共产党执政规律、社会主义建设规律、人类社会发展规律深入探索的结果。规律的形式化、规范化体现，便形成制度。制度就是规律概括、把握的产物。所谓治理要依据制度，实际上就是要按照规律行事。由于制度不过是规律在其展现过程中形成的定型的规范体系，因而尊重制度，也就是尊重规律。坚持治理按制度行事，就体现了治理的规律性原则。作为规律的形式化、规范化表现，制度反映了社会生活的内在的本质的联系，反映了社会发展的客观要求和行为规范，由此规定了治理的方向、原则和基本方式。因此，要

---

① 《邓小平文选》第二卷，北京：人民出版社1983年版，第333页。

提高治理的有效性、科学性，必须严格依据制度。强调制度的规范性，也就是强调规律的客观性。离开了制度的治理，必然是盲目的治理。

既然制度和治理是在实践过程中按照规律的要求形成的，那么，随着实践的发展，制度和治理也需要发展。一般说来，制度具有相对稳定性，因为规律是比较稳定的，制度也因之是相对稳定的。但是，这种稳定性并不等于停滞不变，实践在发展，制度也必须创新。只有不断创新，才能增强制度的适应性。为此，要在保持政治定力的基础上，积极推进国家制度建设。应当看到，经过长期努力，我国已经建立起特色鲜明、富有效率的中国特色社会主义制度体系，这一制度体系虽然适应我国国情和发展要求，保障我国创造出经济快速发展、社会长期稳定的奇迹，但还不是至善尽美、成熟定型的，许多体制、机制问题成为发展的"瓶颈"。这就要求我们既要坚定制度自信，又要不断改革创新，在坚持根本制度、基本制度和重要制度的基础上，把制度创新、制度建设摆到更加突出的位置，全面深化改革，不断推进制度体系完善和发展。事实上，要使制度优势充分释放出来，也必须通过深化改革。只有破除体制、机制障碍，才能充分释放制度潜能。与此同时，治理也必须面对当代社会发展现实，切实改进治理的方式、方法，提高其现代化水平。我国经济社会发展中的许多重要问题，都与国家治理体系和治理能力直接或间接相关。正是由于治理不到位或缺乏治理，致使许多问题产生，乃至引发一些破坏性的后果。要把我国建成社会主义现代化强国，必须适应经济社会发展出现的新情况、新特点，切实加强治理。总体来看，制度和治理都是实践的产物，二者是在实践中形成的，也是在互动中发展的。正是在这种发展中，不仅治理体系和治理能力得到了增强，而且制度体系也得到了健全、完善。

研究"制"与"治"，重点是做好二者的转化工作。要使制度优势变为治理效能，关键是加强转化这一中介环节。实际上，从"制"到"治"的转化也是有规律、有其内在逻辑的。一般说来，根本的、基本的制度往往是通过体制来体现的，体制是通过特定的机制来运作的，而一定的机制又是通过各种具体的法规、规则、规范和相应的方式来构成和展开的。因此，治理应当按照这种规律性的逻辑关系，环环紧扣，切实抓好转化的每一环节。而要实现这种转化，关键是要提高制度执行能力。制度是通过制度执行能力而影响治理效能的。只有切实提高制度执行能力，才能有效增强治理能力，提升治理实际效能。

三、治理的主体性原则

从社会发展看国家治理，不仅要求治理合规律性，而且要求治理合目的性。这里所讲的"目的"，不是通常所说的"有计划、有目的"，而是旨在促进人的全面发展的目的。这就是治理所要突出的主体性原则。

要理解这一原则，首先需要对社会发展予以深刻的理解和把握。按照唯物史观，社会发展并不是外在于人的纯粹客体运动过程，而是人的自我创造过程，是人的活动的结果。在社会历史领域，发展并不仅仅是以社会客体发展的程度来界定的，而且是以发展的结果对主体的价值关系来确定的。完整意义上的社会发展，是同人的发展及其价值理想的实现直接相关的发展。人正是在改造世界的活动中，不断丰富和发展自身，创造和实现自身的价值，这种追求和创造活动便形成了社会发展。因此，社会发展的实质是人的发展。由社会发展的实质所决定，治理的最终目的就是为了促进人的全面发展。推进国家治理体系和治理能力现代化，固然是要促进社会生活各方面的发展或社会的全面进步，而社会全面进步最终还是要落到人的全面发展上来。离开了人的发展，社会发展和国家治理就失去了真实的意义。所以，治理有其深刻的人学内涵，研究治理必须突出主体性原则、突出人的发展。

按照这样的原则，在治理上应当关注和明晰这样一些重要问题：

（一）治理的理念问题

治理理念作为治理的观念形态，主要反映的是治理的价值取向，它在治理过程中起着凝聚治理共识、规范主体行为、引导治理发展的重要作用。在价值取向上，首先要坚守人民立场。坚持以人民为中心，解决好人民最关心最直接最现实的利益问题。在政策的研究和制定上，把尊重民意、汇集民智、凝聚民力、改善民生放在首位，凡是群众反映强烈的问题都要严肃对待，凡是损害群众利益的行为都要坚决纠正；在政策的落实上，要真正坚持踏石留印、抓铁有痕，不断增强人民群众的获得感、幸福感、安全感。其次是要把人民对美好生活的向往作为治理的工作导向。应将以人民为中心的理念落实到制度安排和治理实践中，把实现好、维护好、发展好广大人民群众的根本利益作为一切工作的出发点和立足点。自觉适应人民日益增长的美好生活需要对党和国家工作提出的新要求，切实为群众办好事、办实事、解难事，这就需要提高统筹贯彻新发展理念的能力，运用制度和法律促进高质量发展，不断提高保障和改善民生水平。再次是促进公平正义的实现。公平正义作为人类普遍的价值追求，对于国家治理有其特别重要的意义。国家治理现代化就是要以"让发展成果更多更公平惠及全体人民"为核心内容，以"促进社会公平正义、增进人民福祉"为宗旨。经济社会发展既要把"蛋糕"做大，又要分好"蛋糕"，使公平正义得到真正体现。落实公平正义的关键在于制度建设。公正与法治相辅相成，法治是公正的必要条件和基本保障，公正则是法治的目标和生命。坚持公正就必须坚持法治。

（二）治理的主体问题

治理与管理的不同，重要的一点在于主体的构成及其作用发挥的不同。管理的主体比较简单，这就是各级政府；而治理的主体则不仅是政府，同时还包括各种社会组织和广大群众。治理主体由单一走向多元，已成为治理的必然趋势，也是发展的内在要求。在治理主体体系中，政府、民众和社会组织究竟各处于何种地位、相互间关系如何处理？必须肯定，人民是历史创造的主体，当然也是国家治理体系中最重要的主体，在国家治理体系中发挥着当家作主的作用。人民当家作主，就是要发展更加广泛、更加充分、更加健全的人民民主，推进民主广泛、多层、制度化发展，切实保障人民管理国家事务和社会事务、管理经济和文化事业的权利。人民当家作主的作用，主要是通过人民代表大会制度、协商民主、基层民主来实现的。当然，强调人民主体的作用，并不意味着轻视政府的作用。政府是代表人民行使权力的，为人民执政、靠人民执政，是其基本准则，因而在根本利益上是一致的。而且，政府在维护秩序、化解风险、处理危机方面有着别的主体无法替代的功能，面对各种社会矛盾和风险，政府应努力掌握预防化解的主动权，而不是等社会力量和个人无法处理时才出场。检验政府治理水平的高低，既要看紧急情况下应急能力，又要看常态下矛盾纠纷预防化解能力，因而政府在治理中有其特殊的功能和责任担当。既然政府、民众以及社会组织都是不可缺少的治理主体，那么在多元主体共治中就必须实现相互协调。如何协调？没有一定之规，完全因具体情况而定。因为不同的治理对象，会有不同的主体牵头，有的是政府牵头为好，有的是社会组织牵头为好，还有的是群众自我出面效果更好。不管怎样，要使人的因素和作用得到充分发挥。

（三）治理的参与问题

要使人民群众真正成为治理的主体并在治理中得到发展，必须使其参与到各种治理中来。没有实际的参与，主体的作用就是一句空话。

要加强国家治理，必须为民众有效参与管理国家各种重要事务提供便捷条件，疏通各种渠道。扩大参与的过程，就是一个扩大民主的过程。这就是要赋予民众以更多的权利，包括知情权、参与权、表达权、监督权，让民众通过各种正当权利的行使，参与到国家治理和社会治理中来。为此，必须"健全民主制度，丰富民主形式，拓宽民主渠道，依法实行民主选举、民主协商、民主决策、民主管理、民主监督，使各方面制度和国家治理更好体现人民意志、保障人民权益、激发人民创造，确保人民依法通过各种途径和形式管理国家事务，管理经济文化事业，管理社会事务"①。扩大参与的过程，也是一个激发社会活力的过程。国家治理既要确保社会稳定发展和公共利益合理维护，又要尊重差异、包容多样，在维护宪法和法律权威的前提下承认合理合法的个性化追求，保障个人自由，让社会充满生机活力。为此，要充分发挥人民首创精神，善于发现人民群众在生产生活、基层治理中呈现出来的智慧、经验、创造，让一切有利于社会进步的创新愿望得到尊重，创新勇气得到鼓励，创新成果得到保护。扩大参与的过程，也是民众治理能力提高的过程。国家治理能力水平的提高有赖于全民治理能力的增强。尤其在日常社会治理中，民众的力量和作用更大。正是在参与治理的过程中，民众经受了教育与训练，从而可以提高自身的素质，提升治理能力。各个治理主体能力的提高，无疑是国家总体治理能力的增强。扩大参与的过程，同时也是一个推进人的全面发展的过程。马克思讲过："个人的全面性不是想象的或设想的全面性，而是他的现实联系和观念联系的全面性。"② 正是通过参与，每个人扩展了社会交往和社会联系，同时也丰富和发展了自己。

总的说来，在治理现代化的研究和探索中，应当突出人的主体性，既见制度又见人。制度自然重要，但制度也是要靠人来建立、来执行，缺少人的维度，治理现代化就会落空。正像社会现代化需要人的现代化一样，治理现代化也离不开人的现代化。

四、治理的方法论要求

在社会发展过程中，不同的领域、不同的问题治理的方法不同，不同的学科、不同的部门考虑的重点也不同，但推进治理现代化还是有其

---

① 《中国共产党第十九届中央委员会第四次全体会议文件汇编》，北京：人民出版社2019年版，第28页。

② 《马克思恩格斯全集》第30卷，北京：人民出版社1995年版，第541页。

共同的基本要求的。从总的原则来说,治理必须与社会发展相适应,而在具体推进上,则必须注意这样一些方法论的要求,即这样几个结合:

一是治理与发展相结合。如前所述,治理既是发展的社会环境,又是发展的内在要素。这样,治理与发展就不仅仅是一种外在的关系,而是不可分割的内在联系。与之相适应,治理不能游离于发展之外,发展也不能离开治理。二者不应成为两张皮,而应融为一体,即在治理中发展,在发展中治理。

所谓在治理中发展,指的是在发展过程中,不能等到问题积重难返再治理,应当通过及时的、有效的治理来为发展保驾护航。这就要求加强经常性的治理,使治理成为一种常态,而非关键时刻的应急措施。经常性的治理可以营造良好的发展环境,提供可靠的制度保障,从而降低发展的成本和代价。健康的发展总是在不断的治理中推进的。所谓在发展中治理,指的是治理必须置于发展之中,边发展边治理,不能靠限制发展来避免问题的发生、换取环境的安宁,应当在发展中加强治理,用发展巩固治理。虽然不能说所有发展中的问题都能靠发展来解决,但不少问题的解决和治理的确离不开发展。治理需要一定的物质基础和资源,只能靠发展来解决,没有一定程度的发展,治理无法实施,"心有余而力不足"是其治理的一大困境;治理需要协调配合、相互支撑,这也要求发展上必须相互协调,根本不可能在发展的各种结构失调、比例失调乃至发展无序的状态下取得满意的治理效果;治理是一个过程,不可能一蹴而就,其原因也在于发展的条件性,具备了什么样的发展条件,才能进行什么样的治理,不能离开条件盲目治理。实际上,如果从深层次的关系来看,治理与发展是很难截然分开的。从一定意义上说,治理就是发展,治理的过程就是发展的推进过程;发展就是治理,健康的发展就内含着并显现为有效的治理。这不是要否定二者的区分,而是旨在说明二者的密切关系,以便更为透彻地理解治理与发展的结合。

既然治理必须与发展相结合,那么,面对当代社会发展实践出现的新情况、新特点,治理需要切实改进方式、方法,增强其应对能力,提高其现代化水平。一是要加强前瞻性，把握主动权。既要应对百年未有之大变局，又要考虑新时代出现的新问题，多一些未雨绸缪，少一些亡羊补牢。二是要加强协调性，有序推进。治理是一项系统工程，牵一发而动全身，需要不断提升治理体系的协调性，统筹兼顾，相互配合，形成治理的联动机制。三是加强精准性，精细治理。随着制度体系和治理体系的建立和完善，治理的趋势也从粗放管理走向精准治理，这就要求具体问题具体分析，一把钥匙开一把锁，真正使治理扎实到位，取得实效。

二是长远制度建设与解决突出问题相结合。国家治理的好坏，最根本的是靠制度建设；而要形成一套比较完备的制度体系，需要较长甚至很长的历史时期。因此，加强国家治理，必须着眼于长远制度建设，这是实现国家长治久安最为可靠的基础和保障。但是，在长远制度建设过程中，每一时期又有不同的重点和需要关注的主题，这种重点和主题就是由该时期社会发展的突出问题决定的。这样一来，要推进治理，必须长短结合，即把长远制度建设和解决突出问题相结合，既着眼长远，又应对当前。就治理的理论而言，要从重大现实问题中把握理论的需求，寻找理论生长点，深入探讨事物发展的规律，形成有效解决问题的理论新成果。就治理的实践而言，要聚焦事关事业发展全局的战略问题、改革发展中出现的难点问题、人民群众关心关注的热点问题，汇聚力量，全力攻关，妥善解决问题。治理就是在回应和解决问题中推进的。应当看到，我国步入了新时代，与此同时，经济社会发展中也出现了一些亟待解决的突出问题，如发展质量和效益还不高，创新能力不够强，生态环境依然存在危机，社会服务体系不健全，民生领域还有不少短板，全面依法治国任务依然繁重等，都同国家治理体系和治理能力直接或间接相关。这就需要坚持问题导向，紧紧围绕发展过程中和治理过程中的各种问题，把脉开方，对症下药。问题的研究、解决，又可以加强制度建设。

三是顶层设计与分层对接相结合。习近平同志指出："新时代改革开放具有许多新的内涵和特点,其中很重要的一点就是制度建设分量更重,改革更多面对的是深层次体制机制问题,对民革顶层设计的要求更高,对改革的系统性、整体性、协同性要求更强,相应地建章立制、构建体系的任务更重。"① 推进国家治理体系和治理能力现代化确实是一项复杂的系统工程,需要协同联动、系统集成。系统集成,重点是要实现总体布局的综合集成、发展战略的综合集成、制度体系的综合集成、制度执行的综合集成,并在其发展过程中,实现系统功能的整体发挥和系统形态的有序演化。系统集成客观上要求顶层设计。只有加强顶层设计,才能使各项举措在政策取向上相互配合、在实施过程中相互促进、在治理成效上相得益彰。要使顶层设计落到实处,必须处理好顶层设计与分层对接的关系。分层对接就是通过根本制度、基本制度、重要制度的衔接和各项具体制度的配套,使制度的顶层设计精准落地,真正发挥制度效能。要处理好顶层设计与分层对接的关系,在实际工作中就是要搞好上下左右、方方面面的配套,注重各项工作的协调推进、相互配合。这在方法上就要像习近平同志所说,"要弄清楚整体政策安排与某一具体政策的关系、系统政策链条与某一政策环节的关系、政策顶层设计与政策分层对接的关系、政策统一性与政策差异性的关系、长期性政策与阶段性政策的关系,既不能以局部代替整体、又不能以整体代替局部,既不能以灵活性损害原则性、又不能以原则性束缚灵活性"②。这也是治理的辩证法。

四是独立探索与开放借鉴相结合。推进国家治理体系和治理能力现代化,这是一项新的伟大事业,没有现成的模式照搬,需要不断探索。纵观当今世界,不少国家在国家治理现代化过程中,有的成功了,有的失败了,其原因固然错综复杂,但其中一个重要原因就在于治理是否符

---

① 《中国共产党第十九届中央委员会第四次全体会议文件汇编》,北京:人民出版社2019年版,第74页。

② 《习近平谈治国理政》,北京:外文出版社2014年版,第106—107页。

合国情、能否恰当地处理独立自主与吸收借鉴的关系。一个国家选择什么样的治理体系，是由这个国家的历史传承、文化传统、经济社会发展水平决定的，是由这个国家的人民决定的。盲目照搬别国的模式，往往会多走弯路，甚至误入歧途。如不少发展中国家自觉不自觉地照搬西方所谓"先进治理模式"，严重脱离国情，结果长期陷入"低效治理"和"无效治理"的困境。如非洲不少国家独立后罔顾本国民族、宗教和文化多样性与复杂性，照搬原宗主国治理模式，结果陷入种族冲突、多党乱斗、经济停滞和社会动荡乱局，发展非常缓慢，少数国家甚至成为"失败治理"的典型。部分中亚转型国家身处复杂的地缘政治环境中，独立后尚未形成"内生型"治理体系，执政者和民众习惯于向外伸手，借外力解决内部问题，至今尚未找到符合本国实际的治理道路[①]。可以看出，能否坚持走自己的路，对于一个国家的治理至关重要。当然，强调独立探索，决不意味着排斥开放借鉴。虽说国家治理没有统一模式，但毕竟有其诸多共同的特点、要求乃至遵循的一般规律，这些都是需要学习、关注的，需要遵守的。而且，一些国家在国家治理过程中所创造的成功经验和做法，也是需要吸收借鉴的。因此，推进国家治理体系和治理能力现代化，必须善于把独立探索与开放借鉴相结合。

[①] 参看张光平、张思萌：《国家治理现代化：国际经验与教训》，载《当代世界与社会主义》，2015年第2期。

现代国家的双重身份与未来可能的世界体系的建构原则

——一个纯理论的分析与猜想

黄裕生[*]

【摘　要】 民族国家（nation-state）自从其诞生起就面临自身主权的合法性问题。一个民族实体无论其民族性还是其拥有的实力都无法为其成为一个主权实体提供正当性的理由。因此，如果国家只有民族这一身份而保持为单纯的民族国家，那么这样的国家就只是一个现实的国家，而不是具有内在正当性的现代国家。由这样的民族国家构成的国际体系则必是一个充满冲突与不确定性而不值得期待的世界体系。民族国家要走出合法性危机必须接受新国家观的洗礼与人民的授权委托，而这个过程既是民族国家人民化的过程，也是民族国家获得人民国家（people's state）身份的过程。在这个意义上，现代国家具有双重身份——民族身份与人民身份。人民化过程不仅改变了国家的实质，也深刻改变国际关系体系。就值得期待的未来世界体系而言，不应该、也不可能基于国家的民族身份，而应该、也只能够根据国家的人民性去想象和建构。基于人民国家这一身份，人类或许只能基于七大原则去建构未来可能的世界体系。

【关键词】 民族国家；人民国家；世界体系；普遍原则

---

[*] 作者简介：黄裕生，清华大学哲学系教授。主要研究方向为西方哲学。

引　言

新冠疫情暴发之后，人们开始关注和讨论，国际关系体系将会发生什么样的变化。虽然新冠疫情还没有结束，但是，有一点看来是肯定的，那就是新冠之后，全球国际体系将会有重大变化，特别是对中国来说尤其如此。因为一些重要国家已公开表示，与中国的关系不可能再回到从前了。那么，新冠之后，世界的国际体系将会有什么样的可能变化呢？无论对于国家，还是对个人，这都是一个切身的问题。

对于这一问题，需要不同学科从各自角度进行分析，而哲学看起来可能是最派不上用场的。不过，排除了哲学，都会增加任何一门学科给出的预判的片面性。实际上，只要涉及人的行动，都会有正当性与合法性问题。而正当性与合法性问题终究无法绕过哲学的讨论。

要讨论疫情之后世界国际体系的变化问题，首先需要回到一个原点，那就是现有国际体系的主体，也就是国家。不过，本文关切的重点将不是新冠之后短期内的国际体系可能的变化，而是更长远的未来可能的世界体系。为此，尤其需要对现有国际体系的成员主体进行更真实和更全面的认识。

二战之后形成的国际体系无论多么不完善，存在多少的缺陷与问题，它无疑都是人类历史上规模最大、共识最明确的国际共同体；同时，现有的国际体系也是包容性最大的人类共同体，它接受并呈现了人类从未有过的多样性差异。如果我们能真正澄清它的成员身份，那么我们将看到，建构现有的国际体系有一个重要的参照系，那就是人类有史以来最具普遍性的那些原则。这些高级版本的普遍原则才是我们理解、想象未来可能的世界体系的基点。

那么，如何理解、确定现有国际体系的成员主体的身份呢？这是一个需要重新深究的首要问题。

热点聚焦

一

在现有国际体系里，国家这个成员主体实际上有双重身份。但是，人们今天通常只强调其中的一个身份，那就是国家的民族身份，甚至人们通常只看到这个身份而把国家称为"民族—国家"（nation-state），并且只根据这一身份去理解、分析国际体系与国际关系，甚至只根据这一身份去规定、想象国际关系。因此，我们要首先考察现有国家的这一身份。但是，为了澄清这一身份，我们需要对"民族"这个概念进行必要的讨论。

在没有民族概念之前，人类也进行着自我区分。比如，中国古代的匈奴、鲜卑、突厥之分，罗马帝国时代的高卢人、哥特人、汪达尔人之别①，在一定程度上都具有后来的民族意义上的区分，虽然那时候还没

---

① 当我们这么说的时候，有人可能会认为，这会把近代的民族 nation 与诸如 race 或 ethnic 相混淆。这里我想指出三点：首先，近代才有的 nation 的确与 race、ethnic 有区分，但同时也有交叉甚至重叠，所以有些地方才会以种族主义把自己的共同体想象为高等级的民族共同体。其次，像 race 本身也既有种族，也有门第、社会地位的内涵，而这也是构成近代民族 nation 认同与想象的一个重要方面。最后，只有当人们想当然地把 nation 直接等同于国家 state 的时候，或者把 nation 直接等同于国家来接受时，才会认为 nation 与 race、ethnic 没有关系或完全不同。实际上，如果把 nation 简单理解为国家，就没必要把现代国家称为 nation-state，更不存在所谓单一民族国家（single nation-state）这样的说法。而在非欧洲地区，在摆脱殖民统治与独立运动过程中，也没有必要去建构 nation，而只需直接建构国家。人们在这个过程中之所以需要建构 nation，而非只建构国家，除了因为人们在国家观念上以欧洲特殊历史形成的 nation-state 为国家范本外，在现实层面上，则恰是因为促成民族认同为一个共同体的那些核心要素在反抗外来统治者的努力中也是最具有动员效应的要素，所以反抗殖民统治的政治领袖们才千方百计地要进行民族建构，包括把历史上多民族共处的格局建构为一个统一的民族共同体，进而建立起一个基于多民族的统一国家，而不是单一的民族国家。把 nation 等同于国家不仅混淆了人类学—社会学意义的民族概念与政治学意义上的民族概念，也混淆了人类学—社会学意义上的民族国家与政治学意义上的民族国家，这种混淆恰恰使这一概念非历史化。Nation 概念的这种非历史化不仅在汉语学界流行，也在西方学界泛滥，由此引发了一系列问题。所以，这里我们要对 nation 这一概念进行理论性的澄清，以便确立起一个新的分析框架澄清现代国家的真实身份。

有民族概念,虽然这些基于各种差异性而自我标识或被标识的族群后来可能都融合入了其他民族。这一方面表明,民族的区分活动先于民族概念。另一方面则表明,基于差异性确立起来的族群意识与民族概念,从来都是一个历史性概念,而这进一步意味着,任何民族性都是可超越的。历史事物的历史性本身表明,历史有一个在先的条件(die Voraussetzung a priori),这个在先(先验)条件才使历史不断打开而使历史中的事物的历史性不断被打破、被超越。历史的先验条件虽然并不离开历史本身,却在逻辑上先于历史,并因而超越于历史:它不在历史之外,却又不仅仅在历史之中,而是同时在历史之上。简单说,历史本身指示着超历史的条件。

这里,相对于我们要讨论的主题而言,重要的不是去考察民族这个概念起源的具体时间,而是澄清促使民族共同体形成并被标识出来的核心要素是什么。显然,民族共同体的形成,必定要基于某一或某些共同要素而达成一定程度上的认同,才是可能的。从"人类学—社会学"角度看,这些核心要素主要有三个:第一,特定的文化,包括宗教、思想、语言、伦理习俗、历史记忆等;第二,基于血缘关系而可以显现于外部的族群特征,也就是通常的种族特性;第三,基于种族(race)或社会地位、地缘关系而形成的共同利益。基于这些方面或者基于其中某个方面的认同而形成的共同体,都会自觉或不自觉地自我标识为一个族群共同体。因为人们在对这些方面或者其中某一方面的认同过程中,也就意味着在这些(这一)方面把自己与其他人群区别开来。实际上,基于这些要素的认同而结合在一起的族群,也会被他者标识为一个有差异的族群共同体。

基于这些要素的认同而自我确立起来或者被确立起来的族群,我们可以称之为"人类学—社会学"意义上的民族。因为这些基本要素可以通过"人类学—社会学"的实证研究方式加以澄清与界定。而这些要素也就构成了基于对这些要素的认同而形成的民族的民族性。虽然正如在没有民族概念之前人们就进行着民族区分一样,在还没有"人类学—社会学"之前人们就进行着民族标识与民族界定。满、汉、蒙、藏,在"人类学—社会学"引入之前,这些族群实际上已经被作为"人类学—社会学"的民族加以标识。正因为构成这些民族的诸要素可以通过"人类学—社会学"的方式加以澄清与界定,"人类学—社会学"对人类的差异性的研究可以倒过来影响、推动乃至规定了民族的区分与确立。中国在1949年之后,各个民族主要都是以"社会学—人类学"调查的方式被确立下来的。简单说,在全球范围内,人们都是通过这些"人类学—社会学"确立下来的那些要素差异去识别或自我识别一个民族之为一个民族。

就这种"社会学—人类学"意义上的民族而言,民族既可以是一个个人的身份,也可以成为一个国家的身份。当人们把"社会学—人类学"意义上的民族单位作为一个国家单位来理解与认同而确立为国家时,这种"社会学—人类学"意义的民族才获得高阶政治意识,也即主权意识而成为一个国家的身份①。我们权且把这种国家称之为"社会学—人类学"意义上的民族国家。这里要特别先行指出的是,与后面我们将提及的西耶斯意义上的政治学国家,也即经过新国家观洗礼之后的政治学国家有一个根本不同就在于,人类学—社会学意义上的民族国家是基于民族性与实力而确立起来的主权实体,而后者则是基于契约者的

---

① 作者在"大学沙龙"做同名报告时,刘擎教授在评论中提出一个有力的质疑:nation 与 race、ethnic 有一个重要不同,就是 nation 包含"政治意识"。这就涉及一个问题:何为政治意识?需要区分两个不同层次的政治意识:低阶政治意识,即自治管理意识;高阶政治意识,即自我主权的意识。就基于上面提到的三方面核心要素(或其中某一方面)的认同而形成的民族共同体而言,它有三种可能:1. 它只有自我识别的意识,却没有这两层政治意识;2. 具有低阶政治意识而没有高阶政治意识;3. 它有双重政治意识。因此,即使具有政治意识的民族也并不意味着具有主权意义上的国家意识而把自己确认并确立为国家。恰是在欧洲近世的"民族—国家"形成之后形成一种具有误导性的"民族—国家观"(one nation one state)才引发并强化民族的多重政治意识,特别是最后一层政治意识。历史上很多较大的民族共同体有第一层政治意识,却并没有高阶政治意识。

授权而缔约出来的一种新的政治共同体。虽然基于民族性与实力确立起的国家当然也是一个政治共同体，但是，它还不是一个政治学国家，因为后者才是基于政治学的新国家观进行改造而建立起来的。正是在这种政治学意义上的国家里，民族与人民被等同起来，也才有理由被等同起来。看不到这一区分，才导致把人类学—社会学意义上的民族国家泛化为政治学意义的国家，从而无法看到现代国家除了民族国家这一身份之外，还有人民国家这个更重要的另一身份，更看不到恰恰只有成为人民国家，现代国家才真正成为现代国家。基于民族性与实力建立起来的民族国家如果一直停留于这样的国家，那么它仍是一个古代国家，而不是一个现代国家。虽然它在欧洲的确立过程中实际上否定了"君权神授"这一神话而具有现代国家向度，但是，单凭这一否定性尚无法使之告别古代。这一点是至关重要的。

就历史而言，最初的民族国家就只是人类学—社会学意义上的"民族—国家"。不过，作为这种国家的身份，民族的核心要素不仅包含着共同的祖先、共同的文化传统以及共同的历史叙述等，还包含着共同的地域及其地缘利益，以及作为一个生活共同体的共同利益。显然，无论哪些要素，民族这一身份都是在比较中得到确立与限定的。这种比较同时包含着两种活动：既是确定一个民族的内部共同性的活动，也是确定了一个民族有别于其他民族的差异性的活动。这意味着，无论是作为一个概念单位，还是作为一个实体单位，民族所包含的核心要素都是**特殊**的，也即与其他民族是有别的。因此，当国家以"民族—国家"（nation-state）这样的身份出现时，它的存在本身就是特殊的：这样的国家以之为基础的民族性是特殊的，基于这种民族性的利益诉求自然也是特殊的。

这意味着，在以民族国家为基础建立起来的国际体系里，国家之间的关系必定总是充满着差异与冲突的民族实体之间的关系。

这里，特别值得注意的是，从民族国家形成的历史看，虽然民族性被视为建立民族国家的基础，但是，实际上，民族性并非民族国家得以建立的唯一基础。就欧洲民族国家形成的历史来说，当且仅当一个民族实体具有足够的强力得到承认，它才可能成为一个国家；而一个民族实体的利益也只以其实力为边界。威斯特伐利亚和约之所以被视为现代民族国家形成的一个节点，一个重要方面就在于它确认并表达了一个基本内容：通过三十年战争，一系列具有各自民族性的权力实体不得不相互承认各自拥有的强力（strength/might）的边界，不得不接受以实力平衡为基础的利益单位及其基于强力而拥有的权力。所以，民族国家从其诞生起，就带着民族性与强力这双重向度。我们甚至可以说，就民族国家形成的初始历史而言，一个民族实体的强力才使这一民族的民族性成为这个民族实体被确立、被承认为一个国家的理由——确切说，是一个物理原因也即一个实然原因才使民族性成为一个民族自立为国的理由，而不是出于应然的正当性理由。

因此，如果国际体系仅仅是由只有民族身份的国家构成的，那么，国际关系就必定只遵循着近乎丛林法则的实力法则。这里，强力即正当。在这种国际体系里，国与国之间的关系就是利益考量和实力较量的关系。所以，从"民族—国家"这个国家身份出发来理解与处理国际关系，每个国家都有理由完全从自己的民族性与民族利益出发，来规定与他国的关系。也就是说，在这里，每个国家都有理由把自己的民族性与民族利益放在第一位，因此，每个民族国家都是"优先国家"而有理由奉行自己优先的对外政策。在由民族国家构成的世界体系里，如果说国际间有什么政治，那就是民族性与实力；如果说有什么共同遵循的原则，那就是实力均衡的原则①。

因此，如果现有国际体系的成员主体只有民族身份，那么，这个国际体系是非常不稳定的，是极不靠谱的，因而也是不值得期待的。

---

① 实际上，实力均衡原则几乎是古代世界所有国家与国际体系奉行的原则，也是所有帝国实行的一种统治术，只不过在民族国家形成之后，这一原则被更自觉地加以奉行。

这主要有两个原因：首先是因为每个以自己为优先的国家都必以自己的实力为根据去追求民族性的优越性，以及本民族的特殊利益。在这过程当中，实力或强力是每个民族国家追逐其利益的界限，实力也是民族国家之间唯一能相互承认的利益界限。因此，只要有可能，每个民族国家不仅都会谋求自己的最大利益，而且也会尽可能损害他国的利益。也就是说，在尽可能增强自己力量的同时尽最大程度削弱他国的力量，以便既维护现有的最大利益，也为下一步争得更大利益创造条件。

这一方面必使得民族国家之间陷入不断纷争的混乱局面。另一方面必使民族国家之间的结盟永远都是短暂与临时的；随着实力的消长，今天的盟友，明天就可能成为敌人。所以，民族国家之间的结盟往往不是中止纷争或缓和纷争，而是延长了纷争，甚至强化了纷争。自从民族国家产生之日起，这种纷争的局面延续了三百多年，二战达到高峰①。

其次，虽然民族国家之间也展开国际分工与合作，从而形成一个相互依赖、相互协作的国际关系体系，但是，因为每一个民族国家出于自己优先的利益考量，既可以随时打开国门，也可以随时关掉国门，或者说，既可以随时加入全球合作与全球分工，推动全球化，也可以随时退出合作而反全球化。

所以，今天的国际体系，即二战之后形成的国际体系，如果的确仍然只是以民族为其唯一身份的国家构成的世界体系，那么，如果新冠暴发使得各个国家，特别是欧美发达国家发现，全球化给他们带来了利益

---

① 如果说17世纪三十年战争被视为民族国家形成的开端，那么，从此形成的欧洲国际关系也进入了旷日持久的纷争时代。这种纷争不仅以前所未有的深度与烈度展开，而且结盟关系极不稳定。就前者而言，比如整个18世纪前70年几乎所有欧洲国家都陷入了连续不断的战争之中，其中，发生于1709年9月的马尔普拉奎特战役，参战双方的军队达到14万人，按历史学家的研究，其规模与惨烈程度超过了欧洲之前任何一次战争。在结盟关系的不稳定性方面，我们只要提到被称为"奥地利王位继承战争"的情况就够了：在这次战争中，与哈布斯堡王朝一直处于敌对关系的法国转而与之结盟，而原来通常支持哈布斯堡王朝的英国却放弃了奥地利，转而与普鲁士结盟。

损害，那么，全球化趋势必然会减弱直至逆转，甚至重返二战前的状态：各民族国家将各自在国内建立尽可能完备的社会——经济体系，特别是完备的工业体系，把社会分工尽可能限制在本国之内，以保持自己的独立性与捍卫安全的能力。

但是，如此一来，二战之后建立起来的国际体系将不复存在。国家之间将不再有"国际社会"，只有国际丛林状态。这也就意味着，人类将无法避免再次发生世界性的战争。

难道人类真的如哲学家曾嘲讽的那样，人类的历史教训就是人类从未吸取历史教训？

二

如果说构建国际体系的国家都只有民族国家身份，那么，国际局势的确可能就是如此。

但是，实际上，在民族国家形成之后，一方面在相当长历史里，国家由于主要以民族国家这一身份出现，因而的确陷入了持续的国际争端与国际冲突。

但是，另一方面，民族国家内部也开始进行自我改造，发生了诸如英国"光荣革命"（及其引发的北美独立运动）、法国"大革命"，以及随后在整个欧洲及世界各地发生的一系列革命。

这些革命实际上都是基于一种新的国家观而展开的。民族国家形成的 17 世纪，也是一种全新国家观产生的世纪。民族国家先后发生的各种革命，以及在"文明类型国家"发生的革命，都可以视为民族国家以及文明类型国家基于一种新的国家观进行的自我改造运动。契约论国家观诞生之后，世界史开始启动一种全新的国家模式，从而开启了一种国家改造运动，并以布满时代差的方式逐渐席卷全球。这个改造过程也是民族国家获得一种新的身份的过程。在经历了两次世界大战之后，特别是二战之后，国家这个新的身份得到了进一步的突显，人类开始自觉努力以国家这一新的身份去构建新的世界国际体系。这个身份就是"人民国家",或叫公民国家。

前面有关民族国家的讨论其实已经表明,民族国家除了靠实力,它的民族身份本身并无法给自己以正当性的理由,因为民族性并不能给一个民族共同体提供使之成为主权共同体的正当性理由。但是,如果说民族国家是以实力作为自己成为一个国家(主权共同体)的正当性理由,等于它并没有正当性理由。这是民族国家自它产生开始就面临的一个困境。

契约论国家说的出现在理论上与实践上为化解民族国家的这一困境提供了可能①。但是,民族国家要通过契约论国家学说来解决自己的正当性问题,它就必须以某种客观化的合理程序接受自己的人民——所有自由而平等的契约者的授权洗礼。这个洗礼过程也是一个民族国家成为"人民国家"(people's state)或公民国家的过程。国家据此获得另一重身份,那就是人民国家。所有接受契约论国家观及其客观化程序洗礼的民族国家都据此获得了双重身份:既是民族国家,也是人民国家。

在这里,才开始出现一个重叠现象,这就是民族与人民的重叠:民族就是所有拥有普遍意志的契约者个体构成的一个全体,而所有契约者组成的全体就是完全被普遍意志规定的人民②。西耶斯在《论第三等级是什么?》里写道:"什么是民族(nation)?民族就是生活在一部普通

---

① 这里是在广义意义上使用"契约论国家学说"。狭义意义上的契约论国家学说是指把国家看作是单纯契约活动的产物,而这里所说的广义契约论国家学说是指,凡承认国家主权的承担与行使需要全体成员以某种程序或形式授权的国家学说,都被视为一种契约论国家学说。所以,包括承认主权的行使与承担需要授权的有机论国家学说也被归入契约论国家学说。在《权利的形而上学》(商务印书馆2019年)里,我对狭义契约论做出了修正:产生出国家的契约活动只能基于一种具有自主相互性关系的伦理社会,而不可能基于非社会的自然状态,否则任何契约都是不可能的。这种基于伦理社会的契约论也因此可以被视为一种弱版本的有机论国家学说。

② 如何理解普遍意志是一个涉及准确理解人民与人民国家的至关重要的问题,我们在讨论国家人民化的第一重意味里会有深入讨论。

(遍)法之下并由同一个立法机构所代表的人们的联合体。"① 在这里，西耶斯把"民族"定义为在一部共同的普遍法之下由同一个立法机构代表的所有成员个体的联合体。在这个定义里，联合为一个"民族"的所有成员都被规定为自由而平等的，也只有这种自由而没有特权的所有成员才有资格联合为一个能代表并承担起一个政治共同体的民族，也即联合为一个"政治民族"。西耶斯之所以强调构成一个"政治民族"必须是由没有特权的自由阶层也即"第三等级"才有资格通过一部普遍（通）法结合而成，是因为在他看来，虽然法国贵族阶层自认为是代表着国家的"民族"，但是，他们却因其享有的特权而使之丧失了代表政治共同体的资格，真正能代表一个政治共同体的阶层是在现有国家里"什么也不是"、因而没有任何特权的"第三等级"，因此，这个"第三等级"也才能成为一个具有政治代表性的"民族"，以取代贵族阶层构成的"民族"②。这样的第三等级实质上也就是由自由而平等的成员构成的全体。

---

① 〔法〕埃马努耶夫·约瑟夫·西耶斯：《论第三等级是什么？》，冯棠译，北京：商务印书馆1997年版，第23页。译文根据英译本略有改动。

② "在孟德斯鸠的那个时代，民族概念根本就不包括普通人民。民族（natoin）一词，指的是教士和贵族两个特权等级，而不包括第三等级"（参见王建娥《族际政治：20世纪的理论与实践》，北京：社会科学文献出版社2011年版，第45页）。在法国，"民族"之所以被用来指特权阶层而代表政治实体（王国或国家），大概与这一特殊历史相关，即法兰西王国的国王以及世袭的统治阶层是来自作为征服者的法兰克人。公元486年，由日耳曼人中的法兰克人建立的法兰克王国国王克洛维一世击败了古罗马在高卢的最后一任执政官斯雅戈里乌斯，开始了对成为后来"法国人"主体的高卢人与罗马人的统治。相对于高卢人和罗马人来说，法兰克人是"外来人"，但是，他们作为统治阶层却成了所统治的政治实体的代表而成为一个代表意义上的"政治民族"。所以，西耶斯才会说：如果把法国的特权阶层送回到法兰克人居住的森林里去，那么，"民族"就仅由高卢人与罗马人的后裔组成。参见埃马努耶夫·约瑟夫·西耶斯（Emmanuel Joseph Siés）的《论第三等级是什么？》。这种特权阶层意义上的民族实际上是自认为代表或被认为代表一个政治共同体的群体。我们可以把这种自我认同为一个政治共同体之代表的民族称为"政治民族"。正是这种"政治民族"被理解为"国家"而开始了所谓"民族—国家"的构造。

也许正是在这个经典定义里,民族与没有特权的所有成员个体组成的全体也即人民,第一次出现完全重叠。因为在契约论国家观里,所谓人民,不是别的,就是自由而平等地共同缔约出一部相互约束而约束人人的普遍法的立约者全体。达成一部普遍法的立约者,作为全体看,就是拥有主权的人民;作为个体看,就是拥有普遍权利而能参与主权的公民。因此,当民族与这样的人民重叠的时候,民族才有正当性成为一个国家(虽然也并非意味着必然要成为一个国家),而这样的民族—国家也就不再是基于其民族性与实力的民族国家,在实质上,它已成了一个基于所有成员以某种理性程序参与契约、授权的人民国家。

但是,这里我们要特别指出的是,当西耶斯这样定义民族的时候,这一概念实际上已经由"人类学—社会学"意义上的民族(nation)转化为政治学意义的"民族"。因为,在这里,民族之为一个民族,在根本上乃在于它是人们基于一部普通(遍)法而结合在一起的法律共同体,而不是基于"人类学—社会学"所能澄清与勘定的那些基本要素而认同在一起的生活共同体。相应地,在这个意义上的民族国家才成为政治学意义上的民族国家。西耶斯表达的这个转换是至关重要的。他一方面表明,一个"人类学—社会学"意义上的民族国家要成为一个具有内在正当性的国家,必须接受一部由没有特权的所有成员共同契约出来的普遍法的约束,包括要接受由这部普遍法所规定的授权程序的约束。据此,"人类学—社会学"意义上的民族国家才转向政治学意义上的民族国家,即作为一个有普遍法的共同体的国家。另一方面则表明,由"社会学—人类学"意义的民族国家向政治学意义的民族国家的转向,实质上就是向人民国家转向。

如果说"社会学—人类学民族"是指通过前面提到的三大要素(其中最重要要素就是共同文化,特别是共同宗教、共同语言、共同历史记忆等)获得自我认同而确立的一个"族群—生活共同体",那么所谓"政治学民族"则是指通过共同确立、认同并遵循一部普遍法而结合在一起的法律共同体。因此,这里,使一个民族成为一个政治学民族,也即一个受普遍法约束的政治共同体的,首先不是其他因素,而是共同的契约行为及其达成的普遍法。这样的政治学民族由于与人民重叠，因而才有理由被等同于国家。但是，这样的政治学民族——具有内在正当性的人民国家完全可以由不同的"社会学—人类学"民族共同构成。

这里，我们要加以追问的是：一个民族国家成为人民国家意味着什么呢？或者问，当一个民族国家获得了人民国家这个身份时，对它究竟意味着什么？

从根本上说，有三重意味：

（1）国家主权的获得与行使需要以某种合理的程序得到国民的授权，不得再以神、真理、历史传统、习俗权威等名义垄断主权的行使。全体国民的普遍意志之外的一切事物退出国家主权的正当性基础，也退出了国家主权的目的域。换个角度说，国民的普遍意志，即人民的意志，既是国家主权的唯一正当性源泉，也是国家主权行使的目的的唯一准绳。

这里，有必要对"国民的普遍意志"这一最根本也最难理解的概念做出说明。国民的普遍意志也即契约者的普遍意志。但是，正如卢梭深刻洞见到的那样，这个普遍意志不是契约的产物，相反，它是契约的基础。所有契约要保持为有益于每个契约者的自由与安全的公正契约，必须遵守一个契约"公式"，卢梭把这个公式表达为："我们每个人都以其自身及其全部的力量共同置于普遍意志（the general will）的最高指导之下，并且我们在共同体中接纳每一个成员作为全体之不可分割的一部分。"① 这里，契约要按一个公式进行才是有效的，而这个公式的

---

① 〔法〕卢梭：《社会契约论》，何兆武译，北京：商务印书馆2010年版，第20页。在《爱弥尔》中卢梭更精准地表达了同样的契约公式："我们每一个人都同样把自己的财产、人格、生命捐出来作为公共资产交给那个普遍意志（the general will）去支配，听从它的最高领导；而我们作为一个整体，我们相互接纳为全体不可分割的一个成员。"（卢梭：《爱弥尔》第五卷，李平沤译，北京：商务印书馆2001年版，第708页。译文根据英译本有所改动，见 Rousseau, Jean-Jacques., *Emile or on Education*, *The Collected Writings of Rousseau*, *Vol.* 13, translated and edited by Christopher Kelly and Allan Bloom, Hanover and London: Darmouth College Press and University Press of New England, 2010, p. 652.）

核心就是普遍意志。因此，这个普遍意志是契约的基础或前提。对普遍意志及其与众人意志的区分的发现，是卢梭在政治哲学里的最伟大贡献，也是最遭人误解的贡献。不过，相对于这一贡献的伟大，所有的误解都只不过是历史的插曲。

那么，如何理解这个构成契约基础的普遍意志？它普遍在哪里，以致它竟然可以成为"社会性契约"的基础而不仅成为万法之源头，且成为万法之准绳？

这个普遍意志的普遍性首先就普遍在它内在于每个人身上，而不是悬空于具体的个人之外而附着于某个第三方，或者飘荡在空中。正因为它内在于每个人身上，因此，每个人在向它奉献一切之后又没失去一切，服从于普遍意志，同时也才不过就是服从自己而已。

其次，普遍在它是一个不自相矛盾的意志。因为依此意志结合在一起的人们不允许把任何一个人从这种结合中排除出去，这在根本上意味着，这个意志要求每个人在按此意志行动时不得妨碍、反对也依此意志行动的每个他者的行动。当且仅当人们依一个意志结合在一起而行动时，不相互反对、不相互排除，人们才能真正结合在一起，才能有秩序、有法则地形成共同体。因此，那个构成契约之基础的意志必是、也只能是一种不自相矛盾的普遍意志。

普遍意志的这种双重普遍性使每个人的意志成为自由的意志。因为相对于每个人身上这种普遍意志而言，每个人身上的其他意志都受处境的影响与决定，或者说，都受外在事物的限定与规定，因而受某种因果必然性的支配。但是，当且仅当接受普遍意志的约束，人们才能进行契约而进入社会共同体，或者更确切说，由于每个人都能接受来自自身的普遍意志的约束，从而展开或生存出一个社会共同体（这个事实），所以，这在根本上意味着，人们能够突破受必然性支配的私人意志而使之接受普遍意志的双重普遍性的约束性要求。就普遍意志的这种双重普遍性只来自自身，而不来自自身之外的事物而言，接受普遍意志的这种双重普遍性要求就是接受自身的要求，因而是一种独立于外在必然性的自主—自动的要求。一种因来自自身的约束性要求而能突破外在必然性支配的意志就是一种自由意志,也才是一种自由意志。在这个意义上,普遍意志使每个人的意志成为自由意志:能够中断、突破外在事物的影响、规定而只接受来自自身的要求或约束的意志。

因此,使契约成为可能的普遍意志一方面意味着,当且仅当契约者把自己的意志提升到自己的普遍意志的水平,也即把自己的一切意志都置于自己与他人共同分有的普遍意志之下,他才能作为真正合格的契约者而成为人民的组成成员。另一方面意味着,当契约者把普遍意志作为最高法则并接受其约束时,他才真正是自由的,因而他的所有行动才都是合法的、正当的,因而都是应当被允许与尊重的。每个契约者这种应当被允许与尊重的一切可能行动,构成了每个契约者在进入契约关系之后一个可以自主的行动空间,这样一个自主的行动空间就是一人的权利总和,也即一个人外在的普遍自由权。

上面我们主要从形式角度澄清了普遍意志,那么这个普遍意志究竟有什么样的内容或对象呢？这种普遍意志既是契约的基础,也是契约的动力。但是契约的目的是获得更大力量以维护和保障每个契约者个体的自由和安全。这也就意味着,普遍意志至少有一个根本指向,那就是更好地维护与捍卫每个拥有普遍意志者的自由与安全。普遍意志的这一根本指向自然也构成依此普遍意志契约而成的政治共同体的使命及其主权目的。

(2) 国家主权行使的目的首先是捍卫人民也即所有个体公民那些不可让渡的普遍自由权,维护与促进每个公民基于这些权利的相应利益,以及公共福利。任何人既不得再仅以国民之外的哪怕神圣的事物作为行使国家主权的目的,也不得再仅以任何个人或部分人的特殊利益作为行使国家主权的目的。

(3) 由于国家只有代表并承担起人民的普遍意志才成为人民的国家,也即具有内在正当性的国家,因此,国家要保持为正当的国家,它必须依普遍意志进行治理,也就是说,普遍意志应成为国家的治理主体，任何个人或任何特殊阶层、特殊集团的特殊意志都应被从国家的治理主体中排除出去。这意味着，出于这种普遍意志与至少符合这种普遍意志的法律应成为治理国家的根基，以保障普遍意志保持为国家的治理主体。因为只有出于普遍意志与符合普遍意志的法律才能保持国家的治理主体（意志）符合普遍意志的双重普遍性：既是出于每个人的意志，又不自相矛盾、从而不相互矛盾。具有这种双重普遍性的法律才是真正的普遍法。而依此普遍法治理国家，才能成为法治国家。因此，对一个民族国家来说，国家人民化意味着走向真正的法治化。足以构成国家法治化之根基的法律，其关键不在于法律的数量，而在于法律的质性，也即是否是一种符合双重普遍性的普遍法。

国家主权一方面是神圣不可侵犯的，另一方面却又是有界限的，不再具有"君权神授"那样的无条件性与绝对性。因为在获得人民国家身份之后，民族国家的主权既来自其人民让渡的普遍权利，又象征着其人民不可让渡的普遍权利。因此，对一个人民国家主权的侵犯就是对这种普遍权利的侵犯，因而也就是对所有人的侵犯，这必使任何一个做出侵犯行为的国家陷入自相矛盾之中。一个以普遍权利之外的理由侵犯其他国家主权的国家，也必会以同样的理由侵犯自己国家人民的普遍权利，而这必违背一个国家的主权的正当性基础与目的。在这个意义上，主权的不可侵犯性在本质上乃基于人民的普遍权利的不可侵犯性。因此，它不可凌驾于人民的普遍权利之上。

获得了人民国家身份的民族国家不仅其主权来自于其国民让渡的普遍权利，而且其行使主权的首要目的是捍卫与维护其国民那些不可让渡的普遍权利。因此，当且仅当在承认、尊重并维护每个国民个体的那些普遍权利这一前提下，一个国家的主权才是正当的和必要的，否则主权就失去存在的正当性与必要性。

从另一个角度说，这意味着，如果让渡部分甚至全部主权更有益于主权之目的，也即更好维护或捍卫公民的普遍权利以及相应利益，那么这种让渡是可以接受的。欧盟的建立，甚至各种地区组织与世界组织的建立，都是朝着让渡部分主权的方向前进。通过建立欧盟这种超越民族国家的政治共同体，各成员国通过让渡部分主权，不仅使各自的国民能够在更大范围内行使自己的自由权，获得更多发展的机会，而且通过突显人民国家的普遍性而弱化民族国家的特殊性，从而消弭基于民族性曾引发的历史积怨，能更可靠地保障所有成员国国民的安全。

所以，从人民国家身份看，民族国家的主权是有限而相对的。这里，它要受人民的普遍意志的限制与引导。

民族国家向人民国家的过渡，或者更确切说，民族国家获得人民国家身份，经历了很长时间。我们甚至可以说，近三百年来，世界最重要的政治事件既是民族国家的形成，也是民族国家逐渐以合理程序接受人民授权的洗礼而获得人民国家的身份。这个过程并不比民族国家的产生更顺利、更温和，而是充满革命与内战。当然，也有幸运的国家，通过政治改良而转向人民国家身份。就世界范围来看，国家人民化这个过程远没有完成，而是仍在持续当中，甚至仍需持续很长时间。在世界范围内，不同民族国家的人民化水平参差不齐，迄今没有一个国家可以说已经完成了人民化的过程。

就欧洲而言，国家人民化主要就是民族国家的人民化，也可以说，是由"人类学—社会学"意义上的民族向政治学意义上的民族的转化过程。但是，就世界范围来看，国家人民化似乎并非都是以民族国家为基点。比如，有一些学者认为，诸如印度、中国等东方国家都不是"民族国家"，而是"文明国家"，因此，是由一种"文明国家"向人民国家转变。这看起来似乎有些道理。无论印度还是中国，的确都不是欧洲式那种单一民族国家。在遭遇西方文明之前，不管是莫卧尔王朝，还是满清王朝，作为一个国家都是建立在众多"人类学—社会学"意义上的民族基础之上。但是，所有这些民族之所以能够生活在一个政治共同体里，同样有一个"人类学—社会学"意义上的要素认同，那就是对一种类型文明有基本的认同，就中国而言，就是对华夏文明（文化）的基本认同。我们可以把除了类型文明之外基于更丰富、更具体的民族要素的认同而确立起来的族群共同体称为厚的民族共同体,而把单纯基于对一种类型文明的认同与接受而形成的一个族群共同体称为薄的民族共同体。当然,如果人们愿意,也可以把这种薄的民族共同体视为一种类型文明的民族。相应地,基于这种类型文明的民族基础上建立起来的国家既可以被视为一种非单一民族的民族国家,也可以被视为类型文明的国家,也就是人们通常所说的"文明国家"。

实际上,即使在欧洲,纯粹的单一民族国家也几乎不存在,只是这些民族国家以之为基础而自我标识出来的那些民族性(比如语言、历史、信仰、传统习俗等)更加单一与明确。但是,没一个民族国家可以保证自己的国民不存在不一样的民族性。

三

但是,不管起点是民族国家,还是"类型文明"的国家,国家人民化不仅改变了国家的实质,也必在根本上改变原来主要以民族国家为身份的国际关系体系,使超越民族、超越"类型文明"的开放性国际社会的形成成为可能。具体说,国家一旦获得人民国家身份而走上向人民国家转变的过程①,那么必将从以下几个方面深刻改变国际关系体系。

首先使主权国家之间相互承认与相互尊重成为可能。

因为当国家以人民国家身份出现的时候,每个国家的主权就都是来自各自人民让渡出来的那些可让渡的权利,并代表着那些不可让渡的权利。而无论是可让渡的权利,还是不可让渡的权利,都是人类成员个体普遍的权利。因此,任何一个人民主权国家都必须承认、尊重这些权利。

---

① 这里要指出的是,民族国家获得人民国家身份,只是向人民国家转换的一个开始,而不是国家人民化的完成。这一点,对所有国家都一样。

但是，就这些可让渡的权利与不可让渡的权利都是普遍的而言，任何一个主权国家在承认、尊重自己国民的这些权利时，也就意味着，它必须同时承认、尊重所有其他主权国家国民的同样权利，因此，它必须承认与尊重其他人民国家的主权。因此，对主权的承认与尊重就不再是基于民族国家之间的实力边界，而是基于一种普遍性原则，是一种命令。据此原则，对于不尊重他国主权的国际行为，人们才有理由加以谴责。

其次，由于人民主权国家不仅要承认与尊重国民的那些普遍权利，而且要维护与捍卫那些普遍权利。人民国家的这一使命一方面使得人民国家不仅首先有职责捍卫自己国民的普遍权利，而且也有国际义务尊重与维护其他主权国家国民同样的普遍权利，因为任何一个国家对其人民之普遍权利的损害，就是对所有人的权利的否定与冒犯，包括对人的普遍尊严的冒犯。

因此，另一方面，人民国家的这一使命同时意味着使所有人民国家的主权受到了国际限制：不得损害、侵犯人类的普遍权利，否则他国有纠正的理由。这里，任何国家不得以民族国家的民族特殊性（包括特殊的宗教信仰、历史文化、传统习俗等的特殊性）为理由来解除这个国际限制。

所以，在基于人民国家身份形成的国际体系里，国家之间既有义务相互尊重主权的独立性，也有义务相互确保主权的人民性。确保国家主权的人民性，在根本上就是确保国家主权忠于其人民立国的原则，那就是维护与捍卫所有成员个体的普遍权利，以及基于此普遍权利之上的普遍尊严和公共利益。联合国的相关人权公约，实际上就是包含着这种国际义务的一种表达。

然后，在人民国家所要保障与捍卫的国民的那些不可让渡的权利里，包括公民自主支配、使用自己所有物（财产）的权利。这一权利的确立使每个公民占有与支配自己财产的正当性获得了国家普遍法的确认与保障，而不再只是基于习惯法。

财产权（property）作为每个人的一种普遍权利得到确立，使要求财产自由流通，以便或者通过自由交换而互通有无，或者作为资本通过流通来增值，成为正当的。

实际上，财产权作为每个人不可剥夺的一种普遍权利的确立，不仅使财产的自由流通的要求成为正当的，而且也使这种要求成为不可避免的。因为财产拥有者通常都期待增值自己的财产，而让财产进入自由流通是增值的最有效途径。所以，财产自由流通的要求一旦成为普遍正当的，那么，这一要求就会获得不竭动力。财产拥有者不仅会要求国内开放自由流通、自由交换的市场，而且也会进而要求国际间相互开放市场。

这意味着，当人民国家把财产权作为一种普遍的权利加以确立和保障之后，不仅要求建立起国内开放市场，而且要求建立起国际开放市场，展开相互开放的公平国际贸易。

可以说，财产权与其他普遍权利一起，不仅使要求国家建立起国内的自由市场与国际的开放市场成为正当的，而且一直且仍将引导着这样的自由市场的建立。

回顾近二百年来的历史，特别是二战之后，我们可以发现，国际体系的建构过程一直受到人民国家的引导与影响，而且越往后，随着民族国家的人民身份的强化与突显，人民国家这一身份在国际体系的建立与塑造中所发挥的实际影响会越大。从长时段历史看，未来的国际体系将越来越依赖于人民国家这一身份去构建与改善。这样的国际体系也将因为各民族国家更具人民性而更具普遍性与开放性。

四

不过，直到今天，对人类这三百多年来的政治进程，无论是观念上还是实践上，人们更多关注的是民族国家的确立，而忽略了人民国家的确立，或者忽略了这两者之间的根本区别，以致误以为这三百多年来的国际体系的形成完全是基于民族国家，甚至把二战后形成的世界体系也仅仅视为基于民族国家而建立的，因而称为 inter-national system。在这样的国际体系里，民族国家是每个国家的首要身份，也是首要载体①。

但是，这是一个严重的世界性误解。导致这种误解有两个主要原因：

一个是在国际政治的现实层面上呈现出来的，的确更多是民族国家的特殊性与民族国家之间的利益博弈，包括基于地缘利益、文化差异等方面的现实冲突。这种国际政治现实很自然地使人们更容易看到国家的民族身份，以及这一身份在国际关系中发挥的作用。

另一个原因则是一种观念上的双重混淆与误解：首先是把民族国家形成的过程与民主事业直接联系在一起，也即与契约立国事业联系在一起。这是对历史本身的误解。这一重误解导致了第二重混淆，这就是对人类学—社会学意义上的民族概念与政治学意义上的民族概念的混淆，而这进一步导致把民族直接混同于人民。这是理论层面的误解。

Daniel Hannan 在其《我们如何发明自由，它为什么如此重要》（中译本《自由的基因》）里，在谈论"第一个民族国家"时非常典型地表达出这种双重混淆。在那里，他认为，民族国家的形成与契约意识、民主事业不可分割，而民主需要人民，也即一个标明国民身份的"计量

---

① 吉登斯认为马克思和涂尔干的社会理论都忽略了民族国家作为近代以来一种政治共同体的特殊意义，因而他要对国家的民族—国家身份专门加以考察与突显。这使他很自然地认定："民族—国家是现代世界的政治组织的首要载体，其臣民和其他民族—国家都确认它垄断暴力工具的合法性。"（安东尼·吉登斯：《民族—国家与暴力》，北京：生活·读书·新知三联书店1998年版，第300页。）既然在世界政治体系里，民族国家是每个国家的首要身份，那么不仅内部臣民，而且外部其他民族国家都得承认任何民族国家对暴力垄断的合法性。但是，这种基于社会学视角给出的断言既不完全符合事实，更不符合合法性原则。在现有的世界体系里，国家既是民族国家，也是人民国家。同时，无论是内部的臣民，还是外部的其他国家，对国家暴力的垄断的承认是有前提的，那就是人民的授权与国家对其使命（维护与捍卫成员个体的普遍安全与普遍自由）的忠诚。

单位"。他进一步引用戴高乐的话说"民主和民族主权是一回事"。① 在这些论述里,几乎把民族国家直接等同于民主国家也即人民国家,而在这其中已经逻辑地隐含着把民族直接等同于人民。

长期以来一直存在着这种汉南式的双重误解。基于此误解,人们误以为民族国家与出于普遍意志而基于普遍权利原则的契约论国家是一回事,甚至后者直接被视为可以为前者的正当性进行辩护。

但实际上,无论人们是否赞同民族国家产生于威斯特伐利亚和约,也无论是欧洲民族国家的形成,还是其他地方民族国家的建构,都与契约活动、民主事业并无真正的必然联系。民族国家的建构有时候甚至是反民主的:强化王权或中央集权,削弱或消除各级自治与分封。大量的历史事实反倒表明,世界范围内的民族国家建构的过程在很大程度上甚至是一个背离民主事业的过程②。否则,我们便无法理解,打着民族主

---

① 〔英〕丹尼尔-汉南:《自由的基因》,桂林:广西师范大学出版社2015年版,第76页。

② 在丹尼尔-汉南看来,像英格兰这样的民族国家在建构过程中,与制订限制国家最高权力的法律约定这种民主事业直接相关。这是他把"民族"与"人民"、民族国家与民主事业直接相联系甚至相等同的原因。但是,即使是英格兰,它在作为民族国家的建构过程中也一样伴随着王权强化的努力。如果没有辉格党革命与"光荣革命",我们无法理解英格兰作为一个民族国家与民主事业会有什么关系,无法理解它会成为一个最早的宪政国家。实际上,"光荣革命"并非使英格兰成为一个民族国家,相反,它恰恰是基于新的国家观去改造英格兰,使之走上成为世界最新型国家也即人民国家的道路。在这个意义上,英格兰对世界的领先性,不在于它最早建立起了民族国家而走向民主事业,而在于它作为一个民族国家最早成功接受了新国家观的洗礼而走向了新型国家。但是,由于像汉南这样一些盎格鲁逊中心主义者为了把英格兰视为现代政治文明的唯一源头,几乎不惜神话英格兰的历史。由于特殊的地理位置与地缘政治,英格兰王国在建构民族国家过程中,一直存在着王权与议会之间的博弈空间。这一曾被霍布斯视为坏事的处境却给英格兰带来了一个幸运,那就是它在作为民族国家的建构过程中,包含着迈向民主事业的要素,并且通过辉格党革命与光荣革命,真正走上基于契约论的宪政国家道路。但是,盎格鲁逊中心主义者却把这种幸运视为一种选民般的例外文明,以致把英格兰的民族国家建构直接视同人民国家的形成。

义旗帜建立起来的众多民族国家为什么有如此之多的专制集权国家。

实际上，只有在接受新国家观的改造与洗礼这一前提下，才可能出现现代意义上的民主事业。因此，无论理论上，还是现实里，民族国家（要么在它建立的过程中，要么在它建立之后）只有当它以客观的程序接受了人民的授权洗礼而成为人民主权国家这一前提下，它的正当性才能得到契约论的辩护。契约论这种新的国家学说能为这样的民族国家辩护的，不是这一国家主权的民族性，而是这一国家主权的普遍性。具体说，就是这一国家所代表与承担的国民的普遍意志（其核心内容就是普遍性权利）。

对民族国家与人民（契约）国家之间关系的这种误解与混淆，起源于西方，而泛滥于世界。这种普遍的误解与混淆带来了两个严重的世界性问题。

第一个问题可谓是世界性灾难。由于把"人类学—社会学"意义上的民族与政治学意义上的民族相混淆，进一步把民族国家与人民国家相混淆。这在理论上与实践上必然导致所有原来只是作为一个生活共同体的民族或族群，都有理由走上了政治共同体的诉求，并且把自己的民族性冒称为人民性来为自己的这种政治诉求提供辩护。结果是什么呢？结果就是全球范围内的民族大分裂与大冲突。历史上原本可以长期和平共处的人类学—社会学意义上的民族，在混乱的民族国家观的诱导下，为了民族性——民族文化、民族光辉、民族未来、民族独立乃至民族优越[①]——走上了暴力的分裂之路，不惜大规模牺牲人类个体之生命、财产、自由与尊严。

普遍的误解与混淆带来的第二个问题是，导致人们看不到民族国家

---

① 这里并不是反对殖民地的民族独立运动。这里要强调的只是，一个民族或族群并不能以自己的民族性作为走向独立的人民国家的理由。因为人民国家的立国原则不是别的，只是普遍的权利原则。因此，当且仅当一个民族群体的普遍权利受到制度性的侵害而无法得到保障，那么它才有理由提出独立的诉求。

在接受契约论确立起来的原则与机制洗礼之后获得的人民国家这一身份，以致仍然坚持只以民族国家的身份与立场去理解、确定国际关系。这在实践上导致国际体系变得非常脆弱。

实际上，契约论国家观的确立及其实践过程，在实质上是弱化民族国家的民族性的过程，或者更准确说，契约论国家观的实践过程也就是促进民族国家弱化其民族国家身份的进程。理论上越自觉接受契约论国家观，实践上越以合理程序充分接受人民授权洗礼的国家，其民族身份通常也越淡化。如果说一个国家的民族身份代表的是这个国家的特殊性，那么国家的人民身份则代表这个国家的普遍性。因此，一个国家的民族身份的弱化意味着其特殊性的弱化，而其人民身份的强化则意味着国家普遍性的强化。换句话说，国家的人民身份将把国家的民族性置于普遍性原则下进行考量。但是，上面的双重误解在观念上掩盖这一进程的真实性，在实践上弱化了这一进程的影响，使基于人民性确立起来的国际关系原则被悬空。

五

但是，就现代国家只有作为人民国家才具有内在正当性而言，那些哪怕迄今仍然还只是单纯的民族国家的地方，也必将逐渐接受人民的洗礼而向人民国家过渡。因此，为了思考未来可能的世界体系，我们在理论上一方面有必要从现代国家的双重身份这一现实出发，另一方面则要基于人民国家这一更具普遍性的国家身份来想象。根据这两点，我们可引导出构成未来可能的世界体系的基本原则。

原则一：每个主权国家都应尽可能完成向人民国家的转换而成为实质的人民国家，并捍卫这样的国家。

既然只有人民国家才能获得国家的正当性基础，那么，成为人民国家是所有主权国家的应然方向。但是，由于社会发展水平，包括经济、文化、知识与思想的发展水平不一样，世界上各地区的民族国家在接受人民国家洗礼上并不是同步的。也就是说，国家的人民性水平并非一样。

因此，每个国家都有必要尽可能提高自己的人民性水平，而这在根本上意味着要不断提高自己的普遍性水平。这个过程也是促成最初基于民族国家而形成的国际体系转化为由人民国家构成的世界体系的过程。要使世界成为世界，使全球成为全球，唯一的一个起点不在别处，就在于使每个民族国家最充分地成为人民国家，并保持为这样的人民国家。

原则二：基于构成所有人民国家主权正当性来源的普遍意志之上的普遍原则将成为处理国家间关系的优先原则，而民族性以及基于民族性的特殊原则将靠后。

由人民国家构成的世界体系在根本上意味着，每个国家都将以合法而一样的身份与其他国家打交道，正如在人民国家里，每个人都以公民这一普遍身份出现而相互对待一样。在这样的世界体系里，每个国家忠于其人民，就是忠于一个普遍性使命——维护与捍卫其成员个体基于普遍意志而拥有的普遍权利与相关利益。因此，基于普遍意志而确立起来的原则处理国际关系乃是每个人民国家履行其忠于人民的使命。

换个角度说，这种世界体系要求所有现代国家把民族国家的特殊诉求置于普遍原则之下，而不得把民族国家置于普遍法之上。因此，在这种基于人民国家身份确立起来的世界体系里，国与国之间的关系首先不再是民族与民族之间的关系，而是人民与人民之间的关系、地区与地区之间的关系。国际关系不再是 international relation，而是人民之间的关系 inter-people's relation 或 relation between peoples。①

---

① 今天欧盟内部国与国之间的关系可以被视为这种基于人民国家形成的世界体系的一个雏形。虽然欧盟的建立与运行充满各种困难与不确定性，但是，它是由人民性与普遍性实现程度较高的人民国家组建一个超越民族国家的政治共同体的实验与努力。即使欧盟失败了，也不意味着基于人民国家的世界未来共同体是不可能的。

这种基于普遍国家形成的世界体系比基于民族国家建立起来的国际体系无疑将更加稳定、和平得多，因为它是建立在国家的普遍性基础之上，而不建立在国家的特殊性之上。因此，它能够把所有可能导致冲突与对立的特殊性都置于普遍原则之下加以调节与化解。

原则三：遵循有限的多元原则。

虽然人民国家才是每个国家之为一个具有内在正当性的国家的身份，但是，在现实里，所有人民国家都同时具有民族身份或民族属性，哪怕那些已充分从民族国家转换为人民国家的地方，它也仍然具有历史与文化赋予的民族身份。这意味着，国家之间通常存在着基于民族性的种种差异。因此，在由人民国家构成的世界体系里，也仍然存在着不同文化、不同传统、不同历史记忆，包括不同的社会生活。对这些不同与差异的尊重与维护，不仅是人民国家之间相互承认与相互尊重这一原则的要求，而且也是人民国家维护与捍卫人类成员个体的普遍自由这一使命的要求。因为对人类个体自由的维护与捍卫本身就包含着对个体之间的各种差异，以及基于个体差异而产生的共同体之间差异的尊重与维护。

因此，对体现人类之差异性的多元文化、多元价值的尊重与维护，将是人民国家构成的世界体系的一条基本原则。我们可以称之为多元原则。

不过，这条多元原则是有界限的，而不是无条件的。

因为多元文化与差异化存在之所以值得我们尊重与维护，乃在于这种多元与差异是基于人类的本质性存在，那就是人类个体的开放性与未完成性的存在，在根本上就是人的自由存在。当且仅当人类个体是能自由的，才会出现个体之间的差异化存在，以及个体自身的自我差异化存在。因此，任何多元与差异本身不能否定其前提也即人的自由本质，否则，多元与差异将否定自身。所以，我要说的是，任何否定自由的文化、主张、价值或信仰，都不在多元原则允许与尊重的范围之内。

这意味着，多元原则以不否定自由为其界限。因此，它是一条有限的原则。

原则四：对内有别于外，对外无别于内的原则。

所谓对内有别于外，是指在内政上，基于国家的民族性以及其他方面的特殊性而制订或采取适合于这种特殊性的政策或法律，既不应把这样的政策与法律推向世界，也不必照搬其他国家的政策与法律。但是，所有这类基于特殊性考量的政策与法律都要以不违背普遍法为前提。否则，民族性就可能被置于人民性之外，从而使世界体系退回民族国家间的国际体系。

而所谓对外无别于内则是指，用以处理、对待国际关系的原则不应被限制在国际关系领域，而是也能够适用于国内关系。这看起来很有些奇怪。但是，它之所以应成为一条原则，理由在于，如果处理国际关系原则只限制于国际关系领域，而不贯彻于国内，那么只有两种可能：一种是有利于统治者的统治，而不利于人民的自由；一种是可以把他国置于不利地位，而为自己国家赢得特殊利益。前一种情况违背了人民国家的使命原则，后一种情况则把他国置于不平等地位而违背了人民国家间的平等原则。

原则五：拒斥一切"世界尺度"的原则，唯以人民为原则。

真正的世界体系不是基于任何最大的整全尺度建立起来的，需要警惕与拒斥的恰恰是一切以"世界"或任何其他更大的单位为尺度去设想和建构世界秩序体系。

以世界为尺度去设想与建立的世界秩序体系从来都只会是伪世界体系，因为作为一个人类共同体，世界不是一个量的单位，不是由众多可量化计算的成员会集而成的一个集合，也不是由众多部分组成而超越了部分的一个功能性整体，而是其成员个体存在于其中而它又存在于成员个体之中的特殊有机整体。

从尽可能大的单位出发去理解与确立人类共同体的正义秩序的原则，这是一种从未成功过的古代思维。实际上，正如不可能像柏拉图从城邦出发去确立城邦的正义秩序一样，我们也不可能从世界（或者"天下"）出发去确立世界的正义秩序。因为对于作为有机整体的城邦或世界，如何才是它的整全之善，我们永远无法全知。这正如对人类作为一个整体，如何才是它的整全幸福，我们永远无法全知一样。但是，当人们试图把世界当作一个最大的集体的大尺度去思考和理解世界的秩序体系时，人们实际上已经预设了自己能够对世界作为一个集体的整全之善拥有充分的把握。这种预设一方面掩盖了人类的无知处境，另一方面却把自己有限的知伪装为全知或最高的知：我知道世界的最高尺度是什么，因而能够为构建世界体系提供出完备性原则。这实际上不过是在重申柏拉图的自负。

因此，对于世界来说，最危险的是，冒称以世界为尺度而确立起来的原则成了构建未来世界体系的原则。因为所有号称以世界为尺度的原则在本质上都是非整全性原则而是非世界性的，只是基于有限知识确立起来的视角性原则。但是，当人们以这种被误以为以世界为尺度的视角性原则作为建构世界体系的完备性原则时，这样建构起来的世界体系一方面必定是一种基于"先知"式权威的体系，同时也必是一个封闭的体系。而对于人类的世界来说，最危险的就是陷入既权威又封闭的体系。

那么，我们又凭什么为未来可能的世界秩序体系提供原则呢？

无论城邦还是国家或世界，都是一个有机整体。所以，问题首先要问：如何会有这样的整体？我们生活于其中或者将生活于其中的国家或世界之所以是一个整体，一方面在于它基于一种初始的伦理共同体，一方面则基于隐藏着的"大地"或"深渊"。后者属于第一哲学的问题，我们暂且搁下。这里只需提示一点，正是隐藏着的领域揭示了我们的无知处境，也保障了世界持续的可能性而保障了它的开放性。

这里我们要着重分析构成人类所有共同体基础的伦理共同体。如果说国家或世界体系都与契约相关，那么，这样的国家与世界体系都不可能基于像霍布斯或卢梭意义上的那种自然状态建立起来的,而只能以伦理社会为基础才是可能的。因为在没有一系列相互性关系的前提下,我们无法想象人们能够进行契约。无论是理论上,还是实践上,当且仅当人们之间已经达成了基本的相互理解、相互信任、相互承认、相互尊重,才有可能进行契约活动,否则,任何契约既不可能,也没意义。

如果我们不能理解对方,就不可能进行协作,也不可能形成共同意志,尤其不可能形成朝向不在场的对象的共同意愿;如果我们不能相互承认对方与自己一样,有自己的意志与目的,也能与自己一样按自己的意志去行动,并能按自己的意志承担起相应的职责,那么,人们之间也就不可能有任何的相互期待;而如果人们之间无法达成相互信任,那么人们之间就不可能进行任何相互的委托与质押这类活动,当然,任何的分工合作也就都是不可能的。

因此,国家与世界体系都不可能不建立在一系列的相互性关系基础上。而这种具有自主性的相互性关系就是人类特有的伦理关系。什么是伦理关系?作为人类特有的一种社会存在方式,伦理关系就是关系项之间展开出来的一种自主的相互性关系。这种伦理关系也是人类初始的社会关系。在这个意义上,国家与世界体系只能建立在伦理社会或伦理共同体的基础上。正是这种伦理共同体使包括国家与未来可能的世界体系在内的所有人类共同体是一个有机整体,而且是这样一种特殊的有机整体:它的所有成员只有存在于它之中才能成为其自主的成员,因为每个人只有与他人结合为一个整体,才能在与他人的相互关系中确立起自主意识与自主意志;同时,这个整体又只有存在于它的成员之中才能成为一个开放的整体,也即一个朝向未来的、可以自我超越为时代差的整体,因为一个超越其成员个体而不存在于其成员个体之中的整体,必是一个被规定了而无法自我突破的有机集合体,比如一个被自然限定了的生命有机体,或者被制造者限定了的功能有机体,因而无法通过成员个体的自我展开活动而不断自我打破。人类共同体作为一种特殊的有机整体就特殊在：它使内在于每个成员个体身上的普遍性得以展开出来而成为自主的成员，并以这种普遍性存在于每个成员身上而保持自身的开放性。

那么，问题的关键就在于，伦理社会是如何可能的？或问，人如何能够展开出自主的相互性关系？唯因人类个体被置入了自由之中而是能自由（Freiheitkoennenzusein）的。所谓能自由也就是能不断自我打开，能够自我差异化自身。究竟被何者置入自由之中，我们可以不去追究，我们只需确定，这是一个无法辩驳的事实就够了。这种自由使每个人类成员成为真正的个体：不仅是空间分离体意义上的个体，而且是能够独立地自主行动的个体，也即能够在意志上独立于同类存在者和异类存在者而存在、行动的个体。换个角度说，由于被自由所据有，使每个人类成员个体能够否定一切，也能够肯定一切。因此，自由使人类个体成为可以突破（否定）自然本性的限定而能够跳出必然性（封闭）的存在者。正因为如此，人类成员个体之间才能设身处地地进入各种可能处境而能换位思考，并因而能够相互理解、相互承认、相互信任、相互尊重并因而能够确立起其他相互性关系。

在这个意义上，人类成员个体的自由构成了伦理社会的基础，因而也构成了国家与一切可能的世界共同体的基础。因这种自由，才使人类个体在进入与他人的关系时获得了一个能够自主筹划、自主预期的行动空间，也即可分解为一系列平等的普遍自由权，以及相应的正当利益；同时，也因这自由，每个人类个体也分得了一系列需要自主承担的责任或义务。无论是家庭还是世界体系，作为人类特有的一种有机整体，它的整体性与有机性不在于别处，就在于它能够使其成员以自主筹划、自主承担、自主打开的方式结合在一起的那种普遍性与开放性。这等于说，共同体的整体性与有机性在于每个人类个体被抛入的自由。

如果说人民就是依内在于每个人的普遍意志共同契约出一部普遍法而联合在一起的所有契约者全体，那么，人民就是被置入自由的那种自由者的联合体。因此，人民原则在根本上就是自由原则。在这个意义上，我们要说，由人民国家构成的世界体系应当、也只能够首先以自由原则作为建构与确立其秩序体系的原则。这个原则不是出于把世界当作一个最大集体的尺度确立起来的，而是出于自由是世界之为世界的基点确立起来的。这样的原则只是建构世界体系的一个底线原则，而不是完备性原则，也即它只是一种保障世界体系能够保持为一个不坏的世界体系的原则。这也就是一种保障世界体系之底线正义的原则，而不是保障世界体系的完全正义的原则。

尽管我们只能为世界体系提供底线正义的原则，但是，我们却也因此保障了世界体系的开放性与未完成性，使之朝向更加正义的方向成为可能。

相反，任何试图以世界本身为尺度确立世界体系原则的努力，都不可能避免把某种视角性原则置换成全视角原则。结果不仅必然导致世界失去世界性——普遍性与开放性，而且必然导致世界演变为特殊视角下的特权世界。

原则六：所有国家都应当最大程度去肉身化。

人的肉身使人拥有了物理力量，肉身越强壮，人的物理力量也越大。国家作为一个承担着委托与代表的人格（person），它也有自己的肉身，那就是由一系列强力组成的一个有机体。其中最强壮部分就是军队、警察。

就民族国家而言，它必须尽可能拥有强大的肉身，才能保障自身的安全与利益。因为正如第一节里指出的那样，一个民族共同体在现实里要能够成为一个政治共同体，主要依靠的就是强力。不仅如此，一个民族国家要保持为一个国家，并捍卫其民族利益，靠的主要也是其肉身的强力。因此，在由民族国家构成其成员的国际体系里，或者说，由民族国家仍然还是其显性身份的国家构成其成员的国际体系里，强壮自己的肉身，提高自己的军事力量，是每一个国家的一个沉重任务与必然追求。在这样的国际体系里，和平从来都只是国家之间肉身力量均衡的结果，而不是法律与正义的产物。

人民国家的产生则为人类告别依靠肉身力量来寻求和平的时代提供了可能性。人民国家的产生在使国家获得内在正当性的同时，也使国家主权的转移与交接得以以和平的方式进行，从而首先使国家的肉身力量从国内的敌对关系中解放出来。人民国家没有内部敌人，只有需要防患的非社会性力量，也即突破法律的可能行为。因此，人民国家对内只需保持足以防患与惩罚非社会性力量的最低强力。

同时，如果人民国家都保持为人民国家，那么，人民国家也没有外部敌人。首先从人民国家的主权角度看，所有人民国家的主权都来自于各自的人民，因此，侵犯一个国家的主权就是侵犯一个国家的人民。而这种对他国人民的侵犯，同时也是对本国人的否定。因为所有人民国家的人民都是由一样的权利主体构成的联合体，对一个这样的联合体的不尊重或损害就是对所有其他一样的联合体的不尊重与损害。因此，这种不尊重与损害是不被允许的：既不被他国人民允许，也不被本国人民允许。

其次，人民国家所要承担与履行的首要使命是维护与捍卫所有成员个体的普遍权利以及基于这些普遍权利的相应利益。除了这个使命外，人民国家也会追求其他的利益。但是，人民国家追求的所有其他利益都需要在这一使命的前提下才是正当的。也就是说，人民国家的首要使命所包含的原则应当成为所有人民国家行动的优先原则或第一原则。而这些原则在所有人民国家之间是可以通约的，也即普遍相互适应的。但是，对任何一个人民国家主权构成敌对性的侵犯都必意味着首先违背了人民国家行动的优先原则。因为对一个人民国家的主权做出敌对性的侵害，首先意味着对这个国家所代表与承担的首要使命的侵害，而在根本上也即对作为这一国家成员的那部分人类个体的普遍权利与相关利益的否定。但是，这显然是任何一个人民国家都不应当做的事情，除非那个被侵害的人民国家自己首先失去了人民性，也即首先已背离了自己的使命。

因此，如果国家保持为人民国家，那么国家之间将没有理由发动侵害性的敌对行为。所以，人民国家之间也不会有外部敌人。

这里，我想附带说明一下。就现实与未来相当长的历史时段里来看，人民国家的国民都会有自己的民族性、族裔性，但是，作为人民国家的缔约者与授权者身份出现时，国民却没有民族性，也没有族裔性；或者说，在这个时刻，国民不以民族身份现身，而只是作为普遍的权利主体现身。正因为如此，一个人民主权国家里不仅容纳着人类学—社会学意义上的不同民族，而且主权权威必须（应当）以平等的方式对待所有这些不同的民族。在这个意义上，真正的人民国家或说彻底的人民国家，将不再有民族性。国家将不再具有民族标志；人民国家之间的国民差异将如同每个国家内部的国民个体之间的差异一样，被视为一种或出于自然或基于自由的差异，而不再被视为基于民族性的差异。

因此，曾经引发民族国家之间展开相互攻伐这类敌对行为的民族性在人民国家里将逐渐被消解直至消失。虽然这在今天看起来还非常遥远，甚至在有些地方看起来恰是往相反的方向发展，但是，只要成为人民国家才能成为具有内在正当性的国家，那么，人民国家这一理念必定会引导着人类走向消解国家的民族性，从而消解国家间发生敌对行为的一个历史性动因。

既然人民国家既没有内部敌人，也没有外部敌人，那么，任何一个人民国家都没有必要像民族国家那样，需要不断增强并保持尽可能优越于其他国家的强力，相反，人民国家都可以也应当尽可能去肉身化，把自己的物理强力限制在最低需要的限度内。

原则七：如果让渡部分主权，以便形成一个人类共同体，从而更有利于维护与实现成员个体的普遍权利以及相关福利，那么，为了忠于自己的使命，人民国家没有理由拒绝。

对于人民国家来说，重要的不是维护或捍卫国民的民族性或其他的特殊性，而是国民的普遍权利与普遍利益。因此，只要更有益于国家的首要使命，那么，国家就不应以民族性或任何其他特殊性为理由加以反对或阻碍。

人类的文明史就是一个不断走向"共—和"的历史，也即由差异走向融合，又创造新的差异的历史。全球"共—和"是人民国家最有可能迈向、也最合乎理性的一个世界体系。这样的体系将是一个去肉身或轻肉身的法治体系。

附　论

不过，在现实中，显然还不存在这样的世界体系。因为现代国家由民族国家向人民国家的转换并不是同步的，也就是说，在历史进程中，现有国家的双重身份的强弱、显隐在不同国家、不同地区既不是沿着线性的方向变化，也不是均衡、平面地变化。就世界范围来说，这种变化远非步调一致。甚至随着一些地区国家的人民国家身份的强化与突显，却激起了另一个地区的民族主义的兴起，并反过来影响甚至遮盖了那些先行转换身份了的国家的人民身份，而仍然以民族国家的身份出现。

与此同时，现代技术推动了全球化，这种全球化在时空上拉近了国家间的距离的同时，也把国家间的差异突显出来了，这种近距离的差异在强化了个体的民族意识的同时，也强化了国家的民族身份。

由于上面两方面的原因，使现有国家的民族身份仍然是一种显性身份。于是，与民族国家联系在一起的地缘利益、文化差异在全球化背景下得到突显。这些因素使现有国际体系依人民国家身份确立起来的那些脆弱的普遍性秩序面临挑战。代表这些普遍秩序的国际机构（包括联合国、WTO、世卫组织等）一方面非常重要，另一方面却又非常无奈。人们一方面以人民国家的身份进入这些机构①，并进行协商与契约，另一方面却又以民族国家身份去制订与实施自己的国际政策。这在使人民国家间的协商与契约的效果大打折扣的同时，也损害了国际机构的权威性。

不过，对现有国际体系脆弱的普遍秩序造成冲击的，除了国家的双重身份外，还有多种市场经济模式之间的碰撞。英美的放任市场经济、欧洲的社会市场经济，还有中国的国家市场经济之间的碰撞正在使现有的国际体系经受考验，而新冠则进一步动摇了现有的国际体系。

那么，这是否意味着国际体系将完全瓦解呢？这当然是不可能的。因为只要有国家成为人民国家，就不可能没有国际体系。人民国家不可能相互孤立、相互封闭。

---

① 国际机构接受一个主权国家加入，不是因为该主权国家是一个民族国家，而是它代表着其人民而是一个人民国家。一战之后，在试图建立一种"新的国际体系"以代替"旧的国际体系"的过程中，威尔逊提出的十四条原则包含着两个核心理念，一个是对均衡主义的批判，一个是主张把"公民权"概念推广到所有民族国家身上。前者可以视为对完全以民族国家身份构成的国际体系的改造，后者可以看作是对民族国家人民化的改造。虽然二战的爆发表明威尔逊主义在防止战争的努力上没有成功，但是，它在新的世界体系的塑造上（包括二战后联合国的建立与发展）一直发挥着深远影响。就其两个核心理念而言，威尔逊主义的这种持续影响不是像吉登斯所看到的那样，是把美国的宪法条款推及全球（安东尼·吉登斯，《民族国家与暴力》，北京：三联书店1998年版，第308、309页），这只是表面上看如此，实质上是既确立了民族国家人民化的改造方向，也确立了改造国际体系的方向。就所有民族国家都被要求把公民权置于首位而言，做出如此要求的联合国或任何国际机构的成立或产生，也不像吉登斯看到的那样"是推进了而不是削弱了民族—国家作为当代普遍的政治形式的首要地位"，相反，这恰是在自觉地强化人民—国家的地位，而弱化国家的民族身份。

那么，新冠之后将可能会出现什么样的国际体系呢？就现有体系具有超越民族国家身份而言，它在某种程度上可以被视为与人民国家身份密切相关。就此而言，现有的国际体系将总体上得到继续维护，而且将进一步通过强化人民国家的普遍性来强化国际机构的普遍性。在这过程上，可能再度出现两个阵营：一个是由强调国家普遍性与世界普遍法的国家组成的，另一个是由强调国家特殊性与世界差等原则的国家组成的。

前一类国家依据国家的普遍身份，它们必将在政治上组成一个联盟的同时，经济上建立一个充分相互开放的自由市场共同体。在这个意义上，这类国家将形成一个更紧密而牢固的联盟。而后一类国家将根据自身特殊考量，与一个个同类国家建立双边关系，在国际上寻求一事一议的合作。它们之间只是同归一类，但并不形成也不可能形成紧密的联盟。

不过，从长时段看，未来的国际体系只能是一个世界体系，也就是由人民国家之间形成的国际体系。这样的国际体系将演进为一个依普遍法行事的世界体系：经济上将统一为一个全球性的自由市场；政治上将形成一个基于普遍法进行管理与监督的世界性法治联盟。在这个世界体系里，所有宗教、所有文化传统都将得到接纳与容忍，但是，任何宗教或传统都被要求接受普遍法的制约。

在这个法治的世界体系里，没有任何特殊性能被置于普遍法之上。相应地，没有任何特殊组织能够凌驾于社会之上。正如马克思曾经预言的，社会将还给社会本身。而这在根本上意味着，社会将还给人民，也即还给社会存在于其中的自由人。人民不是民粹主义者，人民不受为所欲为的众意的支配，真正的人民是把自己的意志置于自己的普遍意志之下的自由人。

（原载《清华大学学报》，2024 年第 1 期）

全球化与"去中心化":现代性语境下的国家认同困境[*]

吴玉军[**]

【摘　要】 人既是个体性的存在,也是群体性的存在,同时还是国家的一员,是全球公民。人的个体性身份、群体成员身份、国民身份、世界公民身份,在全球化的今天紧密关联在一起,个体由此面临多重身份的选择。当代国家认同建构必须有效处理个人与国家、族群(民族)与国家、个体与族群(民族),以及个体、国民与世界公民的关系。唯有如此,国家认同建构才能获得稳固的基础。

【关键词】 现代性;全球化;去中心化;国家认同

全球性经济、政治、文化交往使我们切实感受到了全球化具有的巨大变革力量。现代性通过全球化强劲地荡涤着前现代性力量。不管愿意与否,每个民族、每个国家乃至个人,只要追求现代性,就必定与全球化发生紧密关联。面对全球化对狭小的、地域性的力量的涤荡,一些人

---

[*] 基金项目:2019年度国家社科基金高校思政课研究专项"国家认同视阈下的革命英雄记忆传承研究"(项目编号:19VSZ112)的阶段性成果。

[**] 作者简介:吴玉军,北京师范大学哲学学院教授。主要从事马克思主义哲学和全球化研究。

出现了乐观的世界主义观念:既然民族、国家、个体不可避免地卷入全球化之中,族群、宗族等地域性的群体将不可避免地在全球化进程中式微。对此,当代民族主义思想家埃里克·霍布斯鲍姆就指出,"未来的世界史绝不可能是'民族'和'民族国家'的历史……在未来的历史中,我们将看到民族国家和族群语言团体,如何在新兴的超民族主义重建全球的过程中,被淘汰或整合到跨国的世界体系中。"①

事实果真如此?毫无疑问,全球化使人们切切实实地感受到它所带来的经济一体化的明显特征,但与此同时,与全球化进程相伴随的,是一系列国际国内间民族争端和民族分离主义倾向的出现甚至加强。冷战结束以来的近30年间,全球化尽管总体上看发展迅猛,但与全球化进程相伴随的是民族主义乃至分离主义力量的强势展现。正因如此,全球化进程绝非单纯的一体化进程,同时也是差异性力量的展现过程。当我们在现代性的视域下审视民族国家建构的过程时,我们必须将全球化以及民族国家内部面临的以族群力量为重点的差异性力量统一起来进行考察。

一、现代性与全球化

现代性突出地表现为个体自我意识的觉醒。在传统社会,自我的理解必须借助外在的框架进行,如果缺乏外在的秩序框架作参照,自我对自身将无法把握。按照古希腊哲学中的目的论宇宙观,宇宙中的每个存在者都有其目的,自我的意义和价值就是要表现或实现被外在秩序所赋予的功能,不管这种外在的秩序是来自城邦还是上帝。

进入现代社会,依靠外在框架理解自我的方式遭遇严重挑战。现代

---

① 〔英〕埃里克·霍布斯鲍姆:《民族与民族主义》,李金梅译,上海:上海人民出版社2006年版,第183页。

性理想是一种觉醒的时代意识,它以个体自由为标志。在这种理想之光照耀下,科学和文化摆脱传统宗教和形而上学的羁绊,把目光从超验的上帝转移到经验的自然和社会现实,通过对传统的反思批判,个体获得了自我意识的自由;随着封建人身依附关系的解体和宗教来世意识的衰微,个体日益把追求富有个性化的生活作为人生理想。"要有勇气运用你自己的理智","脱离自己所加之于自己的不成熟状态"① 成为现代性的最强音。如此一来,"嵌入"于传统、习俗、共同体之中的个体,开启了"大脱嵌"的过程:"人类作为整体从宇宙秩序中'脱嵌'出来,成为与自然世界相对的'人类主体'……个人的'内在自我'被发现并被赋予独特的价值,使得个人从有机共同体中'脱嵌'出来,获得了具有个人主义取向的自我理解。"② 具有自我反思和批判精神的现代人因此开启了生存交往空间的积极拓展新征程:人类从自然的奴仆一跃而成为主人,资本冲破地域的、国家的界限在全球范围内自由流动,劳动力大军从相对封闭的乡村走向开放的城市乃至世界各地,个人走出狭小的共同体,日益摆脱家庭的、宗教的、地域的因素加之自己的束缚。个体对共同体的物质依赖和人身依赖消除了,但与此同时由共同体的庇护所带来的安全感也随之消失。

资本的全球扩张,工业化的发展、城市化的迅猛推进,不断冲击和瓦解着传统社会秩序和生活方式,现代性由此展现出一种破坏传统的内在功能,从而使得自身明显区别于传统,传统与现代之间出现明显的断裂印痕。对此,当代社会学家安东尼·吉登斯就认为,"现代性以前所未有的方式,把我们抛离了所有类型的社会秩序的轨道,从而形成了其生活形态。……在外延方面,它们确立了跨越全球的社会联系方式;在

---

① 〔德〕康德:《历史理性批判文集》,北京:商务印书馆1990年版,第22页。
② 刘擎:《没有幻觉的个人自主性》,载〔加〕查尔斯·泰勒《本真性伦理》中文本导言,程炼译,上海:上海三联书店2012年版,第7页。

内涵方面,它们正在改变着我们日常生活中最熟悉和最带个人色彩的领域。"① 在吉登斯看来,现代性的四个基本维度,即资本主义、监督、军事力量、工业主义使得现代社会明显不同于传统社会,因之出现现代性的价值断裂。

吉登斯认为,时空分离、脱域机制、制度性反思构成了现代性的三大动力机制。特别是时空分离、脱域机制使地域化对人们的影响相对削弱,相反,处于遥远地方的事件却使得人们产生一种亲近感和即时效应。由此,全球化可被定义为"世界范围内的社会关系的强化,这种关系以这样一种方式将彼此相距遥远的地域连接起来,即此地所发生的事件可能是由许多英里以外的异地事件而引起,反之亦然。"② 从现代性与全球化的内在关系看,全球化意味着时空的转型。脱域机制的发展使得时间空洞化,它脱离了地域限制,使事件的发展出现即时效应,人们对即使发生在遥远地域的事情也会有身临其境之感。因之,"地域性已经无可避免地与全球性彼此关联起来。人们对某些地点的密切依恋与认同仍然存在着,但是这些地点本身已被脱域出来了:它们不仅是对于基于地域性的实践与卷入的表述,而且也受到了日益增多的来自远距离的影响。"③ 现代性所带来的断裂性在全球化的今天得到了明显体现。生产的国际化、信息网络化、人员跨国流动日益频繁,人们的身份认同和国家认同日益成为一个必须时刻思考和作出选择的问题。

超国家的组织或机构在某种程度上弱化了人们的国家感。生产的国际化使国家对生产的控制削弱,特别是资本在全球的自由而广泛流动,使得国际资本对一个国家的影响越来越大。一些重要组织如联合国、世界贸易组织、国际货币基金、世界银行等不同程度地超越主权国家的传

---

① 〔英〕安东尼·吉登斯:《现代性的后果》,田禾译,南京:译林出版社2000年版,第4页。
② 〔英〕安东尼·吉登斯:《现代性的后果》,第56—57页。
③ 〔英〕安东尼·吉登斯:《现代性的后果》,第95页。

统边界，对民族国家的国内政治经济产生重大影响。同时，在全球化时代，全球治理的重要性越来越重要。"在全球性危机治理的过程中，民族国家的公民将会产生区域性或世界性的意识，公民对国家的治理效能产生质疑，超国家主义便对公民的国家认同形成分流和消解。"① 随着生态问题、恐怖主义等问题的全球化，单独一个国家在处理这些问题上显得捉襟见肘，需要世界各国紧密团结和相关组织的高度介入。

信息技术的迅猛发展及其带来的信息的无国界传播，也对国家认同提出了严峻挑战。民族国家要以一定的领土、人口等为基础，但网络技术的发展突破了这一界限。正如前面分析所指出的，时间和空间的分离、脱域机制的发展使地域化对人们的影响相对削弱。借助网络技术，遥远地域的事件快速地传输到眼前，远在纽约的股市震荡消息借助信息技术会在世界范围内快速传播开来，并在极短的时间内引发人们日常生活的急剧变化。诸如此类的影响进而会使得人们对当地政府决策的认同感产生强力的影响。由此，网络的发展使不同价值观念之间相互碰撞的几率和强度大大增强，在无形中影响着人们的国家认同感。在虚拟空间中，信息传播打破了国家和地域的限制，信息具有很大程度的共享性，但是信息的内容仍带有地域特征，它反映了特定国家的文化传统、价值观取向、社会制度。这样，在人们交换信息的过程中，不同国家间的文化与道德冲突也达到前所未有的程度，原先为人们所认可的制度、价值、观念，由于外在价值观念的介入会受到怀疑和批判。不仅如此，现代网络技术的发展，使得那些虽然相距遥远甚至不在同一国度的人们，因为语言、宗教、文化背景的相似性也会产生认同感。跨国界民族的认同现象、移民群体对其来源国的认同问题，就说明了这一点。这在很大程度上对国家认同感产生着影响。也正是在这一意义上，社会学家迈克尔·赫克特就指出，"以计算机为媒介的现代通讯技术日趋成熟，它虽

---

① 王卓君、何华玲：《全球化时代的国家认同：危机与重构》，载《中国社会科学》，2013年第9期。

然大大降低了集体行动的成本,却加剧了这种冲突。以前广播媒介在大多数国家都是由政府控制的,或者在其他一些地方基本上是由大公司控制,然而,现在的新通信技术使得个人或者社会组织都能设立自己的广播平台。……所以,数字通信技术会削弱国家的权力,而且可能在将来会导致更多的民族主义冲突。"①

"在全球化的时代,国家认同已经不再是对国民身份的'绝对同一性'要求,而是国民对自身多重角色和多重选择的身份整合。"② 在全球化的今天,个体的行动范围不仅突破了群体的限制,也将物的依赖关系从民族国家或某些政治、经济区域范围推向整个人类层面,个体与类之间出现了现实性关联。个体是国家公民的同时也获得了世界公民身份,个体的身份感随着生存和生活空间的拓展而相应发生着变化。每个个体既是某个国家的公民,同时也可能是某个跨国公司的一员,其文化身份感可能处于多重观念的矛盾冲突之中。在此情境之下,民族国家能否建构一种有效机制以便容纳人们身份的多样性和归属的多重性,是一个十分现实而又紧迫的问题。

二、现代性与"去中心化"

在全球化的今天,民族国家不仅面临超主权组织的挑战,同时还面临"去中心化"的威胁。所谓"去中心化",指的是"国内子群体对国家的疏离意识及由此产生的地方复兴现象"③,族群、区域等次国家组织成为去中心化力量的主要组成部分。冷战结束以来,民族主义的能量得到了极大展现。在这次民族主义的浪潮中出现的稳定的民族国家并不

---

① 〔美〕迈克尔·赫克特:《遏制民族主义》,韩照颖等译,北京:中国人民大学出版社 2012 年版,第 3 页。
② 韩震:《全球化时代的国家认同》,载《中国社会科学报》,2010 年 8 月 24 日。
③ 郭艳:《全球化时代的后发展国家:国家认同遭遇"去中心化"》,载《世界经济与政治》,2004 年第 9 期。

多；相反，世界各地却由此引发了巨大的动荡和冲突。在这其中，族群作为一种去中心化的力量得到了明显的显现。当前，无论是发展中国家，还是西方发达国家，都不同程度地面临族群分离运动的威胁。在全世界范围内，打算从其母国中分离出去或具有分离倾向的民族或种族就有几千个，几乎涉及现有国际社会的所有成员。俄罗斯的车臣问题、西班牙的加泰罗尼亚问题、加拿大的魁北克问题、印度尼西亚的亚齐问题都是其中的典型。

也正因如此，全球化进程中一体化与离散化并存。"今天，两个表面上看来似乎同样的辩证过程正在塑造着欧洲和其他地区的国家的未来，这就是一体化进程和同时存在的、有时甚至是暴力性质的分化和分离的趋势。"① 冷战结束以来的时间里，是全球化进程最快的时期，但同时也是新一轮民族主义和分裂主义势力兴盛时期。因而，我们一方面体验到经济全球化所带来的一体化和便捷化的同时，也深切地感受到各种差异性分离力量特别是民族分离主义力量的风起云涌。今天，在分析和把握族群力量之所以持久不衰的内在原因时，现代性内逻辑是考察的重点。

（一）归属感的匮乏

现代化过程伴随着人际关系的重塑。现代性不断侵蚀和肢解着地域的纽带、情感的纽带，"将人类从家庭、宗教、部落或弱小的共同体的严格控制下解放出来。"② 传统的以地缘、血缘为纽带构建起的人际关系，被制度化的抽象规则代替，富有温情的情感化交流被理性审慎的思考取代。对于生活在现代社会的个人而言，"亲属关系、宗教同道和公

---

① 〔美〕菲利克斯·格罗斯：《公民与国家——民族、部族和族属身份》，王建娥、魏强译，北京：新华出版社2003年版，第3页。

② 汪安民等主编：《现代性基本读本》下，郑州：河南大学出版社2005年版，第734页。

民友谊均已无法或不足以提供精神支持了。各种传统关系不足以向负担过重的个人提供支持"①。生活地域相对狭小、封闭，人与人进行着密切的交流是传统社会人际关系的基本特征，而契约化的人际交往则是现代社会的显著特征。现代个体面对着巨大的非人格化的工厂或公司，面对着一个由工具理性主导的利益追求的社会。

如果说工业化、城市化、集中化表征了现代化第一波浪潮，随着以网络化、信息化、个性化为主要特点的后工业社会的到来，当代人际关系又呈现许多新特点。"福特主义"实行自动化、标准化的流水线生产作业，"是以细化的劳动分工和标准化的生产（'流水线'）工艺和产品为特征的。这种生产模式需要固定的劳动方式，从而奠定了在劳动场所形成的如工会等共同体中所表现出来的集体性行为方式"②。因此，"福特主义"生产方式实现劳动力、资本、土地等生产要素的高度集中。这种生产方式有助于产业工人形成比较稳固的身份认同。阶级认同感的不断增强，强化了工人内部之间的团结。同时，资本家作为外在的"他者"也以特定的方式强化着工人阶级这一"自我"内部的休戚与共之感。阶级身份的强化，在很大程度上使得其他差异性的力量特别是族群认同的力量受到控制。但在今天，尽管阶级身份的统合力量依然不能忽视，但是其他因素作为界定个体或群体身份的重要因素，其作用愈加明显。"现代化、经济发展、城市化和全球化使得人们重新思考自己的特性/身份，从较狭窄、较亲密、较社群的角度重新界定身份和特征。国民层次以下的身份比广泛的国民身份更受到关注。人们认同于那些最像他们自己的人，那些被认为有着共同的民族属性、宗教信仰和传统以

---

① 〔美〕罗伯特·N.贝拉等：《心灵的习性：美国人主生活中的个人主义和公共责任》，翟宏彪、周穗明、翁韩松译，北京：生活·读书·新知三联书店1991年版，第180页。

② 〔英〕保罗·霍普：《个体主义时代之共同体重建》，沈毅译，杭州：浙江大学出版社2010年版，第6页。

及传说的共同祖先和共同历史的人。"①

在以信息技术为基础的后工业社会，生产分散化特征越发明显。特别是随着网络技术的快速发展和普及，居家办公变成现实，越来越多的白领将工作搬移到家中进行。居家办公这一富有弹性的工作方式一方面使工作便捷化，为个体造就了一个自由和个性展现的舞台，但也深刻地改变了"福特主义"生活方式下的人际关系。它导致了集体性结构的丧失，使个体面临高度的不确定感，生活于现时代的人们因此越难以通过集体性的生产生活获得归属感。"'后福特主义'的转型迫使人们做出个体性的应对行为，而不是集体性的或群体性的应对行动。"② 我们需要认识到，归属的需要是人的基本需要，归属感的匮乏需要通过其他方式的人际关系的建构来弥补心灵的空虚。在"后福特主义"时代，族群作为一种弥补人们归属感匮乏的重要方式获得了展示自身力量的机会。"人们在寻求个人主义的生活方式作为主要应对策略的同时，也有一种退避到宗族主义的行为方式的诉求。一部分人为了寻求稳定性和安全感，试图在宗族、种族和民族的同一性中重新发掘从前的确定性和集体性的行为方式。"③

（二）承认的缺失

现代性的过程同时也是一个追求普遍性的过程。这一点在西方思想和政治社会实践中表现得十分突出。在西方理性主义的逻辑中，理性是评判一切的基本标准，是裁决外在一切的法庭，外在的他者——无论是感性的自我，还是自然界，都是理性拷问的对象。理性不允许任何反常的、异己的力量对自身构成挑战。在理性面前，作为"他者"的情感、

---

① 〔美〕塞纽尔·亨廷顿：《我们是谁：美国国家特征面临的挑战》，程克雄译，北京：新华出版社2005年版，第12页。
② 〔英〕保罗·霍普：《个体主义时代之共同体重建》，第13页。
③ 〔英〕保罗·霍普：《个体主义时代之共同体重建》，第107页。

意志等面临二则一的境地：要么服从理性，要么放弃存在的权利。不仅如此，自我和他者之间的关系还被推至社会层面，进而形成男人和女人、东方和西方的身份对立。例如，西方自由主义向来以自由、平等、人权自居，但是在对待东西方问题上有着十分不光彩的经历。西方殖民主义就认为，东西方根本不处于平等地位，东方世界代表着落后、懒惰，理应接受西方殖民主义的启蒙改造。这样，"处于支配地位的、白种人的、男性的、欧洲中心的统治阶级看待世界的方式和划分世界的方式——把万能的统治者置于中心，把具有一系列被否定品质的他者置于边缘。"① 自由主义不仅在东西方之间创设等级，在国内政治中也将不同的群体做了等级化的处理。例如，美国历史记忆的书写中，盎格鲁—新教文化被置于独霸的地位，无论是让各族群融合为一种新人的"大熔炉"理念，还是以盎格鲁—新教文化为番茄汤底色、外来移民只是往其中添加辅料和调味品的"番茄汤"理念，都不同程度地忽视了美国是一个多族裔群体的基本事实。在多元文化主义看来，甚至像《独立宣言》、1787年美国宪法这样的美国政治文献，也并不是为每个人、每个群体伸张自由权利。毋宁说它们所标榜的是自由的、有产的白种男人的主张，黑人奴隶、妇女等的诉求在当时被有意识地忽略了。"在社会契约理论中，被赋予机会去参与默许的契约的个人，是一群平等的公民中如此之多的成员……加入社会契约中的个人……其原型却是那些受过教育的、拥有财产的、说着民族主流语言的白人。因此，个人主义反讽地竟压抑了差异。"②

尊重的需要是每个人、每个群体的基本需要。个体或群体需要借助与他者进行有意义的对话，来展示和获得自己的认同进而获得被尊

---

① 转引自〔澳〕薇尔·鲁普姆德：《女性主义与对自然的主宰》，马天杰、李丽丽译，重庆：重庆出版社2007年版，第32页。

② Craig Calhoun, "Social Theory and the Politics of Identity". In Craig Calhoun (ed), *Social Theory and the Politics of Identity*, Blackwell, 1994, P3. 转引自孟樊：《后现代的认同政治》，台北：台北扬智文化事业股份有限公司2001年版，第178页。

重的需要。"我们的认同部分地是由他人的承认构成的;同样地,如果得不到他人的承认,或者只是得到他人扭曲的承认,也会对我们的认同构成显著的影响。"① 一个群体如果从其他群体中得到是卑微的、令人蔑视的形象,抑或得不到他人的认可,意味着它遭受边缘化、被排斥甚至是被侮辱的伤害。它必然会以某种方式甚至是极端的方式改变这一境况。因此,身份认同的过程必然伴随着寻求承认的努力。"这种认同危机的体认和自觉,促成当前自由社会中各种族裔、少数民族、女性、同性恋等少数团体及其支持者,极力要求自由主义政府和多数族群不只要正视他们的'差异',而且也要使他们的差异受到社会的肯定。"②

城市化的推进、全球性的交往,的确促进了不同个体的交流,在很大程度上促进了不同民族之间的交流和文化上的不断融合,但民族特性或认同不会由此消失。认同是自我与他者交往的产物,对自我身份的认识来自于同他者的比较。不同的民族成员在比较的过程中会发现乃至强化着对自身特性的理解和认知。正因如此,在全球性交往的今天,民族身份认同不仅不会消失,相反,它会因全球化和现代性的推进而在一定程度上强化着。对此,民族主义理论家安东尼·史密斯就指出,民族具有四个基本属性形式,即相信族群的被选择性、依恋于一片神圣的领土、共享"黄金时代"的记忆、崇拜"光荣的牺牲者"③。在他看来,"只要这四项神圣的属性曾经并且依然在族群的民族人口中广泛传播,作为其结果的民族认同也就曾经并且还将继续特别强大和明显,并且在自己的成员和外人之间划出深刻的界限;同时在其他条件都一样的情况

---

① 〔加〕查尔斯·泰勒:《承认的政治》,董之林、陈燕谷译,载于汪晖、陈燕谷主编《文化与公共性》,北京:生活·读书·新知三联书店1998年版,第290页。
② 林火旺:《正义与公民》,长春:吉林出版集团有限责任公司2008年版,第157页。
③ 参见〔英〕安东尼·史密斯:《民族主义:理论、意识形态、历史》(第二版),叶江译,上海:上海世纪集团2011年版,第157页。

下，不愿意给予新成员以完全的民族文化共同体成员身份"。① 也正如此，"民族认同也仍具有广泛的吸引力和效力，许多人认为它能够满足他们对文化成就、植根性（rootedness）、安全和友爱的需求。……记忆、神话和象征符号的链条把民族与那种普遍而持久地共同体即族裔（ethnie）联结在一起，而正是这些东西赋予了民族独一无二的特征，并使其牢固地控制了如此众多的人的感情和想象。"②

在全球化时代，每个追求现代性的民族国家在思考国家认同建构时，必须将族群认同或民族认同这一因素作为重要的向度加以考察。族群作为一种有着深厚基础的力量，是民族国家建构中必须认真对待和思考的力量。族群认同、民族认同作为现代认同的重要内容，在人们身份的建构中不是可有可无的。民族身份感不会随着现代性和全球化的深入推进而在可见的将来消失。相反，在现代性深入发展的今天，它正在以新的面貌、新的形式展现自身力量。多民族国家建设能否有效推进，在很大程度上与如何引导和运用这种力量密切相关。

三、现代性语境下的国家认同建构

人的存在既是个体性的存在，也是群体性的存在，每个人分属某个族群或民族，具有特定的群体身份。每个人同时也是国家的公民，离开了国家的存在，每个人的生存将难以为继。随着全球化的深入发展，每个人不同程度地与全球发生现实的关联。在全球化时代，公民的国家认同与全球认同联系在了一起，个体兼具国家公民身份和世界公民的身份。人的个体身份、群体成员身份、国民身份、世界公民身份，在现代

---

① 〔英〕安东尼·史密斯：《民族主义：理论、意识形态、历史》（第二版），叶江译，上海：上海世纪集团2011年版，第158页。

② 〔英〕安东尼·史密斯：《全球化时代的民族与民族主义》，龚维斌、良警宇译，北京：中央编译出版社2002年版，第191—192页。

性、全球化的今天紧密关联在一起，个体面临多重身份的选择。现如今，国家认同不可能垄断全部认同，但必须能统领其他认同。族裔认同、性别认同等差异性认同，不应成为国家认同不可逾越的障碍，相反，所有这些认同应该被和谐地包容于国家认同之中。从这个角度讲，当代国家认同感的建构，必须兼顾人的四重性存在这一基本现实，处理好个人与国家、群体（民族）与国家、个体与群体（民族），以及个体、国民与世界公民的关系。为此，当代国家认同感的建构，需要做到：

首先，提升民众福祉，不断增强人们对国家的自豪感和归属感。从公民与国家的关系讲，国家认同首先表征的是政治意义上的公民身份，即法律赋予公民以国家成员资格。基于这种资格，公民享有法律赋予的各项权利，国家负有保护和实现公民权利的职责；同时，公民也需要承担忠诚和服务国家的义务，有对国家公共利益的责任承诺和公共事务的参与。与之相对应，现代国家需要通过行之有效的方式，保障和实现公民的基本权利，激发公民的公共参与精神，以此增强民众的国家认同感。

现代社会个体自由权利意识日益增长，个体对自己的私人利益、权利诉求越来越强，国家要通过自身功能充分保障和实现个体的自由权利，让人们切实感到国家带给自己的切切实实的利益。一个不能为民众提供基本权利保障、不能提供基本物质供给的国家，要想使国民始终对其保持高度认同感是不可能的。作为公共权力合法垄断机构的国家，必须将满足和实现人的需要作为基本目标，保障人们的生命安全，为人们的生存发展提供安全稳定的环境，使其拥有免于匮乏的自由和免于恐惧的自由。同时，人的需要的不断提升也表明，现代国家需要不断拓展人们权利保障和实现的范围，满足人们更高层次的需要，努力使人们过上富足、安康和富有尊严的生活，不断满足人们对美好生活的向往。中国特色社会主义进入新时代，人们对美好生活需要日益广泛。人们期盼拥有稳定的工作，良好的收入，向往更好的教育，获得更为可靠的社会保障，享受更高水平的医疗卫生服务，拥有更加舒适优美的居住环境和生活环境，希望拥有民主、法治、公平、正义、安全的社会环境，对未来有更高的预期。国家必须积极回应人们的期待，不断满足人们更高层次的需求，提高人们的物质生活水平，丰富人们的精神世界，使人们切实享受改革发展的红利，感受到国家带给自己的实实在在的福祉，从而增强人们生活在国家中的自豪感。

其次，尊重民族身份，促进民族身份与公民身份的和谐统一。每个人生来分属特定的族群，族群身份或民族身份构成了一个人的基本身份。生活于特定族群的成员，对自身所属群体的起源、文化、宗教、习俗葆有认可、赞成和支持的态度，并由此产生了特定的归属感。有着特定的名称、拥有共同的神话、共享的历史记忆、共同的家园感、成员之间休戚与共的感觉，所有这些都构成了族群认同或民族认同的基本要素。而这些要素，无论如何是不能抹杀的。通过人为方式消除民族身份，企图以公民身份来取代民族身份是不可取的。依靠国家力量消除少数民族的文化身份，按照主体民族的文化强行建构同质性的国民文化，进而形成同一的国民特性，以此建构国家认同，这种做法是有问题的。从历史和现实看，民族同化政策并不成功，"当国家攻击少数群体的独特民族感时，这种做法通常是增加了而不是减少了不忠诚的分裂主义运动的威胁。……要保证少数民族的忠诚，最好的方式就是接受而不是攻击他们的独特民族感。"① 也正因如此，民族国家在保持其内部团结的过程中，应该充分包容而非排斥少数民族的权利要求，尊重而非抹杀其民族身份。

但是，我们需要认识到，承认和尊重民族身份并不意味着强化民族

---

① 〔加〕威尔·金里卡：《当代政治哲学》下，刘莘译，北京：上海三联书店2004年版，第630页。

身份。对于多民族国家而言，如果每个成员过度强调自己的民族身份，而刻意弱化其国民身份，民族认同就会超越国家认同，引发国家分裂。现代国家必须采用适当方式将民族认同融合到国家认同之中，否则国家就会被各种民族认同力量所肢解。因此，从国家建构的角度讲，相比特定的民族认同，国家认同要具有优先性。每一个公民，不论他或她属于哪个民族，在法律上是一律平等的，平等地享有宪法和法律规定的权利，平等地履行宪法和法律规定的义务。各个民族，不论其历史长短、人口多少、经济社会发展水平高低、宗教信仰和风俗习惯有何不同，其政治地位应该一律平等。毋容置疑，每个公民的民族特性、每个民族的文化传统必须得到充分尊重和认同。但每个个体民族身份的差异、每个民族的现实差异，并不能成为影响其存在于某个主权国家范围内的基本事实，文化习俗上的差别也不能成为追求特殊政治身份的理由。对于中国这样一个拥有56个民族的多民族国家而言，较之特定的民族认同，中华民族认同居于更高层级。我们需要正确理解各民族一律平等和民族差别对待问题。由于自然、历史和现实的原因，我国民族地区大多处在中西部，地理位置相对偏远，自然条件相对差，经济社会发展相对落后，因此国家需要对少数民族予以政策倾斜，发达地区要给予民族地区予以帮助。但对少数民族实施政策倾斜，要建立在公民身份一律平等基础上，政治身份一致性是民族身份差异性的前提。民族身份的差异并不意味着哪一个民族、哪一个个体在政治上享有特权。在尊重和保障各族人民文化生活方式，实施差异性民族政策的同时，必须切实引导各民族成员对同一政治身份的共同认知。

再次，倡导公共精神，建构具有包容性的共同体。现代性既是生产集中化的过程，也是传统亲密社群不断遭受破坏的过程。现代性摧毁了"人在共同体的紧密结合中彼此承认的伙伴身份，以及透过集体目标来认同自己的深刻满足。在这一过程中，人逐渐被推向一个既冷酷又充满敌意的世界。在这其中，彼此相互陌生的人（即占有式个人主义的人）

从事着各种交易活动。从此,这样的一个世界凌驾了社群的亲昵与温情。"①

现代社会的发展不应当以人际间亲密关系的消除为代价。一个越来越发达的社会,应当是理性化的社会,但同时也应该是人际关系更加紧密的社会。现代性以其强大的力量摧毁了氏族、部落等原有的共同体以后,应该以新的方式重建人际温情,为漂泊的个体找到心灵归属。为此,在独立的个体和国家之间,必须重建邻里、社区、志愿团体等居间性的组织,通过引导人们积极参与这些团体组织的活动,使其走出封闭的私人空间,参与公共生活。这一方面可以弥补个体因集体性结构缺失所导致的归属感的匮乏和安全感的降低,另一方面,通过人们之间的密切交往可以加强彼此的交流沟通,构筑公共精神文化。而"公共精神文化的发展有助于地方共同体的重建,这种共同体又可以作为相互支持、稳定性和集体行为的替代性资源,从而能够抑制个人诉求于'宗族主义'群体的需要。"②

这一点在城镇社区建设中尤为重要。城市社区应该成为人际互动交流的空间。每个生活于其中的个体,由于街坊邻居之间的日常互动交流,久而久之就对这一地方产生特定的情感,在城市中居住久了的居民会把自己的感情、意义和理解加入到这个城市环境里面去。这种"地区社群"因情感的注入而有了家的感觉。与之相适应,从民族国家建构的角度讲,要建立各民族相互嵌入式社会结构和社区环境,建立一种你中有我、我中有你,谁也离不开谁的基本格局,形成相互往来、邻里守望的友好关系,形成各民族群众共居、共学、共事、共乐的生活场景。各民族群众在其中亲密无间地交往、畅通无阻地交流、自然而然地交融,大家相互了解、相互尊重、相互包容、相互欣赏、相互学习、相互帮

---

① Michael Oakeshott, *On Human Conduct*, Oxford: Charendon Press, 1975, p.320.
② 〔英〕保罗·霍普:《个体主义时代之共同体重建》,第118页。

助，成为知心朋友、和睦邻居，乃至结成美满姻缘。相反，在城市建设中，如果少数民族同胞还是按照民族聚居，每个民族在城市中占据一个位置，不同民族的成员抱团扎堆，久而久之，就形成城中村、民族屯。这种情形于民族交流是十分不利的。为此，我们要有效地引导城市原有居民与少数民族外来移民之间、不同民族的城市居民之间，通过交流沟通、相互欣赏学习，形成和谐相处的民族关系。

最后，增强类关怀意识，合理把握个体、国家与整个人类的关系。 在全球化的今天，个体与整个人类的关系不仅是一个可能的问题，而且成为了现实。全球范围内的变动对个体产生即时的、现实的效应，个体在整个类中的作用也日益凸显，甚至还对整个类产生重要影响。在人口爆炸、资源短缺、环境污染、跨国犯罪等人类共同面临的全球性问题面前，单独某个国家或某几个国家难以有效地应对人类面临的共同难题。在全球化的今天，基于个体与人类的密切关联，国家与全球的紧密联系，基于"蝴蝶效应"越来越现实而有力地影响着人类的生存和发展，每个国家的公民应该具有全球意识和人类关怀，尊重、理解和包容世界其他民族的文化和生活方式，"愿意为世界的和平与人类的发展、全球的公平与正义、人与自然的可持续发展采取积极的行动。"[①] 面对复杂的全球性问题，世界各国需要树立人类命运共同体意识，携手行动。当代中国人类命运共同体理念的提出，为解决全球性问题提供了中国智慧和中国方案，展现了中国价值理念的引领性、包容性和开放性，使得中国在价值理念建构上占据了人类文明的道义制高点，由此获得了国际社会的广泛认同。我们需要认识到，一个国家的只有与整个人类发展紧密联系在一起，其价值理念追求契合人类文明发展的方向，才能国际社会的尊重与认可，而这种尊重与认可，反过来会增进国民对生活于该国的自豪感和自信心，进而增进民众的国家认同感。

---

① 冯建军：《全球公民社会与全球公民教育》，载《高等教育研究》，2014年第3期。

政治经济学批判视域中的国家与国家治理现代化[*]

黄志军[**]

【摘　要】每一种对国家治理现代化的考察都是具有实践指向性的。在政治经济学批判视域中，这种实践指向性是在以下三方面被呈现出来的：一是以配第和斯密为代表的古典经济学把增强国力作为国家治理现代化的指针，进而把国力的增强等同于人民福祉的增加，但是当时英国的状况却并非如此这般的存在；二是黑格尔在把握法国大革命和英国工业革命的时代弊端的基础上，以国家为"绝对精神"来统领市民社会，重建社会秩序，但是马克思指明了这种国家理念的虚幻性，并将其置于现代经济社会中来理解，揭示了现代国家与经济活动之间的本质关联；三是以上考察对于把握具有中国特色社会主义特征的国家治理现代化有着现实的启示，一方面要从现实的国家本身而非从国家概念本身出发来把握它，另一方面，正向把握当代语境中现代社会与传统社会的关系和科学建构城市与农村的关系构成了国家治理现代化的当代议题。总言之，以人民福祉的增进为旨归是国家治理现代化的基本精神。

---

[*] 基金项目：本文为国家社科基金一般项目（20BZX008）的阶段性成果。
[**] 作者简介：黄志军，哲学博士，中国人民大学哲学院教授、博士生导师。主要研究方向为马克思主义辩证法和政治经济学批判。

【关键词】 政治经济学批判；国家；国家治理现代化

如何实现国家治理的现代化是摆在我们国家面前的一个时代任务和重要课题。同时，如何从理论上把握"国家治理现代化"则构成了我们当前的一个重要思想任务。对于何为"国家治理现代化"，人们众说纷纭。其中的一个基本思路是将其拆解成三个概念，即国家、国家治理、现代化，并进而再将其组合起来。我们认为这种拆解性的分析是必要的，但也并不等于把握了这一概念。一方面，对国家的理解往往是与国家治理联系在一起的，或者说国家只有在国家治理的方式之中才能被把握，有什么样的国家治理方式，那么这个国家就是什么样的。因为国家治理关涉的是对国家目标（理念）、国家体系（机制）的实施，最后都要转化为国家能力的问题。另一方面，仅谈国家治理只具有知识论的意义，而不具有实践的意义，因而当我们谈国家治理的时候，往往指向的是国家治理的方向，即现代化。如果把治理理解为统治、管理、处理的话①，古代国家早有国家治理，但国家治理的现代化不同，它所追求的是国家治理的科学化、民主化和法制化等，其目标在于善治。从这个意义上说，任何对国家治理现代化的思考事实上指向的都是实践性的，即是以国家治理的现代化为目的，而以现存的国家治理状况为对象和中介的理论行动。

正如马克思在《巴黎手稿》中批判黑格尔的国家哲学所表明的那

---

① 党中央关于国家治理的基本内涵包括："国家治理体系和治理能力是一个国家制度和制度执行能力的集中表现。国家治理体系是在党领导下管理国家的制度体系，包括经济、政治、文化、社会、生态文明和党的建设等各领域体制机制、法律法规安排，是一套紧密相连、相互协调的国家制度；国家治理能力则是运用国家制度管理社会各方面事务的能力，包括改革发展稳定、内政外交国防、治党治国治军等各方面。国家治理体系和治理能力是一个有机整体，两者相辅相成……"参见中共中央宣传部：《习近平新时代中国特色社会主义思想学习纲要》，北京：学习出版社、人民出版社2019年版，第86—87页。

样，当黑格尔在哲学中扬弃国家的时候，现实的国家依然存在，当黑格尔把国家哲学的存在等同于现实的国家存在的时候，它们却又是相悖的，继而如果说只有国家哲学对我来说才是真正的国家存在，那么每个公民也只有作为国家学哲学家才算是真正的国家公民，而这样的结果便是否定了现实的国家。于此，当现实的国家成为知识的对象时，在哲学中所扬弃的仅是国家学，而非现实的国家本身。① 当然，马克思意在表明黑格尔的国家哲学与现实国家之间的本质性矛盾，而并非否认真正的哲学本身对现实的国家所做的反思与批判。从这个意义上来讲，本文并不打算从政治哲学史的角度来论述，而是从政治经济学批判的角度来理解国家及其国家治理的现代化问题。其理由在于，当我们把国家和国家治理现代化指向实践性的一端时，政治经济学及其批判对国家和国家治理现代化的把握便会显得更为实在和通达。按照政治经济学对现代国家的理解，即国家所面对的问题是市民社会的问题，那么，国家治理的现代化便由市民社会的基本问题及其现代形式所决定。在理论上，这是从古典经济学到黑格尔和马克思所要力图把握的。由此，我们的论述便由此而展开。

一、配第与斯密理解国家与国家治理的基本方式

在《政治秩序的起源》中，弗兰西斯·福山指出国家治理的三要素在于国家能力、法治和民主问责。② 其中，国家能力被视为国家治理现代化的第一要义，这是一种切实的见解。说它是切实的，是因为自近代以来所有先进国家都把提高国家能力作为国家治理的首要目标。这一

---

① 马克思：《1844年经济学哲学手稿》，北京：人民出版社2000年版，第110—112页。

② 〔美〕弗兰西斯·福山：《政治秩序的起源》，桂林：广西师范大学出版社版2012年版。

点明显地体现在古典经济学家威廉·配第和亚当·斯密对国家与国家治理的把握之中。或者说近代以来在理论上试图对国家治理现代化进行科学地把握，事实上即是肇始于以配第和斯密为代表的古典经济学。在《1857—1858年经济学手稿》中，马克思指认配第是从人口、民族、国家和若干国家等实在和具体出发，最后从分析中得出一些具有决定意义的抽象的一般关系，如分工、货币和价值等，因而是从具体到抽象的方法；而斯密则是采用从抽象上升到具体的方法，即直接从抽象范畴，如从劳动、分工、需要和交换价值等出发，由此上升到国家、国际交换和世界市场等各种经济学体系，因而是科学上正确的方法。于此，我们讨论的重点不在于这两种方法的联系与区别，而在于探讨这两位近代经济学家对国家与国家治理的思想，进而试图揭示国家能力作为国家治理现代化的第一要义现代意义及其实践旨趣。

与以往对配第的研究只指向他的经济学理论（如价值理论、地租理论和工资理论等）不同，在此，我们重点考察他对现代国家治理的理论。众所周知，在《政治算术》一书中，配第从"英国怎样才能握有欧洲的霸权"入手，通过比较英国和法国、荷兰的国力，进而探讨了人口、领土、位置、产业和军事力量等要素对提升国力的具体影响，最后得出必须完成更多的货币积累是国力提高的基本指标，从而形成了"国力比较论—国力增强论—财政论—产业振兴论—积累劳动雇佣论"的理论体系。显然，它"是从具体的整体（人口、领土等国力的条件）开始，推理到抽象的范畴（货币）的'下向体系'，从对社会热点问题的关系逐渐变成理论范畴的设定"。① 这就是17世纪的经济学家的方法论特征，即他们总是从生动的整体，从人口、民族、国家等出发，最后得出如分工、货币和价值等抽象范畴。在内田弘看来，配第的理论从人口、国家等整体出发，但仅终结于货币等抽象范畴，得出了财富就是货

---

① 〔日〕内田弘：《新版〈政治经济学批判大纲〉的研究》，王青等译，北京：北京师范大学出版社2011年版，第56页。

币的结论。也就是说,配第在抽象出货币积累之后,对于如何增强英国的国力并没有继续展开,似乎这是一个起点,而非终点。但是尽管如此,我们并不能否定配第对国家与国家治理的探讨。下面我们进一步探讨他的国家理论的现代化内涵。

配第的长子谢尔本(Shelborne)在把《政治算术》一书献给当时的英国国王查理二世时说,这本书是以算术的法则来论证统治的事务和人民的幸福、公共福祉等事项的。确如其子所言,配第将算术方法运用于国家政治当中,其目的在于探讨如何提升英国的国力,进而称霸欧洲,为英国人民带来最大的福祉。对于当时的英国来说,面临着以下诸多不利的状况:一是土地地租普遍下降,整个王国日趋贫困;二是金银缺乏;三是就业困难,职业稀少,产业衰退;四是人口少,但赋税繁重;五是新增的殖民地称为负担,苏格兰称为累赘;六是和荷兰和法国相比,英国的发展处于乏力的状态,是被超越的对象;七是英国的教会和国家处于衰退的境地。面对这些市民社会和政治国家的问题,配第并没有像大多数英国人那样担忧和害怕,而是通过分析和比较荷兰、法国和英国的经济社会条件,认为"一个领土小而且人口少的小国,由于它的位置、产业和政策优越,在财富和力量方面,可以同人口远为众多、领土远为辽阔的国家相抗衡。"①他认为英国和法国、荷兰相比,一方面,虽然在人口的自然数量上落后,但是在社会数量即能够创造财富的人口数量上占优势,另一方面,虽然在土地的面积上处于弱势,但是在单位面积土地所能提供的产物数量上却又是占优势的。结合这些天然有利的条件,特别是航海和水运方面的优势,配第认为英国可以制定相应的政策来增强其国力,如赋税制度、银行制度、不动产登记制度、法律措施和宗教措施等,其最终目的在于振兴产业,获得更多的货币,提升英国国力。

---

① 〔英〕威廉·配第:《政治算术》,陈冬野译,见《配第经济著作选集》,北京:商务印书馆2014年版,第2页。

由以上论述，我们可以获知配第对于国家治理现代化的基本认知：首先，国家治理现代化的目标在于提升国力，特别是以金银等货币形式存在的经济力量，但是由于受重商主义的影响，配第把国力的提升简单地等同于货币的增加，是具有历史局限性的；其次，国家治理现代化的中介不在于现成的土地、人口等自然因素，而在于社会因素，即土地的产出量和劳动人口的生产量等因素。这一点是配第作为古典经济学创始人的重大贡献，尽管他还存留着地理环境决定论的残余，但因为他把国力的构成因素从外在于主体的土地和人口因素，收回到了主体自身内部的能力一端，而突显了他的国家治理理论的现代性的一度。这一点对马克思创建历史唯物主义也是颇有启发的，比如马克思把社会存在理解为自然地理环境、人口因素和生产方式等三因素，而生产方式是最具决定性的因素。最后，国家治理现代化的落脚点在于制定与国情相符合的政策，从而解放个体的劳动能力，激发个体的积极性，从而为从多方面、多途径增加国家的财富创造有利条件。显然，在这一点上，配第似乎把国家财富的增加就等于人民福祉的增加是一种错觉，或者是一种简单化的思维罢了。

与17世纪以配第为代表的经济学家处于英国资本原始积累的早期不同，18世纪的斯密却是处于英国资本原始积累完成即产业革命前夜，所以他们所面临的时代任务和国家境况不可同日而语。虽然他们研究国家的主题都是如何增进国家财富，但是二者的研究进路和研究方法显然不是一个时代的。正如马克思所言，斯密所采取的由抽象上升到具体的方法是科学上正确的方法，对于构建他的经济学体系来说是正确的，而配第由具体到抽象的方法是这一科学方法的前奏罢了，并不能达致对现代国家本质的科学认识。一方面，与配第从带有偶然性的国家自然地理条件出发来阐述国家的各项政策不同，斯密则是从人内在的生产本能和交换本能出发来探究增进国家财富的真正原因，从这一点来说，斯密的国家理论体系在逻辑上更具现代性；另一方面，斯密从单纯的规定性开始，最后终结于具有各种规定性的具体总体，即从分工论开始向资本积累论上升，进而逐步展开自己的经济理论（第一、二编），接着是以作为理念的市民社会的经济状况为基准，讨论了致使欧洲出现扭曲的产业结构的历史、政策和学说（第三、四编），在第五编论述了国民财富的使用方式，即拿出一部分剩余生产物作为市民国家的财源，用于国防、治安和公共事业，以此保护市民社会的自由、平等、所有权和安全等。简言之，斯密的体系是"市民社会的理论（第一、二编）—史论（第三编）—时论（第四编）—市民国家理论（第五编）。"① 这正是马克思所指出的：一旦劳动、分工、需要和交换价值等范畴被抽象出来，进而上升到国家、国际交换和世界市场的各种经济学体系就开始出现了，其实指的就是斯密。

根据以上论述，我们认为斯密的国家治理现代化包括以下两个方面：一是在市民社会的层面，他主张自由经济活动，而减少政府的干预，这样便能充分发挥市场主体，从而为国家创造更多的财富。其基本逻辑是，与配第把财富置于流通领域不同，他把财富从流通中解放出来，放在生产中来理解，由此从分工开始，描绘了"生产—交换—分配—消费=再生产"的不断上升的过程。换言之，斯密从抽象范畴出发，即从分工和交换出发来探讨增进国家财富的真正原因，展开了一个从分工劳动向市民国家的理论体系。在这一过程中，国家的作用是被悬置的，即政府有所不为的一度，而真正发挥作用的社会分工和等价交换的市民社会原则。这一点学界早有共识，毋庸赘述。二是在进入《国富论》的第五编时，即探讨国民财富的使用方式时，国家的角色被突显了出来，即作为守夜人的作用被赋予了特别的强调。在斯密的眼里，现代国家的本质在于既要保证公共事业的运行，又要保障市民社会的自由、平等和所有权和安全等。事实上，现代国家与古代国家的区别即是在于此，即能否把市民社会的特殊利益放在国家普遍利益之中是他们的根本区别。所以，斯密特别强调国家治理现代化的根本要义在于市民社会将

---

① 参见〔日〕内田弘：《新版〈政治经济学批判大纲〉的研究》，第56—57页。

一部分利益让渡给国家的普遍利益,那么国家的本质便在于保障市民社会的特殊利益。在这里,国家不具有最高的地位,它是为市民社会的所有权和安全提供服务和保障的。正如斯密所言:"接近于放肆的自由,只有在君主有精练的常备军保障的国家,才可见到;亦只有在这种国家,才无须为公共安全而付与君主以压抑任何放肆的自由的绝对权力。"① 在他看来,只有在受到政府保护的地方,人类自由、理性和幸福才能发扬。显然,斯密对国家及其治理方式的理解要超过配第,并对黑格尔的国家观产生了深远的影响。

二、黑格尔与马克思理解国家与国家治理的基本方式

黑格尔在早期就认真阅读过斯密的《国富论》,并将其中的基本思想融入到了《精神现象学》和《法哲学原理》等作品之中。毕竟当时的英国已然处于世界领先的水平,无论是工商业的发达程度,还是政治社会的文明程度,事实上都是当时的普鲁士国家无法比拟的。与斯密将其政治经济学原理视为放之四海而皆准的真理一样,身处普鲁士封建专制制度中的黑格尔也将自身的哲学视为世界历史性的,即具有普遍性意义的哲学。但是面对当时特定国家状况时,黑格尔还是一方面以法国大革命为背景,同时也参照了英国的市民社会状况和原则。从这个意义上说,黑格尔理解国家的方式及其对国家治理的领会,必定是超出普鲁士自身,而环顾了比自身更为强大的法国和英国。国家之间的竞争作为近代以来政治的基本主题,可以说深刻地构成了他们的国家学的基本主题。于此,我们将具体考察黑格尔在此政治背景下对国家及其治理方式的基本思想。简言之,黑格尔与斯密的国家学的区别在于,黑格尔的国家理念充分吸收了斯密对市民社会特殊利益的保护,但又与斯密把国家

---

① 〔英〕亚当·斯密:《国民财富的性质和原因研究》下卷,郭大力、王亚南译,北京:商务印书馆1997年版,第270页。

当成"守夜人"不同,他所要构建的是国家的绝对权威和绝对统治。由此观之,确保当时的普鲁士国家强大的两大法宝是一方面要让市民社会充分发展起来,另一方面就是要建设一个具有绝对统治力的国家。这与当时已然处于最强大地位的英国是不同,这一点反映在理论上便是黑格尔国家学的分裂即国家与市民社会的分裂只能在观念中得到调和,而在现实中根本无法统一的矛盾。

其一,对于黑格尔来说,让市民社会充分发展起来是国家的主要任务,从而保证市民社会的特殊利益不受侵犯是其基本职责,但是国家不是市民社会发展的结果,相反市民社会特殊利益的保障要以国家为前提,进而实现特殊利益与普遍利益的结合。与斯密从个人推导出社会和国家不同,黑格尔在《法哲学原理》中认为这是不可接受的,因为如果把国家和市民社会混同起来,进而把国家的使命规定为保证和保护所有权和个人自由,那么市民社会原子式个人的利益就会成为这些人结合的最终目的,这样国家就被悬置起来了,而个人作为国家成员也是任意的和偶然的。显然,这是在批评卢梭的社会契约论和斯密的国家理论。他认为:"但是国家对个人的关系,完全不是这样的。由于国家是客观精神,所以个人只有成为国家成员才具有客观性、真理性和伦理性。"① 在这个意义上,卢梭和斯密意义上的由个人到国家的思想进路并不具有必然性,从而会导致对绝对权威和尊严的破坏,这是最可怕和最残酷的。基于这样的理解,不要认为黑格尔是反对国家对市民社会特殊利益的保护,恰恰相反,黑格尔所指向的是由国家到个体的思想进路,即个体只有作为国家成员才能享受由它所提供的相应保障,这是整体对个体的正向统摄,而不是逆向的个体之间求同存异。由此,黑格尔才着重强调国家是具体自由的实现,即"个人的单一性及其特殊利益不但获得它们的完全发展,以及它们的权利获得明白承认(如在家庭和市民社会的

---

① 〔德〕黑格尔:《法哲学原理》,北京:商务印书馆2009年版,第254页。

领域中那样)"。① 其具体中介在于，一方面通过特殊利益自身过渡到普遍利益，另一方面它们认识和希求普遍利益，并把普遍利益作为其最终的目的而行动。由此观之，黑格尔把现代国家的原则视为主观性原则和客观原则，即特殊利益和普遍利益的"完美"结合是从国家理念出发进行推导的必然的逻辑结果，其目的在于使得这种结合或统一在主观性原则即特殊利益原则中得以保存和发展。因为现代国家只有通过保持特殊利益、使主观性得到充分而活泼的发展才能实现自身的目的，才能成为一个有机体即自组织。

其二，可见，黑格尔与斯密国家学的根本区别不在于是否以及如何保护市民社会特殊利益，而在于对国家的基本理解不同。前者是把国家视为"行走在地上的神"，其客观性、伦理性、真理性无可置疑，而后者则是把国家视为市民社会特殊利益的"守夜人"，即使斯密晚期考虑到了国家的公共性，但那也是由经验上升到抽象的公共性，而非像黑格尔一样，从一开始就确立了国家的绝对权威和统治。这是我们在理解黑格尔国家学时必须予以重点考察的方面。这也是黑格尔与近代启蒙思想家之间的重大区别。在这样的逻辑框架下，黑格尔对市民社会的特殊利益又倒打了一耙。他认为："现代国家的本质在于，普遍物是同特殊性的完全自由和私人福利相结合的，所以家庭和市民社会的利益必须集中国家。"② 其基本逻辑在于，一方面国家对于家庭和市民社会来说，是外在的必然性和最高权力，另一方面，国家作为它们的内在目的，国家的力量取决于其普遍利益和特殊利益的统一，个人对国家行使义务的多少决定了他能够从中获得的权利的多少。正是基于的理解，黑格尔的国家对家庭和市民社会取得了决定性的地位。"国家是精神为自己所创造的世界，国家具有特定的、自在自为地存在的进程。……国家高高地站在自然生命之上，正好比精神是高高地站在自然界之上一

---

① 〔德〕黑格尔:《法哲学原理》，北京：商务印书馆2009年版，第260页。
② 〔德〕黑格尔:《法哲学原理》，北京：商务印书馆2009年版，第261页。

样。因此，人们必须崇敬国家，把它看做地上的神物。"① 黑格尔的国家观显然既区别于基督教的传统，同时也区别于启蒙传统的理解，甚至不能将其看做是它们的统一，而是独具匠心的精神构造，其目的在于推进普鲁士的统一进而实现普鲁士在国家竞争中能够取得像英国般的成就。

显然，黑格尔对国家及其治理方式的理解深刻影响了当时的普鲁士王国。但是问题在于，黑格尔作为理念的国家与现实国家之间的分歧在普鲁士现代化的过程中暴露无遗。换句话说，普遍利益和特殊利益之间的冲突逐渐占据了国家政治生活的重心。在马克思早期对现实国家的考察中，这一点被深刻把握到了。从《莱茵报》时期对黑格尔国家观的信奉和坚守，到《黑格尔法哲学批判》时期对它的反思与批判，表明了马克思与黑格尔国家学说的两种联系：一是当马克思在《莱茵报》时期把注意力转向农民的现实利益与容克地主的利益之间的冲突时，他还是在黑格尔哲学的框架之中，即一方面以黑格尔的国家整体利益为基准来考察容克地主的利益为什么能够通过国家意志和程序上升到普遍利益，而农民的特殊利益在这一过程中却是被忽视了或者说被压制了？也就说为什么农民的特殊利益不能通过国家意志而成为普遍利益？这是黑格尔的国家学无法回答的问题。因为按照他的理解，这个国家的所有成员都会以某种途径参与到国家的立法中，并由国家来保障其特殊利益。但是，现实恰恰相反。所以，虽然此时的马克思还没有跳脱出黑格尔的框架，但是已然埋下了对它的批判的种子，即国家、市民社会和它们的中介之间的分离；另一方面，马克思对自由贸易和关税保护协定的思考，事实上也充分暴露了黑格尔国家学的缺陷。二是在《黑格尔法哲学批判》时期，马克思已全然认识到了黑格尔国家观的虚幻，并通过确立市民社会决定国家这一针锋相对的原理来批驳它。这显然是吹响了通过回到唯物主义的地基来解构黑格尔的国家学说的号角。关于这方面的研

---

① 〔德〕黑格尔：《法哲学原理》，北京：商务印书馆2009年版，第283页。

究国内外已是卷帙浩繁了。在这里，我们只要指出一点就可以了，所谓从唯物主义即存在与思维的关系角度来思考国家构成了马克思判断国家的本质、作用和属性的基本定向。这也就是他为什么在转向政治经济学批判研究时，把国家放在整个经济学体系中来理解的缘由。

在政治经济学批判中，马克思没有专门写出有关国家的理论，而是从市民社会（资本主义社会的历史形成史和特殊运动规律）来解构黑格尔的国家学说。在早期《1844年经济学哲学手稿》中，马克思一方面批判黑格尔把国家哲学等同于国家自身，从而陷入一种幻象；另一方面，在"穆勒评注"中，他深入到货币、信用和银行等资本主义经济体系的范畴中，立足于交往异化的框架来看待与市民社会相对立的国家。他认为："在国家信贷中，国家地位同上面说到的单个的人地位完全一样……在公债券的买卖中暴露出国家怎样变成了商人的玩物，等等。"① 在此，马克思所提到的在信贷中单个人的地位是指，人不得不把自己变成赝币，以狡诈和谎言来骗取信用，这是在信任的假象下面掩盖着绝对的不信任，国家也是如此，它为商人发行公债券的背书，充当商人营利的工具。进一步而言，他认为："银行家所建立的银行在国家中的统治，财产在银行家的——国家的国民经济学的阿雷奥帕格——手中的集中，可以称得上货币的完成。"② 由此观之，马克思在此完全把国家当成是资本主义社会经济活动的工具的手段，受到作为货币的完成者——银行业的统治。在这个意义上，国家的地位从黑格尔哲学中的绝对权威、行走在地上的神，下降到市民社会的层面，成为工商业的维护者。马克思在此所揭示的银行对国家的统治，在后来的《资本论》及其手稿中进一步得到了发挥和深化。这也可以解释，为什么马克思会在1859年的《政治经济学批判》序言中按照如下顺序来考察资产阶级经济制度：资本、土地所有制、雇佣劳动；国家、对外贸易、世界市场。

---

① 马克思：《1844年经济学哲学手稿》，第170页。
② 马克思：《1844年经济学哲学手稿》，第170页。

这是马克思在构建政治经济学科学体系时的根本考虑，即从抽象（资本、土地所有制、雇佣劳动）出发，上升到具体（国家、对外贸易和世界市场）。可以说，在政治经济学批判之中，作为整体的国家在市民社会中得以建构。当然，也可以从中窥见，马克思不是把国家理解为一种实体，而是将其作为特定的社会关系来把握的。在这个意义上，他使得自己和黑格尔的国家观区别开来，并将国家这一范畴科学地置于资本主义社会经济结构中。这对于我们理解现代国家及其治理有着重要的启发意义。

三、政治经济学批判对当代国家治理现代化的启示

由以上论述，我们可以看出从配第到斯密的国家治理现代化的首要问题是增强国力，从而力图使自己所身处的国家在国家之间的竞争中赢得胜利。事实上，在他们的理论预想中，国家实力的增强就等于人民福祉的增加，所以要使后者得以实现就得以前者为前提。但是，他们所关注的往往是国家实力增强的一端，而把人民福祉的增加一端放在了旁边。无论是对处于重商主义晚期的配第来说，还是对处于资本积累完成前夜的斯密来说，都已经通过劳动这一要素认识到，所谓国家治理的现代化其实是加入了劳动者这一主观能动性因素。这与传统的、古代的那种靠人多力量大，地大物博式的"自然国家观"不同，他们所指向的是国家的内生性力量，而非其外在性力量。正是如此，作为国家财富创造主体的劳动者在国家的富强中所创造的财富和他们自身所有的财富的比例失调，造成了后来资本主义社会内部的不公正问题。德国作为继英国和法国之后崛起的欧洲国家，黑格尔不仅看到了法国大革命所造成的国家秩序的混乱，同时也看到英国工业革命所带来的社会秩序失范的问题。所以，对于黑格尔来说，通过把特殊利益纳入到普遍利益之中，以绝对国家理念重建现代国家秩序就成了他面临的时代任务。

然而，他所建构的国家理念的虚幻性被马克思识破了。奠基于市民社会特殊利益基础之上的现代国家，无非沦为工商业的"傀儡"。由此，揭示市民社会之于国家的决定性意义，就成了马克思的时代之思。在政治经济学批判的视域中，马克思对现代国家的考察是放在资本、土地和雇佣劳动的关系基础之上展开的。由这些合理的抽象范畴上升到国家、对外贸易和世界市场等思维具体，从而试图构建其科学的政治经济学体系，国家在其中起着承上启下的作用。由此观之，一方面，国家治理现代化的目标在于确保国家在现代世界市场体系中处于先进地位，增强国力，发展经济还是最为重要的任务；另一方面，国家治理现代化的目标更在于，当国力的增强与人民的福祉增加之间造成分裂的状况时，借以国家这一形式来调整和推动市民社会秩序的变革就成了必要。简言之，公平与效率之间的矛盾作为生产力与生产关系之间的矛盾在现代的表象仍然构成国家治理现代化的内在张力。这对于我们理解当下的国家治理来说，也极具启发意义。在当代中国语境中，在遵循这一基本矛盾的基础上，重新审视从斯密到马克思的国家治理观与具有中国特色的国家治理现代化之间的区别，是把握我们国家治理现代化基本定向的前提性思考。

其一，从现实的国家本身而非从国家概念本身出发把握中国特色的国家治理现代化。显然，无论哪个国家，在迈向国家治理现代化的征途中，首要的目的在于增强国力，增加人民福祉。这是自配第和斯密以来的基本理念。这一理念以构成国家治理现代化的共识。但是对于中国特色社会主义的国家治理现代化而言，国家是处于主导地位的。这一点并不难理解。所以，西欧那种奠基于两千多年的基督教教化基础上的完全现代意义上的市民社会，在中国的历史发展中没有可能生长出来。换句话说，国家和市民社会二元的框架并不适合用于分析中国的现实状况。邓正来教授在反思那种运用西欧的市民社会概念来考察中国现实状况的现象时，认为存在着两个关键问题：一是不加批判和反思地就把市民社会套用到对中国社会的分析之中；二是前反思性地接受西方市民社会概念,即根据西方市民社会的发展经验,以自由市场经济和政治民主化模式作为普遍有效的模式来解析和校对中国社会发展现状和问题。他更是一针见血地指出:"中国市民社会研究在某种意义上是在承认西方现代化与中国传统这一两分界定的基础上展开的,其间最为凸显的方面是,大多数研究都否定中国以亲情血缘为基础的文化网络之于整合中国市民社会的正面意义,忽视中国自身发展的经验对于形成中国市民社会品格的可能性。"① 可以说,这样一种前提性的反思非常具有现实意义。但是改革开放后的中国,随着市场经济的确立、多种经济所有制的存在,以及政府职能的转变等因素的存在,使得国家为社会让渡了一定的空间,甚至在特定领域,如行业协会、公益组织等领域,现代社会成为了社会治理的重要力量。需要认识到的是,现代社会的主导力量依然是国家。② 一是资源配置的主导权在国家,二是国有经济的主导地位没变。而且在可预见的未来,国家的主导格局不会变。③

其二,国家治理现代化应该正向把握当代语境中现代社会与传统社会的关系。如果说市民社会是现代社会的代名词,那么传统社会指的就是宗法社会、伦理社会和熟人社会等。市民社会把个人的需要和目的作为第一原理,即特殊性原理,把协作和相互满足作为第二原理,即普遍性原理。这显然与传统社会把普遍性原理作为第一原理不同。在传统社会中,个人的需要和目的是要服从于整体的。这是宗法和伦理社会的基

---

① 邓正来:《"生存性智慧模式"对中国市民社会研究既有理论模式的检视》,载《吉林大学社会科学学报》,2011年第2期。

② 林金忠:《马克思市民社会理论的得与失——兼谈中国体制转轨下社会基础缺失问题》,载《学术月刊》,2011年第3期。

③ 有观点认为,中国国家和社会关系的新常态是一种甄别性吸纳模式,即国家和社会既加强合作又强化监督,国家以合法性偏好、功能偏好和能力偏好对社会组织进行甄别,国家试图通过精致的制度设计来塑造自己理想中的社会,而这会成为今后相当长时期内占主导地位的我国国家与社会关系的新常态。参见陈天祥、应优优:《甄别性吸纳:中国国家和社会关系的新常态》,载《中山大学学报(社会科学版)》,2018年第2期。

本特征。改革开放以来,私人所有的观念随着市场经济的确立不断被做实,这是一个基本事实。更进一步而言,我国的《宪法》早已确立了"合法的私有财产神圣不可侵犯"的原则。所以,现代社会意义上的等价交换原则早已深入人心。其次是社会分工也成为市场经济的基本原则。这都是不争的事实。但还有一些不争的事实依旧存在,那就是中国传统的社会要素,如伦理社会和熟人社会依然在社会运行中发挥着"润滑剂"的作用。市民社会对传统社会的侵蚀已然造就了现代中国社会中人与人之间关系的格局性变化,但是那种原子式的个人依旧无法在现代中国获得充分体现。① 简言之,现代中国社会的基本特征是它能够兼容市民社会和传统社会的要素。

其三,国家治理现代化应该科学建构城市与农村的关系。在现代社会的意义上,城市和农村的关系是"对立"的,即农村把从内部形成的城市外化出去,形成与城市相对峙的局面,即农村以等价交换的方式与城市进行交往。这种对峙既体现在生产力方面,也体现在生产关系方面。它不是"城市的农村化",也不是"农村的城市化"。马克思认为近代的历史是农村城市化,而古代则是城市农村化。所谓城市农村化,是指城市成为农村统治者即土地领主的居住地,城市以不等价的交换方式剥夺生产者,而农村城市化则是全部领域(国土)的产业化,以城市为中心对农村进行改造。② 而国家治理现代化的一个重要途径是建构农村和城市之间的等价交往。因为只有通过这一社会分工和交往,农村和城市的"对立"才能全面呈现出来,整个现代社会才能得到充分发展。但是熟知中国现代化过程中的人都知晓,现代中国社会中的农村和城市的发展进程并非西方社会那样,而是有着自身的历史特性。从最初

---

① 李永忠:《近现代中国的市民社会问题》,载《甘肃社会科学》,2011年第3期。
② 参见《马克思恩格斯全集》第30卷,北京:人民出版社1995年版,第484页;望月清司:《马克思历史理论的研究》,北京:北京师范大学出版社2009年版,第368—369页。

的农业哺育工业，到农业反哺工业，都是当时的中国历史所做出的现实选择。改革开放后，乡镇企业的兴起事实上可以被看作是农村与城市取得等价交换的一个契机。从这个意义上说，如何构建城市与农村的现代关系成了国家治理现代化的一个重要课题。

四、结语

170多年前，在《〈黑格尔法哲学批判〉导言》中，马克思曾以反问的方式对当时的德国提出现代化的期望，他说："试问：德国能不能实现有原则高度的〔à la huateur des principes〕实践，即实现一个不但能把德国提高到现代各国的正式水准，而且提高到这些国家最近的将来要达到的人的高度的革命呢？"① 就此而言，国家治理现代化作为一种历史实践活动，它也不是没有原则的，相反它应该是一个有原则高度的实践活动，正像马克思后来在政治经济学批判中所阐释的那样，这种具有原则高度的实践其内在遵循的根据是以人自身的自由个性的充分发展为旨归的。由此观之，从配第、斯密到黑格尔、马克思，现代国家治理现代化的内在根据正是这样从外在目的逐渐转向内在目的，从单纯地追求国力的增强转向使人民的福祉得以切实实现。无疑，这种转向对于当代国家治理的现代化来说仍具有当代价值和启示。

---

① 《马克思恩格斯文集》第1卷，北京：人民出版社2009年版，第11页。

风险社会视域下的技术治理

程倩春[*]

【摘　要】 技术治理思想源远流长，技术治理实践更是现代国家治理的普遍现象。当代风险社会技术治理面临重大挑战。技术治理的合法性受到冲击，伦理优先原则失效，技术治理的复杂性日益增加。面向未来的技术治理要求人们建立适应风险社会的思想意识和适合科学技术的政治框架，重新塑造社会对于科学技术发展的明智态度，重新塑造技术治理体系。

【关键词】 风险社会；技术治理

自从推进国家治理能力和治理体系现代化成为深化改革的重要发展目标以来，"治理"便成为人们关注的重要议题之一。其实治理从来不是一个新问题。古往今来，东西方国家都产生了丰富的关于国家治理的思想与方法。中国的儒家、道家、法家思想，西方的古希腊罗马政治思想，以及近现代政治科学和政治哲学都深刻影响了历史变迁中的国家统治的水平与效果。国家治理能力和治理体系的现代化问题之所以引起国

---

[*] 作者简介：程倩春，北京市社会科学院哲学所研究员，北京市哲学会副会长。主要从事科学技术哲学研究。

人高度重视,这是因为,人们对现代性的理解可能存在分歧,但是肯定现代性与现代科学技术有密切关联应该是共识。自从泰勒提出科学管理思想以来,科学思想和科学方法不断渗透到经济社会生活的方方面面,技术治理逐渐成为国家治理的重要方式。然而,现代技术自主性日益明显,使得技术治理本身引起诸多争议。技术治理的赞同者极力主张社会生活和公共事务应该由技术专家管理和统治才能更加高效、有序。他们甚至在20世纪20年代兴起了一场声势浩大的技治主义运动。技术治理的批判者则担忧技术治理的日益普遍化对人类社会结构、文化价值以及人类自身的思想方式和本性可能产生未知的改变和扭曲。马尔库塞曾指出,现代社会,"统治模式已发生了改变:它们变得越来越技术化、生产化,甚至能带来益处;结果,在工业社会最先进的领域中,人们对统治系统的配合和顺从已经达到了空前的程度。"① 以政治现实主义的观点来看,技治主义运动已经衰落,但技术治理思想生命力长存。那么,为什么在技治主义运动衰落之后的今天仍然需要重视技术治理?特别是伴随着人工智能、大数据、基因技术等颠覆性技术广泛应用,当今世界已经迈入世界风险社会。技术理性面对风险社会表现出来的脆弱性使得技术治理面临重大挑战。在风险社会中又该如何认识技术治理的复杂性,发挥技术治理的合理性,从而在推进国家治理现代化的过程中,规避和减少其可能带来的诸多风险,给人类缔造一个可选择的未来?

一、技术、治理与技术治理

虽然技术治理一词已经为人们所广泛使用,但是由于技术本身内涵和外延的不断变化,技术治理也呈现出不同的意蕴。

---

① 转引自〔美〕兰登·温纳:《自主性技术——作为政治思想主题的失控技术》,杨海燕译,北京:北京大学出版社2014年版,第162页。

技术的历史源远流长。制造和使用工具是人类文明在残酷的生存竞争中生生不息的基本前提。机器文明也由来已久。芒福德指出:"就西欧而言,在'工业革命'造成翻天覆地的变化之前,至少有700年的一段长时期内,机器一直在不断地稳步发展。在人们出于兴趣和爱好而造出复杂的机器并加以完善之前,他们早已开发、使用机器了。"① 也就是说,中世纪的欧洲已经是高度复杂的技术社会。现代社会,技术超乎人们想象的创新与进步,使得技术理性更是深深嵌入工业文明之中。"思想者们一位接一位偶然发现的令人震惊的事实只不过是:以多种形式呈现的技术,是人类世界的重要部分,技术的结构、过程和变化进入人类意识、社会及政治的那些结构、过程和变化之中,成为它们的一部分。"② 也就是说,技术理性已经成为现代社会的基础性力量之一。

长期以来,技术主要是指人类创造出来的"实践的技艺"或"实践的技艺的总和",即机器、工具、工艺、工程等人造物。这样的技术本质上是人类实现某些目的的工具。就像芒福德所认为的,"不管技术是如何完全取决于科学的一些客观的程式,技术本身不像整个宇宙一样,形成一个独立的体系。它只是人类文化中的一个元素,它起的作用的好坏,取决于社会集团对其利用的好坏。"③ 正是因为技术被理解为人类控制自然、改造自然的工具,仅仅是达成目标的手段,从而,人们认为技术本质上是中立的,本身不负载价值。

当代技术概念的含义则模糊不清。温纳认为,现代技术包含了更广泛的内容。除了工具、仪器等可以被称为技术运作的物理装置的传统技术对象和技巧、方法、步骤程序等技法外,还包括技术性的社会安排如

---

① 〔美〕刘易斯·芒福德:《技术与文明》,陈允明等译,北京:中国建筑工业出版社2009年版,第7页。

② 〔美〕兰登·温纳:《自主性技术——作为政治思想主题的失控技术》,杨海燕译,北京:北京大学出版社2014年版,第4页。

③ 〔美〕刘易斯·芒福德:《技术与文明》,陈允明等译,北京:中国建筑工业出版社2009年版,第9页。

工厂、车间、研发团队等组织和把人和装置组合联结起来的大规模的系统和网络。这一人造的巨型技术系统高度专业化、分散化、复杂化,已经远远超出了人的理解和控制,从而表现出某种程度的自主性。凯文·凯利则更激进地认为,技术不是简单的工具和器物,也不仅是理性的技艺和方法。人类的每一项发明都是承前启后的。它们紧密相关,彼此依赖,组成了遍及全球、相互连接的系统。他称之为"科技体"。在凯利看来,科技体最重要的特质表现为"一种自我强化(self-reinforcing)的创造系统。在进化的某些点上,我们这个由工具、机器与思想组成的系统在反馈环路和复杂的互动中变得愈发稠密,以至于酝酿出了些许独立性——它开始在某种程度上行使自主性(antonomy)。"① 凯利甚至认为,再经过若干年的进化,科技体可能会表现得更像复杂的有机体,会按照自己的需求发展。

技术自主性的出现预示一种可能,即人为创造的技术不再受到人的支配和控制,甚至反过来可能支配人或影响人,从而引起了人们对技术理性合理性的深切忧虑。

温纳认为技术自主性并不意味着人类的噩梦。尽管我们已经深陷于高技术系统之中,人的选择与行动仍然非常重要。因为"重要的技术实际上就是生活方式,即适应于理性的、生产性的方案的人类意识和行为"。② 只要我们"回归到对技术的最初理解,即作为一个手段,它就像所有其他我们可资利用的手段一样,必须仅在我们对什么是适宜的有可靠认识的情况下,技术才会得以运用。"③ 破解现代技术发展所引起的困惑与疑难就有了一个新的开端。

治理的存在同样历史悠久。治理的原意是控制、引导和操纵,常与

---

① [美]凯文·凯利:《科技想要什么》,严丽娟译,北京:电子工业出版社2016年版,第17页。
② [美]兰登·温纳:《自主性技术——作为政治思想主题的失控技术》,第284页。
③ [美]兰登·温纳:《自主性技术——作为政治思想主题的失控技术》,杨海燕译,北京:北京大学出版社2014年版,第280—281页。

统治一词通用，主要指政府的控制行为。随着现代化的不断推进，城市化和全球化的迅猛发展使得政府的权力机制和管理机制已经不足以适应处理社会事物和公共管理的需要了，政府以外的其他机构和群体正在经济和社会领域发挥着越来越重要的作用，从而治理概念有了更丰富的内涵。按照全球治理委员会（the Commission on Global Governance）的定义，"所谓治理是各种公共的或私人的个人和机构管理其共同事物的诸多方式的总和。它是使相互冲突的或不同的利益得以协调并采取联合行动的持续过程。这既包括有权迫使人们服从的正式制度和规则，也包括各种人们同意或认为符合其利益的非正式的制度安排，它有四个特征：治理不是一套规则，也不是一种活动，而是一个过程；治理过程的基础不是控制，而是协调；治理既涉及公共部门，也包括私营部门；治理不是一种正式的制度，而是持续的互动。"[①] 显然，现代治理已经从政府的制度化统治行为扩展到各种社会机构和个人间的协调与互动过程。

基于对技术和治理的当代理解，技术治理有了更加丰富的意蕴。既包括传统理解的专家统治，也包括以科学技术为手段的社会治理和国家治理，还包括对科学技术本身的治理。

专家统治是技术治理的传统意蕴。长期以来，技术治理主要意味着知识和技术在政府统治中的运用，特别是掌握知识和技术的专家个人或群体在政治活动中行使权力和权威的过程。从古到今，人们对专家统治进行了深入思考，产生了富有创见的专家统治思想。

专家统治的实质在于知识对权力的占有。知识和权力的关联可以追溯到古希腊。"从雅典人指控苏格拉底腐蚀了年轻人的思想并将其处以死刑起，他们就开启了让知识与权力纠缠不清的先例。而柏拉图对他老师受刑的回应，也确立了把科学与政治联系起来的西方模式：知识在政治中的力量，依赖于专家首先使自己从社会中隐身，然后以极为自信的

---

① 转引自樊春良等：《新兴国家技术发展的国家治理机制——对美国国家的纳米技术倡议（NNI）20年发展的分析》，载《中国软科学》，2020年第8期，第57页。

统治者形象出现，通过运用所掌握的高级知识，以一种聪明的治理方式来掌控无知的大众。专家存在于政治领域之中，但又不属于政治。"①显然，柏拉图开启了专家统治理论的先河，即强调拥有智能的阶级统治其他阶级才能实现城邦的公正。

培根以来的技术治理思想进一步提升了知识和技术的权力和权威。它们主张，权力来源于自然界，科学探索把这种力量释放出来，技术创造性的构建使之得以被利用。相比较之下，政治权力的其他来源，如财富、公众支持、个人魅力、社会地位以及有组织的利益集团都显得不重要了。同样，权威也是知识及其巨大效用的产物。在一个以先进技术为基础的社会中，拥有专业知识和成就的科学家和技术人员自然将在公共事务中拥有合法的统治地位。先前产生的其他权威，如宗教、自然法则、契约等必须服从知识人士的合法统治。

美国20世纪20年代初发端的，40年代末50年代初结束的技治主义运动是技术专家统治思想现实化的一次尝试。以当时资本主义社会的社会矛盾和经济危机激化为背景，霍华德·斯科特和凡勃伦等人发起了一场技治主义运动。他们认为资本主义价格体系是美国经济危机的根源，主张为消除危机，提高社会运转效率，必须把统治权从资本家手里转移给科学家和工程师，按照由优秀技术人员实施的全面控制计划重组美国经济。他们先后成立了技术治理公司（Technocracy Incorporated）和大陆技术治理委员会（Continental Committee on Technocracy），招募并培养了一批受过专业训练的技治主义者，筛选出符合技术治理标准的精英，在开展"北美能源调查"这一重大项目的同时，开设技术治理研究课程，创办技术治理杂志，宣传技治主义主张。由于被认为试图通过武力推翻国家政府和宪法，加拿大的技术治理活动在1940—1943年间被政府禁止。

---

① 〔美〕马克·B·布朗：《民主政治中的科学——专业知识、制度与代表》，李正风等译，上海：上海交通大学出版社2015年版，第11—12页。

技治主义运动的衰落固然有其特殊的社会历史原因，但是，专家统治理论对自由主义政治实践提出了简单而直接的挑战也是原因之一。专家统治理论认为，技术专家统治是唯一适合现代科技社会的政体。现代政府的决定、计划和行动应该完全依赖现代科技。依靠新技术成就，技术专家完全可以理解人们的需求并满足其需求。在真正的政府管理中完全不需要民众和政治代表的参与，从而专家统治在实际政治活动中很可能走向极权和专制。

正是由于充分意识到了技术专家统治与民主政治的内在矛盾，人们又提出了被称为修正主义技术专家统治论的理论，试图重新定义技术专家与政治权力和权威的关系。比如唐·K.普赖斯在其《科学阶层》一书中，指出，科学和基于科学的技术在19世纪20世纪的兴起已经改变了美国政府建立之初的基本规则和程序。普赖斯认为新秩序系统由四个具有不同利益、不同专业知识和不同类型合法性的群体构成。它们分别为政治阶层、管理阶层、专业阶层和科学阶层。这四个阶层各自拥有不同的职能和自由度，既相互独立又相互依赖，从而形成有效的制衡关系。这一理论似乎消除了传统技术专家治理对民主政治的挑战。然而，他所描绘的世界仍然几乎完全依靠科学知识和技术实施和运行，不鼓励公民参与，也不依赖政治代表的协商，从而潜藏着权力滥用的危险。

约翰·肯尼斯·加尔布雷思则专门研究了当代巨大的技术复杂型企业中的新技术阶层的兴起。他认为现代社会权力和权威已经由单一的统治阶层转移到一个特殊群体中，这个群体被他称之为"技术结构"，包括所有为群体决策提供专业知识、才能或经验的人或组织。技术结构的目标不在于高额利润，而在于其自主性和独立性，他们并不特别渴望权力，但是为了在技术先进的世界中有效工作，必然伴随着政治权力的出现。因为现代技术社会中，复杂精密技术往往需要巨大的人力、物力、财力及时间的投入，需要事先制定规划，需要政府的支持与合作。这就可能造成一个巨大的隐忧——自主技术结构的价值正在成为整个社会唯一的重要价值。"权力将不被用来实现范围更广泛的社会目标。……我们的需求将与工业系统的需求达成一致；国家政策将受制于同样的影响；教育将顺应工业的需要，工业系统所要求的秩序将是社会约定俗成的道德。这导致所有其他目标似乎都是昂贵的、次要的，或反社会的"。①为消除这些隐忧，加尔布雷思寄希望于现代知识分子阶层，认为科学和教育阶层应该承担对更大的社会目标的责任。

总之，技术专家统治理论发展到今天，已经由对未来的推测扩展到对现实的描绘，他们的描绘并不全面，但仍然很重要。他们表达了政治赋权的一种新观念。即"在一个以尖端科学技术为基础的社会中，真正的表决权的依据是对技术的高水平理解。一个人的发言权将直接取决于其在群体决策过程中所能提供的信息、严密数据和理论洞察力。"② 也就是技术理性在政府决策中发挥着越来越重要的作用。

以技术的手段、方法、机制、体制进行社会、国家乃至全球事务的协调与管理是技术治理的又一重要意蕴，也是现代技术治理的主要指向。这一意义上的技术治理是公共治理的模式之一，是"在社会运行，尤其是政治经济领域中，以提高社会运行效率为目标，系统地运用现代科学技术成果（包括原理、方法和知识）的治理活动。"

现实社会的公共事务中，技术理性正在作为必不可少的治理工具而发挥着重要作用。一方面，科学技术知识、标准化生产和健康生活方式的传播以及科学管理等的普及，使生产过程更加经济、消费活动趋于正常化，社会保障和社会救助体系更加完善。另一方面、新技术、新方法、新机制不断被引进政务管理和社会服务之中。"作为对科学技术发展的回应，社会和政治组织调整它们的结构以'吸收'新技术。罗斯托告诉我们，'政治发展是指：社会结构为了逐步吸收所积累的和大量

---

① 〔美〕兰登·温纳：《自主性技术——作为政治思想主题的失控技术》，杨海燕译，北京：北京大学出版社2014年版，第142页。

② 〔美〕兰登·温纳：《自主性技术——作为政治思想主题的失控技术》，杨海燕译，北京：北京大学出版社2014年版，第146页。

涌现的现代技术而重建自身时,对新的并且更复杂的政治和政府体制的精心设计和创建.'"① 人工智能、大数据技术越来越广泛地应用于社会管理实践,智慧交通、智慧社区、电子政务、互联网法院、远程医疗纷纷出现,各级政府和组织不断进行机构改革,进行体制机制创新,优化、简化办事程序,提高办事效率。可以肯定地说,由现代技术为治理工具所创造的生活系统是便利、舒适和有效的。

然而这种意义上的技术治理仍然受到许多质疑。马尔库塞认为现代技术不仅包括工具,而且包括同等重要的人类劳动的组织和训练。他把这种生产技术的有目的的组织和结合叫做"技术合理性"。他主张技术合理性的持续增长使技术成为社会控制或统治的重要形式。因为"以这种名义规定的理性就等于一种使这个世界永恒化的活动。合理的行为也就等于一种事实性,这种事实性教导明智的归顺从而保证遵循流行的秩序。"② 他指出技术合理性消解了个人合理性,造成了人的异化。有意思的是,马尔库塞并不认为技术合理性是人类自由的必然的敌人。相反,在他看来技术合理性服务于控制而不是自由是其所处的社会制度所决定的。从而他提出了一个充满希望的观点,即在不同的社会框架内技术理性能够变成解放的技术。也就是说,技术本质上仍然是人类实现自己目的的一种工具。这就为技术治理的合理性提供了辩护。

"规避理性主义但不摈弃理性论证和社会正义,并以这种方式来构想民主。这曾是杜威的愿望,也推动了当代政治理论的发展。"③ 当今社会,科学技术已经深深地介入到政治体制机制变革和政府决策的全过程,导致公共事务和社会管理日益科学化现代化。

---

① 〔美〕兰登·温纳:《自主性技术——作为政治思想主题的失控技术》,杨海燕译,北京:北京大学出版社2014年版,第40页。

② 转引自〔加〕威廉·莱斯:《自然的控制》,岳长岭等译,重庆:重庆出版社1993年版,第177页。

③ 〔美〕马克·B·布朗:《民主政治中的科学——专业知识、制度与代表》,李正风等译,上海:上海交通大学出版社2015年版,第267页。

对科学技术本身的治理是现代技术治理的重要内涵和目标。长期以来，科学技术由于其对社会进步和人类福祉的巨大贡献而没有成为治理的对象。然而20世纪下半叶起，随着科学技术严重的负效应日益显现出来，对科学技术自身发展的约束与治理开始引起人们的关注。

从总体上而言，技术的自我增长已经成为一股势不可挡的历史洪流。一方面，由于人类普遍存在着追求和使用技术创新成果的意愿，人类自愿加入到那种造就技术进步模式的社会进程中。另一方面，在所有技术领域中都存在有组织的社会系统，这些社会系统内的人们总是在努力工作，以谋求技术进步，比如许多发现和发明总是同时出现。另外，由于科学技术持续进步的积累作用，为新技术的产生提供了技术基础，使得人类最低限度的介入就能导致重大进展。问题在于，技术的持续增长已经造成了"一种不寻常的事态。现代社会及其成员必须不断地对科学和技术革新做出反应，而他们对此几乎没有或根本没有做好准备。但这个本质上未经计划和毫不减退的潮流继续前行，既没有任何限制也没有预期的方向。"① 这就可能使人类生存和发展陷入了极大的困境，也使人类文明的未来充满了不确定性和巨大的风险。

人们对于技术的持续增长这一事实的看法是有分歧的。有人认为尽管付出了巨大代价，但是"从整体上看是值得的，人类的总体状况已经得到了难以估量的改善。与此相反，埃吕尔和其他的技术批评者们质疑那些已发生的具体变革所带来的好处，并且坚持认为人类的自由、尊严以及福祉并没有因为这个历史潮流而得到加强。"② 他们甚至认为人类

---

① 〔美〕兰登·温纳：《自主性技术——作为政治思想主题的失控技术》，杨海燕译，北京：北京大学出版社2014年版，第56页。
② 〔美〕兰登·温纳：《自主性技术——作为政治思想主题的失控技术》，杨海燕译，北京：北京大学出版社2014年版，第44页。

不再是技术的主人,而成为技术的囚徒。显然,技术理性的拥护者和批判者都承认技术增长已经和可能造成诸多问题,从而对科学技术本身进行研究与治理就成为技术治理的意蕴之一了。

二、风险社会及其对技术治理的挑战

尽管技术治理理论与实践曾经引起许多争论与非议,技术治理已经成为现代社会治理的普遍现象,这是一个不争的事实。技术理性的合法性毋庸置疑。但是技术治理仍然存在诸多需要解决的问题。风险社会的技术治理正是当前技术治理必须面对的重大挑战。

1986年,乌尔里希·贝克的《风险社会》一书出版。在这部著作中,贝克警告世人,现代人类已经生活在文明的火山之上。现代社会"生产力的指数式增长,使威胁和潜在威胁的释放达到了一个我们前所未知的程度。"[①] 从而,他提出了"风险社会"概念,指出在世界范围内,当代社会正经历着一场根本性变化。这一变化就是,人类社会开始进入"风险社会"时代。同时,他深刻剖析了现代风险的本性,揭示了现代风险产生的根源和机制,深入分析了现代风险的分配、扩散以及避免和管理风险等重要问题,建立了著名的风险社会理论。《风险社会》出版后,引起强烈反响。人们普遍认为,"从许多方面看来,这部著作不仅富有创见地对我们当前的现状进行了深入探索,也为我们了解未来提供了一个预言式的视角。"[②]

自贝克提出风险社会理论以来,传统社会科学不断受到挑战,引发当代社会理论产生许多引人瞩目的争论,使得风险社会及其超越成为社会理论的关键议题。其实,早在1921年,弗兰克·奈特就出版了《风

---

① 〔德〕乌尔里希·贝克:《风险社会》,何博闻译,北京:译林出版社2004年版,第15页。

② 〔英〕芭芭拉·亚当等:《风险社会及其超越——社会理论的关键议题》,第1页。

险、不确定性和利润》一书，研究了风险和不确定性问题。20世纪70年代早期，社会学家尼古拉斯·卢曼也把风险和危险进行了明确区分。但是，直到贝克《风险社会》出版以后，风险主题才成为主流社会科学的研究议题。这是因为，"贝克的著作谈到了对工业化生活方式的当代西方式体验，它还触及到了对工业化胜利、科学发展和技术创新的阴暗面的深刻恐惧。不仅如此，它还描述了环境危机的社会——文化和制度本质，这也意味着我们必须在社会——文化的领域之内和这种生活方式的社会制度之内来寻找解决方案。"① 贝克不仅以清晰可感的方式揭示了人类文明正在遭受和未来可能遭受的巨大风险，而且断言这些有关人类命运的风险与科技发展、工业化生活方式密切相关，是现代化自反性的结果。这就对技术治理提出了挑战。如果科技发展走入了歧途，那么我们还应该利用现代科技进行社会治理吗？如果随着政治系统功能的丧失，"塑造社会的决策能力只有一部分被汇聚在政治体系里并服从于代议制民主的原则。另一部分则摆脱了公共监督和证明的规则，并被转移给企业投资的自由和科学研究的自由。"② 那么，我们又如何治理科学技术呢？

贝克的风险社会理论是以对风险概念的现代理解为基础的。风险概念不是现代性的发明。但是现代化的风险与传统风险有本质的不同。"风险概念直接与反思性现代化的概念相关。风险可以被界定为系统地处理现代化自身引致的危险和不安全感的方式。风险，与早期的危险相对，是与现代化的威胁力量以及现代化引致的怀疑的全球化相关的一些后果。它们在政治上是反思性的。"③ 具体来说，现代性风险主要是指生态风险和高科技风险以及由它们转换而来的风险。"风险，首先是指

---

① 〔英〕芭芭拉·亚当等：《风险社会及其超越——社会理论的关键议题》，第1页。
② 〔德〕乌尔里希·贝克：《风险社会》，何博闻译，北京：译林出版社2004年版，第226页。
③ 〔德〕乌尔里希·贝克：《风险社会》，何博闻译，北京：译林出版社2004年版，第19页。

完全逃脱人类感知能力的放射性、空气、水和食物中的毒素和污染物，以及相伴随的短期和长期的对植物、动物和人的影响。它们引致系统的、常常是不可逆的伤害，而且这些伤害一般是不可见的。然而，它们却基于因果解释，而且最初仅仅是以有关它们的（科学的或反科学的）知识这样的形式而存在。因而，它们在知识里可以被改变、夸大、转化或者消减，并就此而言，它们是可以随意被社会界定和建构的。"①

毫无疑问，贝克的风险理论动摇了以技术理性为代表的现代性的理性基础，引起了人们对技术治理问题的再思考。从贝克的风险定义可以看出，现代化风险主要是人为制造的不确定性，直接来源于现代科技，依赖于科学和社会的建构。科学自身发展潜藏着产生风险的可能，更多更好的知识正在成为新风险的发源地。诸如气候变化、空气污染、水土污染、核辐射究竟能否以及怎样威胁人类，这些风险的定义常常涉及专门复杂的知识，科学家往往享有解释权和定义权。从而，现代化风险与现代科技有着直接关联。

现代科技发展实践已经极大地表明了风险从可能性向现实性的转变。一方面，有些技术本身具有颠覆性和致毁性，使其不仅是解决问题的源泉，也可能是产生问题的原因。比如核技术大规模杀伤人类生命的毁灭性危险一直存在；基因技术任意打破生物界限，改造人类生命体，从而改变人的进化过程、直至改变人的本性，实现身心掌控、心灵重建。这种可能性一直存在。如今广泛应用于社会各个领域的人工智能技术失控可能产生的风险尤其引人注目。以至于有人说："人工智能（AI）可能是 21 世纪最重要的全球性问题，如何应对人工智能安全这一议题，可能会极大地影响我们的未来发展轨迹。"对于人工智能风险，人们讨论很多。本文认为 2018 年 2 月，人类未来研究所、新美国安全中心联合发布的报告《人工智能的恶意使用：预测、预防和缓解》表

---

① 〔德〕乌尔里希·贝克：《风险社会》，何博闻译，北京：译林出版社 2004 年版，第 20 页。

述比较全面。报告指出：人工智能的广泛应用：（1）会扩大现有威胁；（2）产生全新类型的威胁；（3）AI 广泛使用带来的攻击更加高效、定位精准、难以溯源。总之，会改变当前公民、组织和国家的安全形势，即通过网络攻击威胁数字安全；通过物理攻击威胁军事安全、社会安全；通过网络、数据监控、引导威胁政治安全。

另一方面，技术的方法、逻辑成为人类生活的逻辑，人类被自己的创造物所改变的风险也始终存在。特别是现阶段科学技术发展至大科学、巨科学时代，整个社会运行完全围绕技术目的来安排，技术价值成为唯一重要价值，弱化了其他人文、社会价值，使得人类被矮化、异化。法兰克福社会批判理论对于这类风险有过许多论述。

科技风险的存在对技术治理带来了严峻挑战。首先，技术治理的合法性受到冲击。长期以来，在现代化早期，信仰科学、相信理性是工业化社会现代化的重要特征。人们相信，科技发展需要自由宽松的环境，科学是一个无止境的疆界。人们也相信，在严格的同行评议制度下，拥有独特精神气质的科学家能够通过自治，为社会提供价值中立的科技成果。为了保证事实判断的可靠性，实验科学坚持实验应当是在公共空间中进行；见证应当是集体的行为；证人的可信度判断必须遵循一套被视为理所当然的成规；促成实验现象的重制；通过公开发表实验报告和论文实现虚拟见证。"实验知识的生产始于个人眼见及相信的行为，而终于所有个人自愿对于被看到也应该被相信之事物的彼此同意。——没有一个人有权强制宣称什么可以算是知识。合法的真实只要是由集体产生，且获得构成这集体的那些人自愿的同意，就可担保是客观的。知识客观化的过程，是通过展现知识之生产和评价的共同基础进行的。"① 人们还相信，人类了解他们自己制造的东西，因为人类能够掌握每门技术所需的所有知识，人类既能建造，也能理解，还能解释。人类能够牢

---

① 〔美〕史蒂文·夏平等：《利维坦与空气泵——霍布斯、波意耳与实验生活》，蔡佩君译，上海：上海世纪出版集团 2008 年版，第 73 页。

固地控制其所制造的东西,因为人类是有目的地发明技术,控制是技术产物的设计方案的一部分。风险的现实存在表明,科学家的研究活动是有选择的。科学技术不是中立的。"人们选择哪种利益,将谁或什么设定为原因,他们如何解释社会问题,他们将实现什么样的解决方案——这些都不是中立的决策。"①换句话说,什么被视作风险和需要成为满足人们不同目的而进行选择的核心问题。与此同时,风险理论也表明,人们不能完全了解和控制自己制造的东西。随着知识的增长,无知的程度也在增长。随着知识的碎片化,每个人只能了解一个或少数知识,弄清楚全部知识已不可能。这些都说明技术理性不是绝对客观无误的,是需要审视的。有条理的怀疑精神是科学的基本精神特质之一。然而,在风险社会的早期阶段,由于对科学理性的信仰使得科学家在运用其批判理性探索未知世界的同时,唯独忘了运用它来审视自身的固有基础和外在成果,导致科技知识在经过公众知识的审查和讨论之前,一些后果已经被生产出来了。风险理论打破了技术理性的垄断地位,提出了技术理性改革的要求。

其次,伦理优先的技术治理原则失效了。面对当前日益严重的科技风险,人们在技术治理中主要采用了伦理优先的原则。各级各类伦理审查委员会相继成立。人们也提出了各种科技研究的伦理原则。比如谷歌公司曾提出"不做恶"的原则,2018年7月召开的"国际人工智能联合会议"发布《禁止致命性自主武器宣言》。然而,含有较大风险的科技研究仍然不能完全被禁止。

一方面,温纳所提出的"技术漂迁"学说表明许多科技成果是不可预见的。所谓"技术漂迁"是指"随着技术革新的速度和广度的增加,社会面临着显而易见的可能性,即在一个'非故意的后果'的浩

---

① 〔德〕乌尔里希·贝克:《风险社会》,何博闻译,北京:译林出版社2004年版,第215页。

瀚海洋中随波逐流。"① 也就是说，影响社会的许多技术变革常常是意料之外的和无法预见的。由于自然界和人类社会存在着复杂的相互联系，人们在发明一项技术或者新技法、新装置时，可能并不完全了解这项发明的全部意义和用途，总会产生一些非故意的后果。这些后果可能是积极的，也可能是消极的。前者代表了人们的潜在期望或愿望，后者则意味着风险。

另一方面，由于技术发展的积累，由于技术的自我进化，有些技术是注定会产生的。这是因为，科技是经济发展社会进步的重要动力和支撑。无论是出于实用的目的，还是出于好奇心，创新与探索精神已经刻画在人类种族的基因之中，是人类文明绵延不绝的重要原因。无论是一项技术、方法、技巧还是组织和网络，人类在开始使用时，都是为了满足某种特定目的的，比如效率的提高、生产生活的方便舒适等。这些技术的应用也确实实现了其目的，否则会被淘汰。比如获得 2020 诺贝尔化学奖的 CRISPR 基因编辑技术曾因 2018 年底的基因编辑婴儿风波，而引起全球科学家关注，并制定准则加以约束。其实，基因编辑技术在改良作物品种，增进人类健康方面前景无限。利用基因编辑技术，人类可能复原灭绝动物，提高生物多样性；改造农作物，保证粮食安全；治疗遗传病、艾滋病、癌症，甚至预防疾病，实现人类增强。以至于有科学家说，总有一天，人们会发现：不对生殖细胞进行基因编辑来缓解人类的痛苦，才是不道德的。

另外，科技风险是科技缺乏人类照料的产物。所有技术的发展都最大限度地反映了当时人类在智力、发明创造力等方面的最高水平。所以并不是所有的技术发明都是完美的。事实上，在许多时候，人类创造发明的常常是未完成的甚至有缺陷的创造物。怪物弗兰肯斯坦在刚被制造出来的时候就如同人类的婴儿，他没有善恶是非观念。如果他的主人多

---

① 〔美〕兰登·温纳：《自主性技术——作为政治思想主题的失控技术》，杨海燕译，北京：北京大学出版社 2014 年版，第 77 页。

给他一些精心的照料与正确的引导，他的邻人多给他一些包容与善意，故事的结局不会如此悲惨。显然，如果任由科技自由发展而不加以约束、照料，风险总会变成现实的威胁。反之，人类会得到更多的惊喜。从而禁止与否并不能真正限制和约束人类想要限制和约束的技术。技术治理需要更有效的探索。

与此同时，贝克的风险理论也对以现代科学技术为代表的社会文化和政治制度提出了挑战，增加了技术治理的复杂性。他明确指出，"风险是人造的混合物。它们包括并综合了政治学、伦理学、数学、传媒学、技术、文化范畴及感知。"① 也就是说，对于现代化风险的产生，科学技术只是原因之一。现代风险"不同于'战争损害'之处在于它们的'正常出生'，或者更准确地说，在于它们的合理内核方面的'和平本源'以及在法律和规则这个保证人的庇护下的繁荣兴旺。它们不同于工业社会前的自然灾难之处在于其在决策制定方面的渊源，这种决策制定当然从来不是由个人作出的，而是由整体组织机构和政治团体作出的。"② 也就是说，现代风险是建立在决策基础上的，是符合工业社会的普遍政治规则需要的制度事件，是现代化的副作用。

显然，现代化风险是一种制度风险。"风险制度意味着原则上，每件事都有可能发生，因此没有什么东西能被预测和控制。——制度范围间的互动受'知识的反思性占有（reflexive appropriation knowledge）'的统治愈强，在日益联结为一个整体单元的世界内，全球性的相互联系就变得愈加难以控制。"③ 这一事实已经导致政治系统的功能丧失。改变社会的决策已经不再集中在政治制度内。世界社会政治亚政治化，即"直接政治——即特有的对政治决策的个人参与，绕过代表性意见形成

---

① 〔英〕芭芭拉·亚当等：《风险社会及其超越——社会理论的关键议题》，第337页。
② 〔德〕乌尔里希·贝克：《风险社会》，何博闻译，北京：译林出版社2004年版，第67—68页。
③ 〔德〕乌尔里希·贝克：《世界风险社会》，吴英姿等译，南京：南京大学出版社2004年版，第148—149页。

的机构（政党、议会），甚至往往缺乏法律保护。换句话说，亚政治意味着自下而上的社会形成"。①

全球政治亚政治化使"有组织的不负责任"盛行。出于各自利益与诉求的考量，即使危险和灾难的现实已为人们所意识到，人们仍然或者否认风险的存在，隐瞒其根源、阻碍对它们的赔偿和控制，或者以可接受风险来规避风险，使现代风险成为一种普遍的社会现实。"有组织的不负责任"的普遍存在，也使传统责任追究方式，在许多"不可逆转"的风险问题上无能为力。以往责任观念确立的只是根据既成事实的结果来回溯原因、事后追究责任的原则，"有组织的不负责任"意味着责任主体的缺失，也就无从追责。从而，为社会的技术治理设置了障碍。

三、面向未来的技术治理

毫无疑问，现代国家在行政事务中对技术理性主义的依赖经久不衰。这是因为，技术治理是现代国家治理的重要工具。"吉登斯认为现代意义上的民族国家建立在相应的技术之上，通讯和信息储存技术的提升，强化了行政力量监控社会的实际能力。——在福柯看来，国家的治理术是用技术构成框架而塑造人的行为，其原理是一整套制度、程序、计算、分析组装起来。"同时，运用技术方法增强治理能力，也是现代公共行政与国家治理的重要特征。然而，高科技风险的巨大威胁明示我们，现代性的"理性垄断"是需要质疑的，科学技术以及各种工具理性既不是"绝对的权威"，更不享有逃避反思的"治外法权"。但是贝克也同样强调，可以把科学技术由风险的主要制造者改造成阻碍产生风险倾向的力量。也就是说，他认为现代化不是不需要理性，而是需要健

---

① ［德］乌尔里希·贝克：《世界风险社会》，吴英姿等译，南京：南京大学出版社 2004 年版，第 50 页。

全的理性,即与社会理性融合的科学理性。没有社会理性的科学理性是空洞的,但没有科学理性的社会理性是盲目的。

风险观念倡导了一种更为积极也更为现实的价值观,即通过"风险规避价值观以及对技术的自我反思认识"①来确立一种面向未来的新型现代化。风险观念语境下的价值观,体现为对"能否接受风险的文化及生活标准"的价值判断。风险观念主张,只有通过"理性改革""吸收被抑制的不确定性才能治好这种疾患",即通过建立"预警原则和可逆性原则"等新的现代性标准来消除科学和工具理性的"虚假的、脆弱的明晰性和伪确定性"。这一面向未来的价值观要求建立一种审慎的技术治理模式。

在风险社会开展面向未来的技术治理首先要求人们建立适应风险社会的思想意识。一切行动上的改变都需要以在思想意识方面的改变为前提。一方面,在现代社会,风险已经成为人们理解世界的无所不包的背景。无论是确定性知识的增长还是无意识和非知识的增长都可能制造更多难以克服的风险。这就是贝克所说的"风险陷阱"。为了避免"风险陷阱",无论是技术专家,还是普通公民,都需要以风险意识谨慎对待知识的生产与利用。另一方面,在风险社会中,现代化风险的灾难性后果在不断被感知的同时却经常被否认和掩盖其起源,其根本原因在于没有一个人或一个机构似乎明确地为任何事负责,这就是贝克所说的有组织的不负责任。为了有效地防范可能的风险,无论是科学共同体,还是其他机构,无论是技术专家,还是普通公民,都需要建立责任意识,在技术创新和公共管理实践中,担负起各自应尽的责任。另外,在风险社会中,无论是生态风险还是科技风险以及转换而来的经济风险、社会风险和文化风险既是全球性的,又是全体性的。它们涉及个人和社会组织的每一个层面,包括科学家、商人、

---

① 薛晓源、周战超主编:《全球化与风险社会》,北京:社会科学文献出版社2005年版,第342页。

媒体人、普通公众，社会团体和社会组织等。因而，对风险的技术治理也不能依赖个人的力量来实现，而需要建立合作意识，在全球范围内开展广泛的合作，通过全球团结，共同应对风险社会对技术治理的挑战。

其次，在风险社会开展面向未来的技术治理对科技治理提出了更高要求。对科学技术进行治理某种意义上意味着科学技术的政治化。它要求建立一种适合科学技术的政治框架。一般来说科学技术与政治之间具有深层次的不对称性。在广泛的工具性意义上，政治包含了许多试图组织、控制、塑造和影响其他社会活动的尝试。政治协议具有法律约束力，科学家之间的协议不能合法地约束他人。

一方面，风险社会要求重新塑造科技政策研究。"科技政策作为国家重要的公共政策的一部分，是科学技术飞速发展的助推器，它包括两个方面的重要内容：一是以发展科学技术本身为目标的政策，二是以科学技术为基础支持相关领域发展（如医疗卫生、环境保护、网络社会、国土安全、产业结构转型等）的政策。"[①] 长期以来，人们普遍认为科学共同体的自我管理终将为社会带来巨大的效益。人们不遗余力地推动科技创新。风险议题则表明，新知识能把常规在一夜之间变成风险。这就需要在旨在鼓励知识创新的科技政策中增加诸如伦理、价值考量方面的内容。未来社会需要一种既能有效推进科技发展，又能民主地代表公众的科技政策。另一方面，风险社会要求重新塑造旨在加强科学共同体自律的有效制度与措施。长期以来，科学共同体是决定科学研究全过程的唯一权威，科学技术研发是其唯一职责。风险议题表明，科学技术专家不仅应该承担知识创新的职责，还应该承担对于科技成果的政治责任和道德责任。从而科学共同体内部需要加强自律。另外，还需要推动广

---

① 孙家广、方新主编"科学技术政策译丛"《总序》，引自〔美〕David H. Guston, Daniel Sarewitz 主编：《塑造科学与技术政策——新生代的研究》，李正风等译，北京：北京大学出版社 2011 年版，第 1 页。

泛的公民参与。

然后,在风险社会开展面向未来的技术治理要求重新塑造社会对于科学技术发展的明智态度。在科技发展早期,由于科技对人类福祉的重大贡献,人们建立了对科学的信仰和信任。不加批判地发展科技,在改善人类生活的同时,也埋下了巨大的危机和隐患。由于高科技风险的重大威胁,许多人又失去了对科技的信任,开始批判技术理性。其实对技术理性的绝对肯定和绝对否定都是不合时宜的。人们需要明智地理解技术理性和对待技术理性。一方面,我们必须承认,"技术形式确实在很大程度上塑造了我们时代人类活动的基本模式和内容。——新技术是演化着的结构中的体制性组分,这个结构塑造了一个新政体,即我们确实日益生活于其中的高度技术化的社会。"① 另一方面,我们也必须承认人们生活于其中的技术社会是不完美的,始终存在着产生各种风险的可能。"对于我们的社会或任何其他社会来说,所有问题都得到解决的稳定状态是不可能实现的。"② 除了技术的漂迁外,人类理性的有限性也是一个重要的原因。西蒙认为,在理性推理中,"倒推中每一步的逻辑基础都具有随意性。这种随意性是破坏推理过程从而损及推理结果的一种原罪。对于我们讨论的主题而言,这种难以消除的随意性会造成如下两个重要后果。首先,它永远无法得出一种无懈可击的归纳原理,使得我们能够从一个具体事件甚至无数事件中,推导出没有失误风险或绝对可靠的一般规律。"③ 也就是说,技术理性能在国家治理中给予我们重要帮助,但并不能解决所有问题,相反可能造成潜在的风险。从而,在运用新技术新方法进行决策过程中始终保持审慎清醒的态度,以广泛的

---

① 〔美〕兰登·温纳:《自主性技术——作为政治思想主题的失控技术》,杨海燕译,北京:北京大学出版社2014年版,第277—278页。

② 〔美〕赫伯特·西蒙:《人类活动中的理性》,胡怀国等译,桂林:广西师范大学出版社2016年版,第125页。

③ 〔美〕赫伯特·西蒙:《人类活动中的理性》,胡怀国等译,桂林:广西师范大学出版社2016年版,第6—7页。

公民参与来弥补技术理性对价值议题的无能为力。"一个自认是风险社会的社会是一个反思性的社会。也就是说，其行动和目标的基础将成为公众的科学和政治争议的目标。"①

最后，在风险社会开展面向未来的技术治理要求重新塑造技术治理体系。自从技术理性的片面性为人们所认识以来，人们便开始了对技术本质、技术与自然、技术与社会、技术与文明关系的考察。由于人们各自所持基本立场的不同，对于上述问题的认识并没有达成一致的看法。由于技术理性对于现代化的巨大影响，对科学技术的治理并没有让人们真正重视起来，技术治理的相关法规、政策、举措还是零散的、就事论事的。风险社会理论表明，人类面临的巨大风险要求建立全面的技术治理体系。这一技术治理体系应当包括宏观、微观、中观等多层次，涉及技术研发、技术应用、伦理审查、道德建设等多内容建设。同时技术治理体系还应该既坚持原则性，又具有灵活性，可以随着新情况新问题的不断出现而加以调整。

总之，在当前国家治理能力和治理体系的现代化战略中，通过技术治理的路径实现现代化，已经成为共识和共同的趋势。风险社会理论则表明，审慎的技术治理不仅能够推动治理现代化，而且有助于克服现代性的自反性。然而，由于技术自主性和人的理性的有限性的限制，实现审慎的技术治理还有很长的路要走。

---

① 〔英〕芭芭拉·亚当等：《风险社会及其超越——社会理论的关键议题》，第337页。

美学论苑

中国美学史研究：限界、可能与目标*

刘成纪**

【摘　要】在中国现行的美学学科框架内，中国美学史可能是最让人无法以个人之力穷及的领域。这一方面源自中国传统美学资源本身的体量庞大和浩瀚，另一方面则源自现有美学理论和时代精神均对它缺乏持续性的约束力。但是，这种理论和时代的"双失"却是中国美学史研究不断开出新境的必要条件。就美学理论与美学史的交互关系看，中国美学史既接受理论给予的限定，又以本土经验重建学术视域，并通向美的普遍历史；就美学与时代精神的关联看，这一领域既映显现实，又表现出种种偏至，但这种偏至却正预示了美学史研究的全新可能。可以认为，在现代学术视域内，美学学科无论是它理论的弹性、思维方式的一般性，还是研究对象的无限广延，均意味着它是对人和世界普遍存在性状的描述，并不仅限于一种专门的知识。由这种理论和学科性质建构的历史，则必然是一种看待世界的普遍视野。于此，一切历史都是美学史。

【关键词】中国美学史；理论；时代；可能性；目标

---

* 基金项目：国家社科基金艺术学重大项目（17ZD03）。
** 作者简介：刘成纪，北京师范大学哲学学院教授、博士生导师，教育部长江学者特聘教授，北京师范大学美学与美育研究中心主任，兼任中华美学学会副会长、北京美学会会长，主要从事中国美学和艺术史研究。

近代以来，就美学在东亚的传播而言，人们一般认为日本走在了中国的前面。如 1870 和 1872 年，日本学者西周分别以《佳趣论》和《美妙学说》介绍西方美学；1883 年，中江肇民译介了法国人维隆（Veron）的《维氏美学》等。与此比较，作为中国近代美学发端人物的王国维，至 1904 年才开始发表相关文章。但是，与日本明治时代学者多止于对西方美学的译介不同，中国学者自对西方美学接受始，就直接转向了对中国美学自身历史的研究。如王国维的《孔子的美育主义》和《红楼梦评论》（1904），面对的问题均是本土性的。这至少说明了两点：一是现代形态的中国美学，自其发端就表现出比日本更鲜明的原创意图和民族本位立场；二是西方美学在近代中国被接受的发端，同时就是中国美学史研究的发端。在中日之间产生这种差异的原因，固然和中日民族及文化特性有关，但根本原因还是在于中国历史中保有着比日本更丰沛的美学资源。或者说，中国传统美学资源的庞大和浩瀚，使任何一种外来理论进入中国的过程，往往表现为对这一传统的重新认识和唤醒过程。至今，在中西古今并峙的现代学术格局中，人们一谈及中国美学，往往仍会习惯性地将它等同于中国古代美学，原因也在于此。

那么，如何面对这一经过了数千年积淀、体量庞大的美学传统？自 20 世纪初叶始，我国美学界主要做了两项工作：一是在理论层面，试图用一个具有本体性的概念为中国美学定性，并据此与西方美学相区隔。如王国维的意境或境界、叶朗的意象，以及近年来关于中华美学精神的讨论等，均显现出试图"一语道尽"中国数千年美学传统的理论欲求。二是在历史层面，不断强化美学对中国历史的描述能力，直至使其具备与中国文明史高度匹配的长度和规模。比如，王国维的中国美学研究，基本没有跨越宋元的上限；20 世纪前半期，这一上限被宗白华等上推到了魏晋；新时期前 30 年，学界对中国美学的讲述一般以春秋为起点。新世纪以来，则逐渐把史前时期也纳入了进来。可以认为，理论的自成一说和历史的前后贯通是我国百余年来美学史研究的主要成就。但是，整体评估这一历程，我更愿意将它视为相关研究的新的开启时期，而不是所谓的终结时期。原因有三点：一是在现代人文科学视野中，美学可能是最活跃也最缺乏边界感的学科，它的每一次理论调整总会为历史认知带来新变，并开拓出新领域。二是历史研究虽然面对历史，但它往往是"绕道"现实形成对历史的反观。近代以降，中国社会人文精神激荡，变局叠加变局，每一次变局均重新规划了美学家看待历史的视域和眼光。三是中国传统美学资源的庞大和浩瀚，使任何以既有美学理论和时代视野对历史的解释，均显现出削足适履般的狭隘和局促，这使回到历史原境、重建中国美学的历史论述变得日趋紧迫且重要起来。

一、美学理论与美学史

严格来讲，哲学是反历史的，作为哲学分支的美学也一样。这是因为，哲学作为关于真理的学问，它主要以逻辑方式讲述人对世界的认识。如果人相信世间真理只有一个，那么哲学就不应该有历史。同样，如果人关于美的真理性认识也是唯一的、永恒的，那么美学的历史也必然陷入对同一结论的无限重复，因此缺乏意义。如黑格尔所言："一提到哲学史，我们首先就会想到，这个对象本身就包含着一种内在的矛盾。因为哲学的目的在于那不变的、永恒的、自为的。它的目的是真理。但是历史所讲述的，乃是在一个时代存在，而到另一时代就消逝了，就为别的东西所代替了的事物。如果我们以'真理是永恒的'为出发点，则真理就不会落到变化无常的范围，也就不会有历史。"① 但是，无论是在西方还是现代中国，却存在着形形色色的哲学和美学史，对此，黑格尔的一个重要辨识是，历史性的哲学或美学讲述的都不可能

---

① 〔德〕黑格尔：《哲学史演讲录》第一卷，贺麟、王太庆译，北京：商务印书馆1983年版，第13页。

是真理本身，而只可能是关于真理的时代性看法。这样，美学的历史就成为关于美的看法的讲述史，或者有限的真理性看法向美本身不断靠近的历史。这种对美学史的定性至少可以引申出两点结论：一是美学史研究虽然是美学学科的重要领域，但研究这一历史的目的却并不是强化它的历史性，而是以此形成对超历史的普遍真理的印证。二是基于地域、国别或文化的美学史研究，虽然人们均习惯于强调它的独特性或不可复制性，但事实上，它也不过是以区域经验映显人类的普遍经验，并进而达至关于美的普遍认识。也就是说，如果人们相信关于美的真知具有普遍性，那么任何区域性美学史的书写必定表现为向美的普遍理论趋近的特征，其共同性永远大于差异性。相反，如果为区域性美学研究设定了过多排他性的目标，这不但有悖于理论给予历史的限定，而且也有违于人类作为共同体的审美理想。正是因此，目前行世的西方美学史，如鲍桑葵、克罗齐、吉尔伯特和库恩、塔塔科维奇、门罗·比厄斯利的相关著作，其原书名均不存在以"西方"自我设限。至于它们在汉译过程中大多被加上了"西方"的前缀，则隐含了中国译者要将其秉持的普遍主义美学史观，重新还原为区域经验的意图。当然，也只有使西方美学重新西方化，才能破除美学领域的西方中心主义，中国美学之于人类的独特贡献才能得到凸显。但是，这也同样不能成为中国美学研究者拒绝思考美的普遍真理和普遍价值的理由。

以上分析，为理解美学理论和美学史的交互关系提供了一个基本框架。首先，现代以来，美学理论中关于美的本质的探讨业已被证明是一种浪费智力的无效劳动，但它无论是作为一种哲学公设还是美学信仰，仍然具有存在价值。因为唯有不断碰触这一问题，才能维系美与真理或真知的相关性，才能缓解美学取消主义对这门学科的存在合法性造成的巨大威胁。同时，对于美学史，这种公设则提供了超越维度，即历史研究的目标从来不是一味沉溺于历史，而是以最后达至美的真理终结历史。其次，自康德以来，"物自体"作为真理的隐喻被悬置，人类知识的边界被限定在人的认识边界之内。与此一致，美也成为一个人类学概念，人只有在可感可识的层面才可以谈论美。但美的公度性并没有因此取消，即研究者仍可以借助人类的共同感觉力以及共同人性来谈论美的跨文化共识或普遍价值问题。也就是说，即便美由一个绝对真理的概念退化为一个人学概念，或者美退化为审美，它依然维系着一种有限普遍，具有超越地域和国别差异的共同性。这意味着任何国别或区域性的美学史研究，均是关于美的有限经验的传达，它的背后仍然是"一个历史"。它对于自身历史的差异化叙述，看似要否定普遍历史，但事实上却仍然不过是在以一种更具张力的方式，使人类审美经验得到更趋公正和完善的传达。然后，美学在理论层面追求一般性或普遍性的欲求，为中国美学史研究规划出了基本限界和价值取向。这种取向大致可以分为三个层级：一是就美的真理性或美的本质而言，美学史研究具有自反性质，它是以研究历史的方式终结或超越自身的历史；二是就美的普遍可传达性或奠基于共同人性的特点看，从来不应存在中国美学史、西方美学史或其他形形色色的美学史分类，美学只应存在有待向理论的一般性提升的"一个历史"；三是中国、西方及其他文化形态，构成了美学史研究多元化的现实，但追求理论普遍是其共同目标。单就中国美学史而言，它的认知目标和价值取向无疑是寻求一种从中国出发的普遍性，而不可能是在人类经验之外搞出一个与其他历史均缺乏相关性的特异品种。

美学理论与美学史的交互关系也说明，在美学的学科范围内，并不存在一个自明的美学史等待着人们去研究，而是有其从理论向历史的演绎过程。在中国美学界，人们一般爱讲一句行话，即"有什么样的美学理论，就有什么样的美学史"，这正是在强调历史认知总是被前置性的美学理论规划的事实。在这方面，黑格尔的《美学》具有典范性。这部巨著的第一卷是理论，第二卷和第三卷则是理论在历史中的实践展开。此后，鲍桑葵似乎与黑格尔相反，比如他的《美学史》著述在先（1892年），而理论在后（《美学三讲》成书于1915年），但事实上，美学理论之于他的美学史研究仍然具有先发性，这是因为他的《美学史》基本接受了黑格尔的美学框架，而且在该书的首章对何谓美和美学进行了理论阐明。至20世纪初，克罗齐出版《作为表现科学和一般语言学的美学》，该书在中译过程中被拆分成两部分，即朱光潜译的《美学原理》和后来作为李泽厚"美学译文丛书"之一的《作为表现的科学和一般语言学的美学的历史》。关于其中理论与历史的关系，朱光潜曾在其"译者序"中讲："原书分原理与历史两部分，我只译了原理部分，所以书名也改为'美学原理'。这并非因为历史部分不重要，而是因为克罗齐写美学学说史，完全照他的直觉即表现那个观点出发，与他的学说无关的一概从略。所以'美学'的历史部分不能当作一般的美学史来看，对于初学者没有多大用处。"① 这也同样说明美学史研究总是被先在的美学理论规划的特性。

1807年，黑格尔曾讲："在我们现在生活着的这个时代里，精神的普遍性已经大大地加强，个别性已理所当然地变得无关重要，而且普遍性还在坚持着并要求占有它的整个范围和即成财富，因而精神的全部事业中属于个人活动范围的那一部分，只能是微不足道的。"② 但值得注意的是，黑格尔所讲的精神普遍性，并不能被等同于理论的普遍性，而更多是指时代精神。同时，现代世界人类经验不断向多元文化和价值观念拓展，反而加剧了在理论层面形成有效哲学公设的困难。比如在美学领域，从鲍姆嘉通、康德、黑格尔到此后的西方美学家，均对何谓美和美学存在重大认知差异，这本身已揭示了美在理论层面已难以形成普遍认识，更遑论美学史认知能实现统一化。在跨文化领域，美学在西方话语中形成的逻辑自洽更备受考验。像鲍桑葵的《美学史》，就没有将中国和日本艺术包括在内。按照他的讲法，这是因为东方艺术显现的审美

---

① 〔意〕克罗齐：《美学原理美学纲要》，朱光潜等译，北京：外国文学出版社1983年版，第6页。

② 〔德〕黑格尔：《精神现象学》，贺麟、王玖兴译，北京：商务印书馆1981年版，第50页。

意识"还没有达到上升为思辨理论的高度"①,但事实上,这已经说明基于西方传统的美学理论,并不具备对跨文化的人类审美经验形成普遍描述的功能。更有甚者,当朱光潜批评克罗齐的美学史"与他的学说无关的一概从略"时,则说明貌似公设的美学理论连西方美学自身的历史也难以形成普遍描述。就此来看,虽然美学理论及作为其实践形态的美学史均追求普遍性,但事实上距离这一目标却愈来愈远。在现代社会,人们更愿意相信,在个体与个体、国家与国家之间,审美经验即便具有可通约性,但每种经验都独一无二,不可取代。由此,关于美学理论和美学史的差异化叙述反而成为主流。这种以反宏大叙事、反本质主义立场出现的人文取向在20世纪以来具有代表性,它在哲学层面逆普遍性,在现实层面逆全球化。似乎除了共用一个美的名词来指称人的当下经验,美学在理论领域获得的普遍性已弱化到了最低限度。

从以上分析可以看到,现代以来,哲学史研究是真理观念对现实的控制日益松弛的产物,正是这种松弛使哲学接受了它可以有历史,顺带为美学史的书写及日益多元化提供了理论可能。这中间也包括对非西方审美经验的容受和接纳。像黑格尔在其《美学》中,将以建筑为标志的东方象征型艺术组入到他的美学史之中,就是这项努力的重要尝试。此后,鲍桑葵以思辨性薄弱为借口放弃这项努力,事实上也已经将东方艺术纳入了他的关注范围。至20世纪,西方在"汉学"名义下讨论中国美学和艺术则成为重要的取向。但是很显然的问题是,这些关于中国历史的审美和艺术认知,总体上均没有脱离西方中心主义的背景。也就是说,如果美学史在西方被置于以真理认知为中心的哲学的边缘地带,那么关于东方及中国相关历史的认知则只能是边缘的边缘了。与此比较,非西方地区对自身美学史的认识则长期存在于一种巨大的自我矛盾中。以中国为例,中国传统的知识分类,从先秦时期的礼乐二分或诗礼乐三分,到汉代的"六略",再到隋唐至明清的"四部",其中根本没

---

① 鲍桑葵:《美学史》,张今译,北京:商务印书馆1985年版,第2页。

有一个独立的美学，这意味着谈中国美学或中国美学史，首先必须接受西方给予的知识框架。以此为背景形成的中国美学史叙述，极易成为西方出理论、中国出材料的混合形式。而所谓的中国美学当然也就成为西方美学的外延形态，甚至成为对西方美学具有普遍价值的中国印证。

但是如上所言，西方自从将美视为一个哲学命题起，虽然怀抱着普遍主义的理论抱负，但至多也不过是在西方话语内部获得了自洽性，超出这一边界，它必然显现出削足适履的狭隘和局促感。对此，中国美学自王国维始就有清醒认识。如1907年，他在《古雅之在美学之位置》一文中，就在西方美学的优美和宏壮（崇高）之间置入了一个古雅概念，以求对中国美学史形成更具针对性的阐明。此外，他和宗白华等共同标举的意境和境界，以及叶朗的意象，也属此类。与此不同，20世纪50年代的美学大讨论，基本上是从哲学理论的改造衍生出对美学问题的全新解释，并进而向中国美学史延伸。像李泽厚由马克思主义实践哲学推出实践美学，进而以积淀说等阐释中国美学史的演进，遵循的就是从普遍哲学推出普遍历史的逻辑。也就是说，即便李泽厚留下的美学史遗产是在讲述中国，但其中仍蕴含了对人类普遍历史做出解释的性质和潜能。据此来看，除了粗陋地以西格中，现代以来富有价值的中国美学史讲述方式无外乎两种：一是基于中西美学的差异化认知，探索中国美学的区域性特征；二是以哲学基础的重置，在普遍历史视野中发现美学的中国性。但是，这两种方式均离不开隐在的西方背景。像王国维、宗白华和叶朗看似在专讲中国，但这种自我讲述却离不开西方美学提供的先在框架。李泽厚的美学史成果看似来自他的哲学和美学理论的自然生成，但他建构哲学和美学体系的方式却是全然西方式的。甚而言之，他事实上是在用比王国维、宗白华等更西方化的方式讲述中国。这意味着在现代文化语境中，虽然文化保守主义者总是力图恢复中国历史的本来面目，但只要用到美学这类西学或现代理论框架，本身已预示着它是对中国历史的重构和重组。由此形成的历史叙述必然是西学化或现代化的，而不是中国本身可以给予的历史。

充分回归历史便没有美学，讲述美学便无法甩脱西方，这是当代形态的中国美学史研究面临的基本处境。这意味着只要人们缺乏断然回归中国传统知识分类体系（如经、史、子、集）的果决性，西学之于中国，便永远保持了前置性影响。这也说明，在美学领域，即便人们习惯于用中国美学的现代转换遮蔽其中的西学问题，但西学依然构成了现代转换的背景。由此可以预见的是，当代形态的中国美学史研究，即便反复申述民族本位立场，它也仍然是绕道西方重新进入中国的产物。它必然具有跨文化属性，并通向一种美学的普遍主义。

二、美学史和它的时代

在当代形态的美学史研究中，作为研究对象的历史除了被美学理论重塑，它同样被现代价值重构。关于后者，一个极端的看法来自意大利哲学家克罗齐。1915年，他在《历史学的理论与实际》一书中讲："只有现在生活中的兴趣方能使人去研究过去的事实。"① 这种兴趣之所以被激发出来，则是因为历史中存在着对现代生活的启迪和映照价值。据此，人对历史的每一次重温，就是它向当代价值的生发。如其所言："（历史）假如具有某种意义而不是一种空洞的回声，就也是当代的，和当代史没有任何区别"，甚至"一切真历史都是当代史"。② 克罗齐的如上观点，原本是讲历史只有通过对阅读者的精神凭附才能真正得到复活，但事实上，它却使历史由认知问题彻底转换成了价值问题，并由此生发出一种功利主义的史学立场。在这一视野内，历史往往服务于人的当下目的，是手段或工具性的。这很类似于克罗齐所讲的18世纪法国

---

① 〔意〕贝奈戴托·克罗齐：《历史学的理论和实际》，傅任敢译，北京：商务印书馆1982年版，第2页。

② 〔意〕贝奈戴托·克罗齐：《历史学的理论和实际》，傅任敢译，北京：商务印书馆1982年版，第2页。

启蒙思想者的历史态度——他们"只要随时从（历史）中查出和摘出一些合乎当时论战之用的不寻常的情节就够了。伏尔泰说，这是一个大杂货店，你可以从那里拿走对你有用的东西"。①

历史被当代价值重塑，这一传统在中国更为漫长。像孔子著《春秋》，他对历史的记载就是选择性的，即"笔则笔，削则削"（《史记·孔子世家》），而选择的标准则是儒家致力于良善政治（仁政）的价值观。此后，"述往事，思来者""以史为鉴"则成为史学家对历史采取选择性记述的通式。近代以来，中国学者对西方美学的接受，大抵是看中了这门学科的非功利性。如王国维讲："盖人心之动，无不束缚于一己之利害；独美之为物，使人忘一己之利害而入高尚纯洁之域。"② 但吊诡的是，无论王国维、梁启超、蔡元培谈美的无利害或超功利，均以改造国民性为其根本宗旨。也正是因此，美学这门学科在体用关系上永远具有悖论性质，所谓无功利反而昭示了更大的功利，这就是当代学者所讲的"审美功利主义"③。以此为背景看 20 世纪以降的中国美学进程，它从来就不是无涉现实功利的纯理论探索，而是和启蒙、救亡等时代主题深度纠缠。与此一致，中国美学史研究虽然看似在研究历史，但大多也是充当了时代精神的映像形式。这主要表现在以下三个方面：

首先，五四新文化运动开启了中国美学的现代传统。以此为背景的美学史，基本上被写成了中国人的精神启蒙史。在中国现代思想史上，五四新文化运动以反传统为其鲜明特色，但中国传统却有其自身的复杂性，比如有官方传统也有民间传统，有主流性的政教传统也有非主流的反政教传统，而且两者之间保持了巨大的张力。这样，当五四知识分子将批判的锋芒指向以儒家为主导的传统礼教及伦理纲常时，反向也就为

---

① 〔意〕贝奈戴托·克罗齐：《历史学的理论和实际》，傅任敢译，北京：商务印书馆1982年版，第207页。

② 姚淦铭、王燕：《王国维文集》第三卷，北京：中国文史出版社1997年版，第58页。

③ 杜卫：《中国现代的"审美功利主义"传统》，载《文艺研究》，2003年第1期。

一种反儒家传统的复活提供了契机。正如余英时所讲:"当时在思想界有影响力的人物,在他们反传统、反礼教之际首先有意无意地回到传统中非正统或反正统的源头上去寻找根据。"① 从现代学术史看,五四启蒙传统对中国历史的最重要发现莫过于魏晋。因为当时的社会动荡与清末民初的政治变局高度相似,士人诽毁名教、追求自由的取向则与五四精神深切呼应。正是基于这一背景,魏晋研究在五四前后成为显学,并一直影响了20世纪中国思想史的进程。美学和文学艺术领域也一样。比如鲁迅以清峻、通脱标举魏晋风度,认为这是一个文的自觉的时代。朱光潜认为陶渊明"浑身静穆",冯友兰则以"风流"定性《世说新语》。宗白华对这一时代的评价最具代表性,如其所言:"汉末魏晋六朝是中国政治史上最混乱、社会上最苦痛的时代,然而却是精神史上极自由、极解放,最富于智慧、最浓于热情的一个时代。因此,也就是最富有艺术精神的一个时代。"② 至于对魏晋作出如此高评价的"用意",宗白华也讲得很明白,即"在精神生活上发扬人格底真解放,真道德,以启发民众创造的心灵,朴俭的感情,建立深厚高阔、强健自由的生活"。③ 也就是说,对于"五四"一代知识分子,学术研究是否能够揭示魏晋的真历史并不重要,关键是它具有向现代价值敞开的维度,即通达于现代启蒙思潮所致力的人的觉醒和解放。

没有人会否定启蒙精神之于现代中国的意义,但以它介入中国美学史研究,却必然导致历史认知的偏至。如自魏晋至明清,虽然历代均不缺乏对魏晋士风的赞美者,但对其进行抨击仍是主流性的。人们认为,西晋覆亡、世风败坏、名教废毁、士人不通世务,均与这种风潮摆脱不了干系。④ 同时,除了名士风流,名教在魏晋主流意识形态中仍然占据

---

① 《余英时文集》第二卷,桂林:广西师范大学出版社2004年版,第87页。
② 《宗白华全集》第二卷,合肥:安徽教育出版社1994年版,第267页。
③ 《宗白华全集》第二卷,合肥:安徽教育出版社1994年版,第267页。
④ 刘成纪:《先秦两汉艺术观念史》上卷,北京:人民出版社2017年版,第5页。

主导位置，儒家经学在这一时期仍在发展，道教和佛教对士庶的影响也日益强劲，这意味着即便今人充分肯定魏晋士人风度之美，但如果仅仅把它从它的时代单拎出来，并无法形成对当时社会的完整认识。或者说，魏晋士风固然在中国美学史上具有重大意义，但它显然被怀抱启蒙理想的现代思想者过于强化并神化了。以这种启蒙史观为背景，现代美学史家习惯于把关注重心放在中国历史上的重大动荡时期，如春秋战国和明朝中晚期，认为它们和魏晋一起，形成了中国美学史的高峰。但同样吊诡的是，在中国传统历史叙事中，这三个时代却一概被视为礼崩乐坏时代，既是政治的末世，也是艺术的末世。由此，传统历史认知和现代美学史观之间的矛盾就前所未有地被凸显出来，即传统意义上的盛世成为美和艺术贫瘠的时代，而传统礼崩乐坏的末世则正昭示了美和艺术的勃兴。或者说，对于中国美学史来讲，似乎存在着一种美与它的时代性质截然背反的规律，即社会越动乱，美学越繁荣；反之亦然。

1981年，李泽厚在其《美的历程》的"结语"中，就表达了对这种现象的深深困惑，并因此怀疑他对于中国历史"能否或应否作这种美的巡礼"。① 作为一种修正，他指出："由于与物质生产直接相连，在政治稳定经济繁荣的年代，某些艺术部类如建筑、工艺……等等，就要昌盛发达一些……相反，当社会动乱生活艰难的时期，某些艺术部类如文学、绘画（中国画）却可以相对繁荣发展，因为它们较少依赖于物质条件，而正好作为黑暗对抗而出现。"② 比照历史，李泽厚给出的这种经济学式的解释显然过于随意，因为乱世同样有伟大的建筑和工艺，如南北朝时期的佛教建筑和雕塑，而盛世同样有伟大的文学和绘画，如唐诗和宋画。从新时期以来中国美学的发展看，这一问题的出现并不是中国历史本身存在矛盾，而是以启蒙史观介入中国美学史研究存在着天然的困难。中国美学作为近代西学东渐的产物，它首先继承了西方美学的

---

① 李泽厚：《美的历程》，北京：文物出版社1981年版，第211页。
② 李泽厚：《美的历程》，北京：文物出版社1981年版，第212页。

启蒙传统,然后被五四新文化运动进一步强化。于此,美的问题被等同于自由问题。但反观中国历史,政治、文化的大一统是常态,自由往往存在于旧常态走向终局而新常态尚未形成的夹缝地带。换言之,在中国历史的治乱之间,以自由为宗旨的启蒙美学对中国美学史的介入,天然需要中国历史中的"乱"作为土壤,而对于思想文化重获一统的"治"的时代,它则明显缺乏解释力。据此可以看出,基于五四启蒙史观的美学史研究,虽然彰显了中国历史中美和艺术最具现代性的侧面,但由此产生的弊端也至为明显:一是历史书写因过于被现代价值左右而工具化;二是它至多只能讲述中国历史的局部征候,而且这一局部因为与"乱"密切关联而在中国历史中并不占据主导性。

其次,除了五四启蒙传统,另一种对中国美学史的偏至性理解来自现代新儒家。现代以来,这一学派以中国传统人生哲学为基础,将中国美学史全面心性化。五四新文化运动时期,以陈独秀为代表的文化激进主义者主张全盘否定中国传统,而胡适等改良主义者虽将中国传统视为研究材料,但在实践中仍保留部分价值重估的空间。相反,以现代新儒家为代表的文化保守主义者则认为,这一传统至少在精神取向或对人生的安顿上,比西方有优势。如梁漱溟讲:"中国的哲学几以研究人生占了它的全部。"[①] "假使东方文化有成就,其所成就的还是在精神方面。"[②] 这种对人生及其精神的重视,进一步促使人追问它的内在根据,于是心性之于中国哲学的本体意义便浮现了出来。按照新儒家的看法,心性论的直接来源是宋明理学的"心与理一"或"心即理",进而可上溯到孔、颜、思、孟,由此使其自任为中国儒家道统的续命者。五四以来,中国文化本位论者,大多会强调人生、人性之于中国传统文化的重要性,唯有现代新儒家将其提升到了本体论高度,这个本体论就是心性

---

① 刘梦溪:《中国现代学术经典·梁漱溟卷》,石家庄:河北教育出版社1996年版,第207页。

② 刘梦溪:《中国现代学术经典·梁漱溟卷》,第77页。

论，由此向美学的延伸就是心性论美学。这一学派对美和艺术的关注在其形成时期就开始了，如梁漱溟在其《东西文化及其哲学》中，就以"秉艺术的精神"① 为中国文化定性。此后，它的美学成就主要表现在两个方面：一是专属性的美学著作，如徐复观著于 1965 年的《中国艺术精神》，他认为这本书"并没有什么预定的美学系统，但探索下来，自自然然地形成为中国美学的系统"②；二是其哲学本身就是美学化的，如方东美对宇宙生命精神和由此开启的审美境界的申说。但总体来看，这一学派对中国美学的贡献并没有被其有限的代表人物限定。近 40 年来，以心性为本解释中国美学及相关艺术创造已弥漫为相当普遍的学术进路，并因与人生美学、境界美学等的关联而卓然成为研究中国美学的主要视角。

但是，无限多元的中国美学，能被集约为心性吗？从现代新儒家产生的背景看，心性被作为中国哲学或美学问题提出来，是以现代中西之间的差异化比较为前提的，它至多只能说明中国关于美和艺术思考自离于西方之外的侧面，而无法讲清中国美学史的全部。也就是说，中国美学自身历史的多元发展以及它跨文化的普遍价值，反而因为"西方"的反向限定而自束了手脚，从而导致对中国美学史界说的狭隘和偏至。比如，从现代新儒家的相关论述看，心性这一概念始终是扑朔迷离的。如 1958 年，在由唐君毅主撰的《为中国文化敬告世界人士宣言》中，他反复申述心性不是西方人讲的灵魂，也不是人的自然心理、自然本能、自然欲望等，但它到底是什么，唐君毅却始终无法交代清楚，最后只好交给人的"内在之觉悟"了事。③ 由此，这个决定性的本体，必然是玄学化的、神秘主义的，必然是悟者恒悟，而不悟者恒不悟。与此相

---

① 刘梦溪：《中国现代学术经典·梁漱溟卷》，第 38 页。
② 徐复观：《中国艺术精神》，上海：华东师范大学出版社 2001 年版，第 2 页。
③ 黄克剑、钟小霖编：《当代新儒家八大家集·唐君毅卷》，北京：群言出版社 1993 年版，第 492—494 页。

关的美学被视为由心性外发的精神境界，但心性本身的不可证明，已决定了相关境界论说必然是自欺欺人的，具有根深蒂固的幻象性质。以此为背景看中国美学史，从心或心性角度谈审美和艺术问题虽然有漫长的历史，但它作为自觉的美学命题却是中唐以后的产物。如柳宗元讲"美不自美，因人而彰"，就涉及人的内在心灵对世界的照亮。此后，宋儒的"源头活水""孔颜乐处"，明儒的"岩中花树"之论，均涉及审美心灵的俱足呈现和外发。这意味着以心性为本谈论中唐以降的中国美学史尚具有可行性，但如果以此倒贯中国美学的整体进程，则极易导致对这一历史的歪曲。从中国哲学和美学史看，以中唐为界，中国历史的前半段对天人关系的关注整体上压倒了心物；即使在心物之间设定美学视域，心与物比较，也是次生性概念。这样，一种纵贯性的心性论美学史，固然可以从先秦至汉唐的美学文献中撷取出片断性的相关论述，但整体上却是对中国美学历史的强制性误读。尤其值得注意的是，当现代新儒家将中国哲学的根本问题设定为心性问题，相应也就在相关研究对象中排出了美学上的优先和主次等级。比如受董仲舒及阴阳家影响，汉代美学基本不涉及心性问题。当时，董仲舒做的最重要的工作是为儒家"补天"，即建立一个以天为本位的宇宙论和形而上学，这直接导致心性论美学对汉代的研究几乎无可置喙。与此一致，作为儒家美学成立前提的周公制礼作乐时代，作为与陆王心学对峙的清代实学传统等，也因此被选择性遗忘或被刻意贬低。由此可以看到，由现代新儒家开启的心性论美学，虽然怀抱着全面解释中国历史的雄心，但它划定的理论空间的狭隘性，已决定了它只会给无限多元的中国美学史穿上一件理论的紧身衣。而由非心性时代产生的美学思想，固然可以因跨出了这一理论的预设范围而被无视，但它作为历史却依然摆在那里。这中间，到底是理论出了问题，还是历史出了问题，结论是不言而喻的。

最后是由五四开启的自由主义传统。这一传统将文人艺术视为中国美学的主流和正宗，它与当代消费主义的合流则使中国美学史写作心灵鸡汤化。与五四时期激进主义与保守主义形成的尖锐对峙不同，当时自由知识分子的历史立场相对宽容，也更趋于学术化，但其中仍潜隐着时代经验与历史认知的深度纠缠。具体到美和艺术而言，当时的学术界，自晚清起即主张诗界革命、小说界革命、美术革命等，所谓"革命"，本身就意味着对以文学艺术为主干的中国美学传统持批判态度。比如以当时常被和美学混用的"美术"为例，在美学史观方面，董其昌的南北宗论成为五四自由知识分子重点批判的对象。但值得注意的是，他们大多反南北宗论，却不反为这种史观提供立论基础的文人画，而是赋予了它时代性意义。如陈师曾认为，中国传统文人画虽然达不到西画的写实水平，但绘画毕竟不是照相，它的纯任天真、不假修饰，"正足以发挥个性，振起独立之精神"① 这里的"个性""独立"，显然是将文人艺术传统与五四精神关联了起来。关于文人画史，陈师曾讲："文人画由来久矣，自汉时蔡邕、张衡辈，皆以画名。"② 这则将董其昌设定的文人画源头从唐代的王维上溯到了更早的东汉。此后，与此相反，滕固则将这一源头下降到了蒙元，如其所言："宗派论论者的文人画运动，不是王维开始的，是元季四家所招致的。"③ 但这一画种之于中国画史的重要性并没有被他否定。以此为背景，深受五四精神浸染的美学家，如邓以蛰、朱光潜、宗白华等，虽然没有介入这种画史之争，但对中国传统文人和文人艺术却均有深层次的精神会通。如宗白华，他最重要的美学成就就在于对传统文人艺术的研究，他讲的中国文化的美丽精神，也实是由文人艺术传统开启的精神。

1963年，宗白华曾在其《中国美学史中重要问题的初步探索》中指出："过去对于美学史的研究，往往就从这个时代（魏晋）开始，而对于先秦和汉代的美学思想几乎很少接触。"④ 这是讲20世纪前半期的

---

① 陈师曾：《中国绘画史》，沈阳：辽宁美术出版社2018年版，第107页。
② 陈师曾：《中国绘画史》，沈阳：辽宁美术出版社2018年版，第109页。
③ 沈宁：《滕固艺术文集》，上海：上海人民美术出版社2003年版，第106页。
④ 《宗白华全集》第三卷，合肥：安徽教育出版社1994年版，第448页。

中国美学史研究基本没有突破魏晋的上限。之所以出现这种状况，一个重要的原因就是文人艺术观念对五四一代美学家的历史视野构成了限定。这也说明了基于五四自由理想的美学史叙事，虽然冲破了传统的话语模式，但仍存在巨大的局限性。与此一致，新时期以来，中国美学史研究之所以能补上先秦两汉这一重大环节，甚至将其源头进一步追溯到史前时代，则离不开由当代马克思主义实践学说开启的美学史观。进而言之，除了以文人艺术为主导的士人美学，近20年来，朝廷美学、民间美学、市民美学等也加入了进来，① 这则反证了传统关于美学史的文人叙事的局限和狭隘。更值得注意的是，自20世纪90年代始，五四启蒙主题对于中国美学史书写的影响基本终结，由新儒家开启的心性论美学也因曲高和寡而难以形成影响，唯有文人美学因与日常生活审美化浪潮的成功合流而独擅胜场。在这一背景下，由中国传统文人开启的生活艺术化的美学理想，变异出一种关于美学史的"岁月静好"模式，历史上的文人如何过一种充满雅趣的生活，如何说一些启人心智且抚慰心灵的智语雅言，成为新一代美学史研究者重点捕捉和打捞的对象。人们将这种小资或中产化的美学称为生活美学。从学术谱系看，它源自于五四自由知识分子在对激进与保守的双重躲避中开启的第三条道路，但正是这种躲避使其在审美价值取向上极易将历史平庸化或庸俗化。在历史叙事方面，由于中国传统文人的精神觉醒有一个渐进过程，所以它愈探进到中国历史的早期，其理论说服力便愈贫弱，这也是相关研究大多集中于中国历史后半段的原因所在。

三、中国美学史研究的新可能

王国维讲："凡一代有一代之文学。"② 相较而言，美学史作为一项

---

① 张法：《中国美学史》，成都：四川人民出版社2006年版，第292页。
② 姚淦铭、王燕：《王国维文集》第一卷，北京：中国文史出版社1997年版，第307页。

历史研究，不会像文学艺术那么敏锐，但事实上它也被时代价值重塑，以至一代有一代之美学史。同时，如前文所言，美学史作为美的历史，它先在地接受美学理论的限定，这本应使它有相对稳定的学术论域，但这门学科总是不断被重新定义，每一次定义则总是为美学史的书写带来不确定性。对于这种状况，本质主义者可能对它达至真知的效能产生怀疑，但由此产生的正面意义也同样不可小视。比如，正是美学理论的弹性使美学史研究保持了活力和开放性，成为一项生生不已的创造性工作。那么，面对这个无尽的美的历史，目前还有什么值得进一步反思的问题？这些反思又能为中国美学史研究开启出什么样的新的可能？下面分七个方面做出说明：

一是如何看待美学与历史的关系。美学史是关于美和美的学问的历史，它涉及的基本问题是到底美还是历史构成了它的中心。在一种宽泛的学术视野内，对中国美学史的定位至少涉及三个环节，即美学、中国美学史和历史。其中，美学为中国美学史确立了理论边界，历史则为其提供了宽口径的研究对象。或者说，中国美学史就是在普遍化的中国历史中摘取出属于美学的部分，由此引发的一个基本问题则是它到底是属于美学还是属于历史。在现代学科建制中，美学史是美学学科的组成部分，由此导致的一个直接问题，就是混一化的历史必须接受美学理论的强制，使其成为一种由预置理论主导的重组历史的活动。但问题在于，在人类历史上，人们曾给美下了形形色色的定义，美学学科也因此缺少一个稳定的知识架构。在这种背景下，为了避免由美学理论的晃动导致的美学史的晃动，甚至由理论的过时导致的美学史的过时，一种值得尝试的工作就是使美学史研究最大限度地向历史靠近。也就是说，一种奠基于历史、或者由原真的历史生发出来的美学史，即便它的美学属性因此削弱，但它的学术价值却仍然能够借助历史这个恒在的对象得到维系。就此而言，美学史与其说是属于美学家的工作，倒不如说是属于历史学家的工作更好。近年来，我国美学界一些学者倡导中国美学史研究重新历史化或回归历史本身，原因正在于此。

二是如何看待中国美学传统。自王国维以来，中国美学家对其历史的书写一直以文人或文人艺术为主导，像意境、境界、古雅等范畴，均反映了这一阶层的趣味。这导致了对一个更趋宏大的美学传统的遗忘，这个传统就是中国美学的礼乐传统。1989 年，李泽厚在他《华夏美学》的开篇就讲"礼乐传统"，并指出"'礼'、'乐'都与美学相关连"①。90 年代末他又提出"巫史传统"，从而使巫史到礼乐的递变成为描述中国上古史的有效理论模式。但令人遗憾的是，李泽厚只是意识到了礼乐与美学的相关性，而没有注意到这一传统本身就是美学的。至于"巫史传统"则更甩脱了美学史框架，而将其泛化为文化问题。就礼乐的本性看，礼主要涉及人行为的雅化，乐指代诗、乐、舞等艺术形式，审美属性是其本质属性。西周时期，周公制礼作乐，由此生成了主导后世中国数千年的礼乐制度、礼乐文化和文明。也就是说，礼乐传统是一种制度性的美学传统，是中国美学的大传统。此外，中国美学也有民间传统，如民间歌舞戏曲、美术工艺等，但由于中国传统政治的大一统特性，以及礼乐教化自上而下的长期渗透，民间传统整体上是边缘化的，也即这种传统只是中国美学的小传统。据此，完整地理解中国美学传统，可能比较确当的分法是礼乐的大传统、文人（或士人）的中传统和民间的小传统。这三个传统所具有的内在一体性，主要是靠了礼乐精神的统摄和下贯，而其差异则主要源自传统政治等级制对不同艺术取向和风格的塑造。

三是如何理解中国美学史与社会政治的关系。就美学理论与美学史的互动关系而言，现代中国的美学史研究最根本地奠基于西方 18 世纪启蒙美学，尤其康德的审美无利害观念具有原则性的规约意义。这一原则的直接影响就是强调审美和艺术自律，由此衍生的美学史则成为围绕美和艺术的超功利价值建构的历史。在现代形态的中国美学史书写谱系中，王国维最讲美和艺术自律，宗白华和朱光潜的相关研究则是将这一

---

① 李泽厚：《华夏美学》，桂林：广西师范大学出版社 2000 年版，第 20 页。

原则向人生作了适度放大。新中国成立后，美和艺术赖以生成的社会经济和政治基础被充分强调，由此为美学史书写带来的重大变化，就是美和艺术由自律变成他律，即强调它的社会历史生成。新时期以来，人们逐步搁置了这种带有历史决定论色彩的美学史观，开始注意美学史书写的多元性。如果套用前面的自律和他律概念，这种有类于本雅明"星丛"式的历史认知，可以称为异律。比较言之，这种异律有助于研究对象的个案化和精细化，但也容易因放弃了对历史规律的宏观把握而使美学史碎片化。那么，有没有一个视角既可以形成对中国美学史的整体把握，又能避免它因被外因因素决定而表现出过度的被动性？从目前的探索看，这个视角应是礼乐。如上所言，礼乐是中国传统的政治、文化、文明问题，但它在本质上是美学问题。这意味着中国美学传统是被礼乐建构的传统，审美化的礼乐原则构成了这一传统的总原则。在此，美学史就不是被外在于美学的社会因素决定的对象，而是成为对社会反向重塑的力量。也就是说，借助礼乐对中国传统社会的全面统摄，美学与社会政治的关系在此发生了一个根本的反转，即从自律、他律、异律走向了律他。这也是近年来怀抱以美学重建国史雄心的学者们试图努力的方向。

四是如何认识中国美学史的运动模式。在西方，历史在 18 世纪成为哲学，人们自此相信历史不是往昔事件的杂乱堆积（编年史），而是体现出演进的逻辑性和规律性。在美学领域，像黑格尔将美学史设定为从象征型、古典型到浪漫型艺术的发展史，其基本意图就是赋予历史一个合规律且合目的的逻辑进程。新时期以来，我国美学史家大抵遵循了这种历史认识方式，比如将中国美学的整体进程分为发端（或奠基）、展开（或突破、鼎盛、转型）等环节，最后到清代进入总结。在这一历史描述中，研究者将美学史视为一个有始有终的发展过程，具有自洽性，而且显现出不断成熟、不断进步的特征，可称为关于中国美学史书写的进步模式。但是如前所言，如果礼乐传统是中国美学具有统摄性的大传统，那么这种进步模式对美学史的描述必然失效。这是因为，自西周以降，中国历代王朝均以"王者功成作乐，治定制礼"作为通制。新制的礼乐虽然比旧制有所损益，但礼乐制度对于中国几千年封建王朝的规约却从未动摇过。换言之，中国传统社会作为一种"超稳定结构"，它的美学在代际之间的前后重复要远远大于进步。当然，说中国美学史的整体进程是重复的，仍不足以反映这一历史的真实情况。这是因为，对于包括美学在内的中国传统人文史而言，厚古薄今是基本立场，几乎历史上的每一场思想运动均首先表现为对更久远时代的价值回溯，每一时代的艺术创造也多起于对古代典范的心摹手追。由此导致的问题是，假如美和艺术创造以历史为尺度，那么历史就成为永远难以超越的对象。这种被历史规约的美学史甚至难以维系重复，而是不断倒退，直至彻底终结。由此构成的中国美学史，则必然是一种倒退的历史。要而言之，这里至少存在进步、重复、倒退三种历史运动模式，它们分别指向了中国美学的时代新变、永恒主题和价值取向。至于最后所谓的"总结期"，则未必预示着这一历史在清代就真正走到了尽头，而不过是美学史家强行给予历史的自洽性阐明。这是因为，清朝晚期列强入侵中国，自此彻底改变了中国社会的性质，但此前的清代思想者却并不具备对这一结局的先觉或预见，也因此并不存在对历史进行总结的自觉意识。

五是如何界定中国美学的对象、范围和性质。关于中国美学史的对象和范围，叶朗曾讲："在中国古典美学体系中，'美'并不是中心的范畴，也不是最高层次的范畴……如果仅仅抓住'美'字来研究中国美学史，或者以'美'这个范畴为中心来研究中国美学史，那么一部中国美学史就将变得十分单调、贫乏，索然无味。"① 叶朗先生之所以这样讲，关键在于中国美学几乎将一切美的感性形式都最终引向了哲学。像儒家讲"器以藏礼"，讲"大乐与天地同和，大礼与天地同节"，均是将日常审美经验引向哲学化的世界秩序和宇宙奥义。道家讲万物皆

---

① 叶朗：《中国美学史大纲》，上海：上海人民出版社1985年版，第3页。

有道性，也是赋予生活中一切微末事物无限外发的哲学深义。后世，禅宗讲"挑水砍柴，无非妙道。行住坐卧，皆在道场"，亦可作如是观。文学艺术更是如此。据此，中国美学的根本性质并不是在于审美，而是借美学通达于哲学。关于美学与哲学的这种互通性，清代出版家黄晟曾讲："《易》曰：'形而上者谓之道，形而下者谓之器。'古圣人范金合土以利民用，无不参三才而运之。匪直为观美而已，将使天下后世由形下之粗迹溯形上之精微也。"[①] 所谓"匪直为观美"，正是讲达至"形上之精微"才是美和艺术的终极目标。当然，将美的问题视为哲学问题并不仅限于中国，如黑格尔就将美学称为艺术哲学，但他更多强调的是将美学视为对艺术的哲学反思，而不是美和艺术本身的哲学性。但很显然，只有美和艺术本身是哲学的，相关的哲学反思才更有意义。这意味着"艺术哲学"这一称谓对中国美学比对西方更为适用。同时，中国美学的哲学化并不仅仅局限于艺术，而是弥散于对一切自然、人工之物以及人的行动和心灵的认识。就此而言，中国美学显然又不止于是艺术哲学，而是以泛哲学化的视野，使一切存在成为哲学观念的物态形式。

六是如何认识中国美育传统。在现代美学视野中，美和自由构成了最密切的关联，由此，美育几乎成为自由教育的互文性概念。但需要注意的是，在中西方，美育传统并不是从现代开始的，而是从其文化源头处既已存在。比如在古希腊，在由柏拉图的《理想国》和《法律篇》所设想的最好城邦和次好城邦中，诗乐歌舞教育被视为公民教育的最重要环节。在中国，礼乐之教更是主宰了中国数千年的美育传统。同时，这种传统美育与现代价值取向大为不同，甚至是截然对立的。像古希腊基于城邦政治的审美教育，是为了培养城邦需要的良好公民，其价值取向是规训和服从；中国传统的礼乐之教也具有通过美育形成对人性约束和控制的鲜明目的。就此而言，现代以来人们一谈及美学和美育就将其

---

① 黄晟：《重刻〈考古图〉序》，见影印本《文渊阁四库全书·子部·谱录类·考古图》卷三。

与启蒙、自由等联系在一起,实是对这门学科的重大误解。事实上,美育既是自由教育,同时也是对人性进行规训的教育①。就中国传统美育作为国家教育的主要手段而言,统治者更看中的是它的社会控制功能,而不是自由解放功能。但是也不能就此仅将传统美育作为一种统治术来看待,这是因为,美和艺术对人的心性和行为雅化的训练,可以使人从野蛮走向文明,并成为维系文明持续发展的重要手段。这意味着,即便统治者更多是将美育作为加固统治的手段,但借此醇化风俗、提升社会文明水平并没有错。据此,如果要更趋完整地认识中国传统美育,起码不能仅将其等同于现代的自由教育,而应兼顾其更趋多元的价值面向。比如,孔子以"兴于诗,立于礼,成于乐"界定传统诗教、礼教和乐教的价值。其中,人借诗兴发内在情志,这主要关乎个体心灵自由;借礼规范人的行动,这主要为了建设良好的社会秩序;借乐达至理想境界,则主要是因为乐能够促进个体、社会和自然人神的互通,进而达至和谐。换言之,中国传统美育的完整形态,起码包括了自由、秩序、和谐三大原则,而不仅仅是现代美育标举的自由原则。

最后是如何建构中国美学史的叙事方式。按照法国当代学者利奥塔的看法,现代社会的建立奠基于启蒙话语的合法化,由此形成的历史叙事主要有两种:一是思辨叙事,二是解放叙事;前者指向科学精神,后者指向民主自由。② 如前所言,在现代形态的中国美学史研究中,人们之所以将春秋战国、魏晋、明朝中晚期等作为美学发展的高峰时期,是

---

① 关于美学对人性的控制,美国学者大卫·哈维在其《时空之间——关于地理学想象的反思》一文中指出:"美学一直是一个矛盾的、双刃的概念。一方面它扮演了真正的解放力量的角色——如同一个由感觉的动力和同志情谊连结的主体所形成的社区;然而,另一方面,它也可以将压制内化,将社会权力置于其属民身体的更深处,而成为一种最为有效的政治霸权模式。"(见包亚明主编:《现代性与空间的生产》,上海:上海教育出版社2003年版,第399—340页。)

② 〔法〕让-弗朗索瓦·利奥塔尔:《后现代状态:关于知识的报告》,车槿山译,北京:生活·读书·新知三联书店1997年版,第2、80页。

因为现代启蒙话语重塑了人对历史的认识,美学史则相应成为解放性叙事的典型形态。但是,解放作为一个否定性的逻辑反题,如果没有先设的正题它将无所否定、无所解放。就此而言,当中国历史中某个时期的美学精神被视为是解放性的,那就必然有先在的建设性时期。这意味着,理解中国春秋战国时期以礼崩乐坏为标志的美学解放,就首先必须了解西周对礼乐制度的正向建构。同样,理解魏晋以自由为标识的美学思潮,则必须首先认识两汉400年为这一思潮奠定的制度性美学前提。依此类推,一部完整的美学史,显然不是由单一美学反题构建的历史,而是正与反的交替史,我们可以将它称为中国美学的建设性叙事和解放性叙事的二元变奏。就目前中国美学史研究极度向解放性叙事偏移的状况而言,补上其建设性的维度就成为重要的校正。这种校正至少可以达至三种效果:一是避免美学史因过于偏重中国历史的动荡期而导致的自身断裂,乃至碎片化;二是在中国治乱交替的历史中,治的时代毕竟是主导性的,美学成就也最大,补强这一维度,不仅有助于美学史书写在治乱之间保持平衡,而且通过重勘两者的主次关系,可以使美学史研究更接近中国历史的实然状况;三是在中国思想史中,儒家历来是封建制度最重要的支持者,所谓美学的建设性叙事主要是指以儒家为主导的历史叙事。在现代视野中,这一学派的美学贡献有毁有誉,但它对中国美学史的主导却构成了历史事实。据此,美学史在治与乱、建设性叙事与解放性叙事之间主次关系的调整,事实上也是对儒家美学在中国历史上主体地位的再次申明。但是,从百余年来中国美学史研究总是被时代性的意识形态制约或影响的进程看,作为严肃的历史研究,它无论被建设性还是解放性叙事主导均会使其成为当代价值的映像形式。就此而言,美学史家最理想的选择并不是在解放、建设或二元兼顾之间取态,而是要在诸多歧见之间保持价值中立。这种更趋理性的历史叙事,可称为无前见叙事。

四、一切历史都是美学史

关于历史，西方哲学家下过两个著名的断语。一个来自克罗齐，如前所言，他认为一切历史都是当代史。另一个来自科林伍德，他认为一切历史都是思想史。其实，对于美学这门学科而言，无论是它理论的弹性、思维方式的一般性，还是研究对象的无限广延，均预示了它是对人和世界普遍存在性状的描述，而不仅限于一种专门的知识。由这种理论和学科性质建构的历史，也具有相同的属性。所以，我们不妨套用克罗齐和科林伍德的讲法，认为一切历史都是美学史。

从美学学科所涵盖的内容看，这门学科最早被鲍姆嘉通称为感性学，而美则是感性认识的完善。在当时德国理性主义哲学的背景下，它固然是作为一种低级认识论被提出来，但按照鲍姆嘉通的解释，这个"低级认识"却几乎涵盖了人性的全部内容，如感受力、幻想、审视力、记忆力、创作天赋、趣味、预见与预感未来的能力、表述表象的能力，最后也包括对知性和理性的运用。[①] 而作为其对立面的理性则被虚化了。此后，黑格尔将美学称为艺术哲学，这个定位看似压缩了美的表现空间，但有两点却是拓展性的：一是他将更能体现精神深度的理性彻底置入到了美学的范围内；二是对美学的认知不仅涉及主体性的审美能力，而且指向艺术对象，打破了此前鲍姆嘉通和康德单从主体角度谈论美的局限。以此为背景，自马克思《1844年哲学—经济学手稿》之后，人对美的认识从艺术拓展到社会生活领域。到20世纪，长期被黑格尔歧视的自然美也被纳入到了美学的范围之内。这样，艺术、社会、自然这三大可以综合反映人的在世经验的区域，均成了关于美的论域，美学则由此成为一种普遍性世界经验的传达者。同时，在现代社会，这三大

[①] 〔德〕鲍姆嘉滕：《美学》，简明、王旭晓译，北京：文化艺术出版社1987年版，第22—25页。

领域又是交互的,它涉及艺术的生活化与生活的艺术、日常生活的审美化与审美的日常生活化、自然的人化与人的自然化等诸命题,可统称为美的世界化和世界的美化。另外,在主体性的审美活动方面,鲍姆嘉通的感性、康德的审美判断力、黑格尔的理性等则被回溯到更具奠基性的身体,它事实上包括了主体性的全部内容。至此,对于美学而言,无论是作为主体、对象,还是作为诸多对立范畴之间的间性关系,它涉及了人的自我认知和世界认知的方方面面。也就是说,它并非是关于世界的局部知识,或自陷于某一专属的对象领域,而是世界所在便是美和美学所在。

当然,美的普遍性是建立在人类审美思维的普遍性基础之上的。1725年,意大利哲学家维柯在其《新科学》中,以诗性思维作为世界各民族的共同思维,这显然是将审美特性视为人类思维的一般特性,但维柯所讲的诗性思维只是反映了人类思维的早期特征,所以它几乎只可以被等同为原始思维。此后,康德以知性、判断力和理性三分人的认识能力,又进一步将审美判断限定于判断力中的反思性判断,这看似剥夺了审美思维达至真理和人类普遍价值的可能,但是,他这一为现代哲学奠基的知识建筑术并不是没有动摇。比如关于人对世界的认识,康德以先天经验为其确立基础,由此形成的知识必然是被人的主体性建构的知识,这事实上使基于感性学的美学获得了对真理性认识的奠基意义。此后,尼采更彻底,在他看来,"我们对现实的表述不仅包含了基本的审美因素,而且几乎整个儿就是审美性质的。现实是我们产生的一种建构,就像艺术家通过直觉、投射、想象和图像等形式予以实现的虚构手段。认知基本上是一种隐喻性活动。人类是一种'会建构的动物'"①基于这类看法,当代德国美学家韦尔施以美学重置了人的认识基础,将它称为"认识论的审美化"。如其所言:"康德在《纯粹理性批判》中,

---

① 〔德〕沃尔夫冈·韦尔施:《重构美学》,陆扬、张岩冰译,上海:上海译文出版社2002年版,第34页。

在'超验的审美'的标题下表明，审美因素对于我们的知识来说是至为根本的。根据康德的'思想方法革命'，我们知道'事物的先验性完全是因为我们自己将它输入进了事物之中'，而我们首先输入其中的是'审美'的框架，即作为直觉形式的时间和空间。"① 至此，审美思维不仅是人类的原始思维，而且也是文明时代无法摆脱的思维底色，从而成为人类知识的普遍性状。

与此对应，美在价值层面也被赋予了普遍性。比如康德在他真、善、美三分的知识框架中，看似只给予了美在真、善之间充当中介的角色，但这却预示了以美兼容、带动并综合真、善的全新可能。像席勒通过讨论游戏冲动，使美从手段转换为目的，就体现了这一点。此后，这种对于美的定位在德国19世纪哲学中几乎被视为是共识性的，如当时《德国唯心主义的最初的体系纲领》一文指出："（人类）最后的理念是把一切协调一致的理念，这就是美的理念，美这个词是从更高一层的柏拉图的意义上来说的。我坚信，理性的最高方式是审美的方式，它涵盖所有的理念。只有在美中，真和善才会亲如姐妹……精神的哲学就是审美的哲学。"② 尼采则讲："只有作为审美对象，生存和世界才是永远有充分理由的。"③ 据此可以看到，康德以降的德国哲学，不但赋予了美在认识或思维层面普遍性，而且也将它作为人类的普遍价值来看待。这样，在现代哲学视野中，美不但克服了真与善、自然与自由、感性与理性或者"是"与"应当"的矛盾，而且通过对两者的兼容和综合，使

---

① 〔德〕沃尔夫冈·韦尔施：《重构美学》，陆扬、张岩冰译，上海：上海译文出版社2002年版，第34页。

② 按刘小枫为《德国唯心主义的最初的纲领》添加的译注，该文是出自黑格尔手笔的片断，哲学史家公认它体现了当时黑格尔、谢林、荷尔德林的共同观点。（见刘小枫：《现代性中的审美精神——经典美学文选》，上海：学林出版社1997年版，第166页。）

③ 〔德〕尼采：《悲剧的诞生》，周国平译，北京：生活·读书·新知三联书店1986年版，第21页。

其最终成为人类共同的价值目标。

　　现代以来，西方哲学在认识论和价值论层面，均存在向美演绎的顺畅通道，审美经验由此成了人的普遍经验。以此为背景看历史，则历史作为这种普遍经验的呈现和展开形式，它也必然接受美的限定，从而使历史成为美的一体化的历史。就人类认识史而言，自从人有认识能力，他无不相信自己对世界的认识是真理性的。像远古神话，今人一般将其视为人对世界的诗性想象，但它却反映了古人关于世界的真实看法，他们认为的世界就是诸神环绕的世界。于此，"信"构成了真理的基础，即信以为真。在科学时代，这种"真知"被去魅，最后仅剩下了审美价值。同样可以预见的是，今天被科学给予的世界也未必是真实世界，它在未来一定会被更深邃的"真知"所证伪并超越，并因此仅以审美价值留存。这样，人类认识史事实上就成为往昔之真不断向后世之美滑动的历史，或者以真知的名义去作诗的历史。同样，在价值层面，善也是不断在向美滑动，这就像上古时期的器物，它原本不过是一件实用物品，但随着时间的推移，它的实用性会日益弱化，并最终成为艺术史的组成部分。比如中国上古陶器、青铜器乃至墓葬帛画、画像石等，均具有这种价值替代和向美不断转移的性质。由此来看，世界历史固然可以分为科学史、道德史等诸种形式，但最终却无往而不堕入美的历史之中。所谓一切历史都是美学史，正是基于如上审美知识和审美思维的普遍性以及相关观念不断向历史下移所做出的判断。

　　比较言之，如果对西方认识论和价值论的考察最终演绎出的是美学，而历史是相关审美经验的实践性展开，那么它对认识中国历史的性质也同样有效。而且，由于这一历史并不存在西方式的将一切知识均诉诸理性审查的传统，它的审美属性将更为充分和显明。首先，作为做出相关分析的前提，我们可以看到，近代以来，西学东渐，在中西方之间做差异化比较是常态，但就哲学的根本目标，即求知而言，两者却是一致的。像《周易》，虽然现代美学史家从中引申出了大量的美学问题，但它设卦的根本目的还是认识世界。一些经典的文学文本如《诗经》，一方面承担了兴发情感、道德教化等功能,但"诗可以观""多识于鸟兽草木之名"仍被视为诗的基本价值。就此而言,严复讲:"顾彼西洋以格物致知为学问本始,中国非不尔云也。"① 是十分有道理的。但是,这种中西哲学的趋同也同样无法掩盖双方对何谓真知存在的认识差异。比如,西方将人的认识对象分为实体和现象。实体概念的设定有助于人透过现象把握事物的本质,并以此为标准对人认知的效能进行检验。但中国哲学自《周易》始,就把求取真知的可能限定在了现象层面,认为通过"观物"所取的"象"就是世界的真实。此后,中国哲学即便涉及形上问题,如道家,它指向的也不是一个实体性的自在对象,而是虚体的"无";儒家则全然对世界超验的侧面持搁置态度,即"君子于其所不知,盖阙如也"(《论语·子路》)。这样,即便说这种哲学有其形而上的维度,它的相关思考也仅是现象世界的延伸环节,并不存在一个自外于人的认识的实体界。中国哲学的这种在世特征决定了它的感性化,它的主流是对现象世界的把握,是一种基于人的感性经验的现象学。比较言之,如果康德以先验为基础谈人的认识尚且被认为是"认识论的审美化",那么中国传统基于感性经验的世界观念则必定是一种更趋审美化的观念。2006年,王树人在其《中国传统智慧与艺魂》中,将中国基于现实感性经验的思维称为象思维,将西方围绕实体展开的思维称为概念思维。② 从上文分析已经可以看到,西方所谓的概念思维终究也没有避免审美化,或者在诗与哲学之争的古老传统中,诗最终仍然获得了胜利,那么,中国由象思维开启的传统则必然是一个一以贯之的美学传统,中国哲学则只能被视为一种宽泛意义上的美学。

当然,在现代哲学语境下,说中国哲学传统是一种美学传统,这并不是一种赞美,而是隐含着它尚未达到真正哲学思维高度的负面看法。就此而言,中国哲学在此和美学的相关更多是一种负相关。但如上所

---

① 严复:《原强》,北京:中华书局1986年版,第29页。
② 王树人:《中国传统智慧与艺魂》,武汉:武汉出版社2006年版,第8页。

言，在现象与实体、认知与真理之间，如果西方哲学传统经过数千年的理性化进程尚没有避免审美化的结局，甚至它靠逻辑演绎出的真理也不过是"不包含一点'本真'"的"完全拟人化的真理"①，那么中国哲学在其发端处即形成的审美之思就不应该被视为一种源发性缺失，而更应该被视为一种智慧和明见。1937 年，林语堂在其《生活的艺术》中曾直白地指出，中国哲学可能"没有逻辑，没有形而上学，没有学院式的胡说，没有学院式专重假定主义"，但它在关于"一次春游，一次雪宴，一次月夜荡桨"的记载中，却同样言说了人生在世的真意，而且是更近于人情常识的真理。② 就此而言，将思想视为一种艺术，而不是一种科学，就未必是对哲学宗旨的疏离，反而是对这一宗旨的更具本己性的切中。它由此也可以避免人在自我设定的无法完成的任务中继续悲剧性地挣扎，而是转向在认识可达的范围内为人的存在提供确证。当然，这种美学性质的确证，可能仍会因为悬置了实体或真理问题而让人遗憾，但它仍然是人在诸多难以克服的自身局限中所可选择的最佳方案。

可以认为，中国历史正是在实体性真理被悬置背景下的自我设置史，美学原则是这种自我设置的基本原则。这中间，如果说中国哲学的现象特征使其天然具有美学性质，那么它对现实生活的精神和实践营建，则更是遵循了审美的原则。这大致包括以下五个方面的内容：一是在精神层面，中国缺乏真正具有形上性质的宗教，难以像西方一神教一样形成绝对信仰，但美作为替代者充当了这一角色。这就是发端于中国上古时期的文教传统。它以"尚文"为宗旨，以诗教、礼教和乐教为展开形式。二是在天人关系方面，中国传统农耕文明在人与自然之间建立了稳固的亲和关系，这使自然克服了异己性，成为中国人兴发情志、

---

① 〔德〕尼采：《哲学与真理》，田立年译，上海：上海社会科学院出版社 1993 年版，第 108 页。

② 林语堂：《生活的艺术》，越裔汉译，西安：陕西师范大学出版社 2003 年版，第 299 页。

寄托哲思的主要对象。审美关系构成了这种关系的底色。三是在世界观或宇宙观方面，中国哲学设计了一个充分自洽的宇宙体系来安顿人的生存。在这个体系内，阴阳之气相激相荡，生生不息，孕育并涵养万物，它的本质是生命。作为形式呈现，它天圆地方，天覆地载，五色、五音、五味、五臭及四季等自然要素，则被组入到由五方设置的地理框架。这个框架既对人居世界形成环绕，又秩序井然，琳琅满目，色香味俱全。这显然是一种审美化的世界观或宇宙观。四是现实政治实践方面，中国社会自周公制礼作乐始，礼乐之治成为历代王朝的立国精神，代表了中国数千年文明传统的核心价值。虽然这种政治带有理想性质，但它的美治主义倾向却仍然有效遏制了封建帝制的黑暗和残酷，从而使中华文明在与同时期的世界各大文明的比较中显现出先进性。最后是民族共同体和民族性的形成。中国传统哲学是教化的哲学，诗教、礼教和乐教作为教化民众的主要形式，它本质上是以美和艺术介入社会教育，它的普及则使中华民族成为一个以美为核心价值的共同体。关于这种教化传统对国风和民性的塑造，蔡元培曾讲："吾国古代乐与礼并重；科举时代，以文学与书法取士，间设画院，宫殿寺观的建筑与富人的园亭，到处可以看出中国是富有美感的民族。"①

从以上分析看，理解中国传统社会的审美性质大致包括三个界面：一是象思维作为审美思维，它本身决定了中国人的世界经验是一种审美经验。由于这种特质来自人的思维本身，所以它是先天自成的。二是以此为背景，人在观念和现实实践中对一种审美化现实的主动营造，它是人的后天选择。三是以审美境界作为人生的最高境界，它是超越性的，涉及人的精神信仰，美被赋予了类似宗教的性质。据此看中国美学史，它绝对不是一般意义上的审美意识史或美学思想史，而是既沉入到了审美意识等得以生发的思维底层，又向人的世界观念和现实实践全面敞开，同时又跃升为精神目标。对中国美学而言，我们之所以说一切历史

---

① 高平叔编：《蔡元培全集》第六卷，北京：中华书局1988年版，第86页。

都是美学史，原因正在于它对人的哲学思维的奠基和在现实及精神层面的无限弥散。就此也可以看到，现代哲学以真、善、美三分为美学设定的理论框架和概念体系，根本无法说明中国历史赋予美的纵深、广延和精神引领意义。这是我在数年前将中国美学体系称为天下体系的原因①。

当然，这一全域性的天下体系虽摆在那里，但截至目前，仍缺乏一套有效的理论方式对它进行定性和界说。这一困难和中国传统哲学及美学本身就没有充分实现概念化有关，也和美在中国历史中由弥散导致的无界感有关。对于这种几乎以匀质形式均布于中国历史中的美，可能任何由概念或定义做出的定性判断都是强制的，任何基于现行美学理论的界说都会有削足适履之感。在这种背景下，解决问题的方式可能有两种：一是在匀质性的描述和概念的强行框定之间寻求中间态，这种中间方式被赵汀阳称为意象②。它处于历史描述和历史分析之间，既暗示历史也呈现历史，既专指具体问题又敞开关联性问题。像赵汀阳以山水、渔樵形成关于中国历史的叙事，这对"有美无学"的中国美学史研究是有益的启示。二是在现代美学给予的专属性领域和中国历史敞开的全域之间保持协调，即以现代美学的领域性昭示中国美学历史的全域性。据此，我们不妨把中国美学史的论域设定为一个逐步放大的圈层。其中，自鲍姆嘉通以降，虽然对美学的定义多有变化，但它的核心仍然是美和艺术。就此而言，中国美学史首先是关于美和艺术的历史，然后是从美和艺术之思逐步外向拓展的历史。这种拓展如果说有边界，则可以说中国人世界经验的边界就是美学的边界。

---

① 刘成纪：《论中国美学的天下体系》，载《探索与争鸣》，2018年第8期。
② 赵汀阳：《历史·山水·渔樵》，北京：生活·读书·新知三联书店2019年版，第1页。

当代中国美学景观与问题

史 红[*]

【内容简介】当代中国美学经历了不同发展阶段,出现了不同流派,它们按照各自思路尝试性地建构有创新性的现代美学学术话语体系,构成美学研究的多彩景观。"美与实践关系"是当代中国美学探讨的主要话题。随着对当代美学研究的深入,学界出现"本质论"转向"本体论"倾向。中国古典美学则主要围绕合法性、资源挖掘与话语体系等问题而展开。

【关键词】中国美学;美学流派;美学学说

"人即存在",是对人本体进行追问的哲学问题;"人为何存在",是涉及人生意义的伦理学问题;而"人如何存在",则是寻找人生存方式的美学问题。凡人皆爱美,都会关心人怎样才能诗意般地存在的审美话题。美学研究是以哲学思辨态度审视审美话题背后的美的本质、规律、价值以及中国美学特色等问题。在当代中国美学研究中,美学家们开辟出了多条具有中国特色的新的思想航线,照亮了通向美之奥秘的大道,也形成学说纷呈、学派林立的研究景观。

---

[*] 作者简介:史红,首都师范大学教授、博士生导师。主要研究方向为美学、艺术学。

一、历史回眸：成果与贡献

在中国，美学是一门古老而又年轻的学问。真正具有现代意义的美学由日本哲学家中江兆民从法国引入日本，再由王国维等人将"美学"从日本引入中国，这开创了百年中国美学的现代开端。20世纪50年代掀起了第一次美学热潮，此为美学第一次大讨论。此次讨论的目的是在中国建立马克思主义美学，主题是寻找"美的本质"。众多学者参与讨论，出现了蔡仪客观论、朱光潜主客观统一论、李泽厚社会客观论等观点，形成了一些具有原创性的美学思想。20世纪80年代，第二次美学热潮形成。1980年6月，中华美学学会在云南昆明成立，朱光潜当选会长，这次具有里程碑意义的大会使中国美学进入了新的理论建设时期，迈向体系化、学科化发展之路。第二次热潮最突出表现，一是"翻译热"，一大批西方美学基本文献被翻译出版，如李泽厚主编的"美学译文丛书"总共40部，包括桑塔耶纳的《美感：美学大纲》、柯林伍德的《艺术原理》、杜夫海纳的《美学与哲学》等。二是"古典热"，学者开始转向对中国传统文化探索，从古典文献中挖掘审美火花，构建了一些中国美学史体系。如李泽厚、刘纲纪的《中国美学史》，叶朗的《中国美学史大纲》等，实现了博观、自省、探究的回归学术本位目的。改革开放后，美学界研究态度发生转变，对外来文化从以吸收为主，变成思考、辨识与利用；对传统文化从以整理为主，变成挖掘、提炼与升华。从世纪之交开始，中国美学出现新的复兴势头，开启多元展开的新局面。

21世纪是一个中国美学研究大发展时期。美学学术发展向深度掘进，出现对美学通史、断代史、专题史、概念史等的研究，出版了多卷本中国美学史研究著作。如叶朗的《中国美学通史》、吴功正的《宋代美学史》、祁志祥的《中国佛教美学史》等。在绘画、音乐、戏剧、书法、建筑等门类艺术美学研究方面，有陈传席的《中国绘画美学史》、蔡仲德的《中国音乐美学史》、陈振濂的《书法美学》等。对美学专题及其历史进行研究，集中于美育史、生态美学等，出现了曾繁仁的《中国美育思想通史》《生态美学导论》。在美学范畴和概念及其历史研究上，有成复旺主编的《中国美学范畴辞典》等。在审美趣味、审美文化和审美风尚等广义美学的历史研究方面，则以许明主编的《华夏审美风尚史》为代表。就这些研究意义而言，它们从不同维度切入，把传统美学资源纳入考察视野中，为中国美学理论建构奠定了坚实基础，增强了研究厚度。

二、主要话题：美与实践关系

在当代中国美学领域里，讨论得最热烈、参与人数最多的话题，可谓"美与实践的关系"，此话题最有声势、最有影响。其主要观点是实践不仅是理解美的逻辑前提，而且是产生美的历史根源，实践是美的社会存在基础。以李泽厚"主体性实践美学"最具代表性。他把中国文化的精神气质概括为"乐感文化"，把中国人的精神现象与思维特征总结为"实用理性"。对人类精神的继承与延续现象，他解释为"文化心理积淀"；对人类的存在本质，他认为应从"历史本体论"来解释。基于李泽厚自称的"主体性实践哲学"，他将美的根源、本质以及美感等问题纳入人类社会发展实践过程中去探索，肯定实践主体性，因而为审美主体自由开辟了道路。他的美学也被称为"实践论美学"。随着思考的深入，李泽厚对实践论美学看法发生一些显著的变化。他逐渐开始重视感性个体的存在及其突破意义，以及实践观中的心体问题和美的精神属性。李泽厚的立场有了转变，从坚持"工具本体"的实践论立场，转向了"情本体"的本体论立场。至此，"情—理"结构作为支撑"实践论美学"理论框架构建完成。而李泽厚美学思想来源是复杂而多元的，有源于康德哲学思想，如《批判哲学的批判：康德述评》；有源于杜威实用主义思想，如"人的自然化"与杜威的经验自然主义有关，

"美的客观社会说"与杜威的"有机体与环境互动"思想有关；还有源于海德格尔思想，如"情本体"与海德格尔的"此在存在"思想的关系等。他更多地对儒家哲学传统与马克思哲学等进行了中西融合。李泽厚的影响辐射极为广泛，他的"实践""主体性""积淀"等概念对美学话语建构，"情本体"对中国美学本质提炼，"中国美学史"书写对中国美学历史梳理等都具有启示意义，他对当代中国美学研究做出了开创性贡献。

由美与实践探讨所形成的"实践论美学"本身具有巨大活力，由此延展、衍生出的一些相关学说就足以证明这一点。如刘纲纪以实践本体论为哲学基础，提出了以审美反映论为艺术本质的"创造自由论美学"。蒋孔阳把审美实践活动看成是一种精神创造性活动，提出了"美是人的本质力量对象化"① 命题，因而他的理论被称为"创造论实践美学"。正是"实践"这一概念的丰富性，使得后续围绕着它所展开的种种探讨，连绵不断，形成"新实践美学"。"新实践美学"之"新"表现为，其一，对"实践"概念的新理解。如邓晓芒把实践理解为包括"物质生产活动+精神生产活动"，是一种"主客观的统一"。② 另外，新实践美学从物质生产活动中发现人的全面的本质要素，从中引出人的审美活动的根据。其二，对审美"超越性"的新阐释。实践自身带有自我超越的因子，人类精神生活的超越性来自于实践活动的升华。其三，对"美的本质"的现象学的新定义。新实践美学认为审美活动是人化对象时产生的情感交流活动，人的情感的对象化就是艺术，对象化了的情感就是美。"美是人对自身的确证"，"审美活动是人借助于人化对象而与别人交流情感的活动"。③ 故而"新实践美学"也被称为"传

---

① 蒋孔阳：《美是人的本质力量对象化》，载《文艺理论研究》，1987年第5期。
② 邓晓芒、易中天：《黄与蓝的交响》，北京：人民文学出版社1999年版，第435页。
③ 邓晓芒：《什么是新实践美学——兼与杨春时先生商讨》，载《学术月刊》，2002年第10期。

情说"。它不仅强调了情感的个体性、社会性,而且丰富了审美活动、美感的内涵。

"新实践美学"中代表性人物有张玉能、朱立元等。张玉能强调实践是一个关系本体(而非实体本体或先验本体)概念,实践是以物质生产为中心的人类的、现实的、社会的、感性的、对象化的活动。他对于"实践"概念本身进行重新界定、分类,将之划分为获取性实践、创造性实践和自由(创造)性实践;精神生产和话语实践。他深入解析实践结构即物质交换层、意识作用层和价值评估层所表现出的多层累性,以及开放性、多功能性等。他多维动态地发展了实践美学,揭示出"实践"与审美活动特征之间的内在复杂关系。

朱立元受海德格尔存在论思想影响,对实践美学加以发展,形成了"实践存在论美学"。他将存在论与本体论合二为一,以此把实践内涵理解为人最基本存在方式。审美活动是基本的人生实践活动之一,美永远是一种"现在进行时",美生生不息、永远生成下去。所以,美学就是以"实践"和"存在"为本体的"实践存在美学"。[①] 他把实践论与存在论融合,用生存论取代现成论,跳脱出思维与存在、主体与客体的二元对立认识论惯常思维模式的局限,为美学研究开辟了新路。

杨春时看到实践美学的局限,而提出"后实践美学"即"超越美学"的构想,他把"生存"作为逻辑起点。其所持观点是,"生存是哲学本体论的基本范畴基础","我们以生存作为美学的逻辑起点,推导出美学范畴体系和审美本质规定。"[②] 他认为生存本质在于超越,即由物质到精神、由社会到个体、由现实到未来、由必然到自由的超越,所以他的美学称为"超越美学"。

结合"实践论美学"各派思想,可以看出争论主要集中于两大焦点,一是"实践美学与后实践美学之争",二是"新实践美学与后实践

---

① 朱立元:《略说实践存在论美学》,南昌:百花洲文艺出版社2021年版。
② 杨春时:《走向"后实践美学"》,载《学术月刊》,1994年第5期。

美学之争"。后实践美学以"批判"和"超越"为主，新实践美学则以"继承"与"改造"为主，二者共同影响了当下中国美学格局和发展方向。从理论贡献上看，"实践论美学"因具有中国当代特色和原创精神，而位居中国美学学派主导地位。其恒久魅力就是以"实践"为核心带动了学术论争。它克服了认识论美学重物轻人的弊端，站在马克思主义的实践立场，阐释人类的审美活动。一方面高扬了人的主体性，抬高人的地位与作用，解放了人；另一方面用实践论美学为中介，强调审美过程的人与自然、主观与客观、感性与理性、自由与必然等对立方面的统一，并解释它们之间的联系与转化何以可能的问题，推动百年中国美学走向了新阶段。但是同时，"实践论美学"也存在一些矛盾。如在审美实践性质上过多地强调主体的群体特征而忽视其个体的独特价值；在审美实践的过程中过多地强调理性的必然法则而忽视其感性的能动作用；在审美实践的结果上过多地强调历史的"积淀"功能而忽视其现实的"突破"意义。在不断发展中，李泽厚等学者已逐渐地意识到这些问题。"实践论美学"不仅需要解决以上矛盾，同时还需要思考一些更为深入的问题，如实践美学中的哲学与美学关系？实践与生存关系？实践美学与当代审美文化关系？实践美学里工具与符号关系？"实践论美学"只有继续回答、研究这些问题，其学说才是完善的。

三、主要流派：研究视角与关注点

当代中国美学的研究十分活跃，不同流派如春笋涌现，例如生命美学、身体美学、生活美学等，学者们都在努力思考，按照各自思路尝试性地建构有创新性的现代美学学术话语体系，构成美学研究的多彩景观。其主要流派如下：

认识论美学。美学哲学基本问题是认识论问题，而认识论美学就是从如何认识美的第一性与第二性问题的角度看待美学的，把美学归结为美的存在和美的认识关系及其发展法则的学问。以朱光潜、蔡仪、贺麟、黄药眠等为代表人物。认识论美学开创了中国美学新格局，由认识论之争发展出"四大派"，即"客观派""主观派""主客观统一派""客观社会派"。在"四大派"基础上，又出现"自由说""和谐说"等学说。"自由说"围绕着"自由"展开，李泽厚与高尔泰曾有过一个自由争论，高尔泰认为，"美是自由的象征"，而李泽厚则认为，"美是自由的形式"。

生命美学。在美学研究核心上，生命美学代表人物潘知常提出，美学应该是以研究审美活动与人类生存状态之间关系为核心。他从生命活动入手，把审美活动作为生命活动的一种类型，并且从作为人类自由生命活动的理想实现这一特定角度，去考察审美活动本身，要求将美学的中心，从实践活动原则拓展到生命活动原则上来。生命活动是"美学的现代视界"。审美活动是生命活动的必然与必需，审美活动是生命的享受；审美活动也是生命的提升。他说"所谓'生命美学'，意味着一种以探索生命的存在与超越为旨归的美学。"[①] 生命美学哲学基础是"万物一体仁爱"，把生命看作一个由宇宙大生命的"不自觉"与人类小生命的"自觉"组成的向美而生也为美而在的自组织、自协调的自控系统。生命美学提出一系列命题，如"美者优存""自然界生成为人"和"我审美故我在"等。生命美学强调生命的本体地位，呼唤个体意识的觉醒，倡导信仰救赎的理想。

生态美学。含义有二，狭义指"从生态系统的角度来审视自然之美"；广义指生态文明新时代的美学。以曾繁仁为代表的生态美学从生态存在论出发，以人的生态审美观念为研究对象，目的在于反思传统的人对自然的态度，确立新的生态审美观。[②] 对于自然态度主要有两种，一是认为自然原本就是美的，自然美是由于自然的"形式""质料"，

---

① 潘知常：《生命美学》，郑州：河南人民出版社1991年版；《生命美学论稿》，郑州：郑州大学出版社2002年版。

② 曾繁仁：《生态美学 曾繁仁美学文选》，济南：山东文艺出版社2020年版。

或"整体性"等。二是认为自然的美是由于"自然的人化"和"人的本质力量的对象化"。以主客二分的哲学思维来审视自然,自然是人的对象。自然只有"人化"了,或"主体力量"被"对象化"了,才会变得美。生态美学克服了这种二分思维,把自然看作是人的环境,人生目的不是"战胜"自然,而是人与自然融为一体。其核心命题是,美者自美,因人而显;生态审美,生生不息。自然事物自有其美,只是借助人之眼、人之耳的通道显现出来而已。生态美学的兴起意味着"人类中心主义"的退场,也是对"艺术中心论""西方中心论"美学的反思与超越,转向生态整体主义,完成人的"诗意的栖居"。生态美学十分契合中国传统思想所强调"广生万物""成就万物"的观点,是古老"天人合一"思想的新的时代性发展。

生活美学。以刘悦笛为代表的学者关注日常生活现象,他们的视野遍及如茶道、花道、香道、汉服、家居、日常设计、公共艺术、社区设计、城市规划等领域。他们发掘生活中的美学特征,提升生活的审美品格,完成生活的日常经验向审美感知方向的转移,进行着美学介入生活的最切实际的实践。他们的口号是"生活美学"回归"生活世界"。生活美学挖掘出古人"生活美学"实践情形,第一就是"生理的"生活美学,如饮食、饮茶等。第二乃是"情感的"生活美学,如闲居、交游、雅集、人物品藻等。第三则是"文化的"生活美学,如诗、书、画、印、琴、曲,还有园林苗圃、博弈等游艺之美以及游山玩水之美。可以说,生活美学从古至今都与人对美好生活的追求相匹配。生活美学实践策略是"去熟悉化",这体现了指向意义生产及其增值的转换。生活美学形成了一种美学理论转向,让美学走出"审美无利害"论,让美回归生活,希望人人都成为自己的生活艺术家,以"美的生活"去提升"好的生活"。① 它是关乎"审美生活"之学,追问"美好生活"的幸福之道。从现实生活当中去升华美学问题,美学反思之后再返回到

---

① 刘悦笛:《中国人的生活美学》,载《艺术广角》,2022年第3期。

生活现实当中。它建构了一种"生活本体论",从而实现了当代中国美学在"实践论转向"和"生存论转向"之后的"本体论转向"。

身体美学。它是"对一个人的身体——作为感觉审美欣赏及创造性的自我塑造场所——经验和作用的批判的、改善的研究"①,它有三个基本维度:分析的、实用主义的和实践的身体美学。张法认为身体美学的要素由四个方面组成:肉体、衣饰、个人和社会。社会对肉体、衣饰、个人有一套社会规约,在这套社会规约中,显出肉体、衣饰的美学标准。个人以自我为主体,对肉体、衣饰、社会的规约进行组合,这四者组合在生活中和艺术中的具体表现,就构成了身体美学的内容。② 程相占认为完整的身体美学图景应该包括三个层面:身体作为审美对象,身体作为审美主体,身体化的审美活动。③ 王晓华肯定了"身体主体",形成"身体主体美学",认为美学是研究身体与世界审美关系的学问,他更直言"美学就是身体美学"。随着智能机器的兴起,人的主体性结构发生了变化,是"机器和有机体的混杂物"即赛博格(cyborg)。审美主体概念已经由于赛博格时代的到来而被改写;身体——技术不断变化的嵌合方式正在产生新的审美话语;赛博格美学具有清晰的特性和研究场域。④ 身体美学在传统对人的精神的关注,转移到身体,肯定身体价值、功能,并扩展了更广泛的身体主体内涵。

认知美学。以认知心理学、实验美学、语言学、神经科学为方法基础的认知美学,是国际学术界最具挑战性的一门新学科,当下已进入第二代研究,而我国的审美神经机制的研究还处于萌芽状态。认知美学目

---

① 〔美〕理查德·舒斯特曼:《实用主义美学》,彭锋译,北京:商务印书馆2002年版,第354页。

② 张法:《身体美学:话语缘起 中西异同 行进难点》,载《社会科学辑刊》,2012年第5期。

③ 程相占:《论身体美学的三个层面》,载《文艺理论研究》,2011年第6期。

④ 王晓华、黄秋燕:《身体、技术与赛博格美学》,载《广州大学学报(社会科学版)》,2022年第3期。

的是揭示大脑的审美神经机制，研究审美体验的神经动态变化过程。就最新研究进展而言，一是关于"美的认知结构"的研究。认为"一切审美活动（包括美感反应）都要有客体"，①高度重视审美认知过程，提出一系列关于"美的认知"的创新性概念、范畴和观点。二是关于"认知美学原理"的研究。认为人类的审美机制产生于人类具备高级智能时期，这就重新划定人类审美发生的起点。研究者提出"审美形式知觉模式"来解释审美活动过程，解答了世间事物之所以美的原因。未来的研究课题在于拓展和深化，主要为通过刺激材料的多样化，研究跨艺术形式、跨文化的审美认知神经机制的异同；系统地研究内外部因素对审美认知神经机制的影响；进一步细化不同阶段、不同方面审美神经机制的差别。

新古典主义美学。它希望扭转西化倾向，以古典精神来重建现代美学。它扛起了回归中国美学传统的大旗，为现代美学发展提供了立足于本土文化而深掘其精神与内涵的重要路径。其主要代表人与分支有宗白华的生命本体论、周来祥的和谐论、叶朗的意象论、陈望衡的境界论、祁志祥的乐感美学等。这一流派从思想特点上看，首先，吸收传统"物我合一"的思想营养进行发展。如宗白华认为"大宇宙的创造力"是一切美的源泉。周来祥从古典美学的情理协调、情景交融的"中和"美学传统中提炼出"和谐论"。叶朗以中国传统"意象论"阐释当代艺术和审美现象，他对意象定性是情景合一，即审美意识与审美对象的同一。意象美学重视艺术中的精神价值与审美境界，有助于提升人们的审美层次。陈望衡继承传统"境界说"提出"境界论"，"境界指情与象的统一、主观与客观的统一已达到了浑合无垠以至两忘的境地。"② 显然其中也是具有虚实相生、有限与无限相生的意味。其次，吸收"直觉

---

① 胡俊：《当代中国认知美学的研究进展及其展望》，载《社会科学》，2014年第4期。

② 陈望衡：《美在境界——实践美学的反思》，载《理论与创作》，1999年第1期。

论"的思想营养进行发展。老庄、禅宗有直觉说,认为审美是物我的直接契合,不假理性思维与语言概念的中介,直接融合主体与世界。如朱光潜《诗论》就是以"直觉说"作为他诗歌理论起始原点。再次,吸收"情感论"的思想营养进行发展。祁志祥的"乐感美学"认为美是一种有价值的快感对象,更突出了审美的情感性质。陈望衡认为"美从本质来说应是人的情感自由的对象化,审美就是使情成体,情象就是美的对象"。① 最后,吸收"美善相乐"的思想营养进行发展。新古典主义美学以善释美,强调美善统一。如方东美认为道德高于美,审美是实现道德的手段。新古典主义美学在融合传统与现代做出了学术贡献,同时,在具有创新性的本体论层面上也在进行着不断努力。

四、当代美学:重心与问题

中国当代发展上出现了研究重心的转移,即重建哲学本体论的现代形而上学,进而建立审美形而上学。如此的学术追求倾向可以由"本质论"转向"本体论"显露出来。从20世纪开始随着美学本质的被否定,西方古典美学宣告终结,而西方现代美学拉开了序幕。西方美学之所以否定"本质论",是因为其有明显的局限。第一,现象和终极本质的对立。从柏拉图建立"理念论"以来,就把绝对理念看作是至高无上的,终极存在是唯一真实的存在。这种典型的"二元论"的思维模式使得现象与本质形成对立,并一直延续和发展。第二,美的本质的存在和人的存在的隔离。本质论把美的存在当作是形而上的存在,拉开了与现实的距离,似乎是远离人的存在的一种遥远的、抽象的存在。第三,绝对性与相对性的偏向。本质论在对待相对性与绝对性的态度上,偏于追求绝对的、客观性的"实体"。再就"本质""本体"和区别而言,"本质"是科学观察、实验与抽象的结果,"本体"是一种以目的论的

---

① 陈望衡:《美在境界——实践美学的反思》,载《理论与创作》,1999年第1期。

思维进行的假定，是逻辑的推理、建构的存在，体现了生成与发展的动态性，因而不同于具有"已成"特质的本质规定性。"本质"是基于现象而言的实体性思维的产物，"本体"是基于其作用与意义而言的功能性思维的结果。"本质"是现象背后概念的唯一、绝对、最高指向，"本体"是"此在"多重生存性的、广泛的敞开。

中国美学学者对"本体"的认识与理解主要在"生命本体"上，将人的生命作为美之本体的根基。人的世界是人的存在的世界，有人的生命才有美的本体论的存在。生命本体论表明了人作为"此在"的状态。人的情感、思想、心理等都曾经是不同本体论前提，而实际上人本身即是本体，于是在中国当代美学研究中就出现了各种人的"本体论"。如"情本体论"（李泽厚）、"生存本体论"（杨春时）、"实践存在论"（朱立元）、"唯物实践存在论"（曾繁仁）、"实践生存论"（徐碧辉）、"生命本体论"（潘知常）、"价值本体论"（王德胜）、"生活本体论"（刘悦笛）、"类本体论"（张伟）等。从本质论到本体论的研究重心的转移，表明学者们看到了美学是人学，而不是玄学；意识到本体论是解决审美问题的关键，是进入审美大厦的入口的钥匙。在方法论上，根据"洋为中用"原则，一些学者借鉴西方现象学的方法论，建立了自己的方法论。如杨春时建立了"审美现象学"，王一川的"体验论美学"也有现象学的成分，颜翔林"怀疑论美学"是以怀疑论方法打破中西美学既成的系统。

尽管中国当代美学在理论自觉上具有明显进步，但是依然存在一些需要弥补的不足之处。第一，问题意识不足。随着现代美学思潮特别是后现代美学思想的出现，审美形象变得日趋模糊与朦胧，审美边界渐趋消失于地平线。美学研究的问题意识较为淡薄，难以提出一个切实的问题。第二，美学体系建构不足。现在时有一些文章闪烁思想火花，但无法构成完整的、自洽的体系性思考。以往建构美学体系的思维方式还是受西方本体论影响，用西方逻辑框架装入中国的美学材料。而我们传统美学特色是体验性美学，非唯理性的方式阻碍了本体论的体系建构。第三,主义的主张不足。主义是思维的结晶、思想的凝聚、理论的升华。西方以"主义"冠名的美学有几十种,如人文主义(Humanism)、现实主义(Realism)、浪漫主义(Romanticism)、唯美主义(Esteticism)等,我国基本是唯物主义美学和唯心主义美学为主。第四,理论深度不足。多数美学研究尚停留于对各种审美现象的归纳、分类和平面描述上,缺少系统的梳理、历史的观察、整体的把握、本质的挖掘。第五,批判否定精神不足。批判的眼光、否定的勇气是学术进阶的必备能力,我们现在还未从本体论角度去关注人的现实生存的审美现象,还未从认识论角度去解决审美心理问题,还未从价值观角度去用审美方式观察和评判现实。第六,观念原创不足。当代美学学术史是不断学习、模仿与追逐西方美学学术观念的历史。如"无功利性""距离""移情""典型""实践""生存"等。在大量中国美学资料面前,缺少从本土角度的形而上的追问,在学习西方的观念中弱化了自主理论的创造。第七,现代艺术研究不足。当代中国美学面对纷繁复杂的艺术现象,缺乏基本阐释力,缺乏艺术敏感性,缺乏艺术感悟,面对一些艺术事件不能及时回应。

就中国当代美学新生长点而言,唯有创新,建构美学中国话语方式与体系,揭示中华美学精髓、显露中国美学特色、阐发中国美学价值、体现中国审美风格,才能激活美学传统的当代意义。在构建中国美学模式创新路径上,第一是"传统本土"模式,即回到历史、寻找传统,契合中国中华文化与学术惯例。第二是"现代本土"模式,即构建中国本土特色、具有现代性的美学理论,如李泽厚的实践论美学。第三是"本土+外来",在中外对话、异同比较、整合重构中,把中国传统美学内容与西方的美学理论、方法与体系等进行融汇,在契合与溢出之间保持张力。

五、古典美学:合法性与发展空间

中国古典美学研究萌芽于王国维所发表《红楼梦评论》《古雅之在

美学中的位置》《人间词话》等文章中，其中如已出现"古雅美"概念，以及一些范畴、命题。王国维有意识地运用西方美学观念研究中国古典美学，以现代性目光审视传统美学思想，开拓出了一条古典美学研究理路。随后，梁启超发表《中国韵文里头所表达的情感》，蔡元培主张以美育代宗教。他们的意义与贡献在于确立了古典美学研究的路径。朱光潜、宗白华等人的研究，也基本遵循这一方向、路标前进与探索。朱光潜《诗论》就是"诗之美学理论"，分析了诗中如谐隐、意象、情趣、音律、节奏等审美因素。宗白华的学术兴趣对意境、空灵、虚实等问题上，他注重发掘古人的艺术与生活关系，这体现在他的《论〈世说新语〉和晋人的美》《清谈与析理》等文章中。蔡仪的《中国古代美学概观》、李泽厚的《美的历程》、李泽厚、刘纲纪的《中国美学史》，叶朗《中国美学史大纲》，陈望衡《中国古典美学史》，敏泽《中国美学思想史》，亦如此。进入21世纪之后，美学史研究成为热门，出版有张法《中国美学史》，叶朗、朱良志主编《中国美学通史》（8卷本）；朱志荣主编《中国审美意识通史》（8卷本）、曾繁仁主编《中国美育思想通史》（9卷本），古典美学史的研究出现高峰。

关于"中国美学"的概念的解释，究竟是"美学在中国"，还是"中国的美学"，涉及一个"中国美学"的合法性问题。鲍姆加登"感性学"，日本学人中江肇民用汉语翻译成"美学"，王国维借鉴并延续使用"美学"。"译介开路、借用西方"，"以西人之话语，议中国之问题"。中国当代美学的体系、语汇都是学习西方的，我们是"以西释中"。那"美学在中国"如何向"中国美学"的过渡？对于"中国的美学"的解释，其中的"中国"，是世界的中国（China of the World），还是世界与中国（China and the World）中的"中国"。从中国角度看世界，可以看到"美学"在中国发生的变化是，我们接受、吸收西化美学，并进行变异、转换，应用于中国美学之上，"中国美学"可谓是"化西"产物。从世界角度看中国，中国美学话语是世界美学思想不可分割的部分，同时也是独立存在的部分，在与其他国家比较、对照中，中国美学表现出某些相似、相异之处。当然，我们也必须遗憾地承认中国美学在世界美学生态中的"缺席"，即缺少存在感、缺少话语是客观事实。这是由世界文化权力的不平衡以及中国美学研究自身之弱点所导致的，中国学者难以被主导学术话语权的欧洲认可。

从西方人看中国古典美学，我们已知西方对东方的文化霸权是一个历史事实。赛义德受葛兰西文化领导权理论的启发和影响建构了"东方学"，包括一个学术研究学科、一种思维方式、一种话语形式。这里的"东方"是西方人的建构的地域及其表述，是一个"他者"的存在。虽然"东方"这一用语不具有本体论意义上的稳定性，但是"东方学"还是被认为是对消解"西方中心论"，东方人应该创造真实客观的，包括对东方人、东方社会、东方文化、东方语言等进行本质阐释的"东方主义"。西方人对东方美学研究，有托马斯·门罗《东方美学》（1965），他认识到东方美学有独特的思维方式和诗性的理论系统，希望建立一种超越西方狭隘地域局限的东方美学理论。东方人自己的研究有今道有信《东方的美学》（1980），研究中国古典美学与日本诗歌美学。同样的，从东方人视角看的"西方主义"也是相对的一种反向论述，此"西方"即是东方人想象、神话、美化的"西方"，并将现代化、理想化与西化划等号。东西文化、思想理念不同，中西美学气质迥异、各有千秋。我们要在世界美学领域中建立独立的美学话语权，就应对美学"西方性"进行祛魅，消除"美学在中国"的印象，彰显"中国的美学"特质与风格。

西方美学理论主导着世界美学的主流，其关注的核心问题有，从分析美学角度上探讨的如语言转向的意义、语言工具的应用与分析、话语与权力等；从政治美学角度上分析的如生命与政治、情感与政治、政治的感性化、美学的政治化、大众文化与微观政治等；从身体美学角度研究的，如身体与欲望、感性与情绪；从生态美学角度讨论的如生态与人类感性等。"西方美学"圈内学术话语，其议题与中国美学很少有交集，中国美学很难与西方美学对话。

如何重置话语、转换视角，超越西方美学话语的学术规训，以热点话题如"生态、身体、政治、情感等"来和西方美学界进行对话？实际上，在中国传统思想上，"天人合一""道法自然"思想显现古代人的生态智慧。古代的性情论、乐感文化、感性思维等，就是现代情感因素里的所讲的精神、思想、意志、感情的源流。传统艺术即为治理国家的工具，"文以载道"肩负政治功能，礼乐制度是政治制度中重要一环，这些都是古代政治美学主要内容。儒家"修身"、周易"乾坤男女"、刘勰"辞采为肌肤"等都是身体的隐喻。我国丰富的古代美学资源，完全具备与西方美学进行对话的资本，困难的是如何实现古代资源的现代化，并参与世界美学热点话题讨论。其中的关键是建构美学的中国话语。首先，中国美学"谁在说话"，其话语主体无疑当是中国学人。其次，中国美学"如何说话"，这意味话语表达方式是西语式表达，还是中国式书写？是使用古汉语"之乎者也"，还是使用现代汉语书面语表达？显然，古汉语与现代汉语比较，在进行美学国际交流时障碍要大。同时，"如何说话"的表达方式中还包含着对表达效果的追求。再次，中国美学"说什么话"，这应包括中国审美范畴（如"气韵""意境""意象"）、审美命题（如"知者乐水，仁者乐山""不著一字，尽得风流""超以象外，得其环中"）、审美心理（如"涤除玄鉴""澄怀味象"）、审美观念（如"天人合一""美善统一"）、审美形态（如青铜、陶瓷之美）。这其中的某一项都可以作为建构中国美学话语体系的支点、基石与支撑。第四，中国美学"为谁说话"，中国学人为中国人说话，就应站在中国立场、宣扬中国美学，形成中国美学学派。第五，中国美学与西方美学"如何对话"，在中外思想交流中，我们不仅引入西方学习美学理论，同时，也要在传统美学资源中抽丝剥茧、萃取精华，把中华美学精神、内涵进行翻译、介绍到国际上。1913年举办第一届国际美学会议提供了世界美学交流平台，2010年在北京召开的第十八届世界美学大会，提供了中国美学与世界美学接轨的机会。

作为包含古典与现代内容的以整体面貌出现"中国美学"学派已经初步显露，如上文提及的"意象美学""境界美学""和谐美学""生命美学""乐感美学"等的提出，满足了美学学派的国别性、民族性的必要条件，完全具备了参与世界美学建设的基础。若有实质性的突破，还需要加强学术研究自主性，挖掘中国美学的现代意义与价值。美学一方面具有"世界主义"特点，它作为一个学科，跨越国别、族际。如康德《判断力批判》等美学原理、审美经验具有全人类性、普遍性和真理性。黑格尔《美学》，名称没有"西方"。塔达基维奇的《西方美学概念史》和比厄斯利的《西方美学简史》，"西方"为译者所加。另一方面，美学也具有"民族主义"特点，强调国别、民族的审美观念、审美趣味与审美经验等。若不论学派，而就学科而论，"中国美学"作为是否如人所言"有美无学"？一个学科必须有完整的、自洽的体系。西方美学对美的理性思考多，建构了形而上框架，偏于哲学体系型美学，而中国对美感悟较多，多是审美经验总结，偏于诗性智慧型美学，可见中西美学的区别在于风格性差异。

　　立足于中华民族整体视角看中国古典美学基本是汉族美学研究，在中华民族共同体意识下进行"中国美学"话语体系的建设，就不仅仅只反映汉族，而且必须反映其他民族的美学。这需要对古代所谓的"东夷""西戎""南蛮""北狄"等其他民族美学的挖掘与发现。在实践研究上，文学、美术、音乐、舞蹈、戏剧、服饰等艺术活动是其他民族审美模式最直接的体现，也是审美特点的最集中的展示。建筑、工艺、宗教、民俗、礼仪、节日习俗等也潜藏着民族审美意识的深层内涵。"中国美学"不是汉族美学，而是"中华民族共同体"的美学。其基础理论研究主要涉及审美模式、审美思维、审美趣味、审美追求、审美风格以及具体审美结构形态表现等内容。其历史研究则涉及审美发展历史的一般理论、审美产生的条件、审美形成的机制、审美发展的历史阶段及其审美历史分期理论。从研究现状看中国美学史的各个朝代研究呈现不均衡状态。根据"知网"以"美学"为后缀按照朝代检索（1987—

2024）相关文献可知，先秦（81条）、秦汉（31条）、魏晋南北朝（313条）、唐代（36条）、宋代（376条）、元代（49条）、明代（104条）、清代（75条）。其中首先是魏晋南北朝、宋代美学得到较多研究，其次是明清美学，而其他朝代美学研究则相对较少。在研究领域偏向上，文人美学研究偏多，宫廷美学和民间美学研究偏少。在研究类别上，偏重于对诗、书、画等艺术的研究，对于建筑、青铜、陶瓷、家具、文玩、日用器物等工艺性的美学研究较少。

中国古典美学研究有很大的发展空间，按照研究范围从小到大的层级来说，有审美范畴、审美命题、审美心理、审美观念等研究；中国的美学形态、审美流派、审美风尚等的研究；有中华美学精神、中国美学的学科体系、学术体系、话语体系的研究等。另外，还可以进行人物、朝代、作品等的研究。中国美学研究重点在于分析内涵、规律、特点、关系、意义、价值、影响。

中国美学在世界上处于被忽略、忽视的状态，实际上在当代中国美学领域，研究是多元而复杂的、广泛而深入的，学者们在对美的探索中提出的不同学说，都在支持着美学的"中国学派"的崛起。上述的观点、论断、主张与思想等看似发散，实则都在凝聚着学术力量。在未来，中国美学研究成果一定会以闪耀的光芒为世界所瞩目。

来稿选登

历史分期与乌托邦

张立波*

【摘　要】 乌托邦关乎想象世界的构建，我们始终需要作为美好意愿的乌托邦，它超越现实性的范畴，赋予我们的行为以意义。不同时期的乌托邦具体内容各异。"中国梦"作为一种新的乌托邦，表明中国特色社会主义建设事业进入了新时代，在致力于中华民族伟大复兴的同时，推动构建人类命运共同体。

【关键词】 历史分期；乌托邦；改革开放；中国梦

改革开放新时期作为一种"绝对的现在"，其具体构成和意涵随着时间的发展而变化，并影响到中国近代史和现代史的书写。回顾四十年来的思想变迁，真理标准讨论具有源初性的意义、价值和地位，现代性的三种逻辑随之展开，市场、物欲和消费营造了一种"超现实"的历史感和美学意识。人类始终需要作为美好意愿的乌托邦，"中国梦"作为一种新的乌托邦，表明中国特色社会主义建设事业进入了新时代，在致力于中华民族伟大复兴的同时，推动构建人类命运共同体。

---

* 作者简介：张立波，中国人民大学哲学院教授、博士生导师。主要从事马克思主义哲学和历史理论研究。

一

改革开放新时期作为一种分期，属于我国社会主义建设进程中的一个分期。对此分期并非没有异议，例如，"后文革时期"就被一些思想者作为物理意义上的对等词来看待。泛泛而谈，把1978年以来的中国社会进程称作"改革开放新时期"，表明的是与"文革"划清界限、分道扬镳的明确的政治意识，而若称作"后文革时期"，表明的则是现实生活中的政治清算、价值重构和社会调整过程呈现出显著的艰难性和渐进性。借用赫勒关于"当下"构成的"三分法"，最初的时候，我们用"现在"和"正在"的态度看待"新时期"，"正在"为"现在"提供希望和信心，随着"新时期"的不断展开，"刚刚"越来越多地进入"新时期"的时间意识之中，并为"现在"赋予了愈来愈丰富而繁杂的内涵，"正在"即便不是变得遥遥无期，也不再像最初那样简单而直接地持有动人心魄的激情。正是在这样的思想和社会情绪下，"后新时期"一词兀然闪现，不过，使用者甚少，类似的历史意识没有成为主流。

随着改革开放新时期的不断展开，新时期内部的分期成为学术思想议题。一些党史专家1988年出版的《新时期专题纪事》就论及分期，十年后，《北京党史研究》编辑部也专门邀请几位学者就"改革开放新时期的历史阶段应如何划分"展开讨论。相关的探讨不只是关注既往阶段的划分，更是着眼于未来阶段的走向。也就是说，这不只是一个历史编纂学的问题，而是一个历史的社会学乃至政治学、文学、文化学的问题。陈思和2010年出版的《新时期文学简史》一书提出，"新时期文学简史"的真实含意应该是"从'文革'以后到20世纪末"的中国文学发展简史，因为太长，就用"新时期文学简史"来替代。

通常认为，1976年10月江青、张春桥等"四人帮"被逮捕，便标志长达十年的"文化大革命"的终结。当然,"新时期文学"并非随着"新时期"的到来而径直产生,其内涵也不会简单地界定和限制于"新时期"。就文学对时代的塑造而言,新时期文学在很大程度上图绘了新时期,构建了我们对新时期的历史记忆。

一个历史时期的形象会随着时间而改变。2008年是十一届三中全会召开三十年,以"改革开放新时期"为主题的文章很多,据中国知网的文献检索,标题中冠有"改革开放新时期"字样的文献,2008年有71篇,2009年有38篇;以"改革开放新时期"为主题的文献,2008年有178篇,2009年有129篇。

在诸多的纪念和研究中,围绕"两个三十年"发生了争论。前30年(1949—1978)是社会主义革命和建设时期,后30年是社会主义改革开放新时期。出现了两种极端的观点,一种是用后30年否定前30年,另一种是用前30年否定后30年。为此,《人民日报》2009年8月17日刊文指出,"两个三十年"虽然在发展阶段、发展水平上有所区别,但却是构成为新中国60年辉煌历史的"两个三十年",二者是承前启后、继往开来、相辅相成的关系,共居于新中国60年的辉煌历史之中。基于这样的认识,学术界探讨了一些比较具体的"关系"问题,比如,社会主义改造与社会主义改革的关系,关于毛泽东的探索对改革开放的贡献,关于周恩来1972年调整和邓小平1975年全面调整与改革开放的关系;关于"文革"与改革开放的关系,关于1976年至1978年的历史和十一届三中全会与改革开放的关系,等等。

2017年召开的党的十九大提出"中国特色社会主义进入了新时代,这是我国发展新的历史方位","形成了新时代中国特色社会主义思想","我国社会主要矛盾已经转化为人民日益增长的美好生活需要和不平衡不充分的发展之间的矛盾",我们的奋斗目标是"在本世纪中叶建成富强民主文明和谐美丽的社会主义现代化强国"。"中国特色社会主义进入了新时代"的重大判断,对于准确把握当代中国的历史方位,以坚定自信的姿态开启新时代中国特色社会主义建设的伟大征程,具有重要意义。毫无疑问,"新时代"作为一个历史分期的概念,将对改革开放新时期的历史意义和地位做出重大拓展。

二

乌托邦有其复杂的概念史,也有其在现实社会进程中的斑驳的投射。鲁思·列维塔斯考察了乌托邦研究中的诸多定义和方法,提出了几个一般性的看法:第一,追求乌托邦乃"人之天性";第二,乌托邦探讨我们如何生活,以及如此生活将使我们置身于"怎样的世界";第三,乌托邦的"内容、形式和功能"随着时间而发生变化;第四,乌托邦的本质似乎是"欲望",希求一种不同的、更加美好的生存方式的欲望;第五,乌托邦是由社会所建构的"对于同样是一种社会建构的需求和欲望之落差的回应"。就此而言,乌托邦是贯穿整个人类历史的意愿与想象,无论西方还是东方,在历史发展的不同阶段,都有形形色色的乌托邦构型。作为文化中"不安分的精灵",乌托邦信念具有一种人类学意义上的广度和深度,蕴涵着一些具有普遍性和根本性的意旨,"一方面,不安分引发了骚动、动荡和焦躁;另一方面,也产生了冲劲、动能和活力"。

1949年"七一"前夕,新中国即将成立,毛泽东思考中国的发展道路,明确指出:"走俄国人的路——这就是结论。"所谓"走俄国人的路",就是坚持马克思主义,走社会主义道路。在这样的道路趋向上,"赶英超美"的口号应运而生。钢铁产量"15年内赶上英国,50年内超过美国",历史地看,这显然是头脑发热的乌托邦情结作祟,但其中蕴涵的民族主义激情值得历史的尊重,其思想前提是全国上下都意识到新中国与西方先进国家具有巨大的差距,需要大力发展重工业和钢铁产业。从社会经济的乌托邦很容易过渡到社会政治的乌托邦,"文革"历时十年之久,给中国社会造成巨大的破坏。1976年粉碎"四人帮"后,国民经济初步恢复,与此同时,冒进倾向开始显露。农业、石油、煤炭、冶金等部门的规划都是"脱离了客观实际的高指标",出现了"新的跃进局面",浪费了大量的人力、物力、财力。此后的四十年间,经济的发展一直是在刺激与调控、"热"与"冷"之间斡旋。

改革开放后,我们先后学习借鉴过南斯拉夫、东亚模式、美国经验,最终走上"从实际出发这条路"。1994年1月1日上映的电视连续剧《北京人在纽约》,应当是新中国成立以来第一部境外拍摄的影视剧。该剧讲述了一批北京人在纽约奋斗与挣扎的生存故事,堪称是改革开放新时期第一批赴美淘金的中国人事业与情感历程的经典之作。剧中有这样一句经典台词:"如果你爱他,就把他送到纽约,因为那里是天堂;如果你恨他,就把他送到纽约,因为那里是地狱。"这典型地表明了"美国梦"的破灭。并且,"纽约"只是一个空间符号,在"美国梦"扑朔迷离的时候,"纽约"无所不在,落后国家和地区都隐约怀着将纽约"此时此地"的梦想。20世纪八九十年代之交,苏联解体、东欧剧变,国家社会主义的梦想破灭,美国思想家福山道出"历史的终结",其实,终结的不只是苏联式的乌托邦。

在20世纪80年代的文化领域,从"伤痕文学"到"反思文学"再到"寻根文学",民族意识与全球意识相结合,民族精神与时代精神相统一,中西文化比较是其时的一个重要议题。在新启蒙的思想氛围中,一些人将中西比较变成古今比较,激烈地反对和清算传统,另一些人则开始有意识地从古老的传统中寻求力量和支持。主要由北京大学哲学系一批研究中国哲学和中西哲学文化比较的学者组成的"中国文化书院"以同情、肯定的态度介绍、探究中国传统文化,他们所做的中西比较研究也更重视对中国文化自身逻辑的同情理解。海外新儒家学说的初步介绍,也在当时引起了人们的关注。1993年8月16日日,《人民日报》用一整版发表了题为《国学,在燕园悄然兴起》的文章,两天后又登载《久违了,"国学"》,"国学热"迅速兴起。

乌托邦关乎想象世界的构建,我们始终需要作为美好意愿的乌托邦,它超越现实性和可控性的范畴,赋予我们的行为以意义。在具体的某个时期和境遇中，乌托邦有其内在的构成，不同时期的乌托邦具体内容各异，甚至大相径庭、相去甚远。2017年7月26日，习近平总书记在省部级主要领导干部专题研讨班上发表重要讲话指出，中国特色社会主义不断取得的重大成就，意味着近代以来久经磨难的中华民族实现了从站起来、富起来到强起来的历史性飞跃，意味着社会主义在中国焕发出强大生机活力并不断开辟发展新境界，意味着中国特色社会主义拓展了发展中国家走向现代化的途径，为解决人类问题贡献了中国智慧、提供了中国方案。2017年10月3日，《中国国家历史》刊文《再回首已是七百年：中国凭什么回归世界中心》，同年10月16日，《人民日报》刊文《中国走进世界舞台中心》。

从"落后就要挨打"到"站起来、富起来、强起来"，是对中国的历史和现实最真实、最有力的概括，其背后是中国人民创造幸福生活、逐步实现"中国梦"的生动实践。2012年11月29日，习近平总书记在国家博物馆参观"复兴之路"展览时，第一次阐释了"中国梦"的概念。他说："大家都在讨论中国梦。我认为，实现中华民族伟大复兴，就是中华民族近代以来最伟大的梦想。"他提出了实现中国梦的时间表，到中国共产党成立100年时全面建成小康社会，到新中国成立100年时建成富强民主文明和谐的社会主义现代化国家。2013年3月17日，新任国家主席习近平在十二届全国人大一次会议闭幕会上，向全国人大代表发表自己的就任宣言，将近25分钟的讲话9次提及"中国梦"，44次提到"人民"，共获得了10余次掌声，有关"中国梦"的论述更是一度被掌声打断。

尽管"20世纪是一个乌托邦的热望不断被更新与不断被挫败的世纪"，乌托邦思想却是必需的。从历史的经验和教训中，我们足以对乌托邦做出这样的一些认识：第一，在曾经的乌托邦变为"狄托邦"时，一个新的乌托邦出现了；第二，治疗"狄托邦"的药方还是乌托邦，但必须是"有自我意识、能自我批评的"乌托邦，要认识到其热望中的"狄托邦"潜力，从而避免新的乌托邦被挟持为新的"狄托邦"；第三，在每个特定的时代，当有多重的未来图景或乌托邦。作为负责任的大国，中国一直在为维护世界和平与促进共同发展不遗余力地贡献自己的智慧和力量，积极提供与自身实力相匹配的国际公共产品，推动构建人类命运共同体，这也就是在致力于整个世界的乌托邦。在全球化的世界中，单独一个国家的乌托邦是难以实现的，我们必须一起建造一个和平、正义、协作、平等的世界。

学术动态

学术动态

"全球化语境中的国家治理":北京市哲学会 2020 年学术前沿论坛在北京大学召开

关祥睿

恰逢十九届五中全会闭幕之际,由北京市社科联主办,北京市哲学会和北京大学哲学系共同承办的"全球化语境中的国家治理"学术前沿论坛于 2020 年 10 月 31 日在北京大学李兆基人文学苑 1 号楼 108 会议室召开。来自北京大学、清华大学、中国人民大学、北京师范大学、中国政法大学、首都师范大学、北京市社科院等多家单位的专家学者,

北京大学哲学系马哲专业的硕士和博士研究生,以及正在修读"现代思潮"课的 2020 级八个专业的部分研究生,共同参加了本次会议。会议分上午和下午两场,共有七位专家做主题发言,每位专家报告时间 45 分钟,研讨互动 15 分钟,围绕"全球化语境中的国家治理"主题从不同的角度进行了深入而热烈的研讨。

上午的论坛由北京市哲学会会长、北京大学哲学系杨学功教授主持。论坛伊始,杨学功教授首先对此次论坛的主题进行了阐发,强调推进国家治理体系和治理能力现代化,既是刚刚闭幕的十九届五中全会

提出的到二〇三五年基本实现现代化九个方面的远景目标之一,同时也是中国特色社会主义现代化事业顺利推进的重要条件和保障。因此,在今天世界处于百年未有之大变局的时代背景之下,深入研究国家治理中的各种问题具有重要的理论意义和强烈的现实旨向。

北京大学博雅讲席教授丰子义的发言题目为《从社会发展看国家治理》。他从社会发展的角度出发,认为国家治理是社会发展的内在要求。丰子义教授指出,在如何治理的问题,既要遵循治理的"规律

性"原则,正确把握"制"和"治"的辩证统一,同时也要突出"主体性"原则,将治理的目的最终落实到人的自由全面发展之上。推进国家治理的现代化,并使之与社会发展相适应,必须坚持治理与发展、长远制度建设与突出问题解决、独立探索和开放借鉴相结合的方法论要求。

清华大学哲学系黄裕生教授的发言题目为《现代国家的双重身份与未来可能的世界体系》。他通过对"民族国家"和"人民国家"两个概念的辨析,不仅从契约论国家学说的角度揭示了国家从民族身份到人民

身份过渡的历史演变,同时也通过理论上的推导建构和阐释了关于未来世界体系的构想。黄裕生教授指出,随着代表特殊性的国家的民族身份的弱化,代表普遍性的国家的人民身份日益强化和凸显。过去以民族身份的国家构成的国际关系体系所遵循的是近乎丛林的实力法则,而未来的世界体系的构建与完善将不再是民族关系体系,而是基于人民之间的关系体系。

中国政法大学人文学院哲学系文兵教授的发言题目为《超越市民社会:国家与治理》。他从黑格尔和马克思关于国家与市民社会关系的讨论出发,详细地阐释了国家治理中的法治问题以及法律的引导和建构

功能,强调在当代中国的法治建设中,必须坚持形式正义和实质正义的有机统一,积极发挥法律作为公平正义的保障性功能和对社会的建构性力量。

下午的论坛由北京市哲学会秘书长、北京师范大学李海峰教授主持。中国人民大学哲学院张立波教授的发言题目为《后新冠时代的历史意识》。他

从对"后新冠时代"这一术语的分析出发,对这一术语及其在全球化语境中所产生的历史意义的生成进行了反思。张立波教授指出,关于"后新冠时代"的讨论大体上是围绕着危机和风险意识、不确定性以及随机性和偶然性等方面进行的,而这些思考所体现的历史意识实际上仍然处于生成之中,以"西方""统一性"和"进步论"作为视角的历史意识也并没有被彻底地解构和摒弃。

北京市社科院哲学研究所程倩春研究员围绕《风险社会视域下的技术治理》主题,从对技术、治理以及技术治理的概念剖析出发,并结合贝克所提出的"风险社会"概念及其对技术治理的挑战,指出风险社会理论动摇了以技术理性为代表的现代性的理性基础,对技术理性的垄断地位形成了巨大的挑战。因此,面向未来的技术治理应当在价值观、政治框架以及对科学技术发展的态度与观念等方面进行更为有效的探索和反思。

北京师范大学哲学院吴玉军教授以"全球化语境中的国家认同"这一问题为中心,详细阐释了国家认同在不同国家和地域所面临的巨大挑战,以及这一问题在全球化语境中所具有的复杂性和重要性。吴玉军教授指出,推进国家认同的建设和当代建构,不仅需要增强人们的政治认同感、文化认同感以及民族认同感,同时必须有效处理好个人与国家、民族与国家、个体与民族,以及个体、国民和世界公民之间的关系,从而为国家认同建构提供稳固和坚实的基础。

学术动态

首都师范大学马克思主义学院黄志军副教授从政治经济学批判的视域出发，通过对配第和斯密，再到黑格尔和马克思关于国家及其治理的基本方式的系统梳理和批判反思，指出现代国家治理现代化的内在  根据逐渐由外在目的转向内在目的，由单纯追求国力的增强转向以实现人民的福祉为旨归。这种转向对于当代国家治理的现代化来说仍然具有重要的价值和启示。

在上午和下午的提问环节，与会专家和同学围绕"制"与"治"的关系，人民权利的可让渡和不可让渡的限度，"法治"的功能，"后新冠时代"的概念界定，对技术统治的悲观评价，民族同化和民族融合的区分，以及国家在治理中的主导地位等问题，展开了热烈的讨论。

与会专家和同学一致认为，此次论坛不仅体现了多学科和多领域的交叉对话，而且交流和讨论也十分深入和富有成效。本次论坛取得圆满成功。

"当代中国哲学的历史使命"：北京市哲学会 2021 年学术前沿论坛在北京市社科联学术报告厅举行

屈文鑫

由北京市社科联主办、北京市哲学会承办的 2021 年学术前沿论坛"当代中国哲学的历史使命"，于 2021 年 12 月 25 日在北京市社科联报告厅举行。为配合北京市疫情防控举措，本次会议采用线上+线下的形式召开。出席线下会议的嘉宾和报告专家有北京市政协副主席、北京市社科联主席牛青山同志，北京市社科联党组书记、常务副主席、市社科规划办主任张淼同志，北京市社科联副主席兼秘书长、北京市社科规划办副主任崔占辉同志，中华全国外国哲学史学会理事长、北京市哲学会副会长、中国人民大学哲学院张志伟教授，北京市哲学会会长、北京大学哲学系杨学功教授，北京市哲学会副会长、中国政法大学哲学系文兵教授，北京市哲学会副会长、清华大学哲学系丁四新教授，中国政法大学哲学系费多益教授，北京市哲学会副秘书长、首都师范大学哲学系史红教授，北京市哲学会秘书长、北京师范大学文化创新与传播研究院李海峰副教授，北京市社会科学院哲学所副所长王玉峰研究员。参加线下会议的还有 2021 年北京市哲学学科学术发展报告项目组成员，2021 年北京市青年学术带头人中哲学和马克思主义理论学科的部分当选人，以及北京大学哲学系的部分博士和硕士研究生。北京市社科联提供技术支持,本次论坛同时开通了线上直播,北京市哲学会部分理事会员在线上参加。论坛开幕式由杨学功会长主持,牛青山主席发表致辞。主题报告分上午和下午两场,共有6位专家学者作主题发言,每位专家报告时间45分钟,研讨互动15分钟,围绕"当代中国哲学的历史使命"从不同的角度进行了深入而热烈的研讨。

在开幕式上,牛青山主席发表了精彩致辞。他强调哲学在人类文明中的重要地位,并指出"当代中国哲学的历史使命"论坛主题,反映了首都哲学界繁荣复兴中国哲学的强烈愿望,体现了学会崇高的使命担当和学科自觉。牛青山主席最后表示,北京市社科联、市社科规划办将一如既往地为各个学会提供坚实的平台支撑。在新的历史征程中,要以十九届六中全会精神为引领,共同努力推动学会建设和学科发展。

上午的主题报告由北京市哲学会副会长、中国政法大学人文学院哲学系教授文兵主持。

北京市哲学会副会长、中国人民大学哲学院教授张志伟首先做了题为《视域融合：在历史与未来之间——当代哲学的历史使命》的报告。他从哲学解释学"视域融合"的观点出发，将读者和文本之间的关系扩展

到文明和文明之间的对话，扩展到历史和未来之间的沟通。张志伟教授聚焦人类命运共同体的构建，将哲学解释学作为一个重要的方法，着重探讨了如何以共同价值观来凝结人类命运共同体的理念，强调底线共识。

中国政法大学哲学系教授费多益发言题目为《快变时代的哲学作为》，提出了在科学技术迅猛发展的背景下，哲学自身如何存在的问题。费多益教授指出，哲学上思考的重点，不应该是包办代替诸如人工智

能业界的思考，去决定那些具体性的规范和技术问题，而应该是确立这样的目标和原则，即制造和掌控人工智能的人，怎样选择和守护应有的价值底线。她以一种流行的进路——实验哲学为例，进行考查和分析，强调哲学以超越实证和经验的论证以及前提性的反思而区分于科学，哲学应在起起伏伏的变幻中反观哪些东西是永恒的，探寻隐藏于现象外表的实质以及事物背后的终极效果和终极原因，保持一种形上层次的思考和判断的独立性。

北京市哲学会会长、北京大学哲学系教授杨学功发言题目为《当代中国哲学如何贡献普遍性思想——从"金岳霖命题"谈起》，介绍了何谓"金岳霖命题"，追溯"中国哲学的合法性问题"的缘起、流变和争

论，找寻该问题的正解，梳理了普遍性的三种类型及其论证思路，探讨了当代中国哲学贡献普遍性思想的可行路径。杨学功教授提出，金岳霖命题可以概括为"××在中国"还是"中国的××"，而"中国哲学的  合法性问题"是一个真实而被误导的问题。他强调，在当今全球化语境下，在中西哲学交流交融交锋的时代条件下做"中国哲学"，除了对话比较，我们没有其他手段；而对话比较不应走向对特殊性的自恋，而应朝向普遍性提升。他认为，预成的或先验的普遍性是虚幻的，抽象的或归纳的普遍性是书斋的案头工作，对话交融中生成的普遍性才具有真正的现实性和可行性。因此，只有清醒认识"古今中西"的历史时空和精准把握"双文化时代"的价值坐标，面向普遍的哲学问题，实现中西马三种哲学资源的对话与融合，才能建构起既具有民族特色又富于时代特征的当代中国哲学新形态，从而为"中国式现代化"所开创的"人类文明新形态"提供哲学理论支撑。

下午的主题报告由北京市哲学会秘书长、北京师范大学李海峰副教授主持。北京市哲学会副会长、清华大学哲学系教授丁四新的报告主题为《中国哲学的主体性建构和当代面向》。丁四新教授梳理了作为学  科的中国哲学史的发展历程，指出了中国哲学的未来发展方向。他认为，百年来中国哲学史的书写和研究经历了理念—摹仿（民国至1980年代）和主体性建构（1990年以来三十年）两个阶段。主体性的建立是必要的，是中国哲学展开真正对话的前提；中国哲学的当代面向是对话和思想创新,当代中国哲学应当以对话模式展开研究和思想创新,应当在普遍性的哲学观念中为全人类贡献大智慧。中国哲学发展的终极指向是作为特殊身份的"中国"标签的自我消融。

北京市哲学会副秘书长、首都师范大学哲学系教授史红发言题目为《当代中国美学的景观与问题》,呈现出复杂多样的美学景观,思考美学中存在的缺乏问题意识、缺乏深度的平面描述、缺乏形而上学的追问等问题。

史红教授强调,发展中国美学要研究中国传统的审美范畴、审美心理、审美观念和审美思想;要研究中国美学的精神、中国美学品格、中国美学形态,建立中国美学的学科体系、学术体系、话语体系;把中华美学的传统特色和文化精髓与时代结合,让中国美学为民族复兴的人文建设服务。

北京市社会科学院哲学所研究员王玉峰发言题目为《古希腊哲学对未来中国哲学发展的一种启示——从柏拉图哲学中一种认识论上的飞跃来看》,阐释了当代中国哲学的世界历史处境,从柏拉图主义出发分

析感性与理性的关系,提出了从美学到哲学、从数学到哲学两条上升的路径,以及拉图主义对中国的哲学发展的启示,尤其是在教育体系方面,要加强理论数学和加强美育。

在提问互动环节,与会学者和研究生围绕视域融合的文明形态及价值理念、科技发展与自由意志、马克思主义哲学与中华优秀传统文化的关系、当代中国哲学的时代特征等问题展开了热烈讨论。

　　与会专家学者一致认为,此次论坛不仅对当代中国哲学的历史发展和未来走向进行了具有深度的研讨,而且体现了中西马及美学、科技哲学的对话与融合。最后,北京市社科联党组书记、常务副主席、市社科规划办主任张淼同志对会议的形式与内容做了充分的肯定,并表达了对学会学科建设的祝福与期望。北京市哲学会会长杨学功教授再次对北京市社科联的支持和专家同学的参与表示感谢。本次论坛取得圆满成功。

(图片提供:文兵等)

"当代中国哲学的文化使命"：北京市哲学会2022年学术前沿论坛在清华大学举办

周心仪

由北京市社会科学界联合会主办，北京市哲学会和清华大学哲学系共同承办的北京市哲学会2022年学术前沿论坛暨"当代中国哲学的文化使命"研讨会于2022年11月13日在清华大学召开，本次论坛同时开通了线上直播。来自北京大学、清华大学、中国人民大学、北京师范大学、中国政法大学、首都师范大学、北京市社会科学院等首都多家著名高校和科研单位的专家学者共同参加了本次论坛。

与会学者合影

论坛开幕式由北京市哲学会会长、北京大学哲学系杨学功教授主持，北京市社会科学界联合会主席牛青山同志和清华大学哲学系系主任唐文明教授致欢迎辞。

牛青山强调，哲学是时代精神的精华，是人类全部知识和实践的积极成果的凝结。习近平新时代中国特色社会主义

北京市哲学会会长、北京大学哲学系杨学功教授主持论坛开幕式

思想是当代中国马克思主义，推进马克思主义中国化、时代化是一个宏大的哲学命题。党的二十大报告明确指出："只有把马克思主义基本原理同中国具体实际相结合、同中华优秀传统文化相结合，坚持运用辩证唯物主义和历史唯物主义，才能正确回答时代和实践提出

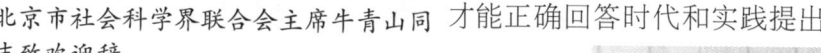

北京市社会科学界联合会主席牛青山同志致欢迎辞

的重大问题，才能始终保持马克思主义的蓬勃生机和旺盛活力。"做好"两个结合"，为中华民族伟大复兴提供重要的智力支撑，为中华民族每个个体提供安身立命的精神家园，这是当代中国哲学必然的使命担当。

清华大学哲学系系主任唐文明教授致欢迎辞

唐文明教授指出，我们共同处在一个前所未有的变动时代，面临着纷繁复杂的社会现实。在这样的时代背景下，我们迫切需要运用哲学对时代进行反思，清醒而冷静地反映时代问题并提出解决方案。而本次论坛以"当代中国哲学的文化使命"为主题，所承担的正是这样一份时代重任。

上午的研讨会由北京市哲学会副会长、清华大学哲学系丁四新教授主持，共有三位专家作主题发言。

中国人民大学哲学院彭永捷教授的发言以《汉语哲学与中国哲学的使命》为题，从中国是否存在哲学的争论入手，对中国哲学学科的合法性危机

北京市哲学会副会长、清华大学哲学系丁四新教授主持研讨会

和后合法性危机时代中国哲学学科的新生长点与发展方向进行了深入的探讨。他强调，以汉语哲学为标志的中国哲学学科建设将更有助于我们自觉思考哲学与我们母语的关系，更有助于我们自觉思考哲学与我们思想传统的关系，更有助于我们主动地吸收西方哲学，更有助于我们自觉思考引进哲学与哲学创造之关系。

北京大学哲学系杨立华教授的发言以《新子学时代》为题。杨立华指出，先秦子学时代是一个伟大的原创时代，也是真正意义上以理性为主导的时代。名辩的思潮的出现对子学时代的展开起到了关键性的作用，当时所有的思想者都必须将自我辩护的意识内化到写作和思考当中。当代中国哲学的建设是中国文化复兴的重心和关键，而普遍怀疑的精神氛围也是当代中国哲学的基本处境。在思想权威受到质疑的时代，诉诸经典已经不再具有独力担负重塑价值基础的责任的可能，这决定了解决时代的价值危机和精神危机所需达到的根源性深度。"新子学时

代"将是怀疑精神下中国哲学发展的一种局面,它必定是当代汉语思考能力的具体展现,且不能回避对根本问题的新的尝试性的回答,也一定会以某种方式涵摄分析哲学的某种态度。

清华大学哲学系唐文明教授的发言以《儒教文明的复兴与哲学的意义》为题。他表示,"儒教"之"教"在广义上指教化,宗教只是其中一方面的含义。汉代的教化制度建设以"罢黜百家,表彰六经"为核心,与之相应的是以经学为主要形态的儒学;宋代的教化制度以书院的建制为代表,侧重于心性的理学则与之相适应。当今儒教文明的复兴需要建构新的制度形式,康有为和马一浮等先贤的探索可以为我们提供经验借鉴。同时,新的制度形式也需要有与之相适应的儒学形态的重构,而哲学的意义在儒学的重构中至关重要,其具体表现在如下四个方面:一是经典儒学的重新建构,二是历史儒学的重新定向,三是系统儒学的重新开展,四是实践儒学的重新开展。

下午的研讨会由北京市哲学会秘书长、北京师范大学李海峰教授主持,共有四位专家作主题发言。

中国政法大学哲学系刘震教授的发言以《当代易学诠释的演进与嬗变》为题,以在变革中找寻回应时代命题的答案、在反思中找寻中国式学术发展的路径为学术使命与目标,详细梳理了五四运动以来易学诠释史的三个分期及各时期的诠释特点,厘清了当前学界治《易》三种主要方法及各自的利弊。刘震指出,未来的易学研究存在三条可能的路径:一是通过对于不同治《易》路径的比较研究,呈现易学范畴的含义;二是研究治《易》路径所代表的政治观念与话语体系;三是研究治《易》路径比较研究视域下的易学发展史。

首都师范大学哲学系陈鹏教授的发言以《现代新儒学中的仁学——以冯友兰、牟宗三和杜维明为中心》为题。陈鹏认为,冯友兰先生所论之"仁"包括社会之理、人之觉解、人之情感与人之境界等四重含义,仁学不是统摄性、全幅展开的思想系统,只是其体系的一个部分、一个层面；而牟宗三先生所讲之"仁"包含一本义、创生义与坎陷义等三层要义，"仁"的本体性被发挥到了极致；而杜维明先生所谈之"仁"作为人的精神性和神圣性的本原，具有人性、精神性和宗教性等多重价值，绝对化、创造性、涵盖一切的仁本体不再被彰显，但一种关于内在生命力、精神性实体的形上学在一定程度上得到了保留。

北京市社会科学院哲学所王双洪副研究员的发言以《古典学的使命与担当》为题，从德国古典学的两种传统的争论切入，从中寻求当代中国古典学研究的启示。她指出，以维拉莫维茨为代表的"历史—实证"主义传统强调历史客观性，使得古典语文学变成了"历史的古代科学"，弱化了古典与人的精神教养和现实生活的密切联系；而以尼采为代表的新古典学传统则对前者展开了严厉的批评，并力图以整全的角度关注古代思想、现代境遇和人的教育。

北京师范大学哲学学院刘成纪教授的发言以《重建中国美学的历史论述》为题。首先从美学与历史、中与西、古与今三对关系切入，深入分析了中国美学史研究的基本处境。接着，刘教授总结了历史上中国美学史被重塑的三个维度及其相应的三种美学形态：一是接续五四传统，将中国美学史写成关于中国人的精神启蒙史的启蒙美学；二是继承20世纪新儒家传统，将中国美学史心性化的心性美学；三是呼应当代中国的消费主义潮流，将文人艺术视为中国美学的主流和正宗的生活美学。最后，刘教授探究了中国美学史研究的八个新的可能方向：一是从历史出发的美学史，二是中国美学的传统，三是中国美学史与社会政治的关系，四是中国美学史的叙事形式，五是中国美学史的运动模式，六是中国美学史的演进规律，七是美和艺术的三重价值，八是中国美学史的视野。

在论坛的讨论互动环节中，与会专家和会场听众围绕"汉学"与"汉语哲学"的关系，中国哲学学科合法性问题本身的合法性，当今研究中国哲学应取的研究态度，"信仰"与"理性"的关系，易学研究的创新性发展方向，中国古典学研究的历史境遇等问题展开了热烈探讨。

论坛闭幕式由北京市哲学会副会长、中国政法大学哲学系文兵教授主持。文教授对本次研讨会的深度和专业性做了充分的肯定。至此，本次论坛取得圆满成功。

（原载《光明日报》客户端，2022年11月15日）

2020~2022年北京市哲学会大事记

2020~2022年,北京市哲学会在北京市社科联的关心指导以及学会部、学术部、科普部等部门的大力支持和帮助下,坚持以会员为本的理念,围绕哲学学科前沿问题,跟踪反映学术动态,积极开展学术研究和学术交流,取得了比较突出的成绩。

2020年度北京市哲学会大事记

1. 加强学会规范化建设

加强学会组织建设,分别于5月10日、10月31日召开两次常务理事会,探讨学会相关工作。

2. 举办"全球化语境中的国家治理"学术前沿论坛

2020年10月31日,由北京市社科联主办,北京市哲学会和北京大学哲学系共同承办的"全球化语境中的国家治理"学术前沿论坛在北京大学李兆基人文学苑1号楼召开。来自北京大学、清华大学、中国人民大学、北京师范大学、中国政法大学、首都师范大学、北京市社科院等多家单位的专家学者,以及北京大学哲学系马哲教研室的硕士和博士研究生,共同参加了本次会议。会议分上午和下午两场,共七位专家

（丰子义教授、黄裕生教授、文兵教授、程倩春教授、吴玉军教授、黄志军副教授）做主题发言，每位专家报告时间45分钟，研讨互动15分钟，围绕"全球化语境中的国家治理"主题从不同的角度进行了深刻而热烈的研讨。来自《光明日报》、中国社会科学网、美学网、北京大学哲学系等多家主流媒体进行了报道。

3. 召开胡军《论知识创新》新书发布会

2020年11月8日，下午2点半至5时许，由北京市哲学会主办，北京读书人俱乐部、大益茶道研究院承办的胡军教授《论知识创新》出版座谈会在北京市大益中心311室举行。会议由北京市哲学会会长、北京大学哲学系杨学功教授主持，胡军教授持书亲临现场，与会的专家学者们围绕该书的出版及学术影响畅所欲言，纷纷作了精彩发言。

4. 学会党建工作创新开展

〔参观活动〕2020年10月31日，在哲学会2020学术前沿论坛之后，会长杨学功教授召集了参会理事中的全体党员共5人（杨学功、文兵、李海峰、吴玉军、黄志军）以及非党人士张立波，参加了在北大李大钊塑像前举行的"缅怀先烈、不忘初心"活动。杨学功会长介绍了李大钊的生平事迹、思想贡献及其在北大的活动。

〔学习活动〕2020年11月8日，党建小组成员在参加完学会主办的胡军教授的《知识创新论》出版座谈会后，又就十九届五中全会关于《中共中央制定国民经济和社会发展十四个五年规划和二〇三五年远景目标的建议》的文件精神，进行了学习交流。杨学功会长就全会提出的"坚持创新在我国现代化建设全局中的核心地位"这一总体要求发表了自己的感言。

〔线上红色经典共学活动〕2020年8月14日，哲学会与北京大学马克思主义学院联合召开了"马克思主义经典读书会暨纪念恩格斯诞辰200周年"的学习活动。这次讲读的经典是恩格斯的《路德维希·费尔巴哈和德国古典哲学的终结》这一光辉篇章。活动由学会副会长、中国政法大学哲学系文兵教授主持，学会理事、北京大学马克思主义学院李少军教授领读，北京大学马克思主义学院副院长宋朝龙教授评议。活动在线上进行，约170多京内京外的师生参加。这次读经典活动互动非常热烈，受到了参与师生的高度评价。

〔红色经典读书会〕2020年12月13日下午14：30—17：30，由北京市哲学会和北京大学马克思主义学院联合主办，北京博智经济社会发展研究所、北京惠众教育研究院、北京长策经济研究基金会、北京海陆经济发展安全战略研究中心、北京市董辅礽经济科学发展基金会、北京燕都中式建筑文化研究院协办的马克思主义经典读书会"《共产党宣言》的文本解读和当代意义"专题活动顺利展开。百余名师生共聚云端会议，共同解读《共产党宣言》一书的基本内容，深入研讨其当代意义。本次活动邀请北京市哲学会会长、北京大学哲学系杨学功教授进行领读，北京大学马克思主义学院副院长刘军教授担任评论人。

5. 北京市哲学会下属美学专业委员会活动丰富

2020年12月27日，美学专业委员会召开了线上年会。会议由与会重要嘉宾致开幕词，北京市哲学会会长杨学功代表北京市哲学会祝贺"2020年北京美学会年会"顺利召开，他热情洋溢地高度赞扬和肯定了北京美学会在新冠疫情全球肆虐的艰难时期，在认真防疫抗疫的同时，积极主动开展美学会各项力所能及的常规与主导工作，体现出一如既往的学术活力与组织能力。

2021年度北京市哲学会大事记

1. 加强学会组织建设

哲学会分别于4月11日、12月25日召开两次常务理事会，探讨学会相关工作。

2. 加强下属美学专业委员会组织建设

2021年12月，北京美学会召开了线上年会。

3. 举办"当代中国哲学的历史使命"学术前沿论坛

2021年12月25日，由北京市社科联主办，北京市哲学会和北京大学哲学系共同承办的"当代中国哲学的历史使命"学术前沿论坛在北京市社科联一层会议室召开。北京市社会科学界联合会主席牛青山同志致辞。来自北京大学、清华大学、中国人民大学、北京师范大学、中国政法大学、首都师范大学、北京市社科院等多家单位的专家学者，以及北京大学学生，共同参加了本次会议。会议围绕"中国哲学的当代历史使命"主题从不同的角度进行了深刻而热烈的研讨。来自《光明日报》、中国社会科学网、美学网、北京大学哲学系等多家主流媒体进行了报道。

4. 组织申报并撰写哲学2020年度学科发展报告

北京市哲学会组织申报并撰写"哲学2020年度（北京）学科学术发展报告"总报告，展示北京市哲学2020年度学科学术发展的脉络理路，把握哲学学科学术发展特点，总结哲学学科学术发展经验，探索哲学学科学术发展规律，研判哲学学科学术发展动态趋势，致力于哲学学科理论研究和学术创新。按照研究计划，组建了较为权威的研究团队，课题组成员由来自北京大学、清华大学、中国人民大学、北京师范大学、中国政法大学、中央音乐学院、首都师范大学、北京市社科院等多所在京高校和科研机构。在项目团队的充分研讨和通力合作下，较好完成了总报告和分学科报告的撰写，学科发展报告为省部级课题，鉴定评审为优秀。

5. 哲学会举办系列科普讲座

2021北京市哲学会完成了北京市社科联批复的科普讲座6讲，本年度的讲座主题分别为：红色文化：新中国红色文学书籍的图像谱系；北京文化与历史：北京中轴线规划中蕴藏的哲学思想、北京的世界遗产巡礼；中国传统优秀文化：至圣先师孔子的仁爱思想、《世说新语》的人格之美；中国艺术：鸢飞鱼跃与中国诗学的审美理性。就讲座效果而言，东城图书馆"闻花直播"平台有大量的观众收看，几乎每场讲座听众人数都达到2000人以上，大大拓展了讲座的受众面，达到了推广历史、文化、艺术、美学等知识，提升人民大众的审美修养的目的，实现了服务北京社会、北京百姓的责任与使命。

6. 学会党建工作创新开展

2021年6月2日，党建工作小组召开线上研究会议。杨学功会长在会上通报了几件工作：（1）《北京市哲学界》创刊号编辑出版情况；（2）社科联七届二次全会的情况；（3）北京市青年学术带头人项目的启动与进展情况。

2021年8月7日，北京大学马克思主义学院党史专家程美东教授应邀到北京市哲学会举办的党史学习系列活动中做了《中共党史研究与改革开放的发展》的精彩报告，报告会由文兵副会长主持，杨学功会长、李海峰秘书长参加了报告会并与主讲人进行了互动。报告会在线上举行。北京市哲学会所联系覆盖的北京博智经济社会发展研究所、北京长策经济研究基金会、北京惠众教育研究院、北京市董辅礽经济科学发展基金会、北京海陆经济发展安全战略研究中心共六家社会组织协办了此次论坛。共有一百多人参加了这次论坛。

2021年9月4日，为深化党史学习教育、贯彻学习习近平总书记在庆祝中国共产党成立100周年大会上发表的重要讲话精神，按照市社科联的要求的部署和要求，北京市哲学会党建小组会同其所联系覆盖的北京博智经济社会发展研究所、北京长策经济研究基金会、北京惠众教育研究院、北京市董辅礽经济科学发展基金会、北京海陆经济发展安全战略研究中心共六家社会组织党建小组负责人及成员，共赴中国共产党的孕育地——北大红楼，开展了以"回望红色历史序章，砥砺伟大复兴征程"为主题的党日活动。

2022年度北京市哲学会大事记

1. 加强学会规范化建设，召开常务理事会

为加强学会组织建设，学会于3月16日、7月26日召开两次常务理事会，探讨学会相关工作。

2. 加强下属美学专业委员会组织建设

2022年12月，北京美学会进行了换届工作，选举产生了新任会长刘成纪老师，秘书长李修建老师。

3. 举办"当代中国哲学的文化使命"学术前沿论坛哲学会专场

北京市社会科学界联合会主办，北京市哲学会和清华大学哲学系共同承办的北京市哲学会2022年学术前沿论坛暨"当代中国哲学的文化使命"研讨会，于2022年11月13日在清华大学蒙民伟人文楼会议室召开，本次论坛同时开通了线上直播。来自北京大学、清华大学、中国人民大学、北京师范大学、中国政法大学、首都师范大学、北京市社会科学院等首都多家著名高校和科研单位的专家学者共同参加了本次论坛。论坛开幕式由北京市哲学会会长、北京大学哲学系杨学功教授主持，北京市社会科学界联合会主席牛青山同志和清华大学哲学系主任唐文明教授致欢迎辞。来自《光明日报》、中国社会科学网、美学网、清华大学哲学系等多家主流媒体进行了报道。

4. 哲学会组织申报并撰写哲学2021年度学科发展报告

北京市哲学会组织申报并撰写"哲学2021年度（北京）学科学术发展报告"总报告，展示北京市哲学2021年度学科学术发展的脉络理路，把握哲学学科学术发展特点，总结哲学学科学术发展经验，探索哲学学科学术发展规律，研判哲学学科学术发展动态趋势，致力于哲学学科理论研究和学术创新。学科发展报告鉴定评审为优秀。

5. 学会党建工作创新开展

哲学会 2022 年度党建活动丰富多彩，在党的二十大召开后，我会积极开展二十大精神的学习贯彻活动，为此，在 2022 年 12 月 9 日专门召开了主题为"人类命运共同体思想的历史生成与文明逻辑"的线上讲座，解读二十大报告中关于"人类命运共同体""人类文明新形态"的重要论述。哲学会党建工作小组积极联系了曾经按北京市社科联要求覆盖的北京博智经济社会发展研究所、北京长策经济研究基金会、北京惠众教育研究院、北京市董辅礽经济科学发展基金会、北京海陆经济发展安全战略研究中心共五家社会组织协办了此次论坛。为了能有更多会员单位的高校老师参与，此次线上讲座的主持人、主讲人、与谈人等，分别安排了来自中国政法大学哲学系、中国社会科学院哲学所、北京大学哲学系、中国人民大学马克思主义学院的师生来担任。其中兰洋副教授还是市高校学习宣传党的二十大精神师生宣讲团的成员，屈文鑫同学是北京大学团委博士生宣讲团的成员。中国政法大学哲学系还要求所在支部成员集体参加讲座。此次学习教育活动的水平和层次都很高，参与者众，反响热烈，线上达 260 多人。

（执笔人：李海峰）

《北京哲学界》稿约

《北京哲学界》是北京市哲学会主办的综合性学术辑刊,以所属年度为标记,每年出版一辑。

《北京哲学界》以马克思列宁主义、毛泽东思想、邓小平理论、"三个代表"重要思想、科学发展观、习近平新时代中国特色社会主义思想为指导,依托北京哲学界的学术力量,直面哲学前沿问题,推动哲学各分支学科的学术发展,为繁荣首都乃至全国的哲学社会科学服务。

《北京哲学界》立足北京,面向全国和世界,贯彻"百花齐放、百家争鸣"的方针,尊重学术自由,鼓励学术上不同观点的讨论。集中研究哲学各分支学科的前沿问题,组织专题讨论或笔谈,同时评介学界动态,推介最新成果,记录北京哲学界的重要活动。本刊常设栏目主要有:年度学科学术发展报告、前沿论坛、热点聚焦、专题讨论、名家笔谈、人物专访、新著选登、著作评介、论点摘编等,并附北京市哲学会年度大事记。

热忱欢迎北京市哲学会理事会员和各地哲学界同仁赐稿。稿件体裁不限,文责自负。"著作评介""论点摘编"稿件以不超过1000字为宜;其他栏目稿件不超过3万字。论文首页请提供中文内容摘要和关键词,并附作者简介。截稿日期:每年度12月30日。

本刊由中央编译出版社出版,每辑赠送作者样刊2册。

附：《北京哲学界》内容注释及文献引用体例说明

为了保证学会年刊《北京哲学界》的编辑规范化，在借鉴国内外其他学术刊物注释和文献引用规定的基础上，制定本刊内容注释及文献引用体例说明。

一、需引证和注释的项

（1）文中直接或间接引用的任何他人的语句；
（2）文中需特别说明的不常见的史实或事实；
（3）文中借用他人的理论、论断、思想、观点或意见的语句；
（4）对文中的某些观点进行资料性的补充说明；
（5）对文中的某些观点、不常见的专用名词、术语作必要的解释。

二、注释体例总要求

（1）文献引证方式采用注释体例。内容注释及文献引用统一采用脚注（当页下），注释序号用带圈数字即①②③……标识，每页单独排序；正文加注之处序号标于右上角；正文后不另开列"参考文献"。
（2）引用《马克思恩格斯选集》《马克思恩格斯全集》等经典著作应使用最新版本。
（3）一般情况下，引用外文文献的注释信息仍从原文，无须另行译出。
（4）引用先秦诸子等常用古籍或经典文献，可使用文内夹注，文内夹注使用不同于正文的字体，用括号和楷体标出。
（5）所引资料及其注释务求真实、准确、规范。

三、注释的格式

引用文献的书写格式分为完全格式和简略格式。完全格式指首次出现的引用文献;简略格式指前文曾引用过的文献,可采用缩略形式书写。

(一) 完全格式的体例

(1) 专著、编著、译著、外文著作。须标明著者或编者(专著可省略"著"字;编著须在编者姓名后加"编""主编""编著")、著作名(卷数或册数)、译者、出版社、出版年份及页码。(a) 外文著作名须用斜体。(b) 外文著作如为编著,则编者为一人时姓名后加 ed.,编者为多人时姓名后加 eds.。(c) 如著者或编者为多人,则中文著者姓名之间用顿号间隔,外文著者姓名之间用逗号间隔。如:

贺麟:《文化与人生》,北京:商务印书馆1988年版,第1页。

任继愈主编:《中国哲学发展史》(先秦卷),北京:人民出版社1983年版,第25页。

黑格尔:《精神现象学》(上卷),贺麟、王玖兴译,北京:商务印书馆1979年版,第1—10页。

Aristotle, *The Nicomachean Ethics*, David Ross (trans.), Oxford University Press, 1980, p.100 [pp.1-10]。

(2) 析出文献。须标明析出著者、析出篇名、文集编者、文集名、出版机构、出版年份、页码。如:

杜威·佛克马:《走向新世界主义》,载王宁、薛晓源编《全球化与后殖民批评》,北京:中央编译出版社1999年版,第247—266页。

(3) 引用著作和文集的"序言"(或"引论""前言""后记")时,"序言"是同一作者,直接标注"序言"第 x 页;"序言"为他人所作或有独立标题,可视为析出文献来标注。

(4) 期刊或报纸论文。(a) 引用中文期刊或报纸论文,须标明作者、刊名或报纸名称、期号或报纸出版具体日期。(b) 引用外文期刊或报纸论文,须标明作者、篇名(加双引号)、刊名或报纸名(斜体)、刊物出版卷期号及年份、页码(报纸注明出版日期)。如:

叶秀山：《胡塞尔先验现象学对欧洲哲学发展的贡献》，载《哲学动态》，2017年第1期。

Hub Zwart, "A Short History of Food Ethics", Journal of Agricultural and Environmental Ethics, 12(2000), p.23.

（5）文献作者姓名已出现在文献名称中，如《马克思恩格斯全集》，通常不再标注作者姓名。

（6）间接引文的标注须以"参见""详见""转引自"等引导词表示，注明具体参考或引证的起止页码或章节。标注项目、顺序与格式同直接引文。

（7）互联网资料。本刊提倡尽量引用纸质文献。如必须使用互联网资料，著者、著作名等类项等同于相应体例，同时注明详细网址和更新/引用的具体时间。

（二）简略格式的体例

再次引证或重复出现的著作、译作、文章，只需标注著者、著作名、页码。如：

贺麟：《文化与人生》，第1页。

Aristotle, *The Nicomachean Ethics*, p.100.

（三）说明与注意事项

（1）无论中外文注释，结尾必须有句号。中文是圆圈，西文是圆点。

（2）英文页码标符用小写 p.，页码起止用小写 pp.。其他外文可结合语言习惯参照执行。

（3）书名和期刊名，中文用书名号，外文则用斜体；论文名中文用正体加书名号，外文用正体加引号。

（注：本体例参照借鉴了《哲学动态》的编辑体例，特此说明并致谢。）